李 宗 仁 、 白 崇 禧 與 蔣 介 石 的 離 合

黃旭初
回憶錄

黃旭初——原著　　蔡登山——主編

▋黃旭初及其子黃武良

▋由左至右：李宗仁、蔣介石、白崇禧

黃旭初和他的回憶錄

蔡登山

　　黃旭初（1892～1975），廣西容縣人。係廣西省政府主席，主政廣西近廿年。黃旭初年十六入容縣師範，二十歲肄業於廣西陸軍速成學校步兵科，與李宗仁有同學之誼。一九一四年，他以優異成績考入北京中國陸軍大學學習。一九一七年，任廣西陸軍模範營連長，保定軍校畢業的黃紹竑、白崇禧任副連長。一九一九年由湘歸任廣西陸軍第一師步二團團附。一九二一年六月，調任廣西督軍署中校參謀。一九二三年擔任李宗仁的「廣西定桂軍總司令部」參謀長。一九二六年北伐軍興，廣西軍隊改編為國民革命軍第七軍，李宗仁任軍長，白崇禧任參謀長，黃旭初任第四旅旅長，後升任第七軍第六師師長，屢建奇功。一九二八年升任第十五軍副軍長兼第二師師長，一九三〇年任護黨救國軍第十五軍軍長。

　　一九三一年七月一日，黃旭初在南寧就任廣西省政府主席。一當就是十九年，直到一九四九年止。與山西的閻錫山同以模範省著稱中外，有聲於時。黃旭初積極配合李宗仁、白崇禧進行軍事、政治、經濟、文化「四大建設」，在幾年的時間裏，桂系一躍成為中國西南的一大地方實力派。李宗仁後來在他的回憶錄中寫道：「黃君（指黃旭初）老成練達，與我有同窗之雅，並曾入陸軍大學深造，謹小慎微，應對如流，全軍賴其輔導，上下歸心。嗣後我軍竟能戡平八桂，問鼎中原，渠早年主持戎幕，為本軍打下良好基礎之功，實不可沒。黃君其後主持廣西省政達十九年，澤被桑梓，亦非幸致。」

　　一九四九年十二月二日黃旭初離開南寧，因為軍事情勢上南寧已不可守。十二月三日他和白崇禧同時飛抵海南島的海口，他們在海南十九天。白崇禧乘艦出海指揮作戰曾小別一週，其餘每天都有會議或晤談，商討的都屬當前軍國要事，全不及私。又因由桂入越的敗殘部隊，為數尚不少，白崇禧乃囑黃旭初赴越南籌謀部隊生活的照顧和善後安排。法國駐邑龍領事田友仁那時也遷到海口，黃旭初請他辦理入越護照，但他轉報法方得不到答覆，無法辦通赴越南手續。十二月二十一日黃旭初和白氏握手分袂，飛往香港，白氏南飛榆林視察。不料此別竟成永訣！自此，黃旭初寓居香

港，後來國府聘為總統府國策顧問，但他一直沒有到職。一九七五年十一月十八日，他因心臟病發作，病逝香港九龍浸會醫院，享年八十四歲。

黃旭初在五〇年代末在香港雜誌上開始寫回憶的文章，前後有十來年，據香港傳記作家胡志偉先生估計，有二百一十五篇，共一百卅萬言。其中成書出版的只有《我的母親》一書，另外還有《八桂憶往錄》（後名為《廣西懷鄉記》）、《廣西與中央廿餘年來悲歡離合憶述》，這兩部書稿篇幅頗大的，史料價值尤高。胡志偉的評價是「從地域來講，他寫了自一八九八年李立廷領導會黨起義至國軍由桂南退入越南期間的廣西內政、邊防、外交、建設、金融、民族、約法、議員、自治、鐵路、糧產、通志、民意機關、粵桂關係以及外界對廣西的評價，儼然一部廿世紀五十年代前的廣西省斷代史；從政事來看，他從同盟會滲入廣西、辛亥柳州獨立、陸榮廷討袁、廣西護法、桂軍參加北伐、粵桂之戰、龍潭大戰、粵桂合力敉平南昌暴動、西征唐生智、逐奉軍出關、用兵武漢、黃張攻粵、滇軍攻南寧、中原大戰、粵桂反蔣、寧桂復合、桂南會戰、大別山戰鬥、衡陽保衛戰、崑崙關血戰、常德會戰、南寧兩次陷日、反攻桂柳、廣西光復，一直寫到李宗仁當選副總統、李白求和失敗、李宗仁飛美、監察院彈劾李宗仁、李宗仁回歸大陸，活生生是一部桂系政治軍事活動史。」。此外還有《辛亥革命廣西援鄂北伐軍》、《辛亥革命造成廣西陸榮廷握政》、《辛亥革命時廣西省議會與臨時約法》、《抗戰前夕寧桂間的微妙關係》、《遷省史話》、《廣西回應雲南護國討袁始末》、《劉古香柳州獨居》等近代史料的文章，但可惜的是並沒有單獨結集出版。

胡志偉還特別指出黃旭初寫近代史，資料主要取自他自己的日記，部份依據第十六集團軍總司令部中校參謀盧玉衡的口述和第五軍司令部編印處李誠毅等人的手記；敵方的行動，則依據日本人鈴木醇美的《廣西會戰紀事》等書。這也是他回憶錄史料之價值較高的所在。一般我們看到的回憶錄都是作者晚年的回憶之作，由於是數十年的往事，即使有驚人的記憶力，許多細節還是無法回溯的。而黃旭初寫這些戰役，有時間，有路線，何日何地被攻陷，戰役的整個路線圖，一清二楚。苟非靠當時的日記所載，是難以做到的。

據廣西壯族自治區博物館副研究館員巫惠民說他幾經周折後，在自治區文化廳、區黨委統戰部和廣西海外聯誼會的多方努力和協調下，終於二〇〇一年十二月十日將黃旭初的日記和信札徵集到，成為國家二級珍貴文物收藏於廣西壯族自治區博物館。日記是從一九三一年至一九七五年間所寫的，除一九三五至一九三六兩年共用一本外，其餘每年一本，共四十四

本。徵集時，除一九三一～一九三四年及一九三七、一九四〇年這六年日記因外借未還而沒有徵集外，其餘三十八本全部徵集入藏。而信札部分黃旭初將之集成七冊，共208封，1079頁。有李宗仁給蔣介石、黃旭初和臺北張群（岳軍）的信，有白崇禧致黃旭初的信，也有黃旭初給李宗仁以及黃旭初與夏威、程思遠、徐梗生聯名給李宗仁的信等。

鑑於黃旭初回憶錄的史料價值，我聯絡上在香港的黃旭初的次子黃武良同意出版。我找齊了黃旭初在香港《春秋》（半月刊）連載的《廣西與中央廿餘年來悲歡離合憶述》四十四章節，他在書稿最後記了「一九六三、八、四初稿」，這書稿前後，寫了近兩年的時間。文章刊出後，李宗仁從美國來函，對第一篇的章節作了若干更正與補充。於是黃旭初又寫了補正之一〈李宗仁由美來函話當年〉、補正之二〈廣西人在浙皖兩省的地方政權〉、補正之三〈桂人主皖政──由李宗仁到夏威〉、補正之四〈國軍戰敗避入越南經過詳情〉，對原書稿做了更詳盡的補充，可見其精益求精的態度。

此書稿談及李宗仁、白崇禧和蔣介石的恩怨離合甚多，為此我又找到黃旭初所寫的四篇文章，分別是：〈白崇禧兩度任副總參謀長之憶〉、〈蔣李初次會晤經過詳情〉、〈蔣李第二次會晤經過詳情〉、〈我記憶中的早年李宗仁〉，當作本書的附錄，如此對李宗仁、白崇禧和蔣介石之間的關係，當有更進一步的瞭解。書名也改為《黃旭初回憶錄──李宗仁、白崇禧與蔣介石的離合》。

感謝黃武良先生的無私協助，並提供其令尊的相關照片，讓此書稿更能圖文並茂，增添其光彩！也為研究廣西史料或桂系人物的學者專家，提供一份極為珍貴的史料。

目 次

第一章　李黃如何崛起及歸依國府經過

　　中國國民黨由國民革命軍北伐成功而掌握全國政權，直至三十八年冬天才退守台灣。廣西也因參加國民革命，力量茁壯，而執掌地方統治權達廿餘年之久。但在此期間，廣西與中央屢經離合，每次離合，影響全國都不小。當其離時，雙方都以勢逼出此，事非得已，互相指責，文電連篇。此種悲劇，一演再演，且不限於廣西。到七七變起，然後共棄猜嫌，一致禦侮。回顧起來，與兒童的忽嬉忽鬧，時好時仇，情景彷彿。

　　我個人也曾被捲入這種離合浪潮中漂盪過。現將廿餘年來廣西與中央的關係，就我身經目睹耳聞的情形，屏除成見，力求真實，按序記述，以貢之於留心往事者。惟我既未參加北伐，亦未任職中央，始終是在省內工作，許多重要情節，非我所能盡悉；加以記憶力日退，資料不全，錯誤或所難免，倘荷讀者予以指正，至所感企！

　　現在從廣西新派的興起與其歸依國民政府的經過說起。

由陸榮廷、到李宗仁

　　自民國建立直至大陸赤化之前，廣西的地方政治，很明顯的有前一時期與後一時期之不同，握廣西統治權者，亦成為前後兩個不同的系統。概括來說，前期是由民國元年至十三年，為陸榮廷一系人執政，所依靠的是北京政府；後期是自民十四年以後，為李宗仁一系人執政，所擁護的是國民政府。由今視昔，無論思想與作風，都覺後勝於前，這是時代的演進所使然；但後者卻是從前者所孕育出來的。為使讀者諸君明悉其間的演變，須先略述陸榮廷一系的情形。

　　辛亥八月十九日武昌革命爆發，廣西於九月十七日響應，當時清廷的廣西巡撫沈秉堃和布政使王芝祥都是外省人，雖被推為廣西都督和副都督，而不安於位，不久，都先後離桂；陸榮廷以廣西提督的地位，遂被革命黨人及將領官僚推舉其正位廣西都督。民國元年七月十二日，袁世凱總統正式任命十省都督，廣西仍為陸榮廷。陸氏起於草莽，讀書不多而極好《三國演義》，生平讀爛過兩部，再新購第三部，故頗受忠義傳說的薰

陶，認為人應忠於其主，滿清既正式讓位於中華民國，國人自應對民國盡忠；民五他響應雲南的蔡鍔反對袁氏稱帝，雖尚有其他原因，而以袁對民國不忠，最為其所痛恨。他為倒袁而得插足於廣東。民五年七月六日黎元洪總統下令改各省督理軍務長官為督軍，同日調陸榮廷督粵，而以陳炳焜為廣西督軍，但陸氏意猶未足。不久，黎元洪下台，馮國璋繼任總統，民六年三月廿六日陸氏入京謁見馮國璋有所要請，是年四月十日馮即發表以陸榮廷為兩廣巡閱使，調陳炳焜為粵督，以譚浩明為廣西督軍。陳、譚兩人都是陸最親信的部屬。六年六月，國會被非法解散；九月孫中山先生被非常國會舉為大元帥，並在粵組織軍政府，領導護法；陸氏與譚浩明聯名電粵反對軍政府與大元帥，陳炳焜與莫榮新（繼陳督粵，亦陸氏親信）對軍政府遇事阻撓，政學系又操縱於其間，終於改組軍政府為合議制，使孫氏一籌莫展，逼得辭職而於七年六月離粵。孫陸終告決裂，因有民九年的粵桂戰爭，桂軍戰敗，失去廣東。孫氏返粵於民十年五月五日就任非常總統，與北方徐世昌總統相對立。徐必欲消滅此對立的政府，乃接濟陸榮廷以餉彈，使之由桂攻粵，六月發動，孫總統亦下令討陸，桂軍又敗，陸、譚皆出亡，孫總統以陳炯明為廣西善後督辦。民十一年五月，陳炯明將叛孫，盡撤在桂之粵軍回粵，桂局又變；是年九月十二日黎元洪總統（黎氏下台後又上台）派陸榮廷為廣西邊防督辦，陸遂又回桂省，其舊部紛紛復起。沈鴻英亦於十月率部由贛回桂，忽而附北，忽而附粵，反覆無常，在桂林、柳州一帶與陸部作爭奪戰幾達兩年，至民十二年十二月，陸氏始驅逐沈鴻英而入桂林。民十三年一月三十日北洋直系首領曹錕（時任總統）又任陸榮廷為廣西軍務督辦。在此兩年中，李宗仁一系的新興力量漸漸起來，奄有廣西東南區域，至是，李遂聯合沈鴻英部將陸氏殘餘部隊次第蕩平，陸氏逃入湘境，於民十三年十月通電下野，結束其一系十年的政治生活，不復再起。陸掌桂政，雖無建設，卻少擾民，省內九年間無兵禍、無紙幣禍，及其敗亡，兩禍乃並發。迨其出亡復歸，一度圖再燃死灰，可謂不自知其不合時宜了。

同學少年、風雲際會

李宗仁一系是怎樣起來的呢？

當陸榮廷任廣西都督時，李宗仁、黃紹竑、白崇禧、夏威、黃旭初、李品仙、葉琪、廖磊、張淦他們都還在學校當學生。很有點奇妙，這一系的主要人物幾乎是同一個校門出來的，那便是桂林的廣西陸軍小學。辛亥

革命既起，廣西陸小停辦，民元就原址改辦廣西陸軍速成學校。李宗仁由陸小轉入速成。黃紹竑、白崇禧等則由陸小而陸軍中學而保定軍官學校。黃旭初、張淦等是速成招生被取錄的。

陸榮廷一系的人物由舊式軍隊起家，對於陸軍學生，臭味不相投，初不喜任用，而終不能不用，遂使這些學生得到後來發展的憑藉，所以我說：「後者是由前者孕育出來的。」其故在此。今再述其經過如次：

李宗仁於民二年在速成畢業。民五廣西響應倒袁，擴充部隊，乃得投入陸榮廷都督屬下林虎所部為排長，經驅龍（濟光）、護法各役，李屢建戰功，薦升幫帶（等於副團長）兼營長。民十粵桂戰爭，陸氏失敗，首次出亡，林虎部粵籍將領多向粵軍投降，李不降，率桂籍官兵千人避入鬱林附近六萬山中，粵軍莫奈他何，只得以粵桂邊防第三司令的名義來羈縻他，仍駐鬱林附近。民十一年夏，在桂省之粵軍被陳炯明盡撤回粵，陸氏舊部乃紛起割據，鬱林各屬人民因李宗仁曾有賣槍以維持部隊給養，而不向地方籌款以擾民的故事，乃聯請其留駐鬱林。當時廣西省內各處騷亂不寧，但鬱林卻很安靜，李乃養精蓄銳，觀變待時。不久，黃旭初、朱為鉁、曾志沂等都轉到李的幕中。

黃紹竑、白崇禧、夏威等於民五年由保定軍校畢業回省。那時由各種軍校畢業閒散在省的人很多，當局如不予理會，恐成問題，當時的廣西督軍陳炳焜乃採納馬曉軍的條陳，於民六年夏間設立廣西陸軍模範營於南寧來安置他們。營長為日本士官生馬曉軍；陸大生五人：馬軍毅為營附，朱為鉁、曾志沂、黃旭初、龍振麟為連長；白崇禧、夏威、黃紹竑等保定生十一人和張淦、馮毅剛等速成生十二人皆為連附。此營曾參加護法、粵桂各役，漸次擴展，六年間更換過七個名稱，黃紹竑、白崇禧、夏威都不曾離隊。民十年孫總統由粵派兵入桂，馬曉軍團長率部附義。民十一年夏，粵軍退走，桂局崩潰，馬曉軍部由百色調南寧，沿途苦戰，隊伍殘破，馬氏因軍食無著，無法維持，將部隊交給黃紹竑統率而離桂省。白崇禧因在邏里夜巡警戒線跌傷足部，先已赴粵就醫，那時不在隊中。黃紹竑帶著這三百殘兵，由南寧繞道粵邊靈山，打算先到他的原籍容縣暫時歇腳，再作區處。當時這消息為雄據鬱林的李宗仁所聞，立即由鬱林派人到廉江等候歡迎，邀請黃紹竑合作，黃自是樂意，遂於是年七月十八日編入李部為第三支隊，移駐容縣。這是李、黃結合的發端。

計取梧州、打通大河

　　李黃結合後，黃紹竑以困處非計，須謀向外發展，倘能取得梧州為根據地，形勢扼要，財力雄厚，將來進取便易安排了。但梧州為沈鴻英所部的防地，黃乃先商得李宗仁的同意，於民十二年三月將自己所部作為脫離李部而偽裝投歸沈軍。李以黃的兵力太小，恐達不到企圖，慨然密撥精銳兩營人相助。沈最譎詐，但這次對黃之投歸竟信而不疑，使黃及所部之眾毫不費力而得入駐梧州，初步計劃實現了。

　　其時，孫中山先生於陳炯明敗後，返粵組織大本營為大元帥，黃紹竑乘白崇禧在粵醫治足傷之便，使白氏偕陳雄謁中山先生，請得任黃紹竑為廣西討賊軍總指揮的委狀帶回來；恰巧沈鴻英在民十二年四月中旬又受北京政府的委任在廣東背叛中山先生，但不久即被各軍合剿而潰敗，沈的殘兵和輜重由西江向梧州退回，黃紹竑乘此機會，即將討賊軍的旗幟標出來，而將在梧州的沈部肅清，達到了掌握梧州的目的。這是李系與大本營發生關係的第一次。

　　白崇禧回梧州任廣西討賊軍參謀長，輔佐黃紹竑將梧州附近兵匪不分的部隊逐一收拾，地方才得安靜，商旅暢通，稅收增加，實力竟超過鬱林，使李宗仁也為之興奮。李、黃與其幹部，當時年紀都在三十左右，年壯氣盛，喜冒險進取，抱功名事業心，對著全省紛亂的局面，慨然以澄清為己任。經雙方密議，先合力進攻盤據貴縣、桂平、平南一帶的陸雲高，打通大河，使梧、潯、鬱聯成一片；民十二年十一月發動，討賊軍溯河而上，定桂軍（李部在發動時改稱，以示平定廣西為職志）順流而下，東西夾擊，果然旬日即告成功，使得經濟、政治、軍事三方面的力量都大為增長。

奪南寧城、拒劉震寰

　　到此，廣西即成為鼎足三分的形勢：陸榮廷擁有中、西、北的廣大地域；沈鴻英在東邊；而我們自己卻得了東南。就兵力說，陸最多，沈次之，我們最少，故我們絕對不能同時對陸、沈兩面作戰。就政略說，陸仍受命於北京，我們必須制止其再起。就戰略說，應先聯沈以共同對陸，乃有勝算可操。到了民十三年六月乘著陸、沈在桂林爭城交鬨的機會，定桂、討賊兩軍合取南寧，陸榮廷的邊防軍韓彩鳳部聞風而逃，我軍於六月

廿三日不戰而得這廣西省會，北京所派的省長張其鍠，悄然離去，各法團公推張一氣為臨時省長，討賊軍又推戴李宗仁為定桂討賊聯軍總指揮，黃紹竑自居為副，七月十六日張一氣省長與李、黃兩人同時就職，新省政中樞宣告樹立。聯軍對左江、右江、柳州、慶遠各處的陸部，繼續進攻，八月次第蕩平。陸榮廷則被沈鴻英圍攻於桂林，九月敗逃入湘，十月通電下野，不能再起。

　　不久，因孫大元帥將赴北京，忽於民十三年十一月六日任命劉震寰為廣西省長，令率部回桂。劉部原隸屬於陳炳焜，民十年孫討陸時，劉在梧州附義，因此得任廣西綏靖督辦。民十一年夏陳炯明撤退在桂之粵軍回粵叛孫，桂局瀕於崩潰，劉由邕退到平南。中山先生為討陳炯明，由滬函港鄒魯聯絡桂境各軍，鄒氏派范其務到平南，結果滇軍楊希閔及沈鴻英、劉震寰等盟於白馬壚，應中山先生之命東下討陳，劉被任為桂軍總司令，於十二月十日發動，十二日入梧州，次年一月十六日入廣州。以後沈叛，劉又參加討沈，以及繼續討陳。但劉氏在粵假借革命軍旗幟橫征暴斂，商民怨憤。彼時劉復與沈鴻英、林俊廷暗相勾結，協力謀我；天下未定，人懷野心，此亦不足為怪。但劉氏為省長消息一經傳到，商民既畏其貪暴，我方明知其不能相容，所以都不表示歡迎。中山先生北上後，胡漢民、許崇智特為此事電召李宗仁赴粵商洽，李不能行，由黃紹竑赴商，結果，劉不赴任；而大本營於民十三年十一月廿五日發表李宗仁為廣西綏靖處督辦，黃紹竑為會辦，並令取銷定桂軍、討賊軍名稱，改為廣西陸軍第一軍、第二軍，李、黃仍各兼軍長，於十二月一日就職。廣西與大本營的關係，至此又進了一步。

借助粵軍、協力平沈

　　在鼎足三分的形勢下，當時進取的戰略，我方與沈鴻英實在彼此相同，先要共同對陸，這是大家心照不宣的。現下陸氏已滅，在我便要對沈，在沈也便要對我了。我方偵知沈軍的計劃是要在民十四年一月分三路出動，襲我梧州、平南、桂平。我方遂先發制人，也分三路攻沈。但那時我軍實力，不及沈軍一半，於是，商請駐梧的大本營西江善後督辦李濟深出兵稍助，李派其第一師第二旅（旅長陳濟棠）參加；右路即由陳濟棠指揮其第二旅及夏威縱隊於民十四年二月二日由梧進發，是役擊敗沈鴻英、榮光父子於信都宮步橋、賀縣梅花街、桂嶺。沈氏父子逃入湘邊；陳濟棠旅則回駐梧州，夏縱隊直向平樂進擊。中路由俞作柏指揮俞縱隊及黃超武

部於一月廿六日由濛江進發，擊敗陸雲高及陳春光等於大平墟、均常、水秀、栗木各處，到了二月十一日佔領平樂。左路由李宗仁、白崇禧親率李石愚、陸超、鍾祖培、呂煥炎各縱隊於一月廿九日由桂平進發，在武宣、二塘、金雞各處擊敗鄧瑞徵、鄧佑文兩部，李宗仁於二月九日進入柳州，將部隊交白崇禧率領追擊。白再敗兩鄧於中渡、良豐，遂入桂林，鄧瑞徵逃入湘邊，鄧佑文逃入黔邊；此際因唐繼堯派兵侵桂，一部已入南寧，白氏乃留兵守桂林而自統軍回柳州。

陸榮廷殘部韓彩鳳，乘我北追沈軍、南顧滇軍之際，糾集沈軍殘部乘虛由長安、融縣圖襲柳州，幸白崇禧回師趕到，四月三、四兩日，將其擊敗於東泉、上雷。

沈鴻英以我大軍已撤退往禦唐軍，乘機復起，以沈榮光襲平樂；鄧佑文部出古化、龍勝；沈鴻英親自襲桂林。數路並舉，捲土重來，平樂、桂林又後失陷，白崇禧逼得由柳回兵再向桂林。幸得夏威迅速收復平樂，追擊沈榮光直到桂林，沈氏父子已是強弩之末，棄城向西北逃，與鄧佑文會合。白氏到後，設計將沈軍由險峻山坳誘出兩江平野，四月廿四日圍擊大破之，殘餘已經無多，再被窮追，遂完全散滅。此役費時整整四個月。

拒唐假途、偕范破敵

省內陸沈兩大敵都被解決了，無端又從省外來一大敵。此即雲南的唐繼堯，乘中山先生北上，勾結在粵的楊希閔、劉震寰覬覦粵政，舉兵經桂向粵。民十四年初，唐氏派代表持委狀到邕欲強李宗仁、黃紹竑接受；並揚言滇軍要假道廣西入粵，會師北伐；李、黃以唐氏此舉，實與革命背道而馳，堅決予以拒絕。但唐軍前鋒，已闖入桂邊，而此時沈軍對我，猶正在發動進攻，真是內外夾攻，兩面受敵，迫得只有先將沈軍掃蕩，再來對付唐軍，一面向大本營請兵援助。當時唐軍分三路由雲南入桂：第二路龍雲，率二萬五千人取道百色，二月廿三日即侵入南寧，我軍因兵力太少，只對敵警戒，不與接觸，敵為等待後隊齊集，亦不即前進，而停在邕城。此時大本營已派滇軍范石生部由廣州西上應援，四月四日我軍會同范軍進攻邕城，兩週不能下，而敵第三路胡若愚率萬餘人又到，敵出城猛撲，我軍敗退到下游三十里渡河在蒲廟停止。敵在邕架橋渡河向蒲廟進攻，我情報靈通，乘敵軍離城，即刻用船隻由蒲廟渡河，疾向南寧偷襲。但敵人也機警，前隊到蒲廟撲了個空，立刻向後轉疾奔回城池固守，不敢復出。我

以攻城無效，乃撤圍到城北數十里高峯隘一帶山脈上監視。龍雲與胡若愚兩路部隊終不離城一步，似在坐聽其第一路軍的消息以定行動。

雲南的唐繼堯同時又以副元帥名義任劉震寰為廣西全省軍務督辦兼省長。劉擬由廣東北江回桂，但為大本營令朱培德予以截阻，此係是年五月中旬間事。

當我軍向湘邊窮追沈鴻英殘部時，雲南唐軍第一路的唐繼虞率二萬五千人已由黔侵入，其前鋒吳學顯部圍攻柳州，我急由邕方調兵向柳，黃紹竑由梧州趕來指揮，擊敗吳部，解了柳州之圍。吳退至沙埔以待其大隊來援，黃不即進逼，而側向東泉以待白崇禧率平沈大隊由桂林趕到中渡，黃以電話連夜與白商定後，翌晨（六月四日）黃由東泉、白由中渡齊向沙埔進擊，唐繼虞大隊源源湧到，血戰一日，敵軍大敗，死傷千餘，爭退墜河淹死者二千餘，被俘者二千五百。我軍追擊至慶遠、懷遠，再予敵以痛擊，唐繼虞只率著殘兵數千，經東蘭、鳳山狼狽逃回雲南去了。

我將俘虜送給范石生部作補充兵，並釋放小部使入南寧，龍雲與胡若愚所部軍心為之動搖。加以敵人在邕，水土不服，病死數千。我移柳、慶部隊來邕，與范軍合力進逼，敵遂不能支，於七月七日之夜潰向左江，經雷平、鎮邊亦逃歸雲南。

廣西內外強敵，全已肅清，到此全省才告統一。

出兵助粵、肅清南路

孫中山先生在北京逝世後，廣州大本營於民十四年七月一日改為中華民國國民政府，採合議制，譚延闓等十六人為委員，推汪兆銘為主席。十月十二日汪兆銘、譚延闓、李宗仁、黃紹竑在梧州會晤，討論兩廣統一問題。廣西已統一了；廣東東江雖已敉平，但南路尚有陳炯明的總指揮鄧本殷、副總指揮申葆藩盤據，國民政府決定對南路用兵，汪、譚此來，是要廣西出兵助粵，並商定作戰概要。

十一月一日國府任命朱培德為南路總指揮，以陳銘樞、王均、戴岳為第一、二、三路，廣西的俞作柏為第四路，陳章甫為右側支隊，會攻南路。是月廿日，魯、滇、湘、桂各軍會攻高州，鄧本殷部不戰而逃向雷州，渡海入瓊。

欽廉方面之軍事行動，由廣西部隊獨力擔任。以胡宗鐸由上思向欽縣，分一部由那良向防城，以黃旭初由南鄉向靈山，而令俞作柏於肅清高州後移師向合浦、北海。欽縣為申葆藩據守，實陸榮廷殘部的逋逃藪。我

軍各路於十二月一日發動，合逼欽縣，申葆藩將部隊交林俊廷而先逃，林又將部隊交楊騰輝後亦逃，楊率部投降，胡宗鐸將其編為一團，率歸南寧。十二月七日各部班師回廣西，將欽廉交廣東接收。至是，南路肅清，廣東統一。

「平沈」、「拒唐」、「南路」三役，表現了廣西與中樞的密切合作，增加了彼此間的互信。民十五年一月，中國國民黨第二次全國代表大會，李宗仁、黃紹竑均被選為候補中央監察委員。李濟深也是這屆被選為中央執行委員的。這是廣西參加黨中央的開始。

聽命國府、改組軍政

關於兩廣統一問題，雖已做到了各自省內統一，但若談到在國民政府下的統一，還有許多具體問題待解決。民十五年一月廿六日國府派汪兆銘、譚延闓入桂勞軍，並就統一問題在梧與李宗仁、黃紹竑交換意見。李、黃再派參謀長白崇禧到粵，期望得有結果。白氏在粵進行情形，他於二月十九日在致李、黃電中報告得很詳細，原電云：

「……吾省軍政前途，今後亟須使上革命軌道，前電經已略陳，素為鈞座所明悉。欲負擔革命工作，完成革命任務，在理論與事實上，均非將軍、民、財三政與廣東鎔成一片直受中央支配不為功。政治關係省內，抑亦關係全國，自成風氣，實不可能。軍隊更改編制，尤與財政關係密切。即以軍隊而論，廣東革命軍確實注重改良士兵生活，月餉十元至十二元，吾省若將財政自理，則士兵生活問題必難解決，結果必有貌合神離之象。而於政治建設方面，亦結果將演成閉門造車之情況，將來必為革命之障礙，而國家之進步，亦必因而延滯。連日與中央諸公磋商，若吾省能將軍隊依照廣東編制，政治能接受中央法令，財政交中央支配，則一切問題，當能與中央合轍，由中央統同籌劃，互相調劑。則此後對於革命任務，固屬共同負擔，而於補助接濟方面，亦已痛癢相關，不能秦越相視矣。禧知兩公對於革命重要，已有深刻認識，對於革命工作，已有決心，歷年奮鬥，其目的在救中國，非救區區之廣西也，禧抵粵以來，見中央對廣西，僅抱聯合態度，一切設施，規模太小，目光只在粵省，不似統一全國機關，於將來革命之發展，諸多妨礙，已對汪、蔣、譚諸公自動提出先將兩廣確實統一。此種主張，駐粵各方極端贊許，想兩公必然贊同。現因體念上級長官以圖節省電報來往時間起見，由汪先生提議，組織一中央特別委員會討論兩廣統一辦法，先將軍事財政統一，再及其他，各件議決案，由

禧帶回南寧交兩公核奪認可後，交中央軍事、政治委員會議決，由國民政府執行。巧日開始討論，兩公有何意見，請速電示為禱。……」

李、黃完全同意白的意見。三月廿四日，國民政府成立兩廣統一委員會，由會擬具兩廣統一案；三月十五日，將案提由中央政治會議通過，內容三項：

（1）廣西省政府接受國民政府命令，處理全省政務；

（2）廣西軍隊全部改編為國民革命軍；

（3）兩廣財政，受國民政府指揮監督。

這決議案很快便付之實行，首先是第二項。三月廿四日，軍事委員會任命李宗仁為國民革命軍第七軍軍長（黃紹竑為第七軍黨代表）。四月，廣西將陸軍第一、第二軍撤銷，合併編為國民革命軍第七軍；將各縱隊撤銷，改為旅，計全軍編為第一至第九旅，旅長按順序為俞作柏、白崇禧、劉日福、黃旭初、伍廷颺、夏威、胡宗鐸、鍾祖培、呂煥炎；每旅兩團；另獨立團兩個，入伍生團一個，炮兵、工兵各一營，入伍生隊一隊；無師一級。

其次是第一項，六月一日廣西依照統一案改組省政府，推黃紹竑為省政府主席。

倒是第三案較有困難，比方部隊薪餉如提高與廣東一樣，中央即須補助鉅款才能照辦，但財政部長便要皺起眉頭來了。所以此案實行不能徹底。

廣西從此成為國民政府轄下第二個省份。

第二章　李白參與北伐及第七軍出征

　　國民革命軍北伐的實現，得力於兩個原因：第一、廣西以偶然的機會，誘發湖南唐生智參加革命，為北伐打開了門，鋪平了路；第二、李宗仁、白崇禧親自赴粵，費數旬光陰，向中央各首要力陳利害，請早北伐，更得一位桂籍粵軍領袖李濟深的贊同，與廣西一致，出兵援唐；然後黨中央接受海內外的請願，通過迅速興師北伐案，任命北伐軍總司令，誓師出發。

　　在北伐初期作戰中，自以汨羅河、汀泗橋、賀勝橋各役規模較大，且負盛名。但援唐兩次小戰，所關卻十分重要，如果無最初那兩次勝利，北伐的進展，恐怕不能如此順利。

　　關於戰況的敘述，以我所知較多的第七軍為主。其餘涉及的，限於所知，頗為簡略甚或闕如。

　　本章記敘，止於克復文昌，餘俟諸下節。

統一意志、準備北伐

　　孫中山先生北伐的宏願，因陳炯明叛變而未遂。到兩廣統一後，北伐議論乃復起。

　　北伐，這是個很大的問題，我們幹部間曾漫談和正式討論過多次，有兩種不同的意見。反對北伐的說：「兩廣禍變迭生，連年苦戰，現雖掃平叛逆，然已民困兵疲，而廣西為尤甚，正宜休養生息，以待良時，何可即興大戎，重苦民眾？昔陸沈窮蹙省內一隅，吾人竭盡氣力，乃得蕩平，今北方軍閥，張作霖久據東北，根深蒂固，不易動搖；新近再起的吳佩孚，既得長江各省的通電擁護，復與張作霖通好言和，其聲勢的浩大，不減直系盛時；況張吳既相聯結，更少可乘之隙，兩廣與其相較，可謂地狹兵微，北伐真是談何容易！」這雖言之成理，但主張從速北伐的自有其獨具的見解，以為：「甲、欲救中國，除了國民革命，此外實無第二法門。乙、目下潮流所趨，人心所向，深信革命必能成功。丙、張吳的暫時和好，僅為共同對付馮玉祥、但彼此利害的矛盾，實在無法消融；而雄踞東

南的孫傳芳，雖曾隸屬吳佩孚，卻野心勃勃，欲獨樹一幟，非甘受吳指揮者；我若出師北伐，張、吳、孫將坐觀成敗，冀收漁人之利。丁、北有國民軍為我聲援，南有湘黔軍作我前驅，此時正是北伐的良好機會。」因為高級幹部都是主張北伐的，對持反對意見的做了些解釋說服的工夫，大家也就歸於一致。

湘被策動、參加革命

有一偶然的事，令得大家對北伐的興趣格外增高的，那是湖南唐生智被我們策動而參加革命。

廣西在統一、拒唐、援粵各役後，聲譽漸起，為各方所注目。十四年冬，湖南省長趙恒惕特派旅長葉琪代表來訪問，希望廣西贊同其聯省自治的主張，則湖南將幫助廣西向粵發展。據葉琪說：「趙氏的企圖，只欲消滅在粵譚延闓、程潛兩部湘軍，對於粵省地方政權，任由廣西支配。」廣西早已決定接受廣州方面的領導，站定革命的立場，自然不為趙氏所分化。葉為廣西人，與李宗仁、黃紹竑、白崇禧、夏威、張任民等許多人都是同學，久別重逢，坦率如舊，無所不談，遊處日多，竟為我方的意見所潛移默化，願意回湘說動湘南督辦兼第四師師長唐生智起義驅趙，將湖南置於革命政府領導之下。李宗仁對葉說：「如果孟瀟（唐生智字）有此決心，廣西當以全力為其後盾，即廣東革命政府，也不會坐視不救。」葉接受了這個建議，立即與唐生智暗通消息，秘密進行。

十五年一月廿六日，中央派汪兆銘，譚延闓入桂商談加強兩廣團結問題，李宗仁督辦特偕葉琪由邕到梧會晤，並以策動唐起義驅趙的事面報，汪譚以此舉意義重大，答應代轉中央。汪譚歸去後，李、黃派參謀長白崇禧偕葉赴粵，直接再向中央報告。白故意向報界宣洩葉為唐的代表，此來為向國府通款曲。葉見報，笑道：「這可不得了！將來我如果經過漢口回去，吳佩孚怕要把我扣留了！」果然因此引起趙對唐的疑忌，愈加速其分裂。二月廿四日趙為唐所迫而離湘赴滬；三月十一日趙向省議會辭省長職，並委唐為內務司長，代理省長。三月十七日唐入長沙，但以內受趙部三師（葉開鑫、劉鉶、賀耀祖）的控制，外失江西方本仁（已被鄧如琢逼走）的聲援，不敢就職；廿五日國府代表陳銘樞、白崇禧到長沙予以策勵，唐始就職。李宗仁又履行他對葉琪的諾言，應唐的要求，派兵一旅到湘桂邊界的黃沙河為唐聲援。於是，唐委賀耀祖為湘西督辦以散趙氏之黨；誘捕劉鉶，收繳劉師駐長部隊的武器；派兵襲攻岳州葉開鑫師，葉退

入鄂。

北伐的門，就這樣逐漸在湖南打開了。

推動中央、早定大計

白崇禧在粵，不時將應早日決定北伐的主張，向中樞陳說。及李宗仁將派兵援唐情事報告中央時，亦同時懇請中央儘速利用時機，確定北伐大計。得覆電云：「策動唐部舉義，至深嘉許。桂省出兵支援，亦表贊同。至北伐問題，關係重大，深盼李督辦來粵會商，再行決定。」

李接電後，即於三月下旬由邕赴粵，欲就北伐問題，請中央速下決心。不料到粵後，正當中山艦事件剛過不久，政治鬥爭暗潮未息，各方對北伐的興趣不高。李頗感焦急，遂分頭活動，欲進行說服，他說：「北伐為中山先生素志，屢經挫折，未底於成。今兩廣已告統一，而湖南唐生智又舉義旗，投入革命懷抱，此正出師北伐底定中原的有利時機。若有此可乘之勢而遲疑不決，任令唐氏的驅趙運動自生自滅，則唐部勢將被吳佩孚所擊潰，而吳氏的聲威，將由此大振；且唐繼堯新敗回滇，亦必重整旗鼓，亟圖報復；其時兩粵周圍，皆有勁敵，欲圖興師北伐，必將困難於今日。」李氏固言之成理，但各方反應未見熱烈。當時共黨反對北伐的氣焰，雖然已被中山艦事件壓息，但餘波仍不時蕩漾。至於各軍首長，如譚延闓、朱培德、程潛等，或由於個人對唐生智的不滿，欲藉此報復私怨，坐觀成敗，以收漁人之利；或以廣東富庶，菸賭林立，企圖苟安現狀，從中謀利。故對於李宗仁請早北伐的要求，一時並未有任何決定性的積極態度。

然而不久，李宗仁預料唐生智前途變化的話，不幸而中了。趙恒惕在上海，聞唐摧殘其所部不遺餘力，乃電令葉開鑫求援於吳佩孚。吳對湖南並未忘情，立允出兵助葉，委葉為討賊聯軍湘軍總司令。葉得吳援，復攻入岳陽，追擊唐部，長驅南進。唐氏四月廿四日由長沙退衡山，葉挾北軍與鄂、贛、粵各軍分途進逼，唐再退衡陽，連電國府及廣西告急請援。廣西的援兵兼程赴援了。

國民革命軍第四軍軍長李濟深，很欽佩李宗仁的熱誠，非常贊同從速北伐的主張。他乘唐氏告急的機會，自動向中央政治會議提出，願抽調第四軍陳銘樞、張發奎兩師先行入湘，歸第七軍指揮，以促北伐的早日實現。在會議中譚、朱、程各軍長以第四軍為廣東部隊，今既自告奮勇，先行入湘助戰，勝固有益大局，敗也與己無關，於是大家樂得贊成，案即通過。張師的葉挺獨立團及陳師，均於五月間出動赴湘。

自此，國民黨第二屆中央執行委員會五月廿五日開第二次全體會議，決議接受海內外迅速出伐的情願；五月廿九日蔣介石主席在軍事委員會主張先撥廣西二十萬元出發援湘；六月三日各軍長請蔣介石擔任北伐總司令，領導北伐，四日黨中央執委會臨時會議，通過迅速興師北伐案；五日國民政府特任蔣中正為國民革命軍總司令。李宗仁以來粵使命已告完成，遂於六月十八日返桂，蔣氏親送之於石圍塘登車西上。

李任出征、黃留主政

當在省內討論北伐問題時，已經涉及廣西部隊究竟由誰統率出征呢？本來李宗仁與黃紹竑都是軍長，誰也適任。但黃自己表示對於地方建設感興趣，自從十四年九月臨時省長張一氣辭職後，大家便推他當廣西民政長了，所以廣西部隊改編為國民革命軍第七軍時，他推李擔任軍長，統軍北伐，而他自己願留在省內任省政府主席，並兼第七軍黨代表。

白崇禧任第七軍參謀長兼第二旅旅長。他滯留廣州很久，蔣總司令愛重其才，欲任其為總參謀長，白辭以年輕望淺，乃改以李濟深擔任，而以白為副總參謀長。白氏所遺第七軍兩職，由別人接替。後來大軍北伐，李濟深留守廣州，白遂代行總參謀長的職務。蔣在人事上如此部署，完全是因為當時國民革命軍雖有八軍，但以第四、第七兩軍為最精銳，不能不借重桂人，以適應當時的軍事形勢。

第七軍參加北伐的部隊共四個旅：第一旅（旅長夏威），轄第一（團長陶鈞）、第二（呂演新）兩團；第二旅（李明瑞），轄第三（俞作豫）、第四（李朝芳）兩團；第七旅（胡宗鐸），轄第九（陸受祺）、第十四（楊騰輝）兩團；第八旅（鍾祖培），轄第十五（周祖晃）、第十六（尹承綱）兩團。另特務團李×，炮兵一營、工兵一營、衛生隊三隊。第七軍初時編制不設師，為指揮方便計，設第一路軍及第二路軍，以夏威、胡宗鐸分任兩路指揮官。以上四旅、一團、及炮、工、衛生部隊，視作戰情況隨時配屬於某一路。

出征軍的軍餉雖由中央負擔，但初期的被服、彈藥等，仍由省內供應。補充兵卻完全由省內送給。

桂粵助唐、反攻獲勝

第七軍最先入湘援唐的部隊，為鍾祖培的第八旅，而第八旅又以尹

承綱的第十六團為前鋒。唐生智退守衡山，尹團即在五月中旬趕到加入作戰，唐派尹團協防醴陵。唐部攻姜畬失利，再退衡陽，其部隊因一敗再敗，士氣非常頹喪，而葉開鑫乘勝追逼，其勢洶洶，令得唐氏已無固守衡陽的信心，一面將輜重向衡陽、永州後移，一面向葉開鑫偽提和議，以緩敵待援，形勢險惡，可以想見。假使援到稍遲，衡陽陷落；或唐葉談和，弄假成真，都可使湖南局面，整個轉變，北伐困難，必將大增。幸得鍾旅長率第十五團於五月廿八日到衡陽，並將尹團由湘東調回歸還建制；而第四軍第十二師葉挺的獨立團五月三十日也到達永興。唐氏得這兩支生力軍加入兩翼，才一舉破敵，守住了衡陽，才敢宣佈就國民革命軍第八軍軍長職。

第七軍第一次作戰便獲得了勝利。其情形如下：

唐生智由衡山退衡陽時，正面以李品仙、周斕、劉興三師守萱州、樟木市、渣江之線；左翼以何鍵師沿蒸水南岸洪羅廟、金花寺之線佈防；右翼以三十九團守安仁。正面之敵為湘軍葉開鑫師，及吳佩孚令派助葉的北軍余蔭森師；左翼為歸葉指揮的湘軍劉鉶、賀耀祖兩師；右翼為贛軍唐福山師及駐贛粵軍謝文炳師。

五月廿九日賀部的鄭學海旅自雷祖廟向何師陣地猛攻，幾被突破；唐生智派鍾旅往援，六月一日到達紅羅廟，當晚向敵進攻，並約何師同時出擊，三日鍾旅強渡蒸水，將鄭部擊破，於是左翼之敵聞風喪胆，潰退漣水北岸，鍾旅與何師追擊直到街埠頭、杉木橋。

當左翼激戰時，葉、余合力攻我正面，李、周、劉支撐極苦，左翼勝利消息傳來，他們的胆氣忽然壯盛，又知右翼有第四軍到了，側面也已安全，遂於六月三日全線反攻，葉、余聞劉、賀敗耗，已疑是兩廣的生力軍在加入，心生畏怯，全線崩潰，也退集漣水北岸。右翼第四軍葉團也擊破唐福山，謝文炳兩部，六月四日佔領安仁，五日克攸縣，敵大部退醴陵。

敵在湘江東西兩岸都失敗了，唐生智才能在衡陽再等後續援軍到來，得大規模反攻的機會。

收復長沙、湘局大定

第七軍第二批入湘援唐的部隊為胡宗鐸率領的第二、第七兩旅。

唐生智欲乘葉軍新敗，後援未集時，收拾湖南，乃催請李宗仁增兵來助。李亦望湘局早定，好促北伐的進行，即令胡宗鐸率部入湘，向永豐集中。第四軍陳銘樞、張發奎兩師，亦已集結安仁、攸縣。

葉開鑫攻衡失敗後，向吳佩孚請求增派援兵。吳知兩廣派兵助唐，遂發動四路大軍南進：以宋大霈為第一路司令，協助葉、余、擔任正面作戰；王都慶為第二路司令，擔任臨澧、常德一帶防務；唐福山為第三路司令，仍率謝文炳師擔任湘東方面作戰；董政國為第四路司令，率閻日仁、唐之道兩旅為總預備隊；以鄂軍夏斗寅旅加入劉鉶、賀耀祖兩師進入湘西。大有一舉蕩平湖南之勢。

七月一日唐生智以援軍齊集，令各軍向前開進，令第四軍當湘江東岸之敵，第七、八兩軍合擊湘江西岸敵人。七月三日漣水暴漲，葉、余各部在北岸的防禦工事多被沖毀，唐生智乘勢下令猛攻。五日鍾旅與劉興師克復婁底，向譚家坪挺進。七日與葉開鑫師激戰於大樂坪、挑水嶺、唐連山，葉敗走湘鄉的新橋鎮。何鍵師亦於七日克瀯水、普安堂、十里石。九日胡宗鐸率部由永豐北渡到側水、杏子舖，協同何師圍攻潭市賀耀祖部，賀退入湘鄉城內；適周斕師由朱津渡、石獅江向湘鄉進攻，胡與周夾擊，克復湘鄉。鍾旅與劉師見湘鄉已克，遂沿漿水進攻寧鄉。十日胡與李品仙師克湘潭；第四軍亦大敗唐福山謝文炳部而克醴陵，敵退向萍鄉。十一日李、周兩師克易家灣向長沙前進，葉開鑫已不敢接戰，紛紛逃向汨羅河北岸，李、周安然入長沙；同時胡與何師進佔靖港，鍾與劉師克寧鄉。不久，益陽、常德均告克復，劉鉶、賀耀祖等退向津、澧，夏斗寅部受編為第八軍第四師。湖南局面，由此大定，唐生智乃通電用青天白日滿地紅國旗。

李宗仁軍長是七月十七日率夏威部到長沙的。

以上所述，是北伐大戰的序幕。

大軍啟行、元戎北上

北伐大軍終於發動了！

蔣中正既受命北伐，便積極部署軍事，令各軍酌留必要的兵力綏靖地方，其餘悉數參加北伐；以李濟深留守廣州，居中鎮攝。七月九日蔣氏就國民革命軍總司令職，在廣州誓師，頒佈動員令，集中計劃及戰鬥序列。北伐軍的兵力為：第一軍，何應欽全軍；第二軍，譚延闓全軍；第三軍，朱培德全軍；第四軍，李濟深兩師（第十師陳銘樞、第十二師張發奎，由副軍長陳可鈺統率）；第五軍，李福林一部；第六軍，程潛全軍；第七軍，李宗仁九團；第八軍，唐生智全軍；總共約十萬人。

北伐軍序列頒佈後，即開始行動。以何應欽的第一軍鎮守潮梅，待機

出動。第七軍第八旅在五月，第二、七兩旅在六月，及第四軍第十師與十二師葉團在五月，均已先期出發，應援唐生智於湘南。其餘大部，七月上旬陸續向湖南的永興、衡山、攸縣、茶陵之線集中。第七軍自廣西出發。在粵部隊按第四軍第十二師、第三軍、第六軍、第五軍第四十六團的次序，由粵漢鐵路乘車到韶關。七月中旬運輸完畢，八月上旬各軍均到達指定的地點。

蔣總司令七月廿七日由廣州出發北伐，八月十一日到長沙。

對敵戰略、先鄂後贛

我軍自克復長沙後，以各項準備須時，由七月中旬到八月中旬並未北進。敵方卻也利用這一個月的時間，增加不下三十團的兵力，集中汨羅河北岸，構築強固工事。江西方面，也集結重兵。故此時的形勢，我方是處在一個直角裡面，北攻吳佩孚，則孫傳芳可襲我東側；東攻孫傳芳，吳佩孚又會擊北側；而我兵少於敵，勢不可能同時對北東兩面進攻，只許先攻其一。我應先鄂後贛呢？抑先贛後鄂呢？真是個不易即決的問題。中央方面，主張先贛的頗不乏人。李宗仁軍長以為吳佩孚正在加緊圍攻南口，馮玉祥也竭力抵禦，我此時進取武漢，吳勢難兩頭兼顧；一旦取得了武漢，南口之圍也可解，並可造成北伐的有利形勢。唐生智軍長也以為吳軍新敗，我應乘勢直搗武漢。

蔣總司令到長沙的第二天，召集各將領會議討論戰略，決定採取李、唐兩軍長的意見，直攻武漢，並以相當兵力監視江西。八月十五日頒佈作戰計劃，以第四、七、八各軍及鄂軍為中央軍唐生智為總指揮，直趨武漢，以封鎖武勝關。第二（缺一師）、第三兩軍為右翼軍，朱培德任總指揮，集結攸、醴，監視江西來犯之敵；而以南雄第二軍第五師、汝城第五軍四十六團、會昌、瑞金獨立第一師屬之。第九、十兩軍為左翼軍，袁祖銘任總指揮，集中津、澧，進出荊、沙。第一、六兩軍為預備隊，蔣總司令親自指揮，集中長沙、瀏陽，隨中央軍作戰的進步推進。航空隊以衡陽，大托舖兩處為升降基地。

汨羅破敵、乘勝直追

中央軍怎樣部署呢？將三個分為左右兩個縱隊：以第八軍、鄂軍為左縱隊，唐生智兼任縱隊指揮，集中鯉魚洞、新市、票橋、營田線上，進取

岳陽。第四、七兩軍為右縱隊，李宗仁任縱隊指揮；而右縱隊又分為左右兩翼：第七軍為左翼，集中更古台、花門、按蒲塘、長沙源之線，出汨口市，與第四軍並進，直取羊樓洞；第四軍為右翼，集中献寶台、安定橋，滑石江之線，直取平江。中央軍第一步的目標為迅速殲滅汨羅河北岸、黃蓋湖以南的敵人。平江附近的敵軍，為陳嘉謨第二十五師一部、陸澐第五十混成旅、湘軍游擊司令周鳳歧所屬孫建業、婁雲鶴、王獻臣等部，統由第五十混成旅長兼蒲平鎮守使、平通防禦司令陸澐指揮；在張家碑、長樂、南渡、河夾塘一帶的敵軍，為宋大霈、董政國、葉開鑫、余蔭森等部；全部兵力不下十萬人。

李宗仁隨右縱隊左翼前進，十七日下攻擊令給第七軍：以第一旅及陶團附砲兵營為第一路，向張家碑、汨口市（敵為宋、董兩部）攻擊；第八旅及陸、楊兩團為第二路，繞攻張家碑側背。十九日拂曉，第一路向將軍山及沿河配備的孫建業部攻擊，驅逐其南岸的前進部隊後，將砲兵放列於汨口市南方高地，掩護渡河：第一團即強渡而佔領汨口市，轉攻將軍山；夏威指揮率領第二旅繼渡，從將軍山東側攻擊，午刻即已攻破，敵向忘私橋潰逃；各部努力追擊，獲山砲兩門，機關鎗四挺，步鎗五百餘桿，俘虜六百餘人；我軍死傷三百餘人。第二路十九日進攻獅子橋之敵，由滑石灘渡河，左旋壓迫張家碑，旋即佔領，第八旅及第十四團向五獅橋攻擊前進。平江也在十九日被第四軍克復，獲砲十一門、步鎗千餘，敵將陸澐自殺。廿一日晨，第七軍追擊先頭部隊到譚家洞，遇陸澐潰逃殘部五百餘人佔領險絕的山頭抵抗，尹團第一、二兩營圍攻，敵無路可逃，遂投降，獲山砲一門、機關鎗五挺，步鎗五百餘，雙方傷亡各三百餘人。左翼軍第八軍廿二日克復岳陽。至此，汨羅河敵蹤全滅，殘部逃向蒲圻，扼守汀泗橋以繼續抵抗。

兩橋天險、一攻皆克

中央軍肅清汨羅河敵軍後，並未停頓，向北直追。

第七軍經小港、北港、大沙坪、崇陽、蒲圻前進。沿途崇山峻嶺，加以天雨，道路泥濘，聯絡困難，以致前進遲緩，八月廿六日才到蒲圻。得悉第四軍正在汀泗橋與敵激戰，急令胡指揮率第二路星夜往助，但到李灣而汀泗橋敵已大敗潰逃。汀泗橋本為天險，第四軍血戰兩日即攻陷，遂有鐵軍之稱。廿八日第七軍過汀泗橋向咸寧前進，會合第四軍佈防。

吳佩孚因部隊在湘屢敗，大感焦灼，乃一面令宋大霈等固守汀泗橋，

一面令劉玉春、高汝桐、吳俊卿各部增援。吳在南口勝馮後，親自南下督戰。但吳剛到漢口，而汀泗橋已失。吳急不及待，自率衛隊團。軍官團、劉玉春第八師，張占鰲第十二混成旅，並收容陳嘉謨、馬濟、婁雲鶴等殘部，扼守賀勝橋、楊柳檔之線，依洞庭湖的險阻，構築工事，再作掙扎。

蔣總司令偕白崇禧副總參謀長也於廿八日到達蒲圻，立即召集唐生智總指揮、李宗仁軍長、陳可鈺副軍長會議，大家都以為敵軍接連大敗，士氣已餒，我乘勝直進，指顧可定武漢，只武昌城堅，不易速下，所可慮者，不過此點；於是決定仍照原定部署進行，並由第八軍何鍵、夏斗寅兩師從金口渡江襲攻漢陽、漢口，使敵分兵兼顧，然後中央軍主力進圍武昌城。

唐、李、陳三位根據會議決定，即乘車赴咸寧，綜合情報，決定部署：以第七軍出咸寧東北，由王本立攻擊賀勝橋以東地區之敵，左與第四軍聯絡，右警戒金牛方面；第四軍沿鐵路前進，攻擊賀勝橋正面之敵，右與第七軍聯絡，左警戒洞庭方面；第八軍由蒲圻推進到咸寧為總預備隊。

第七軍八月廿九日由咸寧開進，夏威率第一、八兩旅任右翼，胡宗鐸率第二、七兩旅任左翼。第八旅在王本立南方袁家舖附近擊破敵前進部隊，繳鎗數百桿；到王本立附近，敵後續部隊已到，向我反攻，我軍稍卻；適左翼第四團趕到與敵血戰，相持徹夜。唐總指揮接獲情報：「敵軍因兩面阻湖，不能展開，均向東方運動。」深恐第七軍獨力難支，特派龔浩參謀長就商於李軍長，問能否獨任？李答：「第七軍只求勝敵，不計其他。煩歸報唐總指揮，勿以為念！」三十日拂曉，第四、七兩軍一齊進攻。敵人紛紛向我右翼移動，第三團被敵包圍，情勢危急，乃令第十四團向右延伸增加；敵再以部隊包抄我右翼，第十四團死戰，而敵勢不衰；忽然第二團趕到，從第三、十四團中間衝出，截敵陣為兩段，而以一部左旋攻敵側背，敵遂動搖，我正面乘勢衝鋒，敵人全線於是崩潰，逃向余花坪、賀勝橋。退余花坪之敵，得金牛之敵來援，被我猛擊，一起潰奔金牛。

當王本立激戰間，第四軍黃琪翔團在鐵路東被敵逼退到文學堂，接連請援。第七軍即派最近的第四團一營援應。黃團乘機反攻，敵人敗逃賀勝橋。第四軍經三十日整天血戰，吳佩孚乘坐裝甲火車親臨督戰，曾手刃團營長數人，懸首賀勝橋頭，也終無法挽救敗亡，潰奔武昌去了。

余花坪肅清，賀勝橋克復，李軍長令夏指揮率第一、二兩旅向金牛追擊，胡指揮率第七、八兩旅協同第四軍向武昌追擊。宋大霈部退鄂城的，被夏圍繳了大半，夏遂進佔鄂城。馬濟部渡江北逃，遣陳良佐團逃往陽新，後來投歸第七軍。胡追到山坡，有潰敵數百想渡梁子湖脫逃，即令尹團將其圍剿。

吳佩孚從此一蹶不能復振。第四軍與第七軍，卻因汀泗橋、賀勝橋兩次大勝，而名揚全國；人心為之興奮！

武昌敵降、鄂戰收功

吳佩孚由賀勝橋敗退，急在土地堂收容殘部，想扼守紙坊，但被我軍啣尾緊追，喘息不暇，不得已而狼狽退入武昌城中死守。總計有劉玉春、陳嘉謨、張占鰲、余蔭森、孫建業、宋大霈、吳俊卿各部，及武衛軍與吳佩孚衛隊，為數約一萬六千人，以劉玉春為守城總司令。劉佐龍、高汝桐兩師，則分防漢陽、漢口。並令調在河南部隊南下增援，但因連敗，威信已失，靳雲鶚、田惟勤、寇英傑等奉令後，均意存觀望，各圖自保。此時吳唯一的希望，在使孫傳芳由江西斜出平江、通城，斷革命軍的後路，以解武昌之圍，一面嚴令武昌部隊，死力堅守，冀有轉機。吳自己卻退往漢口。

第四軍第十師某團九月一日最先追擊到武昌中和門時，敗軍爭先入城，城門不及關閉，某團因後隊未到，故不敢獨自闖進。大隊到後，因城高而堅，未能攻入，只就城基房屋，與敵相持。九月二日，唐總指揮、李軍長、陳副軍長及各高級軍官，齊集余家灣車站，會商的結論，以不宜頓兵堅城之下，決定猛攻。三日實行攻城，但敵人居高臨下，攻了半日，毫無進展，只得暫停。四日蔣總司令偕同白副總參謀長到南湖，籌劃如何破城，委李宗仁為攻城總司令，陳可鈺為副司令，以第四軍、第七軍胡部、第一軍劉峙第二師、附炮九門，編為攻城軍。每師挑選士兵三百至四百名（有號兵、嚮導兵各數名），官長十二至十五員，編為奮勇隊，以營長任隊長，負攻城先鋒任務。分配各部隊攻擊地區，頒佈攻城實施詳細計劃後，五日援照預定方法攻城，依然無效。乃改用封鎖方法，使敵彈盡糧絕，然後進攻，自此無劇烈戰鬥。第八軍由金口渡江後，鄂軍師長劉佐龍附義於漢陽，炮擊查家墩吳佩孚的司令部，吳退往孝感，六日遂克漢陽，七日並克漢口。江面敵艦於是退往下游。

當我軍進圍武昌，孫傳芳即在江西發動，派隊進窺通城、平江，再以陳調元、馬登瀛等部，乘坐兵艦，懸日本國旗，溯江西上，欲在富池口、黃石港、石灰窰各處上陸，一部犯鄂城，以解武昌之圍，一部由陽新、大冶斜出汀泗橋，以斷我軍後路。蔣總司令先發制敵，令右翼各軍向贛進攻。九月十日令第七軍開赴大冶一帶迎擊陳、馬，相機進攻贛北，攻城總司令以陳可鈺繼任。十七日蔣總司令率劉峙師離鄂赴贛督師。十八日第八

軍及樊鍾秀第十三軍佔領武勝關。雞公山，吳佩孚奔信陽。武昌敵軍勢窮力蹙，十月六、七兩日，表示願降，已將開城條件雙方商妥，因劉玉春不願繳交大砲，談判復行破裂。然一部分已無鬥志，劉部第三師吳俊卿遂單獨議降。十日拂曉，中和、通湘、保安三門大開，吳部接應我軍，第四軍第十師由保安門、十二師由通湘門入城，擒獲劉玉春。陳嘉謨為第八軍所得。俘軍官七百餘，士兵九千餘；繳大砲十八門，機關鎗一百十六挺，步槍七千餘枝。

先鄂後贛的戰略，第一步在此收功！

第三章　第七軍孤軍深入的贛北之戰

本章專記國民革命軍攻取江西經過的概略。

當吳佩孚在湘鄂連敗，北伐軍向武漢長驅直進間，孫傳芳即傾東南五省之兵，發動援贛，企圖攻入湘鄂之間的地區，以搗北伐軍的側後，進而攫奪兩湖。但北伐軍對於進攻贛省，早亦有所準備，民十五年九月初，不待敵動，即先發制人，分五路攻贛，初期進展頗為順利。因彼時並未預料孫軍竟如此大舉，戰況既趨緊張，致牽動武昌攻城部隊的第七軍亦入贛應援；力猶未足，直到武昌攻下，再將第四軍調往增加，然後能合力總攻南潯鐵路，消滅孫傳芳軍，而結束贛戰。全役由開始到完成，費時達七十日。

第七軍對於此役關係頗大。李宗仁軍長深悉全局關鍵的所在，故能勇敢行動，孤軍深入。由箬溪的初捷，使第一、第六兩軍在南昌太敗後頹喪的軍心為之大振。因攻佔德安，使敵有所顧忌而不敢盡力西向以逼我。王家舖之役，彈竭兵少，死中求活，苦戰破敵。最後白崇禧參謀長率隊，應援南昌，牛行強敵聞風夜遁，城中敵軍失恃而乞降；白氏再受任追擊，在徐槎、馬口兩處，圍繳敵械，俘虜兩萬，無一漏網。此皆為當時人所稱道者。

孫乘吳敗、大舉援贛

當時北伐軍的戰略，是先鄂後贛。當向鄂境前進攻擊時，對江西方面只佈置相當兵力作嚴密監視。到了鄂戰連勝，吳佩孚的主力完全崩潰後，次一目標便轉移到贛省方面了。這方面的敵人為孫傳芳。

孫傳芳由福建督軍遭逢時會，先後驅逐皖系浙江督軍盧永祥、奉系江蘇督軍楊宇霆而奄有浙蘇地盤。復乘皖贛內鬨，又將安徽、江西亦括為己有，於是稱蘇、浙、閩、皖、贛五省聯軍總司儼然以東南盟主自居。孫氏曾為吳佩孚屬下，到了此時，顯然與吳分庭抗禮，彼此嫉忌，貌合神離。自北伐軍與吳佩孚開戰後，孫知道任何一方獲勝，都是於己不利，故周旋於兩者之間，對吳佩孚則偽許援助，對革命軍則高唱和平，他的真

意，是想等待吳佩孚失敗、革命軍疲憊後，再乘機出擊，以坐收漁人之利。當唐福山、謝文炳等部由湘東敗退回贛，鄧如琢以吳佩孚已無能為，轉而依附孫傳芳，連電向孫告急。孫以吳敗，自己正可伸展勢力於兩湖，而繼承吳氏往日的地盤，遂接濟鄧如琢以餉械，令將萍鄉退卻的部隊，復進向湘邊；又令皖軍王普率師準備進入贛北，民十五年八月十八日通電赴贛增援，以固邊陲；十九日先派謝鴻勛率第八旅（趙國英部）、第七混成旅（楊鎮東部）由南京運九江，轉往修水、銅鼓；又命第八混成旅（顏景宗）、第六混成旅（彭德銓）兩部續進。廿五日，孫在南京召集應付湖南戰事的軍事會議，決定續運大軍入贛，與革命軍作戰。卅一日，頒發援贛計劃，將五省開赴前敵部隊，分為五個方面軍：以原在江西的部隊為第一方面軍，鄧如琢為總司令；第二方面軍為鄭俊彥部所編成；第三方面軍為盧香亭部；第四方面軍為周蔭人部；第五方面軍為陳調元部。除周蔭人部在閩化，餘均在贛。其攻擊目標：第一方面軍為醴陵、株州；第二方面軍為瀏陽、平江；第三方面軍為通城、通山；第四方面軍為廣東東江；第五方面軍為鄂東一帶。風聲所播，比之吳佩孚南下時聲勢更大。到了吳佩孚棄漢口北逃，革命軍攻武昌多日不下，孫傳芳認為時機已到，突然把其和平假面具揭去，於九月七日通電提出限革命軍在廿四小時內退回粵境的哀的美敦書，實行宣戰，親來九江督師。孫以為革命軍兵力既少，械彈又不充備，何足以當其一擊？而且背後還有英國暗中與之勾結，穩操勝算；進據兩湖，併吞廣東，計日可待！他完全不知道彼時革命潮流已澎渤而不可復遏，民眾到處都在同情協助革命軍，於是孫亦步著吳佩孚的後塵，將十萬大軍，葬送在五老峯前，鄱陽湖畔，而自己則狼狠逃回南京去了！

九月總攻、南昌受挫

革命軍進攻江西的部署是怎樣的呢？

當北伐軍擊潰汨羅河敵軍向北疾進時，蔣總司令在長沙行營於八月廿五日已將三種時機的對贛作戰計劃電示有關各軍，其大要是：將右翼軍及總預備隊各部，在八月底九月初，分別到達所指定的地點集中；九月六日，各路同時攻擊前進。即最右翼由廣州李總參謀長（濟深）指揮第十四軍賴世璜部（賴部是由江西第四師附義改編的）協同第二軍的第五師及第五軍的第四十六團合攻贛州，為牽制敵人及遙樹聲援計，此路要提前於九月三日發動；第二、三兩軍則由醴陵攻萍鄉，並由第二軍以第十六團自茶陵攻蓮花；第一軍第一師由瀏陽攻銅鼓，第六軍由通城攻修水。

此次對贛進攻的結果，開頭十分順利。贛州九月六日已被克復，第十四軍與第二軍的第五師即沿贛江兩岸順流北向泰和。第二、三兩軍六日克萍鄉，十日克宜春，十三日克上高、分宜，十六日克高安、十九日克清江，廿一日克安福，沿途只新喻一役，敵我相持三晝夜乃將敵擊潰，我軍團長鄧赫績戰歿，其他各役，並無劇烈的戰鬥。第一軍第一師十三日克銅鼓，即前進到大段與第六軍會合。第六軍十一日克修水，十六日克同安市，十八日與第三軍第廿六團合力攻克高安；十九日第六軍第十九師攻克南昌，但廿三日北敵反攻，與第一軍第一師大受損失而退出，廿五日程潛軍長始脫險到萬壽宮，得第三軍為之掩護收容。

蔣總司令九月十七日離鄂轉長沙入贛督師，十九日到萍鄉，廿二日到宜風市，尚不知南昌已經收復，廿五日到分宜，始悉南昌於克復後又已放棄，廿六日到新喻。其時新調來贛的部隊，有第一軍第二師、警衛團、炮兵團各部，於是再行部署會攻南昌。

七軍援贛、深入敵陣

第七軍於九月十日奉命自武昌東下，進駐陽新，任務是控制長江下游，鞏固武漢，相機進取贛北。十一日，李宗仁軍長率第二路胡宗鐸部由武昌出發，到鄂城會合第一路夏威部向陽新前進，十八日到達，即令第二路駐陽新附近，任蘄春、田家鎮、富池口、瑞昌、箬溪各方面的警戒。李宗仁十九日到荻田橋，有駐在陽新市的馬濟所部陳良佐團請求收編，乃編為第七軍第十旅第十九團，以陳良佐為旅長，胡天樂為團長，令暫駐率洲市，負責收編馬濟殘部。

二十日，李宗仁軍長得悉我第一、三、六各軍已發動向南昌進攻，以贛局的得失，關係革命的成敗，孫傳芳軍在贛雖一倍於我，但孫軍內部因派系不同，意志各異，我既以寡敵眾，只有乘敵人意志不齊時，予以各個擊破，方為萬全。主意已定，等待敵情明瞭後，即向贛北進攻。

到了廿三日，李氏綜合各方報告，知道三面皆敵。情況是：甲、孫軍的盧香亭部分駐九江、瑞昌；周鳳岐部亦在九江；謝鴻勛部由武寧、洋港向陽新前進。乙、陳調元部由武穴對岸的碼頭到木石港，有向陽新前進的模樣。丙、王普部在富池口小河架橋，也有向陽新前進的模樣。丁、孫傳芳的海軍，在半壁山附近，向我警戒部隊轟擊。戊、馬登瀛統率由山東收編的土匪二千餘人，用兵艦掩護，從石灰窰登陸。

李以孫軍三路欲向陽新，似是企圖先破第七軍，再進而解武昌之圍；

惟查陳調元、王普及海軍，都不是孫傳芳的嫡系部隊，原無決死之心，浙軍周鳳岐，逼於孫命，更無鬥志；僅有盧香亭、謝鴻勛為孫氏的腹心，我等將盧、謝各個擊破，陳、王、周等必將觀望不前；現謝部既在當前，我應先發制人，即刻進入贛北，迎頭將其擊破，更進而截兩南潯鐵路（南昌至九江），使孫軍首尾不能相顧。這樣，近既可被敵對我的包圍，遠又可為進攻南昌友軍的聲援，贛局或因此而早定。李氏一面將自己的決心及行動電呈蔣總司令，並請武漢友軍對馬登瀛等部嚴防或逕予殲滅，廿五日即率第七軍向瑞昌前進。廿七日到洋港，廿八日由第八旅先行，午前十一時，先頭部隊抵石里頭附近，探悉據守羊腸山之敵，即為謝鴻勛部之第十四團。此處左右都是高山，形勢險要，敵兵雖弱於我，但得此地形，扼要固守，曾作頑強抵抗，經我第十五團猛攻，激戰到下午三時，才把敵人擊潰，殘部向箬溪逃去。此役俘虜敵人官兵四十餘名，獲槍五十餘枝。

箬溪報捷、大振軍心

　　李宗仁由俘虜的口供中，得悉謝鴻勛的主力在箬溪，遂令第二路軍胡宗鐸於廿九日繼續率部向箬溪前進。該部第八旅先頭部隊進到丫髻山附近時，又探悉謝鴻勛所部在箬溪東端盤龍嶺一帶佔領著強固陣地。第二路全軍到達後，時間已達黃昏，胡指揮（宗鐸）下令攻擊，因受敵瞰制，未有進展，相持徹夜，偵知敵既無後援，亦無出擊動作，遂決定翌晨再攻。李宗仁率第一路軍廿九晚到達馬脊山，聞報，即令夏指揮（威）率第二旅及第十九團於三十日拂曉向箬溪敵人後方襲擊。第二路軍於三十日天未明時，又復向盤龍嶺一帶敵陣進攻，但被敵人的炮火猛烈射擊，奮戰到午前八時，正面仍相持不下；第八旅之眾雖猛烈前衝，終因地勢陡峻，又隔小河，無法接近，仍舊退回原陣地；欲繞到敵後，亦被制於敵人砲火，不能通過；最後，只能從敵人側面向前衝鋒，第八旅全線衝進，適第二路軍的一團，已到敵後，敵人腹背受敵，戰至午後三時我遂將其完全擊破，殘部沿修水向拓林、德安分竄，胡指揮（宗鐸）令第十四團追擊，直到沙仁灘；此役繳獲大砲八門，水機關槍十餘挺，步槍二千餘枝，手提機關槍百餘枝，斃敵旅長龐廣蔭，團長周某。主將謝鴻勛重傷後赴滬旋即斃命。此外，又俘虜參謀、副官及其他官長數十員，士兵二千餘名。第七軍此次在贛北深入敵中，孤軍獨戰，後方接濟已告斷絕，對各路友軍亦情況不明，處境可謂極險。然而斷敵後路，影響全局實在非常重大。

　　孫傳芳此次折將喪師，受重大的打擊。而我軍自南昌退後，經赴一

役，精神為之大振。蔣總司令命第四軍派一部赴鄂東警戒，已於十月一日向大冶、石灰窰、黃石港前進；又撥歸第七軍指揮的獨立第二師（師長賀耀組）及第八軍第一師（師長葉琪），亦將出動，自此，第七軍左側背的安全，顧慮可為之減少。

攻佔德安、挽回頹勢

　　第七軍由箬溪戰役虜獲謝鴻勛司令部遺下的文電中，才知道南昌在一星期前被我程潛軍長率領第一、六兩軍攻克，但不久，復被鄧如琢、鄭俊彥的優勢敵軍南北夾擊，第一、六兩軍倉皇退出，損失甚大；我第一、三、六各軍因受敵壓迫，只得向西撤退。至於在贛北的第七軍以友軍敗退，成為孤立，若此時亦退回武寧、修水，示敵以弱，必將引起敵軍全面西攻，贛北敵人也將躡我之後。本來懷觀望心理的陳調元、王普，若見孫軍佔了優勢，亦必溯江援救武昌，武漢如果有失，北伐前功勢將盡棄，處在此種局勢，只有全力向前進攻，以牽制南昌西侵之敵，使友軍有整頓反攻的餘暇，才可挽回頹勢，李宗仁遂進攻南潯鐵路上的德安。他將箬溪戰役的詳情及今後所取的行動報告蔣總司令並通報各友軍後，即揮兵進向德安。令胡指揮（宗鐸）於十月一日晨率領兩旅先發，其餘各旅國一日暫在箬溪停止，二日再續行前進。迨部隊到達抱桐樹附近，探報：德安於昨日已由九江開來了敵軍三千餘人，九仙嶺也有敵軍防守。但李氏仍決心要攻擊德安，三日晨開始，以第一團向城北、第二旅及第十四團向城西，第九團向城南同時攻擊前進。第二團則對九仙嶺之敵軍警戒，砲兵在第二旅後面放列；敵軍既有高地上強固工事以憑藉頑抗，復用敞車（即無上蓋的火車卡）堆積沙包安設機關槍往來鐵路上掃射我軍，苦戰竟日，第一團終於佔領德安城的北門，敵軍始告全線崩潰，燒毀輜重糧秣而逃；是役戰鬥經過，李宗仁軍長於四日上蔣總司令並致各軍電中敘述頗詳，原電云：

　　「江（三日）晨宗仁部開始向德安運動，九時行抵距德安十里，即與敵遇；敵以四旅之眾頑強抵抗，並向我右翼包圍，經我痛擊，始將該敵拒止。激戰至下午五時，我預備隊完全使用，敵猶奮鬥，迨至肉搏逾一小時之久，敵乃不支，紛紛潰退；宗仁部幸託先總理在天之靈，由極困難之境轉為泰然。該敵為第一師之一旅，第二師之一旅，第七混成旅，第二十四混成旅（共四旅）。此役，我第九團團長陸受祺陣亡，其餘官兵傷亡一千餘人。敵人死傷亦千餘人，並溺水死者數百人。計奪獲敵人管退炮七門、水機關槍八挺、步槍千餘枝，其餘軍用品甚多，俘虜千餘人。敵人大部向

九江潰退……」

　　第七軍既佔領德安，已使孫軍首尾不能相顧，各路友軍如在此時攻取南昌，自易收功。但李宗仁因前由箬溪派往高安各處聯絡人員尚未回來，對第一、三、六路軍情況仍然不悉；四日探悉涂家埠、馬迴嶺敵軍，仍在原地警戒，但瑞昌方面有敵向我急進，白槎亦有敵似欲斷我後路；友軍聲氣不通，而又四面皆敵，只好迅速脫出敵人包圍，再行聯絡友軍進取，方為妥善。因此遂決定將部隊撤回箬溪，令第九團護解傷病官兵及軍械俘虜先行，以第八、第一兩旅警戒南北兩方，其餘集中德安十里亭待命。五日，敵軍利用鐵路運輸方便，顏景宗部突由南詩車站來攻我第八旅，李宗仁疑敵有整個計劃向我圍攻，遂令各部就原地停止待命；到午後二時第八旅頻來告急，乃令第十四團馳往增援；後來第八旅俘獲敵兵據供：顏景宗部見我軍退走，僅係自己率隊出擊，並未與別部聯絡；我軍為避免無益的戰鬥，乃令第八旅及第十四團乘夜撤退，敵軍亦未進逼；六日天雨，道路泥濘，在上河區宿營，七日全部回到箬溪。當時後方接濟仍然未到，十月天氣，士兵尚穿單衣，食粥多日，窘狀可以想像。

　　第七軍回駐箬溪的第二天，即十月八日，才與第一、六兩軍取得聯絡，接到程潛軍長的通報後，始獲知下列情況：甲、蔣總司令接得第七軍進攻德安的報告後，曾令第六軍及第一軍第一師（代師長王俊）由嚴湯山渡修水到建昌，與第七軍切實聯絡。乙、蔣總司令已督率第三軍及第一軍第二師反攻南昌。丙、第六軍與王俊師到達建昌後，聞第七軍已退回箬漢，遂由建昌轉到柘林市、謝家舖一帶。

　　李宗仁軍長於十一日半夜，得悉瑞昌陳調元部萬餘人突向箬溪前進，是晚已到王家舖；遂決心先發制敵，率部進攻來敵。一面與程潛、王俊等切取聯絡；一面令夏威率第一、二旅，胡宗鐸率第八旅及第十四、十九兩團，向王家舖前進；第九團留守箬溪。十二日午前十一時，先頭第十四團到距王家舖十餘里的陳家橋，與敵遭遇，即將其擊退。但敵軍大部隊卻佔領了崑崙山、梅山、覆盆山一帶；於是第十四團及第八旅攻覆盆山及其以西一帶，第二旅的第三團攻梅山，第四團攻梅山與覆盆山中間的山坳，第一旅的第一團攻梅山以東的敵人。

戰王家舖、險中取勝

　　第七軍這一仗打得真艱苦極了！敵人憑藉梅山、覆盆山南麓的斷崖絕壁上設守，復利用靠山屋壁鑿穿鎗眼作支撐點，山坳叢林中也構築有工

事，我軍正面仰攻固屬困難，想攀登山坳，又不易接近，努力攻擊，毫無進展。第四團被敵出擊，頗受傷亡，其左鄰的第十四團也陷於苦境，夏威率第二團從第四團右側猛擊，敵軍才退回原陣地。激戰到下午四時，李宗仁督率夏威、胡宗鐸指揮全線衝鋒，官兵浴血直前，聲震山谷，終因地形太險，未能奏效；第二團團長呂演新，身先士卒，機關鎗大隊長吳鐵英，提鎗衝入敵陣，同時陣亡。入夜，戰鬥更烈，各部子彈已將用盡，紛紛請求補充，只得趕向箬溪將僅存的少數，由留守的第九團士兵隨身攜帶前來，抽取分給；各部預計次日子彈將完，有乘夜匍匐偷入敵陣，搜取敵屍上遺彈的，困苦景況，可見一斑。夜間得報，有敵數千到白水街，第八旅後方又發現敵人便衣隊；我軍兵少（經箬溪、德安兩役的傷亡，每連士兵，多者不過五十，少者不到三十）彈窮，勢至危急，李宗仁急令第十九團到右翼向白水街方面警戒；嚴密獲捕敵人便衣隊；並請程潛軍長派王俊所部一師連夜截擊白水街敵人援軍，又請借撥子彈數萬發；嚴令各部節省彈藥，努力於明晨擊破當面敵人。午後九時，敵數處來攻，都被擊退；我軍乘隙進佔梅山稜線、覆盆山山腰及馬鞍山附近高地；敵軍僅得保守梅山最高峰，覆盆山及馬鞍山頂點，與各山坳陣地；彼此相持過了頭一夜。

十三日拂曉，第七軍各部繼續總攻，每個官兵都心知深入敵陣作戰，戰敗決無倖免，戰勝乃可死裏求生，故愈困難而勇氣愈增。午前十時，第二團與第四團佔領了梅山與覆盆山中間的山坳；至午後二時，第四團由山坳衝出，將敵軍截為兩段，第十四團乃乘勢一鼓而佔領覆盆山，敵仍分途頑抗；午後五時，第八旅及第十四團擊潰左翼之敵；而右翼敵人尚據崑崙山死力抗拒，此時王俊所部的兩團人已由白水街繞出崑崙山側背，第七軍的第一旅及第三團乃雙方壓迫，至午後七時，才將頑敵完全擊潰，由大坳、小坳向瑞昌逃去。兩天一夜的苦戰，至此乃勝利結束。此役之敵軍為陳調元所部第二軍劉鳳圖，第三軍畢化東各三團，又騎兵一團。敵傷亡甚眾，被我俘虜數百人，獲步槍數百枝，大砲一門，迫擊砲四門水機關鎗四挺軍用品甚多。我官兵傷亡二千餘人，致未能跟踪追敵。

賀張會師、克馬迴嶺

第七軍自入贛作戰以來，雖屢破強敵，而官兵傷亡卻也重大。德安之役，第九團團長陣亡，營長兩員負傷；王家舖之役，第二團團長及營長均陣亡，團附負傷，下級官傷亡殆盡；此兩役，各級幹部傷亡約三分之一，士兵三千餘人。十四日，李宗仁與程潛兩軍長在桂堂會議，已決定第六、

七兩軍於十八日合攻德安；適奉蔣總司令電飭各軍休息整頓，等待增援部隊到來，再攻南潯路之敵；第七軍遂將後方送到的新兵、彈藥、並挑選俘虜，趕緊補充各團。前因通信困難，屢與友軍失卻聯絡，此時始由漢口撥給無線電站應用。於是實力漸充，軍容一新。而白崇禧參謀長由高安攜「肅清江西作戰計劃」到箬溪來，第七軍遂整旅以待。

據十月底所得的敵情：孫軍盧香亭部及彭德銓、李俊兩旅在涂家埠；陳調元部及劉鳳圖、畢化東等殘部在瑞昌、武穴；顏景宗、上官雲相、馬登瀛等三旅及周鳳岐部在德安、馬迴嶺、九江一帶；鄭俊彥部與鄧如琢部則在南昌。

蔣總司令此時以增援部隊已到，遂下令右翼（朱培德指揮）、中央（程潛指揮）、左翼（李宗仁指揮）各軍於十一月一日對南潯鐵路之敵開始總攻擊。李宗仁所統率之左翼軍一日即開始行動（包括第四軍張發奎師），目的在截斷南潯鐵路，以張發奎所部攻擊德安敵人的右側背，第七軍經謝家舖、抱桐樹、郭村進攻德安正面之敵。出乎意料，駐守德安城的敵人僅陳光組部三千人，與我先頭部隊接觸四小時，即棄城向東南退走。

第四軍張發奎師長令黃團長琪翔指揮卅五、卅六兩團於二日進攻德安的萬家壠、孤山、駱駝山。卅五團先克萬家壠。午刻，卅六團克孤山，第二營營長陳特陣亡。駱駝山敵人見孤山失守，亦即潰退。黃團長率卅六團追到德安，而德安已被第七軍攻克，遂歸。二日午後，張師長率第廿八、廿九、卅五各團向馬迴嶺轉助獨立第二師。據守馬迴嶺之敵為顏景宗、上官雲相、馬登瀛等三個混成旅。二日賀師長率獨二師攻到馬迴嶺寧站時，張師來助，於是兩師乘夜合力進攻。李宗仁因德安已克而馬迴嶺未下，三日晨派第七軍第一旅往援。該旅趕到，張、賀兩師已於三日晨擊破敵人，追擊到黃老門；張師奪獲山砲八門，步鎗千餘枝，停止待命；賀師獲機關鎗十餘挺，步鎗、追擊砲甚多，向南康、九江追擊。

破九仙嶺、追擊吳城

李宗仁軍長以馬迴嶺之敵已被擊潰，擬向涂家埠進援中央軍第六軍。忽聞德安城南有鎗炮聲，似發生於第二旅所在的九仙嶺附近。接飛機偵察報告：「刻下由涂家埠開來的孫軍約兩師，在南詩車站下車，向九仙嶺前進中。」時正三日上午十一時。李軍長以孫軍編制，每師不下萬人，兵力比我優越，應集結兵力迎頭先擊破其一部；遂令第四、十四、十九各團進入九仙嶺一帶高地，第八旅在右翼後為預備隊；並調回增援馬迴嶺的第一

旅及第四軍。但孫軍到黃昏時候仍未展開，僅有一部在金雞對峙，似為得悉各方敗耗，而躊躇不決，是其氣已餒，我軍決於明晨攻擊。四日拂曉，各部攻擊前進。李軍長、白參謀長（蔣總司令派其到左翼軍任督助）率第四軍兩團到九仙嶺北麓第一旅後方為預備隊時，第二旅方面戰況激烈，其第二團已完全增加上去。第八旅向敵迂迴，剛到敵側，即被敵拒止。第一團再伸向第八旅右翼迂迴，距離頗遠，未能即時到達。而優勢敵軍，向我左翼力撲，第二旅屢現動搖，李旅長頻頻請援，第四軍黃團長琪翔亦請助戰，白參謀長以敵軍雖多，但屢經挫敗，究屬強弩之末，現在敵無退路，必作困獸之鬥，我應稍留餘力，為殲滅敵人之用；於是親赴左翼督戰。敵人屢進屢退，我軍穩立陣線，到了雙方都表現疲憊，黃團長再請出擊，白見時機適合，令第四軍以兩營助第二旅，並令全線反攻，孫軍不支，向涂家埠潰退，我軍追擊，俘獲甚多，追到驛南寧站附近高地，復擊破敵人的收容隊，是夜，各部隊即在江橫村一帶停止。南潯鐵路為孫軍唯一的聯絡幹線，德安尤為此路的重要據點，孫軍何以僅派陳光組小部隊警戒而不堅守？檢閱孫軍遺棄的文電，才知道孫軍預料革命軍必然再攻德安，故意任革命軍攻入，然後由馬迴嶺及涂家埠以優勢兵力南北夾擊。卻不料馬迴嶺先被我軍解決，到了盧香亭部南來攻九仙嶺，我得集中主力以對付，敵遂一敗塗地。

五日，李宗仁軍長在江橫村得報，獨立第二師已於四日晚佔領九江，於是由德安、馬迴嶺潰退的陳光組、顏景宗、上官雲相、馬登瀛各殘部悉被繳械；瑞昌亦被該師何培基團張璋營於五日晨攻克，劉鳳圖逃向武穴。第六軍及第一軍第一師亦於四日破敵於蘆坑，乘勝追過樂化，向涂家埠追擊，盧香亭率部於四夜由涂家埠乘船向星子、吳城退走。李宗仁軍長令第四軍向星子追擊，自率第七軍赴涂家埠，而程潛軍長率第六軍及第一師亦同日到涂。南昌方面尚在激戰，總司令部令第六軍兼程往援；李、程兩軍長會商決定：以第七軍第七旅及第一軍第一師沿吳城河兩岸星夜追擊，吳城三面環水，敵軍無路可逃，稍有抵抗，六日，俘其第四旅長崔錦湛及該旅全部官兵一千餘人，餘部被擊潰散，盧香亭僅以身免。自是九江至樂化已無敵蹤。

孫軍盡墨、贛戰結束

程潛以第六軍有兩團損失很大，他自己又正患瘧疾，乃商請白崇禧參謀長率領第六軍及第七軍一部應援南昌。白率第一軍第一師兩團，第六軍

第十七、十八兩團，第七軍第一旅（陶鈞）於十一月六日由涂家埠出發，當晚到達距中行約十里的蘆坑，準備七日拂曉向牛行之敵（王良田、李彥青、楊賡和等部）右翼攻擊，歸右翼軍朱培德總指揮調遣；牛行敵軍於六日夜半全部退卻，朱培德即以白崇禧為追擊指揮，率第二軍第六師、第三軍第八師、第七軍第一旅各部追擊前進；以第二軍第六師先渡河為先遣追擊隊，向徐槎、餘干方面追擊；第三軍第八師及第七軍第一旅先後渡河，繼續前進；七日午後七時，到達距南昌三十里的沈口，八日府徐槎，敵之蘇軍及唐福山兩部殘餘已無戰鬥能力，即被我第七軍第一旅及第二軍廿六團在徐槎附近完全繳械。此時，敵主力王、李、楊三軍退到馬口墟，白指揮令陶旅跟蹤追擊，午前十時，與敵在馬口墟附近，激戰四小時，敵因馬口墟通餘干的橋樑被潰兵擁擠折斷，無路可退，遂完全繳械。是役，俘虜敵軍長王良田、李彥青、楊賡和以下各級官佐數百人，士兵二萬餘名，步鎗八千餘枝，管退炮六門，追擊炮十三門，水機關槍廿六挺，子彈百餘萬顆，輜重馬匹無算。

賀師自克九江，即派彭贊湯團進攻湖口，擊退由星子、姑塘退來之敵，於七日佔領湖口縣；又瑞昌逃武穴之敵，被賀師何培基團追擊，再逃黃梅，何團七日遂佔武穴。李宗仁指揮官接此捷報，一面令賀師派隊向贛東方而逃敵追擊；一面令張師派兵直趨黃梅，截擊陳調元王普的殘部；贛北的殘敵，自此肅清。

南昌城之敵，自平行之敵五日夜間撤走後，已成絕望，皆樹白旗投降；在城外的蔣鎮臣部六千餘人，由第二軍將其繳械；岳思寅、唐福山、張鳳岐等部，初盤踞城內，後移往七里市由第三軍將其繳械。我軍遂於十一月七日佔領南昌城。

孫傳芳入贛部隊，喪失無餘，垂頭喪氣，於七日由湖口悄然而歸南京。九日，蔣總司令進駐南昌。

革命軍對江西的作戰，於是勝利結束。

第四章　白崇禧下江南輕取浙滬

　　北伐軍興後，蘇、浙、皖的軍民對孫傳芳本早已離心，因孫聯奉釁武，引狼入室，更增加人民的怨憤，促成軍隊的變叛，無異驅之使其皈依國民革命。這是革命軍此役致勝的主要因素。故東路、江右、江左三軍，並無一路有過劇戰，比之湖南、湖北、江西各役作戰的艱苦，完全兩樣。戰況以東路稍為熱鬧，江左最感冷寂，然而江左敵軍附義的獨多，乃其特色！

　　白崇禧追隨蔣總司令北伐，經過湘鄂一役的運籌決策，及贛役兩次的熟練指揮，大受信任。此次以東路前敵重責相委，他竟能不待主力的到達集結，單用前敵部隊的兵力，即奏底定全浙的膚功。而且所指揮的全屬平素與已絕無關係的部隊，這點，在當時尤為難能！

　　本章專記國民革命軍平定江南的情形。

三路東下、攻孫傳芳

　　國民革命軍北伐初期的進展，真算得是迅速，民國十五年十一月初旬剛肅清江西，不到一個月又底定福建。閩戰的經過最為簡單：當孫傳芳大舉援贛之際，令其第四方面軍司令周蔭人由福建攻廣東的潮、梅；但周蔭人自知其內部不穩，拖延到九月中旬才抵達龍岩，並分兵三路：右翼為曹萬順、杜起雲、孫雲峰等三旅；中路為劉俊一旅；左翼為張毅一師。此三路人馬，皆以饒平為目標，期衝斷韓江，下窺潮汕。但革命軍方面對閩粵邊境早有佈置，並且已運動得對方曹萬順、杜起雲兩旅長參加革命；東路軍總指揮何應欽九月廿七日到高坡督師，以第一軍譚曙卿第三師任左翼，第一軍馮軼裴第十四師任中路，張貞第四獨立師及錢大鈞第二十師一部任右翼，第六軍胡謙師守梅縣，賴世璜第十四軍以一部由贛邊進迫汀州。敵我雙方同於十月九日下令進攻。敵軍右翼無進展，左翼攻入粵境，中路劉俊所部一旅竟深入到梅縣境的松口。何總指揮先集結中左兩路在蕉嶺山間，由此以大部襲取永定，一部會合曹、杜兩旅夾攻峰市孫雲峰旅，十一日兩處都達到了目的；即回師松口攻劉俊的背後，劉死於亂軍之中，全部

潰散，俘其騎兵團長李寶珩。情勢至此，周蔭人倉皇逃往延平；張毅所部退向漳州；自此閩境不復有戰事。東路軍得各地民軍的協助，乘江西全勝的聲勢，以及馬江海軍的響應，長驅直進，十二月二日不費一彈而收復福州。周蔭人由延平再奔浙江去了。福建平定如此容易，實意料所不及！

孫傳芳的地盤，到此只剩下蘇、浙、皖三省了。民十六年一月，革命軍決定乘勢進攻，期將孫傳芳的力量徹底解決，分兵三路，指向東南：以何應欽指揮東路軍攻浙江，但當時何將軍為須處理福建的善後，由國民革命軍參謀長白崇禧任東路軍前敵總指揮，先行率師出發；程潛為江右軍總指揮，沿長江南岸，直取南京；李宗仁為江左軍總指揮，由長江北岸進出皖北，截斷津浦鐵路。為了要援應附義的浙軍，東路軍前敵部隊最先動，江右、江左兩軍也隨後進兵。

張孫聯合、反抗革命

當時與國民革命軍為敵的，是反革命陣線的大聯合。

因孫傳芳常唱和平的論調，所以蔣總司令曾經兩次派張群往說其與革命軍合作，但都被孫所拒絕。孫軍都叫革命軍為「赤軍」，反對和赤軍妥協；以為赤軍盡是南人，而他們是北人，北人受制於南人，決無好日子可過，而且定會被南人所愚弄，到了不得已時，只有北人大聯合去對付赤軍。孫傳芳曾對勸他與國民黨妥協的江蘇紳士堅決表示：寧可啃窩窩頭，而不願吃大米飯。孫由江西敗回南京的時候，這時張作霖以為吳（佩孚）孫（傳芳）都敗了。自己的機會已到，遂先倡「張孫合作論」以撩孫，即於民十五年十一月十一日由奉天入關，召集他所卵翼的山東督軍張宗昌、直隸督軍褚玉璞在天津會議。孫傳芳和奉軍雖有不解之怨，但這時候，福建崩潰，江浙難保，不得不棄仇結好，於是先派楊文愷北上疏通，復於十一月十九日親到天津的張作霖轅下，表示願服從張的命令，用投降勸進的手段乞援。結果，張作霖於是年十二月一日就任安國軍總司令職，入居久已夢想的北京新華宮；而以孫傳芳、張宗昌、閻錫山（閻的代表亦參加天津會議）為副司令；楊宇霆為總參謀長。並圖疏通坐困鄭州的吳佩孚，聯合以與國民革命軍為敵。

安國軍進攻革命軍的第一步計劃是：催促吳佩孚由河南反攻湖北，孫傳芳由浙江反攻江西；另以奉軍入河南援吳；張宗昌的直魯軍接防蘇皖北部，並由皖分兩路進攻贛、鄂；又令閻錫山解決退處綏遠、包頭的馮玉祥部。計劃雖定，但吳佩孚方面，因部下各將領不甘心奉軍侵奪他們的河

南地盤，始終持反對態度；張宗昌必欲得江南及整個安徽，也拖延不即出兵。

在浙江，曾有過兩次反叛孫傳芳而參加革命的行動，但不幸，第一次完全失敗，第二次也在失敗中，假使有一次成功，也不消革命軍攻浙了。

白部攻浙、勢如破竹

革命軍既決定由贛攻浙、孫傳芳軍也準備由浙攻贛，雙方都在盤馬彎弓待發的姿勢。

孫軍的計劃：以孟昭月的第三方面軍第八（孟昭月）、十一（王森）、十三（劉士林）、十四（李俊義）各師及第九混成旅（李德銘）任中路，沿富春江向衢州；白寶山的第四方面軍第五（白寶山）、第七（馮紹閔）兩師任右路，向開化；周蔭人部改編為第五方面軍，所屬蘇㻞、蔣起鳳、周蔭軒、江運球各師旅任左路，向金華；鄭俊彥率第二方面軍駐常州、宜興為聲援。勢子像不小，內部的意志卻很複雜。

革命黨東路軍前敵總指揮白崇禧最初的任務是：確實佔領嚴州、浦江之線，以掩護主力集中於衢州、蘭谿。他的部署：以周鳳岐指揮其第廿六軍及第十九軍為右翼軍，沿衢江南岸向金華、蘭谿；白氏親率第一軍第一（薛岳）、第二（劉峙）、廿一（嚴重）各師及李明揚先遣隊為中央軍，由衢江北岸向蘭谿、嚴州；戴岳指揮第二軍第四（張輝瓚）、第五（譚道源）、第六（戴岳）各師為左翼軍，向開化、遂安，以掩護左側背。白氏於民十六年一月廿七日由衢州督率各軍攻擊前進。何應欽總指揮在閩，令曹萬順第十七軍從海道，自率賴世璜第十四軍經贛兼程入浙。前敵各軍進攻，非常順利。至一月廿九日左翼軍克湯溪，中央軍克洋埠、羅埠、游埠。三十日左翼軍克水亭、永昌、諸葛。二月二日第廿六軍克金華，先遣隊佔蘭谿，第二師佔壽昌。三日第四師佔遂安。五日第五師佔淳安，第廿六軍佔浦江，先遣隊佔嚴州。六日先遣隊佔桐廬。孫軍兵力厚而又佔地利，但軍心散亂，畏革命軍勇猛，故接連敗退。孟昭月和周蔭人的部隊又在前線自相攻擊，兩敗俱傷，俱向杭州退卻。白寶山、馮紹閔見孟周內訌，也經皖南後撤，以保全實力。

白崇禧以前敵部隊已佔領嚴州一帶地區，達成了掩護主力集中的任務，打算暫在現地停止，等待主力到達，再行進攻。但為鞏固嚴州地區，令第廿六軍進到諸暨，先遣隊全部開往桐廬，第五師推進分水，將諸暨、桐廬、分水之線確實佔領，而前敵總指揮部駐在蘭谿。

桐廬一戰、底定全浙

孫傳芳因前線部隊，節節敗退，大為焦急，乃由南京派其衛隊旅（武銘）到浙增援，段承澤旅也由寧波向紹興移動，復向諸暨、桐廬一帶反攻。二月十一日孟昭月的補充團攻姚公埠，被第廿六軍擊退，虜獲孫軍的作戰計劃（內容同前段所述），並悉孫軍主力即由富陽進攻桐廬。白崇禧接何應欽電告，知第十七軍十日可到溫州，第十四軍十五日可到永康；他計算距離和時間，覺得非穩佔諸暨桐廬、分水之線，則掩護難期安全，非前進攻擊，則這一線也不易穩佔；而桐廬、分水一線，山嶽連綿，分水河橫貫其間，桐廬北臨分水河，東枕富春江，形勢尤為險要，所以這一線和這一點，實關全局得失，萬不能使其落在敵手；守桐廬的先遣隊，雜有俘虜，恐有不穩，十三日派第一師第一團連夜用船輸送，限天明前趕到桐廬增援；令中央軍各師十三日向桐廬以西的地區、第四、五兩師向分水開進。中央軍一到，即與敵接觸，戰鬥頗烈，到十四日中央靠左部分敵人先潰，白崇禧是最喜歡用迂迴包抄戰術的，十五日他輕裝親率第一、廿一兩師及第五師一部從左翼向新登行大膽的迂迴追擊，到鳳山廟，時已黃昏，雙方仍保持接觸，知浪石埠敵人已潰向新登，惟桐廬情況未悉。十六日繼續追擊，白正行進間，接師長劉峙本日午前三時由浪石埠報告：「浪石之敵雖已擊退，然敵新增兩旅攻我右翼，且向我右後迂迴。我第二師及第一師第一團連日作戰，渡河出擊，損失甚大，孤軍撐持，勢甚危急。且我軍任務，在掩護主力集中，在何總指揮未蒞止前，似不宜即與敵決戰，請即班師夾擊該敵，或退回分水河南岸與敵相持，以待我主力軍到來，再決雌雄。」這真是極費考慮的問題！我迂迴敵的右後，敵也迂迴我的右後，料是敵方未知其右翼已潰，才敢如此，我只消趕快擊破其後方，在前線的自然站不住腳，而且我追擊各部，正在行進，忽令退卻，將使軍心惶惑，恐反被敵所乘，白於是令劉堅守桐廬，並督追擊部隊急進；到午前十時，第廿一師先頭已佔新登縣城，白於午後一時續到，知桐廬敵人已於昨十五夜向富陽撤退，到富陽不敢停腳，又逃向杭州去了，白即面令薛、嚴兩師長及第四師成副師長即刻出動向富陽、餘杭方面續追；午後九時在新登再下令：「本軍以一部在新登、富陽截繳潰敵槍械，主力向杭州餘杭追擊。」他這一次迂迴追擊，使敵腹背受敵，全部潰敗，傷亡遍野，狼狽四散，旅長武銘及軍官多名被俘，繳械無數，成了最成功的追擊戰。

孫軍中路既敗，左翼又被我第廿六軍所部聯絡諸暨人民起事牽制，於是十七日孟昭月急令所部退集嘉興，在寧波的海道退到吳淞，各右翼軍由吳興退往蘇常；周蔭人部也相繼而逃。我第一師十八日佔領杭州，白總指揮十九日率中央軍進駐；同日第廿六軍入紹興，將不及退走的孫軍繳械。不久，孫軍中路更退松江，浙江境內即告肅清。何應欽總指揮也於二月廿三日到杭州。

海軍附義、南京光復

孫傳芳很機警，經過了贛、閩、浙接連的失敗，基幹部隊殘破不堪，自知決難再在江、浙立足，索性很慷慨地把江南地盤讓給張宗昌，償了張的宿願，自將嫡系部隊全部退往江北，只餘宜興、一，由常州路白寶山、馮紹閔、鄭俊彥三師，及松江方面由不願退去的周蔭人部擔任。張宗昌部直魯聯軍畢庶澄部於是年二月廿四日入上海；褚玉璞部陸續駐防南京、鎮江，沿滬寧路和上海連接；廿八日在南京組設直魯蘇浙皖贛閩聯台軍總司令，由張宗昌主持。張部素無紀律，人民畏如虎狼，引起罷市、罷工、罷課。孫部對直魯軍也非常嫉忌。安徽各軍本不願為孫出力去打革命軍，孫聯奉後，既迫皖軍將皖北讓給直魯軍，又強皖軍再沿江西上攻東下的革命軍，於是皖軍乃切實表示參加革命，三月五日王普宣告就國民革命軍第廿七軍軍長、陳調元就第卅七軍軍長職。在滬的海軍楊樹莊也於三月十四日就國民革命軍海軍總司令職，電令馬江、廈門、寧波、吳淞各艦一齊易幟，並派楚同、楚有、楚謙三艦冒險上駛九江，聽候蔣總司令調遣。

這是二月下旬到三月中旬的東南軍軍形勢。

革命軍收復全浙後，本可直攻蘇、滬，但為避免外交的糾紛，不欲在上海附近作戰，計劃先取南京，使滬寧路東段的敵軍因歸路斷絕而不得不降，故東路軍等待江右軍由蕪湖向南京攻擊前進後，才由休止而重取攻勢。

程潛的江右軍三月十五日在蕪湖以東分三路進攻，經過數次的戰鬥，廿一日右翼攻破秣陵關，左翼抄出板橋，敵軍潰退入城，褚玉璞遂閉城堅守。程潛總指揮親臨城下猛攻三日，雖佔領雨花臺威脅城門守軍，但城堅仍不易破。因東路軍已由鎮江攻龍潭、棲霞，直魯軍恐被包圍，大隊即向浦口潰退。革命軍潛伏城中特派員章杰說動警察乘機開城，歡迎革命軍，南京戰事於廿四日便結束了。蔣總司令乘楚同兵艦由九江東下，廿三日到采石磯，親見敵軍潰渡江北，廿五日到南京入城視察，即赴上海。

蘇滬既定、江南悉平

　　東路軍是配合江右軍來行動，由浙江北向滬寧鐵路線作戰的。分兵三路：甲、東路軍總司令何應欽率第十四、十七兩軍及第一軍一部由湖州向宜興、丹陽，與江右軍聯絡攻擊南京，並截出鎮江、常州，斷敵軍鐵路線的聯絡；乙、前敵總指揮白崇禧率第廿六軍、第一軍第一、二兩師及先遣隊由嘉興取上海；丙、第一軍第廿一師師長嚴重率該師及新編第十六師受白崇禧指揮由平望攻吳江、蘇州、斷上海敵軍的後路。三路都在三月十五日開始行動。

　　革命軍對於上海本有不戰而佔領的計劃，畢庶澄得上海地盤後，也曾派代表向革命軍磋商歸降條件，但到各路戰事已起，畢仍不決心易幟，白崇禧乃於三月十九日攻松江及吳江。松江、黃浦南岸為周蔭人殘餘部隊防守，一被攻便向上海退卻，第廿六軍跟跡追躡，出得勝港，取明星橋，和正面進攻的第一軍第二師夾擊堅守三十一號鐵橋的畢庶澄軍，廿二日克松江城，將畢部四混成旅解決，殘敵北逃，第廿六軍追擊直到南翔。第一軍第二師追到青浦，繳械很多；進到崑山，再解決一混成旅。

　　當畢庶澄在上海調兵往松江增援時，第一軍第一師已由便衣隊做嚮導，由明星橋進襲上海，先遣隊、別動隊等在內部響應，廿一日遂不戰而佔領上海南部龍華。畢部在上海北部滬寧鐵路總站的為數尚多，總公會垂涎這些部隊的槍械，圖謀奪取，廿一日午，令工人糾察隊起來暴動，先襲擊警署奪得槍枝，次向總站畢軍進攻。畢軍見事急，向吳淞調取救兵，因鐵路被工人糾察隊毀壞，救兵所乘的火車在中途傾倒，救兵即下車布陣，誤會以為總站已被革命軍佔據，遂發炮猛轟，總站畢軍又以為是革命軍砲攻總站，也發大炮向救兵方面猛擊，對打了近二十小時。工人糾察隊乘機放槍進攻，相持到廿二日午，糾察隊已將支持不住。而白崇禧於廿二日早到龍華，即由南部派隊來到，一個衝鋒，畢軍便崩潰投降，畢庶澄卻早已逃入租界去了。在松江、吳淞的直魯軍幾個旅，都是得了這個惡耗而潰降的。上海完全克復，南市五萬餘人開大會以歡迎革命軍。廿三日再開上海全市廿餘萬人歡迎北伐軍的盛大集會。

　　蘇州是廿一日被第廿一師克復的，敵一混成旅被解決。

　　何應欽率軍攻宜興，敵軍白寶山、馮紹閔、鄭俊彥三師在蜀山略一接觸，即退往常州，何軍二十日進常州，敵急退過江北，直魯軍不與白等同退的，多被俘虜。何軍由常州東攻無錫，廿一日克復，西攻鎮江，卅三日

克復，即與江右軍會師南京。

白崇禧下江南輕取浙滬

　　東路軍任務完成了。由南京到上海，全歸了革命軍，江南各地普遍懸起青天白日旗。蔣總司令廿六日乘艦到上海。

　　李宗仁的第七軍於贛北戰後開回漢口，改編為第一（夏威）、第二（胡宗鐸）、第三（鍾祖培）各師另四個獨立團。到了革命軍決定進兵東南，李宗仁被任為江左軍總指揮，率第七、第十一（王天培部黔軍一師）、十五（劉佐龍部劉鼎甲一師、嚴敬一旅）、卅三（柏文蔚在皖新編的皖軍）等四軍，橫斷津浦鐵路，壓迫江南敵軍急退。二月下旬，第七軍集中宿松、黃梅，其餘各軍也整裝待發，不料武漢黨政方面竟阻撓軍事的進展，扣發江左軍的餉彈，以致頓兵申途達十餘日，而浙江已定，東路、江右兩軍已等著進攻京滬，李乃排除萬難，進佔安慶。王普、陳調元、葉開鑫先後受編。第七軍與十五軍進佔合肥，驅逐劉志陸、謝文炳等部北逃。三月廿八日褚玉璞的衛隊旅長王金韜在滁州響應江左軍，阻直魯軍北退。自此，由滁州、定遠、壽縣到霍邱，均為江左軍所掃蕩。不久而清黨事起，第七軍遂回鎮南京。

第五章　廣西李白黃與清黨之役

清黨是國民黨史上的大事，也似乎是國民黨命運安排所難免的事，是件責備或原諒都不容易遽下的事。

在事件過程中，有幾點滑稽可笑的：一、清黨已在行動了，卻還標榜聯俄容共。二、西山會議派本反共的祖宗，但清黨中卻仍叫打倒西山會議派的口號，又下令查封其黨部。三、汪回國復職到滬，蔣與其懇談後，即通電統率全軍而服從之，表示竭誠擁戴，但汪復職後，竟下令將蔣撤職通緝，並開除黨籍，凡此之類，無異演劇，箇中玄妙，如欲明白，須讀本文。

當時的革命軍，多數不熱心清黨，甚至反對清黨，黨部雖慷慨決議，如無實力擁護，統帥是很難決心下令行動的，而堅決以實力貫徹此舉的，除何應欽外，只李宗仁、李濟深、黃紹竑和白崇禧，碰巧四人都屬桂籍，所以廣西軍人成為助蔣清黨的中堅力量。

本章簡要記述清黨的始末。

聯俄容共、種下病根

國民革命軍收復京滬，江南初定，不久而清黨事起。

聯俄容共的國民黨為甚麼要清黨呢？這好比體質虛弱的人，因進補失宜，中毒變瘤，為保全生命，不得已只好動手術而割瘤了。現在簡單先述其進補變瘤的經過。

孫中山先生搞了數十年革命，直到民國十二年，他自己說還是箇不生不死的局面，就為國民黨本身太過虛弱無力了，非吃點補品以壯實體力，不足以有為。當年的情勢是：第一、對外正苦無法衝破帝國主義列強在中國造成的反革命環境，剛好碰上蘇俄要向中國進行它的計劃，看上了國民黨這條路可以利用，而扮著同情中國革命雪中送炭的樣子，表示願予軍事和經濟的援助，恰合孫先生的急需，因此而聯俄。第二、對內深感國民黨的本質和作風，已不能作知識青年從事社會運動的領導，和適應全國人心期待打破現狀的要求，必須輸入新血液以振作革命的精神，蘇俄既提出教

中國共產黨人為實現三民主義的運動而與國民黨合作的主張，蘇俄又保證不強行共產制度於中國，當時中共的勢力還微不足道，中山自信可以駕馭它，因此而容共。此在當年不能不說是對症下藥，不幸的是，此政策只行得一年中山便逝世了，這劑補藥的副作用遂發作起來逐漸成瘤，幾乎斷送了國民黨的生命！

　　蘇俄的陰謀是要藉國民黨的掩護來養大中共以奪取中國革命領導權的。中山一死，後繼者再沒有像他的魄力，蘇俄顧問鮑羅庭乃令中共利用黨團分化國民黨成左右派，使之自相鬥爭，從此國民黨即內訌不絕。民十四年七月一日以改組大元帥府為國民政府的機會，將右派的代帥胡漢民拉下來，而捧左派的汪兆銘為主席。利用十四年八月二十日廖仲愷被刺案，將一批資深望重的老同志戴上右派的帽子而逼走；這批老同志憤黨權為共黨所把持，十四年十二月廿三日在北京西山孫總理靈前集會決議：取消共產派在國民黨的黨籍和解除鮑羅庭的顧問職務，並在上海設中央執行委員會以抵制廣州的中央黨部；是為西山會議派。十五年一月廣州的第二次全國代表大會彈劾西山會議派的舉動為違法，選舉結果，悉被屏棄，西山會議派乃在上海自立中央黨部與廣州對立，形成為反共的先鋒。自廖案後，軍界元老許崇智也遭排斥，軍權歸入蔣中正掌握。蔣是主張北伐的，而共黨卻反對北伐，阻撓無效，竟演出中山艦事件以劫持蔣氏，但又失敗，汪兆銘因此避往海外，於是黨政權也歸蔣氏主持。

軍權民運、國共平分

　　國共兩黨本該因中山艦事件而決裂的，但為事實所不許，在蔣為實行北伐，萬難放棄蘇援；在共因羽毛未成，仍有賴國民黨掩護；彼此都有繼續利用暫時隱忍的必要。於是國共成立協議：「共產黨完全放棄軍權，不再任軍官及黨代表，並不得對軍隊宣傳共產主義；國民黨將民眾運動之組織指導交共產黨負責。」此時各自心裏的計算可能是這樣：在國民黨以為軍權不在共產黨手上，他自然跳不出我的掌中，一切可留待北伐成攻後再算，目前只求他勿妨礙北伐；在共產黨卻視民眾運動為對抗國民黨最好的政治武器，只要跟著北伐軍勢力到達的地區，盡力發展工人和農民的組織，確實掌握在自己的手裏，不愁挾持國民黨不住，而且國民黨人向來不知爭取工農，正給自己以方便，所以不必再反對北伐。

　　北伐實現了，在初期，國共雙方似都暗喜自身力量的增壯。蔣總司令半年功夫即平定了湘鄂贛閩四省，聲威鼎盛，收編了不少降軍，實力大

增。共黨有許多湘鄂籍的幹部如毛澤東、董必武等，在地方各界具有號召力量，國民黨左傾的鄧演達以總政治部主任駐在武漢，又與共黨狼狽相依，不特湘鄂兩省的地方黨政機構和民眾團體歸其掌握操縱，又將黨羽大量滲入了北伐軍的各級政治部，並且吸收了有左傾思想的中下級軍官。然而隨著彼此力量的增加，更促進共方對於蔣氏的嫉忌，而在兩湖製造反蔣的氣氛。

武漢中央、由共導演

　　民十五年十二月國民政府分批由粵經贛移漢，首批徐謙、宋子文、孫科和鮑羅庭到達後，不久反蔣行動逐漸起來了。最初是，十二月十三日一部份中央執行委員和國民政府委員在武昌議決：在國府未遷來以前，組織聯席會議以執行最高職權，推徐謙為主席，發號施令。其次，十二月廿四日上午在武昌召開武漢三鎮黨員大會，午後續開慶祝黨部國府移鄂及援助上海大罷工示威大會，武漢各機關、團體、民眾參加的超過十萬人，通過六項決議：鞏固中央權力，統一指導機關；從速在武昌召開中央執委全體會議，解決黨務問題；歡迎汪精衛同志即日銷假視事；清除黨內一切昏庸老朽分子；擁護國府統一外交，打倒黨內與帝國主義者妥協的反動分子；積極反抗奉軍進攻河南，準備對奉系軍閥最後決戰。從此湘鄂間打倒新軍閥、歡迎汪主席復職、一切權力屬於黨這類標語文字，到處可見，社會騷然。這些都是鮑羅庭、陳獨秀所設計而由徐謙、鄧演達、郭沫若等來表演的。

　　武漢情形暴露了共黨的陰謀，中央黨部和國民政府乃暫留南昌，可能是望東南早定而移往南京。武漢方面因之指斥蔣中正為個人獨裁，張人傑（中央常務委員會主席）為昏庸老朽更加劇烈。南昌與武漢，以演說和文章互相攻辯。到十六年三月初間，國共之間表面雖未破裂，而在南昌的多反共，去武漢的多贊成容共，顯然分為兩大集團了。共黨為欲去蔣迎汪，要求速開第三次中央執委全體會議以解決黨務糾紛；南昌方面看透了對方的用意，初定三月一日在南昌召開，使其不能利用武漢的民眾和軍隊來作怪，後因東南軍情緊急，改為候長江下游戰事告一段落再開；爭執愈久，是非愈多；而蔣總司令東下督戰去了，張人傑也回杭州，吳敬恒和鈕永建在滬主持地下政治分會，在南昌的中委愈少，到武漢的漸多，經過若干人的商洽疏解，乃訂期三月十日在武漢舉行三中全會。到期，蔣中正在前線未能出席；李烈鈞到漢兩日，看情勢不對，即託故回贛，不參加會議；由

南昌來出席的只得譚延闓一人；故會議完全由共黨來擺佈。會議先通過統一黨務指導機關辦法、軍事委員會組織大綱、國民革命軍總司令條例、外交統一方案等做法制，其次便依照這些法制去改組黨政軍各最高權力機關的人事，以符合共黨的要求，替汪兆銘布置好再起的局面，使汪帶頭和蔣所號召的反共勢力搏鬥，以便共黨乘機坐大，待汪蔣兩敗俱傷，而攫取中國革命領導權。會議過後，中央黨部和國民政府即由南昌移到武漢。自此，凡不贊成反蔣的軍政人員，概被排擠、驅逐或逮捕。

汪歸復職、大呼向左

滿肚子領袖慾的汪兆銘，受了武漢方面的擁戴，由法國趕回來上任，四月一日抵滬後，即電武漢黨部和國府，請示如何工作？並以調解黨內糾紛自任的姿態，連日在滬和蔣中正、吳敬恒、蔡元培各人晤談。容共政策無法續行，在蔣、吳、蔡等心裡早已確定，但以汪究屬國民黨人，他如真能負起疏解責任，使黨內不再自相傾軋，當然是最好不過的事。蔣氏因此於四月三日發出擁汪通電，一在表明他自己並無攬權專政的心懷，以間執徐謙各人攻訐的口實；一在期望汪能同心協力，一致奮鬥，使國民黨得達成革命的任務。四月五日午前十時，汪兆銘、蔣中正、吳敬恒、蔡元培、李煜瀛、李濟深、黃紹竑、李宗仁、白崇禧、古應芬、柏文蔚、宋子文、甘乃光等約集在上海道尹公署樓上舉行談話會，商討黨國大計。不料當日上海各報刊出汪兆銘和陳獨秀的聯名宣言，勸國共兩黨黨員「立即拋棄相互間的懷疑」，全篇都是替共產黨做宣傳，和國民黨毫不相干。吳敬恒到會一見汪氏即問道：「中國從此即由兩黨共同統治了嗎？」並聲言「聯共」二字在國民黨文獻中並無所聞。辯論得汪氏狼狽不堪。但談話會最後仍決定四月十五日在南京召開中央執監委員聯席會議，以和平方法解決黨務糾紛。在南京會議前，暫議決辦法四項：「一、由汪兆銘通知陳獨秀，暫行停止共產黨的一切過激活動；二、武漢中央黨部與國府命令，凡屬窒礙難行者，暫停實施；三、各級黨部、軍隊與民眾團體內，如有叛亂分子陰謀搗亂，由各該當局自行糾正；四、工人糾察隊以及其他民眾武裝，均須服從革命軍總司令指揮，否則以反革命論，嚴加取締。」汪對這些辦法，自然不能完全贊同，但大家一致決議，他也無從反對，心情懊喪，第二天便往武漢去了。

那時期的武漢民眾，對共黨的宣傳和行動，正感惶惑，以汪氏為孫中山的信徒，當有正確的主張，故於其到漢，予以熱烈的歡迎。不料，他接

任中央黨政主席職務後，絕口不談三民主義，卻手寫宣言：「聯俄容共農工三大政策是總理手定的，破壞一箇政策，即是破壞整箇政策，即是將總理遺教完全取銷。凡我同志，趕快起來擁護此整箇政策！」交各報刊印。並聲稱要與共產黨為中國革命共存亡，大呼「革命的向左來，不革命的滾開去！」對於上海談議會決定的事項，完全置之不理。共產黨得了汪做傀儡，自然胡作非為加倍的猖獗，武漢政府轄下於是成為無法無天的世界。

桂籍將領、力助清黨

共產黨不特到處大搞組織，而且武裝工人和農民，連革命軍都有受其宣傳影響而發生心理動搖的。李宗仁以情勢嚴重萬分，乃向蔣總司令建議：請速電約李濟深、黃紹竑來滬共商救黨大計。蔣即採照行。李、黃應約相偕於某月某日到滬，上海市長張定璠親往接船，說：「現在情勢非常緊張，不可到租界裏住，以免發生意外。」即送他們到兵工廠白崇禧的東路軍前敵總指揮部去。李宗仁也住在部裡。不久，蔣總司令即來會晤，他們報告了兩廣的情形和對付目前危局的意見。

中央監察委員三月廿八日在上海舉行過臨時會議。四月二日下午七時蔡元培、吳敬恒、張人傑、李煜瀛、李宗仁、古應芬、黃紹竑、陳果夫八監委再開緊急會議，吳敬恒提出國民黨內跨黨分子與共產黨勾結謀叛案，討論結果，以證據確鑿，四月九日將決議事項由監察委員會咨請各中央執行委員：「將訪察所得之首要人物，予以非常緊急之處置。目前在各地方公開活動之共產黨危險分子經黨部摘發者，即通知當地軍警暫予監視，一面制止其活動，以防阻叛亂行為於未然，並須和平對付，一面靜候中央執委全體會議公決處分辦法。至漢口聯席會議及第二屆中央執委第三次全體會議，皆為徐謙、鄧演達、顧孟餘等受蘇俄顧問鮑羅庭教唆指使之倒行逆施，凡由該會議所產生之機關及其所發命令，本會亦認為諸多疑問，併請各執委參照事實，逐一核議其是非，凡可以承認者，即交付下屆全體會議討論追認之，否則暫予擱置。」同日，吳敬恒等通電汪兆銘及全國黨員，檢舉武漢方面的不法措施，計有可痛恨之事共十一項，這是清黨的第一聲。

在滬的中央執監委員依期於四月十五日在敵人炮聲中（張宗昌、孫傳芳軍反攻江南）齊集南京開聯席會議，汪兆銘和漢方中委不來，於是決定在南京另組中樞，實行清黨。四月十八日反共的中央黨部和國民政府在南京成立。清黨行動，上海、無錫、杭州、寧波和廣西在四月十二日便開

始了。廣東和其他地方到十五日才動手。初時在正式文告命令中，都避免使用「反共」或「清除共產黨跨黨分子」等字樣，只說是各地工人自相衝突，當局不能不予以制止，而且表面上仍然標榜「聯俄容共」「打倒西山會議派」的主張，這一切無非是使汪兆銘和漢方同志看這方面的立場還是和自己一樣，好容易轉圜再行合流而已，卻不管氣壞了反共先鋒的西山會議派。

蔣總司令是具有深刻的反共意識的，但所屬的部隊情形便不同了。第四、八、九、十一各軍，只服從武漢政府的意旨；第二軍仍受在武漢的譚延闓遙制著；第三軍朱培德奉武漢政府命令，挾其部隊以主江西省政，態度模稜；第六軍程潛充任武漢的中央軍委會主席，且對南京深表不滿；國民軍馮玉祥更是騎牆派；堅決反共、擁護清黨的將領，除第一軍的何應欽外，只有在粵留守的李濟深、在廣西的黃紹竑、第七軍的李宗仁和東路前敵總指揮白崇禧四人，如果不是這幾位有實力的竭力贊助，清黨也許不容易實現的。

李黃合作、桂共肅清

現在要略述第七軍和廣西清黨的情形。

第七軍一半由軍長李宗仁率出征，參加北伐，一半由黨代表黃紹竑統率留桂，維持治安。李帶著黃的圖章在前方代黃行使黨代表的職權，黃帶著李的圖章在省內代李行使軍長的職權，毫無窒礙。清黨會議後，第七軍在蕪湖，因在一箇大變革時期，官兵的心理都不免有所動搖或迷惑，蔣總司令和李軍長都要黃黨代表去對軍中說說話，好安定軍心。黃由南京乘輪到蕪湖，師長夏威、胡宗鐸、鍾祖培和營長以上的人都見了面。黃除慰勞他們外，並將清黨的意思對他們說明。他們說：「在未聽到黨代表的報告以前，一切情形都不很明白，軍長不在軍中，突然接到清黨的命令，大家都很懷疑，現在才明白了。我們對兩公都是一樣服從的，現在兩公的意見一樣，我們就放心了。自從清黨問題發生後，部隊的軍風紀都渙散了許多，真是可惜！」黃氏把政治部的人員應留的叫他們安心工作，應去的使自動離開，不難為他們。黃辦妥後回京報告，蔣李都放心了。

共黨在廣西最猖獗的要算東蘭韋拔群了！私組武裝的農民協會，兩次攻陷縣城，洗劫縣署，大殺地主，實行分配土地，經派兵剿散，韋反謊報廣州國府說是土劣勾官壓迫農民。第七軍政治部、省市黨部和報館都有共黨黨員。省內自接黃紹竑由滬來電指示清黨後，省黨部即以監委蒙民偉、

執委盤珠祁、黃華表三人組省清黨委員會主持其事，審訊則交由高等法院院長朱朝森會同第七軍司令部軍法處長藍呈勝行之。因無意中遇一人為共黨廣西書記，把他看管訊問，堅不肯供，黃委員教將其妻同押一室，而使人於夜中竊聽其夫婦所談，乃知其顧慮所在，再提訊時，他請得朱院長和黃委員保證其生命安全後，即將全省各處共黨組織和人事一一詳供。

廣西李白黃與清黨之役

清黨委員會乃派黃同仇赴桂林、李岱年赴桂平、李天和赴梧州，按照所供去逮捕其人員破壞其組織，毫不驚擾就辦完了。南寧扣押了梁六度、張膽等十三人，忽一日公安局長周炳南來報，探得有人已定期要來劫獄，請示怎辦？清委會立即據情以公函請第七軍部妥為處理，軍部代行人接函，以為時機急迫，遂批「鎗決」，十三人就這樣死了。李天和往梧州之經過很有趣，他到梧上岸遇好友梧州《農民日報》編輯夏學優問：「何事這樣忽忙？」李道：「為清黨事到警備司令部去。」說了立刻醒悟已洩漏機密，因邀夏同行，夏誤以李知其為共黨，到見了司令龔傑元，震慄不止，龔疑而即加訊問，並許他無事，夏供後，龔當夜捕得廿一人，無一漏網。清黨過後，省政府努力繼續推行二五減租。

汪終反共、寧漢合流

武漢方面怎樣地演變呢？汪兆銘並非信仰共產主義，只在搶奪黨政權力，得了武漢並不饜足，更於四月十七日下令撤免蔣中正的國民革命軍總司令職，並開除黨籍，通緝究辦，而把那總司令職給馮玉祥，想馮合力倒蔣，以併合南京；但馮卻欲自作漁翁，並未接受，而於四月廿五日宣言反共，令汪大為失望。共黨在湘鄂的搞法，激起了軍人于學忠、張聯陞、夏斗寅、許克祥在各處的反抗，和各地方人的搗毀農民協會；張作霖在北京公佈搜獲蘇俄使館秘密文件後，反共氣氛瀰漫了全國；汪等乃逐漸醒悟共黨決無前途，對共方消極不合作。共黨以汪擱置土地改革辦法，縱容軍人和地方反共的言行，已表憤激；到了卅五軍長何鍵揭櫫反共，更大起恐慌；七月十三日中共發表宣言迫武漢政府國民黨左派表明態度，又聲明撤回其參加國民政府的共黨黨員；汪等七月十五日以政治委員主席團名義發佈聲明：指述共黨破壞聯合陣線根本危害國民黨生命的種種事實，以答覆共黨。共方不再爭辯，鮑羅庭往廬山召徒黨秘密準備下一步的行動後，七

月廿七日率俄人多名離漢入豫轉蒙回俄去了。汪兆銘、孫科七月廿八日往
九江和張發奎、朱培德有所洽商；卅一夜葉挺、賀龍率兵在南昌暴動；汪
等到此才被迫清黨，雖然遲了三個多月，總算南京方面的期望不至落空。
從此聯俄容共成為陳跡（卻不料到抗日時期再來一次復活），武漢此時該
和南京合流了，但汪怎好意思和被自己撤職、除籍、通緝的人就來握手
呢！終於蔣辭職後，到九月中旬才告實現。

第六章　第三、四期北伐與武漢之變

　　在國民革命軍戰史上，稱民國十六年夏間肅清江北之役為第三期北伐，由徐州攻山東之役為第四期北伐，本章概敘這兩期作戰的情形。其中可注意的有三點：

　　一、敵軍的抵抗精神，比在兩湖、江西時期大有遜色，故兩役都無精采的戰鬥演出。至革命軍圍沂不克，乃奉命班師，致功虧一簣耳。

　　二、第三期分三路進軍，李宗仁和白崇禧分擔了兩路；第四期對山東戰場分配四線，馮玉祥只任半條線，李宗仁任一條半，白崇禧卻擔任兩條；故這兩期作戰的重擔，十之八九都落在李、白兩人的肩上。

　　三、最重要的一點是：因寧漢的政治鬥爭，使北伐軍事的進行受到障礙；第三期是乘隙乃得開動，然亦幾至半途而廢；第四期終於為了武漢之變，逼得班師自衛，遂前功盡棄，為仇所快。

武漢鬆弛、肅清蘇皖

　　國民政府定都南京，清黨過後，重整旗鼓，繼續北伐。

　　本來，在民十六年四月初汪精衛由法返滬，黨國各要人和他晤商，力圖避免滬漢分裂的時候，蔣總司令已擬定了統籌全局的北伐計劃：即以原來何應欽的東路軍（時在濟寧路一帶）、程潛的江右軍（已渡江在津浦路作戰）、李宗仁的江左軍（仍在皖北），三路掃蕩蘇皖，而以唐生智所部三軍（第八軍李品仙、卅五軍何鍵、卅六軍劉興）和劉佐龍的第十五軍為一路，由京漢路北上。但未及實施而滬漢已告破裂，唐生智部已成為同舟的敵國，程潛，魯滌平兩軍也放棄前線逕往武漢。李宗仁、陳調元兩軍受程潛與魯滌平西奔的影響，迫得退守蕪湖、大通。已佔領揚州的第十七軍亦因此退回江南。敵人乘機兩路進迫，蔣總司令於四月九日由上海赴南京坐鎮，一時還無法以退敵；而敵方張宗昌、褚玉璞的直魯軍已用白俄兵駕駛鐵甲車做先鋒衝到了浦口，且不時以飛機、大炮攻擊南京；孫傳芳部則分路齊來，與鎮江、常熟一帶的我軍隔江對峙，伺隙南渡。更以渤海艦隊

攻擊吳淞，想衝入長江以掩護陸軍渡江；皖北方面雖有馬祥斌、王金韜各師在合肥，張克瑤部在六安，但已被敵圍困，僅保城池。

南京國民政府於民十六年四月十八日成立，廿四日即在敵人隔江炮擊和飛機威脅中召集海陸軍領袖開重要軍事會議，會後通電發表關於黨國大計六項決議案，其中之一為「海陸軍一致完成北伐」。那期間，孫傳芳不受招撫，他的部隊隔江日夜向鎮江開砲，和竄抵浦口的直魯軍相呼應；奉軍由豫東入皖北助直魯軍南侵；攫得吳佩孚河南地盤的奉軍，且有南下直搗武漢之勢；故當時寧漢兩方，都因敵情緊急，先要對外，無暇內爭。武漢方面已於四月底進軍河南。南京方面也於五月九日新定三路反攻計劃：一、何應欽任第一路總指揮，率第十四、十七兩軍和第一、廿六兩軍的一都，由鎮江、常熟渡江北進，肅清江北，直取海州；二、蔣總司令自任第二路總指揮，由白崇禧代理，以陳調元為前敵總指揮，率第一軍的第一、三兩師，第四十、卅七兩軍，第六軍楊杰的第十七師，由浦口渡江北上，任津浦路正面作戰；三、李宗仁任第三路總指揮，率第七、十、廿七，四四各軍和第十五軍一部，與原在皖北的第卅三軍，馬祥斌、王金韜兩獨立師，分組五個縱隊，由蕪湖分兩路進行：（甲）斜截津浦路以攻浦口直魯軍側背；（乙）北上解合肥、六安之圍，聯合進攻隴海路，截斷敵軍與河南奉軍的聯絡。作戰目的，在肅清江蘇安徽兩省的張宗昌與孫傳芳敵軍，確實佔領隴海線附迎的地區。

三路齊進、浩蕩渡江

當時北伐軍之渡過長江，以第三路最先，第二路次之，第一路最後。

第三路軍因須擔負阻敵軍進攻蕪湖和援救合肥與六安的任務，故先行發動。以葉開鑫指揮其第四十四軍為第一縱隊，夏威指揮第七軍（缺第二師）為第二縱隊，胡宗鐸指揮其第七軍第二師和第十五軍劉鼎甲及嚴敬獨立旅為第三縱隊，王天培指揮其第十軍為第四縱隊，柏文蔚指揮其第卅三軍為第五縱隊，王普指揮其第廿七軍為總預備隊。渡江次序，以距敵較遠的在先，遂成為從駐上游的開始；計第十、第廿七兩軍於五月三日由大通渡江；第七軍的第一、二、三師和第十五軍則分別五月五六七日由西梁山、蕪湖、荻港等處渡江；十一日即集中於安徽巢縣；各縱隊渡江完畢，僅有小戰，葉開鑫所部並已佔領含山。

第二路軍以陳調元為前敵總指揮，以賀耀祖指揮其第四十軍為第一縱隊，楊杰指揮其第六軍第十七師和第一軍第一、三兩師為第二縱隊，陳調

元本人指揮其第卅七軍為第三縱隊。渡江最先的為第三縱隊，五月九日亦由西梁山渡江，十一日攻佔和縣，即與進駐含山的第三路第一縱隊協力斜截浦口北方，以掩護後續部隊渡江；賀耀祖與楊杰所部分別由慈湖與大勝關因得海軍砲火為助，先後繼渡。第二路軍主力渡畢，進展到江浦、陳家渡、官渡、大鎮集之線時，魯軍分佈於浦口與東西葛鎮的為聶裕祿第六十五師；分佈於烏衣與滁縣的為七軍張繼善部；巡察鐵路的為白俄軍官指揮的鐵甲車兩列。白崇禧指揮十五日下令各縱隊進攻。十七日賀耀祖的第一縱隊克浦鎮；楊杰的第二縱隊克界首，俘敵二千餘人及軍用品甚多；陳調元的第三縱隊亦克全椒。十八日第二縱隊又克滁縣，敵鐵甲車倉皇北逃，烏衣以南，不費一彈而定，由此到浦口全告肅清。

白總指揮十九日在全椒奉令分兵東向，以助第一路軍渡江，白氏即以第四十軍和第一軍第一師東向進攻孫傳芳右翼軍所在的六合，廿一日克六合，並向儀徵追擊，迫使孫傳芳攻擊鎮江的部隊退卻。此時第一路軍的第十七、十四、廿六各軍，遂由「通海」、「楚有」兩軍艦掩護，廿二日乘勢在鎮江、江陰、常熟等處渡過北岸，迫使儀徵、揚州一帶的敵軍，聞風乘夜逃向清江浦。

這是三路大軍渡江的經過，是這次作戰第一步的成功。

李軍疾進、掃蕩徐北

現且先述李宗仁所統率的第三路的戰況：

李總指揮以巢縣與含山既告攻克，即圖揮軍進解合肥之圍。敵軍王棟、王鳴、王都慶、程國瑞、劉志陸、張敬堯各部共約四萬人，主力在合肥與我獨立第五師馬祥斌及王金韜部相持，其餘則分佈在拓皋、店埠、梁園一帶，對巢縣方面警戒。李氏乃令二、三縱隊於五月十三日齊向拓皋前進，第三縱隊擊破敵軍一旅，即進佔拓皋；第二縱隊進抵清水澗、東山口與敵遭遇，猛力一擊，敵即向梁園、店埠潰逃，第三師追到小陸，天黑而止。聞集、東山口之敵抵抗到夜半才逃向店埠。十五日第二縱隊攻梁園，第三縱隊攻店埠，敵大部逃定遠，小部佔據八斗嶺、許集一帶；夜間，馬濟、王翰鳴等部來襲，我軍努力應戰，屹然不動，相持到佛曉，我軍已能辨別形勢，即分兵圍攻，將敵擊破，俘獲甚多，馬濟受傷落荒而逃，後為我軍收容送至蚌埠醫院終不能治，王翰鳴率殘部北逃，途中復被紅槍會截殺，合肥之圍遂解，劉志陸、張敬堯敗走壽縣。

合肥克後，李宗仁即移師北攻定遠。敵第三軍守西門，第六軍守東

門，第七軍守南門。李氏以第二、三縱隊任正面，第一縱隊任右翼，準備十九日大舉攻城，但當我軍迫近，敵軍於十八日夜間已棄城向鳳陽、蚌埠退走，我軍未戰而收復定遠，跟即向前追擊。廿一日第二縱隊克鳳陽。廿二日第一縱隊克臨淮關，繼又攻克蚌埠、懷遠。風聲所播，敵胆已寒，僅恃鐵甲車阻我前進，每日往來固鎮、宿縣數次，偵我行動。廿四日第一、三縱隊進佔固鎮、五河，馬祥斌師克壽縣後進佔鳳台向蒙城追擊，六安敵軍亦被第五縱隊肅清，追向霍邱。

　　因第一、第二兩路進展較遲，李宗仁的第三路至此只好稍待，乘機整頓部隊。廿九日奉令將葉開鑫部改隸第二路。賀耀祖部改隸第三路仍編為第一縱隊，駐臨淮關候命；為掩護第二路運動，李宗仁以王天培為前敵總指揮，率第十軍進向宿州。第四縱隊則向徐州進攻，以第二、三縱隊為助。徐州守軍為程國瑞部，且有奉軍由河南來助。至六月二日我軍迫近徐州外圍之高家營、五里墩時，敵驅鐵甲車來襲，我軍乃繞出鐵路西側向鳳凰山進攻，敵猝不及防，全被繳械，城內大亂；敵軍潰逃，鐵甲車亦北遁，下午四時這蘇北重鎮徐州，便為我軍所佔領。左支隊王金韜部同日克復蕭縣。

　　第三路軍又為等待第一、二路齊頭並進而暫時休止。六月九日白崇禧所統率的第二路軍已克海洲；津浦路敵軍王棟、許琨、杜鳳舉各部忽由韓莊、沛縣來犯徐州；李宗仁即令第一縱隊向台兒莊，第二、三縱隊向韓莊，第五縱隊和左支隊向沛縣，第廿七軍和獨立第五師由永城碭山向單縣進攻。十一日各線敵軍與我發生激戰，我因得鐵甲車之助，又獲大勝，俘虜數百，繳械千餘，正擬乘勝窮追，忽奉令準備旋師，西防武漢（因彼時寧漢分裂，情勢險惡）李氏乃將主力集結於八義集、茅村鎮、鄭集之線，一部置於碭山北面，警戒待機。

廓清淮海、白軍入魯

　　茲再將第二路軍的行動，記敍如下：五月廿四日白崇禧在六合奉到如下一道命令：「……我軍向山東進攻，第一路須肅清揚州、靖江以北殘敵；第二路以主力向台兒莊、一部出清江浦截擊孫（傳芳）軍殘敵；第三路沿津浦路及其以西地區向徐州及碭山截斷隴海路。……」於是，白氏乃令賀耀祖率第一縱隊由六合、滁縣直趨臨淮關；楊杰率第二縱隊由天長、向淮安、清江浦；陳調元率第三縱隊由明光向宿遷、睢寧。廿九日因賀耀祖之第一縱隊改隸第三路軍，而將第三路軍的葉開鑫部改隸第二路仍編為

第一縱隊。六月一日第一縱隊攻克靈璧，敵逃徐州。二日第三縱隊進佔睢寧、高作，敵已先逃。四日第一第三兩縱隊同時到宿遷收編孫軍殘部。由四日至七日又連續攻克清江浦、泗陽、瑤灣、及大榆灣沿運河一帶，敵軍逃往郯城、台兒莊。

白總指揮綜合當時情報，知孫軍主力退集郯城，周蔭人、白寶山、馮紹閔各部已退海州；於是電請第一路軍何應欽總指揮速令所部分別由阜寧、大伊山鎮兼程向海州追擊，而以第二路軍的主力直向郯城，一部則向海州。六月八日我軍將海州南方高地之敵擊潰，敵退入城，即行圍攻，九日晨周蔭人突圍而逃，午刻，追到新浦，將其全部繳械。

至十一日第二路軍的第一縱隊進佔青口、贛榆；第二縱隊進攻佔郯城；第三縱隊進佔馬頭、重莊。此時即奉令停止全軍北進，回師鎮壓長江中部，白氏遂於十二日晚下令各縱隊就現地集結整頓。白氏本人則於十四日往徐州與第三路軍總指揮李宗仁面商以後戰守的方策。

至於何應欽所統率的第一路軍戰況，則較為簡單，渡江攻揚州、通泰各縣後，向北急進，壓迫孫傳芳五萬部隊倉皇退走。淮陰即告肅清，迨第二路軍分兵東向海州時，第一路軍也同時趕往，在海州將白寶山部迫降，而進至山東省境。

蔣馮會面、再商北伐

當武漢方面的部隊由河南回師之後，寧漢雙方的情勢復形緊張，就在此時，馮玉祥出來調停了。馮氏在民十五年八月由俄回國途中，即發表率國民軍正式加入國民黨。不久，便率師由五原，經包頭、甘肅入陝西，十一月即解西安之圍。到了民十六年五月五日又由陝省東攻潼關與洛陽，與同時由漢口北進的唐生智、張發奎所部合擊在河南的奉軍。六月一日會師鄭州，黃河南岸，遂告肅清，而武漢、長沙適在此時發生反共軍事，形勢頗為緊急，馮玉祥和唐生智遂發起六月十日的鄭州會議，武漢的黨政軍要人悉往參加，議決：武漢軍全部回師鎮壓長江上游，濟南北伐東進的軍事全由馮軍擔任。十三日會畢，唐生智與張發奎即率部南歸。十四日馮派代表李鳴鐘到南京，主張召開徐州會議。十六日蔣總司令偕李鳴鐘到徐州，與李宗仁、白崇禧會議兩軍北進事宜。那時敵軍連失徐州鄭州，側背又受山西部隊攻擊，勢將崩潰，張作霖急調東北部隊入關，將以全力對付革命軍，時局至此，更加嚴重。於是蔣總司令與馮玉祥於十九日在徐州作連續三日的會議，中央委員胡漢民等八人也從南京趕往參加。據馮玉祥自記會

議的經過如下：

「鄭州會師之後，蔣介石帶著兵從南京打到徐州，約我到徐州去大家見面，我馬上就開車，離徐州還有二十里，一個車站叫黃口，蔣介石由徐州開車到這裏等我，我們在站台上見了面。我們由黃口開車，我坐在他的頭等車上，到了徐州，住在花園飯店，大家談的是繼續北伐。本來武漢方面，希望我幫他們打蔣，蔣這方面希望我幫他們打武漢，但我說，若是我們自己打起來，何以對得起孫中山先生，又何以對得起中國人民！不論如何，我寧願得罪你們也不願你們自己打，我懇求你們是共同北伐，先打倒我們的敵人，這是重要的事。

「在徐州這裏，有吳稚暉、胡漢民、李烈鈞，還有許多朋友，這天晚上有很大的宴會，蔣介石找我講話，我先說了幾句恭維國民革命軍的官兵北伐勞苦的事，接著我說：今天是南赤北赤在這裏集會（張作霖和吳佩孚說：南方的赤化頭子是蔣介石，北方的赤化頭子是馮玉祥），我們那裏赤呢？我們真真實實地赤心赤面要流赤血，保護中華民族的赤子，決不像張吳的樣子，他們只要殺誰就給誰一頂赤帽子戴。我說完了之後，吳稚暉起來說：今天是紫氣東來。會一散，蔣介石拿擬好了的一個電報稿給我看，就是繼續共同北伐的通電，我和蔣介石都簽了名，蔣開車回南京，我開車回開封。」

會議結果，蔣總司令放棄其所預定「暫守徐州、停止北進、回師鎮壓長江中部」的計劃，決定與馮共同北伐，並同意馮氏所定的對付武漢方面的方針。

進攻滕縣、迫膠濟路

徐州會議決定的共同北伐計劃中關於兩軍進攻路線的分配是：一、國民革命軍第一、二兩路軍聯合任東路，由贛榆、郯城兩線北進，攻略魯東各地後，再與第三路軍會攻泰安，並分兵襲膠濟鐵路，以白崇禧指揮之（此時第一路總指揮何應欽已回鎮南京）；二、國民革命軍第三路軍任津浦鐵路正面作戰，以李宗仁指揮之；三、國民革命軍第三路軍之馬祥斌、王金韜、王普各部與馮部國民軍劉鎮華、鄭大章兩部聯合進攻濟寧；四、馮部國民軍中路軍任京漢鐵路正面作戰，以孫良誠指揮之。

國民革命軍第一、二、三各軍，於六月督三日開始總攻擊，限兩星期內迅速攻下濟南，然後抽兵南旋，鎮壓長江中部。

總攻擊令下後，各線努力前進。津浦鐵路正面，李宗仁總指揮於六月

廿三日以第一縱隊攻台兒莊，第二、三縱隊向韓莊東面壓迫，第四縱隊攻韓莊正面，三處敵人都作猛烈的抵抗。經過四日苦鬥，李氏所部於廿七日攻克嶧縣與臨城，廿九日又克滕縣。

白崇禧指揮東路由贛榆、郯城分道北進。贛榆之線以降軍白寶山、馮紹閔等部為前驅，佔日照，攻諸城，直迫膠濟鐵路。到七月三日，因敵方孫傳芳軍周蔭人部的陳以燊等三師二旅在膠濟鐵路宣佈受馮玉祥委任，加入革命軍，遂停止前進。由郯城北進的第二路軍，六月廿三日以第二縱隊向臨沂，敵潰退入臨沂城中固守，遂圍臨沂，守城之敵為方永昌基幹隊一師和王冠軍第一一四旅。廿四日，以第一縱隊對莒縣和沂水、第三縱隊對費縣和蒙陰，斷敵外援，而由第二縱隊專任攻城，但連攻兩日，徒受傷亡，仍退回原陣地。

武漢東犯、蔣氏班師

當北伐軍正在山東進展之際，武漢方面忽然大舉東征，李宗仁攻克臨城時，張發奎、賀龍各部已下達九江，唐生智、程潛所部也東抵黃梅；更由江西進軍指向浙江，長江中部和江浙形勢頓形嚴重。蔣總司令急令北伐前線各軍班師以鞏固首都，留第三路的第四、五縱隊由王天培統率扼守臨城，第七軍即於七月三日由臨城退徐州往蕪湖佈防，其餘也逐次調回。

津浦路自第七軍南撤，敵即反攻，我連失滕縣、臨城、韓莊、台兒莊，僅據運河南岸以拒敵。李宗仁以不恢復臨城，則徐州之守難固，電白崇禧派兵來助。白因圍攻臨沂久未能下，遂於七日晚乘機撤圍以誘敵出城，而派第四四軍和第十七師援津浦路，十一日到達，即與第十、四十、卅三各軍合克韓莊。十二日第十軍收復臨城，四十軍連復台兒莊、嶧縣、棗莊。白以津浦路無事，再圍臨沂，終以師老無功，被促南歸，廿一日解圍去。臨城又於二十日復失，廿五日敵迫徐州。時我軍部隊已開拔淨盡，留在前線作主力的第十軍又作戰不力，蔣總司令復率第四十軍赴前敵，督同卅三軍張克瑤師苦戰，以兵力過薄，逐次後退，蔣氏亦於八月六日回南京與何、白、李三總指揮商議防禦的方法。孫傳芳得此千載一時的機會，急整部伍，兩路南犯，長江北岸，復入敵手。第三、四期北伐的成果，於是悉付東流！

第七章　北伐中最著名的龍潭大戰

　　龍潭之役為國民革命軍北伐中最著名的一次大戰。由於敵我雙方自主將以至士兵，都具有一心一德與愈戰愈奮的精神，遂演出了非常壯烈的場面。勝者固非倖致，敗者當亦心服。

　　尤其特異的是，革命軍方面，蔣總司令早已辭職他適，部隊用軍事委員會來指揮，卻並非如抗戰時期之有委員長為全軍的統帥，而只是幾位平高並大的常務委員，以政治上的合議制，應用於軍事上作戰，竟毫無扞格。軍委會下面的三位總指揮，既自己指揮自己，而又彼此互相指揮；且三人又隔絕在兩地，非遇事可隨時細商，而卻能開誠互信，步調一致，卒摧強敵，竟獲全勝。凡此，皆為饒有趣味之事。

蔣氏辭職、團結內部

　　革命軍北伐的進展，到民國十六年七月初，東路蔣中正的國民革命軍已攻到山東的滕縣，西路馮馮玉祥的國民軍已攻到直隸的磁州，山西閻錫山的北路國民革命軍也在大同、娘子關活動，威脅張作霖奉軍的側背，情形可說是非常良好。不意，容共的武漢，竟於此時東征，以圖傾覆南京，蔣總司令不得已而將東路各軍撤回長江，以固根本。自八月一日共產黨在南昌暴動，武漢也驚起而反共了，形成了和南京合作的機緣，卻仍喊著「驅共倒蔣」的口號。當時各將領對蔣的態度：馮玉祥主張汪蔣同時告退，以促成寧漢合作，統一革命力量；唐生智割據兩湖，仍向下游進軍；張發奎絕對擁汪，率軍回粵；程潛、朱培德對蔣心存攜貳；在南京的何應欽、李宗仁、白崇禧，同感寧漢合作不成，北伐即無法進行。在黨政方面，國府主席胡漢民雖也助蔣，卻和汪兆銘不相能，合作而汪來，無異迫胡走；在滬的西山會議派固然擁胡，但又和蔣對立。蔣氏處在這種錯綜複雜的情勢下，感覺自己竟成了內部團結的障礙，遂於八月十三日通電辭去本兼各職。大家留蔣不住，一時既無總司令，關於軍政、軍令的處理和部隊的指揮，從十七日起便由軍事委員會直接執行。軍委會常務委員七人中，胡漢民已隨蔣氏之後辭職離京，閻錫山在山西，只有何應

欽、李宗仁、楊樹莊、李鳴鐘、白崇禧（李濟深在粵，由白代理）五人主持。

孫軍南侵、沿江佈防

帝國主義者的日本，對革命勢力的發展是深為嫉忌的，故幫助孫傳芳和張宗昌把已歸降革命軍的陳以桑部收拾，使山東無內顧之憂，孫張得乘革命軍南撤而聯合反攻。七月廿六日徐州被佔後，孫傳芳以為這是他翻身的千載一時的機會，不顧張作霖的來電阻止，不計及張宗昌在濟寧和徐州西面為馮玉祥所牽制，難以南下援助，竟急急分兵兩路南侵：一路沿津浦路攻蚌埠，一路由宿遷攻淮陰。南京那時正忙於蔣總司令的挽留和寧漢合作的協商，未能用全力來應付軍事；孫軍在津浦路方面，八月十七日進逼浦口，運河方面十九日已過寶應，軍委會十九日下午二時才下令海陸軍作捍衛首都的部署，其大要是：

海軍楊樹莊總司令指揮第一、第二、練習艦隊，以主力任南京、江陰間的警戒，一部游弋長江中上游。

陸軍由何應欽、白崇禧、李宗仁仍以第一、二、三路軍總指揮名義，分任指揮各軍在左列各地防守：

柏文蔚第卅三軍，合肥、六安一帶；
陳調元第卅七軍，蕪湖；
賀耀祖第四十軍，當塗、采石磯；
葉開鑫第四四軍，慈湖、大勝關；
夏威第七軍，南京附近；
胡宗鐸第十九軍（第十五軍所部改編），烏龍山一帶；
第一軍第廿二師及警備第一師，棲霞、龍潭一帶；
第一軍衛立煌第十四師，鎮江；
楊杰第十八軍（第六軍第十七師改編），揚中；
賴世璜第十四軍，江陰；
曹萬順第十七軍，崑山；
第一軍第二、三兩師及第廿六軍，上海、吳淞。

龍潭退敵、棲霞失陷

南京急須解決內爭，對敵暫取守勢，而孫傳芳卻是積極取攻勢的。八

月廿五日李宗仁偕漢方中委譚延闓、孫科等由九江乘決川艦回南京，到江寧附近時，發現孫軍向江寧鎮、大勝關渡江了，船艇像穿梭般紛紛往來。李氏立即令艦上開炮，擊沉了大小船艇百餘隻，溺死了孫軍一千多。江面肅清後，孫軍仍從北岸齊向艦上射擊，但經不起兵艦炮火的壓迫，不久便竄匿而歸沉寂。渡過了南岸一部分，悉被防守部隊所殲滅。這是大戰的序幕。

就在當日夜間，孫軍約五六千人的大隊，乘著大霧，藉外國兵艦的掩護，由南京下游的通江集、划子口偷渡過南岸；廿六日拂曉襲擊燕子磯、笆斗山、烏籠山、棲霞、龍潭的守備部隊，佔領了棲霞和龍潭，掩護其後隊繼續渡江，並掘毀滬寧鐵路，割斷電線，以阻礙我往調援兵。何應欽、李宗仁兩總指揮在南京接到急報，趕急派隊應援；白崇禧總指揮由滬回京，車到無錫，得龍潭被敵佔領消息，立即就近由無錫、常州調兵往攻，同時軍委會電令鎮江以東的部隊一概歸白指揮；午間，孫軍遭我第十四軍和第一、七兩軍的東西夾擊，死傷數百，繳械千餘，敗退匿入蘆葦叢中；但後隊孫軍得其掩護，復源源渡過，再來攻棲霞山和南北象山，守軍為成立未久的第廿二師，抵禦不住，遂悉被敵所佔領。何李兩總指揮以情勢危急，在軍委會商定；將第一軍第一、二、三各師集結於鎮江；第七軍除派一部警戒江寧到南京一帶外，其餘悉數集結於南京；上游的第卅七、四十、四四各軍，各將主力就地靠近下游警戒；其餘第十四、十七、十八、廿六各軍仍在原防嚴密戒備；海軍全部分段遊弋江面，阻斷敵軍偷渡。

這是第二日的作戰情形。

棲霞克復、龍潭被佔

到廿七日，孫軍渡江的已二萬餘人，一面守棲霞山，一面向龍潭襲擊；我軍也一面反攻棲霞，一面抵抗敵向龍潭的襲擊；天剛拂曉，兩處已同時發生激烈的戰鬥。

我守龍潭的第廿一師，努力抵禦，得衛立煌率第十四師從鎮江來助，合力殲滅孫軍，俘虜其旅長趙國瑛以次官兵千餘人。由擄獲孫軍文件中，得知其作戰部署：「一、鄭俊彥、李寶章督率第一路所屬各縱隊於本月廿三日深夜渡江，進佔南京；二、劉師長士林督率第二路所屬各部於本月廿三日深夜渡江，進佔鎮江；三、上官師長雲相率領所部到揚州後，即協同劉部渡江，經鎮江出勾容，警戒溧水方面；四、鐵路縱隊準廿三夜十二時開始渡江，進攻南京。」以上的部署，據被俘的趙國瑛說：因準備不及，到廿六日晨才正式發動。

我第七軍第一師援助第廿二師反攻棲霞山,孫軍死守險要,以大炮和多數的機關槍向進攻的我軍猛烈射擊,我軍仰攻,前仆後進,不顧犧牲,自晨至午,第廿二師屢次動搖,幾乎支持不住,夏軍長率兩獨立團到甘家巷督戰,即令一團繞攻敵人側背,第一師又突破了北象山和棲霞街,跟著棲霞高峰也被佔領,孫軍受著三面的夾擊,終於崩潰而分路奔逃,經一日的肉搏,受多數的死傷,棲霞乃重歸我手,敵竄江岸一股,被第七軍獨立團繳械俘虜;其餘數千,逃向龍潭。第七軍第一師奉令仍回南京。

龍潭雖以晨間大勝而安全,但當夜又復失陷了。南京到江陰一帶江面,原由海軍聯鯨、通濟、永績、永健、楚有等艦遊弋警戒,卻為水道長遠,梭巡不周,孫軍連日得從三江營、十二墟、大河口、划子口各處渡江,且盡向龍潭附近集結,廿七晚再猛撲龍潭,我守軍第十四師的一團及第五十八團抵擋不住,遂被孫軍佔領。李寶章、上官雲相兩師已完全過到南岸,此時龍潭附近的孫軍已不下兩萬人。

龍潭成為雙方互相爭奪的目標,廿八日何總指揮應白總指揮之約,令第七軍固守棲霞到南京一帶,而以警備第一師的一部協同第廿二師夾擊龍潭。自晨至午的戰況,彼此相持不下;黃昏時分,第一軍第二師到來了,加入左翼一衝,便佔領了正盤山南方的高地,更前進圍攻黃龍山和青龍山。但孫軍大隊今日繼續分路渡江,只向八卦洲第七軍防區的被擊退,其餘渡過的,向我軍攻擊龍潭的陣地作包圍,其佔領黃龍山和青龍山的炮兵,又據高瞰射,致我仰攻一再突擊的部隊,蒙受巨大的犧牲,正面被截為兩段,全線混戰,不得已而東退倉頭,西退東陽鎮,第七軍第三師奉令往援,已來不及了,因棲霞仍在我手,敵人追到東陽鎮便不敢再進,但東至鎮江,西至堯化門,此時均為敵氛所籠罩。此役各部都有損失,而以第廿二師為最重。

這是第三、第四日的戰況。

周密部署、準備圍攻

龍潭復失的消息到了南京,中央委員和何李兩總指揮徹夜商討應敵的方策。判斷孫軍連日冒險渡江,屢敗復進,今再佔龍潭,必將集中力量,與我決戰,我軍士氣尚旺,應勿等待孫軍完全渡過南岸,即迅速將其擊破,則再舉北伐,自屬事半功倍;綜合各方報告,孫軍渡江地點雖在通江集、划子口、十二墟、瓜州鎮、三江各處,而其主力卻盡在龍潭、棲霞一帶發現,是主要渡河點在划子口、大河口兩處,其餘不過佯渡以亂我耳目

而已。於是決定：何總指揮率第一、七兩軍從西面，電白總指揮就可能範圍內盡量抽調鎮江以東的部隊從東面，於三十日拂曉一齊夾擊龍潭；李總指揮率第七、十九兩軍各一部堅守南京、燕子磯、笆斗山、烏龍山、棲霞一帶，並調第四十軍限三十日晨到京相助；海軍從廿九日起集中主力於划子口、大河口阻絕敵軍偷渡。

　　南京和鎮江兩方面，依照上面的決定，廿九日用全副精神去準備，所以僅在棲霞、倉頭附近與敵相持，不使其再有發展。何總指揮赴麒麟門收容昨日由龍潭敗退的第一軍部隊，集結整頓，下午督率復向東流鎮前進；並令第七軍第三師和獨立團也進向棲霞。白總指揮令楊軍長派隊截擊由揚州進犯姚家巷的小部敵軍，並電令賴曹兩軍長各抽一團開赴丹陽歸楊軍長指揮和鎮江相呼應後，即自率總指揮人員赴下蜀部署明日總攻擊事宜。李總指揮坐鎮南京，負責首都的警戒，各方的策應，海陸軍作戰的統籌；對海軍，電商楊總司令加派海容、應瑞兩艦遊弋下游，其餘逐次駛往大河口一帶協擊偷渡和兩岸的敵軍；對陸軍，以第七軍第二師第三、五兩團守烏龍山和棲霞，第十九軍守笆斗山和燕子磯，並以一部控置於神策門候命，第七軍教導團、獨立營歸尹團長承綱指揮，分布下關、上新河鎮一帶，各部隊各自對於附近江岸嚴密警戒，並連絡左右的部隊。

　　對龍潭明日的攻擊，海軍在北面攔截江面；白部第一軍在東；何率第七、十九軍在西，並以一軍部隊在南，形成了包圍陣容。其詳細部署如下：

　　東面編兩個攻擊隊，以劉師長峙在右，指揮第二師的一團，第廿一師第五十八團和第十四師（缺兩團），沿鐵路進攻正盤山、七星台北端、龍潭車站和其以西地區；鄧師長振銓在左，指揮第一師全部和第十四師的一團，由胡家園進攻正盤山東端、七星台、青龍山；第廿二師以一部在下蜀、倉頭對江岸警戒，餘一團為總預隊，明晨向倉頭推進。

　　西面編三個攻擊隊：李師長明瑞在中央，率第七軍第一師並第二師的一團沿鐵路西側進攻夏家村、龍潭；陶師長鈞在右，率第十九軍第一師由蔡家邊、西溝、古鎮進攻東陽鎮，奏攻後即協同右翼的第一軍攻擊黃龍山、龍潭街市；楊副師長騰輝在左，率第七軍第三師兩團由江岸向周家園、扁擔洲進攻；夏軍長率第七軍兩獨立團為總預備隊，攻擊時沿鐵路推進。

　　南面編兩個攻擊隊：孫師長常鈞在右，率第二、廿一兩師（各缺一團）由上西岡、曹家邊向小花生口、黃龍山攻擊；警備第一師附第十師第四十一團在左，由上西岡向東陽鎮攻擊，奏功後即協同孫師長攻黃龍山；攻擊時何總指揮率衛士隊在下西岡。

苦戰黃龍、孫軍慘敗

　　所謂龍潭大戰，三十日天將亮時炮聲響起來了，我軍從四面八方一齊向龍潭進攻。海軍在棲霞、龍潭、下蜀江面助威，並阻截敵軍偷渡。西面中路李師長首先攻破夏家村，即繞東陽鎮北端；陶師長在右翼，剛好也攻到東陽鎮，敵人被我兩路齊逼，紛紛退集黃龍山，我軍追到，從下仰攻，遂難進展。左翼楊副師長進佔了扁擔洲，敵人全力向其反擊，因河汊紛歧，妨礙運動，故鐵路以北，彼此只是對峙著。夏軍長以正面進展不易，令陶師長協同右翼的第一軍猛攻青龍山，李師長全力繞攻黃龍山。不久，東面白總指揮督率劉師長佔領了水泥廠，威脅七星台北端；鄧師長也攻破了正盤山，向七星台、青龍山攻擊。西面各軍聞知鎮江友軍愈來愈近，精神格外興奮。李師長漸漸逼近龍潭，因小河阻隔，將部隊大部分繞過盤橋，以一部加入陶師協攻青龍山西側，主力圍攻黃龍山。敵方主將孫傳芳和重要將領李寶章、段承澤等親到督戰，據高俯瞰，憑險固的陣地，發猛烈的炮火，拼死堅守；而我軍卻奮不顧身，冒險上衝，彈如雨下，血肉橫飛，終因地勢太劣，屢衝都未能達到稜線，死傷奇重，這樣白兵戰的惡鬥，為北伐以來所僅見。午後二時，青龍山敵人乘我軍屢攻疲憊，向我出擊，我正苦敵據山巔，不易得手，遂乘勢搏擊，但結果仍受挫折。午後四時，夏軍長派獨立團來助，李團長思熾由青龍山緩徐部分猛衝而上，喊殺之聲震天動地，掩護的炮兵發炮猛轟，撲到了山頂，敵人潰逃，遂佔領青龍山。現只剩下黃龍山了，李師長的攻擊部隊，人人都已筋疲力竭，無法再進，只在山腰支持著；夏軍長派黃權率一營來到，攻到半山，時有英艦七八艘上駛，想是誤認了山頂為革命軍所佔領，以為孫軍要攻擊上山，即向山頂開炮轟射了七八發，煙火瀰漫，塵土飛揚；炮聲一停，我軍急一擁而登，到了頂上，只見敵軍官兵全都死了。單剩下武器散亂在地上，帝國主義者支持軍閥，不料倒幫助了革命軍；躲在山谷逃不出去六千多敗敵，都成了我軍的俘虜。孫軍內失了中堅陣地，外受半月形包圍，逐漸退縮往江邊，又被我海軍炮擊，陣線散亂，孫傳芳、李寶章、段承澤先逃回北江，部隊也紛紛逃命北渡，卻被我海軍擊沉了不少的渡船，威脅得其餘不敢再渡，轉向下游逃去。白總指揮到水泥廠，令第一軍第一、二、十四各師跟踪追擊，第七軍去肅清龍潭附近的零星殘敵，天已入黑，而鐵路以北，水田沒脛，河汊錯雜，難以辨別，故不再去追擊。

大獲全勝、渡江追擊

孫軍三十日在龍潭大敗，受了一場鉅創，誰都以為必乘機逃脫，再徐圖恢復了，白總指揮當夜擬定了掃蕩紫洲東西殘敵和三路渡江追擊的部署，商得何李兩總指揮的同意，已經下令卅一日晨開始行動，不料，孫傳芳尚作最後的掙扎，再向烏龍山和龍潭來一次突襲。

孫傳芳以為我軍既集中龍潭作戰，南京必定空虛，於三十日夜間派隊由八卦洲渡江，卅一日晨襲攻烏龍山，第七軍守兵一團竭力抵禦，自晨至午，屹然不動；但敵攻擊愈烈，笆斗山被佔。李總指揮調神策門總預備隊一團往援，從燕子磯、花家巷出擊，將敵擊潰，收復笆斗山，繳械數百，殘敵逃入八卦洲中，前頭被海軍攔截，後有追兵，進退不得，遂被全部解決。

龍潭潰敗之敵，乘夜增援三團，卅一日曉，襲攻水泥廠、章家灣一帶，來勢兇猛，過於昨日，但我軍佈置周密，動作敏捷，藉戰勝的餘威，彷彿一可當十。當水泥廠被敵猛攻時，第七軍部隊已佔領了小曹莊、蘭英聞，拊敵的側背，第一師也急向陳家墟、金村、元溝挺進，形成了包圍的態勢，何白兩總指揮在龍潭會合，身臨前敵，士氣更為發揚，敵勢局促，陣線凌亂，被我突擊抄襲，相互齊施，遂全線崩潰，爭向江邊逃竄，我追擊既猛，海軍復當頭攔截，溺死千餘，其餘進退不得，遂全部繳械降伏。這場連續七晝夜的大戰，乃告閉幕。

這一戰役，孫軍過江的共五師三混成旅，約七萬人。被俘萬餘；投降繳械時的情形頗為紛亂，其將領乘間混雜鄉民中走脫的不少；孫軍打仗時很兇猛，被俘後很馴服，我以少數兵押解數倍的俘虜往南京，並無反抗事故發生。繳獲步槍三萬餘枝，機關槍百餘挺，山炮、追擊炮各六十餘門，第七軍只能以少數部隊暫時看管堆積如山的戰利品，後來多被別軍任意搬走。孫軍死傷近萬，我軍死傷也一萬以上，戰場上屍體枕藉，「血染龍潭」，並非誇語。雙方都視此戰為成敗關頭，主將都親臨前線，作生死的決戰，不計犧牲，結果是革命軍勝了！

九月一日革命軍渡江追擊，楊杰率第十四、十八兩軍克復揚州，進逼淮陰；賀耀祖率第四十、四四兩軍重新佔領津浦路南段，以待後期北伐的繼續進展。

第八章　寧滬漢由分而合的特別委員會

中國國民黨，自民國十四年十一月，第一屆反對共產黨的中央委員在北京西山舉行第四次全體會議，而有「西山會議派」以來，造成了第一次的分裂。到了民十六年四月，第二屆的中委，在南京的反共，在武漢的容共，各走極端，又造成了第二次的分裂。於是一個黨而同時有寧（南京）、漢（漢口）、滬（上海）三個中央黨部和寧漢兩個國民政府，給全國民眾以最壞的印像，和革命前途致命的打擊。

當南京反共清黨時，「西山會議派」極望與之合作，但南京卻先圖有實力的武漢來歸，而將無實力的「西山會議派」留以有待，且在表面上故意加以打擊。直到民十六年七月，武漢也反共了，南京乘機號召合作，武漢響應，「西山會議派」居間調停，竟由寧漢兩方而變為寧漢滬三方的合作，有特別委員會的成立，兩年三分的黨乃復歸統一。

此次合作，以南京為中心，而當時南京的實力，以李宗仁與白崇禧為中心，李白與「西山會議派」，傾心為合作而盡其最大的力量，全黨的大團結遂終告實現。

本章專記這次團結運動的經過。

促成團結、蔣氏辭職

國民黨內部的分裂，雖導源於聯俄容共，而領袖間權位的爭奪，亦為重要的原因。當革命軍北伐前，廣西有一位同志隨白崇禧參謀長到廣州商洽統一兩廣問題，盤桓既久，接觸甚多，他直覺上即有一種預感：「這一群黨要，攻訐自私的現象，隨處顯露，看不出誰是安邦定國的人物？」他的話或者不是信口而說的。民國十六年七月武漢方面自己發覺了共產黨要篡奪政權的陰謀，也隨南京之後，起來清黨，政見上的歧異，到此已完全消逝，雙方應可合流了，但武漢卻唱「驅共倒蔣」的口號。蔣中正為促成黨內的團結，免除武漢方面的藉口，遂於八月十三日辭去本兼各職，即回奉化，合作才進展而漸趨成熟。

當寧漢對立期間，馮玉祥屢次調解，後又主張汪蔣同時告退，意在自

高聲望。在蔣辭職前，馮氏的活動更為頻繁。在武漢的中委於是年七月廿三日議決在一個月內召開第二屆第四次中央委員全體會議後，廿四日馮即有電建議：「寧漢兩方的中委在開封開會，消除雙方的意見，解決黨內的糾紛。」南京方面的軍政要人八月八日覆電表示：對武漢以前的容共，表示諒解；對今後的黨政，只有整個的善後，並無兩派的爭執，以開第四次全會促第三次大會的進行為宜；對軍事則提出李濟深坐鎮南中，唐生智肅清上游，蔣中正、閻錫山、馮玉祥直搗幽燕。但此時蔣已準備下野。至八月十一日寧方再接馮氏來電磋商：在執監大會開會前，應否開一預備會？並提議以安慶為開會地點。寧方十二日電覆馮氏：贊成安慶會議，請馮決定日期，並同蒞會。蔣中正雖署名此電，但即離京赴滬，通電辭職。中委胡漢民、張人傑、蔡元培、吳敬恒、李煜瀛等十四日赴滬挽留蔣氏，但蔣已回奉化。胡漢民以留蔣不著，也跟著辭國民政府主席職。胡等五中委並即電告馮玉祥：取銷安慶之行，各為故里之遊，並請馮「一柱擎天」。其實是不滿於馮的縱橫捭闔，故以此語來譏嘲他。

蔣、胡去後，中央黨部和國民政府只剩下蔡元培和李烈鈞兩人維持現狀，並即分別電請現住滬漢各中央委員來寧共商善後。程潛首先應召入京；朱培德、賴世璜、陳調元等將領也陸續到來；何應欽、李宗仁、白崇禧等都在南京，舉行了一次黨政軍臨時聯席會議，推李烈鈞為主席，由程潛發表演說後，決議寧漢滬三方面合作，統一黨權，並請武漢各同志早日來京。南京黨政日常事務，仍由蔡、李兩人負責處理，重要事項即召集黨政軍聯席會議來解決。上海方面的「西山會議派」張繼、鄒魯、謝持、覃振等十餘人亦奔走於京滬間，為大團結運動而努力。

漢方響應、初會九江

武漢方面，自民十六年七月中旬宣佈清黨後，即逆料與南京合流已為勢所必至，汪兆銘頗機警，他自量此時必不為寧方的同志所諒解，即與蟄居上海的許崇智密商滬漢兩派合作的辦法，希望通過許氏的關係，而與「西山會議派」取聯繫，若能取得滬方的合作，將來依然可以在黨內佔有領導的地位。其他的人，只有極少數是反對合作的，如陳友仁即其一，他藉名赴日內瓦出席國際聯盟，八月十三日便離開漢口；但大多數都是贊成合作的，他們十五日電覆南京，請派李宗仁等赴九江協議。接著，十七日武漢方面的中委有第四次全體會議改於九月十五日在南京舉行的聯名通告；十九日汪兆銘、譚延闓有致何應欽、李宗仁、白崇禧三總指揮促請一

意渡江作戰，聲明東下各軍並無他圖的電報；都是表示合作的先聲。二十日汪兆銘、譚延闓、孫科、唐生智等六人赴九江，廿二日李宗仁等也到達了，先後在九江和廬山舉行會議，決定譚延闓、孫科先同李宗仁到南京詳商；南京派「決川」號兵艦往迎，廿五日駛抵江寧時，適遇孫傳芳軍渡江南犯，發生七晝夜的龍潭大戰，合作商談亦為之耽延。

譚延闓、孫科既與在京各人接洽，乃於九月五日赴滬再與胡漢民等五中委協商；而汪兆銘偕顧孟餘、陳公博、徐謙等於六日到南京，與負責各人交換關於大團結的意見，七日譚延闓與孫科邀胡漢民等五中委回京未獲結果；即先回京晤汪；九日譚、孫邀汪同李烈鈞、李宗仁、朱培德再赴滬，由汪親向胡等五中委有所解釋；于右任和程潛也相繼而來；自此，合作的會談都在滬進行。寧漢滬三個中央黨部的委員們個別接洽，將大團結的具體辦法徵得多數意見，大體商妥後，一致同意定期先開談話會，由三方面各推負責代表出席，以決定團結的方案。

三方懇談、推誠相見

大團結的正式談話會，於九月十一日上午九時在上海戈登路伍朝樞寓所舉行，到會的有汪兆銘、譚延闓、伍朝樞、程潛、鄒魯、李烈鈞、葉楚傖、楊樹莊、謝持、王伯群、許崇智、張繼、覃振、于右任、居正、茅祖權、劉積學、甘乃光、傅汝霖、李宗仁、張人傑、蔡元培、李煜瀛、朱培德、孫科、褚民誼、繆斌等廿七人，除胡漢民、蔣中正未參加外，所有在黨資歷較深，名望較著的，都已聚首一堂了。公推譚延闓主席。與會的人，心情至佳，氣氛亦甚和諧，充分表現著精誠團結，推心置腹的現象。在第一次談話會中，即規定不用投票或舉手表決方式，遇事須得全場一致同意，如有一人發生異議，應再討論，必須毫無反對者，始成定案，以免有都數壓迫少數的嫌疑，辦法十分民主。大家並且約定：這種辦法，不但現時談話會如此，即將來的特別委員會也照樣適用。

在第一次談話會中，孫科提出統一黨務辦法案，主張組織「特別委員會」。這問題，在會前已在武定路張人傑家中談過一次，當時汪兆銘的意見完全一致，孫科的提案，只是將那次所談的寫成文字而已。此案討論了好幾個鐘頭，汪兆銘發言最多。當時李宗仁對於這個「特委會」的產生，卻非常懷疑，因為恐怕以後黨中以此為藉口，而乘機加以攻擊，所以他問汪兆銘：「假使有人反對特委會，我們如何對付？」汪即對李解釋道：「現在特別環境之下，可少顧法律，促進事實。現時寧漢由破裂而合作，

同志西山會議諸同志反共最先，寧次之，武漢同志檢獲共黨陰謀證據後，始行清黨，三方目的可謂一致。現既聯合，可用『特別委員會』辦法以聯結之。『特委會』的產生，亦有前例可據，廖仲愷被難時，亦組特委會以行使中央職權有三閱月之久，現既在特殊環境之下，『特委會』的產生，當然無可疑義。」孫科提案中關於「特委會」的產生，本有寧漢雙方應由第四次全體大會決議字樣，因為寧方並未開過第三次全體會議，而武漢所開的第三次全體會議，又是完全對付寧方的會議，寧方當然不能承認，雙方曾因此而力爭。結果將第四次全體會議改為臨時執監委員會議，到這時李煜瀛還請保留，汪兆銘為此很生氣，直拖到十二日寧方無異議，才告完全決定。

「特別委員會」案既通過，其他關於寧漢兩政府的合併，以及「特委會」人選等問題，也迎刃而解。統一宣言也是公推汪兆銘起草。十三日汪兆銘自認「對於共產黨徒防制過遲」，自劾下野，並聽候處分。會議最後決定於九月十五日大家齊集南京，寧漢兩方同志在南京成賢街中央黨部舉行執監委員臨時會議，滬方同志則在紫金山總理墓地召開中央執委會議，將上海談話會結果正式決議通過，同時宣佈「特別委員會」成立。於是連續了三天的談話會宣告結束。

合作方案、平允大方

茲將那次在上海伍朝樞宅談話會中所一致決議各案，詳記如下：
（甲）關於黨務：
　　一、組織「特別委員會」，統一黨務；
　　二、「特別委員會」設委員卅二名，候補委員九名，由寧漢滬三方同志，各推出若干人充任之；
　　三、「特別委員會」成立後，寧漢滬各中央黨部職權一律移交該會；
　　四、「特別委員會」除執行中央執委會之全體職權外，須負統一各級地方黨部之責，並籌備全國第三次代表大會事宜，代表大會至遲於民十七年一月一日召集；
　　五、「特別委員」名單，寧漢兩方提出者，以中央執監委員臨時會議方式公佈之，滬方黨部亦同時發表；
　　六、中央各部人選，由「特別委員會」決定之。
（乙）關於政務：
　　一、寧漢兩政府合併改組；

二、國府委員、各部長、軍事委員會委員等，一律由「特別委員會」決定之。

（丙）關於統一宣言：

一、公推汪兆銘、譚延闓、蔡元培、謝持等四人負責起草；

二、四人互選汪兆銘為主稿人。

（丁）「特別委員會」委員人選：

一、武漢方面提出：譚延闓、孫科、何香凝、于右任、朱培德、程潛等為委員；顧孟餘、陳公博、甘乃光等為候補委員；

二、南京方面提出：李宗仁、蔡元培、李烈鈞、李煜瀛、伍朝樞、王伯群等為委員；褚民誼、葉楚傖、繆斌等為候補委員；

三、上海方面提出：林森、許崇智、居正、謝持、覃振、鄒魯等為委員；劉積學、茅祖權、傅汝霖等為候補委員；

四、寧漢滬三方公推：汪兆銘、胡漢民、張繼、吳敬恒、張人傑、蔣中正、戴傳賢、馮玉祥、唐生智、李濟深、楊樹莊、閻錫山、何應欽、白崇禧等十四人為委員。

（戊）設置監察委員會：

一、就「特別委員」中公推五人，代行中央監委會職權；

二、推定張繼、于右任、蔡元培、李煜瀛、何香凝為監察委員。

特委會成、由分而合

大團結方案既定，寧漢滬三方重要人員九月十四日即回南京，惟陳公博對於「不開四中全會」之議，表示反對，聲明及時引退。

十五日寧漢兩方中央執監委員在京舉行臨時會議（滬方中委亦同時在京另自開會），出席者二十人，先由主席譚延闓報告：因隸共產黨與附逆而被開除黨籍者，以及已故各執監委員及候補執監委員之缺額。其次決定開除附逆有據之彭澤民、鄧演達的黨籍；至於陳公博、謝晉等五人有無附逆嫌疑，交由中央監察委員會審查；恢復王寵惠的黨籍；對汪兆銘自請處分案，應無庸議。決議設置中國國民黨「中央特別委員會」並推定寧漢滬三方委員共卅二人，以五人行監察權，規定「特委會」的任務及職權。一切都依照在滬談話會所決定。最後，勸請蔣中正同志速出任事，共濟時艱。

「特別委員會」成立後，九月十六日即召開第一次會議，公推譚延闓主席。決議：（一）通過宣言；（二）中央黨部的組織；（三）國民政府

設內政、外交、財政、司法、農工、實業、交通七部及大學院與軍事委員會；（四）設置監察院；（五）推譚延闓等十一人協商中央黨部、國民政府及軍委會委員的人選。十七日續開第二次會議，推丁維汾等四十七人為國民政府委員；以譚延闓為主席；胡漢民、蔡元培、李烈鈞、汪兆銘、于右任五人為常務委員；朱培德等六十七人為軍事委員會委員，以程潛、譚延闓、李宗仁、何應欽、朱培德、楊樹莊、白崇禧等七人為常務委員；任蔡元培為大學院院長，孫科為財政部長，王伯群為交通部長，王寵惠為司法部長，伍朝樞為外交部長。十九日第三次會議，推汪兆銘、蔡元培、謝持等為特別委員會常務委員及推定各部委員。二十日國民政府委員及軍事委員會委員同時舉行就職典禮。大團結於是告厥成功。

　　破碎的國民黨剛復歸完整，然而汪兆銘在黨政都得不到領導權，又起而反對自己造成的「特別委員會」了。

第九章　粵桂合力剿滅賀龍葉挺之戰

　　民十六年八月賀龍和葉挺所搞起的南昌暴動，在中共的文獻上稱之為「八一」建軍，為中共建立紅軍的首次，但僅僅經過兩個月便告雲散煙消。

　　國民革命軍第四、七兩軍留在後方的部隊，在潮汕合擊賀葉的叛軍，是為國共雙方正式部隊第一次的交戰，結果是共方敗了，但其重要份子如賀龍、葉挺、朱德、周恩來等，都未戰死，亦未被擒，遂遺下了後來的禍種。

　　賀、葉兩人是由第二方面軍反叛出來的，但當時第二方面軍對之，在文告上既未大張聲討，在事實上也不曾啣尾追擊，而且在表面上竟形成了不過是彼此分道回粵而已。令得廣東的同胞，對經由北江回來的這一支人馬，歡迎得手舞足蹈，對向東江而來的那一支人馬，卻抵拒得手忙腳亂，一時湧起了兩種矛盾的心情。

　　這幾點，便是南昌暴動後，當時人們所表現的情緒。

南昌暴動、共黨建軍

　　民國十六年七月，武漢國民政府發覺了共產黨的傾覆陰謀後，雖然起而「分共」，卻仍準備東征南京，並令張發奎總指揮統率第二方面軍南下回粵。共產黨既失去了國民黨的掩護，遂用武力與國民黨鬥爭，當張發奎的先頭部隊到達南昌後，軍中的共黨即起而叛變，爆發了「南昌暴動」。

　　暴動的主角為二十軍軍長賀龍和第十一軍第廿四師師長葉挺。賀龍出身湘西綠林，曾與劉伯承同為四川督軍熊克武的部屬，國民革命軍北伐，賀率所部來參加，張發奎在河南與奉軍作戰時，賀以獨立師隸屬張的第一縱隊，到該縱隊擴編為第二方面軍時，賀師也擴編為第二十軍了。葉挺原籍廣東惠州，民國九年即與張發奎、薛岳同任孫大總統府警衛團營長，有人說他即在此時因娶東莞李氏女的關係而加入共產黨的；他以第四軍獨立團團長參加北伐，積有戰功，戴戟去後，繼任第廿四師師長，該師三個團長中，古勳銘和歐震兩人都不是共產黨。原先賀部駐鄂城，葉部駐九江，後並移南昌，遂勾結第三軍朱德於八月一日晨一齊叛變，高揭紅軍旗幟，

組織蘇維埃政府，佔據江西省政府和各機關，圍繳朱培德在南昌的部隊和警察的武器，續向南潯路的第二方面軍進攻，並威脅第十一軍第十師師長蔡廷鍇共同宣佈獨立。二日，共產黨譚平山、林祖涵、吳玉章、惲代英、高語罕等在南昌成立廿四人的革命委員會，並將孫夫人宋慶齡（當時已偕陳仁友赴俄）、張發奎的姓名也列入，對國民黨黨員大加殺害。四日，賀、葉等部撤出南昌，向撫州方面退去。九日，蔡廷鍇師在途中宣佈與張發奎、賀龍、葉挺等脫離關係，排去共產份子，開赴贛浙邊界，表示願聽舊軍長陳銘樞的指揮，後來轉入福建。第二方面軍到此遂分裂為三部份。

武漢國府主席汪兆銘偕中央委員孫科其時正在九江與張發奎、朱培德等有所密商，得悉南昌噩耗，即集議應付方法，除派張發奎率軍往拒外，汪等即離九江回漢口，準備討伐。張發奎親率第四軍（軍長黃琪翔）第十二師（師長繆培南）、廿五師（師長李漢魂）、和第十一軍（軍長朱暉日）第廿六師（師長許志銳）各部向南昌進迫，但八月七日到達時，賀、葉等早已離遠，遂不窮追。三日，唐生智、程潛、朱培德等電南京何應欽和廣州李濟深，謂發現共產黨謀害國民黨証據，請合力堵截。

這是武漢方面對賀、葉叛變後的處置。

增援贛南、初戰不利

賀、葉共軍南竄後，武漢自感輕鬆，而廣東卻緊張起來了。因共黨在東江一帶，具有潛勢力，農民組織已普遍發展，且曾發生過農民武裝暴動。廣州政治分會主席兼國民革命軍第八路總指揮李濟深為預防賀、葉南下與東江共黨合流，即派錢大鈞率領兩師於八月五日由南雄進駐江西贛州，先行阻截；但仍感兵力單薄，再商之當時在廣州治療肺膜炎的廣西省政府主席黃紹竑，遂派我率領駐在北江的第七軍六團（四月清黨時，粵省兵力不敷鎮壓，蔣總司令飭由廣西派來相助的），向贛南續進。我於七月廿九日由南寧東下，八月十日在韶關就任第七軍第六師師長職（第七軍原只有旅無師，參加北伐各旅，於是年春間已改編為第一、二、三各師，故留省各旅，彼時也改編為第四、五、六各師）後，即督隊北行。到贛州時，賀、葉共軍正由撫州經廣昌、寧都向南而來，錢大鈞已揮兵向會昌截擊，我即令所部指向雩都，由副師長韋雲淞率本師許宗武、葉叢華、徐啟明和第四師梁朝璣、郭鳳崗各團先發，我親率林竹舫團在後。八月廿幾，錢大鈞部在會昌受挫，退往信豐。我部先頭部隊到洛口附近與敵遭遇，韋副師長將各團逐次增加，被敵逐次擊破，乃轉守會昌以南的筠門嶺，與敵

相持。賀、葉見我有備，才轉入福建的汀州、武平、上杭，企圖由大埔折入潮梅。

李濟深總指揮以前方失利，要黃紹竑加兵向贛南增援，並要其擔任第八路前敵總指揮名義，親往指揮。時黃病初愈，尚未完全復原，但局勢嚴重，也只得勉強出發，率呂煥炎一師（楊義、蒙志兩團）向贛南挺進。他行到南雄，知賀、葉共軍已轉入閩境，於是令錢大鈞部經三南到梅縣集中，令我部退到尋鄔集中，而自率呂煥炎部經信豐進駐尋鄔，以防賀、葉由平遠、蕉嶺入梅縣；同時請廣州李總指揮令陳濟棠（第十一師）、薛岳（新編第二師）和徐景唐（第十三師）的雲瀛橋、李務滋兩團進駐興寧。

賀葉率帶共軍於九月十一日到汀州，揭「中國國民革命閩南救黨軍事委員會」的旗幟，譚平山等同行，沿途徵捐，並令農民不交租。不久賀、葉部隊即在韓江上游發現，東江各地農軍紛起響應。

獲得情報、部署會攻

黃紹竑總指揮到尋鄔後，續向平遠、蕉嶺前進。因敵情不明，乃派郭鳳崗團黃營長鶴齡率兵一營晝夜兼程前往大埔，實行威力搜索。部隊則在平遠、蕉嶺等待消息，停留了一星期，黃營長的報告來了，據說：「擴獲賀、葉政工人員男女數十人，訊問之下，一切情況完全明瞭；葉挺自稱第四軍軍長，以周恩來為政委，聶榮臻為參謀長，廿四師師長由葉自兼，朱德、賀蘊齋均為師長；賀龍仍稱第二十軍軍長，並兼師長，所部共約四師；賀、葉全部皆由大埔、三河壩沿水路直下潮州、汕頭；三河壩僅有朱德、周士棣等部留駐。」黃總指揮得此情報，即率全部進駐梅縣。他打算除以錢大鈞部由梅縣進到松口鎮，牽制朱德、周士棣在三河壩的部隊，並掩護我軍的側背外，自率我與呂煥炎兩師越過潮、梅縣中間的高山鱷魚嶂，直趨豐順縣，然後東進佔領潮州和三河壩中間的留隍墟（距潮州六十里），將潮州與三河壩間水路交通線的韓江截為兩段，使敵人前後不能呼應；同時並請李濟深總指揮令陳濟棠、薛岳兩師進駐湯坑、揭陽，與我軍會同向汕頭、潮州攻擊。廣州方面對於黃紹竑這個計劃，認為太過冒險，顧慮萬一賀、葉再有部隊由三河壩向梅縣進攻，則我將腹背受敵，勢難應付；並引以前戰例，凡進入潮汕不守梅縣的無不失敗作証。殊不知黃紹竑身在前方，情況太清楚了，賀、葉幾乎全部由水路下潮汕，陸上必不注意，我乃圍而襲之，必有獲勝把握。幾經爭論，廣州方面才許他照計劃實行。那時張發奎的第二方面軍已由南昌經贛州、韶關回到廣州。

潮州於九月廿三日被賀、葉將潮梅警備司令王俊部擊敗後即遭共軍佔領，汕頭同日也被農軍千餘人入據。廿五日賀、葉等到汕頭，宣言實行聯俄、聯共、擁護農工三大政策，即將各機關及三民主義派的農會與工會悉行封閉。

克復潮汕、絕敵退路

黃紹竑總指揮在計劃商定後，即揮軍由梅縣出發。這完全是一條山僻樵徑，平時很少有人行走。由上羅衣到下羅衣中間四五十里，都是崎嶇險峻的山嶺。加以風雨載塗，人馬擁擠，墜崖死傷的時有發現。由梅縣到豐順縣城，地圖上的距離僅九十多里，直走到次日黃昏才到，頭一晚上是在嶺上露宿，真算得是最艱苦的行軍。到了豐順，次日即東向進攻留隍墟。初料敵人對此要點，必留兵據守，不意到達時，闃無一人。我仍將水路阻絕，以斷其交通。並悉葉、賀僅留全部兵力三分之一及政治人員與輜重等在潮州，作為後方補給的根據地，以防我軍襲擊，其主力已向揭陽，企圖先將陳濟棠、薛岳的部隊擊敗，與海豐、陸豐一帶的農軍聯成一氣，然後回師再與我軍作戰，冀收各個擊破之效，卻不料我方動作迅速，反先將其各個擊破了！

我軍既到留隍墟，次日拂曉即沿韓江右岸急進，正午已到達潮州。敵軍在城北竹篙山築壕固守，我呂煥炎師全部和我師許團向正面攻擊，戰況頗為劇烈。戰鬥間，忽見火車一列由汕頭方面飛馳而來，乃敵方的增援部隊，幸我預先已派有部隊在城西南火車站附近警戒，遂迅速將其解決。此時黃總指揮接到陳濟棠師長通報說：已於前一日在湯坑、揭陽之間，與賀、葉主力接觸，戰況非常激烈，希望我方派兵協助。黃以此間戰鬥正酣，勢難分兵，只有激勵士氣，趕急攻下潮州，然後分兵向揭陽增援。

經過了多次的衝殺，戰至黃昏時分，已將潮州城完全佔領，時為九月三十日。守城敵軍，除傷亡外，悉被繳械，並俘獲其大批政工人員和全部的械彈輜重。

張瑞貴團、大奏膚功

潮州克後，汕頭即傳檄而定。十月一日，我軍即向揭陽前進，與陳、薛兩師夾擊敵人的主力。但賀、葉等知前後受敵，軍心動搖，已經為陳、薛所擊潰了。其經過的概略如次：

陳濟棠、薛岳兩師和徐景唐師的兩團編為一縱隊，歸陳濟棠指揮。薛岳以其新編第二師成立未久，訓練未精，又未經戰陣，要求陳濟棠多撥一團給他，以利作戰。陳即將張瑞貴的補充團撥給。薛以補充團也是新兵，請另撥他團。陳乃撥第卅二團（團長香翰屏）加入薛師。陳縱隊由興寧向揭陽前進，到湯坑附近與賀、葉主力相遇，即發生激戰，進退數次，戰線已延及張瑞貴團近旁，張團長號召全團官兵努力作戰，有「今日不打敗敵人，便不是好漢」的話，遂乘敵軍久戰疲困，全團衝鋒，一擊破敵。以一少訓練、無經驗的補充團，奏此大功，張瑞貴從此更為軍中所稱道。

　　賀、葉在湯坑敗後，並知潮州已失，不能退回，乃向揭陽以南，沿海而西，向海陸豐潰竄，復被陳、薛各部追到包圍，全部繳械。其在三河壩附近的朱德、周士棣所部二千餘人，見大勢已去，遂偷遁入湘，投依范石生，因范、朱都是雲南人，那時所剩僅千餘人而已。賀、葉自南昌出發南下，沿途脅迫民眾相從，號稱五萬之眾，實際不過兩萬餘人，到此，幾乎完全被消滅了。

　　戰事結束，第七軍部隊即由海道經廣州運回梧州。想不到，經過了四個月，我自己又率隊再來東江剿共，這是後話。

第十章　國軍初次內戰──西征唐生智

這是國民革命軍第一次的內戰。

當時國民政府最迫切的任務為完成北伐。而唐生智以重兵進入安徽省境，虎視南京，隨時可以變生肘腋，搗北伐軍的後路。自唐氏通電聲討「特別委員會」後，國府曾竭力謀取唐對「特委會」的諒解而不就，乃不得已而下令討伐。及唐下野，所部退入湖南，國府亦決意以和平方法解決湘事，而不料是時廣州事變突告爆發，乃給予退湘唐部以支持而繼續反抗，仍為北伐的牽制，於是，國府乃不得不對湘用兵。這便是西征唐生智的主要原因。

戰事的經過，除葉開鑫在湘變叛，為奇峯突起外，一切都頗為平淡。戰爭的結果，唐生智是失敗了，汪兆銘評論為「唐犯眾怒」，可謂切合事實。

茲特揭出其中要點，俾關心民國史的讀者諸君，更易瞭解此一戰役的真相。

汪唐合謀、反特委會

三分的國民黨，自民國十六年九月十五日中央「特別委員會」成立後，滿以為從此可以由分而合的再告統一了，但唐生智在武漢因受失意汪（精衛）派中委的慫恿，竟反對這個「特委會」，致使國民黨內部立刻又爆發黨爭，而有國民政府討伐唐生智的戰事。

唐生智那時為了要達到目的而竟不擇手段，原來南京方面在龍潭戰役擄獲敵方的文件中，即經發現孫傳芳在命令和通告裏，均有「唐生智約期夾攻南京」的話。是年九月六日武漢方面多數的中委已赴南京商談合作，而唐氏依然令所部何鍵的第卅五軍進佔安徽的合肥、巢縣、和縣；劉興的第卅六軍進佔蕪湖。九月八日唐氏到安慶，在歡迎會演說時仍為共產黨辯護；又令安徽省黨部援湘鄂各省之例，停止活動，聽候改組。十一日唐抵蕪湖，白崇禧等曾邀其赴南京，但唐拒絕邀請而即回安慶，並將「決川」、「濬蜀」兩軍艦強佔而去。十五日唐氏又由安慶回漢口去了。這是

唐氏反對南京一貫的行動。

汪兆銘因「特別委員會」成立後，在黨政兩方面都得不到領導權，很感失望，他由上海致電「特委會」說：「破碎之黨，歸於完整，兆銘可以引退矣。……」旋即上廬山休息，汪派的中委顧孟餘、陳公博等亦藉口因南京不開第四次中央執委會議而改為中央執監委員會臨時會議，表示反對，於九月十七日聯袂離滬返漢口。陳樹人、甘乃光等卻赴廣州，各皆有所策動。顧孟餘等到漢口和唐生智接洽的結果，即於九月廿一日另行成立「武漢政治分會」，表示不受南京的管制。汪兆銘也由廬山到了武漢，於廿五日發出通電大意謂：「兆銘，解除政府職務，仍以黨員資格，奔走革命。……」實際上，汪氏是想利用唐生智的實力，以圖再握黨政的大權。

國府討唐、遣軍西征

唐生智既得汪兆銘的策動，遂任意做作。九月廿七日「武漢政治分會」由唐生智、顧孟餘、陳公博、鄧壽荃、孔庚等五常務委員具名，任命何鍵為安徽省政府主席，並任命省府各廳廳長。廿九日「武漢政治分會」公開通電聲討「特別委員會」，指為違法篡黨。此時南京方面極力予以容忍，為謀取汪、唐對「特委會」的諒解，更派孫科、伍朝樞和李濟深的代表與汪兆銘、朱培德等舉行廬山會議後，即同赴漢口與唐生智商寧（南京）漢（武漢）合作第二階段的進行辦法；其後，寧漢間譚延闓和汪兆銘還有數次的往返電商。汪氏一面聲言「特委會」的組織是有先例的；一面為唐緩頰，要求承認「武漢政治分會」，勿啟戎端；但「特委會」則拒不接受。遷延到了十月二十日，連原由武漢來南京的中委如譚延闓、程潛、孫科等都不以唐生智為然，國民政府才依軍事委員會的議決，下令討伐唐生智，免其本兼各職，交軍事委員會治罪，並宣佈其種種罪狀。

國府討伐唐生智令下後，即編組西征軍，計分為「三、四、五」三路：

第三路總指揮李宗仁

第七軍（軍長夏威，副軍長鍾祖培）

第十九軍（軍長胡宗鐸）

第卅七軍（軍長陳調元）

第四路總指揮程潛

第六軍（軍長程潛）

第十三軍（軍長陳嘉佑）

第四四軍（軍長葉開鑫）

第五路總指揮朱培德。

第三軍（軍長王均）

第九軍（軍長金漢鼎）

第二艦隊司令陳紹寬

統率「楚同」、「楚有」、「永健」、「永續」、「江貞」等兵艦

其時，唐生智部的第卅五軍在長江北岸，分佈於西梁山、巢縣、合肥、梁園、三河、舒城一帶；第卅六軍在長江南岸，分佈於蕪湖、大通、灣沚、貴池一帶。

我軍的第一步計劃，以第三路掃蕩長江北岸敵軍，進佔安慶；第四路掃蕩長江南岸敵軍，進佔東流、秋浦；第五路以主力集結九江、湖口，阻絕漢皖交通，截擊西退敵軍，以一部進出萍（鄉）株（州）鐵路，威脅長沙；海軍溯江而上，破壞敵的水路聯絡，襲擊沿岸敵人，使我陸上作戰容易。

唐部西退、安徽先平

西征軍部署完畢，即開始行動。十月十八日，第三路由和縣、含山；第四路由當塗、宣城同時攻擊前進。十九日第六軍攻水陽鎮、灣沚、南陵、青戈江，敵人先逃，即行佔領。二十日，第七軍驅逐西梁山敵人後，繼續前進；第六、卅七兩軍聯合追擊，唐部賀對廷師自烏溪、黃池輸誠，編為第六軍第一獨立師，其盤據灣沚一團也被繳械，遂收復蕪湖。廿一日，第七、十九兩軍進佔巢縣、無為；第六、十三、卅七各軍續進，在荻港小有接觸，敵退大通；海軍「永續」、「永健」兩艦溯江駛至土橋，遇敵軍由南岸北渡，即擊沉敵船數隻溺斃敵人數百；李總指揮宗仁聞報，即令第七軍第一師乘船西上，護以炮艦，到劉家渡上岸，進攻土橋。廿二日海陸軍夾攻土橋，敵退灰河頑抗，我海陸軍再進合擊，敵敗向安慶逃去。到此，北岸敵軍紛紛退集桐城、安慶一帶。廿三日，海軍佔大通，知南岸敵軍全部已由大通北渡會合；又得九江電告，唐生智憤恨前方失利，調駐漢第八軍第一師由江輪運送過潯（九江）東下；據此情況，敵似欲在桐城、安慶與我決戰，李總指揮宗仁因令第四四軍的一師由大通北渡，向安慶前進，南岸其餘各軍也趕速進向安慶對岸。廿四日第十九軍佔桐城，截獲由巢縣、無為退卻的敵軍一團，將其繳械；同時探悉安慶無敵蹤，早已退往宿松，第七軍遂入安慶，聞敵第卅五軍退黃梅，第卅六軍退武穴。廿六日李總指揮進駐安慶，即電邀新任安徽省政府主席陳調元速來就職。皖境戰事，就此了結。

黃梅蘭溪、唐軍連敗

自國府明令討唐，廣東各軍領袖首先表示響應與中央取一致的態度，並派軍入湘協討。湖北境內各軍，如魯滌平的第二軍，鄂北的方振武部，鄂西李燊的第四十三軍，劉佐龍舊部改編的湖北省防軍，都起而加入討唐。但我方探悉唐氏此時的計劃是：對內先解決鄂境各反抗部隊；對外則棄皖圖贛，以固兩湖的門戶。十月廿五日，唐將安徽前線第八軍主力用兵艦兩艘和招商局輪船數艘滿載通過九江上駛，直向沙市，欲先解決在宜昌的第二軍。我軍於是決定以第三路攻正面，向黃梅、武穴，第四路向大冶、興國，第五路的第三軍集結九江、第九軍集結贛西。

敵第卅五、卅六兩軍全部和第八軍一部自皖境退集黃梅，據守桐梓河、車坊舖、團山河、龍坪一線，以等待我軍。我以第七軍在右，第十九軍在中央，第四四軍在左，向敵進攻。這一役，前後共三日。第一日（十一月五日），第七軍由大河舖經桐梓河出獅子口，期包圍敵的左翼；第十九軍驅逐了大坡敵人的警戒隊；午刻，第四四軍鄒鵬振師擊破敵卅六軍，即佔石佛寺，再佔鄭公塔；同時蔣鋤歐師攻佔柳家灣，遂進攻龍坪。第二日，第十九軍與敵第卅五軍激戰。第三日，第卅五軍於午後敗逃蘄水、蘄春，我第十九軍進佔廣濟；第四四軍晨間受敵猛攻，到了午刻，傷亡甚大，幾不能支，申刻，敵左翼卅五軍已敗走，龍坪敵才動搖，被我擊敗，逃向武穴。此役敵人傷亡頗重，被俘三千餘，我軍獲械不少。

黃梅戰後，我軍並未停留，銜尾向敵追擊。

第七軍自五日前進以來，未與敵人遭遇。七日到蘄春的株林河，第一師與敵第卅五軍及獨立第九師激戰一晝夜，俘獲甚多，敵敗走，我尾追。八日下午到蘄水，敵據浠河抵抗，及第三師加入共擊，敵即潰逃。十日遂佔領蘄水。

第十九軍由廣濟追敵到橫車河，探悉敵軍分向蘭溪、蘄水、關口三方面退卻，胡宗鐸軍長即請第七軍向蘄水、關口，而第十九軍以第一、二兩師在右向六神港，第三師在左向蘭溪。第三師九日到栗木橋，追上敵卅五軍第二師與之激戰，敵已將敗，而其第八軍第三師及獨立第六師由蘭溪趕到，分向我兩翼抄襲，我第三師遂被圍；十日正午我第一、二兩師由六神港來援，併力反攻，衝鋒多次，終將敵擊敗，俘虜四千餘人，獲槍七千餘枝。

第四四軍亦於十日佔領蘄春，敵卅六軍已渡江南竄。

十一日第七、十九、四四各軍克黃岡，敵獨立第六師（蔣世傑）向我第十九軍投誠，我軍先頭已到團風。

唐氏下野、武漢繼復

敵在北岸是全敗了，現再述南岸的戰況。

十一月九日，第六軍向富池口、陽新、楓木舖、木石港攻擊前進；第三軍由武寧、修水向通山；由粵北進的方鼎英、范石生兩軍前鋒已到郴州；海軍「江貞」艦晨間在富池口、田家鎮一帶攻擊，敵退半壁山，未刻，「楚同」、「楚有」兩艦向田家鎮、半壁山猛轟，敵艦抵抗四小時後退去。十日，第六軍佔領富池口，而半壁山、馬鞍山敵人，憑藉天險，與田家鎮成為犄角，頑強抵抗，第六軍張師攻擊由寅至酉，才將其佔領，敵退石灰窰；向師攻陽新，敵潰向大冶，遂進佔白沙舖。十一日第六、十三兩軍佔領陽新、大冶、鄂城、第三軍進抵通山附近。

唐生智因部隊損失太重，我軍進迫加急，後方部隊又不聽調遣，武漢的鹽荒、米荒、鈔票荒接連而來，經濟崩潰，知大勢已去，遂於十二日通電下野，乘日輪赴滬（汪兆銘因唐犯眾怒，已不足恃，早已離漢赴粵）。臨行，先將其抗命師長張國威勒死。其第卅五軍一部由水路退岳州，一部由陸路退漢口再經武（昌）長（沙）路退湖南，其周師已受我第二軍收編；第卅六軍已於八日由蘄春南渡黃石港，分向大冶、鄂城、再退歸湖南。

唐氏走後，賀國光電請我軍派員蒞漢主持。我軍即趕速前進，第十九軍由黃岡向漢口，第七軍由團風渡江向武昌，第四四軍先渡過南岸，亦由鄂城向武昌，海軍亦由黃岡續向上游。十四日，第十九軍前鋒及海軍到漢口。十五日晨我軍進武昌。李宗仁總指揮十六日午間率大隊到漢口，地方秩序如常，市民開會歡迎。

第六、十三兩軍由大冶、陽新轉向武長路，十五日在高橋擊走敵人警戒隊，進佔官埠橋。十六日晨進佔咸寧，知敵卅六軍兩團昨沿鐵路退蒲圻，武昌已無敵軍，遂以第卅八師向蒲圻追擊。程潛總指揮十八日由九江到漢口。

鄂西方面，十一月七日第二軍在當陽與唐部接觸。其後第四十三軍佔沙市，敵主力退岳州，一部退津澧，李部即渡江南進到澧州的大堡塘。武漢既復，唐部悉退回湘，西征軍事，告一段落。

和平不成、對湘用兵

唐部雖已敗走，尚未完全解決，程潛於十八日到漢後，李宗仁立即與其商定各部隊的部署：第三路各軍及第四四軍集中蒲圻及寶塔洲對岸陸溪口一帶；第四路第六軍及第十三軍一師集中崇陽、大沙坪一帶；第五路第三軍集中銅鼓向瀏陽，第九軍集中萍鄉向醴陵；均限廿四日集中完畢。第二軍、第四三軍，方振武軍兩旅集中公安、石首，楊森第二十軍停止沙市以西待命。

國民政府準備用和平方法解決湘事，軍事委員會令西征各軍停止軍事行動，即將第卅七軍調回皖北，準備參加北伐。不料，代第二方面軍總指揮黃琪翔在廣州反對「特別委員會」及反對討唐，因廣東各軍不願與其一致，而發動十一月十七日的「廣州事變」；廿三日更以「廣州政治分會」名義電唐部李品仙等謂：「待四中全會解決，繼續努力。」鼓勵其仍舊抵抗。更不料，十二月十一日共產黨在廣州運動黃琪翔部一團爆發暴動，影響退湘唐部以為可有翻身機會。國府軍事委員會十四日乃決定對粵方針，務須解決張（發奎）黃（琪翔），令李濟深指揮海軍及陳銘樞部任左路，白崇禧率其第十三軍及抽調西征軍任右路，進兵討伐。十九日國府令白崇禧代李宗仁指揮第三路軍，並統率西征各軍入湘作戰，準備必要時率軍進攻廣東。而唐部在此期間，仍用第四集團軍名義從事擴充，新編周斕部為第十七軍，葉琪部為第十八軍，陳兵汨羅河畔，澧縣方面亦嚴密佈防。

湖北的地方部隊複雜，十二月初，軍事委員會令將第十九軍、湖北省防軍、衛戍旅改編為第十八軍（軍長陶鈞、轄第五六、五七、五八各師）及第十九軍（軍長胡宗鐸轄第五九、六十、六一各師）。又因陳嘉佑的第十三軍與白崇禧的第十三軍番號相同，令陳部改為第十四軍，以免相混。

戰汨羅河、唐部潰逃

唐部退湘，繼續抵抗，和平無望，決再用兵，由白崇禧指揮進行，於民十七年一月發動。

據一月十四日的情報，敵軍的位置是：第八軍在平江至長樂街，第卅六軍在汨羅及岳州，第卅五軍在瀏陽、醴陵一帶。第十八軍大部及卅五軍一部在常德。

白總指揮的部署：以第七、十九兩軍及第十三軍第二師由崇陽、通城

出平江攻敵右翼；以第六（附賀對廷師）、四四、十四各軍由岳川、羊樓洞出汨羅河攻敵正面；以第二軍在公安方面相機進攻常澧；以第三、九兩軍集中萍鄉，預定向株州前進；第十八軍留駐武漢，鎮攝後方；海軍第二艦隊由嘉魚、金口、新堤向城陵磯進迫，協攻岳州。

白氏一月十三日下令葉開鑫、馬崇六（第六軍由參謀長馬崇六率領）、陳嘉佑、夏威、胡宗鐸五個軍攻擊前進，限十九日到達汨羅河北岸，預定二十日拂曉一齊渡河。十四日白氏到蒲圻，悉岳州、臨湘敵軍都已向汨羅河退卻。十五日白氏進駐羊樓洞，悉汨羅河南岸的呂覽渡、新市、長樂街、浯口市一帶，都構築陣地，守軍為敵卅六軍。十六日悉平江附近為李品仙的第八軍主力及熊震、何宣兩獨立師。午刻，我葉軍佔岳州。十七日白氏催葉開鑫、馬崇六、陳嘉佑各軍迅速向前，與左翼夏威、胡宗鐸兩軍齊頭並進；令海軍將岳州江面阻斷，並警戒洞庭湖方面。二十日白氏到南江橋，悉胡軍已於十九日佔領平江，敵全部退往南岸。白氏於午後趕到平江。廿一日拂曉，夏、胡兩軍渡河攻擊，將第八軍及熊、何兩師擊潰，向金井及瀏陽大道退卻。此役，夏軍俘敵數百，獲砲四門、機關鎗十餘挺、步鎗數百支；胡軍俘敵團長一人，獲步鎗二千餘支，機關槍十餘挺。

葉部變叛、收復長沙

當廿一日左翼平江方面第七、十九兩軍正在追擊，正面第六軍也正攻擊前進之際，右翼第四四軍新編第一旅突然將麻塘附近的鐵路破壞，並在麻塘佔領陣地，阻截我軍後方部隊的通過；而第六軍新編的賀對廷師也同時變叛，將第六軍第十七、十八兩師擊散。程潛總指揮（白氏在羊樓洞時，因自己即須往平江指揮主攻，而鐵路方面又甚重要，故電請程潛即來前方擔任正面指揮，程已同意）得報後，一面派隊往剿叛軍，並令馬參謀長將汨羅河北岸敵人肅清；一面電白崇禧請將平江敵軍擊破後，由原路退保蒲圻、通城，徐圖挽救。白以平江南岸之敵已被擊潰，我軍士氣甚旺，預計廿五日以前可佔長沙，此時只應極力擴大戰果，敵人縱在別方面有所牽制，也只好設法阻止，勿使其波及全線，以致功虧一簣，無論右翼如何危險，決不可使全線停止進攻。乃電覆程潛請其竭力鎮壓叛軍，並將第十八軍在鐵路上的兩團及第十三軍在岳州警戒的兩團，概歸程調遣；同時電令第十八軍軍長陶鈞固守武漢，不得已時即守武昌，一切須密為部署。敵軍的汨羅河戰線，因平江已敗，漸由右翼波及正面。廿三日我第十四軍由

正面強渡進攻，第七、十九兩軍向敵線側後金井、瀏陽猛追，敵遂全線崩潰。葉開鑫倒戈無效，亦隨敵軍逃竄。我第七、十九、十四各軍廿四日追擊到路口畬、永安市、沙市街；廿五日進克長沙，只以一部入城，餘悉在附近警戒；白氏當晚到永安市，悉敵第八軍已向株洲、卅六軍已向衡陽退走，第四四軍退寧鄉。

敵奔常寶、乞和受編

敵自長沙敗後，分兩方面逃竄：其第十八、卅五、四四各軍，由長沙、靖港、湘陰各處渡過湘水退湘西；第八、十七、卅六各軍，經株州、湘潭、醴陵退衡陽、寶慶、茶陵。我軍因進展太快，後方補充趕送不及，未能唧尾窮追，使敵得從容退卻。

我軍追擊的部署，以第六、十四兩軍及第廿一軍向成傑師牽制常德方面之敵，以第七、十九兩軍及第十三軍第二師向湘南追擊，定二月一日開始。廿七日白崇禧電岳州程潛總指揮速來長沙主持一切；並催張副處長解款前來，以便督隊追擊。三十日電漢口陶軍長派隊到岳州填防，以便第十三軍第二師開往株州；長岳路一段為股匪關仲儒所騷擾，由第六軍新編獨立第三師劉鳳池部（劉原為葉開鑫部下，當葉叛時，劉率部來歸）擔任守備。又電第二、四三兩軍向鄂西進展；范石生軍及許克祥師向衡陽截擊；第三軍駐萍鄉部隊向攸縣推進。

第六軍在麻塘被叛軍衝散的第十八、十九兩師，到長沙克復後，才收容整理完畢，由馬參謀長率領乘車前來，第十九師也隨後來到。宜昌楊森部經第四三軍擊破，潰退秭歸。各方既次第敉平，我軍也補充完妥，二月二日白總指揮遂令各軍分向湘西、湘南追擊。

此時，無論常德、寶慶，兩路敗殘敵軍，莫不軍心渙散，士無鬥志，沿途逃亡，為我繳械。敵方將領以頹勢萬難支持，再次遣使到寶慶求和，情願改編，効命北伐，完成革命。白、程兩總指揮予以接受，電請軍事委員會核准改編為國民革命軍第十二（軍長葉琪）、卅五（軍長仍為何鍵）卅六（軍長廖磊）等三軍，仍以李品仙任總指揮，候命北伐。戰事乃告結束。

第十一章　第四軍與第七軍潭下鬩牆之戰

這是國民革命軍第二次內戰，也是最可悲的一次內戰！

戰爭的原因，可說是與第一次完全相同，都是由汪兆銘導演出來的，都是汪氏為自己爭權位而藉別人的武力作背景所演出來的。

結果，汪氏這次的演出又失敗了。在他，只是得不到權位，而革命的武力卻被其浪耗了；革命的意義被其弄胡塗了；革命的道德被其破壞淨盡了！

常人譏誚別人如果不明不白而死，有「祭文難做」的笑話，我對於老隆、藍關、岐嶺、潭下雙方戰死的將士，想奉上一個確切的「諡號」，也竟有祭文難做的同感。

張軍回粵、備汪退路

國民政府西征之役尚未結束，而廣州接連又發生兩次事變，引起了國民革命軍第二次內戰，真是最不幸的事。

事變的起因，由於寧漢分裂時，武漢國民政府主席汪兆銘下令唐生智東征南京，並令張發奎南下廣東，似是預為武漢失敗而安排的一條退路。後來汪氏果然因此而回粵，導成了這一場大災禍。

南京方面為抵禦武漢的東征，民國十六年七月初，不得已而將山東前線的部隊撤回長江以自衛，第三路總指揮李宗仁撤到蕪湖時，曾具函派第七軍參謀長王應榆送致南昌第二方面軍總指揮張發奎，力勸其顧念第四、七兩軍共同努力革命的歷史，始終攜手，完成北伐；倘對廣東有何意見，無事不可逕向廣州李任潮主席商量解決，不宜回師南下，阻革命的進行。但張氏對於李函未予作答。不久，武漢也分共了。張軍回粵的計劃，卻並未因之而改變。李濟深等七月廿七日特對張氏提出：「這是蘇俄暫時寄生於一種保護色而集中攻擊一點的計劃」的警告。張氏似亦未為之措意。八月一日遂有賀龍、葉挺反叛張氏的南昌暴動。十二日張在南昌表示復擁護舊軍長李濟深；李氏亦派陳可鈺代表到南昌接洽一切，因張南下之意既無可挽回，李也只好表示歡迎其回粵。九月十八日，張軍由南昌經吉安、贛

州回到韶關，張氏將第二方面軍總指揮職務交第四軍軍長黃琪翔代理，而先赴香港。二十日黃代總指揮偕第十二師師長繆培南率前隊二千人到廣州，市民對這鐵軍的凱旋予以盛大熱烈的歡迎。李濟深立即派員赴香港歡迎張氏回省主持軍政。

這是張軍回師與初到廣州的情景。

汪派與張、左右粵局

張軍到廣州後數日，即發佈〈告廣東民眾書〉，中有這樣的詞句：「……本軍現在為革命而凱旋……現在一切事實，令人感覺到真正革命的勢力太單薄了；感覺到改頭換面的反革命勢力日加擴大了；感覺到民間疾苦不特沒有解除，而且日益增加；感覺到國民黨的前途，不但沒有光彩，而且日益暗淡。所以現在是準備著補充訓練，再接再厲，繼續以前光榮的歷史，開闢今後光榮的大道，作更猛烈的奮鬥，貢獻更鉅大的犧牲，和一切反革命勢力搏戰，以貫徹國民黨的主張，解除民眾的痛苦……」令人看後，不知鐵軍是否要對廣東再來一次革命？市面上又不時有紅色標語出現，人心頗為不安。

至張氏個人行動的表現，在九月廿七日的廣州軍事會議，他表示始終擁護李濟深。三十日，廣州政治分會派他為改組省黨部委員。十月六日，他通電反對中央「特別委員會」，主張速開第二屆中央執行委員第四次全體會議。十四日李濟深因廣州左派工人自張軍回到後又復得勢，恐再起爭端，特與張氏商議防止報復行為。此時廣州的政治及軍事，已逐漸為由武漢歸來的汪派中委及張氏所左右了。

第二方面軍自賀龍、葉挺叛變，蔡廷鍇脫離後，只剩下三個師。十月十八日，廣州政治分會的臨時軍事委員會成立，決議取銷第二方面軍，改編為第四軍，仍由黃琪翔任軍長，轄第十二師（師長繆培南，由吳奇偉代）、廿五師（李漢魂）廿六師（許志銳）、教導第一師（薛岳）、教導第二師（黃鎮球）各師；取銷第八路，改編為新編第四軍，李濟深兼任軍長，轄第十一師（陳濟棠）、十三師（徐景唐）及幾個新編師。

這是張軍歸後一個月間的情形。

開府不成、汪復離粵

到十月底，汪兆銘也回來了。他是在南京下令西征後幾天，由漢口秘

密乘日輪於十月廿五日到上海轉往香港，廿九日偕何香凝、甘乃光與廣州派往香港歡迎的代表陳公博、張發奎到廣州的。他此來的目的，據後來李濟深在滬發表對汪氏十二月十日聲明書的批評第四點中說：「他（指汪）曾親口對濟深說過：我到武漢，是想以唐生智為背景，因唐犯眾怒而還；這次來粵，即想以廣東為背景。」所以他到後第二天（三十日），即與在粵中委六人開聯席會議，決定聯名通電主張在廣州開四中全會，解決黨務、政治、軍事問題；並令常務會議及秘書處照常辦公，及成立中央委員通訊處。

汪氏在粵的活動，黃紹竑在其《五十回憶》中有很確切的描述，茲摘錄一段如次：

「汪精衛等因為不容於寧、漢，也就回來廣州。以彼的地位，廣州自然要表示歡迎。第四軍素來擁汪，支持更為積極。但廣州政治分會的權限，只限於兩廣區域，以汪的野心，自然志不在此，而是要另開黨國的全局場面，以與南京中央政府相抗衡。但因李任潮與第四軍有長遠的歷史關係，未便使用激烈的辦法。故一面製造空氣，說廣州是太腐敗了，太不革命了，要求革命的成功，必須改造廣州的政治環境；一面與李任潮商量，要他自動地改革，也就是要他擁護自己在廣州開府的意思。此種內幕的醞釀，我回廣西後一些也不知道。民國卅三年三月間，南嶽會議後，我同李任潮、張向華、吳梧生同車回桂林，還談起這回事。張向華說：向任公說盡了話，繼以流淚。李任潮說：我始終不知道你們對我所說的話，用意在甚麼地方。我想李任潮不是不知道他們的用意，而是不贊成汪精衛再開府廣州，以免破壞北伐的成功，破壞黨國的統一。……」

汪等數次以電徵詢黃紹竑對在廣州召開四中全會的意見，意在得其贊同以說服李濟深，不料黃竟主張在南京召開，並勸汪等赴寧。南京方面，亦屢電催往。十月卅日李宗仁、白崇禧電促汪氏及在粵中委入京。十一月一日譚延闓等電汪等聲明以前所商定本日應開的四中全會，因粵漢中央同志無來寧確訊，只得延緩，並催各中委來寧。汪既得不到李濟深及黃紹竑的共鳴，五日乃電覆譚延闓同意其在寧開會的主張，但要求應即取銷「特委會」，最低限度亦應明白停止其職權；並於正式會議前，在廣州或上海先開預備會。十日譚電覆汪：特委會為寧漢滬三方面所共贊成，取銷及停止職權均非權力所及，宜由四中全會去解決；對預備會議則贊成在滬舉行。蔣中正適於十日由日本回到上海，亦電汪赴滬商談黨務。於是汪等乃放棄在粵開會的主張，公推汪氏與李濟深為在粵中委的代表，十五日離粵赴滬參加預備會議，黃紹竑應汪電邀來商政務，汪既知其意見相左，即匆

忙離粵，迨黃紹竑到時汪與李已上船，只趕上送行，並不多談。

汪導粵變、冀得權位

汪兆銘與李濟深離粵第三天，十一月十七日上午二時，廣州市東北地帶槍聲像爆竹般響起來，黃琪翔的第四軍與李福林的第五軍，突然將臨時軍委會衛隊、工兵團、新編第四軍司令部及所屬各師駐省辦事處衛隊、各軍（第七、十三、十六、卅二）駐粵辦事處衛隊，悉行圍攻繳械；李濟深及黃紹竑住宅亦被搜劫，黃事前得馮祝萬密報，潛行避出，未遭捕獲；攻佔虎門要塞及石井兵工廠，包圍黃埔軍事政治學校而將其學生解散；各處死傷數十人，失蹤百餘人；四月清黨以來所拘捕的共幹四百餘人悉被釋放，改組廣州政治分會、廣東省政府、省黨部、市黨部，黨政機構均由汪派陳公博等主持；改組臨時軍事委員會，以張發奎任主席、李福林為委員。十八日，以廣州政治分會名義通緝黃紹竑；十二月六日，以該分會名義宣佈李濟深罪狀，免其本兼各職。張發奎通電自稱其行動為護黨，反對「特委會」，否認容共。

事變的原因，李濟深在汪聲明書的批評第四點中說是因為「粵省不願清一色作汪氏的背景」。汪乃故意拉李離開廣州，讓第四軍演一幕反對「特委會」的兵諫，以表示其背後有力量，非給他以黨政領導地位一席不可，如是而已。

李濟深剛到上海，聞此惡耗，非常憤怒，向四中全會預備緊急動議提案謂：叛將張發奎、黃琪翔勾結共黨，稱兵作亂；擅行圍捕中央監委黃紹竑；在廣州中委何香凝、顧孟餘、陳公博、甘乃光、陳樹人、王法勤、王樂平、潘雲超、李福林等，或參預同謀，或甘心附逆，請查辦嚴懲，以肅黨紀而維國法。並對全國申述事變的內容，爭取輿論的支持。汪派在黨內國內，都因此事變而大失人心。

他們為甚麼要捕黃紹竑呢？據前引黃氏《五十回憶》那段車中談話的後段裡曾說：

「我（黃自稱，以下同）又問吳梧生（奇偉別號）說：假使我被你們拿到，會怎樣處置呢？他說：恐怕對不起！我說：為甚麼恨我到這樣地步？他說：在我們看，兩廣問題你是一個幕後人，所以先要對付你。我說：豈不冤哉枉也，現在你可明白了呢？大家大笑起來。……」

這說得很明白了。黃當日脫險到香港，將此次事變的前因後果，作了一篇很長的談話在香港各報發表，社會人士才知道事實的真相。他同時備

一份詳細的報告書上中央監察委員會。

張發奎在事變前往香港，十一月二十日回廣州，即將第四軍分防東江、西江、江門。而我方則錢大鈞軍及陳濟棠師在潮、梅；徐景唐師在南路；廣西方面的兵力，有半數在韶關，因剿平賀（龍）葉（挺）後，我奉命率五團由韶關入湘討唐，剛向樂昌出發，我自己到廣州向黃紹竑總指揮有所請示，亦碰上了事變而逃港，數日後才經西江偷渡回梧，在韶關的部隊則繞道湘邊回桂；省內僅得伍廷颺師由其參謀長雷颷率領會同梧州警備司令龔傑元守梧，與都城吳奇偉師相對峙；故雖國府十二月二日下令討伐張黃，令軍事委員會派隊進擊，因我軍既這樣東分西散，無法去積極行動。

共黨暴動、汪敗出洋

李濟深與汪派中委，為廣州事變，正在上海筆戰不休，不料，十二月十日上海四中全會預備會剛結束，翌晨廣州又發生一次事變，這次是真正共產黨大暴動。

共產黨張太雷、葉挺等潛入廣州、乘第四軍大部出防，廣州空虛，利用廣州蘇俄領事館的接濟與掩護，煽動廣州市工人及近郊農民，勾結第四軍軍官教導團及警衛團，號稱共產黨紅軍，以葉挺為紅軍總司令，十一日拂曉實行暴動。襲擊各軍政機關及公安局，焚燒太平沙中央銀行總行及南關、高第街、泰康路各處民房，設立人民委員會、紅軍總司令部，發表廣州蘇維埃政府宣言。張發奎與黃琪翔逃避到河南李福林第五軍司令部，調東西江部隊回來平亂，雖於十三日即予盪平，但經三日的大火，房屋被燬千餘間，人民無辜而死的千餘人，財產損失五千萬元。他們擊敗共黨後，即行圍攻蘇俄領事館（暴動總機關），格殺其副領事，捕獲其正領事，俄人因參加暴動及被圍攻而死的數十人，被拘的六十餘人（俄領事夫婦及其隨員，後第四軍退走東江時被釋放，經香港返蘇俄）。事後，廣州政治分會對共黨暴動事件引咎自劾，張發奎、陳公傅、黃琪翔、朱暉日均免職查辦。第四軍改組，以繆培南為軍長，薛岳為副軍長，吳奇偉為第十二師師長，鄧龍光為教導第一師師長，其餘各師仍舊。

廣州遭受了這場空前的浩劫，社會上無論知道內容與否，把一切責任與罪過，都歸到張黃他們的身上。汪兆銘尤為各方所指責，說他玩火自焚，他無法自辯，再難活動，十二月十六日由滬乘輪往法國去了，二十一日經香港時，黃琪翔來隨其一同出洋。

東西夾攻、廣州收復

　　國府軍事委員會對粵變方針，決定要解決第四軍，令李濟深回粵主持這次的軍事，李氏於是令福建陳銘樞第十一軍（陳十一月初由日本回福州復任軍長職。轄蔡廷鍇第十師與黃質勝第二十四師）及潮梅錢大鈞、陳濟棠部自東面，廣西的第七軍及南路徐景唐師由西面，一齊向廣州夾擊。繆培南的第四軍在廣州處於四面受包圍的地位，作戰至為不利，遂把廣州放棄，交由李福林軍維持，而將廣州所存軍械全數提取，十二月廿六日全部離廣州，向東江退走。

　　西面的作戰，由黃紹竑指揮。他在香港，因西江被對方封鎖，遂繞道越南回省，十二月九日到南寧。剛過兩日，而廣州共黨暴動爆發，都城、肇慶的敵軍撤退，梧州的緊張驟然消失。由韶關繞道回來的第六師，我親赴賀縣迎接，十八日率領到梧，黃總指揮遂率第七軍第四師（師長伍廷颺），第六師（黃旭初）、第七師（呂煥炎）各師共十團，經西江向廣州進攻，水陸並進。我率所部十二月廿一離梧，乘船到德慶登陸，經四會、三水前進。伍師在先頭，廿九日入廣州，李福林讓防退往河南，即通電引咎辭職，任李濟深主席派回的鄧彥華為第十六師師長，代理第五軍軍長。黃總指揮三十日到廣州。李主席是民十七年一月四日由滬回到的。

　　東面的作戰，由陳銘樞指揮。繆培南、薛岳曾通電歡迎陳氏回粵主政，請其率軍由海陸豐來廣州，讓第四軍取道興寧入贛，但被陳拒絕。陳即將所部及錢軍、陳師集中在東江上游截擊繆軍。民十七年一月四日，繆軍先頭許志銳師進到龍川縣老隆，先擊潰黃質勝師，但旋即被蔡廷鍇師抄襲其後，許遂敗歸藍口。繆軍以龍川有阻，改向潭下墟前進；陳銘樞即指揮兵由龍川、老隆向岐嶺、鶴市、丫下墟之線阻截，展開一連三日（九、十、十一）的激戰，結果，我陳濟棠部被許志銳、鄧龍光兩師合力擊破於青溪，退向鐵場；陳銘樞、錢大鈞兩部被吳奇偉、李漢魂兩師擊破於岐嶺、鶴市、增光、藍關、丫下墟、狗木徑，退向老隆；繆軍稱此役為北伐以來最劇烈的拉鋸肉搏戰。蔡師損失最為慘重，陳銘樞只好等待廣州追躡而來的我軍，襲攻敵後。

潭下劇戰、鬩牆可悲

西路部隊入廣州後，不稍停留，第七軍會合由南路來的徐景唐師向東江急追。一月十六日到潭下墟，遇繆軍回師迎戰。我徐師先到，伍呂兩師繼之，潭下墟南方風門坳側邊一帶高地先被我軍佔領，其中以馬鞍山地勢最高，俯視一地，實為天然良好的陣地。十七日晨，敵即向我進攻，其勢甚猛，以馬鞍山為主要目標，屢次上衝，前仆後繼，攻者乘日前藍關、岐嶺戰勝餘威，守者為初來生力勁旅，上了戰場，只顧死拼，忘了一切，無異瘋狂。第六師行軍序列在後，我遠聞炮聲隆隆，即令部隊急行，自己先趕往前線以瞭解戰況。到鴨仔塘，見著徐、伍、呂各師長，知所有的預備隊都已用完，而敵人攻勢並未被壓下，情況十分危急。大家正在一小山上觀察商談，忽然敵方一個炮彈擊中近旁數尺處所，但未開花，只塵土迷漫，碎石飛傷了一兵的右腕。

假使此彈爆炸，我們四個師長難逃非死即傷的命運，這一仗也不消打下去了。幸好，一會即塵散天青，大家繼續口講指劃。暮色漸合，伍師第十團崩潰下來，我師第八團恰好趕到，急忙補填上去，才得把戰線穩定，相持徹夜。第二日黎明，第六師全部增加，全線一鼓衝鋒，敵遂大敗而逃。我們由山上下來，到處只見屍體縱橫，傷者呻吟號叫，真是慘不忍睹。各師的衛生隊，接連忙了四天才把傷者收容完畢，只我們第七軍傷的便超過兩千人，伍師最多，八百餘；呂師次之，六百餘；我師最少，也達四百。死者亦不少過傷者。敵方的死傷比我方更大。彼此都是四個師（繆軍吳奇偉師在老隆，未及參加此役），而對方的師長一死（許志銳）一傷（黃鎮球），我方雖死一團長，卻不是在戰線上（伍師團長余志芳、潭下戰後奉命先回廣西，到紫金縣中心壩遇敵被殺）。至兩方的中下級軍官，死的就太多了。戰後第七軍到田壩墟休息整頓，移駐老隆過農曆除夕，忽報徐師雲瀛橋部追敵到犁咀，失利又援，即由我師派隊往救，敵軍亦北入江西。在北伐中以善戰著名的第四、七軍，這場最賣力而求最可悲、可痛、可恥的鬩牆戰爭，到此才告結束。

沒幾天，黃總指揮由汕頭來召集第七軍團長以上到興寧會議後，伍呂兩師獲先回桂，我師卻被李主席留剿興寧、五華、龍川、河源、紫金五屬股匪，四月肅清後才返廣西。

第十二章　完成北伐的最後之戰

　　本章所記述的為革命軍北伐的最後一役。中間的經過，除日本帝國主義者在濟南給與革命軍以慘毒的妨礙外，可說一切都非常順利。

　　日本在濟南的暴舉，到底不能阻止革命軍的前進，徒然向全世界自暴其醜，招致世人的反感。迨至張作霖準備退出北京時，日本公使芳澤又向駐北京的公使團會議中提議：由外兵接守北京城門。但為美使馬慕瑞所消極反對而不成。

　　在這場大革命的壓軸戲上，李宗仁的第四集團軍因忙於結束西征的事，參加在後，故時機上只許任個配角。惟最後的收拾，仍責之白崇禧。

蔣氏復職、北伐再舉

　　南京中央的局面，自民十六年八月蔣中正總司令辭職後，支撐的責任，自然地落在何應欽、白崇禧、李宗仁三個總指揮的肩上。國民黨自此又經過四個月的內爭。由於情形的演變，是年十二月十日上海四中全會預備會通過汪兆銘所提的請蔣復職案（汪氏在同年四月間，卻曾下令撤銷蔣的總司令職，並開除黨籍），且情勢上也需要蔣氏再起，海陸軍各將領如李宗仁、李濟深等既在滬就近敦促；楊樹莊、馮玉祥、閻錫山、何應欽等又從各地來電推崇，蔣氏遂於民十七年一月四日入京，九日通電宣佈繼續行使國民革命軍總司令職權。

　　國民革命軍自龍潭大戰後，僅將孫傳芳軍驅退到皖境的蚌埠、宿遷等處，不久，因有西征之役與廣州事變相繼發生，故對北伐戰事，未能以全力從事。蔣復職後，於民十七年一月十八日中央政治會議議決：任蔣為國民革命軍北伐全軍總司令。二月七日四中全會議決：任蔣為軍事委員會主席，並將「集中革命力量、限期完成北伐案」交其統籌進行。其時粵變早告敉平，西征已近結束，蔣氏乃規劃以全力完成北伐的大計。

　　為便利讀者了解當時全般的形勢，茲先略述龍潭戰後北方情況的變化經過如下：

山西部隊、對奉作戰

且說北軍方面自山西的閻錫山參加革命後，奉軍大受威脅。閻錫山於民十六年六月四日就任北方國民革命軍總司令職，但十餘日後，北伐軍內部忽起齟齬，在河南的國民革命軍卻撤回武漢。到了七月初，在山東的國民革命軍也撤回長江，因此，閻氏於六月十七日佔領石家莊後，亦不敢積極行動。張作霖此時則極盡威迫利誘之能事，欲閻能斷絕與革命軍的關係，助奉軍以攻馮玉祥，但此舉終無結果。張作霖乃決計乘革命軍無暇北進之時，要迅速先解決山西。閻錫山知大敵將至，遂乘奉軍部署未成之際，先發制敵，並分三路進軍：（一）以商震指揮北路，九月廿七日由大同出兵，突毀京綏鐵路，捕奉軍北路檢閱使于珍，奉軍既失統御，在西段的亦多被解決，在東段的則被迫退卻，商震十月五日即佔領張家口，進攻宣化。（二）徐永昌指揮南路，出井陘，十月四日已越過正定，七日閻錫山親到石家莊督師，前鋒在望都劇戰。（三）傅存懷指揮中路，越晉東山嶺，十月十日到北京西部門頭溝及京漢鐵路上涿州，以後更在通州、齋堂、長辛店、良鄉各地紛起活動，並聯絡學生、工人、民軍在北京城內及天津、密雲各地有所動作，使奉軍根據地的北京一時有動搖之勢。但自十月五日張作霖召楊宇霆及韓麟春到北京決定五路作戰計劃後，形勢又變，奉方作戰計劃如下（一）以張作相率吉（林）黑（龍江）援軍赴宣化指揮，並以津浦路北段部隊增援，商震受迫後退，十月末晉軍失永嘉堡，退守天鎮。（二）以韓麟春赴保定助張學良指揮；另派戢翼翹軍繞襲定縣，迫使山西方面之徐永昌攻保定部隊不能不退，至十七日該路晉軍集結於石家莊與韓麟春相持。奉軍在南北得手後，遂有餘力以應付在北京及各處晉軍的擾亂。彼時閻錫山因無力獨當奉軍，遂於十一月六日下令三路總退卻，北路退守雁門，中路退保蔚州，南路退集井陘。奉軍力攻雁門、井陘不能下，惟蔚州被奉方攻陷，閻軍再退五台、繁峙。但當時閻部師長傅作義，以輕兵八千當奉軍五萬之眾，堅守涿州八十餘日，直至彈盡援絕而後屈服，實為全部革命戰爭中極有歷史價值之事。

戰線對峙、二千餘里

河南方面，因曾發生靳雲鶚內變，馮玉祥的國民軍聯軍未能北攻，敵方乃以孫傳芳軍守蚌埠，而傾直魯軍的全力，集褚玉璞、張敬堯、王棟、

程國瑞、潘鴻鈞、劉志陸、孫殿英等部十餘萬人，由徐州起，中經曹州、大名、道口到京漢鐵路戰線數百里，以大包圍的形式環攻河南，來勢頗兇。十月下旬，敵軍北路佔衛輝，東路迫歸德，由曹州前進的迫近蘭封。馮軍於解決靳雲鶚後，始得以全力應敵，歸德一戰八晝夜，敵終不能得逞。至十一月初旬馮軍轉取攻勢，以孫良誠、劉鎮華兩軍攻曹州；鹿鍾麟指揮韓復榘、石友三各軍由隴海路攻徐州。國民革命軍因西征勝利，何應欽乃赴前敵令第一路攻蚌埠、宿遷，與鹿軍相呼應；十一月中旬蚌埠、宿遷先後克復。鹿鍾麟與北軍張敬堯、褚玉璞兩部苦戰月餘，十二月三日攻抵徐州近郊，因孫傳芳部由南路回師援救，鹿部受壓迫，退守碭山。我方改變方略，馮軍一面在碭山與敵相持；一面以重兵由考城攻曹州，圖迫濟寧、兗州、抄徐州之背，而以攻徐州之責讓與何應欽軍任之。十二月十六日馮軍攻魯西得手，徐州敵軍以大隊往救，何軍乘虛遂攻克徐州、鹿鍾麟率部由碭山趕到會師，敵退守韓莊。國民革命軍第二路攻取海州後，也暫停止前進。

從此以後，直到民十七年四月，兩方相持的形勢是：東路——在海州、日照間；津浦線——在台兒莊、韓莊一帶；曹州方面——在曹州、濟寧間；大名方面——在大名附近；京漢線——在衛輝、彰德間；山西方面——在井陘、龍泉關、雁門關、偏關各處對峙。戰線長達二千餘里。

雙方計劃、全力決勝

此時蔣總司令既受命統籌北伐，即於二月九日赴徐州檢閱各軍，召集軍事會議，十三日決定取銷第一路，改為第一集團軍。十六日在開封會晤馮玉祥，決定將國民軍聯軍改編為第二集團軍，北方革命軍（即山西之閻錫山部）改編為第三集團軍，會後蔣即回南京籌劃。廿八日軍事委員會任命蔣中正兼任第一集團軍總司令，馮玉祥為第二集團軍總司令，閻錫山為第三集團軍總司令。後來（四月八日）又將西征各軍及兩湖原有部隊改組為第四集團軍，以李宗仁為總司令。各集團軍總司令並歸北伐全軍總司令指揮。北伐計劃的大要為：以第一集團軍及第二集團軍一部攻山東，第二集團軍主力攻京漢路正面，第三集團軍攻京綏路及京漢路西面，第四集團軍由武漢北進為各集團軍的後勁。

敵軍方面，以奉、孫、直、魯各軍步驟不一致，軍令不統一，難收聯合活動的效果，對內必須改革；又以革命軍由互相呼應的局面，漸成聯合進行的形勢，前敵各路相持，毫無進展，對外也須決定新的作戰方略；

故張作霖在民十七年初即迭次召集前敵將領到北京會議，以解決內外的問題。並將奉孫直魯部隊統編為安國軍七個軍團：第一軍團總司令孫傳芳、任魯西方面作戰；第二張宗昌、對魯南；第三張學良、對晉東；第四楊宇霆，由京漢路南下；第五張作相、對晉北；第六吳俊陞、為後備軍；第七褚玉璞、任大名方面。

革命軍前線的兵力約有七十萬，敵方的約四十萬，彼此都是傾全力以決最後的勝負。

收復濟南、日軍構禍

革命軍照預定計劃進行作戰。現由山東方面說起：

對山東作戰，蔣總司令將第一集團軍編為四個軍團及總預備隊，另加第二集團軍一部份，五路並進，都以濟南為目標。劉峙的第一軍團（包括劉峙本人的第一軍，繆培南第四軍，顧祝同第九軍，楊勝治第十軍）由津浦鐵路正面進攻；陳調元第二軍團（包括曹萬順十七軍，陳焯廿六軍，陳調元本人的三十七軍）由海州攻魯東，會師泰安；賀耀祖第三軍團（包括夏斗寅廿七軍，張克瑤三十三軍，賀耀祖本人的四十軍，方鼎英四六軍）由豐、沛攻濟寧；方振武第四軍團（包括阮玄武三十四軍，鮑剛四一軍，馬文德四二軍，高桂滋四七軍）由歸德、碭山北進；第二集團軍孫良誠第二方面軍（包括孫良誠本人的第三軍，馬鴻逵第四軍，石友三第五軍，呂秀文廿一軍，席液池騎兵第二軍）由豫東攻曹州、濟寧。四月九日下總攻擊令，各路同時發動。第二軍團進展最順利，十日佔郯城後，對臨沂敵人只分兵圍困，而積極進行側攻泰安。第一軍團十日克台兒莊，十二日克棗莊，十三日克臨城，斷韓莊敵人後路，敵遂潰退，張宗昌率部退守滕縣、界河。第三軍團被孫傳芳軍主力由濟寧來襲，在豐縣失利，徐西受脅，幸夏斗寅軍固守沛縣，石友三軍由單縣來援，孫良誠軍乘虛襲濟寧，孫傳芳軍受戰略包圍，然後退走，後在鉅野被包圍繳械。十八日第一軍團克滕縣、界河，敵退泰安、界首。二十日顧祝同軍克曲阜，繆培南軍克兗州，席液池軍佔寧陽。廿一日孫良誠部會克濟寧。敵以許琨率三萬人守界首，王棟率二萬人守泰安，劉志陸守博山，竭力憑險堅拒。第一集團軍以一部兵力圍泰安城，大隊仍行前進，廿九日界首被我攻克；第二軍團在龍山截斷膠濟鐵路；方振武軍及孫良誠部進到濟南近郊；張宗昌夜間十時離濟南奔德州，在濟魯軍陸續北退；孫傳芳深夜也北逃。五月一日我軍佔濟南。二日蔣總司令入駐。三日日軍突然挑釁，造成濟南慘案，佔我濟南，我軍

不得已退出，繞道渡河北進。蔣總司令曾為此而灰心，馮、閻、李、楊（樹莊——海軍）四總司令通電一致擁護其北伐。

馮閻兩軍、戰況大展

當第一集團軍在山東方面節節勝利時，第二集團軍在彰德、大名，第三集團軍在晉東、晉北，也與敵軍劇戰。

第二集團軍在京漢鐵路及大名的部隊，編為北路軍，統歸鹿鍾麟指揮。敵方企圖先解決河南，四月五日三路進攻孫傳芳由濟寧襲隴海鐵路一路雖告失敗，而楊宇霆攻彰德，褚玉璞由大名攻南樂、觀城、濮縣，兩路毅然積極。幸孫連仲、韓占元力守彰德，劉鎮華也能在大名附近堅持，以待後方部隊的集中；廿八日全線反攻，五月一日擊潰圍攻彰德之敵，三日進克順德，五日克大名。其時第三集團軍已東出娘子關，京漢路奉軍驟受夾擊，向北撤退，於是一面令韓復榘率軍向石家莊與第三集團軍會師，一面由鹿鍾麟率大隊東攻德州。

第三集團軍因奉軍力圖奪取各關，迫使退入山西內地，曾苦鬥二十餘日，濟南下後，戰局轉變，才反守為攻。南路徐永昌五月三日攻平山、井陘，九日佔靈壽、行唐、石家莊，敵退望都。中路豐玉璽軍由龍泉關出擊，進佔阜平。北路商震出雁門關，佔大同；出偏關，佔歸綏。

德州為敵失濟南後必須堅守以掩護天津的唯一要地，張作霖派何豐林為東防總司令，令與張宗昌協同防守，並調吉黑軍到來增防。第一集團軍陳調元軍團及總預備隊朱培德部，越過膠濟鐵路北上，第二集團軍席液池騎兵軍由長清渡過黃河，五月十一日佔高唐、恩縣，十五日佔禹城，十六日佔平原，十七日佔德州，敵退滄州。

張作霖五月九日曾藉濟南慘案倡議息爭，通電向革命軍請和。但忽又變計，仍圖保守北京及天津，以重兵守滄州、保定、南口，憑內長城的險阻以保西北，令孫傳芳駐河間、高陽、呼應滄州、保定，構成一半月形防線。此時我軍方面，第一集團軍主力須留以監視濟南，渡河部隊不多，津浦鐵路正面作戰，不得不讓第二集團軍負擔重責，第三集團軍獨當奉軍，兵力也感單薄，急需第四集團軍北上，擔任京漢鐵路正面作戰。蔣總司令為此，乃於五月十九日由徐州到鄭州與馮玉祥、白崇禧（第四集團軍前敵總指揮）商決進行。

第四集團、北上參戰

　　當劉鎮華在南樂、觀城、濮縣失利，洛陽及鞏縣兵工廠被匪軍樊鍾秀攻襲，岳維峻舊部在豫南異動，第二集團軍前後方同時吃緊時，第四集團軍即奉命出師北伐。自總指揮抽調第十二（葉琪），三十（魏益三）、卅六（廖磊）各軍及獨立第八師（劉春榮）先行北上助戰，四月廿七日開始由漢口輸送，以車少路壞，葉軍五月一日集中漯河及郾城，魏軍四日集中許昌及新鄭。其時，濟南已克，第二、三兩集團軍正向津浦、京漢兩路進展，馮部石友三、孫連仲兩軍回師河南剿匪，白派葉、魏兩軍協助，匪竄豫西。五月中旬第一、二、三各集團軍進展到慶雲、南皮、交河、饒陽、蠡縣、望都之線，二十日蔣總司令、馮總司令、白總指揮在鄭州決定新的部署：第四集團軍任京漢鐵路正面，攻保定；第三集團軍任京漢鐵路以西，攻保定側背；第二集團軍任京漢鐵路以東，攻高陽，與第四集團軍齊頭並進，另以劉鎮華、孫良誠攻河間及其以東至運河以西地區；第一集團軍由津浦鐵路攻滄州。依此決定，白總指揮即令葉琪率第十二軍於五月廿九日集中石家莊，廖磊率第卅六軍於卅一日前集中正定，第二、三兩路直屬部隊則於卅一日集中石家莊，李燊的第四三軍於卅一日集中漯河及許昌，獨立第八師劉春榮部於六月六日集中正定，魏益三率第卅軍於十日集中藁城，李品仙的第十二路及直屬部隊亦於十日集中石家莊。葉琪所部一軍最先輸途，適值馮玉祥不欲在會戰前疲勞兵力，撤回博野及安國部隊，僅控置騎兵任警戒，致第三集團軍右翼大受壓迫，奉軍乘機一路自康關襲定縣，一路自任邱、高陽抽調大隊迂迴襲定縣，截斷京漢鐵路，企圖殲滅第三集團軍：白崇禧為顧全整個戰局，急令葉琪率部逕開定縣、新樂增援，葉部門炳岳師廿七日趕到定縣，第三集團軍士氣為之大振。韓復榘部也復向安國、高陽進攻。白氏的集中計劃實施尚未及半，而敵軍已告瓦解。

奉退出關、北伐完功

　　張作霖以革命軍對其南北包圍，圈子愈縮小，自知大勢已去。張學良、楊宇霆、孫傳芳五月三十日上午一時離保定，晨間到北京，奉軍卻放棄保定，張作霖於舉行會議後即下令前線總退卻，準備退出北京。第三集團軍卅一日遂收復保定。革命軍為外交關係，避免在北京附近作戰，訂定

和平接收的方策，由閻錫山釋放去年所捕奉軍要人于珍，派孔繁霨偕同到北京勸張作霖及早出關。蔣總司令亦於六月一日在石家莊與馮、閻兩總司令會議，商定收復京津善後事宜。第一集團軍二日攻佔滄州。張作霖乃於三日上午一時離京乘火車返奉，四日到皇姑屯車站被日人炸傷喪生。張學良在北京聞報，急指揮其部隊一部退熱河、大部退灤州，陸續撤往關外，四日晚學良即偕楊宇霆、孫傳芳出京，僅留鮑毓麟旅維持北京治安。革命軍北伐到此才告厥成功。

國民政府於是年六月四日任命閻錫山為京津衛戍總司令，閻於八日在保定就職，即任張蔭梧為北京警備司令，傅作義為天津警備司令。第三集團軍之商震、張蔭梧、孫楚各部，八日在民眾歡迎聲中開入北京。第二集團軍韓復榘部進駐南苑，奉方之鮑毓麟一旅退出北京，但行至通州為第二集團軍馮治安部所阻，又折回北京城外，即被韓復榘包圍繳械，除此事外，北京接收全在和平中完成。十一日閻錫山、白崇禧聯袂由保定入北京。

時天津仍為張宗昌、褚玉璞所據，其所部被第一、二集團軍壓迫由滄州以北各地退集天津及津東各處的人數尚多，欲作最後一戰。但殘軍中有覺悟的如鄭俊彥、李寶章、徐源泉等，紛向革命軍投誠，傅作義設法迫張宗昌、褚玉璞離津，實行收編各部為暫編軍，六月十二日天津才得和平收復。

第十三章　白崇禧肅清關內結束北伐

當國民革命軍向北進展時，到處都與帝國主義者相衝突。到了濟南，日本軍竟公然對革命軍攻擊。迨京津兩地收復後，日本一面壓迫張學良不許其歸依革命政府；一面又運動並援助張宗昌繼續抵抗革命軍。畢竟革命已為全國人心之所趨向，非帝國主義者所能破壞與阻止，終底於成。

當時天津以東的「京奉鐵路」沿線地帶，外兵紛駐，在此區域作戰，極易惹起事端，幸白崇禧能於事前特別注意外交，卒獲無事。

白崇禧自革命軍由廣州出發起，直到在河北灤州收拾直魯軍為止，他對於北伐，由開始至結束，可謂鞠躬盡瘁，始終其事。

推蔣北上、祭告總理

國民革命軍於十七年六月和平收復北京及天津後，乃將第一集團軍集中於靜海、馬廠之線；第二集團軍集中於天津、通州之線；第三集團軍集中於北京、順義附近；第四集團軍集中於宛平、涿州之線。而孫傳芳軍及直魯各軍向革命軍輸誠者，則分別指定駐屯附近各地，候命受編。至於在「京漢鐵路」及「津浦鐵路」方面的奉軍，此時已皆循「京奉鐵路」陸續撤退出關；在「京綏鐵路」方面的奉軍，亦退往熱河；直魯軍所剩殘餘之眾，則退往津東一帶，作垂死掙扎。

張學良自其父作霖由北京回奉天被炸死後，已放棄繼續抵抗革命軍的意志。他於是年六月十七日出關到奉天，閻錫山即派于珍、邢士廉往勸其服從國民政府，以政治方法解決東三省危機。張氏鑑於大勢所趨，十九日宣告其父死耗，及停止軍事行動，休養生息。但負嵎津東一帶的直魯軍張宗昌、褚玉璞，仍率其殘部數萬人在蘆台、唐山一帶，就地籌餉，徵集車馬，民眾皆不堪其苦，既擾害地方，又妨礙統一，因此閻錫山和白崇禧遂於六月下旬相商，決意早日要將關內肅清。

蔣先生於北伐完成後，即實踐其在民十七年一月間所發的復職宣言，向中央辭去本兼各職（六月九日請辭國民革命軍總司令和軍事委員會主席，十一日請辭中央政治會議主席），準備下野，中央竭力予以慰留，各

方也紛紛電請其繼續擔任總司令。六月十四日中央常務委員會議決推蔣氏赴北京祭告總理，並視察一切，以便移總理靈櫬來南京安葬。蔣負此責，不能再辭。十九日中央又加推馮玉祥、閻錫山、李宗仁三位總司令參與祭告典禮。蔣乃於廿六日由南京乘軍艦赴漢口邀李宗仁，於三十日偕同登車北上；七月一日抵鄭州晤馮玉祥；三日到北平（中央政治會議於是年六月二十日始將北京改名北平，直隸省改名為河北省），閻錫山趕到長辛店迎接，七月五日馮玉祥到步；六日四總司令在北平香山碧雲寺總理靈櫬前舉行北伐完成祭告典禮，蔣主祭；馮、閻、李襄祭；吳敬恒、白崇禧等百餘人與祭。北平政治分會同日成立，委員閻錫山（代理主席）、白崇禧、劉守中、馬福祥、鹿鍾麟、蔣作賓宣誓就職，馮玉祥卻表示不就，未到。

湯山決議、進兵灤熱

北伐成功後第一次會議，係於祭總理後在北平西北郊的湯山舉行，除各集團軍總司令、總指揮之外，中央委員亦有數人到會。因其時張學良驚心外患，已有希望和平的表示，日本又藉名保護條約上的利益，乘機增兵於「南滿鐵路」，我方鑒於濟南慘案的往事，亦不欲與之作正面衝突，對於東北多主張應以和平方略來解決。國內一時無繼續使用大兵的必要，應退謀整理軍隊，實行兵工政策，擬定軍事整理方案，提出中央委員第五次全體會議決定，此為當時各集團軍一致遵行的標準。會議討論結果，決定原則四項：

一、先肅清關內殘敵。對東北問題，因格於外交方面之複雜關係，主用政治力量解決之，同時派兵向熱河壓迫，以促東北軍就範。

二、編組各集團軍之聯合軍，分左右兩路，以方振武、白崇禧分任左右總指揮，負責進兵熱河、肅清關內。

三、縮編軍隊，就各集團軍現有好槍為準。

四、統一財政。

蔣、馮、閻、李四位總司令於七月八日都曾簽字於此決議案上。

在關外之張學良，曾於七月一日電致革命軍表示其希望和平與不妨礙統一的意思，繼又派代表邢士廉等四人由海道趕來北平，向四位總司令切實表示加入革命的誠意，協商統一的辦法，曾議定東三省及熱河於七月十九日一致改用青天白日滿地紅國旗。但日本駐奉天領事竟向張學良面遞警告書，反對東三省服從國民政府及改換國旗，結果只有熱河得如期易幟，

黃旭初回憶錄——李宗仁、白崇禧與蔣介石的離合｜104

東三省仍未獲順利解決。惟當時雙方在北平商議已略有頭緒，而四位總司令因須趕回南京參加中央五次全體會議，皆急行南下，乃派方本仁偕邢士廉、王樹翰等於八月一日由北平回奉天，作具體的接洽。這是用政治方法解決東北的初步進行。

日方接濟、直魯殘部

對於熱河及關內軍事的處置，蔣總司令依照湯山會議的決定，七月十日即頒布對熱河、灤河作戰方略，令方本仁、白崇禧兩總指揮在七月廿九日以前將部隊集中完畢，進行攻擊。但熱河方面，因奉軍主將湯玉麟已經易幟，方振武的左路軍遂停止進行，只派高桂部滋在喜峯口對熱河方面警戒，並阻止灤河方面的直魯軍殘敵向熱河逃竄。這樣，只餘關內方面了。

白崇禧正在集中右路軍部隊時，卻接到張學良七月廿八日的來電云：

「……關內直魯軍殘部，請假以三星期時日，以便邀張宗昌、褚玉璞談判，勸其自動解除兵柄，所部由奉軍收束改編，倘不聽命，再請協力解決。請對灤熱停止進兵，俾得從容將東北部隊一併收束。……」等語。

白崇禧閱電後，當即電覆張學良，電文大意如次：

「一、張褚殘部有及早解決之必要，請於最短期間收束完竣，以減人民痛苦。二、進兵熱河，係在湯玉麟部易幟以前之計劃，已電京榆、京奉、熱區三路部隊，到達集中地後，即停止前進。……」

張學良於八月初派出何豐林、高紀毅等攜款到開平、唐山一帶辦理資遣，並約白氏派員會同辦理。白氏亦望張、褚等能自行解除兵柄，不欲即行臨之以兵。但張、褚初無誠意，對奉方只虛與委蛇，對革命軍卻積極備戰。三星期時日瞬已過去，奉方對張、褚無法收束。到了八月二十日白氏綜合所得的情報是：「一、張宗昌由煙台經秦皇島於十四日到開平（煙台降軍鍾震國部與張宗昌勾結，七月廿三日再度變叛，又改懸五色旗）召集會議後，並決議：張本人任總司令，褚玉璞為副，許琨為前敵總指揮，將窪里、開平一帶部隊移到豐潤、蘆台之線，準備反攻。二、近日由秦皇島開來日兵甚多，分駐於田莊、唐坊、胥各莊。運送豐潤補充子彈大車十八輛，護解兵士均著卡機布軍服，戴紅邊帽，類似日兵。三、日人接濟敵軍各種軍用品，並有日人在敵軍後方指導工作。」白氏料張、褚無論對革命軍抑或對奉方，必有動作，於是，令右路軍準備攻擊。

白請外軍、各守中立

白崇禧的右路軍是由第一集團軍陳調元的第卅七軍及獨立第三師（初為第二集團軍韓復榘部，後因韓部調往後方，乃改用陳部）、第二集團軍鄭大章的騎兵第一軍、第三集團軍徐永昌的第十二軍及安錫煭的第十四軍、第四集團軍前敵總指揮白崇禧本人所部（即葉琪的第十二軍、魏益三的第三十軍、廖磊的第卅六軍、劉春榮的獨立第八師，以上概歸第十二路總指揮李品仙指揮）所編成。另外還有總預備隊及鐵甲車隊與孫長勝的騎兵第三師。又臨時調輸誠受編的徐源泉暫編第一軍（軍長蘇某）於左翼使用。

白氏將右路軍編為三軍：以第四集團軍各部為左翼軍，李品仙任總指揮，由京榆大道向豐潤；第一集團軍所部為中央軍，范熙績（陳調元未到，范代理卅七軍軍長）任總指揮，向寧河、東豐台；第三集團軍所部為右翼軍，徐永昌任總指揮，沿「京奉鐵路」前進；騎兵軍和騎兵師配屬於左翼軍、鐵甲車配屬於右翼軍使用。

八月廿一日白氏既決定進攻，除左翼軍早已集中沙流河鎮、鴉鴻橋之線外，限令中央軍於廿六日前須佔領黃莊鎮、葫蘆沽之線，右翼軍須同時佔領北塘、河北之線。廿三日又令總預備隊劉鎮華部在三河的部隊緊隨卅七軍之後，推進到寶坻東方林亭鎮。

張宗昌因鍾震國、方永昌等先後在魯東起事，更促進其在津東積極活動，降軍張敬堯首先受其誘惑。傅作義收編的雷長祿等四師也別有陰謀，幸被傅氏覺察，於八月三十日將其繳械遣散。白氏此時更感進攻不容再緩。蔣總司令南返後，也有電相催。

白氏因津東各處外兵紛駐，軍事上容易引起誤會，九月一日先訪北平英、美、法、日、意、荷各使，通告進兵津東肅清魯殘軍，請各國駐軍持中立態度。各使均表示好意。二日白氏率總預備隊第一、二縱隊及第十七軍魏鎮藩的第三師移駐天津，再訪各國領事請其諒解。六日又電知轄下各軍云：「各國公使及領事對我表示甚為圓滿，並願各派武官隨征，以便遇事商洽，外交方面毫無顧慮。但須注意保護各國僑民生命財產的安全，並竭力避免與外兵發生誤會，以免因外交糾紛影響軍事的進行……」白發此電，意在鼓勵士氣。

國軍戰略、壓敵向海

　　當時直魯軍方面的部署是：「京奉鐵路」方面，由許琨指揮，以主力二萬餘人扼守唐山和開平，京榆大道方面，由于世銘指揮，以重兵一萬四千人扼守豐潤為犄角；又在唐山、豐潤中間的老莊子、韓城鎮置精銳部隊一師，唐山前頭的胥各莊置一旅，豐潤後方的榛子鎮和京榆大道與「京奉鐵路」中間的雙橋皆置有策應雙方的部隊。更在大道與鐵路間築有三線堅固的防禦陣地：第一線，北起古石城，經豐潤、老莊子、韓城鎮、南至唐山；第二線，北起南黑山溝，經牛郎山、東西國特營、上下尤莊，南至前古莊；第三線，利用前年奉軍所築的永久陣地修繕而成，北起棋子山經狼河堡、向草窪、椅子山、小山子莊、郝家莊、雙橋、野里，南至窪里。每一線之陣地前方，更築幾個據點以為支援，外加完備的副防禦。似準備作節節抵抗的模樣。

　　京榆大道北邊是山，「京奉鐵路」南邊是海，革命軍為使敵人不能向北逃走，而要將其向南壓迫入海，故將主力置於左翼，中央和右翼只是助攻。

　　白總指揮於八月四日夜下總攻擊令，規定九日右翼軍須進佔胥各莊車站至董各莊之線，中央軍應進佔中門莊至胥各莊之線，左翼軍應進佔豐潤、老莊子、韓城鎮之線。其時張宗昌、褚玉璞因方永昌、鍾震國又已失勢逃遁，魯東活動已告絕望；張學良不願再受其欺，並派出部隊拒止其竄過灤河東岸，張、褚無路可走，遂起而抵抗。

　　右路軍各部攻擊行動開始了！李品仙總指揮的左翼軍作戰計劃是：第一步，先攻佔豐潤，破敵犄角之勢；第二步，豐潤克後，以主力由豐潤以南地區斜攻唐山和開平的側背，與中央、右翼兩軍協力而將其佔領。對兵力的使用：以第三十軍在左、獨立第八師在右，合攻豐潤的正面，暫編第一軍在最左翼，協同三十軍包圍敵人右翼以阻絕其北逃；第卅六軍附騎兵第三師攻老莊子向開平；第十二師攻韓城鎮向唐山；獨八師在豐潤克後，協同卅六軍向開平側背行動；騎兵第一軍初在京榆大道以南，唐山、開平克後，轉移到大道以北協助卅六軍與暫一軍截敵北竄。

先破豐潤、繼克唐開

　　且說暫一軍、三十軍、獨八師合攻豐潤的經過：
　　守豐潤的直魯軍為于萬鎰、任昇平、張佐臣各部和崔得勝的騎兵旅，

分佈在豐潤城外北西南三面，憑藉山勢，築壘守禦。獨八師由京榆大道以南，三十軍由大道以北進攻，九月八日拂曉潛行迫近敵陣，即行猛攻，午前六時，敵敗退守高力舖、牙窟山、大安樂莊一帶陣地。因高力舖南邊遍地水潦，前進受阻，相持久不能下，於是獨八師以第一旅由西魏莊以南迂迴到高力舖右後襲擊，敵漸動搖，第二旅乘機將正面敵人擊潰退向娘娘廟，進迫豐潤西城，第一旅擊破高力舖後，也進迫豐潤南城，西南兩面敵人都被迫退入城中。牙窟山地險敵強，高力舖破後勢孤，獨八師分兵協助三十軍第一師才將其攻下，於是北面敵人也退入城中。此時三十軍主力在北面佔領古石城、羅文口、大小宋莊；暫一軍擊潰王官營、北黑山溝等處之敵人後，已佔領妙靈山、大小黑山一帶高地，更協同三十軍主力東進，威脅豐潤後方。城中敵人因後路被脅，大起恐慌，被獨八師和三十軍三面猛攻，西南兩門先破，北門繼破，遂紛紛由東門出走，向榛子鎮、開平潰竄，至午前十一時遂佔領豐潤縣城，各部都有斬獲。

左翼軍第一步計劃成功了！再說其第二步作戰的情形。

第十二軍於九月八日到達唐河店，九日拂曉攻佔曹家口、韓城鎮，直趨新軍屯、大榮各莊，全軍即進攻唐山。敵因豐潤既失，唐山突出而勢孤；我卅六軍又已接近開平，更給其後方以嚴重的威脅；張、褚殘部雖曾以鐵甲車頑強抵抗，終被擊敗，潰逃開平；敵將王琦的衛隊被包圍繳械，其本人卻微服逃脫。九日午後六時即完全佔領唐山。中央軍和右翼軍也按照規定，如期佔領了胥各莊一帶，連成一氣，鐵路上自唐山以西俱告肅清。

蘆台、寧河的直魯軍，九月六日已向東撤退。中央軍七日佔寧河後，因其東方到處水潦，八日午折回豐台鎮，改道東西棘坨、歡喜莊、曹莊子前進，九日到達胥各莊。右翼軍七日進佔蘆台、楊家泊；八日向唐坊前進；九日晨我方的鐵甲車「北京號」、「河南號」在唐坊東面與敵方的鐵甲車衝突，騎兵旅由鐵路南側前進，亦與敵騎兵遭遇而擊破之於橫沽，即向胥各莊、董各莊追擊，其餘部隊到達唐坊。十日中央、右翼兩軍同向唐山前進，與左翼軍第十二軍會合。

進攻開平的卅六軍，九月八日到達大孟各莊、邵莊子，附屬的騎兵第三師亦進抵馮各莊。九日拂曉攻擊前進，將敵擊敗，佔領桃李花、老莊子等地，敵逃向開平。十日我軍續向開平進攻，敵恃鐵甲車作頑強抵抗，因被騎兵第三師攻襲其後方，遂不能支，潰向窪里、古冶，午前十時佔領了開平。獨八師克豐潤後，肅清金莊、栗園之敵，並以一部向于莊、后屯協助卅六軍，此一部也於午後到開平。

關內肅清、北伐結束

直魯軍由唐山、開平敗退，復竄據窪里、野里、雙橋、椅子山一帶陣地，與由豐潤退守牛郎山、上下尤莊一帶的敗潰部隊連繫，再作死守。白崇禧在蘆台於十日晨聞報唐山已告克復，即電催右翼、中央兩軍速向唐山，而自率總預備隊亦進到唐山，指示部隊進攻窪里。李品仙指揮於十日在豐潤城下令第十二軍以主力由唐山沿鐵路協同右翼、中央兩軍及卅六軍向窪里敵軍攻擊。

卅六軍由開平沿鐵路北側於十一日午前向窪里西方師河敵陣進攻，敵仍以鐵甲車掩護頑抗，劇戰三小時，迨騎三師趕到，向窪里側攻，敵始崩潰，朝著古冶與灤州退走，第十二軍於佔領窪里車站後，即會同卅六軍跟蹤向古冶追擊。獨八師十日晚佔栗園鎮後，即將郝家莊、雙橋敵方陣地突破，敵一部亦逃往古冶，其餘則由軍長于世銘率領向東北逃遁。

由豐潤敗退的直魯軍，逃抵南黑山溝、小營鐵城、坎撥子、上下尤莊一帶陣地後。因其東面的田家灣，向草窪、狼河堡各地，尚部署有直魯殘兵以為聲援。雙方相持整日，竟無進步，附近之牛郎山反被敵軍攻陷。敵陣既堅，援兵又多，屢次反攻，彼此傷亡很大。十一日李品仙親率預備隊到前線督戰，暫一軍、三十軍、騎一軍三面環攻，午前十一時，終將牛郎山一帶高地完全佔領，敵潰退榛子鎮，午後二時，三面部隊齊迫榛子鎮，巷戰一小時，敵向灤河方面逃去，各部分途追擊，令騎一軍十二日改經北下五嶺通沙河驛道路前進，截敵北竄。至此，京榆大道「京奉鐵路」兩方之敵始全告敗北。

左翼軍九月十一日擊破各處敵陣地後，各部向當面潰敵追擊；至十三日全軍到達灤河西岸，俘獲甚多。在灤河東岸防阻直魯軍東竄的奉軍，當時因讓張宗昌的眷屬列車在灤河過橋，不料被潰軍所乘，借此機會大隊衝入橋上，鐵橋也被截斷。我方追擊軍此時只派出小部隊渡河威脅，直魯軍殘眾遂復向昌黎、秦皇島東竄。十四日，奉軍履行信約，圍繳竄到秦皇島的王琦殘部槍械，楊宇霆亦親到榆關指揮，但奉軍當時因佈置未周，張、褚以大隊自東北莊、大顧佃子向奉軍夾攻，安山鎮遂告失陷；張宗昌並通電稱：「還師向奉，剪除張學良左右奸佞。……」張學良急電白崇禧解釋。十六日奉軍大隊由榆關增援反攻，劇戰至晚，僅奪回了安山鎮，並未能予敵重創。十七日奉軍沿鐵路南北向石門進攻，直魯軍仍鼓勇奮戰，連日相持於牛角莊、東員外莊、繆家店、七百戶之線，互有進退。駐盧龍的

富雙英部又向大城山、臥牛山來攻。此時白氏乃應張學良請求，親到灤州部署，十九日派兵大量渡河夾擊，敵乃勢窮，退集石門、常山子一帶，紛紛向奉軍和革命軍投誠，截至二十日，降者達二萬人之多，將領自許琨、于世銘以次一概降伏，褚玉璞先已離軍他適，張宗昌在雜亂軍中乘小艇逃去。白氏以直魯殘軍野性難馴，乃電商奉軍，雙方同時分別將其繳械；廿三日白氏以改編分駐為名，派車九列，令敵灤方殘眾由灤州、坨子頭車站上車，革命軍預先在灤州、雷莊、古冶、開平、胥各莊各處佈置，同時繳械，只開平發生抵抗劇戰，擊斃千餘人，全告解決，直魯軍至此乃告全部消滅，北伐戰事於是完全結束。廿八日白崇禧電中央懇辭代行總司令職權及右路軍總指揮職務。是年十二月廿九日張學良等通電宣佈東北易幟，全國於是統一告成。

第十四章　北伐完成後的第一幕悲劇

　　北伐完成，全國統一，即有用兵武漢之舉，就國家立場說，這是一幕悲劇。

　　悲劇的造成，多是雙方都有責任的，武漢這幕也不能例外。中央倘不以削藩政策求統一，武漢即根本無引發魯（滌平）案的原因。加以當時風氣，上自最高領袖，下至地方幹部，法的觀念都非常薄弱；而革命觀念和民主觀念卻泛濫無邊。中央既非不可侵犯的皇朝，若拂眾胡為，人人可以革其命。武漢一班幹部，正在盛年（都只三十多歲），缺乏政治閱歷，或亦未能免此。

蔣為元首、行集權制

　　廣西與中央的關係，由北伐開始以至完成的整個期間，都是非常圓滿的，但北伐完成後，情形便漸漸地變了。這種關係的變化，並不限於中央與廣西，連中央與第二集團軍的馮玉祥和第三集團軍的閻錫山，結果也都一樣，由此也可想像得到其中必有共同的原因了。

　　中央的組織與人事，北伐完成後都大有變更。其過程是：先由民十七年八月的國民黨第二屆第五次中央委員全體會議通過「依建國大綱設立五院」的決議，再由同年十月三日的國民黨中央常務委員會議通過「中華民國國民政府組織法」，更由十月八日中常會通過一項重要決議：「國民政府委員會為執行治權的最高機構，國民政府主席為享有實權的國家元首。」然後跟著通過後列三項人事案：

　　　一、任蔣中正、譚延闓、胡漢民、蔡元培、戴傳賢、王寵惠、馮玉祥、孫科、陳果夫、何應欽、李宗仁、楊樹莊、閻錫山、李濟深、林森、張學良為國民政府委員；

　　　二、任蔣中正為國民政府主席；

　　　三、任譚延闓為行政院院長，胡漢民為立法院院長，王寵惠為司法院院長，戴傳賢為考試院院長，蔡元培為監察院院長。

　　國民政府主席及委員於十月十日就職，五院也相繼成立，於是蔣氏成

為集權政制的國家元首兼行政首長。

中央地方、互信未立

北伐時期國民政府屬下的部隊，雖然都稱革命軍，但其中大多數是由收編舊軍而來，其將領有些是舊染很深的，蔣總司令統御過他們，領略過此中的況味。到蔣氏任國府主席，那時全國的形勢是：馮玉祥以開封政治分會主席，統第二集團軍，轄魯豫陝甘寧青各省；閻錫山以太原政治分會主席、統第三集團軍，轄晉冀察綏各省；李宗仁以武漢政治分會主席，統第四集團軍，轄兩湖，其一部份兵力由白崇禧統率，尚留滯唐山；李濟深以廣州政治分會主席，統第八路軍，轄兩廣；張學良保守東北；四川內爭頗烈；共軍盤據贛南；中央政府統治權力直接達到的，實在只是東南數省。各省政府的人事，很多是由下擬定報請中央加以任命；對於財政，中央更難指揮如意，地廣貧瘠而兵又最多的馮玉祥，且屢迫蔣總司令發餉。在此種情況下，蔣主席視這些人如尾大不掉的藩鎮（編遣會議開始時，以蔣中正名義發表「關於國軍編遣委員會之希望」的長文，引述日本維新史中長洲、薩摩、土佐、肥前四雄藩自處之道，要軍事同志，借彼鑑此，功首罪魁，唯我自擇。即公然不諱，卻未想到這可引起「你自視為天皇了」的反感），必須削除以樹立中央的權威，消滅割據的遺風，求全國真正的統一，縮軍節餉，從事建設，其心情是很易理解的。

另一方面，中央自武漢政府時代，所謂革命正統的領袖，其爭權奪位，較之舊式軍閥，並無二致。中央政府的政治作風和行政效率，也未能使人民的觀感為之一新。各軍發餉，並不一律，待遇不平。北伐告成，天下甫定，國府改組，名分初立，尚未有大公大信昭示於人民，正所謂誠信未孚。有此種種原因，共同革命的有功將領，不能人人都對中央心悅誠服，這也是可以理解的。

在互信未立的氣氛中，任何事件都很難望能夠順利地進行，編遣軍隊只其一端而已。

削藩措施、從桂開始

當國者處在這樣上下猜疑的環境中，正如駕船航行於亂礁間，稍一粗心大意，禍事隨時可起。一次，馮玉祥秘密離京返豫，蔣主席曾私下徵詢李宗仁的意見，要對付馮玉祥。李以同屬國民革命軍，北伐剛完，全國統

一，即兄弟鬩牆，期期以為不可。據馮玉祥著「我所認識的蔣介石」中，他和蔣主席有過這樣一段對話：

在南京的湯山，蔣介石請我去洗澡。我們洗完了澡，蔣介石說：「常說的話：平粵滬漢這四個地方拿在手裏，全中國都在他們手中了。」蔣說這話是對我下挑撥作用，我對蔣說：「當全國的領袖，需要肚子裝得下全國的人，若當全世界的領袖，肚子裏要能裝下全世界的人，只要你自己時時刻刻注重得民心得軍心六個字上，又能實作出來，無論他們佔領那裏，無論他們拿了那裏，都是你的臂膀，都是你的兄弟，也都是為你作事的，何必顧慮這些呢？」蔣介石聽了我說的話不對頭，他轉過話來說：「沒有什麼。」

蔣主席似不以李、馮所說的話為諍言，或反以他們是互相衛護，而更增大心中的疑慮，他未從立信示公去著想，竟冒然採用削藩論（傳說是政學系楊永泰的獻策），其要旨是：以經濟方法瓦解第二集團；以政治方法解決第三集團；以軍事方法解決第四集團；以外交方法對付奉張。此策一行，終召連綿的內戰，給予中共以生機，欲以定國，適以亂國，真可痛惜！

不知何人何時稱廣西人為「桂系」，後來中央在公文上竟也採用。蔣主席的削藩政策既定，他以為豫馮、晉閻、桂李、奉張四個集團中，「桂系」的勢力，從華南、華中直達華北，第四集團軍又近在武漢，對中央的威脅最大，故首先對桂系下手。其實廣西人性質誠樸坦率，李濟深、李宗仁、白崇禧都懷著一股為國為民的熱誠。李宗仁尤為爽直，常對蔣氏進逆耳的忠言。他們三人分在粵、漢、平，相去既遠，又無組織，往往各自見到即做，並非凡事互商，被人錫以「系」名，去實太遠。他們既無割據的企圖，更無反叛的計劃，以無計劃對中央的有計劃，一切都是被動，以為力足自保而不怕人謀我。蔣氏計劃對粵漢平三路齊進，使之首尾不能相顧，期一舉成功。對粵：因李濟深深得地利人和，編遣會議召其離粵入京加以扣留，先解決廣東，使廣西孤立。對漢：利用廣西部隊對湖北人的怨望，乘隙分化，使之背離，再臨以大軍，使武漢局面瓦解。對平：利用唐生智要奪回舊部的心理，使向白崇禧部隊運動歸己。這方僅對扣留李濟深先有警覺，此外一無所知。

授人以隙、俞策李反

李宗仁在武漢的基本部隊為夏威的第七軍、胡宗鐸的第十九軍和陶鈞的第十八軍。李雖任武漢政治分會主席，而主張鄂人治鄂，故湖北的軍

政大權操於胡陶兩人手上，他們藉禁菸、権運兩項的收入，第十八、九兩軍的軍官可以揮金如土。第七軍呢？一次，某連長輪到值星，他向團長報告，不能在團住宿，團長怒斥他：「為甚麼？」他道：「我夫妻兩人只得一張被，我拿了來值宿，老婆便要坐著等天亮了。」各師向軍部借一千元也常常得不到，李明瑞、李朝芳、尹承綱三師長曾向夏軍長訴苦，夏軍長制止他們不可與胡陶爭，這固然是夏軍長生性淡泊，事實上他也管不了胡陶。黃紹竑先後派張任民、雷飈到漢，張任民覺事態可慮，報請李總司令注意，但李訓責其不該談此等事；雷飈分向夏胡請勿忽視軍中不平的情緒，夏謂軍人不得大嫖大賭便發牢騷，已屬司空見慣；胡謂你從後方來是不明白前方的情形的。

　　第七軍因須由廣西送兵補充，極感困難，為免戰力因傷亡而減弱，常將各連人數比規定超額，例如步兵連輕機槍定制六挺而自增為十二挺，開支特大，經常費當然不夠了。為保持戰力而任部屬忍窮捱苦，而又與奢侈的友軍共處，而他們又為自己孵育長大者，能無隔閡，實非常情，有此間隙，終被人乘隙而入，全局竟以崩潰。

　　「廣西人拼命打仗，湖北人升官發財」這兩句話自然地傳到了南京，而且被夏軍長撤職的鍾毅、李伯朗兩團長又向中央告密，這間隙就此被利用上。蔣有高級參謀雲南人周伯甘，與第七軍師長李明瑞為韶關滇軍講武堂同學，私交甚好，蔣氏派其赴漢秘密向李遊說，望其歸附中央，李以事體太過重大，要周與他表哥俞作柏商量。俞也是李宗仁的老幹部，貪權好利，第七軍由桂出發北伐時，俞以旅長讓給其表弟也是他的團長李明瑞，而自己留在廣西辦理南寧軍校兼農工廠長，十六年四月俞因反對清黨自逃往港，才脫離廣西。蔣氏得周回報，遂召俞入京；十七年十二月張任民由桂赴漢，經香港到上海，發現俞作柏同船，避不相見，到漢即報告李宗仁，謂俞此來，恐有古怪，但李不以為意；張又以告胡宗鐸，胡竟滿懷自信三軍的堅強團結，絕非俞作柏所能動搖。他們那裏知道俞攜鉅款秘密把李明瑞說妥，並要李明瑞多拉些部隊，但李對別的部隊無法活動，僅拉得楊騰輝一人，約定等待時機一到即起而共同行動。這是中央計劃中最重要的一著，初步成功了。

妄興魯案、中人圈套

　　京滬一帶，在十七年冬間，謠言極盛，不說四集團軍東下推翻中央政府，便說中央軍準備直搗武漢，李宗仁為消弭謠言，遂隻身赴京，十八年

一月五日就軍事參議院院長職，在京住下。但蔣主席計劃早定，且已逐步實施，有意要激成事變，特由陸路經江西運送械彈補充湖南魯滌平第二軍以備戰。當何鍵秘密到漢報告此事時，夏威、胡宗鐸、陶鈞等年少氣盛，不細加審度，不想到這是南京故意佈置的圈套，胡最驕矜，主張先發制人，潘宜之更從旁附和，夏患扁桃腺炎，精神不好，無心議論，至二月二十日竟以武漢政治分會名義，免魯滌平湘省主席職，以何鍵繼任，同時派兵到長沙，魯避往湘西。李宗仁接夏胡陶等急電，促即離京，化裝奔滬，幾乎遭不測之禍。蔣主席以武漢的動作，符合自己的導演，在中央遂振振有詞，免魯（滌平）任何（鍵）是違抗五中全會「不得以政治分會名義對外發表命令及任免特定地城內的人員」的決議，派兵入湘是違抗編遣會議「不得擅自移動軍隊」的規定，師出不患無名了。這是他對武漢的第二步奏功。

魯案事起，李濟深有電、黃紹竑有函致夏胡陶等加以責備，他們尚不知是被人引入陷阱而加以答辯。白崇禧也有電責他們事先顯然未考慮政治的後果，並指示目前唯一的補救辦法，惟有自請處分，聽候中央處置，但他們都不曾接受。黃紹竑函李宗仁：「魯案實屬輕舉妄動，絕難獲得國人同情，應請從嚴處分胡陶等人，然後再向中央請罪。」白崇禧也對李表示同樣的意見。李的答覆是：「此次事件，我雖制止不及，但承認咎在我方，我自己願接受任何處分，以免因此引起戰禍。」

蔡李斡旋、魯案解決

蔣主席以為漢、平兩地的廣西部隊的後方基地在兩廣，而兩廣的重心為李濟深，先去李兩廣乃可各個擊破。他十七年十一月廿一日先由中央政治會議准李辭去粵省主席職，而以陳銘樞升任，即為對粵計劃的開端。當時李在廣東的實力，握在陳銘樞和陳濟棠手中。兩陳都屬舊四軍系統，都是李的舊部，但陳銘樞在寧漢分裂之前，已逃往南京去擁蔣，任總政治部代主任，故蔣可視陳銘樞為心腹，而陳濟棠卻仍為李濟深的嫡系。兩陳已得其一，只剩下陳濟棠待後處理而已。

李濟深奉召參加編遣會議，他對應否前往，在蒼梧鄉下家中與其親信馮祝萬、鄧世增、李民欣、張文等商量，意見不一，躊躇未決，乃邀黃紹竑來一談。黃由邕到，認為必須裁減兵員，國家才有建設可談，革命才可告成，力勸其前往出席。李接納黃的意見，乃動身赴京。他到上海，李宗仁即接他到法租界融園同住，將編遣會議如何失敗，及魯案引起糾紛的

情形詳細告訴他，並表示已託吳忠信從中斡旋，盼望能夠和平解決。李濟深自請入京設法轉圜，但李宗仁顧慮安全有問題，阻止他去。第二天，蔡元培和吳敬恒特意由京來滬訪兩李。蔡說是受中央委託調查魯案，問李宗仁對於此事的意見？李說我應引咎自劾，以明責任。蔡謂如此中央便可有轉圜的餘地。吳敬恒因請李濟深一同入京設法，他慨然不辭，但李宗仁仍加勸阻，而吳以人格保其無事，李濟深終隨蔡吳入京去了。他到京即受中央委託，與蔡元培進行調查魯案，三月十三日中央政治會議根據蔡李的報告，決議如下：

「據蔡元培、李濟深等報告，奉令調查武漢政治分會改組湘省府一案，遵即詳查。認為該會此次舉動，誠屬不合，應由該分會主席負責。但主席李宗仁因公留京，未及臨時制止，曾自請處分在案。查主席李宗仁事前並未與聞，所請處分，自可毋庸置議。又查當日該分會決議此案時，預議者為張知本、胡宗鐸、張華輔三委員，應請予以處分等情。武漢政治分會委員張知本、胡宗鐸、張華輔應予免職，交中央監察委員會議處。」

看這決議，魯案已完全解決了，誰料這卻不是正文！

唐收白部、李囚湯山

蔣主席對付白崇禧，是派劉文島到青島找唐生智去進行的。白氏在唐山的李品仙第十二路軍，完全是唐的舊部，唐時刻都想找機會再抓回來，現在蔣來撩他，真是求之不得。蔣一面令保定行營主任何成濬停發白部軍餉，一面給唐生智鉅款以策動所部脫離白氏，擁護中央，並著唐將白扣留解京究辦。唐到天津，以親信鄧長庚進行聯絡。李品仙得了消息，即派原係唐的親信朱武彝、楊續蓀做代表到津晤唐。朱楊回去把消息密向軍中幹部透露，他們以舊主重來，既有官升，又有賞賜，打倒桂系，回去湖南，大家都十分歡喜，只瞞著了白崇禧。

蔣氏在爭取時間以從事「削藩」準備工作期間，表面上對武漢力持寬和態度。及三月十五日國民黨第三次全國代表大會開幕，蔣由奉化回京，已悉俞作柏和唐生智兩路工作都非常順利，李濟深在京、李宗仁在滬仍被監視，未被脫逃，估計解決「桂系」已有絕對把握，遂於三月二十日在三全大會發表他對魯案處理意見的長篇演說，謂「此次事變，地方軍人目無中央，此種重大違法之舉，公然違背中央之決議，破壞國家的統一。」「中央對於地方不法事件，只有執行法紀，絕無所謂調停之可能。」他完全推翻了十三日中央政治會議的決議，表示要對武漢用兵了。廿一日李濟

深即由暗中監視改為公開幽囚，被送到湯山溫泉去「休息」。

當李宗仁在滬看著情勢不對時，曾派雷颷入京密勸李濟深離京，但他不接納，只囑雷到杭州找李民欣電致廣州鄧世增：「如我有不測，則粵省政治由真如、軍事由伯南負責。」雷到杭州西湖，只見好幾位廣東中委從一家旅館出來，神態輕鬆，似是會議剛散，但不見李民欣，即返滬商量後，逐用李濟深名字照其所囑電鄧。

蔣氏扣留李濟深，胡漢民也參預密謀，並由其說動陳濟棠擁護中央，於是廣東問題便告解決了。

李楊倒戈、武漢瓦解

三全大會完全為蔣氏所控制，三月廿三日他要求大會授權給他處理武漢事變，參加十三日中央政治會議的元老們竟不敢反對，即決議授蔣全權，討伐李白。

廿六日國民政府下討伐令，於是李宗仁、李濟深、白崇禧被塑成了叛逆。第十五師師長夏威、五十二師師長葉琪，也被免職查辦，另任命李明瑞為十五師師長。三全大會廿八日閉幕，蔣氏廿九日即乘楚有兵艦到九江，指揮劉峙、顧祝同、蔣鼎文、繆培南、王均、方鼎英、夏斗寅各師及海軍向鄂東進攻。廿九日閻錫山通電聲討武漢，三十日馮玉祥電蔣聲討桂逆，皆非為義而實為自利者。

白崇禧自魯案事起，即逆料大勢不妙，屢電胡、陶、夏三人將兵力撤出湖北，全軍集中湖南，緊靠桂粵。而胡陶迷戀湖北地盤，錯估自己實力，不肯放棄武漢，致失時機。及三全大會授蔣處理武漢事變全權，李宗仁知蔣決心用兵，才電漢口四集團軍參謀長張華輔令委何鍵、葉琪、夏威、胡宗鐸、陶鈞為第一、二、三、四、五路司令官，著在黃陂至武穴之線佈防，對長江下游防禦。夏威患病入院，將職務交李明瑞代行，這更給李明瑞以大膽通敵的便利，他把他的第一師和楊騰輝的獨立旅編為第一縱隊，防守黃陂到李家集一線，等候中央軍一有總攻擊的通知，便立刻向後撤退。

三月三十日，蔣在九江下總攻擊令，只是虛張聲勢，前線並無接觸。四月二日海軍上溯到劉家廟，俞作柏即與李明瑞取得直接聯絡，約定了行動日期。到三日傍晚，李明瑞將第七軍第一師全部、第二師梁重熙團、第三師龐漢禎團、楊騰輝的獨立旅秘密集結，連夜以急行軍向西北撤往花園、安陸去了。李、楊倒戈，變起倉卒，胡宗鐸、陶鈞措手不及，狼狽

逃向宜昌。夏威從醫院出來，僅得一班兵送他到荊州。蔣氏遂不費一槍一彈，唾手而得武漢，五日抵漢佈告安民。

胡宗鐸等到了鄂西，白崇禧尚望其能取道湘西返桂，但他們已無鬥志，四月二十日竟向南京投降。一日，夏得胡陶派人送到五萬元，說是中央給三人出洋的，夏遂扶病搭英國兵艦逕往香港。蔣氏令這些投降部隊在荊沙附近集合，而派張發奎（新繼繆培南為第四師師長）、朱紹良、譚道源、夏斗寅各師包圍繳械。軍中無主，李朝芳不忍官兵作無謂的犧牲，五月廿七日他率領全部在沙市向張師繳械，兩廣官兵，多為張所收容。在荊州的被朱紹良圍繳。轟轟烈烈的第四集團軍，就這樣冰消煙散！

李宗仁在滬、白崇禧在津，竟能從虎口中脫出逃回廣西。

第十五章　廣西集團勢力遭到傾覆厄運

　　在北伐後的初期，廣西幾位領袖人物，最初只是天真地期望革命成功，即可民安國泰，並不存何等野心，因而忽略了政治上的作法，並且忘了「功高震主」之戒，竟以招致顛躓。

　　自李、白脫險回廣西後，廣東已因李濟深在京被囚，形成無主狀態，嗣在分化之下，局面全變，僅餘廣西一隅，孤危已極。南京方面，於粵湘夾擊廣西的佈置完成後，似故意使在粵的陳銘樞致電黃紹竑一激，使作困獸之鬥，遂根本傾覆。

　　南京方面的權術運用是奏功了，然而地方的變亂，卻並未因此而消滅！

李白幸脫險、先後返廣西

　　白崇禧在唐山的部隊（編者按：唐山在北寧鐵路線的天津至山海關之間）既被唐生智奪去，於是想法脫身南下；李宗仁在上海既回不了武漢，用電報指示處置後，決意先回兩廣；這都是民國十八年三月廿一日後那幾天的事。他們是怎樣脫出虎口的呢？

　　白崇禧本來是蔣主席要唐生智將其拿解赴京的，他之所以不被拿解，是得第卅六軍軍長廖磊對李品仙等的力爭，唐山到天津沿線都是廖磊部駐防，廖親自護送白氏到天津，並通知第四集團軍駐滬辦事處趕緊設法救他出險。李宗仁在上海得訊，即派王季文訪許崇智問計，許氏和日本關東軍司令宇都有交誼，由許氏電請宇都營救，宇都遂囑天津日清汽船公司派一貨輪送白氏離天津，並以軍用汽艇送其登輪，經日本門司轉赴香港。

　　李宗仁知白崇禧已脫險，即令第四集團軍駐滬辦事處長俞星槎密晤當時的上海市長張定璠為自己想脫身的方法。張市長於安排停當後，託俞星槎回報李氏依照脫身之安排而行。當晚到了預先約定的時間，李氏偕王季文、張任民、季光恩出了融園寓邸上汽車赴中國飯店，後面追蹤他們的神秘汽車，疑心李氏或是到此拜客，但李氏等進入飯店上了樓梯後，立即由後面工人樓梯下來，悄悄走出後巷，坐上張定璠準備的另一輛汽車，飛馳到黃浦灘的某一專用碼頭，俞星槎已在此等候著，他們匆匆上了汽艇，直

開往吳淞口外，搭上郵船向香港去了。事後，被南京方面知道了李宗仁逃脫的內情，張定璠市長於三月廿八日即被免職。李宗仁到港後並未耽擱，即入廣州，那時陳銘樞、陳濟棠都不在省垣，第八路參謀長鄧世增仍派軍樂隊親到廣九火車站歡迎，彼此談了李濟深在京被扣留後應付的意見，李氏即派張任民折返香港等候晤白崇禧，他本人即偕王季文等先回梧州。

粵歸附中央、通電主和平

當李濟深被囚的消息傳到了廣州後，各界都為之震驚。參謀長兼廣州公安局長鄧世增，更憤慨非常，主張兵諫，發動黨部及民眾團體紛電南京嚴詞質問，又召集徐景唐、王應榆等商議，徐、王等對兵諫深表同情。但陳銘樞和陳濟棠已離粵首途赴京出席三全大會，陳銘樞經香港時寓英皇酒店，因酒店失火，陳氏從四層樓上跳下傷足，留港就醫。陳銘樞此時並不贊成兵諫，藉養傷在港觀變。陳濟棠抵達上海後，國民政府文官長古應芬使人示意阻止他入京，他遂折回香港和陳銘樞共商阻撓鄧世增、徐景唐、王應榆等的兵諫行動。海軍的陳策和兩陳的意見是一致的。三月三十日陳濟棠和陳策乘兵艦由香港到廣州後，即與陳銘樞、蔣光鼐、蔡廷鍇等聯名通電主張和平，服從中央，電文中有「……粵省軍隊為黨國所有，不以供一派一系之指揮驅策；粵省之財，皆粵人賣兒貼婦之膏血，不以供一派一系之浪擲犧牲」的語句。鄧徐王等一股銳氣，遂被此電而軟化下來。

黃紹竑在南寧因應鄧世增電邀赴粵商議應付危局辦法，連夜趕到梧州，再乘南強小輪到三水，見第八路總指揮部副官處長李少毅正在守候，而且形色張皇，李處長拉黃到僻靜處告訴他：「李宗仁曾來過廣州，但現在局勢已變，兩陳及各師長已通電主和，請你趕緊回去，切勿自投羅網。」適港梧商輪「大明」號入口，黃氏即趕搭此輪返梧州。

白崇禧由海路逃抵香港後，接著也偕張任民回到梧州。張氏對白說：「今後大事起，要錢用，你預備有多少錢？」白氏打開他的皮篋道：「就是這六萬元，別無所有了。」

李、黃、白三位先後到達梧州，數年以來的患難朋友，聚首一堂，雖然是在失意的局面之下，而大家卻都非常歡洽。在梧逗留不久，即聯袂回到黃紹竑的家鄉容縣，召集了一次重要幹部會議，聽李、白兩位報告這次大變的前因後果。當武漢戰事將發時，兼第十五軍長黃紹竑令我率第二師由韶關入湖南，北上援助，未到湖南郴州而武漢的局面已告瓦解，又奉令經湘南入龍虎關回廣西，正在途中，故我不及參加這次的容縣會議。

任潮奉蔣令、勸李白出洋

廣東局面雖變，和廣西間的感情，尚未完全破裂，往返的電報，都以和平建設為言。又派香翰屏為代表到來商量，表面上仍是息戰寧人一套老調，政治問題實無從談起，只好靜候時機的演變。

中央軍佔領武漢後，蔣主席忽然於是年四月八日在漢口發出通電，表示下野出洋，以息內爭，電文中有：「中正半生戎馬，為黨馳驅，今後甚願得卸仔肩，出洋考察，以個人資格，追隨本黨同志之後，以完成總理未竟之遺志。」人們以其在此時而有此舉，當是另有作用，果然，蔣電囑古應芬設法轉達李宗仁、白崇禧出國遊歷休養。因李、白漏網而出，虎已歸山，實屬後患堪虞，不能不作安頓。古應芬奉命後，又轉託李濟深，李此時不能不遵命，遂於四月十六日致函李、白，其中有云：「……我輩生平自許救國，而形跡乃至伐勳，湯泉滌我，愧汗無地。所以既自知其負咎，又復何敢高論？萬望兩兄即日嚴斥舊部，絕對停止蠢抗，以求未減。自己則早日行赴海外，得智識之加增，亦可有益於社會。……季寬兄既為地方樸實賢勞，應當力爭我之蹉失，惟中央之命是聽，為中央去西顧之憂，為吾省保能安之局，切望寄語，不可或忽。……。」

李白接信，以此函係李濟深在拘囚中所寫，不是他自由表達的意見，故未作覆。

倔強難忍辱、攻粵實輕率

國民政府於是年三月廿六日所下的討伐令和三全大會廿七日通過開除黨籍的決議，都只是對李宗仁、李濟深、白崇禧三人而發，完全不涉及黃紹竑，似是留以備用。

是時譚延闓和何應欽有個電報給黃紹竑，要旨是要他顧全大局，勸解息爭。可是措詞不很妥切，字裏行間，並感覺有令人難堪和不夠誠懇之處。黃紹竑自然不能單獨用他的意見去答覆，要先和大家商量過。結果，認為首先要恢復李濟深的自由和李宗仁、白崇禧的名義。覆電語氣，亦不示弱。南京方面正在「六合統一，千軍解甲」的樂觀時期，這方提出這種的要求，加上這種倔強的口氣，當然不會有結果。

黃紹竑以局面澄清有待，回去離城數十里的老家省視老母，才住了兩日，就有許多次電話催他回去，但回到後，並無何等大事急待解決，只是

下下圍棋來排悶消遣。事後他才知道這是李、白誤會他有意隱避。

一日，黃紹竑與白崇禧正在對弈，李宗仁和張任民在旁觀戰；譯電員送一電報來，張任民先接來看了交黃；黃紹竑因奕興方濃，接過電報，隨手擱在桌邊，直到一局終了才拿起來看，看了一聲不響，摺疊了仍放在桌上；白崇禧拿來看了也不說話，依舊放還桌上；李宗仁也來看，看過依然悶聲不說；飯擺好了，大家入座晚餐，仍是無人說話，演出了一幕啞劇。直到吃完了飯才討論此事，原來是南京給廣州陳銘樞轉致黃紹竑的一電，電內共有四項：

一、著黃紹竑將李宗仁、白崇禧拿解來京，聽候查辦；

二、廣西不准收容由武漢退回的部隊；

三、廣西境內的部隊縮編為兩師，剩餘武器解繳中央；

四、黃紹竑將以上三項遵辦後，得任為兩廣編遣副主任（主任為陳濟棠）。

廣西的民性是不輸最後一口氣的，你迫得他愈厲害，他就不顧一切的和你蠻幹到底。黃紹竑為了應付此事，乃發電報召集各部隊長官舉行會議，大家覺得迫人至此，只好幹下去，遂決定出師攻粵。在會議中只師長呂煥炎始終不作聲，張任民此時便知其心中有異。

北聯馮玉祥、倡護黨救國

五月初所得的情報是：廣東軍隊集中肇慶，湖南軍隊集中永州，南京已將廣西部隊李明瑞、楊騰輝所部由湖北運來廣東，使其入桂，這湘粵夾攻的計劃，要將廣西根本解決。

又悉：南京派代表陳儀到粵，力催陳濟棠出兵，並帶來南京軍政大員致陳濟棠函，詳述利害，預料必操勝算，陳若不聽，即徹底改造粵局；因此，陳濟棠已定五月七日就第八路討逆軍總指揮職，宣告出師討桂。但徐景唐率所部卻與廣西一致。

當時我們在政略上，提出護黨救國的口號，並與馮玉祥加強聯合陣線。在戰略上，眼前對湘取守勢，對粵取攻勢，集中全力，攻取廣州，以軍事上的勝利，轉移政治上的頹勢；並約馮玉祥出兵武漢，以收分攻合擊之效。

以上大計決定後，李宗仁即於五月五日在梧州就護黨救國軍總司令職，通電討蔣，但李氏為了政治上的活動，出駐香港，而將廣西內部的軍政大計交由黃、白兩位主持。

南京方面以運用黃紹竑不著，乃於五月四日免去其廣西省政府主席職。

李宗仁就職後的第十天（即五月十五日），西北軍將領劉郁芬、孫良誠、韓復榘等也在鄭州發表通電反蔣，並推馮玉祥為護黨救國西北軍總司令，翌日馮部即在平漢、隴海兩路積極採取軍事部署。這表示北馮南李、遙相呼應，一致合作，共同行動，洛陽和梧州的無線電也直接通報了，大為提高廣西軍事冒險的勇氣。

廣西境內因部隊太少，而武漢退往鄂西的部隊情況又不明，白崇禧以為總該有一部份會經湘西逃向桂邊來的，於是他到柳州想經黔邊入湘西去指揮他們。但剛到柳州，即接夏威的電報，始知潰退的廣西部隊已被第四軍繳械，遂急忙趕回梧州，準備全力攻粵。

當我軍對粵將發動之頃，尚派梧州警備司令龔傑元為代表，到廣州訪陳濟棠大談和平，龔轉到香港謁李宗仁後，即搭商輪「大明」回梧覆命。龔到德慶，已遇見我已率師東下，遂停輪相晤，將港穗情形告我而別。

兩路軍東進、蘆苞初告捷

廣西對粵進攻了！那是民十八年五月初間。兵力除留極少數維持省內治安之外，出征的為第十五軍三個師、石化龍的獨立團和韋造時的獨立營，尚有王應榆的第十五旅，是由廣東靠過來的。將這些部隊編為兩路：第一路以黃旭初的第二師（第五團團長徐啟明、第六團團長葉叢華、第七團團長許宗武、第八團團長黃冕）及石化龍團和韋造時營編成，由軍長黃紹竑指揮，沿西江向三水攻廣州；第二路以伍廷颺的第一師（第一團團長黃鶴齡、第二團團長黃鎮國、第三團團長黃韜、第四團團長蘇來蘇），呂煥炎的第三師（第九團團長伍朝棟、第十團團長楊義、第十一團團長張國柱、第十二團團長劉志忠）及王應榆旅編成，由總指揮白崇禧指揮，經懷集、廣寧、四會、三水攻廣州；兩路限五月九日在三水會台。

第一路是按韋營、第二師、石團及軍部的順序前進，先頭部隊於五月四日由梧州出發，沿途並未遇敵，粵軍只守北江左岸。韋營望見三水後，才遇一敵船來探擾，立即登岸，進至白沙，遇北江水漲，三水敵已有備，我軍已衝過三水的少數部隊，被迫退回。自此第一路即與敵隔江對峙，無海軍相助，無法渡過。

第二路五月七日到達蘆苞對岸的蔣岸墟，所有船隻，悉數被敵方控制於左岸下游，連日江水大漲，敵方警戒又極嚴密，經過十日仍無法飛渡。白總指揮乃留王應榆旅在蔣岸墟，而將伍廷颺、呂煥炎兩師由大塘偷渡。

十八日午前三時，先以呂師所組的義勇隊三百名由廖正光、孫烈率領，已渡過去而被敵火制壓，不能登岸。天明後，黃鎮國、伍朝棟兩團冒死強渡，奮勇當先，義勇隊同時協力，將敵擊退，佔領大塘，敵退蘆苞，即跟踪追去。

敵方香翰屏旅及張達教導團在蘆苞佔領九十九崗、上塘、李果珍之線，連夜構築工事。十九日白氏以伍廷颺師攻正面：呂煥炎師攻李果珍高地，伍、楊兩團猛攻兩小時即將高地佔領。下午一時敵方余漢謀旅由石角迂迴向大塘，張團迎戰不利，敗回大塘，影響正面為之危急，幸白氏先令王應榆旅由蔣岸墟來大塘，剛好到達，才將敵方擊退。夜間，正面敵軍屢次反攻李果珍，終被楊團擊退，香翰屏部損失極大，我方第一師副師長梁朝璣亦負傷。二十日余漢謀部屢次反攻大塘，呂煥炎師與之相持一晝夜，苦戰不克，乃懸賞奪敵陣地，伍團乘夜猛攻，八時才將其擊潰，斃敵副旅長一、官兵甚多。

白泥氣衰竭、鎩羽撤兵還

在蘆苞、大塘潰敗之敵人，廿一日退集白泥。有駱鳳翔團、陳鋸團、梁開晟團及余香殘部，合計不下八團之眾，在白泥以西新屋、肥水、下莊及九曲水左岸之線構築工事防守。我第一路因在三水對岸一帶不能進展，也移轉到白泥方面；白總指揮以伍廷颺師在右、呂煥炎師在左，攻白泥的正面，而以我所統率的第二師及王應榆旅由國泰方面迂迴敵方的右側背。

二十二日伍、呂兩師進至距白泥數里的大嶺127.7高地遇敵，第一、九兩團合力一擊即行佔領。這高地是敵陣地的突出點，我軍佔後，由此側射敵的右側及後方，敵因此一時略形慌亂。在敵方也因這高地關係重要，以大隊迭次反攻，以短兵混戰，第一團第一連連長負傷，終被敵將高地奪去，乘機向我猛攻，迫我後退。

我率第二師及韋造時獨立營由國泰方面繞到木廣塘，遇敵迎面而來，雙方趕奪當前一高地，敵有少數已先到頂上，若為敵得，我軍即將受制，我見情勢危急，趕速親率衛士督隊猛衝而上，高地遂入我軍手中。黃冕團最勇敢，深入敵中。惜為時稍晚，正面伍、呂兩師在半小時前已被敵迫退，故我師亦不敢向敵窮追。當我督隊攻到高地上時，被敵步槍彈中胸穿背，負傷而退往後方，士氣大受影響，不久，團長葉叢華以情況惡劣，竟棄隊逃亡。旅長王應榆也在這一役被敵俘虜。

時已入夜，陣線上伍師在右，呂師在中，我師在左，地帶都是水田夾雜著小丘陵。黃軍長和白總指揮以一師長和一副師長受傷，一旅長被俘，全軍傷亡甚大。

徐景唐的李務滋部自獨立後即由石龍沿廣路九及增城攻廣州，但無法聯系；馮玉祥部已為南京所分化而失敗；湘軍又發動犯桂，擾我後方；局勢如此，我軍決定由粵撤退回桂，以石化龍團及韋造時營為掩護，由大塘渡河，經懷集返梧州。

後來黃紹竑自己評論這一役，是在一個憤懣的情緒之下，把打仗問題看得太輕易的結果。

驅何難拒俞、根本遭傾覆

廣西對湘，初取守勢，以張任民為桂林警備司令，兵力只得何次三警備隊一團，令其如敵大軍來攻，可相機退讓。當時湘軍何鍵奉南京命令討桂，他善觀風色，知我軍已在粵敗退，才以周斕、吳尚、劉建緒各師及陳光中旅由全州進攻桂林，乘虛進迫柳州。我方趕將由粵退回的部隊，由梧調柳，編三個縱隊：第一縱隊司令官徐啟明，轄徐啟明、龔壽儀兩團；第二縱隊司令官覃連芳，轄蘇來蘇、黃燻、呂穀貽三團及劉肇駿營、砲兵一連、特務兩連；第三縱隊司令官雷颷，轄黃鶴齡、黃鎮國、黃韜三團；以第一師師長伍廷颺為指揮官，率這三個縱隊及桂林警備隊對湘軍作戰。六月十七日軍縱隊先擊潰陳光中旅於柳城。十九日徐雷兩縱隊迎擊劉建緒、周斕兩師於沙塘，覃縱隊回師夾攻，敵軍大敗，向北潰逃，星夜不停。廿四日，覃縱隊克復桂林，徐縱隊追過平樂，湘軍經全州及龍虎關悉退回湘，桂北又告平復。

這時候，梧州無兵防守，門戶洞開，俞作柏受了南京的命令，率領李明瑞、楊騰輝所部，配合廣東方面的部隊，乘隙進佔梧州，上達桂平，企圖進攻南寧。黃紹竑以無兵可調，勢難抵抗，桂柳方面雖一時獲勝，究於全局無補；且李明瑞、楊騰輝所部，都是多年袍澤，不忍同室操戈，自相殘殺；能保持此完整強大力量，以俞作柏的偏私躁進，必難持久，等待時局的演變而善為運用，仍可入我掌握；因決心退出廣西，電催白崇禧速回南寧。白氏在桂柳處理未了的軍事，遲遲不來，黃紹竑連電催促，其中有云：「一走百事俱了，不走百事不了，何必多所留戀。」白返到南寧，黃將省內部隊交呂煥炎、梁朝璣統帥，令與對方進行妥協。此時中央已任命俞作柏為廣西省政府主席，李明瑞為廣西編遣主任，楊騰輝為副主任。

黃氏並留民政廳長粟威辦理交代，以示清白，即與白崇禧乘輪到龍州入越南，黃紹竑即轉赴香港。這是民十八年六月間的事。

廣西集團的勢力，到此已根本傾覆，蔣主席的削藩政策，表面上已收大效，但獎人為亂，釀亂愈甚，不到半年而廣西力量復起。

第十六章　李黃白再起與張桂軍攻粵之役

本章所記，為民國十八年秋冬間事。

胡漢民與汪兆銘這兩位國民黨領袖，當孫中山先生在世時已彼此不相下。傳說：無論公私文件，若寫「胡汪」，則汪生氣；但寫「汪胡」，則胡也生氣。北伐起後，蔣中正漸當權，屢調和兩方而終無成就。汪之與胡，始終參商，絕不能共處，此起則彼落。民十八年胡在朝而汪在野，故汪反對中央，其實並非根本要反蔣。

國民黨人自己相爭，只好借黨統做題目，撐起了「護黨」的旗幟。民十六年十一月張發奎、黃琪翔的廣州事變，即用此題目。民十八年五月廣西反抗南京，也是用此題目。此次汪氏領導張桂聯軍謀取廣州建立中樞，依然用此題目。其實，捨此也更不容易說得出甚麼大道理來。

以上兩點，在文中未詳及，特附記於此。

環境逼促、李黃再起

廣西集團的勢力，自民國十八年六月遭到顛覆後，不到半年之間，李宗仁、黃紹竑、白崇禧等又復起來而與中央對抗。

他們是怎樣再起的呢？

當時的南京中央，自己製造出的敵人太多了。是年九月十七日有第四師師長張發奎在宜昌的反叛；同月有廣西主席俞作柏與編遣主任李明瑞的反叛；十月十日又有西北軍宋哲元、石敬亭等二十七將領的反叛。這些是已公開表露了的，而醞釀待發的尚大有其人。加之「改組派」及「西山會議派」的政客們，因蔣主席操縱了三全大會，都完全被擯於黨政圈外，遂時時伺隙而攻。這幾種人的企圖雖不盡同，而反蔣的目標則一。於是，「改組派」領袖汪兆銘便想利用此點，把他們組成反蔣的聯合陣線。汪氏於民十八年八月由歐洲回居香港，「改組派」即宣言要在廣州謀組中樞，從事活動。李宗仁和黃紹竑正逃亡在港（白崇禧在越南），汪氏首先便來聯絡。政治是只計利害不講感情的，昔日是仇敵，今日是朋友，在局外人看來雖覺難以為情，而在當局者，卻視為勢所必然，不以為怪。這是全國

的客觀形勢鼓勵著他們去行動。

當時廣西的情形是這樣的：俞作柏向來左傾，他之所以服從中央，無非是想取得廣西的地盤，掌握廣西的部隊。自從當上廣西省政府主席之後，其左右都是那些左傾或共黨份子，終日包圍著他，要他有所舉動。汪兆銘對俞作柏，自然也曾加以策動，俞遂樹起反蔣的旗幟，自稱「護黨救國軍」總司令。當初，俞挾天子以令諸侯，尚能控制廣西局面於一時，至此全省的部隊，連在武漢投歸俞氏的李明瑞和楊騰輝等大多數人，見到俞氏二三其德，出爾反爾，都一致反對他。十月二日南京方面將俞作柏、李明瑞免職，改任呂煥炎為廣西省府主席兼編遣主任。俞作柏逃往香港，李明瑞和俞作豫率領少數部隊逃往左江和右江，與共黨黃飛虎、韋拔群聯合，張開赤色旗幟。呂煥炎雖有野心，欲自成局面，但他只能掌握一部，而不能領導全部，因此，他雖受了南京的任命，實際上仍受李、黃、白的指揮。這是當時廣西省內的客觀情勢給李、黃、白以再起機會。

李宗仁他們一批人都是懷抱事業心的，雖然遭了一場很大的挫折，卻正當年富力強，雄心未死。加以身無餘錢，想遠遊息影，事無可能。而海隅的殖民地政府亦對他們壓迫，連避難也不許容身，更逼著要奮起。這是主觀的原因。

國內既吾道不孤，省中又尚可憑藉，海外已不能立足，他們很自然地而且唯一的只有捲土重來了。

雷飆策劃、倒俞作柏

關於廣西內部的變化，雷飆在其中頗有關係。

雷氏為第十五軍第一師參謀長，師長為伍廷颺。當是年六月間黃紹竑和白崇禧離省後，該師尚在桂林，而俞作柏已回到梧州。雷飆欲試探俞氏的態度，電俞謂伍廷颺決意擺脫一切，擬經邕赴越，可否予以方便？俞覆電說：「伍廷颺係中央通緝犯，不可。」雷飆惡其無情，乃趕往鬱林晤第十五軍第三師長呂煥炎，謂俞氏反骨忘本，難與共事，請與伍廷颺合力攻俞。呂煥炎雖已同意，卻被其副師長伍蕃所破壞，伍蕃當時的意見是：「俞作柏倒後，你（指呂氏）仍要戴伍廷颺的帽子，何必多此一舉。」事既不成，雷飆急歸，即與伍廷颺密謀逃離廣西赴香港之策，議定伍廷颺乃將第一師部隊交副師長梁朝璣（梁氏在粵負傷，此時傷癒回隊）統率，由雷飆陪伍廷颺離桂入湘。抵長沙後，雷悄然往訪何鍵的參謀長同學某君，某君吃驚道：「你真大膽！我們和你們剛打完仗，你來何事？」雷飆說明

來意，請其照料赴滬。某君應允。雷說：「還有一人。」某君問：「是誰？」雷以伍廷颺對。某君因伍氏為中央通緝犯，一時大感為難。經雷氏慷慨陳說後，某君終於將伍、雷兩氏當作部中人，送到漢口。再由其駐漢辦事處買船票送滬。船過南京時，雷颺獨自上岸秘訪何鍵，何氏亦驚佩其膽量，並謂：「我前次興師入桂，實係在奉命之下，不得已之舉，望於晤見李、黃、白各位時，請其原諒。」雷旋即赴滬轉到香港。

雷颺在港住到九月，又私自秘密回桂省看看情形。他先到鬱林訪呂煥炎，並向呂氏說道：「俞作柏快要反蔣了，望你秘密趕速聯絡梁朝璣各部，等待倒俞，俞倒，豈不由你繼任？」這回呂又答應了，但向雷說：「俞作柏對你極為注意，倘知道你來我處，必生問題，為了掃除他的疑慮，你能否也去看看俞作柏？」雷當場認為可以去看俞氏，旋即赴昌，抵貴縣，遇李明瑞，李表示俞作柏正念念著他。並即派車送雷到邕。由省府教育廳長雷沛鴻陪同訪俞，俞氏初時詞色間對雷颺尚含敵意，及夜間第二次晤談，一直談到夜半，雷向俞說：「馮、閻現均反蔣，大勢如此，你打算如何？」俞氏此時終於露出心事，表示也要反蔣，並堅留雷氏任其參謀長。雷於是夜雖未表示接受與否，嗣以所望已達，不願久留，乃留函託雷沛鴻廳長致俞氏，謂在港家有要事，來電催歸。即搭船赴梧回港，終於不辭而別。

不久之後，某日汪兆銘告知在香港之李、黃說：「俞作柏即將反蔣，請即派人回桂囑梁朝璣等部隊勿攻俞氏。」當時李宗仁認為雷颺可回廣西一行；但黃紹竑卻認為雷去不得；因此未能決定行止。雷氏在旁則笑而不言。稍後，黃問雷何故發笑？雷說：「快有好戲看了，不必再派人回去。」至此，雷颺始將他秘密潛歸私訪呂、俞的情形詳告黃紹竑。果然，不久後俞作柏公開反蔣，而呂煥炎等即起而倒俞。

團結舊部、重握桂權

俞作柏和張發奎有過一段因緣：民十六年十一月的廣州事變，黃琪翔捕黃紹竑不獲，張氏回廣州任軍事委員會主席，曾以鉅款令俞作柏回桂倒黃紹竑。後因十二月共黨又在廣州暴動，張氏和黃琪翔敗走，俞作柏也不能回桂。有此舊關係，聯絡自易。此次汪兆銘因俞反蔣，即令張發奎率軍由鄂經湘入桂與俞會合，共同行動，汪氏卻不知呂煥炎等已決定在桂倒俞。張發奎部已師行在途，到桂省時大有與呂煥炎等衝突的可能。幸虧這時梁朝璣等已派人來港迎李、黃、白三位回桂，並表示願與張發奎合作，

李宗仁乃推黃紹竑先歸，汪兆銘亦催黃氏速行。

　　黃紹竑此時雖已決心離港回桂，但尚未商定何日動身。一日，香港警政司傳黃去見，說是有人控告他在港做政治活動，礙及治安。黃派代表答辯，不得要領而回。過了幾天，警政司又給黃一件公文，限其三日內離境。黃氏暗忖：「英人既不准我住港，自然也不許到其他英屬地方了，上海是不敢去的，安南或別處自己又不願去，最合理的，還是回廣西去開闢自己的自由天地吧。」於是黃氏乃趁法國的「網球四騎士」在港表演之際，特地去參觀，又故意使敵方許多熟人看見他，看完後回家，立即化裝，同他的妹夫吳柱文在大雨中上了法國郵船向廣州灣去，臨行時囑咐他的太太在三日後再行通知汪兆銘與李宗仁兩位。他抵廣州灣後，再換乘汽車取道廉江、陸川、鬱林而回到他的家鄉容縣，計共費時兩天，在途中他扮作汽車司機，平安無事。

　　黃氏住在容縣自己家中，絕不與人來往，但不久，容縣縣長封鎮南即已知道，到來求見，並介紹其姪駐容縣的旅長封克魯來見，封旅長表示絕對聽黃命令。黃氏遂發電到南寧，要呂煥炎、楊騰輝、梁朝璣、黃權、梁重熙、呂競存、張任民、蒙志、楊義、黃鶴齡、黃韜等到賓陽和他見面。第三天（十一月八日），黃氏即乘汽車到賓陽。被邀的人全數到齊，未邀的也來了不少。黃氏離省不過數月，大家相見之下，都覺得非常難過，有的甚至感動到流下淚來。他將來意說明，希望廣西袍澤團結一致，與張發奎部合作，同下廣東。大家一致贊成，無稍異議。他當時即令各師秘密向平樂、梧州前進，與張部合攻在平樂一帶的粵軍。那時黃氏還沒有任何名義，但他的命令已發生效力。因尚在秘密行動期間，他部署後，又回容縣鄉下省母。只住了兩天，即往南寧，遵照汪兆銘領導的「地下中央」第二屆中央執監委員會議命令，組織「護黨救國軍」第八路總司令部，推由李宗仁任總司令兼中央命令傳達所長，他自己任副總司令兼廣西省政府主席，白崇禧任前敵總指揮，重新彈起五年前的老調！為與汪氏及張發奎部聯絡方便起見，特以陳樹人的胞姪陳翰譽為參謀長。李宗仁此時則取道越南偕同白崇禧回到南寧。李氏當時也是被港府限令離境的。當黃紹竑在賓陽召集會議時，粵方即已獲知消息，趕忙將部隊連夜由平樂撤退，我軍迫近梧州，粵軍也放棄梧州，於是廣西全境，又歸到李、黃、白集團的掌握。

張部入桂、石橋晤黃

　　張發奎自率部駐湖北宜昌，與在香港的汪兆銘氏自然是有聯絡的。

蔣總司令下令將張氏所統率的第四師調往隴海路，並限九月二十日到達浦口。張氏料蔣必在漢口或浦口將其所部繳械，遂將部隊集中枝江，於九月十七日電蔣主張三項：

一、取消違法亂紀之三全大會；

二、根本剷除惡化腐化勢力，繼續反帝反共；

三、敦請革命元勳回國，主持大計。

張氏既揭櫫護黨，反對南京。即拔隊經湘西向桂境。途中在石門、麻布袱、江口市、瓦屋塘各處，曾受湘軍阻擊。十月卅一日到廣西龍勝縣，呂煥炎的代表劉劍奇和楊騰輝的代表余某即來聯絡。十一月二日到義寧，在香港的李宗仁、黃紹竑會派代表周炳達及陳某到畹田見張氏，報告各方消息及聯絡進行辦法。三日張氏派吳逸志赴桂柳與桂方當局接洽。因當時敵軍香翰屏部有向平樂、荔浦移動模樣，張令部隊向靈川、興安、恭城前進，側擊該敵。經潭下、靈川、興安、榜上、柘田、羅家墟十二日到黃牛寨。十三日休息；桂林方面由梁重熙轉來黃紹竑真（十一日）電，謂已遵二屆中央執監會議命令，就「護黨救國軍」第八路總指揮職，相與一致討蔣靖粵。張部經車田洞十五日到恭城縣，又接柳州楊師長電話，知敵軍已由荔浦退蒙山，於是決定兼程入粵。十六日到二塘，黃紹竑派楊騰輝代表帶來無線電通訊隊一隊。十七日到同安，張氏就任「護黨救國軍」第三路總司令職。廿一日張部到賀縣，獨立第五師師長黃權派代表黃某來聯絡。廿三日張部到沙頭，接黃紹竑函約張氏到石橋會商。這是張部入桂經過的情形。

黃紹竑與張發奎廿四日到石橋會晤，討論兩軍聯合對粵作戰事宜。黃氏以廣西局面轉變，未到一月，諸事都要重新部署，待張部在廣西境內稍為休息整頓，再會師東下。但張以為應乘其不備，一舉東下，即可佔領廣州，否則對方準備完畢，必難獲勝。其實廣州方面，早就準備了強固的工事，而張部師行四省，直下廣州，已犯勞師襲遠之戒。且自信過甚，認為對方不堪一擊，同時暗示即使廣西軍隊不能協助，亦可單獨獲勝，此又蹈了驕兵之忌。廣東方面，此時不但集中了粵軍力量，且調了許多北方部隊到來，所謂乘其不備，正與事實相反。但張氏決心甚堅，大有「滅此朝食」之概。黃雖不贊同張的意見，也沒法阻止他，同時又不能袖手旁觀，聽其自敗，結果只好一致行動了。

兩路並進、東下清遠

石橋四小時的會商，決定的重要事項為：（一）李宗仁以傳達所長名

義，統一指揮第三、第八兩路部隊作戰。（二）第三路經懷集、廣寧到清遠；第八路經德慶、肇慶、四會到清遠；定十二月六日兩路在清遠會合。

兩路的兵力，第三路為鄧龍光的第十旅、黃鎮球的第十一旅、吳奇偉的第十二旅及增編陳芝馨的教導旅，共約二萬一千人。第八路為呂煥炎的第一縱隊及楊騰輝的第二縱隊；第一縱隊為許宗武（五團、鎗四千）、梁朝璣（兩團，鎗三千）楊義等三師及封克魯旅（一團，鎗一千）；第二縱隊為梁重熙（四團，鎗三千五百）、黃權（四團，鎗三千五百）、蒙志（兩團，鎗三千）等三師；除呂煥炎率楊義一師留守廣西外，第八路出征兵力與第三路約略相等。

兩路部隊推進行程，表列如左：

日期	十一月							十二月					
	廿四日	廿五日	廿六日	廿七日	廿八日	廿九日	三十日	一日	二日	三日	四日	五日	六日
第三路到達	岡寨	長安	梁村	懷集	坳仔	東鄉	石澗	四會下黃岡	鐵坑	清遠屬太平	清遠	高田	上岳
八路一縱到	集中都城		集中德慶			水南	石狗	下茅墟	逕口墟	上下飛水			清遠
八路二縱到			都城		德慶		祿步	肇慶	廣利	黃岡墟附近	鹿和墟附近		清遠

因第三路一天也不肯休息，故第八路也趕著出動。沿途每日雖受敵人飛機的騷擾，而兩路都能如期到達。在行進中，張總司令與黃副總司令十二月三日曾在逕口會晤一次。

石角大捷、兩龍慘敗

李宗仁所長十二月六日在清遠下總攻擊令。七日晚，第三路由橫石、第八路第一縱隊也由橫石、第二縱隊由清遠洲心墟渡過北江，當面敵人都已退走，全無妨礙。

第三路渡河後向花縣前進。八日，將到花縣，即行展開，吳、陳兩旅在右，攻花縣、兩龍墟，鄧黃兩旅在左，攻新田、石角。

左翼敵人為中央軍朱紹良、毛炳文、陳繼承三師。九日，鄧旅擊破敵前進部隊於新田，追至石角，敵據吉逕高山頑抗。十日，鄧旅得右翼陳旅協力，將石角至象山間敵人完全擊破，潰不成軍，鄧黃兩旅即合力追擊，

下午一時先頭已佔領人和墟，倘乘勝窮追，廣州將為之動搖，惜因右翼兩龍墟吃緊，鄧黃兩旅追至李溪，即被調回赴援。

右翼吳旅，八日晚驅逐蓮湖中央軍譚道源部，即佔領花縣，九日進攻象山。陳旅乘象山敵人對東面警戒稍疏，九日下午三時突襲一鼓而佔領之，隨即前進；吳旅即追敵到兩龍墟。十日拂曉，陳旅才聯絡到左翼鄧旅，協力大破象山以東至石角間的中央軍。但兩龍墟方面，蔣光鼐率七團之眾，憑藉堅固工事頑抗，十日午後，陳濟棠更派蔡廷鍇部三團及張之英團增加，故吳旅支撐極苦。十一日，戰事完全集中在兩龍墟，陳黃兩旅先來參加，午間，黃旅長受傷，官兵傷亡甚大，鄧旅再增加上去。十二日，敵人陸空協同對我猛擊，團長李漢炯、歐震受傷，黃世途、孟敏失踪，有全營官長悉數傷亡的，前線指揮無人，全線損失慘重，劇戰四晝夜，兵力早已用完，第八路又全無消息，不得已而於晚上下令撤退，但各部多已無法接到命令，只照來路自行向後。

張發奎總司令於十三日接白崇禧總指揮函云「接兄文電，敝軍佔領蘆苞後，決定元晨分由蘆苞白泥渡河，向炭步新街前進。但主力渡河尚未完畢，迭見貴部軍官由花縣方面到軍田，謂貴部已向原路退回，故德（指李志仁）季（指黃紹竑）兩公及諸將領決心將軍隊暫撤回北江右岸，以便與兄會商後再定計劃。敝路正面攻堅三次，毫無效果，為愧。已令蒙師開往銀盞坳掩護貴軍。」等語。旋又接到黃紹竑副總司令的通報和蒙師的報告。十四日晚，部隊大部份退集琶江，正想集結整理，被敵用汽車輸送一師人到來截擊，損失奇重，奪橋西渡。陳旅奔到橫石過江。吳旅續到而橋已斷，再北奔，遇莫雄，乃引導到連江口渡過，經陽山入桂邊到鍾山歸隊。其餘各部，都隨張總司令到懷集收容整理後，再退到平樂。

這是第三路軍作戰經過的概略。

軍田無功、撤兵回桂

再述第八路方面的情形。

第八路七日夜間渡過北江東岸後，八日驅逐國泰、白泥、銀盞坳敵人。九日夜襲軍田、赤泥。因軍田敵佔地利，工事又堅，且有空軍相助，連日三次進攻，毫無進展。曠日持久，殊為可慮，乃放棄正面，十一日夜間，移轉主力往攻炭步，想從側翼把敵陣突破，不料，敵乘機抽調正面的重兵增援兩龍墟，擊敗我第三路。

我方十一夜正移兵向炭步時，忽報側翼大塘有敵活動，乃決定由黃副總司令率已開動的梁朝璣師先肅清大塘、蘆苞，其餘依舊不動。十二日午後三時，梁師長探悉敵主力仍集蘆苞，遂以一部將大塘之敵消滅後，即在大塘架橋，而自率主力連夜接近蘆苞，本來準備十三日拂曉進攻，但是夜敵軍見我大隊驟至，倉皇應戰，晚八時即向三水潰逃，我追擊到大宜岡、九十九岡，並即架橋與蔣岸、馬房的封旅聯絡。至十三日午間得第三路失利消息，奉李所長退兵命令，即以梁師掩護主力運動，及趕速完成軍橋。

黃副總司令十三日在國泰下令各部撤回北江西岸，總司令部即由蘆苞渡河。十四日各部渡完，十五日都已到達指定地點。第三路軍完全失了聯絡，直到十六日午後，派往該路的聯絡參謀繞道三坑趨廣寧報告，才知道第三路已分退懷集、連陽，黃副總司令乃決定全部撤回邊境整理，下午一時在黃岡下令各部向平樂、荔浦轉進，以許宗武師任後衛。十二月廿五日回到八步。

這是是年攻粵第二次的失敗。

關於失敗的原因，《四軍紀實》評論說：「此次之敗，在於輕敵。左翼追擊到人和墟後，不直下廣州，處置失當。兩軍連絡不確實。友軍不十分拼命攻擊前進。且敵有空軍參加作戰，以致功敗垂成。」黃紹竑在其《五十回憶》中檢討說：「首為步調不一致。次為廣西部隊頻經變動，戰鬥力已減。對方有空軍參加作戰，予我軍以極大的威脅。」兩方說的都是老實話。

然而他們並不因此失敗而氣餒，記取教訓，痛自反省，盡去驕矜，開誠相見，團結更固，力加整頓，力量反比前強了許多。

第十七章　李宗仁出任反蔣第一方面軍

本章所述為民國十九年春夏間事。

那時廣西處在內亂外敵交織煎迫的險境中，張（發奎）桂兩軍以敗亡殘餘，卻能精誠團結，力戰四面，挽回危局，可說是最精彩的演出！

不料正當此時，閻馮在北方發動了大規模的反蔣，李宗仁被任為第一方面軍總司令，終於決計放棄廣西根據地，傾師入湘，會師中原，無異破釜沉舟，決心十分堅定。是役也，假使後隊早發，能夠追上前方，則入湘之師雖失衡陽，亦必不再返顧，而以全力直趨武漢，與閻馮的北方戰場相呼應，使中央軍首尾不能相顧，勝負之數，尚未可知。

惟不料一著之失，滿盤皆輸矣！

平樂整編、士氣復揚

李宗仁、黃紹竑、白崇禧等，於民十八年冬剛再翻身起來，卻又遭著圖粵失敗的挫折。當時的廣西，外有尾追而來的中央軍從賀江犯八步，又有粵軍從西江犯梧州，而湘軍也乘機入侵全縣；內有呂煥炎在邕貴潯鬱的變叛，更有共產黨在左右兩江的猖獗；情勢險惡，可謂已達極點。他們趕緊把潰歸的部隊，集中在平樂附近來整理。至民十九年一月五日撤銷了第三、第八兩路軍的名義，把張發奎部改為第四軍，桂軍改為第七和第十五兩軍，改編詳況如左：

第四軍軍長張發奎。

第四師師長李漢魂。

第十二師師長鄧龍光。

第七軍軍長楊騰輝。

第五師師長楊騰輝兼，副師長雷颷。

第八師師長梁重熙，副師長謝東山。

第十五軍軍長黃紹竑兼。

第一師師長梁朝璣，副師長黃鶴齡。

第三師師長許宗武，副師長黃韜。

教導師師長缺由副師長梁瀚嵩代。

警衛團團長黃瑞華。

張桂兩軍同在患難之中，彼此都謙抑反省，更加團結，整編完成，精神復振。在四面楚歌之下，決定由黃紹竑副總司令率第十五軍（除教導師及警衛團）及第四軍先行迅速解決廣西省內反叛的呂煥炎部，而以教導師守荔浦。於是各部悉由平樂移駐荔浦以西。

呂煥炎部、負嵎鬱林

呂煥炎因倒俞作柏，得到中央方面委掌廣西軍政全權，他正在得意之際，不料桂省多數將領皆主張歡迎李、黃、白等老長官回來。呂氏心裏固然不喜，但表面上卻不敢觸違眾議。嗣經粵方向呂氏加以煽誘，他遂乘張桂兩路大軍由粵敗歸時而公開反叛了。

黃紹竑副總司令既負責聲討呂煥炎、是年一月九日黃氏即由荔浦赴柳州，探悉呂部伍朝棟團已在賓陽對柳州警戒；孫烈團在貴縣，呂穀貽團在桂平，亦與駐屯藤縣和梧州的粵軍連成一氣；蔣武、張壽兩團則負責策應各方。呂部雖作如此部署，但呂的部屬卻多傾向我方。及聞黃紹竑已到柳州，呂氏所部之楊俊昌、覃興兩營長即由南寧密使商掄元來陳款曲。黃氏即將此次回師平亂的意旨面告商掄元，囑其歸報楊、覃兩營長準備發動。十二日電令十五軍於十三日由修仁出發，經羅秀、廟王，武宣到桐嶺集中；第四軍隨後跟進。他自己也由柳州趕往指揮。十六日在武宣二塘下令：許宗武師經桐嶺、桂貴石龍，蒙墟限十九日進佔桂平；梁朝璣經桐嶺、東挽、龍山限十九日進佔貴縣；在邑的楊俊昌、覃興兩營，須於十八日將呂部之蔣武、張壽兩團設法繳械。黃紹竑亦於十八日到桂貴石龍。

楊、覃兩營遵照黃氏命令，依期發動。楊俊昌被推任指揮，十七日夜間部署完妥，十八日天未明即開動，先對南寧城內的蔣團，次對軍校張團，以迅雷不及掩耳之勢，加以繳械，並未流血即告完全解決，收復南寧。黃紹竑即將所獲槍炮及歸附官兵編為三個獨立團，以楊俊昌、覃興、岑建英分任團長。

十九日許宗武師到達桂平，呂煥炎部已聞風先逃，梁朝璣師晨間包圍貴縣，呂煥炎督隊略作抵抗即渡江先遁，其所部紛紛來歸，另一團長孫烈僅率數十人逃去，呂煥炎奔往鬱林據城死守。在賓陽之伍朝棟團移到黎塘後也請求收編。

至此，黃紹竑以一部圍鬱林城，以主力進攻藤縣，向梧州的粵軍壓

迫。張發奎軍長則率第四軍由貴縣經鬱林、陸川進略南路。

朱紹良部、先被擊潰

朱紹良所率中央軍第六路毛炳文、譚道源、張輝瓚各師進入平樂，因軍紀不良，深為當地人民所痛恨。李宗仁總司令在賓陽，令教導師向平樂移動，白總指揮率第七軍及在賓陽來歸的伍朝棟、韋恒心兩團進向荔浦，準備迎擊中央軍。

梁瀚嵩所統率的教導師於一月廿九日由荔浦進到栗木，擊退敵警戒隊；次日到龍窩，又擊敗敵一團，再進到平樂對岸，卻被六團之眾的敵人反攻而敗歸荔浦。白氏為了要誘出平樂敵軍悉數渡過灕江西岸，乃令教導師再往佯攻。二月一日梁瀚嵩再揮兵前進，在機幹橋擊退敵方的一股小部隊；二日中央軍毛炳文師來攻，譚道源師又由左翼迂迴，梁以任務完成，且戰且退，轉回荔浦。

白崇禧總指揮於二月三日到達荔浦，知中央軍毛、譚、張三師分佈栗木、馬嶺、陽朔一帶，圖犯荔浦桂林。四日下攻擊令，以楊騰輝軍長率第七軍（缺一團）為左翼隊，攻馬嶺；梁瀚嵩代師長率所部及伍、韋兩團為右翼隊，攻栗木；黃瑞華團攻擾陽朔，圖將大部敵人吸引於該方面；又電唐生明部由恭城進擾平樂敵後：白氏則親率第八師第一團為總預備隊。二月五日左右翼隊一齊進攻，都獲勝利。六日向龍窩、胡塘、平樂追擊，中央軍大部潰集龍窩，我各部合力猛擊一晝夜，殲其大半。七日晨，殘敵已悉數退過灕江東岸，向八步退走，我軍分由平樂、大扒、長灘渡江追擊，楊騰輝部在英家團繳一團敵械。十日追擊各部隊在八步會合，中央軍已敗退至信都、開建。十二日白氏率第七軍回柳州，那時粵軍犯北流，情勢甚急，於是又將教導師調防桂平。

全縣方面的湘軍，知中央軍敗逃，遂不敢再有所舉動。

兵分力薄、北流受挫

我軍在平樂雖擊敗了中央軍，但在北流卻為粵軍所擊敗。

粵軍入據梧州後，因呂煥炎稱叛，西面已無顧慮，本來準備溯灕江襲荔浦，與中央軍由八步向平樂，合擊我軍的。後因呂煥炎敗困鬱林，第四軍進攻南路，乃變計西進，以解鬱林之圍，並襲第四軍之後，遂分兵兩路而進：余漢謀、李揚敬兩師由梧州的戎墟沿容蒼公路前進；蔣光鼐、蔡廷鍇

兩師經藤縣、平南的武林沿武博公路前進。兩路都是經容縣、北流向鬱林。

黃紹竑在貴縣於二月六日獲得粵軍紛集的情報，急電張發奎軍長由南路回師北流，又令許宗武師長趕速完成坑道攻破鬱林城，又令梁朝璣師的周團由容縣前進岑溪擔任我軍集中的掩護任務。粵軍已逐步向我方前進，計程二月十三日即可在北流與我接觸，而張發奎軍的李漢魂師在高州，鄧龍光師在廉江，要十四日才能到達北流。依此情況，白崇禧和張發奎都主張放棄鬱林，退守潯貴，俟全軍集結，再行反攻。但黃紹竑以為如此則張發奎軍將受困於南路，有被敵各個擊破之虞，故決定在北流城至民樂之線，佔領陣地防守，以等待張部回到。十日黃氏接到平樂大捷的消息，急電白崇禧以一部追擊，順道攻梧州，迅率主力來北流助戰，但在時間上實難辦到。十二日粵軍余漢謀、李揚敬兩師的先頭部隊已到岑溪的南渡墟，黃紹竑乃令第十五軍佔領陣地，以一團人守北流城，許宗武師及教導師的一團守暗螺嶺至楓竹洞，梁朝璣師守楓竹洞以北至蓮塘北方高地，並派一部佔領民樂墟。十四日佈防完成，但因材料缺乏，防禦十分薄弱。當日午後敵機三架飛來轟炸，四時余、李兩路來攻，守暗螺嶺的一團人首先不支而退回本陣地。粵方蔣光鼐、蔡廷鍇所部先頭之部隊，是日已到達距北流城卅里的西山。我方張發奎軍全部當夜也回到楓木林附近。十五日第四、十五兩軍一齊出擊，終因敵機投彈及強大增援，不能進展。夜間得何次三團由買酒山調到，十六日晨全線再行攻擊，劇戰至午後一時，傷亡慘重，頹勢難支，黃紹竑乃於午後二時下令退卻。十八日第四軍退到瓦塘、大嶺，十五軍退到貴縣，據邕江北岸而守，鬱林圍城部隊同時撤回。此役死官佐三百餘人，傷團長二人，營連排長四十餘人，士兵六百餘人。大敗。

貨暢其流、餉源有著

北流戰後，白崇禧總指揮率第七軍回駐遷江、賓陽；梁瀚嵩師守桂平；許宗武師守貴縣；第四軍守橫縣。中央軍朱紹良所部由梧藤北調，粵軍單獨無力侵擾，但以廣西最富饒的梧鬱地區，既入其手，於是只用經濟封鎖以枯竭我方餉源，使我坐困。我方為打破經濟封鎖，遂乘休戰的機會，由黃紹竑副總司令負責肅清左右兩江的共黨，恢復滇黔的交通，使特貨（當時稱鴉片為特貨，禁菸稅收為重要餉源）如常進入；又以第四軍略取欽廉，使特貨得以銷路暢通，鹽稅也有著落。

此際第四軍因北流戰役損失甚大，縮編為第卅四、卅五、卅六團，以吳奇偉、薛岳、韓漢英分任團長，鄧龍光為參謀長。三月初，由副師長李

漢魂率領三團之眾自橫縣渡江出靈山，三月七日佔領北海，欽廉敵軍退往化縣，欽廉既定，派楊德昭為財政處長，餉源遂有辦法。

黃紹竑既負起剿共的任務，以梁朝璣師擔任左江，而自任右江。

左江為俞作豫所據，在龍州組織蘇維埃後，派何家榮圍攻靖西，被天保和鎮邊的團隊擊敗而逃往化峒。梁師長率第一團於三月二十日攻龍州，俞作豫敗走憑祥；廿一日追到，俞遂逃入越南境。化峒何家榮一股，被黃副師長鶴齡由果化、向都兜剿消滅，左江遂告肅清。

右江李明瑞、張雲逸一股，曾進擾及距邕不遠的隆安，總司令部先於二月二日已派司令李奇率楊俊昌、覃興、蒙志仁三團往剿，六日將其擊潰北逃，乘勝直追，十四日遂收復百色。但因到處是匪，維持後方交通的覃興一團，在林鳳、平馬迭被匪眾襲敗，李奇司令派楊俊昌團回救，將匪擊散後，交通始得維持。楊俊昌旋又率隊追李明瑞、張雲逸，廿七日在邑馬截及攻擊，而東蘭土共韋拔群適時率隊來援，劇戰至廿八日，楊俊昌團得李潤中部來助，擊斃其二百餘人，韋拔群殘部始潰回東蘭。黃紹竑本人於三月十一日由邕出發，十六日到平馬，乃將匪多的九縣分作四區，派定部隊負責剿辦，終告肅清。李明瑞、張雲逸在右江既難活動，四月初會合韋拔群股由東蘭竄往河池，十一日在懷遠為韓彩鳳、黃遠鎮兩部截擊，再追至思恩，復殲滅其大半，李明瑞逃宜北，韋拔群、張雲逸逃南丹，後即四散。廣西赴黔省之路又得暢通，於是右江商貨，雲集南寧。但不久，因出兵湖南，我軍放棄右江，李明瑞、張雲逸仍復竄回，遂致前功盡棄。

太原會議、統一反蔣

此時張桂兩軍正困處在半壁的廣西，而北方大規模的反蔣戰事在五月中爆發了。又帶來了「新希望」！

北方情形的演變是：蔣主席在上年（民十八）十一、二月，接連敉平了西北軍、石友三、唐生智的變叛，北方似無事了。但在西北軍兩次的變叛中，中央為籠絡閻錫山，曾給閻氏的親信趙戴文以監察院長和楊兆泰以內政部長的職位，但閻氏慮到唇亡齒寒，始終違反中央之命不放馮玉祥出洋。到了民十九年二月十日閻氏竟發電蔣脅迫要共同下野。廿八日閻錫山由建安村迎馮玉祥入太原舉行重要幹部會議，並邀李宗仁的代表麥煥章、潘宜之、黃建平等參加，一致決定：「團結可能團結的力量，在北平成立中央，與南京對立」；並規定了政治軍事進行步驟，會後，馮玉祥即於三月十日由太原秘密回到潼關，派戈定遠攜函赴香港致汪兆銘，將太原會議

意見轉達，請其早日命駕北上，共商大計，尤望盡先派人前來部署一切。馮氏同時函致西山會議派的鄒魯，盼其一致合作倒蔣。三月十五日，西北軍將領鹿鍾麟等五十七人通電擁戴閻錫山為中華民國陸海空軍總司令、馮玉祥、李宗仁、張學良為副總司令。閻、馮、李均於四月一日分別通電就職，惟張學良無所表示。同時，閻氏以李宗仁為第一方面軍總司令，由桂攻湘鄂；馮玉祥為第二方面軍總司令，向河南進攻；閻氏自兼第三方面軍總司令，指揮河北軍事；石友三為第四方面軍總司令，由河南攻山東。

於是，南京方面也以韓復榘為第一軍團總指揮，由豫退魯，防守魯西；劉峙為第二軍團總指揮，防守徐州、碭山一帶；何成濬為第三軍團總指揮，防守許昌；陳調元為預備軍團總指揮，擔任黃河南岸軍事行動；何應欽為武漢行營主任，主持湘鄂防務，專對由廣西而來的攻擊。除東北與內蒙外，此時全國都進入了戰時狀態。範圍之廣，規模之大，非革命軍北伐戰役所能比擬。雙方埋頭準備，緊張了數旬，北方的大戰，遂由山西軍渡河進攻濟南而揭幕。

傾師入湘、直抵岳州

北方戰事既發動，李宗仁、白崇禧、張發奎即在南寧會議，決定作戰方略，因兵太少，為了要會師中原，只好放棄廣西根據地，傾全力以進攻湖南，直取武漢。後方只由幾個司令（南寧衛戍司令韋雲淞、柳慶警備司令韓彩鳳、都武游擊司令陸福祥、百色游擊司令岑建英、隆安游擊司令王曉東、欽廉各屬司令林俊廷）指揮些地方團隊去維持。好在我軍於是年五月廿二日陸續放棄桂平、貴縣後，粵軍雖即乘機來佔，一度進至黎塘，但因陳濟棠以為我軍又欲圖粵，突然盡將進入桂省的粵軍急急調回北江佈防，只剩下呂煥炎部在梧潯鬱一帶，如此一來，使我後方反少顧慮。

我軍向湖南進攻，係分為兩批出發，因黃紹竑副總司令尚在右江剿共，留他率領後一批，而由李宗仁總司令、白崇禧總指揮、張發奎軍長率領第四、七、十五軍先動。李宗仁將這三軍分為兩路向零陵：張發奎率第四軍及第十五軍之梁朝璣師由桂林出全縣；白崇禧率第七軍及第十五軍之許宗武師由平樂出龍虎關；兩路到達零陵，同向衡陽推進。五月廿七日，湘軍唐生明率部前來參加，編為第八軍。湘省劉建緒師遂不敢抵抗而節節退卻。江西魯滌平部由贛入湘來援何鍵，魯部甫到湘邊，我軍已不戰而得衡陽。於是我第四軍向醴陵，十五軍向淥口、株州，第七軍向衡山、湘潭前進。六月一日，中央軍朱紹良部開抵漢口，兼程援湘；二日，夏斗寅、

錢大鈞兩部趕過長沙來救湘潭，而湘潭卻先一步為我軍佔領，雙方遂展開劇戰。十五軍梁朝璣與許宗武兩師，果敢機敏，於三日夜偷渡淥水，一鼓而擊潰淥口和株州之敵。湘潭敵人聞變，即倉皇退卻，我軍乘勝追擊，五日進入長沙，朱紹良、夏斗寅、錢大鈞各部皆北逃，何鍵則率部退往湘西。第四軍在醴陵與敵戰兩晝夜，卒將其擊潰。八日，白總指揮佔領岳陽，前鋒已指向鄂境，第四軍佔平江，武漢三鎮已在指顧間。

李宗仁總司令委李品仙為湖南綏靖督辦，李氏由粵趕到長沙就職，即收編劉建緒各部湘軍，使守衡陽，以一部駐長沙。不料粵軍來襲衡陽時，守衡陽之湘軍突又變叛附敵，六月十日衡陽叛軍竟歡迎粵軍蔣光鼐師入城。

衡陽路斷、五塘敗績

黃紹竑副總司令依照南寧會議的決定，放棄右江，回到南寧，前鋒部隊已陸續進入湘境。他為部署後方防務及運輸大批軍用品，很遲才能率領梁瀚嵩的第一教導師和筆者所統率的第二教導師（我那時因在香港療傷數月，於是年四月初回省，新任此職）最後出發，已趕不上前隊。我這一師人是於五月廿九日才由修仁出發，經龍虎關到零陵的。抵達零陵時，衡陽已被粵軍所佔，將我軍前後方隔斷。黃紹竑以兵力單薄，一時不能將衡陽奪回，即用電報與前方商量，主張回師擊敗衡陽粵軍，再行北進。李宗仁接電後，正在考慮回擊衡陽抑直進武漢躊躇未決的時候，突得汪兆銘由香港來電謂：「據戈定遠面告，馮玉祥要進軍武漢，請李、張兩軍不要北上，仍回兩廣。」因此，已不容再有選擇的餘地。第四軍將領也主張回師合擊蔣光鼐、蔡廷鍇兩師，直取廣州，以作根據。於是決定回師。六月中旬，各部陸續由岳陽各地撤退向耒陽集中。李品仙十五日退出長沙，劉建緒部復叛，李氏座車被襲傷及頸部，險被俘虜，何鍵此時仍率部回據長沙。

黃紹竑知前方各軍已齊向耒陽而來，即率部向常寧前進會合。到常寧時，粵軍已佔領常寧、耒陽間的秧田墟，阻斷了去路，遂即展開戰鬥，我軍稍挫，停頓於常寧附近，適前方各軍已回到耒陽，而粵軍也就退回衡陽。

李宗仁總司令在耒陽召集各將領會議，黃紹竑副總司令親往參加，大家都以衡陽工事堅固，不易攻取；又值湖南饑荒，軍食很成問題。遂決定由常寧以北地區渡過湘江西岸，據守祁陽、寶慶、零陵各處休息整理，度

過荒年，再求進展。而衡陽粵軍見我撤退，遂向洪橋出擊。李宗仁又在洪橋召集各將領會議，共認乘勢反攻，奪回衡陽，比較消極的撤退為有利。即下令於七月一日大舉向敵反攻，白崇禧指揮由前方退回各軍擔任左翼，黃紹竑指揮兩教導師任右翼。在洪橋北方的五塘，雙方展開大戰。第一日各部隊逐步推進，情況頗為順利。可是到了次日清晨，左翼的形勢變了。許宗武師接觸不久，即告崩潰。其餘各部，也因撤退以來，士氣沮喪，長途行軍，疲勞過甚，加以在敵機狂炸之下，大受威脅，而械彈接濟更不如敵人遠甚，何況粵方又是生力軍。幾經浴血衝鋒，損失異常重大。雖擊斃敵方勇將張世德，而我第七軍師長梁重熙和第四軍團長李漢炯也都陣亡，敵方乘勢反攻，遂致慘敗。敵人地上部隊雖不尾追，而空中飛機騷擾不絕。李、白、張幾位一路經東安倉皇退回全縣去了。

全縣聚首、會師願空

右翼方面，戰況一直無甚變化。但從七月二日的上午八、九時起，便已聽不到左翼的鎗炮聲。黃紹竑很覺詫異，不知是勝利的前進呢？抑或是失敗的退卻？一直到了下午四時以後，他派出去的聯絡員回來報告，才知道左翼已於今早被敵人反攻，已經敗退。這次所以得不到左翼退卻的通知，到後來才知道是因為送信的人，在中途遇一軍官向他打聽黃副總司令的所在，那個軍官答覆不知道，並且說：「想早已退卻了。」以致貽誤軍機。那時左翼的敵人已超過我們後方大半日的行程；右邊的湘江正漲著大水；又報：追擊我們的湘軍劉建緒部，已到達常寧的白水市，向零陵急行；情況危險萬分。黃紹竑乃火急下令向祁陽撤退。在一日夜之間，走了一百八十多里路，次日黃昏時候，到達祁陽城。而敵人也過了熊飛嶺，離祁陽不過廿多里的地方，與我們的後衛對峙著。祁陽自然又不能再留。趕緊吃了一頓晚飯，當夜渡過湘江南岸，向零陵退卻。次日午後三時，黃紹竑到達零陵城，得悉由白水市追擊而來的敵軍，離城也不過三四十里。而城裏到處都擠滿了由前方潰退下來的部隊，他們在這麼炎熱的暑天，經過四日四夜的作戰和敗走，好像一群失了知覺神智昏迷的醉漢，無論怎樣命令、督促他們退過瀟水對岸去佈防，都辦不到。零陵是個背水的城，假使敵人在黃昏後或次日拂曉時到達，這些部隊的官兵，一個個都要變成俘虜。黃紹竑急極了，不得已把他百多個衛士，分佈在各個城門緊緊把守著，令衛隊長堅守到翌早九時，城裏的部隊退過對岸，才能撤退。當晚他也過河宿營，同行的只有張定璠、戴石浮幾個人。次日他回到全縣，李、

白、張三位已先一日回到，大家在湘山寺晤敘，真是感慨萬千！因敵軍繼續追來，部隊直撤到桂林才能補充整頓。

　　第一方面軍的任務，未能達到，會師中原，已如泡影。而此時雲南的龍雲已派遣大軍攻桂，已圍南寧城；粵軍又再度侵入廣西，與滇軍聯絡夾擊。這是中央方面謀根本消滅張桂兩軍的部署，使我們又陷入了一個新的險境。

第十八章　擴大會議瓦解後之李白困境

　　李宗仁幾位自十八年冬重掌桂權以來，依然運舛時乖，迭遭入粵入湘的挫敗；與閻馮汪在北方的聯合陣線，雖一時聲勢頗大，亦終歸破滅，逼著困守破碎的廣西，一籌莫展，孤危已極。直至民十九年十月，敗走滇軍，收復南寧，才又站穩腳跟，獲得轉機。

　　白崇禧由柳洲率兵赴南寧解圍之役，在優勢敵人四面包圍之下，能以劣勢的部隊，從一個空隙中衝過去，偷渡武鳴、南寧間的險峻大山，無異鄧艾入蜀的渡陰平，因得完成裏應外合的形勢，將重圍打開，並將敵人擊敗。黃紹竑稱道為「真是戰史上一個奇蹟！確是白健生指揮成功一個傑作。」

　　關於南寧解圍戰役的詳情，我曾寫過〈南寧第二次圍城戰親歷記〉可以參看，與本文所敘，詳略互有不同。

　　自此役後，廣西與中央之間，政治的對立雖一時未能盡除，卻不復以兵戎相見了。

破局苦撐持、待北方發展

　　民十九年七月，桂張兩軍由湘敗退回桂時環境的險惡，更甚於是年初由粵敗歸時。最顯著的有五點：

　　一是損失奇重：各部的官兵，因戰死、受傷、逃亡、落伍等損耗極大，尤以張發奎部的第四軍為最慘，只殘餘十分之三。武器也和人員同樣的受損。

　　二是士氣頹喪：上自將領，下至士兵，大多數心灰意冷。第四軍嚴重到幾乎要散夥，因張軍長作了「雖剩一營也作戰到底」的堅決表示，然後維繫下來。黃紹竑副總司令初退到全縣時，對白崇禧總指揮道：「我覺得這幾年的內戰是太無謂了！於國家有甚麼益處？於人民有甚麼益處？於自己又有甚麼益處？我決心要退出這個內戰的漩渦。」白氏恐因此而動搖軍心，極力去勸止他，他才不堅持下去；但過了月餘，他由柳州回到桂林休養，去志復萌，且更堅決，不再徵求李白張各位的同意，即將辭退一切職務的電報發出，同時以馬（八月廿一日）電致南京方面，要求和平息爭。

黃旭初回憶錄——李宗仁、白崇禧與蔣介石的離合｜144

三是軍費短絀：富庶的梧潯鬱地區，已入敵手，自己力量所及的桂柳平地帶，都是貧瘠之地，糧賦很少。敵又施行經濟封鎖，商貨不通，稅收無著。

四是械彈缺乏：原有的蓄積既空，粵湘滇又三面封鎖，連製彈的原料都無從輸入。

五是強敵圍困：湘軍雖因共黨佔領長沙，而由全縣撤走，粵軍卻由湘入龍虎關經平樂而圍桂林。雲南龍雲受南京的命令派兵攻桂，已將省會南寧圍困。

李宗仁總司令在四面楚歌的光景下，以梁師長朝璣所部守桂林，而自率其餘殘敗部隊退到柳州去整頓。因兵數太少，整編後的師均用兩團制。張發奎的第四軍由桂軍撥大部補充，編為兩師，以薛岳為第十師師長，吳奇偉為第十二師師長，李漢魂和鄧龍光都離隊他去。桂軍仍編兩軍：第七軍軍長楊騰輝，轄莫樹杰的第十九師和廖磊的第廿一師；第十五軍軍長黃旭初，轄黃鶴齡的第四十三師和韋雲淞的第四十五師；另外還有若干獨立的師和團。第八軍也編為第一、第二兩師。

其時，北方戰場的戰況並不壞，而且北平又將成立國民政府，憑藉這種形勢，我們又艱苦地支持下去，以待北方的發展。

汪由港抵平、掌擴大會議

北方情況的演變怎樣呢？

汪兆銘在香港接到馮玉祥傳達三月間太原會議意旨的信，即派陳公博、王法勤帶著「共同宣言」的草稿於四月二日到太原見閻錫山；鄒魯、謝持也同車而來；他們一致支持關於閻錫山主政、汪兆銘主黨、馮玉祥與李宗仁主軍的決定。四月三日到五日，閻錫山即召集改組派的陳公博、王法勤；西山會議派的鄒魯、謝持；馮玉祥的代表鄧哲熙、黃少谷；李宗仁的代表麥煥章、潘宜之等，舉行了連次會談，得到了下列的協議：

（一）關於黨務問題：主張聯合國民黨第一、二屆中央執監委員成立臨時中央領導機構，另行召集第三次全國代表大會，選舉第三屆中央委員，以否定南京已成立的三全大會。所有過去汪派和西山會議派關於黨統問題的爭執，至此也一筆勾銷，不留痕跡。

（二）關於政治問題：主張在北平成立國民政府，推行民主政治，並依據總理北上宣言，召開國民會議，還政於民，一反南京當局託名訓政、實施個人獨裁的所為。

會後，四月六日陳公博即代閻錫山致電汪兆銘，請其北上共同推進北平開府事宜。五月七日，汪氏依據太原會談的協議，擬了一篇宣言稿寄到天津，由陳公博以此為基礎與各方進行協商。七月十三日，由汪兆銘「閻錫山、馮玉祥、李宗仁等共同發起的「擴大會議」成立宣言，在北平公開發表。宣言指出：

「本黨組織為民主集權制，蔣則變為個人獨裁，偽三全大會指派圈定之代表，數在百分之八十以上。本黨政治，在扶植民主政治，蔣則託名訓政，以行專制人民公私權利，剝奪無餘，甚至生命財產自由，亦無保障。以致黨既不黨，國亦不國。去歲以來，分崩離析之禍，皆由此釀成也。蔣不惟不怍，且方以摧殘異己、屠戮無事為快心之具。同人等痛心疾首，務以整個之黨，還之同志，統一之國，還之國民。在最短期間，必依法召集本黨第三次全國代表大會，解除過去之糾紛，掃蕩現在之障礙，使本黨之注意與政策，得以實現。同時並依據總理十三年十一月北上宣言，召集國民會議，使人民迫切之要求，得以充分表現，而本黨為人民謀解放之主義與政策，得以在會議中與人民意志合為一體。……」

此宣言發表後，汪氏即由港北上，七月廿三日繞道日本到天津，廿五日在北平首次參加擴大會議，主持會務。

奉張附中央、局面迅瓦解

關於組府問題，汪兆銘八月四日會晤閻錫山於石家莊，商洽人選。九月一日，擴大會議通過宣佈「國民政府組織大綱」，並推定閻錫山、馮玉祥、汪兆銘、李宗仁、唐紹儀、張學良、謝持等七人為國民政府委員，以閻任主席。張學良九月四日電覆擴大會議表示，他本人暫不出面參預，但可令張景惠、鮑文樾加入，以示一致。其餘各人均無異議。閻氏等九月九日在北平懷仁堂宣誓就職。

北方戰場規模雖大，但逐漸陷入膠著狀態，雙方都無勝利的把握，於是擁有奉軍的張學良，便成為舉足輕重的力量，南京和北平都用盡手段去爭取他。他就其東北自身打算，以靠在中央方面為有利，結果，他接受了南京的命令，九月十八日通電呼籲和平，希望息爭；即動員奉軍，進兵入關。廿三日奉軍旅長董英斌接收北平。擴大會議已在二十日離去北平，移往石家莊，再遷太原。北戰場的閻馮部隊，因張學良一紙通電而全線動搖。南北聯合倒蔣的政治局面遂告瓦解。

擴大會議以編訂約法草案為唯一重要事業，在軍事失敗遷到太原後，

努力加工趕製，十月廿七日，全部八章二百一十二條的草案完成，公諸報端，附以宣言，徵求全國人民真實意見及正當評判。輿論反響頗為良好。擴大會議到此，已事無可為，只好結束。發佈最後的宣言，指出此次並非戰敗：「最近戰事之告一段落，實由第二三方面軍之力持退讓，平津之接防，黃河西岸之撤兵，絕非南京諸人戰伐之力有以使然，此為舉國人民所目睹，然南京諸人，則又以戰勝自矜矣。」次分析內戰的兩大原因：一為人民無權；一為政府違法。欲內戰不生，必須將此兩因拔去。故提出三項主張：

一、召集國民會議，通過約法草案，於必要時，先行頒佈約法，由國民會議追認之。

二、另行依法召集第三次全國代表大會。

三、於此有須注意者：約法之能否實行，須視國民會議及全國代表大會之結果如何？而國民會議及全國代表大會之能否獲得良好結果，又須視其組織法而定。故國民會議，必須依據總理當日宣言，以民眾團體由團員直接選出之代表為構成分子，全國代表大會，必須依據總章，由黨員投票選出代表。

汪兆銘和馮玉祥十月卅一日到太原晤閻錫山商談後，汪即離晉赴津，閻馮同時下野。我們又回復到獨力克撐，孤軍奮鬥的境地。

桂為粵軍攻、邕被滇軍困

廣西境內的戰事，在東北則粵軍圍攻桂林，在西南則滇軍圍攻南寧。現在分述桂邕的攻防戰況：

桂林方面：自我軍由湖南敗退，敵人即乘勝尾追而來，我軍逕退柳州，僅留梁朝璣部守桂。敵方本來預定是湘軍由全縣南進，粵軍入龍虎關經平樂北上，雙方來夾攻桂林的，不意因共黨攻長沙而全縣的湘軍撤回自救，只剩下粵軍余漢謀、香翰屏兩師單獨行動。桂林城堅而高，仰攻不易，圍了十餘日，僅由牛牯嶺砲擊及用飛機轟炸，頓兵城下，日有傷亡，又恐我軍在柳州整補完成，北來與城中守軍內外夾擊，遂撤圍退往蒙山。後再轉移到貴縣、黎塘、賓陽，以遮斷我軍邕柳兩地的交通。並與南寧方面的滇軍連合，用經濟封鎖以斷絕我軍的餉源。自八月廿五日以來，不見有其他動作。

南寧方面：南京令雲南省政府主席龍雲出師攻桂，龍出動盧漢、朱旭、張冲三師，以盧漢為總指揮，分兩路前進，盧率其本師及朱師由左

江、張冲師由右江到邕江上游老口，石埠會合，進攻南寧，七月十九日進到南寧近郊。我方以第四十五師師長兼南寧衛戍司令韋雲淞擔任防守。守軍由幾種部隊雜湊而成，人數不滿三千。械彈及糧餉也極缺乏。但韋氏佈置防禦，井然有條，籌措糧餉，竭盡心力，將士一心，軍民和協，始終如一，殊為難能。滇軍準備攻城用具費了許多日子，八月七日才開始攻城，連續攻了一星期。從十日起，晝間由粵方的飛機轟炸，夜間由滇軍輪流來攻擊，欲使守軍日夜不得休息。但滇軍用盡了各種攻城的方法，都全無效果，死傷又多，到八月十五日不敢再攻，僅用少數部隊沿線監視。滇軍又不服水土，到邕才一個月，已病死一千多人，軍心很受威脅。八月十七日撤圍退駐上游二三十里的大嶺村、心墟、西鄉塘、石埠墟一帶，構築工事，改取守勢。守軍乘機開城出購糧食及補充用品，繼續防守。李總司令得報，以滇軍既非退走，必將再來攻城，遂乘開城機會，派我由柳州赴邕，主持防務。我星夜趕往，因城中糧食艱難，故未多帶部隊，只率少數衛士同行。城中防守事宜，韋司令都已悉心妥辦，不須再有改動，只我一來，更增加官兵的信心而已。

白揮兵救邕、李牽制粵敵

滇軍果然在九月二十晚復來圍城，攻擊時緩時急，粵機連續來炸，軍民都有死傷。但滇軍終打不進來，我軍也打不出去。可是城中糧食已越來越少，努力節約，預計也只能維持到雙十節，我把情形電報柳州李總司令，請示如何處置？

李總司令召集會議討論，認為北方戰事解決後，南京必將抽調援軍，再度由湘軍入桂，對我作大規模的包圍，我應乘目前滇粵兩軍的連合尚未十分確實的機會，從速將其各個擊破，才好應付未來的困難，並應先破攻城失敗志氣頹喪的滇軍，然後再對粵軍。於是以白崇禧為前敵總指揮，負此役作戰之責，九月廿八日由柳州出發。下編三個縱隊：張發奎軍長為第一縱隊指揮官，率第四軍由思練經忻城、隆山向武鳴；楊騰輝軍長為第二縱隊指揮官，率第七軍由遷江經上林向武鳴；第四十三師為預備隊，隨第二縱隊之後到武鳴；白氏十月十日到達武鳴的苞橋，指揮第一、二縱隊及預備隊向滇軍進攻，而令李品仙督率第三縱隊專對賓貴公路線的粵軍，牽制其使不能對滇軍援助。

李品仙指揮官牽制粵軍的行動甚為成功。他將所部分為兩路：（一）以第三縱隊參謀長梁瀚嵩率獨立第一師的黃瑞華、周國治兩團由大王碑向

黎塘。梁另派副師長尹承綱指揮四十三師的陳國年營及獨一師的一營,由樟木墟向雷神。梁尹兩部,糾合當地的民團,從十月七日起,向賓貴公路中各點,給敵以不斷的襲攻擾害。(二)以教導師師長覃連芳率所部由鄒墟襲賓陽。到了余漢謀知道我方攻滇軍,乃增兵黎塘和賓陽。十二日余派兩團到邕賓公路的思隴,欲聲援滇軍;白總指揮先令第二縱隊派十九師羅活團由上林的亭亮往思隴阻截,被敵所敗而退守白石。十四日晨,敵再增援兩團到思隴,構築工事對白石警戒,後因其後方被我妨害太烈,終不敢西越崑崙關一步而退回賓陽。而我方達到了牽制的目的。

援軍偷渡山、守兵勇突圍

我軍到武鳴,滇軍已據城抵抗,攻之不走,不欲為此而貽誤到邕日期,只派隊監視。武鳴與南寧中間,橫亙著一道很險峻的山脈,只有邕武公路是交通的唯一大道,但滇軍已將路中險要的高峰隘佔據,白總指揮明知攻取不易,已決定只用小部隊監視高峰隘之敵,而主力從東邊覓小徑過山。但他一轉念,何妨試攻?幸而得手,主力由公路前進,究比走小徑便利而快捷。然十一日一試的結果,正面固然攻不上,東側也是絕壁,無法接近,白費了一天功夫。乃令楊指揮官督飭莫師長樹杰指揮其十九師的鄧篤初團和第四軍十二師的楊俊昌團,監視武鳴城和高峰隘敵人,其餘部眾,得當地人民合作做嚮導,十二日晨概由葛墟出發,分途過山。任何一路都極崎嶇,僅容步兵單行通過,逼得將砲兵、無線電台、馬匹、及笨重物件,一概留下,輕裝而行。第一縱隊經潭立路向四塘;第二縱隊由副軍長廖磊率領經祈齊路向朝文、賢村;第四十三師經那茶路向大鄧。廖副軍長在途中曾遇一股土匪攔路,但匪首聽說是白崇禧去打滇軍,反自動去任開路先鋒。沿途無阻,各部很辛苦很平安地渡過了高山,當晚到達邕賓公路上四塘附近,滇軍完全未有發覺。

十月十日,我和城裏的官兵,米已吃光,只剩下多少黑豆。恰好佳音來了!白總指揮由武鳴發給我的電報說:「援軍主力定明(十一)日由葛墟進出邕賓路四塘。」這消息立刻傳播到全城每個官兵的耳中,大家都以黑豆飯來渡雙十節,感受到從來慶祝國慶所未有過的喜樂!我囑韋司令下令悄悄地做開城出擊的準備,由四十五師副師長陳濟桓率領第一三五團及一三三團第二營、總司令部特務營、十五軍特務營、四十五師特務營各一部,於十一日夜半從東門出擊。但十一日又接白氏「援軍十二日方能到達」的來電,出擊也只得改遲一天再實行。十二日下午三時,一聲號令,

我軍在砲火掩護下，蜂擁向東門突出，滇軍抵擋不住，我軍分向沙井頭、軍官學校、古城口襲擊，就地徹夜以待援軍到達，內外夾攻。

夾擊驅滇軍、省會慶光復

白總指揮渡過了大山脈，十月十二晚八時在那洞村下令明日進攻：第二縱隊（只得李發的五十五團、王贊斌的六十團、兩個特務營）在左，沿邕賓路向大王墳；第四十三師（轄一二七與一二八兩團）在右，向邕武路的三塘；第一縱隊（薛岳師轄林祥的廿八團及歐震的三十團、吳奇偉師只王景宋的卅四團）為預備隊，在第二縱隊右後跟進。白氏十三日上午九時半到昌賓路二塘，綜合情報及觀察所得，知滇軍在南起農林場、北至煙墩嶺之線，已構築防禦工事，即令開始攻擊。十時半，王贊斌團在左翼先攻農林場，李發團在右翼繼攻煙墩嶺。

農林場的滇軍被攻，初疑為土匪來擾，以為賓陽有粵軍阻擋，高峰隘有朱師扼守，柳州部隊，豈能飛渡？到了確認不是土匪，才佔領長崗嶺陣地，對我軍迎擊。我王團因火線綿亘十餘里，正面太寬，兵力單薄，未能進展。

我從十二日到十三上午十時，一直都等候援軍消息不著，很是詫異（後來才知道因電台帶不過山來）。到聽聞了邕賓路二塘方面很密的鎗聲，那是滇軍側背的所在，不消說，定是我們的援軍到了！我立刻把全城的部隊，齊出軍校集合。韋司令即督率一三五團團長覃興向長崗嶺進攻，一三三團及其餘部隊同時猛攻沙井頭，戰況均甚劇烈。沙井頭一帶高地被我佔領後，得以向右側擊長崗嶺、向左側擊大王墳。長崗嶺之敵先被擊潰、覃興團乃得與王贊斌團連絡，各部協力於下午六時佔領大王墳，敵向橫塘西退，南寧之圍，到此才告解除。

煙墩嶺的敵人甚頑強，所佔地形又好，李團因重兵器不能帶過山來，僅恃鎗戰，衝鋒六次，都被敵火瞰射而停止。僅佔得煙墩嶺南端敵陣地，可作攻擊據點。敵向我出擊數次，雖被我擊退，而李團長負傷。下午二時，敵由大王墳方面移來包圍李團右翼，連傷該團代理團長三人，吳師長親率卅四團一部向增加兩次，仍被敵砲火三面包圍。下午二時半，李團與卅四團均已動搖，白林指揮派衛士與吳師長奮力支，而薛師長率歐林兩團趕到，乃復穩定。並將敵人各個出擊隊擊退回去。傍晚，長崗嶺和大王墳之敵崩潰後，煙墩嶺敵人也乘夜撤退。

黃鶴齡師長率四十三師進到淥樓附近與敵遭遇，發生戰鬥。夜後敵退，該師遂向南寧北門集結。

此役我軍廿一師參謀長覃廣亮和第七軍特務營營長趙瓊陣亡；連排長及士兵死傷也多。敵人遺屍數百具，被俘二百餘。算是一場惡鬥。

十四日高峰隘和武鳴滇軍已全向右江退走，白總指揮率第一、二縱隊追擊，廿三至廿七日在平馬再度作五日的劇戰，吳薛兩師長先後負傷。敵終敗經百色逃回雲南去了。

粵軍因滇軍敗退，也從賓陽撤到貴縣，邕柳公路復通。李總司令即將總司令部由柳移邕。南寧恢復了原來省會的地位。

第十九章　黃走胡囚到粵反蔣與寧粵平

民國二十年，廣西遭遇著「黃紹竑脫離團體」、「粵聯桂反蔣」和「寧與粵和平」三樁大事。前一事和後兩事雖有關涉之處，但並無因果關係。現按發生順序記述，遂成一章。

對此三大事，得先贅幾句：

黃紹竑脫離廣西集團，和俞作柏、李明瑞的變叛投敵情形完全不同。他絕不破壞廣西團體，而且仍舊愛護廣西團體。所以他離開後，廣西並無何等損失，內部的政見反因此而更單純。

立法院長毫無罪過而在南京被監禁於湯山，已屬出人意外；廣東因此事而反抗離叛，也出乎南京當局的意外；廣西連被廣東所敗，而戰勝者反向戰敗者請和，更出乎我們的意外。時事變化，真難捉摸。

中央應付這次粵變，和從前對於「武漢事變」、「擴大會議」和其他許多反叛，大異其趣。不獨未加討伐，且先電勸息爭，繼又遣使謀和。為恐上海和議不成，蔣主席忍氣先允下野；為恐粵方中委不肯來京，屈從宣佈辭職。極盡以大事小的能事，人反覺粵方意氣太盛些。所謂相忍為國，或即如此。

黃紹竑厭戰、離桂謀和平

民十九年十月後，廣西全省只東南一角尚為粵軍所據，但已無力向我進攻，形勢比前好得多了。而副總司令黃紹竑卻在此時堅決要離開廣西，這是我們團體中一件大事。

黃氏那年接連碰上了幾次厄運，精神上很受打擊，終於使他走向消極的路上。第一是二月間北流戰敗。雖經第四軍將領致電對其慰解，謂失敗由於四軍作戰不力，咎不在他。但他內心終覺不安。第二是四月間喪母。謂母在鄉間，因北流戰役，粵軍經過，受驚致死，使他痛心。第三是七月間衡陽戰敗。他認為由其出發稍遲，致被粵軍將我前後方截斷。當由湘敗歸全縣，他即表示要退出內戰的漩渦。白總指揮崇禧恐軍心因此動搖，極力勸止。他才暫時擱下。八月，他由柳州到桂林休養，在一個大勞動大刺

激之下，得到一個靜息的機會，去志復萌，且更堅決，於是他不再徵求他人的同意，即將辭職的電報發出，同時電致南京方面，主張和平。大家看到了這兩個電報都非常驚異。李宗仁即派總司令部政務處長朱朝森、軍法處長張君度赴桂，把他接到柳州來，告以人各有志，自然不能相強，但在內部尚未取得充分諒解以前，不宜逕自發表政見，以免影響視聽，動搖人心。他也深以為是。自此以後，他雖然還未正式解除軍事政治上的名義，但實際上已完全不負責任。他在柳州和李、白、張各位相處在一起，彼此的政見，固已分歧，但私交上仍一樣純篤。他那時既不能出去省外，遂在柳州開闢一個林場，取名茂森公司，種植桐油樹，從事生產，藉以遣悶。十月，圍邕滇軍敗歸雲南後，他也和李宗仁總司令由柳州回到南寧。十二月一日，在南門外他的果園舊寓內，大家熱烈地祝賀他三十七歲的生辰。不久，他提出決心離開廣西的意思。大家以彼意已決，也不再加勸阻。李、白兩位邀集各重要幹部開一會議向其送別。大家希望他出省後仍為團體而努力。白氏發言道：「廣西人是不會投降的，不但現在不投降，即使將來的環境比現在更壞，也不會投降的。所謂為國體而努力的意思，就是在不投降的原則下，使團體的力量更大更強更堅固。」黃氏那時雖然還未考慮到以後的行動，但他申明他以後行動的原則和為人做事的最高準繩是：第一、不再破壞國家；第二、不再破壞團體。這是一幕團體政見與私人友情矛盾衝突的表演，是這一段內戰史中一個特別鏡頭。他離開南寧，取道龍州入越轉往香港。這是廣西政治人物下台的一條好路徑，他現在是走第二次了。

蔣令黃回桂、引起小騷動

一個剛下台的軍政要人住在香港，自然會引起許多方面的注意。黃紹竑一到香港，已有人在等候遊說，勸他到南京去。南京他是準備去的，但不是因失意而另尋門路，而是想調和團體和國家的衝突，想實行他的和平統一的主張。入京之前，他先到廣州一行，和陳濟棠他們晤談一次。返港後，將復安船公司抵押得三萬元做旅費，即偕龔傑元、呂競存、陳適（寧方駐港聯絡員）赴滬，由滬再偕黃華表、盤珠祁等赴南京，寧方招待他和隨員等下榻於安樂商店。民廿年一月廿五日，他謁見蔣主席，蔣氏對這些曾經反對他的人，表示特別的誠懇與親密。他把自動退出廣西的原因詳細陳述。蔣聽了大為嘉許。一月卅一日，陳濟棠謁蔣，報告廣西的情形。二月二日，蔣再召集陳濟棠、黃紹竑商定廣西善後問題。二月十日，國民政

府發表黃紹竑為廣西善後督辦、伍廷颺為會辦。蔣即命黃回去收拾廣西的局面。黃不願再參加內戰和不肯作勾結破壞的工作，而只願在整個方面為和平統一而努力的決心，是蔣氏所瞭解的。但許多向來反對他的人，卻在他住的旅館大貼標語，說他是「破壞統一的禍首」、「實行苦肉計」、「實行緩兵計」。要求中央懲辦他，並要求出兵討伐廣西。他只好付之一笑。這個風潮，一時頗為激烈，經由警察彈壓才得平息。他在南京住了不久，就回到香港。廣西內部聽到了這個消息，也同樣起了一番騷動。有些不明真相的人，也對他加以攻擊，並牽累到以前與他關係比較密切的幹部。在那個時期，廣西的幹部，除了第四軍之外，李、白以下的軍事幹部，百分之九十以上都曾為他的直屬部下，政治幹部更不消說了，要分也無從分起，要去又何從去法？後來李、白兩位見內部情勢不安，乃通電為黃氏解釋，說明他是厭戰，自動離桂，並未有破壞團體的行動，更與所有幹部無關。經過了這樣的剖析以後，廣西的局面才安定下來。黃也在香港明白表示，不就中央所委廣西善後督辦職務。

為約法幽胡、再掀反蔣潮

自黃紹竑自動入京，蔣主席對於全國反蔣力量殘餘的半個廣西，或者以為即可收拾乾淨，不足置意了。忽然他把國民政府委員、立法院長胡漢民監禁，又從新掀起一個反蔣大風暴！

擴大會議是失敗了，想不到，擴大會議的政治主張，卻被討逆的蔣主席全部接受過來！他在對閻馮戰事勝利後，民十九年十月三日由開封軍次電致南京中央黨部，建議提前召集第四次全國代表大會，以確定召開國民會議的議案，頒佈憲法的日期，並決定在憲法頒佈以前，訓政時期適用的約法。他回京後，為著約法問題。曾與黨內重要人物再三交換意見，大多數皆無所可否，惟有胡漢民堅持反對論調。胡又反對蔣以張學良為陸海空軍副總司令，民二十年二月廿八晚上，曾面責蔣道：「一個政府，不應該常常以為自己是鄭莊公，視別人當做公叔段。你這一套把戲，施之於馮煥章，施之於閻百川，又施之於張漢卿，我以為不對。我更以為行政治軍，用不得這種卑鄙手段。」蔣因此迫胡辭職，並幽胡於湯山。胡遂成為李濟深第二。第二天，三月二日，蔣即召集國民黨中央常務委員會議，撤銷原有通過「國民會議不討論約法問題」的決議，通過蔣所提在國民會議制定約法案，及准胡漢民辭國府委員、立法院長職。三月三日，蔣在國府紀念週中正式宣佈，胡氏辭職由於反對約法。從此，胡氏絕食暈厥、拒絕醫藥

的謠言極盛。三月八日，經孫科、王寵惠出面關說，又由吳思豫、邵元冲等將胡氏接回南京雙龍巷私宅休養，但行動不能自由，外人也禁止隨便出入胡宅。三月九日，蔣氏在國府紀念週引用孫總理的話：「革命黨員個人的行動，誰也不能自由。」和胡漢民上月在紀念週說的：「官吏與黨員是沒有自由的。」用來解釋胡氏現在的失去自由。但當時供職南京的黨政要人，相繼表示消極，首先是國府文官長古應芬託病辭職回粵休養，鐵道部長孫科、南京市長劉紀文、新選立法院長林森也先後離京。海內外的國民黨各級黨部，都有要求恢復胡漢民自由的表示。蟄居津滬港澳各地原與南京不相容的國民黨人，都陸續到粵，醞釀新運動。陳濟棠是以胡漢民為政治靠山的，也準備奮起反蔣，四月下旬，派馬曉軍、吳錫祺來邕，向李、白、張各位釋仇修好。四月廿五日李、白、張等派王公度、吳奇偉偕吳錫祺赴粵報聘。鎗口相向的兩廣軍隊，忽然又攜手團結起來了。

得兩廣支持、監委彈劾蔣

匯聚廣州的中央委員，既得兩廣軍隊的實力支持，即決定在粵建立中央，以與南京對抗。進行的步驟，先由中央監察委員提出對蔣氏的彈劾，繼由軍民予以響應，最後產生中央機構。四月三十日，國民黨中央監委鄧澤如、林森、蕭佛成、古應芬等由廣州發出彈劾蔣中正的通電，首責其縱容宋子文貪污為惡。次責其引用孫總理的仇敵政學系楊永泰等參與密勿，近年本黨同志的分裂，實由若輩所作祟。末責其因約法的主張與其不合，而妄禁胡漢民，「即使胡同志觸犯刑章，亦當付之有司，依法詢問，蔣氏與胡同志為同列，究以何職權而得遷怒監禁中央重要人員耶？」最後總結說：「默察今日中央，已為蔣氏所支配，忠實同志，已被其武力所劫持，政府已被其一系所割據，政治日益窳敗，為人民所厭惡。澤如等誠不忍黨國與之偕亡，職責所在，更難緘默，古人有言，心所謂危，不敢不告，用亟列其罪端，提出彈劾，以俟公決。惟愛護黨國諸同志急起圖之。」

這通電發出後，首先響應的就是廣東省黨部和各界民眾團體。第八路總指揮陳濟棠於五月三日通電附和，並宣言歡迎中委來粵。其他陸海空軍將領黃任寰、張瑞貴、陳策、陳慶雲、黃光銳等也於五月八日聯名發表反對南京的電文。

兩廣和議既成，原據桂平、梧州一帶的粵軍，五月中旬即撤退回粵。李總司令派第四十三師赴梧接防後，他應陳濟棠的邀請，先派白崇禧、張發奎、葉琪、李品仙偕馮祝萬東下，於五月廿日到廣州，商談組織中央及

兩廣軍事統一問題。

南京召集的國民會議於五月五日開幕，十二日通過「中華民國訓政時期約法」。因廣東自通電反蔣後，粵軍為防衛起見，曾向湖贛邊境調動，十五日國民會議致電陳濟棠、香翰屏、余漢謀、李揚敬警告不可託名兵諫，自召覆亡。陳等對此當然置之不理。

廣州建中央、與南京對抗

孫科、陳友仁五月廿四日到香港，即偕唐紹儀、汪兆銘等赴廣州，與在穗各中委商定用「國民黨中央執監委員非常會議」（簡稱非常會議）的名義作號召，凡屬國民黨第一、二、三各屆的中央委員，一概集合，其性質與上年在北平的擴大會議相同，目的在以黨馭政，爭取黨權，且藉此乃可網羅一切對南京不滿的文武人員，但閻錫山、馮玉祥方面，都未有人來參加。廿五日、唐紹儀、汪兆銘、孫科等電致南京，要求蔣中正於四十八小時內辭職。過了三天，蔣覆電表示，唐等無權要其辭職，並望孫勿為一時語惑，應一秉初衷，努力斡旋和平。因孫科此次離京赴粵，是以使雙方妥協、謀取和平解決為名的。廿七日，正式召集非常會議的全體會議，出席的中委十六人，決定另設國民政府。先通過十條條文的國民政府組織大綱；繼推選唐紹儀、汪兆銘、蕭佛成、林森、古應芬、孫科、李宗仁、蔣尊簋、陳濟棠、鄒魯、許崇智、鄧澤如、唐生智、李烈鈞、陳友仁等十五人為國民政府委員；陳友仁兼外交部長，鄧召蔭為財政部長，陳融為國府秘書長，李朗如為參軍長；互推唐紹儀、汪兆銘、古應芬、孫科、許崇智為國民政府常務委員。廿八日宣告國民政府成立。三十日發表否認南京國府的宣言。國府委員聯名發表就職（惟李烈鈞始終未到粵就職）通電，指出民國二十年來內亂不絕的亂源為迷信武力與中央集權。此後施政，要打破此兩大迷信，以建設求統一而不以武力求統一，中央與地方的權限採均權主義。「盼我各省市政府共體斯意，即日與迷信武力統一與中央集權之個人獨裁南京政府，斷絕一切關係，而相與參加此新成立之國民政府，以建設求統一，以均權求共治，彼個人獨裁者，必不戰而屈於吾人正義之主張。」

粵府對兩廣、設施只任官

廣州的國民政府，只統轄得廣東、廣西兩省。對這兩省的軍事、政治的處置，在軍事方面：國府任命陳濟棠為第一集團軍總司令，而將第八

路名義撤銷；李宗仁為第四集團軍總司令，白崇禧為副總司令，張發奎為前敵總指揮兼第四軍軍長，廖磊為第七軍軍長，李品仙為第八軍軍長，黃旭初為第十五軍軍長。在政治方面：廣東省政府主席陳銘樞，因其態度曖昧，五月下旬已被迫離粵，遺職初由陳濟棠兼任，後國府任命林雲陔繼任。廣西自民十九年七月省會為滇軍圍困，省境大部陷敵，地方政務遂由總司令部處理；到民廿年三月十五日，才將總司令部內的政務處撤銷，改組為總司令部下的政治委員會，直接對外發號施令，設委員數人，以黃旭初為主任委員；六月九日，國府任命黃旭初等為廣西省政府委員，並以黃兼主席，七月一日就職，省政府才告恢復。此時的國民政府，也只是任命些高級文武官員，其他都管不著。

黃紹竑是主張和平統一的，對於兩廣這次的行動，他當然不來參加，而在香港閒住，做個旁觀者。李宗仁、白崇禧特由廣州乘便來看看他。彼此間絲毫沒有隔膜，作了很多時間的懇談。李、白邀他回廣西去，他也想一看故鄉的情形，於是回去。他對李、白請其參加這次政治活動的答覆，謂只願在地方經濟建設上努力，到南寧後，我們和他舉行過多次本省經濟建設的討論，由他起草了一個五年經濟建設大綱。因參考資料缺乏，他也覺得內容空泛，實行也未必即收大效，何況在軍事第一時期裏，那有從容的時間和大宗的款項去進行這緩不濟急的工作呢？過了些時，汪兆銘、孫科各位到梧州訪問，我們開會招待，請來賓講話時，黃紹竑講的是和平，合不上當時的口味。隨後，大家示意要他擔任廣西經濟督辦，並望其同到廣州一行。他說待回香港後再加考慮，即乘船赴港，汪孫等也回廣州。黃氏以南京要他當廣西善後督辦，廣州又要他當廣西經濟督辦，他怕兩面再來糾纏，難以應付，於是離港往菲律賓考察去了。

九一八變起、粵願事團結

廣州國府實踐其不以武力求統一的諾言，並未興師北向，只唐生智利用第八軍入湘南有所活動。南京方面，也因中央軍在贛剿共迭遭上年十二月、當年五月和八月數次的挫敗，實在無力對粵用兵，也始終未下令討伐；只於五月三十日，以中央執委會名義致電鄧澤如等勸請為國息爭，以免赤禍蔓延，及六月十四日三屆四中全會決議：對廣東偽軍政府事，由中央監察委員會查明處理而已。雙方就這樣冷戰對峙著。直到「九一八」事變爆發，一聲霹靂，這一震驚世界的日本侵略行動，激起了全國團結對外的呼聲；九月十九日，李煜瀛、張繼、吳鐵城等電粵，請取消敵對行為，

一致救國；二十日，南京中央執委會電請粵方共赴國難；廿一日廣東覆電，願息爭禦侮；廿四日，南京國民黨中央常務委員會遂決議派蔡元培、張繼、陳銘樞赴粵磋商和平。

蔡元培等到粵後，竭力奔走，但粵方堅持非先將胡漢民送到上海，完全恢復自由，絕不接受和談。幾經往返磋商，寧方不得已而同意，乃於十月十四日上午八時由南京護送胡氏往上海。十五日胡即電致廣州唐少川、汪精衛、古湘芹、蕭佛成、鄧澤如、陳伯南、李德隣、伍梯雲、馬星樵、陳籌碩、唐孟瀟、覃理鳴、李君佩（未列鄒魯、孫科、劉蘆隱、陳融、陳友仁）云：「備承愛注，至極銘感，弟已於昨日抵滬。現在外患急迫，不弱於甲午，而國內不調整之現象，則為甲午所未有，其所以致此之由，在於過去黨內糾紛迭乘，政治舉措失當。……此其錯誤，皆不容吾輩各自諉卸責任。……非各自覺悟以改正已往之誤失，即無以求黨內之團結，非黨內團結之堅固，更無以集中全國之力量以對外。……甚望公等推舉代表來滬，進行和議，共商大計，無任企盼。」

廣州方面接到胡氏來電後，對和議自不能不贊成，即開會推舉汪兆銘、孫科、鄒魯、李文範、陳友仁為代表，偕蔡元培、張繼赴滬出席和平會議，但決定一項前提：須蔣氏先行下野。粵方代表團一行九十一人乘昆臣總統輪由香港北上，黃紹竑、唐生智、張發奎被邀同行。途中風浪特大，黃對唐說笑道：「假使這隻船沉沒了，國家一定可以減少許多糾紛，大家既不能同舟共濟，若能同舟共葬，也是一樁好事。」十月廿一日到達上海，各界表示歡迎。

寧粵協定成、汪與粵決裂

蔣主席十月廿二日由京到滬與粵方代表晤面。廿五日南京推定李煜瀛、蔡元培、陳銘樞、張繼、張人傑為和平會議代表。廿七日雙方代表在滬舉行預備會議。在此期間，蔣主張任何黨派必須立即互相團結以應付國家目前的危機，至於過去錯綜糾紛的事實，無論誰是誰非，目前必須暫擱勿談。但粵方堅持蔣氏辭職為寧粵團結的代價。蔣急欲和議有成，也允讓步。正式會議十一月一日開始，經過一星期七次會議的折衝，達成三項協定：

一、寧粵雙方的國民黨第四次全國代表大會照開，新選的中央委員，比例分配名額（預定粵方執委五、監委三），選出後，再合併在南京舉行中央委員全體會議，產生新的中央政府；

二、國府主席不以軍人充任，推選黨內年高德劭的文人承乏；

三、撤銷陸海空軍總司令部，改設軍事委員會。

關於蔣主席下野一節，因顧慮政府一時負責無人，陷於無政府狀態，粵方代表並未堅持，且認為既有二、三兩項，則蔣的國府主席與總司令皆自然消失，不下野而自下，不必爭此形式了。

和會結束，南京國民黨中央執委會十一月九日開臨時會議，通過第二屆四中全會後因政治關係開除黨籍的汪兆銘、陳公博、俞作柏等三百四十八人一律恢復黨籍。

國民黨第四次全國代表大會，寧方的十二月十二日在南京開幕；粵方的因希望胡漢民、汪兆銘回粵參加，遲到十二月十八日揭幕，胡、汪雖未到，而海內外出席代表達五百餘人，氣勢頗盛。粵方代表團推孫科、李文範由滬返粵報告。不料大會代表以蔣氏下野的先決條件既未實現，且對南京國民會議訂頒的約法也未撤銷，大為憤激，一致對代表團所簽訂的協定予以否認。迫得孫科當場退席，大會因此引起內鬥。汪兆銘在滬發表談話，認為蔣不先行下野是顧全事實，而約法是可以要的。大會更加譁然，一致指責汪氏已出賣了粵方的政治立場。汪派出席的代表因此紛紛退席離粵。那時胡漢民在滬，自粵方否認和議協定後，態度忽然消極，而蔣、汪合作的傳說很多。廣州四全大會決議撤銷非常會議和廣州的國府，改設「西南執行部」和「政務委員會」為黨政最高機關，而寧方認為這是變相的獨立，和議遂告停頓。胡漢民在此混亂情勢下，十一月下旬回香港去了。時局再呈陰晦的景象。

汪派出席四全大會的代表離粵到滬，而南京的大會早已閉幕，廣州的大會又不選舉他們，遂於十二月四日自行在「大世界」娛樂場繼續開會，選舉中委，後來也按比例名額參加南京中央，成為正式中委。汪派與粵從此決裂。

蔣下野回籍、黨團結告成

寧方接納全黨團結方案，電請粵方中委入京共策進行；孫科在粵堅主接受上海和議協定；汪兆銘在滬更熱心促成，和議終告實現。但十二月五日胡漢民領銜由廣州通電，必須蔣氏下野，解除兵柄，始能合作。蔣乃於十二月十五日辭去國府主席本兼各職，即返奉化。粵方中委才赴京參加四屆一中全體會議，李宗仁由粵、黃紹竑由滬均往出席，胡漢民卻仍留香港。

四屆一中全會根據上海和議協定的原則修改國民政府組織法，規定國府主席不負實際政治責任，並不兼其他官職，而由行政院負實際行政責任。十二月廿八日第四次大會選任林森為國民政府主席，孫科為行政院長，張繼為立法院長，伍朝樞為司法院長，戴傳賢為考試院長，于右任為監察院長；並推蔣中正、胡漢民、汪兆銘為中央政治會議常務委員，三人都不擔任政府職務。全會廿九日閉幕。同日中央政治會議決議任命行政院各部會首長。廿一年元旦，國府主席林森及各院部會首長宣誓就職，統一的政府告成。但是廣州的西南執行部和政務委員會並未撤銷，只是表面敵對形勢從此已告終止，國民黨的團結算是形成了。

第二十章　兩廣不附和福建人民政府記詳

　　本章記民國廿一、二年間寧粵對立中的兩廣動態。當時寧粵雖對立，而情勢並不緊張，廣州不過像是南京政府的反對黨，有時發發批評攻擊的言論而已。

　　日本軍閥侵華日急，每年發動一次戰爭，但都在華中、華北，而不在華南，中央應付得焦頭爛額，而兩廣卻安閒無事。

　　中共乘我抵抗日本侵略兵分力薄，得在江西負嵎。而贛省毗接廣東，故粵軍須負剿共任務的一部份。距桂雖遠，但廣西也派兵入贛應援。

　　福建對南京將有異動，事前鬧得太久，各處皆知，事發並不令人震驚。中央早已作應付的準備，兩廣雖反蔣，卻不願附和福建那樣的革命，事變得以迅告敉平。

　　廣西自第四軍離去，內部更單純。又脫離了數年不絕的戰禍，人民恢復安居樂業，政府專力整理地方。

　　以上各點，是這兩年中的大事提要。

胡蔣難復合、寧粵成對峙

　　國民黨的胡漢民、汪兆銘、蔣中正三位領袖的性格，完全不同。胡倔強嚴正，汪圓滑善變，彼此不能相容。蔣稍後起而掌握兵權，胡、汪須倚賴其實力，每予蔣以運用的方便。離合無常，政潮迭起。

　　汪氏當民廿年夏參加非常會議開府廣州時，以實力支持者陳濟棠為信仰胡氏的人物，所有黨政大權，又全操於古應芬手上，所以汪並不得志，已有此地非可久居的感覺。及汪出席上海和平會議，胡也受和會請為顧問，胡向和會建議：「把蔣放逐，永遠不准回國。」此議當時和會自不易採納，而汪已看出胡、蔣必難復合，即乘機而與蔣接近。會後，蔣、汪合作的傳說遂起。胡氏因廣州四全大會否認上海和談協定，恐寧粵和議有變，即南下回港，而汪卻留滬不動。

　　寧粵合流後的南京中央政府，於民廿一年元旦成立。孫科的行政院，以李文範為內政部長、陳友仁為外交部長、何應欽為軍政部長、陳紹寬為

海軍部長、陳銘樞兼交通部長、朱家驊為教育部長、羅文榦為司法行政部長、陳公博為實業部長、葉公綽為鐵道部長、黃漢樑署理財政部長、石青陽為蒙藏委員會委員長、朱培德為參謀本部總長、李濟深為訓練總監、唐生智為軍事參議院長。蔣系的江浙金融界有意不與孫閣合作，財政部長黃漢樑一籌莫展，無法支持，非蔣氏復出難維危局的氣氛，一時瀰漫於京滬。請蔣回京的電報終於由南京發出，而蔣漠然無所表示；直至請示蔣、汪、胡三氏關於對日新政策態度的急電發後，蔣才從奉化下山到杭州。汪即於是年一月十八日由滬到杭會蔣，經過數日的商談，得到了汪主政、蔣主軍的決定。孫科也赴杭州促蔣回京。廿五日孫氏辭行政院長職出京赴滬，結束其僅二十五天的短命內閣。

一月廿八日中央政治會議推汪兆銘任行政院長、孔祥熙為財政部長、羅文榦任外交部長。當夜，日軍即在上海發動侵略戰爭。廿九日中央政治會議任蔣中正、閻錫山、馮玉祥、張學良為軍事委員會委員。二月六日，軍事委員會成立。三月六日，中央政治會議任蔣中正為軍事委員會委員長。下野八十日的元首，於是復成為全國的最高統帥，軍事委員會也跟著成為中央政府的領導中心。蔣氏此舉，謗之者謂為權位難忘，譽之者謂為責任心重。而最感不快的為胡漢民氏，遂領導西南執行部和西南政務委員會兩機構，藉兩廣軍隊的支持，與中央對峙，直到民國廿五年胡氏病逝後，局面才發生變化。

上面所述，便是胡、汪、蔣三位領袖最後合演一幕的劇情。

乘粵桂和平、四軍謀出路

汪既與蔣合作，張發奎的第四軍也就離去廣西。

張部最初只是假道廣西略取廣州為汪建都，不幸受挫，乃退回桂。翌年入湘，期與閻、馮會師中原，改造中央，不幸再挫，復退回桂。久滯廣西，非其初料之所及。廣西自始即對張部推心置腹，李宗仁總司令特用陳翰譽為參謀長，陳勁節為經理處長，以示精誠合作。張部屢敗之餘，三次縮編，甘與桂軍困守貧瘠破碎的廣西，忍苦團結，並肩作戰，兩易寒暑，始終不渝。其最後一次縮編，是在民十九年冬擊走滇軍之後，將薛岳的第十師併入吳奇偉的第十二師，編為卅四、卅五、卅六團，以沈久成、歐震、闕維雍分任團長，唐宇縱為參謀長；張發奎調任總司令部的軍事委員會委員，薛岳為柳州軍官學校校長，韓漢英為副校長，陳芝馨為教育長；繼續與桂軍共度極艱苦的生活。

民二十年夏，廣東忽然反蔣，與桂言和，廣西有如解除束縛，脫出了困境，張發奎部對於自謀出路，也有了希望。當時白崇禧與張發奎二氏應陳濟棠的邀請，赴粵商談兩廣軍事統一問題，薛岳也辭去軍校校長職，往香港任張部對外聯絡工作。陳、白、張幾位商談的結果，將桂張各軍改稱國民革命軍第四集團軍，張仍任第四軍長，並撥桂軍黃鶴齡部編為第十師，隸屬於第四軍。汪兆銘此時也到粵參加非常會議，對張部出路，未能有何措置。及汪赴滬出席和平會議，遂邀張氏同船北上。第四軍在桂，一切如常。只十月間總部將第四軍調右江，十二師駐百色，竟引起一場誤會，張發奎軍長十月廿九日由滬電請李、白收回成命，並表示：否則不如將其第四軍全體遣散。事遂中止。

汪與蔣合作、張援黑離桂

自寧粵上海和平會議完成後，蔣汪合作的傳說殊盛，張部離桂的心情愈急。十一月十七日，張發奎軍長由滬通電廣州四全大會、非常會議、國民政府及上海議和各代表，請准其率第四軍北上援助黑龍江馬占山將軍抗日；十八日，電李、白申請；廿二日再電廣州陳勁節轉呈李總司令重申前請。張當時以所得答覆，只是空口的嘉勉，並無切實的辦法，至十二月三日，再電廣州四全大會、非常會議、國民政府催促。當時情勢，若張氏率孤軍援黑，想通過到達，已屬萬難，其他更不必說，切實辦法，從何定起？張因電報往返，未得結果，遂於十二月十日由上海到廣州晤胡漢民、鄧澤如、蕭佛成、陳濟棠、李宗仁、白崇禧等商量，仍然不得要領。第四軍將領擬全體辭職，以示抗議，陳勁節十三日留函李、白即離穗赴港。李、白明知援黑難成事實，見其不可強留，乃派張定璠為代表，提出解決辦法，准由吳師長奇偉率第十二師援黑。陳勁節即回省交代。李出席四屆一中全會過滬，對具體辦法，與張曾再面商。

第四軍既獲准援黑，十二月廿八日即通電廣西全省黨政軍民告別，各方都覆電予以鼓勵。民廿一年元旦，在南寧舉行援黑誓師典禮，由吳奇偉師長主持，李、白兩人都不在邕，由第四集團軍總參謀長葉琪監誓，我也參加觀禮。一月三日至五日，第四軍分批由邕出發，取道邕柳公路前進，九日到柳州，十七日由柳再進，廿七日到桂林，二月一日全部集中全縣。問題出來了！餉項中央尚未允給，路線中央也未指定，何鍵又疑張聯唐（生智）圖湘，駐重兵在衡陽相拒，因此逗留在全縣，以待張軍長向各方交涉。那時中央因淞滬戰起，已遷往洛陽辦公，汪院長電張謂：「日艦在

長江阻止我軍行動，不如遵陸援滬。」李總司令覆張電謂：「吳師集中全縣，民眾對四軍抗日義憤，極表欽崇，歡送熱烈，素所未有。此時滬戰正急，熱河危殆，若停兵不前，殊難自解。故四軍能出發援黑或援滬，弟當力為贊助成行。伯南對四軍赴閩抗日剿共，亦願力為幫助。請早為決定，免沮喪士氣。……」等語。張覆李謂：「熱滬閩三途，正電汪請決。」旋以長江既難飛渡，願改援滬，但又為陳銘樞所拒。中央乃指定其經衡陽、醴陵到江西剿共，財政部允撥軍餉，廣西發給到二月份。延至三月十日第四軍始離全縣進入湘境，結束了和廣西兩年多的共同生活。

政治雖對立、行政卻統一

胡漢民領導下的西南，成了中央的反對黨，反對黨對於政府，總是尋瑕抵隙而攻擊的。在民廿一、二兩年中最重大的事件是兩次抗日戰爭，中央對淞滬戰役，簽訂了上海停戰協定；對長城戰役，又簽訂塘沽協定；都不啻是城下之盟，我國方面受了屈辱的。西南對此，自然要說話了。

十九路軍和第五軍在淞滬的英勇抗戰，引起了全國人民極大的興奮和期待，但因實力相差太遠，終不免於敗退。三月三日粵方中委即通電指責南京當局對十九路軍的抗戰，事前事後均不作有效的支援行動，實有負全國人民嗷嗷之望。但南京當局卻說十九路軍將領逞以個人虛榮心理迎接戰爭，太不考慮最高統帥部的整個戰略。

塘沽協定成立後，各方對政府都表示極大的不滿。以兩廣和福建抨擊中央為最力，謠言紛起，似將有爆發行動的光景。南京方面為消弭這危機，遂以半公半私方式派內政部長黃紹竑到香港訪問西南方面的友好，因黃氏兼任軍事委員會北平分會參謀團參謀長，親預其事，由他將自己當時在北平的情形，折衝的經過，協定的內容，坦白詳細地解說。經黃氏此行，西南對此事的火氣，也就按下去了。

中央對西南，有時態度是頗為謙抑的。民廿一年冬，蔣委員長因東北日軍漸迫熱河邊界，準備進攻關內，而中央軍大部受江西中共軍所牽制，無法調動，特派內政部長黃紹竑和訓練總監部副監徐景唐到粵，和廣東當局商量，希望粵方能出兵江西，擔負剿共任務，好讓中央軍北上抗日。黃、徐兩人在廣州商量應酬了幾天，粵方坦白答覆說：「不但現在的情形廣東不能出兵，就是日後情形再惡化一些，廣東也不能出兵。」黃、徐終於失望而去。但民廿二年五月一日，國民政府明令派陳濟棠為粵贛閩湘鄂剿赤軍南路總司令，白崇禧為副司令；畢竟廣東有余漢謀部，廣西有王贊

斌師同時在贛剿共。

　　寧粵在政治上雖然對立，但普通行政大體上仍舊是統一的。例如司法、郵電、海關等，都是全國一致的，只教育是部份的統一。內政部於民廿一年十一月召集各省的民政廳長、省市警察局長在南京開第二次全國內政會議，廣西和廣東的都往參加。中央各部派員視察各省業務，廣西一樣接受。省政府缺乏高級技術專門人員，有時也請求中央派來相助，或是借用一個時期。但有些人才，為政治關係，不敢應我們的邀聘；上海的銀行家，也不敢來投資。

陳在閩反叛、號人民革命

　　民廿二年冬，福建爆發反叛南京的行動，號稱人民革命。主動的是陳銘樞。寧粵雖對峙，但粵並未為閩所煽動。

　　陳銘樞原為蔣氏所信重，其反叛或說是被藍衣社所逼成。陳任粵省主席，民廿年五月，不附和非常會議而離粵赴寧，為蔣主席所深喜，即任其為剿赤右翼軍團總指揮，並將其舊部十九路軍由粵調贛使用。是年九月蔣主席使陳赴粵謀和，十月又任上海和平會議的寧方代表，均甚出力。十一月任京滬衛戍司令長官，十九路軍也調駐上海市郊。十二月蔣氏辭職下野，陳被推繼蔣代理行政院長。民廿一年一月，孫科長行政院，陳兼任交通部長。及汪兆銘任行政院長，陳以副院長仍兼長交通部。一二八變起，十九路軍與第五軍英勇抗戰，而十九路軍享名獨盛，陳也沾光而名聲更大。這是陳最得意時期。滬戰停後，十九路軍對南京當局極表不滿，被調往福建剿共。陳也因第三黨首領鄧演達（鄧及其黨員一批被捕，蔣下野回籍時，將鄧押到南京麒麟門槍斃後而行）案牽及，受蔣疏遠；更因貪污嫌疑，大受攻擊，遂辭職出洋。七月，行政院以蔣光鼐為福建綏靖主任，蔡廷鍇繼任十九路軍總指揮；十一月，調蔣光鼐為福建省政府主席，蔡廷鍇為福建綏靖主任。陳、蔣、蔡三人初僅反蔣，後來鬧出人民革命，乃陳接受左傾文人空想的影響。

改國號國旗、唱農工政策

　　閩變的情形，據蔣委員長〈告剿匪將士及全國軍官書〉所述：「……查陳銘樞組織社會民主黨，企圖利用十九路軍之勢力，反叛中央，蓄謀已久，世所共知。自去歲在交通部長任內，簽訂馬凱電訊合同及招商局變產

契約，收受重賂，為輿論所指摘，不安於任，乃去國遊歷。旋勾結某帝國主義，往來閩港滬之間，逆謀日亟。深與第三黨相結納，由該黨首領黃琪翔、徐謙等幹旋，謀與共匪合作，信使不輟，最近互不侵犯之協約已成，議定接濟匪區物資及軍事互助之辦法。惡耗傳來，中正慮其誤入歧途，念其前勞，於陳等抵閩之初，函電勸誡，冀戢逆謀。林主席在閩時，亦諄諄告諭。詎陳罔知覺悟，一意孤行，號日在福州由黃琪翔、方振武等為主席團所開之偽人民臨時代表大會，及所謂人民革命政府之偽組織，遂以出現。李濟深為偽主席，陳銘樞、蔡廷鍇、陳友仁、許崇清、章伯鈞分任偽府政治、軍事、外交、財政、教育各委員會主席，黃琪翔為偽參謀總長。又以陳銘樞、李濟深、蔣光鼐、蔡廷鍇、戴戟、陳友仁、馮玉祥、方振武、徐謙、黃琪翔等任中央委員偽職。各軍謬稱為人民革命軍。宣佈廢除青天白日旗，另以上紅下藍，中嵌黃色五角星為國旗。高呼聯俄聯共，實行農工政策，打倒中國國民黨等口號。湊合社會民主黨、第三黨、國家主義派及共產黨份子，一爐共冶，另組一黨，名曰生產黨。……」這都屬事實。

閩做法危險、桂先進忠告

　　兩廣方面對於福建最初單純反蔣的態度是同情的。民廿二年一月十四日，蔣光鼐、蔡廷鍇派張炎攜「粵桂閩三省聯盟約章草案」到廣州，徵求粵桂兩省的同意。張炎經過香港時，曾將草案送給胡漢民、李濟深兩位看過。粵桂方面將草案略事修改後，即由兩省高級軍民兩政長官簽字送還。我也是簽字人之一。盟約全文共十五條，其第一條標明立場十分清楚，原文是：「本約章依共信互助之原則，共存互勉之決心，圖三省之安全，鞏固三省盟約人之軍事、政治、經濟最大利益，而謀最後之進步，以貫徹抗日、剿共、實現本黨三民主義為宗旨。」那時，福建還沒參雜有後來陳銘樞那一套做法的影子。

　　到民廿二年秋間，陳銘樞對閩變的準備日形積極，不特中央對他很注意，兩廣對他也一樣注意。十一月五日，我們特為福建問題在邕作一次討論，結果，由李、白兩位電致香港李濟深、陳銘樞、蔣光鼐及福州蔡廷鍇，大意是：「福建果真勾日聯共，樹立所謂人民政府，則閩非陷於日，即入於共，或為蔣所得。且十九路軍歷來抗日剿共的光榮歷史，將抹煞無餘，難得國人同情。至土地革命，絕不適於現在的社會環境，其盼加以考慮！……」同時又電致胡漢民、蕭佛成、唐紹儀、鄧澤如、鄒魯、陳濟棠建議謂：「任潮、真如等被迫憤而出此。欲勸息之，應請設法為其開一通

路，不如在閩粵桂成立革命政府，彼既有路可行，或不至挺而走險。」但這兩個電報都無切實的反應。

西南對閩變、通電表痛惜

福州於是年十一月二十日宣佈「人民革命政府」成立，西南即表示反對。胡漢民、蕭佛成、鄧澤如、陳濟棠、李宗仁、白崇禧、鄒魯等於廿一日聯名通電云：

「福州陳真如、李任潮、蔣憬然、蔡賢初諸兄均鑒：皓電奉悉。諸兄揭櫫討賊，期申正義於天下，至所同情。惟消息傳來，兄等號日在閩垣開會，竟宣言打倒中國國民黨，廢止青天白日旗，外與日本接近，內與共匪勾聯，頒佈政綱，公然以推翻黨治，組織農工政府相號召。初以兄等過去在黨之歷史，當不至倒行逆施如此。顧報章轉載，鑿鑿可指，此訊果確，是不特授叛黨賣國者以口實，使兄等抗日剿共護黨救國之歷史，蕩然無存，抑且背叛主義，招致外寇，煽揚赤燄，為患無窮，此等謬舉，何能得內外之同情？弟等本三民主義之立場，微論不忍苟同，且以兄等之盡喪其所守，而深所痛惜也。討賊救國，本為國民一致之要求，弟等固持此議，戮力不懈，且以討賊抗日剿共，必須同時併進，始足以挽救民族於危亡。十九路軍全體將領，與弟等久共患難，頻年以來，沐主義之薰陶，出生入死，為黨奮鬥，偉烈豐功，內外共仰，當猶有深明大義，不自暴棄，羞與匪黨為伍，自陷絕境者。深冀兄等本歷來護黨救國之精神，幡然改圖，多方勸導，以免盡入歧途，使西南團結，益以鞏固，救國大業，得以策進。否則授人以隙，必將為親者所痛，仇者所快，以救國者禍國，以愛民者殃民，以討賊者助賊，度必非兄等之本意也。弟等為黨為國，決當貫徹討賊主張，共相戮力，唯兄等圖之。……」

同日又由「西南執行部」通電國內外各級黨部：對福建此次行動，「決不苟同附和」。

粵桂不助亂、閩得幸早平

福建樹立「人民革命政府」後，各方並無響應，情勢既不妙，終至使者四出，請求聲援。李濟深派徐景唐於十一月廿六日、李民欣於十二月十一日先後到昌，但徐表示他自己也不同意福建的做法；李民欣說：福建以計口授田為重要政策。一月八日張文（李濟深的親信）由福州來電云：

「延平已放棄，盼廣西發動得為聲援。……」在我們的立場，無論對閩的來使來電，都無法不令其失望。我們為確悉真象，曾派人到閩觀察，一月二日黃鈞達回報：福建內部非常複雜，決難持久。一月十二日戴石浮自滬訪閩到邕云：「閩方料蔣不能派兵來攻，故對軍事並無積極的準備。軍人對政治主張的改國號、改國旗、計口授田等項，大家都淡然不甚介意，此實其失敗的根源。」

我們對於廣東，確守可與為援而不可圖的原則。一次，因粵商壓低貨價，使桂商陷於絕境，我方遂將「粵桂禁菸聯絡辦法」取銷，即遇閩變醞釀日緊，陳濟棠疑此為桂與粵政治不合作的表現，費了一番唇舌才得解釋。十二月一日，陳仍疑桂袒閩，派李漢魂到邕，請李、白兩位無論如何以一人赴粵晤商應付時局辦法。李宗仁電覆說：「現力勸閩回頭，如閩聯共犯粵，當與粵一致，以保西南的安全。」

中央最注意兩廣對於閩變的動態，十二月中旬，派張繼、陳肇英、王陸一、馬超俊四中委到廣州、南寧遊說，且撥款給陳濟棠作軍費；並說是國民黨四屆四中全會下月在南京舉行，準備推胡漢民為國民政府主席。但胡拒絕，必須告下野，才肯入京問事。十二月卅一日，胡氏還派胡文燦到邕，鼓吹我們反蔣。而閩變未到一月底已為蔣用兵力平定了。

第二十一章　我被推晉京參加四中全會經過

本章所記敘的為民廿三年時南京與廣西關係的實況。

那時期，中央對於日本，力事容忍，希望其暫時對我國不作大規模的軍事侵略行動，俾以餘力統一西南和剿除中共。而西南卻得藉此點以攻擊中央不盡力對外，只注重對內，全國輿論對此種攻擊也多予以共鳴，使西南意外多得一重無形的遮護。

西南的頭腦是胡漢民，左右手是廣東和廣西。但這兩隻手又不像是一個人身上長出來的，腦子想要手動作，不一定都可指揮如意。廣西的精神和胡氏較接近，而實力較小，不能獨行。廣東實力較大，而以保持既得利益為務，不願雙手合力以舉更重大的東西。

廣西在西南的帽子庇廕下，危險的顧慮還不很大，但鑑於廣東的內情，中央能不動用兵的念頭，才是安全，所以要緩和南京。

粵桂一分開，彼此都站不住，這點我們固然明白，南京方面更明白。

瞭解了以上各點，讀者閱罷文中的事實，或更易清楚些。

四中委來訪、廣西表歡迎

陳銘樞等在福建鬧「人民革命」，西南雖已通電決不附和，但當時中央對於兩廣，仍未十分放心，民廿二年十二月，特派張繼、陳肇英、王陸一、馬超俊四位中央委員南來解釋中央的意旨，並勸兩廣各中委出席民廿三年一月在南京召開的國民黨第四屆中央執行委員第四次全體會議，商討解決時局問題。張、陳、王、馬四位中委十二月十四日抵達香港，李宗仁、白崇禧和我即聯名致電歡迎。四中委先到廣州，十七日到南寧，十八日廣西黨政軍各界開歡迎大會，四中委登台致詞，對廣西政治大事稱許。十九日離邕北歸。民廿三年一月十一日，蔣委員長又由南昌派王又庸來邕訪候李宗仁總司令。他們的來意，或在安撫和觀察，對政治癥結的解決，自未能有何補益，但在氣氛和形式上，多少總起了些緩和的作用。

不贊成福建那樣的「革命」是一事，反蔣又另是一事。假如福建當

時是單純的反蔣，胡漢民必然地領導西南去參加了。廣西是反蔣的，因廣東的態度和我們一致，湖南對於南京也有二心，故中央對廣西一時莫奈之何。但廣東當局對於反蔣並非堅定，湖南當局又太圓通，他們大抵只藉廣西這副面孔好對付中央以謀自固而已。福建「人民革命」的失敗，彼時已是指顧間事，廣西夾在湘粵中間，勢單力薄，是不能獨自冒險、輕舉妄動的。而且國家外患，日趨嚴重，只要中央實行徹底抗日，廣西是極願立即放棄成見，而接受領導以一致對外的。四中全會既召開有期，對外決策也該有所討論，我們自應等待，且看結果如何？在這種情勢之下，我們於是決定對中央暫圖緩和。

筆者赴南京、參加中全會

廣西既欲緩和中央，自然是應該參加四中全會了。但西南的領袖胡漢民既不去，李、白兩位也就不去，民廿三年一月十四日，距離開會日期已經很迫，才決定推我前往。大家只是以我此行來緩和對方，並未預備何項具體條件去進行交涉。我於一月十五日發電報告南京中央黨部和廣州西南執行部，十六日離邕取道粵港晉京。為了順便在上海接洽經濟建設有關事宜，特偕省府顧問嚴端、工商局長楊綽菴同行。

一月十八日到廣州，與張任民先訪陳濟棠總司令。陳對我此行頗感詫異，他心裏彷彿在想，廣西是否想和南京妥協呢？他對閩省「人民革命」事，表示已無辦法，實際上他已派重兵在閩省邊境防堵，並欲待第十九路軍全敗後設法收編。對四中全會，他說：「我向來對黨事不願費腦筋，只好由老先生們去喊喊。」陳氏主張我們應對滇、黔方面趕緊想辦法。所以當時有人說他希望廣西向西，就無暇東向而問粵事了。

訪罷陳氏，又到西南政務委員會訪候鄧澤如、鄒魯、林雲陔各委員和陳融秘書長。鄒委員說：「我們向四中全會只提三案：（一）胡先生的八項主張；（二）地方分區制度；（三）請中央撥款完成中山大學。」因我在廣州未能久留，下午與張任民乘廣九鐵路火車即晚到了香港。

十九日與張任民訪候胡漢民委員。我向他表示此行是根據胡先生您的主張。胡氏談及：「李任潮、陳真如應及時離開福建，以便保全十九路軍，我們在滬的同志，應發表對內停止戰爭的言論，以阻止中央軍的追擊。」他這些話當時如果為陳濟棠所聞，或者又要說胡先生在講哲學了。中央軍要追擊，言論是阻止不住的。繼又在港晤李達潮，據謂未得閩方確實消息，他只望我們有何方法可保全他哥哥任潮？我於當夜即搭乘「克利

夫蘭」總統輪赴滬，王又庸也同船。

　　船過台灣海峽時，風浪略大。廿二日晨到上海。抵步之初，我訪友，友訪我，宴會多次，竟日奔忙。蔣委員長原定派吳忠信中委赴桂，因聞我來而未行。我與陳劭先訪吳忠信，吳氏料我當攜有條件來商，想和我作第二次晤談，而我已無暇暑。是夜十一時，即與溫挺修、陶鈞乘滬寧鐵路火車赴南京。

　　這是我那次自邕到京途中的景況。

汪離間粵桂、蔣望桂擁護

　　我由邕動身前，已電告內政部長黃紹竑，過上海時，他囑其夫人招待我，廿三日晨到京，他親來接車，請我下榻鼓樓頭條巷二號他的公館，情意殷勤。

　　黃紹竑是主張和平統一的。他原是我們團體中領袖之一，而現時服務中央，兩方面的情形和心理，他都非常了解；而且又為蔣委員長所信任，他曾親自告訴我說：「蔣氏四個大將我是其一。」（餘為張群、楊永泰、熊式輝；對國家大政，蔣頗使與聞，但關於蔣個人政權的則否。）要想緩和蔣桂之間的緊張，他實在是天造地設的居間人。他先問我：「前提是桂與蔣是否有合作可能？才能談下去。」我說：「當然可能。」（我這句話，到了抗戰爆發，立即應驗。）我在京期間，大體上是照著他的意見而行動的。

　　四中全會一月二十日開幕，但第二次會議廿三日才開，因等待處理閩變的蔣委員長廿二日由建甌飛回參加，我也正好趕上這次會議。廿五日選舉林森連任國民政府主席後，會議即行閉幕，其他並無何等重要決議。

　　中央的政治重心在蔣委員長，因他很忙，廿四日黃紹竑部長先和我到行政院謁汪院長。汪氏那次曾面告我五事：

　　一、我在中央，雖無益於桂，但亦不做有害於桂的事。

　　二、桂何必做粵的附庸？粵每次通電後陳伯南必另電陳明是為人所迫而出此，閩變發生後，更說要用一部份兵力防範廣西。

　　三、廣西可否不簽名於粵方通電？在一年內，中央可每月加給廣西二十萬元。

　　四、滇、桂、黔劃為一區，交廣西負責，可否？

　　五、黃建平似不明瞭廣西情形，最好改派張伯璇（定璠）為代表。

　　我當時答應汪氏將後三事轉達李、白決定。

我初見蔣是廿三日在會場中由黃紹紘介紹，第二次是廿六晚應蔣約宴中委，都沒談及正事。廿七日晨，蔣約黃偕我往見。

蔣問：「德鄰、健生對政治有甚麼主張？」

我答：「他們感覺外患日急，希望國內所有力量能夠團結一致去應付，否則，彼此摩擦，力量必至相消。」

蔣云：「劃清中央與地方的權限，則外交、軍事、財政應統一於中央，必須統一才能對外。廣西聲譽很好，望倡率擁護中央，則西南的力量，終須為國家負重大責任。統一後的交通、國防、經濟、中央都應負責，對地方補助，自不成問題。」

我說：「廣西和西南各省，現在都在中央命令之下，似不須另有何種形式擁護的表示。」

黃紹紘也說：「現在只宜互諒共信，否則形式表示，亦屬徒然。」

最後我說：「德鄰和健生都衷心佩服委員長可擔當國家大任。但不知委員長對他們還有甚麼不了解的地方？」

蔣云：「比方米稅，何必故違中央的命令？」

蔣不提重大的而只提這些小事。

這是我首次謁見中央政治最高領導者的情形。

黃擬四辦法、蔣汪表同意

過了一天，廿九日清晨，黃紹紘部長和我又談廣西問題，他寫成了如下的四項辦法：

一、軍事：第一步，由軍事委員會通令各省整理軍隊，縮減軍費；並由訓練總監部派員檢閱，廣西對檢閱員正式接待；第二步，根據檢閱之報告，由中央正式承認其現有之兵額，此後有減無增，以免彼此之懷疑。

二、政治：第一步，由行政院明令整理全國政治，並由行政院派員至各省視察，廣西對中央人員正式接待，中央對視察員之報告，如認為成績良好，則明令嘉獎之；第二步，桂省政府人員之任免，依法呈報中央。

三、經濟：（甲）設立滇、黔、桂三省經濟建設委員會，中央及滇、黔、桂各派委員二人，以李宗仁為委員長，以謀三省交通、經濟之發展，款項由中央酌予撥助；（乙）國防工業之合作，桂省之硫酸、酒精出品，由中央購備，儲為國防之用。

四、廣西對西南政務委員會取冷淡態度，由其自生自滅，如再有其他之特殊舉動，廣西決不參加。

他這套辦法，是根源於他的和平統一想法而來的，和我們只求暫時緩和的想法，本有很大的距離，但我眼見中央尚未注重「攘外」，無論合作或統一，都屬渺茫，什麼辦法都不易成為事實的，所以也就表示同意。他寫好後，上午十一時和我去謁汪院長商討，汪也贊成，但說，恐怕經濟委員會無款可撥。黃紹竑以汪已同意，三十日又報告蔣委員長。當夜，蔣又召見我。

蔣先問我：「這次來京有些什麼感想？」

我云：「會議的精神比較從前進步。」

蔣說：「團結才有力量。」

我云：「一點不錯！團結之後，恐怕對外還覺力量不夠呢？」

蔣又說：「今日黃部長所提和旭初兄商定各件，很好！」隨即一面叫人檢取密碼本，一面執筆寫致李「德鄰兄」函，一併交我帶歸。並說：「望時常派重要人員來京，彼此來往多些，隔閡自少。」又說：「合起來成了團體，無論做個人事業，或盡力國家，都有好處。」

我請他以後對廣西可萬分放心。

這是我在南京緩和寧桂政治對立的經過。

吳忠信問我、桂省三態度

我卅一日夜間離京，二月一日到滬。

某夜，我和張定璠訪吳忠信，吳氏說：「我現在想以個人的地位問你，廣西對下列三種態度如何？一、與中央合作，但廣西須確實承認蔣的地位，廣西也可得相當的利益，就是廣西要承認蔣為全國最高領袖，則德鄰想做行政院長，或地方的軍區長，或政治分會主席，均可隨意。二、假如蔣對粵用兵，廣西怎樣？三、照現在馬馬虎虎的樣子。」

我說：「我們只談制度應地方分權，何必單提廣西？」張定璠從旁道：「彼此開誠，才有可談，此事可待旭初先生回去報告。」

張定璠又建議：「廣西此時確應和中央敷衍。吳禮卿（忠信字）應赴桂與否，待你回邕後再說。季寬（紹竑字）所擬四項辦法，前三項無問題，惟對粵太冷淡，似有顧慮，此次回去，應對胡漢民、陳濟棠說明來京只圖對人緩和而已。」彼此所見略同。

我離滬前一天，黃紹竑由京到滬，他、我、張定璠三人又談到廣西

問題，張云：「桂聯粵，如與鹿豕遊；桂聯蔣，如與虎狼居。」黃也以為然，但說：「這虎一時還不會食我。」他們說的是笑話，也是實情。

廣西因與中央（其實是與蔣氏個人）的隔閡未除，發生過好些障礙。例如省內想進行經濟建設而缺乏資本，我曾向立法院孫哲生院長請教：「假如廣西發行省公債法案送到立法院，有無通過的希望？」孫氏答道：「廣西發行公債，當然可行，湘鄂已有先例，只要中央政治會議通過，交到立法院，不過例行手續而已。」我回到上海，特為此事和張公權、陳光甫兩位銀行家商談，陳光甫說：「我們鑑於國華銀行有十九路軍股份，且有將被封閉的風聲，廣西如果發行公債，請恕不敢承銷。」張公權也表示難於承受。又：當時政治中人，有些想遊廣西而又不敢去，趙恒惕便是其中之一。

上海是商場，也是政治交易所，各方都有代表常駐在那裏。如閻錫山的代表薛篤弼、馮玉祥的代表黃少谷、韓復榘的代表李光漢、梁冠英的代表韓駿傑、孫殿英的代表張幼群、劉湘的代表傅真吾等，都來和我聯絡，酬應紛繁，儼然如商家的招攬顧客，殷勤而又親熱。

在滬一週，公私事了，二月七日，偕金國寶、溫挺修、楊綽菴幾位搭乘「傑弗遜」總統輪南歸。

對粵緊聯繫、對寧續敷衍

二月九日午間返抵香港。與張任民、王季文往訪胡漢民委員。胡對陳濟棠過去對兩廣合作的態度表示不滿，他道：「陳伯南說，兩廣以後要認真合作，對北方則秘密結合。請你們問伯南，如何認真法？」

當時香港的政客不及上海多，我停留的日子又短，卻也遇上少數幾位。

劉震寰、唐繼虞兩位曾談及華北情形，說是韓（復榘）、閻（錫山）、張（學良）已覺悟非團結不能自存，吾人應設法與之切實聯絡。劉震寰對我言之至再。

李朗如則評論廣東局勢道：「陳伯南判斷贛共未平，蔣不能對粵，將會大誤，蔣把軍事佈置妥當後，就會把廣東的財政、軍事、政治逐次收歸中央了。」

黃建平十日由邕趕到香港和我晤談後，我即乘東安夜船赴廣州，十一日晨到達。午後，與張任民、王季文訪陳濟棠。不知陳氏是否因聽到了胡漢民對他的評論，此時他的反蔣態度表示得很堅決，對於兩廣合作問題，已不談前提，只談辦法。李宗仁總司令由邕七日給我的電報，託我向陳氏

請教，我把原電給陳看，請他將辦法寫交我帶回去，他寫成如下：

根本方略：

一、表面敷衍。但須彼此通知，以免誤會。

二、實際工作。（一）用某種方式使滇、黔、川一致團結，以鞏固根本，放政治異彩；（二）如敵對粵時，桂出奇兵相助；（三）對北方秘密聯絡，團結力量。

附帶：

一、運用外交。

二、充實力量。

我在粵與西南執行部和西南政務委員會也有接洽應酬。十三日午乘廣三鐵路火車到三水，搭江寧船回梧州，十四日到。我因久未巡視梧鬱各屬，歸途乘便視察，十九晚才返抵南寧。

我將此行所得向李、白兩位及幹部報告。一般情勢和我赴京前並無變動，大家決定：對粵仍切實聯繫，對寧應繼續敷衍。

廿三日由我分別電致各方：一、電蔣委員長和汪院長：報告已返抵邕，李、白已同意四項辦法；二、電黃紹竑部長：請回邕一行；三、電粵張任民，告知對時局意見，此間與伯南一致；四、電滬張定璠，告知對時局意見，此間同人完全贊同尊議。

至此，我南京之行的使命暫告一段落。

互信難建立、辦法成空話

自是以後，南京和南寧之間，對於所謂四項辦法，一方催促實行，一方著意敷衍，電報往返多次，茲彙記如下：

二月廿八日，蔣、汪、黃三位對我廿三日電都有答覆。汪電未說甚麼。蔣電云：「盼諸兄將季寬所擬四項辦法，妥為規劃，見諸實施。」黃電云：「中央擬派張華輔視察廣西軍隊。對政治亦擬派資望較深者前往視察。對滇、黔、桂經濟委員會事，最好由桂先兩向省接洽。」李即電覆黃道：「中央派員來桂視察，甚表歡迎。至三省經濟委員會，對滇黔恐反為所累，中央能助桂便好，他不敢望。……」

數日後，黃紹竑又以魚電致李宗仁謂，蔣囑其詢問派員來桂實行時期。李於三月九日覆電云：「蔣鼎文到粵商剿共計劃，伯南約往共商，擬即赴粵。中央派員來桂，極所歡迎，最好待弟自粵歸後實行，以便親自招待，請轉報蔣委員長。」

李宗仁於廿四日離邕赴粵。黃紹竑又來兩電，其一謂：「所商四項辦法，望早實行。」我電覆說：「待李歸即實施。」三月廿八日黃又由蚌埠來電：「四項辦法，經電蔣，並得覆，將派吳禮卿主持視察桂省政治，行期定，再電告。現赴北平。」按黃氏為籌備他自己遠征新疆的事，自此在北平、太原、蘭州各處耽擱直到五月中旬，其間有過兩次來電是為汽車司機的事。五月廿四日他由南京電我謂桂省應派代表出席財政會議，都未提及四項辦法。行政院四月間通令將派大員視察各省，但不知是否為廣西而發，後也未有派員到桂。四項辦法，雙方遂不再提。

團結與自衛、粵湘費周旋

敷衍自然是難長久的，虎一時雖不食我，只要虎在，總要時刻防著，我們只好團結粵湘，準備自衛。

粵湘雖以桂寧對立而有利，但彼此相處卻也不易，我們對粵便碰上好些困難。粵方雖說與我認真合作，但關於經濟和財政，我們屢次派員到粵，而對方並未開誠相商。一次，李宗仁總司令特別為此由粵電我，在經濟上勿與粵發生惡感，務須忍讓，免礙合作。粵人當時有不滿於其當局之措施而欲另謀出路的，三月間局勢頗感動盪，李宗仁乃赴廣州久駐，無形中為其消弭了危機，內部才漸次穩固。有一有地位的廣東友人，是年三月間遊歐初歸，到邕訪問，想說動廣西改造粵局。但我們以為廣東現狀雖不無令人失望之處，此時如桂不要粵，即無異助寧，故對粵始終抱著親仁善鄰態度。五月間又有一粵籍著名將軍到邕，他料敵攻桂不易，或先對粵，以封鎖桂的經濟，故桂應挑選精銳部隊到粵，既可鎮定粵方的游移份子，又可打破敵方的主力，局勢即可大定。但我們都無法接納他的意見。

湖南在五月間，蔣委員長一面令何鍵從速清剿湘南的匪，並趕築公路、飛機場、堡壘線、電話網；一面直接派人來辦。風聲所播，謠言很多，人疑戰事將發，廣西紙幣市價為之略低。六月下旬，何鍵到粵（何對中央說是會商五省聯絡剿匪）和李宗仁、陳濟棠兩總司令商談改造時局問題，對步驟和方式，未聞談出何種結論。

我們為應付不虞的事變，白副總司令崇禧曾迭次召集軍隊和民團的幹部，討論桂柳邕的防禦計劃、武器的充實、民團的訓練等重要問題，決定後即分別付諸實施。

寧桂間關係、因剿共變化

　　黃紹竑遠征新疆的計劃，忽奉蔣令停止進行，使他非常懊喪，黃由
蘭州回京後，即請假三月回籍。我們聞訊，即去電歡迎他回桂。他先回家
鄉小住，六月廿八日到邕，我們和他談話甚多，他主張政治須與中央有誠
意的互相諒解，經濟須與粵方切實商洽。七月一日，葉琪、夏威、黃紹竑
和我四人復作竟日談，他和我們約定，回京後向蔣探得真實情況，作一忠
實的報告。七月五日他夫婦離邕，廿三日返抵南京。八月廿五日他由廬山
牯嶺給我們來電云：「一、迭晤汪蔣，對西南事絕對不願再用兵，所傳種
種，絕非事實。分治合作，原則贊成，囑弟等擬具方案，不知兄等對弟在
港所擬辦法，意見如何？如以為大致可行，將來定可通過。湘事為在京湘
人主動，蔣似不贊成，已將鄧文儀調職，可為明證。二、傅宜生之秘書由
新疆逃回云：俄兵一部入迪化，張培×死，馬仲英敗，皆由於此。盛世才
表面仍稱中央，但禁止交通，暗附蘇俄，新疆名存實亡。三、四川劉湘屢
敗，通電辭職，不知去向。赤匪襲夔萬，川局將無法收拾。四、日俄形勢
極為緊張，或將俟新甘川共匪之連合而爆發。我內須剿共，外須防日，應
付殊感困難。加以五省天災，民力已竭，前途殊難樂觀。以上各點，皆為
不能對西南用兵事實。西南此時，宜著眼於防共、國防兩點，以應付來日
之大難，不必再有其他之顧慮。首要問題，為兩廣經濟合作，計劃若能確
立，則可同保一隅，否則非弟之所敢料也。未審兄等以為然否？茲郵寄拙
作一份，以供參考。此電可請伯南兄閱，但請秘密。……」

　　黃氏電中要我們著眼防共問題，那時贛共已決定大舉傾巢西竄，其先
遣部隊蕭克已達湘南，大隊於十一月下旬衝過桂北，轉奔黔川，中央部隊
追擊，直入貴州，軍事形勢一變，廣西與中央的關係，跟著也有所變化。

第二十二章　共軍西竄之際中央圖統一西南

　　民國廿三年冬贛共西竄，其間，中央、西南、中共三方面都極盡利用政治矛盾的能事，結果是中共歷盡艱險逃出生天；兩廣忙碌了一番，僅維持現狀；中央改造了貴州，控制了四川，雖或尚未符合原來的理想，收穫總算不小了，但是否因太過注重統一而反使中共得了便利？且留待歷史家去評論。

　　其在軍事方面的情形，朱毛大隊由贛突圍而出時，粵軍首當其衝，頗受損失。由是經過湘南，一個月才到桂邊，中間未聞有何激戰。桂北的戰況，已詳文中。竄黔後情形，也涉及概略；其中有一點應指出的是：民廿四年四月十一日中共由甕安復南竄到貴陽南方的青巖、定番一帶，逼近桂邊，我方尚派王贊斌師由南丹向天峨防備；但依四月十五日蔣氏覆張定璠，劉斐的電文說，共軍至此殘餘不過三千。此或僅指一部，或屬「外交辭令」，否則以此微小的殘兵敗卒，豈能越險萬里，經滇、康、川、甘而達陝北？

　　先明此提要，更易讀本文。

中央藉追兵、圖統一西南

　　自「九一八」事變後，抗日、勦共、統一為中央最感困難而又必須尋求解決的三大問題。全國人民對於勦共和統一，當然也表示同情，但以要求徹底抗日的情緒為最激昂，對政府的督促和責備也以此為最嚴厲。中央當局似非不知藉共禦外侮可止息內爭，但又以對日尚須待得國際的助力，眼前的打算，非先勦平江西的共軍，即無法統一西南，更無法全力抗日，故對日力事忍讓妥協，好騰出力量以先對共。

　　照一般人事後的分析，都認為蔣委員長早已決定以勦共謀統一的策略，要以一箭射雙鵰。當民廿三年六月下旬，共軍勢力日蹙，在贛僅餘五縣，在閩僅餘四縣，他不將共軍壓迫向東南入海，使其無路可逃，反於八月間限令在閩勦共部隊，須在十月中旬各自擊破當面的赤匪。這樣，共軍

只得西奔，中央軍尾追，乘勢進入西南，名正言順，當之者不能拒，一舉而將貴州和四川歸入掌握，雲南不能再有異動，剩下兩廣，已為勢益孤。

不過，共軍之所以採取西向這條路，卻也經過全盤考慮的。他們眼見西南這個區域，兩廣既和南京對立，貴州、雲南、四川以至西康的地方當局，莫不彼此互相猜忌，又和中央貌合神離，無處不顯露矛盾的縫隙，不難穿過其中以另闢新天地，並非盲目的冒險。不意，共軍這樣的行動，恰好適合了中樞當局的利用。

贛共西竄，分為兩次，民廿三年八月，以蕭克為先遣隊作試探，到十月大隊才傾巢而出。廣西非其所欲取，只是路經桂北，卻吃上了廣西不小的打擊。

蕭克竄黔東、被廖磊擊散

蕭克統率二萬三千人由贛南的南康、大庾入粵北的南雄，再橫過湘南的嘉禾、藍山、永明而入桂北，沿途並未遇到中央軍的追擊。我們首次得到由贛南向湘粵交界地方衝出的消息，是在那年八月十八日。到了廿二日，蕭部已竄抵湘南新田各縣，永州告急。那時桂林只駐有第七軍的周祖晃第十九師，桂北各縣只有地方的民團，力量單薄，第四集團軍總司令部急令第七軍軍長廖磊親率覃連芳的第廿四師由柳州開赴桂北增援。蕭部九月一日已渡過瀟水南岸，二日突入桂北灌陽縣的文市，擄去鄉長數人。五日越過桂全公路以西。八日廣西的空軍派機一架到西延偵察，被共軍用機關槍擊落焚毀，飛行員韋淳傑、沈瀛陣亡，共軍即入湘境綏寧向黔邊逃去。而此時我覃連芳師尚未到達桂林。

蕭克此次穿過桂北未受損失，暴露了軍警民團和縣政府的無力和疏忽。事後據桂林區民團指揮官陳恩元報告：「民團、軍隊、飛機對這次勦共的試驗，都發現了缺點。民團只做到了按照命令的時間集合。軍隊裝備累贅，行動時需要大批伕力；行軍力又太差。飛機完全偵察不到敵蹤，因共軍晚上七時才開始行動，早晨八時即停止不行，天一亮即戴上偽裝，飛機不獨無法發覺，共軍反打傷我軍、湘軍和民團。共方的偵探和便衣隊，俱扮做乞丐或小販，故嚮導極熟，並未走錯路。所到鄉村墟市，某家有錢都被打聽清楚，拍門要糧，吃不了即分給人民。軍紀不壞，故民眾都不說共產黨可怕。」

這一役的指揮者是廖磊軍長，他向來善戰，責任心很重，碰上了這個結果，激起了慚愧和氣憤，親率周、覃兩師疾追，誓要撲滅蕭克。經過

通道、黎平、除得到湘軍李覺、陳光中兩部曾與共軍在湘黔邊區小有接觸的消息外，廖軍從未追上共軍，根本看不見共軍的蹤影。到了黔東地帶，人煙稀少，大部隊的行動，已無法隱蔽，經過了一番搜索，至九月廿七日，終於在劍河縣的大廣村前面，發現了共軍的宿營地。當夜十二時開始攻擊，共軍不能躲避，經數小時的劇烈搏戰，共軍傷亡近千，天未破曉，共軍即放棄抵抗而逃。廖軍長下令啣尾窮追，在石阡、餘慶間的大青山再被追上，又給其一次痛擊，已潰不成軍，蕭克率領殘餘三四千人向湘西投奔賀龍去了。廖軍長才雪了桂北之恥。貴州省主席兼第廿五軍長王家烈，於是年一月中旬黔桂公路初通時，曾和李（宗仁）總司令在六寨約會過，這次第七軍又遠來為其肅清共軍，王氏極表感激，派員到鎮遠犒勞全軍官兵。並商請仍留廖都駐黔，我方未允，廖氏乃班師回桂。

朱毛犯桂北、損折萬餘人

我們雖擊散了蕭克，但料贛共將繼續而來，其根據有二：一、白副總司令崇禧八月廿八日由廣州經韶關赴安遠檢閱廣西派往協勦贛共的王贊斌師，九月八日回到南寧說：「此次視察東江防線，覺共軍如果想由何處衝出，都有可能，本省應在東北地區趕做防禦準備，以防贛共二次西來。」於是，他即召集各區民團指揮官會議，決定防共辦法，即付實施。二、過了半個月，九月廿二日，據被蕭克部隊擄去放歸的許某報告：「匪裏面說：大隊趕不上，累得我們跑死。」這說明蕭克只是開路先鋒，大隊還在後頭。

果然不出所料！我們十月廿三日接余漢謀廿二夜的來電說：「贛共突圍西竄，贛州、信豐、南雄已發生劇烈戰事。」李白總副司令立刻下令部隊向桂林集中，連遠駐龍州的第四十五師都調去。省政府也趕著籌劃戰費。十一月九日，白氏即親赴桂林指揮。

毛澤東、朱德、陳紹禹、林祖涵、董必武、周恩來、王稼穡、秦邦憲等（這是中共沿途所貼佈告上見到的名字），統率贛南赤區黨政人員和十餘萬紅軍傾巢而出，沿著蕭克所走的舊路前進。劉伯承和少年先鋒隊在先頭，林彪為右側衛，彭德懷做殿後。其主力十一月廿一日已在江華，道縣間渡過瀟水。其先頭部隊衝入桂北灌陽縣屬的蔣家嶺、文市各處是在廿四日晚上。

廣西動員了十一個步兵團（全省僅有十七團和十五個聯隊的民團，等候共軍入到灌陽的新墟，即給一其次痛擊，使得共軍完全失去了銳氣，沿

途復到處遭受截擊，十二月十二日才得狼狽脫離了廣西境界。中央軍和湘軍也來到全縣。這一役，共軍戰死的有三千多，被俘的有七千多。俘虜中閩贛人最多；第四集團軍政訓處長潘宜之集合他們講話，他們竟高呼「打倒共產黨」的口號；後悉數遭送各回原籍。其間，白崇禧氏曾接蔣委員長由南昌來電，責其在桂北佈防不力，白覆電力闢其妄。為駕輕就熟，仍著廖磊率第七軍直追入黔，由三江經榕江而到都勻。戰後，省政府派民政廳長雷殷到戰區慰勞軍民，據其報告：「全縣損失於共軍者少，損失於中央軍和湘軍者多。」

寧粵爭取黔、蔣氏佔先著

　　中央軍由贛追共，所經各省，一面與之合作，同時也懷戒心。共軍竄經粵桂，都是只掠邊境過去，且未停留，中央軍自無機會深入衝要，兩廣也就無事。黔東既被共軍竄入，蔣氏即令薛岳、顧祝同率領中央軍入黔，繞道先行進駐省會貴陽。此時共軍只徘徊於鎮遠、施秉、重安江、鑪山之線，未敗向貴陽進逼，及知道貴陽已被中央軍入駐，再集結部隊直趨息烽，渡過烏江，攻陷遵義、桐梓，勢欲入川。而蔣氏對四川也和貴州同時部署，十二月廿九日，派賀國光率領「委員長行營參謀團」飛赴重慶，召集四川各將領討論剿共的策略。劉湘聞共軍到松坎，先已集中部隊在江津、綦江一帶防備。蔣氏先謀確實掌握黔局，也不即令各軍向共軍進攻，而由軍事委員會任雲南的龍雲為追剿第二軍總司令，薛岳為前敵總指揮，均於民廿四年二月八日通電就職，下分吳奇偉、周渾元、王家烈、孫渡四個縱隊。二月十九日，行政院任薛岳為貴州綏靖主任。廿五日，共軍以川中有備，不易通過，又回攻桐梓、遵義，周渾元、王家烈兩軍大敗，退守烏江南岸。三月卅日共軍渡烏江迫息烽，貴陽震動。王家烈被扣押解往漢口。四月十六日，行政院任命吳忠信為貴州省主席。共軍在黔，往復盤桓，長達四月，使中央改造黔局的進行，毫不費力，徹底完成。

　　西南方面，對貴州也認為關係重要，國民黨四屆五中全會十二月十日在南京開幕，陳濟棠、李宗仁十二日即聯名上電請纓，願以粵桂聯軍入黔追共。廖磊曾於民廿四年二月初到貴陽訪問薛岳，悉中央軍並無離筑追共意圖，倘久駐下去，將使廣西感到不安。西南政務委員會曾通電指責謂，中央軍停留貴陽，豈是剿共？二月中旬，並令陳濟棠派張達的第二軍由廣州水運到柳州，再循黔桂公路上到獨山，和駐在都勻的廣西第七軍聯成一氣。但蔣氏已佔先著，西南對黔政局，終無從染指。

謀軍事合作、因黔定未成

　　當民廿四年四月初黔局情形危急時，廣西曾試圖與蔣氏為軍事上的合作，而卒未成功。蔣委員長剛於三月廿四日到貴陽，即來電邀李宗仁總司令往晤。李以彼此互信不足，見面若無所成，反不如不見為佳，乃於三月廿八日，派張定璠、劉斐為代表赴筑謁蔣，而李氏本人即赴廣州。張、劉兩人到筑，值共軍渡烏江向息烽南下，貴陽動搖。蔣氏於四月一日直接電白副總司令和廖軍長，令廖軍前進到馬場坪候命。白即令廖以一部進駐馬場坪。張、劉二日離筑，四日返抵邕云：「蔣感快慰的有三點：一、白寫親筆信致他；二、並派劉斐去見他；三、遵命派兵到馬場坪。蔣又表示三點：一、高級文武官員，應請中央任命；二、絕不以經濟和武力害桂；三、望共同剿共。」張定璠並建議：蔣氏為人對事，早晚時價不同，此時能從剿共軍事上先謀合作，也未嘗不是一個機會。白氏和我們都以為然。仍由張、劉赴粵向李（宗仁）總司令報告使黔情形，請其決定；並向西南政務委員會陳述：「往年對贛共，曾由政委會授權陳（濟棠）總司令與蔣氏商洽合剿；今對黔共，自應授權李（宗仁）總司令與蔣氏商洽合剿。」李氏和政委會都表示同意，仍由張、劉二人電呈蔣氏。蔣四月十五日由筑覆電云：「共匪自在龍里、貴定被擊潰後，餘六千人，沿途逃散病亡又三千人，匪不足平。」對張、劉意見，未予採納。到四月下旬，共軍已陸續離黔入滇向金沙江竄去，黔遂穩定，時價自更不同了。吳忠信素為蔣、李之間的橋樑，蔣以吳主黔，意在要其善處桂方，可不言而喻。

　　黔共既平，陳濟棠於六月初將駐桂粵軍悉調回粵，又召集粵軍將領會議，且代表四出。廿二日，西南執行部因南京和日本簽訂「何梅協定」，發電質問中央對華北事變究竟如何對付？南京方面把這些事件拚合起來，而散佈西南將乘危動兵的空氣，藉近來人心厭惡戰爭的心理，以打擊西南。胡漢民六月九日赴歐洲養病，也與此有關。

　　廣西此時的處境，雖非險惡，卻頗沉悶。與南京形式上並未破裂，說不上言和；自身實力很小，師出無名，人厭內爭，絕不能言戰。故只有對省內努力建設，對鄰省親善協和，對中央減少磨擦，以尋求和平的機會。不久，而以葉琪使川，黃紹竑又回桂，幾乎要打通這條崎嶇的道路！

第二十三章　李宗仁不出席五全代會經過

本章記述民廿四年秋冬間寧桂兩方的動態。在此期間，兩方面的情勢，大概如次：

南京方面：因日本人的壓迫愈來愈兇，華北自治的傳說很盛。中央的兵力雖已控制貴州和四川，後方退路比前稍寬，膽子略壯。但西南在日人極力挑撥煽惑之下，是否會起來響應華北呢？萬一起來，用兵討伐，勢有不能，則國事前途，將不堪問。全般打算，自以安撫為上策，尤其是對於廣西為然。

廣西方面：因中央對付日本的侵略，專事退讓，只有先安內而後攘外的言論，而無堅決抵抗的決心，自不能不心存戒備，外間對廣西雖少惡評，但若掀起反蔣內戰，決為國人所不諒，且亦無此力量。故無形中存在著與對方妥協的客觀因素。

當時若干有心人在中間看出了雙方這種處境，起而奔走疏解，於是發生了本章的事實。然而，終因當時的環境，尚未能使雙方歷史上積累的隔閡，在心理上徹底消除，致合作將成而復停頓，對立局面又拖下去。

窘境未打破、葉琪墮馬死

自貴州為中央完全控制後，廣西更受威脅。外患日亟，國人非常厭惡內戰，反蔣又難得同情。這是我們處著的窘境。

有何方法能夠打破這個窘境呢？

「均權」尚不失為一個正大光明的題目。這是孫總理的遺教，而現在中央屬行集權是違反總理遺教，為許多地方負責者所不喜的。為以此問題探測各方的意見，民廿四年五月廿九日，白崇禧副總司令派總參謀長葉琪由邕赴穗，向李宗仁總司令陳述此意。李氏也以為不妨試去進行，遂於是年六月八日，派葉琪由廣州先飛往武漢，再轉赴四川。

葉氏此行，對各方情況頗有所得，據其報告：

一、在川謁見蔣委員長，頗能暢所欲言。他對地方的中間組織如政治分會、軍委會分會之類，謂無大問題。惟對特務組織，表示不能

放棄。

二、張學良、何鍵均不能自動反蔣，廣東不足與言云。

黃紹竑那時任浙江省政府主席，他是一貫主張和平統一的，葉琪入川謁蔣情事為其所聞，七月四日，他由上海致電李、白，勸廣西勿與南京分開，免中日人的奸計，最好能派葉琪到南京一行面商調解對立局面的辦法，彼即赴川謁蔣云。因彼時蔣汪正鬧意見，黃氏深恐因此而又引起國內的政潮，故有此電。我們本來準備根據葉氏的報告，從容仔細研討一個應付時局方案的，殊不料，葉氏於八日晨間六時一刻，由寓所乘馬入總部辦公，馬在街中無故發狂，不受控馭，轉彎時被摔墮下，傷及延髓，立即昏迷，不能言語，至上午九時半而逝，真所謂人有旦夕禍福！葉氏既罹意外，對黃電所請，也就擱下了。

為航空協定、汪精衛托病

黃紹竑七月四日赴川謁蔣，是為行政院長汪兆銘三日藉病離京的事。汪正在進行他的中日外交調整工作，中日航空協定，即為其調整工作之一，蔣氏臨時反對簽訂，不僅予日本一個警告，也予汪氏政策一個致命的打擊。汪因此以養病為名，逃避青島。汪的親信實業部長陳公博、鐵道部長顧孟餘、僑務委員會委員長陳樹人等也跟踪而去，中央政局起了一個軒然大波。南京方面，有好些人因汪氏的走，認為政治上失了重心，恐怕因此引起日本的武裝侵略行動，同時又恐怕再引起國內政治上的重大糾紛，蔣氏那時正在成都，大家要黃紹竑見蔣面陳種切，並探明蔣對汪出走的態度。黃飛到成都，即和楊永泰謁蔣，陳述來意。蔣說：「如果日本因為航空協定簽訂不成，欲以武力壓迫，我就立刻對他開戰。以前因為中央力量尚未深入四川，東南各省交通便利，距敵過近，不能作長久抗戰根據地；現在中央軍隊已進駐四川，即使開戰，一定可以持久，爭取最後的勝利。」黃楊兩人以為四川初定，西南方面尚有問題，統一基礎未臻鞏固。而且國防的準備，正待積極完成。辯論一番後，蔣說：「你們的顧慮，都是就以前或目前的看法來說，我可斷言，中日一旦開戰，這些問題都要化為烏有，國內一定更加團結統一，國防的準備會比平時迅速得多。我以為中央力量到了四川，日本不敢即時對我開戰。航空協定問題不必再談。如果日本不發動武力侵略，仍可由汪先生與其敷衍。」黃歸告南京各人，並勸汪回京。八月十九日蔣由成都、二十日汪由青島分別抵京，廿一日彼此晤談，一場風波，乃告平息。

蔣和黃、楊在上述對談中，已涉及西南問題。黃氏對廣西問題，當另有特別陳述商討，故八月十五日，黃即由浙江到南寧。

舊帳算不清、蔣以和為貴

　　黃紹竑抵邕，八月十六日，李、白兩位即約同夏威、廖磊和我數人和他談了一次蔣桂問題，頗為深入。至十九日，我特邀二十多位對經濟問題有興趣的人和黃氏討論廣西經濟建設。二十日，我又陪黃氏暢遊武鳴。廿一日，繼續討論經濟建設；廿二日，黃氏和陳秋安、桂競秋、邱昌渭、賀典絪等討論後，寫成〈廣西省經濟建設原則〉，包含機構、金融、生產、貿易、貨幣五項，共十六條，採取統制經濟原則。是夜，李、白邀黃氏、李任仁和我商定了一個應付時局的方案，大要是：「將全國劃為若干區，區設政治分會或政務委員會；粵桂黔為一區，將西南政務委員會改組。粵設一綏靖主任，桂黔設一綏靖主任。第一、第四兩集團軍的隊號，改與全國一致。」

　　這是黃氏此來商得的結論。廿三日，李、黃兩位聯袂赴粵，黃即由粵北歸。

　　蔣氏的政治活動和剿共費用，當時是靠特貨稅為挹注。是年五月廿九日，蔣更自兼禁菸總監。後更施行特貨統稅，予廣西收入以不良的影響，我由省府派陳雄到貴陽，與黔省商洽改善辦法，獲得彼此同意。適共軍又由川北欲向成都反攻，四川將領有不穩的徵象，蔣令顧祝同九月三日由黔飛川防備，我遂將「改善禁菸辦法」託顧氏攜赴峨嵋向蔣請示。

　　黃紹竑也於九月三日由上海飛川謁蔣，我接他由成都拍來的微晨（五日）電云：「與暢卿（指楊永泰）談特稅事，據云，所定辦法，與兄完全一致。政治問題，亦甚同意。俟明日到峨嵋謁蔣後再詳告。」二十日黃又來電云：「蔣允將滇黔桂劃為一區，以德鄰為正，龍雲為副，因蔣曾將黔許龍之故。此案將在五全代會提出。並望德鄰能出席五全代會，於蔣面子較為好看。」

　　九月底，黃建平由滬到邕，帶來黃紹竑長函，詳述由桂歸後赴川謁蔣的經過。另有張定璠函也述及此事。建平又說：「顧祝同曾告訴伯璇云：蔣為西南問題，曾召集幹部討論，我自己和陳誠、吳忠信主和；陳儀、熊式輝等主張討伐；甘麗初、羅奇等主聯粵討桂；蔣表示今非昔比，舊帳已算不清，桂若能和，不啻增兵百萬。但蔣對撤退駐黔中央軍一事不能同意，謂此非對桂，實在控川。」

十月，李、白接黃紹竑真（十一日）電，商詢與蔣合作的條件。李、白提出十項答覆他。蔣於是月十六日由京到杭，黃是否敢將十項向蔣逕行提出？未有所聞。

對蔣失信心、李不來赴會

國民黨第五次全國代表大會定於民廿四年總理誕辰開幕，黃紹竑以為這是調解蔣桂問題一個好機會，十一月七日，他來電敦促李、白兩位屆時赴京出席，詞意懇切。幹部同人也主張李氏赴會，免為廣東所累死。但李氏未即決定。

在五全代會前，曾發生幾件事：

一、十月下旬，廣州的黨方面，特地放出在粵召開五全代會的空氣，實際為粵省對南京討價的工具。

二、汪兆銘在十一月一日六中全會開幕時，被人行刺受傷，汪夫人當場指責為有人主使，但事態幸未擴大。

三、中央於十一月四日派載傳賢、馬超俊飛廣州，與陳濟棠、李宗仁等交換時局意見，戴等認為此行結果圓滿，八日返京覆命。

歷屆中委和新選代表是一同出席五全代會的。會前，桂籍中委鄧家彥、甘乃光、黃紹竑、李任仁先在京滬；李濟深、白崇禧不赴會；李宗仁在粵，我在邕。廣西省黨部代表九人：麥煥章、張任民、黃鈞達、黃中漢、胡訥生、蔣培英、羅紹徽、謝殿棟、洪惠周；第四集團軍特別黨部代表一人：韋雲淞；其時張任民在粵，韋雲淞在邕，其餘八人已經港乘船北上。十一月十日，我和韋雲淞由邕飛穗，晤李宗仁，詢以是否一同赴京出席？他說：「已電告蔣氏，謂須回邕處理各事後再來。此時應由你們到京後看情形如何？再行定奪。」十一日上午八時，我與張任民、韋雲淞和粵省中委林雲陔、劉紀文、黃麟書等飛南京，下午一時到達。即與林雲陔、劉紀文兩位先到醫院問候汪院長，他的傷勢已無大礙；又晉謁國府林主席、各院院長和蔣委員長，這是地方官到京應有的禮節。

我十二日參加五全代會在中山陵的開幕典禮。十三日，電請李氏勿返邕，暫留穗。十四日，和吳忠信、張任民、張定璠見蔣委員長，蔣表示：「滇黔桂分區事不成問題，雖曾以黔許龍，但總有方法可改。」我即將見蔣情形報李，並請其來京；吳忠信也另電敦促。十六日，和李任仁、張定璠、張任民、韋雲淞再聯名電催，而李氏已返抵邕，覆我們篠申（十七日申刻）電云：「來電奉悉。京中友好盼弟蒞會，且感且愧！當今救國

癥結，不在弟之入京與否，而在是否容吾人對內採取均權制度，對外實行抗日之主張。倘仍襲故智，以宣傳彌鑕統一為工具，則國事愈壞，可斷言也。」黃紹竑為舒廣西的窘境，吳忠信為解蔣氏的困厄，共望對峙早除，李氏不來，自難實現，黃、吳兩人同感懊喪。李宗仁氏曾致大會巧（十八日）電，提出三項主張，大會竟不宣佈。

中委憑分配、外交受批評

五全代會討論的重要問題及其解決情形，大略如下：

一、外交問題：兼外交部長汪兆銘未能出席，由蔣中正同志在十九日第四次大會作外交報告謂：「吾人應以整個國家與民族的利害為主要對象，一切枝節問題，當為最大的忍耐。復以不侵犯主權為限度，謀各友邦的政治協調；以平等互惠為原則，謀各友邦的經濟合作。和平未至絕望時期，決不放棄和平；犧牲未至最後關頭，決不輕信犧牲。」並決議：由大會授權政府處置外交，以應事機。

二、修改國民黨總章問題：蔣系屬下主張改為領袖制，但為其他派系的人一致反對，故在審查會中和私人間爭論得非常劇烈。汪兆銘二十夜離醫院赴滬，孫科二十、廿一兩日不出席，傳皆與此事有關。蔣看情勢不對，乃於廿一日大會親自提議打銷領袖制的意見，才消解了風潮。

三、憲法草案：通過由大會接受，交中央執行委員會修正。

四、召集國民會議日期：通過須在民國廿五年內。

五、中央委員選舉問題：增加名額共為二百六十人。並由蔣中正同志主張各方都應分配一些。廿二日第七次大會選出中央執行、監察委員二百零八名，廿三日再補選五十二名。

此次西南參加五全代會，原說是整個行動，關於選舉，兩廣和華僑推鄒魯與蔣方商洽，但鄒為自己活動的多，為大眾所不滿。蔣方內部的派系，自己也發生爭鬧。

在會外，評論外交的最多，我所接觸聽到的就已不少。

陳公博云：「今年八月汪在青島時，我曾力勸汪辭職，即不辭行政院長，也應辭外交部長，以免代人受過。不料，汪回京後，一反所言，竟謂『我送還送得有限，恐別人來辦外交，反比我送得多，故願獨任其難。』」

葉恭綽云：「蔣氏權要攬而責不肯負，日方找不著負責者說話，所以

亂來，亂來收効，故軍部冒險成功，外務省無法將其壓倒。使最初即與談判，忍痛割指，將來自不至割臂戕身。」

某氏云：「蔣在廬山，汪在南京，黃郛在北平，對外交事項常不接頭，往往日人說，此事你們政府已經答應，何以你又這樣說？又，中央對勾結日本的人，反予保障升官，何異獎勵賣國？」

關於均權制度，馮玉祥當時曾對我說，他極贊成。閻錫山似不主張，他憂山西會成為日俄交戰區域，故實行土地村公有制，謂此策實現，日人固感頭痛，俄人亦將無可如何云。

兩路應並行、留合作地步

黃紹竑雖因李宗仁不來京而感失望，依然熱心和我們討論廣西今後的做法，他道：「第一條路為和蔣合作，我也知道這是僅為應付目前，並非根本的辦法，因蔣氏根本無改善的希望。第二條路為倒蔣，但西南無此力量，即使能倒，也不易收拾殘局。是否還有第三條路可走呢？即廣西自己採取一種根本改造政治和經濟的方策，以負擔將來最後救亡的責任？」我則主張第一、第三兩路並行。李任仁也以為然，但說，根本辦法的辦法，須略同於社會主義改良派，並要下最大決心去實行。

五全大會廿三日閉幕後，廿五日蔣約我晤談，表示對滇黔桂名義決不失信。當夜，我即和李任仁、張任民出京，廿六日到滬，大家商定為合作路線留個地步起見，最好由王季文以私人資格應蔣召而再與一談。吳忠信對合作是不灰心的，他贊同我們的意見，並即刻電蔣，得覆電後，吳即偕王季文於廿七夜入京。我也將此情電報李、白兩位。

在滬參觀和訪問，曾聽到幾位先生一些可記的意見：

蔣百里云：「日本侵華，乃自北而南，非自東而西，現南京防日計劃，判斷敵人由海州、乍浦登陸，實屬可笑！」

陳蘭生曾參加中山先生的民生主義起草工作，對貨幣問題很有研究，他說：「在這全國通貨尚未統一的時候，廣西貨幣不宜和鄰省一體，以免後受拖累。」

黃炎培云：「資本主義已不宜行，只剩下兩條路：一是由社會主義出發，以完成國家主義；一是由國家主義出發，以走向社會主義；廣西應準備選擇一條。」

俞寰澄接著道：「將來固該準備，目前更為主要，此時廣西應和蔣合作，才易有所作為。」

蔣採王意見、定五項方案

王季文廿九夜由京回抵上海了，他將此行赴京謁蔣的經過情形，對我們報告如下：

「我廿八日到京，先將左列各問題函陳蔣氏：

一、華北問題，是否決心抗戰？

二、抗戰如無外交背景及最後根據地，將得何種結果？

三、日本獨霸遠東，歐美列強對遠東問題是否放棄？

四、放棄華北，日本是否中立？

五、與日抗戰，以南華為根據地是否可以持久？倘能持久，是否可得國際之援助，及其內部之分化？

六、日本對華南，能否如對華北、華中之威脅，及有無效力？各方是否受其各個擊破？

七、華中、華南用何法方能精神團結？現狀下是否團結？來京開會是否便算團結？

八、如認為不團結，如何方可消滅過去之猜忌，及此後雙方之信任，何方應先立信？

九、人之結合，為華南根據地之各別運用，應否先謀蔣、胡、陳、李、白之一致諒解，以運用歐美外交？

「蔣接函後，即約我和禮卿（指吳忠信）於廿九日午刻晤談，對我所言，悉予接受；並對我所提左列五項團結方案，完全採納：

一、蔣、胡、陳、李精神合作，對日抗戰。

二、在華南秘密指定負責人員商定對軍事、外交、內政合作方針。

三、外交聯歐美，請胡接洽，暫時不必回國。

四、分配陳、李新任務。

五、一中全會新政府之組織問題。

「廿九日午後，蔣復單獨召吳忠信面示：德鄰來京與否，均將滇黔桂名義發表，只須想幾句話對付龍志舟。」

我們聽了王氏上述的報告，大家對他和蔣所商的方案，都無異議；並決定由我先歸報告，如果李、白兩位和省內同人同意，即電王季文負責與對方滬行方案的第二項；並由我在經廣州時將概要告知陳濟棠。

剿匪不動餉、團結又成空

我十一月三十日午後搭法國郵船南旋，十二月三日晨間到達香港，未作停留，即乘廣九鐵路火車當日午間到了廣州。午後，訪蕭佛成委員，他以為西南乃救國最後根據地，但須使貴州加入才能鞏固。旋訪陳濟棠總司令，我將蔣、王所談方案概略告知他。四日離穗，天氣不佳，民航機停航，經三水搭「大興」輪西上，五日到梧州。訪李濟深委員，談及政治問題，他說：「南京如有誠意以黔歸桂，不妨接受。將來對日作戰，廣東因有香港為掩護，可作後方的門戶，現在當局似非其任。」六日，天氣仍未轉好，乘汽車回邕，七日到達。我將此次在京滬所得情形向同人報告後，八日，由李總司令電致蔣委員長：「團結方案第二項如須初步討論，派王季文負責面洽。將來必要，並可約定地點相晤。」並同時電知王季文和吳忠信。

十二月九日接李任仁、張任民、張定璠、麥煥章由上海電云：「七日，蔣約禮卿、伯璇、季寬、世棟（指韋雲淞）、任民等面談，謂即可發表德鄰、健生為湘黔桂邊區剿匪軍總副司令。至滇黔桂綏靖主任名義，待剿匪軍進戰再行發表。」李、白當即電覆：「綏靖只可提黔桂，不必牽入雲南。應兩名義同時發表，當同時就職。請禮卿兄轉達蔣委員長。」自第五屆一中全會七日決議改組中央政府後，蔣更兼任行政院長。廿七日，李、白電吳忠信云：「如發表三省邊區剿匪總副司令名義，現共匪西竄，頗有需要，但須助餉。」到了年底，卅一日，國民政府特派李宗仁、白崇禧為湘桂黔邊區剿匪總副司令，以後，對黔桂綏靖主任名義，不見下文；對助餉一節，也無結果，無餉即難行動，故李、白也終未就職。局面仍然是拖。

及胡漢民逝世，蔣氏已無顧忌，乃悉力以解決西南了。

第二十四章　寧桂復合與蔣李重握一幕

　　本章記述民廿五年胡漢民逝後，西南抗日運動失敗，中央統一願望達成的詳細經過。

　　西南方面因胡氏逝世，而中央又急謀統一，遂乘中央對日不敢徹底抵抗，人心憤激之時，奮起發動抗日，不論其動機為何，國人是不會反對的，中央也不好貿然討伐的，形勢可說相當有利。但因地理所限，行動須經過湖南，蔣氏眼明手快，迅速以重兵控制湘局，使湘主席何鍵不敢異動。西南前進道路既被阻塞，局勢再難展開，各方對中央不滿的人，更相率觀望而不敢附和，這是西南第一著的失敗。粵空軍對粵當局的不滿已非一日，地方大員又反對積極的做法，高級將領也不一致，故為對方所分化而瓦解，西南局面折了右臂，遂以不支。

　　桂人性本倔強，意志也頗堅忍，每遇不平，常起反擊。中央此次好在善自衡量，即使戰勝，也並不合算，更不計較面子，自動倡和。廣西始終是在不放棄抗日的政治立場下接受和議的。於是，化戾氣為祥和，多年對立的形勢，竟一旦而煙消雪解。

　　以上各點，為這一幕鬧劇的主要情節。

胡漢民驟逝、兩廣失屏障

　　西南局面是藉胡漢民的資望，作政治上的屏障和精神上的堡壘，以與中央對峙，中央欲統一西南，在情勢上既不能用兵，只好從政治上想法把胡氏由西南拉開。當四屆五中全會將開會時，蔣委員長曾以國府主席高位餌胡，欲請其入京，而為胡氏所拒。及五屆一中全會改組中樞後，蔣氏將黨、政、軍的權力一手掌握（中央常務委員會主席胡漢民，副蔣中正；中央政治委員會主席汪兆銘，副蔣中正；彼時胡氏正作遊歐，汪因被刺傷未痊，亦赴歐療養，故「中常」、「中政」兩會即由蔣氏主持。蔣又以軍事委員會委員長兼任行政院長，故軍政兩權也全入掌握。在五全代會中曾圖修改國民黨總章採領袖制所未達到的願望，至此，實際上已經如願以償）。適胡漢民於民廿五年一月由歐返國，即由中央派司法院長居正到香

港等候，歡迎胡氏入京。胡如果入京，西南的屏障既失，堡壘隨崩，問題即易於解決。惟當時西南方面對於此點亦特別警覺，由西南政務委員會特派李曉生遠赴星加坡歡迎胡氏。李宗仁總司令也於一月十七日由邕赴穗，與陳濟棠總司令商定，共同表示尊重胡氏，留其在粵。胡氏於一月十九日到香港，稍作勾留，即於廿五日赴廣州，決不入京；且派王若周、胡畏三為代表，於二月廿七日過邕入滇活動。陳濟棠也屢向李宗仁慫恿，西南應作積極行動。

蔣對廣西，曾發表李宗仁、白崇禧為湘桂黔邊區剿匪總副司令名義，而李、白未就職。因事前李、白已電告吳忠信轉達蔣氏，此舉須要助餉；命令發表後，又得廣西駐京滬代表黃建平、王季文來電云：「命令發表當日，財政部長孔祥熙約晤，商談桂省財政問題，查詢收支狀況、省行發鈔數目及外匯情形。」李氏當即詳電覆，但後來並無下文。因彼時桂省部隊若出省剿匪，費用浩繁，非廣西所能獨力負擔，中央既不助餉，絕難達成任務，李、白終於不敢就職。卻因此更增加蔣氏對桂的不諒解和猜疑，派遣更多的藍衣社人員入桂作破壞的活動，並到處散佈廣西聯日倒蔣的謠言。

這是民廿五年春夏間寧粵關係的情況。到五月十二日，胡漢民突然腦溢血逝世，西南驟然失去這中心人物，局面遂因此而發生變動。

用抗日行動、求真正統一

當胡氏逝世消息到邕，李宗仁總司令因五月八日剛由粵返桂，遂由白副總司令、潘宜之、劉斐和我四人赴粵弔喪，十三日我們飛到梧州，因天候惡劣而停留。當夜乘暇，白氏在廣西大學，潘宜之、劉斐分在兩個中學，我則在中山紀念堂，同時對學生和公教人員講演抗日救國問題。我們根本認為蔣氏先安內而後攘外的政策，徒然引起異己者的不安與反抗，只須中央真正去攘外，則全國必然一致擁護，共禦外侮，內不須安而自安，在我們的立場，應努力催動中央去抗日，尤其在胡氏死後的西南，更應如此。

十四日到廣州行弔後，我們連日分訪蕭佛成、陳濟棠、余漢謀、張達、林雲陔、繆培南等交換應付時局的意見。中央也派王寵惠等八人來等弔喪，並向陳濟棠試探要求將粵省的軍權和政權交還中央問題。陳氏表示無法接受。十八日，我先回邕，白、潘、劉三位留粵續商；李宗仁總司令於廿日復赴粵。經多次的商討，對應付時局的辦法，我們雖主張慎重，

鄒魯也反對用兵，陳濟棠卻堅決積極，李、白自不能各行其是，只好與陳氏一致行動。但用甚麼題目好呢？要爭取國人同情，而又堂皇正大，自無過於「抗日」了。結果決定，西南以真正抗日來解決時局，遣使向各方聯絡，部隊即準備動員。至六月二日，西南執行部和西南政務委員會聯席會議決議：「電請中央北上抗日，收復失地。」粵桂部隊即向湖南　動，但聲言純粹對外，絕對不作內戰，期望同情者來參加。

　　西南抗日大計決定後，李宗仁總司令仍留粵，白副總司令於五月卅日回桂發動。白氏卅一日在公務員政治班及幹部政訓班結業典禮中、六月一日在黨政軍擴大紀念週中正式宣佈抗日救國。總司令部和省政府亦連日召集軍政幹部及學校校長來省訓示，使對全省民眾作普遍抗日救國宣傳。西南為了要推動湘省主席何鍵參加，煞費氣力，何氏派李覺赴滇過邕，接談之下，始悉何氏諸多顧忌。白崇禧乃派李品仙偕李覺於六月六日飛赴長沙面向何氏催促，而何氏卻非待我軍到長沙後，不肯宣佈與西南一致行動。九日，蔣氏派陳誠到長沙，中央軍兩師亦同時運抵衡陽，何鍵遂不敢動了。同時第四集團軍派汪玉珊赴綏遠購馬，此時運到武昌的一批，亦被中央扣留，汪玉珊乃將運到長沙的一批交與何鍵代管。十日，方命令到達祁陽大營市的部隊，停止勿進，並宣傳「中國軍隊不打中國軍隊」。湘路既阻，策略須變，白氏與同人將政治、軍事、經濟、外交各要點商定後，遂派韋雲淞十一日飛粵報請李宗仁與粵方商決進行。

廣東被分化、西南運告終

　　西南發動抗日後，蔣委員長也調兵向湘黔贛閩備戰，暗中對廣東內部積極進行分化，而不敢明令討伐；蔣氏對西南請求對日宣戰的電報，六月七日電覆陳濟棠，謂可派員來京共商；十日，再電陳氏撤回入湘部隊，一切應待黨議解決。十一日，陳、李各將領電覆蔣氏申述動員抗日的決心；十二日，再以西南名義發表對於時局的通電。十三日，北平和廣州的學生反對日本增兵作示威大遊行，駐粵日本領事向粵抗議，為我拒絕。十六日，西南與中央代表在衡州進行和談，雙方都不想釀成大戰，西南只對中央誤會我方此次抗日戰爭的意志，表示遺憾，並要求中央堅決抗日，補助經費，修改憲章，展期舉行國民會議，即將入湘部隊撤回。廿一日，北平宋哲元、山東韓復榘等將領聯名通電呼籲和平。陳濟棠因受日人恐嚇，粵鈔又低折，而不敢在粵組織抗日政府。廿二日，組織軍事委員會，陳濟棠為委員長，李宗仁為副，並將兩廣軍隊改稱「抗日救國軍」，廿五日，

蔣氏發表談話，對處理此次兩廣進兵事件，以整個國家大局為前提，表示中央要行使其統一權。這一年的六月份，就這樣地過去了。到七月初，南京對廣東的分化，已有顯著的成就。七月四日，粵空軍飛行員四十名叛逃香港和南昌。八日，第一軍軍長余漢謀秘密由大庾奔南京，次日復致電廣東將領，表示服從中央。廣東東區綏靖委員李漢魂九日也宣言擁護中央，離去汕頭，並於十二日電請中央授權余漢謀收拾粵省亂局。此時白副總司令以粵局情形嚴重，要我偕劉斐赴粵將補救辦法向李總司令陳述，我們於十日到達，陳濟棠當夜即召集文武幹部聽取劉斐對時局的分析及應採的方策，續談兩日，陳氏已失去掌握部隊的信心，並謂若組織政府，適足以促蔣用兵。只決定組織一個第四集團聯軍總部及粵軍改取內線作戰兩事。廣西銀行行長黃薊同時與粵方商定：粵桂兩省鈔票，彼此收稅互相收受；桂對魯匯款，粵行盡量接受。會後，我即偕劉斐、黃薊於十三日回邕。

至於中央方面，蔣氏以對粵成功在望，十三日，由五屆二中全會決議：撤銷西南執行部及西南政務委員會；由軍事委員會下令：免陳濟棠本兼各職，任余漢謀為廣東綏靖主任，李宗仁、白崇禧為廣西綏靖正副主任；以決議和任免來代替討伐。白氏以粵局益急，又派李品仙於十四日飛粵向陳濟棠建議：「將可靠部隊集結掌握，將現款及子彈運存西江。並詢其須否桂軍相助？」不料余漢謀十四日在大庾就粵省綏靖主任職後，即回師對粵；粵海軍有兩艦亦逃往南京。白氏於十六日又急電陳濟棠：「應以財、以官、以地盤背城借一，否則一切皆他人所有，何所愛惜耶？」因情況惡化太急，陳氏對我方迭次的意見，無一實行。十八日，粵空軍全部飛贛投入南京，陳濟棠以事不可為，將軍事交李揚敬，政務交林翼中，即乘英艦「蛾」號赴香港。西南與中央對峙五年的局面，於焉告終。

任命突變更、李白拒就職

粵局變後，李宗仁總司令七月十八日回梧，十九日到邕以廣西雖巋然獨存，為勢太孤了，眾意應對南京暫謀緩和，乃分電吳忠信、張定璠、黃紹竑，表示抗日主張不變，如中央真抗日，廣西可以服從擁護，盼將此意轉達。廿四日，李、白兩位和我又聯名電呈國府、行政院、軍委會，定八月一日就綏靖主任、省主席職，請派員監誓。不知是否南京因為廣東解決太易，想乘勢根本改造廣西？廿五日國府命令突然變更了：特派李宗仁為軍事委員會常務委員，任白崇禧為浙江省主席，改以黃紹竑、李品仙為廣西省綏靖正副主任。此時，湘黔方面的中央軍更逼近廣西。蔣氏於八月一

日復電勸李、白接受新職，三日又電，促其離桂。陳誠又率大軍集中廣州以主力向西江，而南寧、梧州兩海關又奉南京命令檢查特貨；令港梧輪船拒載廣西銀行的貨物；這是對桂經濟封鎖的手段。李、白兩位為了應付變局，召集高級幹部徵詢意見，大家都反對接受新命，遂決定抵抗，並通電指責中央對日不抵抗，反而用兵西南，威脅廣西，摧毀建設。

黃紹竑事前並不知道這次的新任命，他奉蔣氏電召往廬山，乘杭南鐵路火車到南昌，才在報上見著，使他深感苦悶，匆忙趕上廬山，將他的處境困難，而且公私無益的理由，請蔣氏收回成命，得蔣諒解。李、白和我們七月廿七日都有電給黃，白氏表示不就浙省主席，並促黃回桂。黃氏由廬山返滬，廿九日過安慶時覆李、白一電，謂此事非其本意，表示決不回去就職以明心跡。同時有電覆我和李品仙、夏威、廖磊、韋雲淞等人。我們當時還怪他在電中為何不說蔣氏變更命令為不對呢？

北海小示威、各方難響應

廣西既決心獨力抵抗，對於軍事部署、各方聯絡、政治組織等項，同時進行，現在分述其概略如次：

關於軍事部署：原來以對湘黔為主，置重點於桂林和柳州，以夏威駐桂，廖磊駐柳。後因中央軍重兵在粵，戰略也稍作變更。廣西也有空軍，以林偉成為航空處長，飛機不多，編為三個大隊，由吳汝鎏、寧明階、鄭梓湘分任大隊長。八月十五日，第三大隊長鄭梓湘藉名演習，率領其大隊飛粵投歸中央；十六日，林偉成、寧明階又同機逃魯。逃的都是魯籍飛行員，省內又始終未發生戰事，故對軍心士氣，影響很小。

蔡廷鍇將其第十九路軍舊部由翁照垣編成一師參加廣西抗日，在廣東南路活動。八月廿四夜，該師謝鼎新團進入合浦和北海。九月三日，北海民眾反日示威，憤毆日商中野致死。九日，日艦兩艘由上海開往北海。十日，翁部在北海宣佈戒嚴，蔣氏電李、白促將翁部撤回；日本又加派四艦由青島開赴北海。十三日，日本駐華大使川越茂向外交部長張群交涉成都、北海兩事件。十四日，翁部拒絕日本人員登岸北海調查。廿一日，翁部退出北海，余漢謀部開入接防。廿五日，北海日艦撤退，中野案告一段落。這卻是一件真實抗日的故事。

關於各方聯絡的事，凡對中央不滿的，多和廣西向有往還，如上海救國會、北平的宋哲元、山東的韓復榘、雲南的龍雲、四川的劉湘、陝甘的張學良等。救國會只能作空口的同情；宋哲元與韓復榘只發過一次主張和

平的電報；龍雲已受南京八月二日滇黔綏靖主任的任命；劉湘始終不肯共同露面；張學良及其東北軍雖堅決抗日，但倒蔣則張不欲參加。處境各有不同，利害亦異，望其一致行動，非常困難。

和戰變化多、組府時冷熱

至於政治組織則與和談空氣互為冷熱。推李濟深為中心。當粵局吃緊，七月十日我赴粵過梧州時訪他，我說：「我們以後的做法，有兩個方案：第一、粵能自固，不至一時崩潰淨盡，並贊成組織政府，則目前難關，較易度過。第二、如粵已無可救藥，則廣西須單獨堅持，奮鬥到底。此兩案都須請任公您來主持。」李濟深表示同意。十三日，我由粵歸，再將粵方情形和準備組府事告知李濟深，並請他擔任各黨各派的聯絡、國際路線的運用和組府人選的準備。十五日，李濟深即偕胡鄂公到邕，曾與徐惟烈、宣古漁討論將來根本的做法。十八日，粵局完全崩潰，我們決定對南京暫圖緩和，李濟深遂於二十日回梧州。但至廿五日南京突然改變命令，要李、白離桂，眾以這是南京不欲和平的表示，一致主張抵抗；廿六日，李、白再請李濟深來邕；廿七日，他復偕胡鄂公來到，李、白兩位即約翁照垣、劉斐、徐文明、戴石浮、夏威、廖磊、張任民、韋雲淞、黎行恕和我與他討論政略及戰略。數日後，他又回梧一行，八月八日復偕張文來邕，即連續兩日討論政治組織各法案。二十日，程潛等派代表到邕談和，我們曾接張定璠由滬來電，內有勿中詭計的警告，故對和談不存成功的希望。廿二日，南寧各界召開歡迎李濟深、蔡廷鍇、劉蘆隱（蔡和劉是十七日偕潘宜之經越南到邕的）及各地抗日救國代表大會。廿四日，李濟深、李宗仁、白崇禧、朱佛定、李任仁、彭澤湘、詹天籟、劉士衡、黃旭初、王公度、張文、胡鄂公、何思敬、劉斐、楊東蓴、劉蘆隱、胡訥生、邱昌渭、蔣培英、夏威、夏次叔集會討論臨時政治組織的名稱，決定：將「中華民國國民救國委員會」或「中華民國臨時政府」兩案電張學良、劉湘徵詢意見，再行決定；並指定十一人起草「國民抗日公約」。三十日，黨政軍公宴各方到邕代表，共百餘人。九月二日，蔣氏正式派居正等為代表來邕談和，李濟深極力反對，謂：「蔣固無信，來議和的都是富貴利達之徒，只和他們來往，便減低了革命潮頭不少」云云。但我們以蔣氏用事實來先示誠意，審度情勢後，終於接受和議，政治組織隨之作罷，令得各方代表失意而去，這真是無可如何非常歉仄的事。十五日，李濟深返梧州；蔡廷鍇赴鬱林；劉蘆隱遊桂林，廿七日經越往港。

中央主和議、事實示真誠

和議是中央方面發動的。廣西正在積極準備抵抗之際，忽然間陳誠派了香翰屏，余漢謀派了鄧世增於八月七日來邕談和平，我們當時只作為是蔣氏授意緩兵看。十日，李、白派劉斐隨香翰屏、鄧世增到粵報聘，以偵察情況。蔣氏於十二日到粵，劉斐於十三日返邕，謂蔣氏目前處境，確對我有和平可能。

此時黃紹竑亦應蔣氏之召由滬赴粵，經香港時和張任民等多人相晤，他自己不對桂作活動，並禁人藉其名義招搖，他只願為和平盡力。八月十六日黃氏在廣州見蔣申明仍願盡力擔任調停，得蔣允可後，他即來往省港之間從事接洽，並有電報到邕商量，但都得不到甚麼具體結果。我方因十七日接張定璠由滬來電，謂蔣氏召其來粵，託疾不應，萬勿再中其詭計，故對和平並不熱心。此時情勢日漸惡化，蔣要黃紹竑擔任討伐軍總司令，逼得黃非常為難。黃氏乃先說動參謀總長程潛，謂用兵三個月未必即能解決，善後問題更屬困難。程潛同意後，便和黃一同見蔣陳述，蔣遂召集會議討論決定：二十日由程潛派唐星，陳誠派鄧世增，黃紹竑派舒宗鎏等三人代表到邕談和。廿一日我方寫了左列五條交由三位代表帶回去，條款如次：

一、解放救國言論及救國運動；

二、撤南下之兵北上抗日；

三、從速決定抗日救國計劃及時期；

四、照調人所擬第二方案發表新命；

五、第一條實現、第二條開始，即宣佈就職。

並須中央先撤銷李濟深、陳銘樞的通緝令（因閩變事），官式派陳濟棠出洋考察，以示誠意。

廿四日，程潛、唐星、黃紹竑等都來電謂和平有望，但須面商所開條款一一推行的辦法。李、白即覆：「如解放救國運動及言論，並撤兵北上抗日，其他絕無問題，歡迎來商。」國民政府果然於廿四日即明令撤銷李濟深、陳銘樞的通緝；陳濟棠也於三十日偕林翼中、黃麟書、區芳浦用外交護照赴意大利考察。只是程潛廿七日來電責備，謂我進兵南路，實和平的障礙。但三十日，居正、朱培德、程潛、陳誠都來電表示要來南寧，李、白覆電極表歡迎，於是蔣氏遂派居、程、朱三位為談和專使。

桂接受和平、願相忍為國

　　居、程、朱三位代表於九月一日由廣州飛邕，天氣太壞，試了兩次，到佛山、祿步而折回；二日再飛，才平安到達。他們攜來蔣主席致李、白親筆函，一致表示切望和議成就，程潛並且說：「即使要我磕八個響頭，我也願意。」黃紹竑託他們帶致李、白的信道：「你們此次的立場、面子、風頭都已十足，得好休時便罷休，應適可而止了！」李、白和他們應酬後，三日晚上，召集潘宜之、王公度、劉斐、李任仁和我在省府討論和戰問題，直到深夜，因財政不易持久，各方的響應難靠，乃決意言和。四日清晨再度討論，得結論為既決定和，即望其成；並望成後不再破裂，故白崇禧決定出洋；擬定方案如左：

　　團結對外方案：

一、解放抗日救國運動及民眾愛國言論、集會、結社自由（以居、程、朱三公名義，與撤兵、新命發表之同時，用談話發表採納）。

二、撤退南下中央軍北上抗戰（撤兵命令與新命同時發表，並恢復各方交通）。

三、確定抗日計劃及時期（務求在最短期間實現）。

四、李宗仁任廣西綏靖主任，並保留第四集團軍。

五、白崇禧用軍事委員會常務委員名義出洋考察。

六、廣西黨政完全依舊。

七、軍隊保留三軍，每軍兩師，每師四團，其餘編遣，其編遣費由中央負擔，以後之經常費，請中央補助。

八、前第一條實現，第二條撤兵開始，即通電就職（中央軍撤退至相當地點，各方交通恢復常態後，即通電就新職）。

九、以上各條，除第三條關係對外，須秘密外，須宣佈國人（宣佈方式，由居、程、朱三公決定）。

　　李、白將方案交三代表，並具函覆蔣主席，三代表即於四日下午一時返粵覆命，李、白並派劉斐同行謁蔣。當夜，劉斐即來電報告，已見蔣氏達精誠團結之意，情形甚好；又續來微午（五日）魚戌（六日）兩電謂：「蔣五日在程頌雲寓所與居、程、朱、陳（誠）、黃（紹竑）會議決定：撤兵、新命、談話均於六日同時發表。」六日，國民政府明令：改派李宗仁為廣西綏靖主任；白崇禧任軍事委員會常務委員；黃紹竑仍任浙江省政府主席。十日，劉斐歸報，蔣氏對善後費及放行存港鈔票（廣西銀行向美

鈔公司印製新鈔一批，被中央禁止交貨）事，含糊其詞，似以我方對和平尚靠不住為慮。李、白和我即電京及蔣，定九月十六日就新職，請派員監誓。並請居、程、朱、陳、黃各位惠臨。

十三日，中央派程潛監誓，黃紹竑同來，南寧機場因邕江大水被淹，在武鳴機場下機。十六日，李、白和我同時各就新職（我仍是桂省主席舊職，由國府和行政院新加任命而已），這場和議，才算告成。廣西與中央對立七年餘的情況，從此消失。

蔣李重握手、黃償和平願

寧桂和平，黃紹竑得償了五年來所懷的願望，實最感愉快，他以為雙方能晤面一次，當更為美滿，六日，他曾致電李、白和我云：「和議成，甚欣慰！關於軍事善後、政治經濟之整理，最好親到粵晤蔣，必有圓滿的結果，較勝於人代居間。」但因六日蔣氏對記者談話中有白崇禧與其會晤的話，即有人電白氏道：「時無齊桓，內無鮑子，難乎其為管仲，東行宜細酌」等語，意存警告。黃紹竑此次與程潛來邕，主要也為了邀白氏晤蔣，但大家都不放心白氏在此時到粵。白氏既不去，黃紹竑卻建議李宗仁先去，眾也贊同。十七日，程潛、黃紹竑、李宗仁、劉斐和我相偕飛粵，下午三時到達，粵方黨政軍人員都來歡迎，第四路軍總司令部招待下榻陳維周的繼園。

我們先已約好謁見蔣主席的時間，但十八日上午九時，蔣氏卻悄然先到繼園來訪了；上午十一時居、程、黃三位陪同李宗仁、我和劉斐赴黃埔晉謁，並同進午餐。十九日午後，蔣再正式約談，先李、次我、後劉。他問我對於地方行政的意見；又反覆申說應團結統一，要我多向省內的人說統一；表示對桂省財政、經濟可幫助。二十日李宗仁和我回邕。

白崇禧卻一直仍留省內，迨抗戰爆發後，才入京任職。

第二十五章　抗戰前夕寧桂間的微妙關係

　　民廿五年六月西南掀起的抗日行動，廣西稱為「六一運動」，因未能達成預定的期望，變成了一次廣西抗日大演習。從大演習中，瞭解了各種人對於抗戰不同的心理，以及軍事動員的效率和行政缺點的所在。因在宣傳方面的努力和普遍，這時已把抗戰的情緒提得很高。雖然寧桂復合，變化太驟，但廣西為免灰心喪氣，依然堅持著抗日的主張，繼續鼓舞民心和士氣，因此有下列的事實：

抗戰獲實行、李白赴國難

　　一、民廿五年十一月十五日，廣西全省學生救國會第二次代表大會照
　　　　常召開。

　　二、同年十一月廿四日桂林各界舉行援綏抗日將士大會，並派「廣西
　　　　各界慰勞援綏將士代表團」北上綏遠前線勞軍，其中有數月前參
　　　　加對桂作戰的第十三軍也接受桂省慰勞，深受感動。

　　三、日人設在梧州的岳陽堂商店，畏懼抗日聲勢的洶湧，自動歇業
　　　　離去。

　　到了民廿六年六月十五日，廣西省府曾接外交部兩廣特派員刁作謙來文稱，日本要求派一人回梧州岳陽堂恢復營業。省府覆文說：該店有做特務機關嫌疑，抗日民氣仍屬激昂，日人不宜即回。

　　這是當時廣西省內的情形。各方對桂省之和平，尚少責備，只注意桂省以後是否積極抗日？至於寧桂和平後至抗戰前那十個月間的寧桂關係情形，在李、白入京問題上表現得最為明白。此外，廣西對於西安事變絕不苟同；三中全會照常出席；元首巡視熱烈歡迎；廬山訓練遵令參加；金融鐵路協議解決。這都是顯著的事實。茲再逐一詳述其情形如下：

　　廣西一貫確認非中央堅決抗日後，決難有真正的團結，故桂和平後，李、白都遲遲不想即到南京。但在中央的立場看，李、白一來，將「蠻夷大長」的印像無形消逝，才可表示真正的統一，增強中央的威望，然後對內可藉以鎮壓異己，對外可使日本有所顧忌，且在商借外債也有便

利，故催促李、白入京的使者與函電，連綿而來，有如下記：

第一次的使者陳誠，在李、白就職後不到兩旬，十月四日電告，謂由牯嶺來邕；當日飛抵韶關而阻雨。五日經穗飛抵德慶，又因雲低而折回廣州。六七兩日氣候更壞。八日晨間天色仍未轉好，李總司令和我遂乘汽車離邕赴桂，因省會遷移，省府已在桂林辦公；午間到蘆墟，接白由邕來話，謂陳誠已由穗起飛，稍頃，又來電話謂陳氏折回穗，我們也復行，晚到柳州即得邕電謂陳已到，請明日回邕相晤。我們猜想：陳冒惡劣天氣的艱險而來，多半是為白氏促駕。我們九日乘西南民用航空公司機回邕，與陳氏晤談果如所料，專為勸白入京而來。白藉故未即允，陳於十日回京。

蔣委員長在西安事變後回奉化休養，仍來電催白氏入京。

廿六年二月五日，張定璠和劉斐由京到桂帶來京中要人數函多件，都是勸李、白赴京出席三中全會的。但他們兩位都不打算出席，而要我赴會。

中央任李、白為第五路軍總副司令，李品仙為參謀長，廖磊為第七軍長，夏威、韋雲淞為第四十八軍軍長、副軍長，四月一日同時就職，中央派程潛來桂監誓，兼負勸駕的使命。程潛過武漢時，黃紹竑（鄂省主席）也託程的隨員唐星、劉斐帶函致李、白云：「廣西不宜太過孤高，以致孤立。」但廣西仍愛孤高。

第二次的使者劉健群，六月七日到桂，其夫婦只遊覽桂林山水一週而去。

蔣氏兼廬山暑期訓練團團長，七月十日，以蒸午電委李氏和我為廬山暑期訓練團團附。李未就，只由我應命。

財政部長宋子文七月十四日由牯嶺電致白氏云：「華北情勢嚴重，抗戰不可避免，蔣先生問兄能否來廬山或南京相晤？」白仍不為動。

第三次的使者劉斐，他七月十七日船過九江，特到廬山訓練團訪陳誠教育長和夏威與我，謂中央對抗戰尚未下決心。我寫信託劉帶致李、白，謂應乘此最好的機會入京了。三十日，陳誠教育長囑我們電催，我和夏威加電敦促。那時平津已相繼淪陷。抗戰已欲避不能，我們向來的期望已能實現，李、白入京不復猶豫。白氏八月四日抵京，李氏是雙十節離桂北上的，從此團結為禦侮而奮鬥。

西安鬧事變、桂絕不同情

再說到民廿五年十二月十二日發生的西安事變，是日我剛出巡到梧州，第二天才看到張、楊等八項主張的丑文通電。事發後，行政院由孔祥

熙副院長負責，他十三日通電各省市，申述中央立場，並望各疆吏照蔣院長既定方針，努力共策國家的安全。我們十四日覆電表示擁護，電文如下：

「南京孔副院長庸之先生賜鑒：元電奉悉。委座年來奔走各方，席不暇暖，公忠體國，久為世人所共知。漢卿痛心鄉邦，一時激於情感，發生軌外行動，使委座蒙難西安，全國震驚，弟等尤深痛惜！承示中央業已決定整個辦法，不因一時事變，稍涉張皇，老成謀國，敬佩無已！此間一切安定如常，請釋念。敬覆。弟李宗仁、白崇禧、黃旭初叩寒。」

南京方面是很注意廣西的動向的，得了此電，才放下了心。

李、白曾接劉仲容十二日西安來的密電：「此間兵諫事，想已見張、楊兩公通電，今後實際救國大計，正待共商，尤盼副座能乘機來此，共商一切，盼覆。」但未予理會。

我十六日返桂後，李、白兩位約集同人討論時局問題，決定暫取靜觀態度，主張西安事變應用政治解決，以救蔣氏及被扣各將領；並團結全國力量一致抗日。

黃紹竑由浙調主鄂政，浙事交卸後到京，欲赴陝謁蔣後再赴任，幸因酒醉誤了航機班期而未去成，得免於難。他派陶鈞來桂說明他個人的意見道：「蔣氏及南京是不易抗日的；陝雖抗日而含有共黨在內，不無顧慮；此時應有第三者出來，以左右寧陝。此第三者當為川桂粵，尤當以桂為中心，望善為運用云。」但廿五日張學良已親送蔣氏回京，問題已告解決。一個月後，陶鈞回鄂，我託他攜函致覆黃氏云：「中國出路在抗日，桂之政治生命在貫徹抗日主張，故吾人遇有機會，必須盡量利用，以促進抗日運動之發展。至於如何乘勢以利國家？甚盼對情勢更明瞭者，能隨時予吾人以指示！」

李濟深在蒼梧原籍致電中央林主席及各要人，主張號召全國一致對外。後又反對討伐張、楊。這些都是他個人的舉動。

廿六年初，中央將楊虎城、于學忠撤職留任，又不將張學良放回陝西，並調大軍向陝。張、楊的幹部，一月五日聯名通電猛烈攻擊南京，表示堅決抵抗，局勢又復緊張。中央軍有在十五、六日總攻的傳說，四川劉湘對此頗為著急，曾致電何應欽部長，表示對陝不宜用兵；又約廣西共同主張，十五日，由劉領銜、李白連署，通電對陝宜用和平解決。廿六日，楊虎城等表示接受中央命令，事遂和平了結。

出席三中會、示尊重中央

國民黨五屆三中全會定廿六年二月中旬在南京召開，李、白兩位都不去，推我出席，以示尊重中央，並與各方聯絡感情，交換意見；同時與財政鐵道兩部及宋子文、李石曾兩位商談湘桂鐵路進行和桂越鐵路接軌問題。

我取道湘鄂赴京，二月十三日乘汽車到衡陽。十四日乘粵漢鐵路火車北行，晚過長沙，湘省政府各委員來候，謂何主席已先日晉京。十五日晨到武昌，黃紹竑主席也先已晉京，伍廷颺廳長為我們定就了機票，過漢口訪委員長行營主任何成濬後，午刻乘中國航空公司機東飛，下午三時到京，軍事委員會招待下榻中國飯店。

三中全會二月十五日開幕，廿三日閉幕。蔣委員長向大會報告西安事變的經過，並引咎辭職，大會一致決議慰留。較要的決議案為：定本年十一月十二日召開國民大會；根絕赤禍案；取消中央常務委員會主席制度等。

我此次到京所接洽的事，只中央對桂省補助費一項得到確定。上年九月和平後，中央許可過每月補助四十萬元，李總司令曾於十月初電詢蔣委員長，該款由何月起由何處撥交？十日得覆，謂由明年起撥。十五日，李接財政部孔部長電謂，蔣院長飭撥三百萬元，尚欠一百五十萬元，當勉籌；但此三百萬元，即作為十五個月之補助費云。此與原議不符，對方全不守信，李即電當時的調人程參謀總長，請其向蔣孔兩方力爭。案遂遷延不決。三中全會後的翌日，蔣氏約我午餐晤談，我首先致謝其發表李白為第五路軍總副司令。他說：「以後仍按月補助廣西四十萬元，到六月份為止，即當寫條子給財政部；六月以後，每月為三十萬元，到那時再寫條字。」又問我有何意見？可儘管說。我請其撤銷在桂的特務人員，免造事非。但他力說未派特工到桂。

廿四夜離京赴滬，逗留十天，訪晤金融、實業界多人，商談鐵路基金和實業投資問題，情形見後記另項。三月四日，搭威爾遜總統輪南歸，黃紹竑主席送我登程，然後返鄂。船到香港口外碰上向所罕見的濃霧，停泊一天，八日晨進口。在港未停，即乘火車於當晚到廣州。與黨政軍及委員長黃埔行營各方面酬酢了兩天，余漢謀主任說：「兩廣必須團結，乃歷史、地理、經濟所自然形成，望勿聽人言，應始終如一；並望廣西對中央把關係做好。」十一日飛返梧州，十二日到邕，我將此行所得的情形提出

報告，白氏和大家聽後，都主張努力對中央表示團結；十六日才回到桂林晤李總司令，他也贊同此項主張。

元首巡廣西、群情大歡躍

國民政府主席林森先生廿六年三月廿三日巡視抵粵，我們聞訊，即發電歡迎蒞桂。四月五日，派民政廳長雷殷赴衡陽恭迎。七日，白副總司令和我赴黃沙河迎接，林主席偕國民政府參軍長、科長李樞乘汽車下午一時到達，午餐後啟行，下午五時許到桂林。這是中華民國元首第一次蒞臨廣西，民眾歡騰，得未曾有！郊迎的五萬餘人。駐節於舊藩署。八日晨間，在行轅接見黨政軍高級人員，垂詢地方情形。十時，各界在南門外大較場舉行盛大的歡迎會，林主席發表演說，給民眾以極大的激勵，他說：「廣西地廣人稀，可是，因近年來的教訓，由小的力量，已經集中成為大的力量；由個人的力量，已經團結成為國家的力量；桂林山水的幽秀，已經令人愉快，看了大家這種向上的精神，更使得本席愉快難以言狀！中外人士都公認廣西為模範省，廣西人民可以為全國人民的先導。總理北伐的時候所以由桂林北上的原因，就是因為廣西民眾的革命精神和國家觀念非常濃厚，能力非常剛毅。大家現在有了組織，又經過訓練，一定能夠實現總理的遺教，努力禦侮的工作。現值國難嚴重的時候，我們只要團結一致，就可以救亡圖存。廣西的民眾，在革命的領袖領導之下，可以做民族抗戰的前鋒。……」桂林的名勝，如月牙山、龍隱巖、風洞山、還珠洞、象鼻洞、良豐西林公園，都留下了遊踪。十日，離桂赴湘，人民歡送也如來時一樣的熱烈。李總司令和我直途至黃沙河。湖南省府凌廳長等已候著迎接赴湘。

廬山受訓練、為團結精神

廬山暑期訓練團成立於民廿二年夏，廿三年續辦，廿四年改在四川峨嵋訓練。訓練的對象，是過去互相攻擊、互相敵對的中央軍、西北軍、東北軍、晉綏軍、四川軍等等的軍官。把他們會合一堂，加以國家民族意識的陶鎔，警惕以敵國外患侵陵的危險，期望在不覺之中，泯滅他們以前畛域派別的觀念和頻年交相火併的嫌隙，造成團結的新力量。廿五年因西南抗日而停辦。廿六年重新在廬山恢復，擴大訓練的範圍到全國中等學校的校長、訓育主任、童子軍幹部，黨政的幹部。蔣委員長自兼團長，陳誠

為教育長。第一期由六月下旬開始，我參加的是第二期了。兩期廣西的軍官、校長、縣政、警務人員都來受訓。

我受委為訓練團團附，七月十七日，偕奉召入團的第五路軍將領夏威、楊俊昌、賀維珍、程樹芬、區壽年，省會公安局長周炳南等由桂林起程，經長沙、南昌、九江於二十日到牯嶺。廬山談話會剛結束，上山時在竹林坡遇蔣團長下山。廿一日，訪陳教育長，他告訴我，因余漢謀不來，改派我兼任訓練團第一總隊長，第二總隊長為衛立煌。我因任總隊長，須人相助，商之第一期第二總隊長黃紹竑，他說，可留黃劍鳴，他是訓練團辦公廳參事。我又問他第一期訓練情形及應注意之點，他說，管理應絕對嚴格，並須說明其意義。廿三日，偕黃劍鳴、夏威幾位赴海會寺入團，途經猴子嶺黃紹竑寓所，他為我們備早餐，下午二時到達。海會寺距山腳已不遠，氣候雖無九江的酷熱，卻少牯嶺的清涼。入第一總隊部部署各事，團本部已先派有副官和軍需數人辦理事務。總隊附周嫻，大隊附：岳森、傅仲芳、陳光中、李松山、宋天才、侯之擔、張興仁。廿四日晨，謁陳教育長報告到職。

團內完全用軍隊編制，軍事管理。廿五日，將學員編隊，但幹部未到齊，房屋少，用具缺，水管不足，廿七日，一氣在太陽下上課四次，病倒的很多。三十日，汪兆銘來團講「最後關頭」，八月二日蔣團長來團補行開舉典禮，召我談話。問我：「健生兄來，任何事最宜？」我知白必已允入京。九日，訓練結束，蔣再親來主持畢業典禮。

訓練目的在團結精神，使受訓人人認識蔣氏為全國領袖，並信仰和服從其為領袖，故不問上課與否，由團附以至學員，一律給予畢業證書。不加甄別，劣者反得為保障。幹部選擇不嚴，有不足為人表率，毆打學員情事，致管理難，紀律壞。時日短促，課目繁多，刻刻緊張，只可鍛鍊勞動刻苦的生活，不易啟發內心上的反省，以改造精神。

離團後，十日與夏威飛南京晤白氏，詢抗戰進行的實況。十三日返九江，遇湘贛鄂大水，費盡轉折，十九日抵桂。

桂鈔對法幣、商定二比一

中央得英美的助力，法幣政策成功，價值穩定；而廣西發行的毫銀鈔票，在市面上迭次低跌。廿六年六月，省府派廣西銀行行長黃薊赴京，商請財政部規定桂鈔與法幣的比價，及發行公債，以安定廣西的金融；六月十八日黃由京電報：「比價及公債問題，財部錢幣司戴司長隨宋子文

部長（按孔使英，由宋繼任）到粵後赴桂調查，俟其回報，擬具辦法呈核施行。」旋又函報：「吳禮卿說：李白應入京，政治隔膜才可消除，否則恐不止金融成問題云。」廿八日，宋部長電邀李總司令赴粵晤談；李偕財政廳長黃鍾岳廿六飛粵，廿九日偕宋返桂。三十日，我方與宋商定左列五點，由其轉呈蔣院長：

一、自七月起，使財政收支適合；

二、省銀行不再增發鈔票；

三、中央協助穩定鈔價，暫定桂鈔一元約等於法幣五角；

四、俟至相當時期，再由財政部明令規定桂鈔與法幣的比價；

五、省銀行現金白銀，由中央設法使之變為準備。

商定後，潘宜之私自問宋道：「此事廣西很感謝你的幫忙，但你對蔣先生如何措詞呢？」宋說：「我將說：廣西財政力求收支適合，不見得其自身便不能繼續窮幹苦幹。外交情形如此，日本逼我不知遠到何時為止？中央何妨略予協助，使生好感呢！」宋要我通知黃行長在滬相候，與之續商，七月一日即飛廬山報告蔣院長。

我由廬山到京，八月十二日訪宋氏催其早定比價。廿四日，中央、中國、交通、農民四銀行派吳本景到桂，調查廣西銀行實情。我再電催財政部速定比價，九月二日得覆，謂未能即行規定。那時候，廣西部隊已奉中央命令出發北上參加抗戰，九月廿二日接財部電：「關於桂鈔與法幣比價，經飭四行轉飭沿海沿江各分行，對桂軍持桂鈔到兌時，按二元換取法幣一元。」但最後確定是財部十一月三日的電知：「定桂鈔二元換法幣一元，由十二月一日實行。同時設立準備保管委員會廣西分會。」問題才告完全解決。

急需湘桂路、合力促完成

廣西極感鐵路的需要，尤以經濟和軍事方面為然，但此非本省的力量所能成事，曾電商鐵道部張嘉璈部長，可否在湘桂、三賀兩線中擇一實施？廿五年十月十三日接其覆電，謂兩線同時並進，惟基金困難，請派代表來京面商。我派麥煥章代表往商，結果，主張先築湘桂線。

關於建築費，鐵道部欲由中央和湘桂兩省分擔。但本省籌措困難，十一月六日，電陳蔣院長仍由中央統籌。十一日得覆，謂已飭鐵道部照湘贛路辦法辦理。廿六年二月，湘省何鍵主席和我，都因出席三中全會在京，廿二日，張部長特為此事宴請李石曾、吳忠信、麥煥章三位和我們商談，

決定路線，及以公債為湘桂兩省籌款，張並允為推銷公債半數。數日後，我到滬訪宋部長商談推銷鐵路公債事。他主張先找外國人，外債條件比內債好，外人不承受，他再找國內資本家推銷。過了兩天，宋和李石曾先生介紹法國銀團代表某晤談，某約不久到桂接洽。五月一日，宋的秘書黃憲儒陪送李石曾介紹的法國銀團代表Lucien Merlet到桂，商談結果，雙方對於由鎮南關至桂林鐵路的建築，均表同意；關於借款，他只願意和中國建設銀公司董事長宋子文接洽，而不願和政府商量，以為中國政府辦事，往往大體已具，也忽因小節而耽延或破裂云。成渝鐵路，即為中國建設銀公司承接法國銀團的資本轉貸給的。

抗戰起後，中央急於完成湘桂鐵路，由鐵道部及湘桂兩省派員組織湘桂鐵路公司理事會及監事會以董其成，技術方面中鐵道部完全負責。部派杜鎮遠為湘桂鐵路局長，八月廿四日到桂商洽進行。省府九月初旬頒佈徵用民工、徵用枕木辦法。桂段徵地、徵工、徵枕木計需桂鈔四百萬元，電宋部長商墊；九月十七日宋允由四行如數息借，按月由中央協助桂省款項下扣還五萬元。工程進行極為迅速。桂林至鎮南關鐵路，後來也由湘桂鐵路公司辦理。

第二十六章　李宗仁出長第五戰區經過

　　廣西數年來用行動所堅持的主張，也就是全國人民所迫切期望的抗日，這一主張由於七七事變的爆發而告實現了，明知此事要抵受長時日的艱險困苦，責任重大，但因全國一致，精誠團結，心情卻非常興奮。

　　真是奇妙！廣西與中央積累了多年的隔閡和猜疑，雙方都無須何等的疏通和解釋，而忽然消逝得無影無蹤，開心見誠，互相信任起來。在中央敢放心以軍國重任相委，在地方則軍隊任由調遣指揮。信生於公，這是抗戰初期最難得的現象！

　　本文和以後關於抗日戰況的記述，多偏於和廣西有關而為我所知的。非寫抗戰全史，且我所有的資料太不完備，其餘只好簡略了。

抗日下決心、全國大團結

　　民國廿六年七七事變爆發，到八月初，中央決心抗戰，果然全國立即團結。廣西的白崇禧、李濟深、李宗仁，廣東的陳銘樞，四川的劉湘，雲南的龍雲等，向來都是對蔣氏不滿的人，連朱德、周恩來、林祖涵、葉劍英等中共首要，都先後入京，一致禦侮了。

　　八月六日，國民政府開了一個具有歷史性的會議，蔣委員長將七七事變以來的情況作一概括的報告，認定平津淪陷，國家命運已到最後關頭，決定領導全國軍民奮起抵抗。敵我雙方都是不宣而戰。不另組織大本營，即以軍事委員會為最高統帥部。任白崇禧為副參謀總長，黃紹竑為第一部（掌作戰計劃）部長。又以宋哲元為第一集團軍總司令，劉峙為第二集團軍總司令，令分途反攻平津。

　　當時軍事重心還在華北，自南口（八月廿五日）、張家口（廿七日）、大同（九月十五日）相繼淪陷，山西情形頓呈危急。山西為華北數省的脊柱，軍委會計劃要確保山西，以阻止日軍的南下，派黃紹竑部長親往視察，以了解情況，並與第二戰區司令長官閻錫山商洽以後的處置。黃氏到了太原，平綏線我軍已退守雁門關、平型關、楊方口一帶，閻錫山已赴雁門關督師，他會見了第十八集團軍許多將領，因整日空襲警報，當晚

才和十八集團副總司令彭德懷赴雁門關會晤閻氏，天亮後始到達。雁門關方面，自閻氏親臨後，軍心復振，正面才得鞏固，敵對正面並未猛攻，而以主力由平型關迂迴雁門關的側後。閻表示單以晉境兵力，決難確保山西，請求增兵。黃紹竑也同此見解，遂會電軍委會核示。閻並請黃速歸面陳。黃對閻建議須在忻口準備第二防線後，當日即回太原轉京，途次石家莊時，得十八集團平型關大捷消息，其實只是擊敗了敵人的先頭部隊，不過在我軍屢敗之後，樂得藉此渲染，好振作士氣，敵主力到達後，即被其抄斷後路而於九月廿九日撤退。

　　蔣氏旋任黃紹竑為第二戰區副司令長官，令再往助閻。他過石家莊時，保定已於九月廿四日失陷。到太原，閻氏已由雁門關回來，同住於綏靖公署。時李濟深賦閒，由南京來作戰時遊覽，也同住在一起。雁門關旋失陷而退守忻口。軍委會留關麟徵、商震、鮑剛等部牽制平漢路敵人，而將衛立煌、郝夢齡、劉茂恩等部入晉北，孫連仲、馮欽哉、曾萬鍾等部入晉東，想在忻口決戰，勝，則晉局可保。敵卻迅速於雙十節攻破石家莊，即移平漢路主力向娘子關會攻山西。十月七日，閻請黃紹竑到娘子關外視察，情況已很不好，閻即以黃任該方面的指揮，支持了半月，廿六日被敵抄入了右後而將娘子關放棄。忻口也於十一月二日陷落，轉守太原。黃在交城與閻分別，轉回汾河以東指揮。太原九日又陷，部隊分向南西兩面退卻。黃以晉戰告一段落，無再留的必要，奉命回京，經同蒲路到風陵渡而過黃河，乘隴海、津浦兩路火車而歸，到南京時，淞滬會戰已結束而退守鎮江。黃旋受命主浙省政。

滬戰傾全力、三月苦支持

　　繼華北而起的淞滬戰事，起因於日本海海軍大尉大山勇夫八月九日下午六時偕一水兵乘汽車衝入虹橋軍用機場，不服守場衛兵制止，致起衝突而被擊斃，日方藉此集中兵艦，並以陸戰隊登岸，要求我方撤退駐滬保安隊，為我嚴詞拒絕。八月十三日，日方集結駐滬陸軍及海軍陸戰隊約萬餘人，向我保安隊進攻，戰幕遂告揭開。於是由華北事變演成了全面抗戰。

　　蔣委員長對淞滬戰事，從政治觀點著想，以為上海華洋雜處，與西方各國的經濟息息相關，在此地區苦戰，勢必引起西方國家的注意，進而可能召致各國的干涉。但白副總長和其他幕僚，卻以淞滬夾在黃浦江和長江中間，港灣河道，縱橫皆是，且日軍在租界內佔有堅固據點，便利其發揮海陸空軍的威力，而我因後方交通澀滯，集中費時，在此與敵進行陣

地戰，未見有利。李宗仁氏也有電報表示相同的見解，謂我軍在淞滬，地形既不利，裝備劣於敵，為持久戰打算，不宜投大量精銳供敵聚殲，只應作有限度的抵抗，以消耗敵方力量。但蔣委員長終以上海為我國經濟的重心，中外觀瞻所繫，決定集中全國精銳，與敵決戰。結果，我支持了三個月，只得到過國際聯盟於是年九月廿八日一個空洞的譴責日本在華暴行案，此外再無有效的行動。

淞滬之戰既發動，敵首次增援部隊八月廿二日在川沙、獅子林、寶山同時登陸，向羅店、瀏河之線南犯。廿九日羅店先陷，吳淞、寶山旋亦不守。九月十七日，我軍轉移到北站、江灣、廟行、雙草墩之線。三十日，再移向蘊藻濱南岸陳行、廣福、施相公廟、瀏河之線，十月七日又被突破，全力反攻而無效。廿六日大場陣地陷落，上海方面守軍側背大受威脅，退守蘇州河南岸江橋鎮、小南翔之線。三十日，敵由周家宅、姚家宅兩處渡過蘇州河。十一月五日敵由杭州灣北岸全公亭、金山嘴登陸，我淞滬陣地益感側背威脅的嚴重，是日施行全線撤退。右翼各部退向滬杭路。中央及左翼各部秩序非常混亂，廿五日退到無錫仍守不住，於是以一部沿京滬路向常州，主力向浙皖邊境退卻。

廣西部隊，北上最先的韋雲淞第卅一軍先到海州，轉調來滬，得參加十月十七日由黃港北侯宅、談家頭附近向蘊藻濱南岸的反攻，戰況劇烈，團長以上死傷多人。廖磊的第廿一集團軍出發在後，十一月二十日參加吳興的防衛，據守昇山、大錢鎮之線。

遷渝持久戰、首都失無傷

淞滬淪陷後，敵人乘勝西犯，水陸並進，南京成為其第二目標。十一月十九日蘇州失守，南京吃緊，國民政府於二十日移駐重慶。當統帥部會議商討南京防守問題時，白副總長不主張堅守，應接受滬戰的教訓，放棄守線守點的戰法，謂現在情勢已與太平軍李秀成時代不同了。蔣委員長以保衛首都，關係全國士氣，決心固守。訓練總監唐生智自告奮勇，願負此重責，遂任其為南京防守司令。

敵數路進攻，十一月廿八日陷宜興。廿九日陷常州。三十日陷廣德。十二月二日陷江陰、丹陽。四日晚陷秣陵關、句容。五日敵以主力攻淳化鎮，一部犯湯山，激戰至八日，湯山不守，龍潭、淳化也相繼失陷。十二日雨花台陷落。統帥部乃下令放棄南京，敵人十三日入城，我守軍除突圍而出者外，其餘都壯烈犧牲了。敵人縱火劫掠姦淫，民眾遭蹂躪慘殺致死

的，十萬以上，為現代史上破天荒的殘暴紀錄，為未開化人種亦罕見的野蠻行為。

敵得了京滬，即向杭州，十二月十六日以後，由滬杭、京杭兩路進迫。另以一路由廣德經孝豐，以主力向富陽，一部向桐廬，以斷我錢塘江北岸的退路。十九日晚上，浙省主席黃紹竑在杭州與天目山的韋軍長雲淞、凌師長壓西通電話，要他們固守天目山，勿讓敵人下於潛、分水、桐廬。及敵已迫近杭州，黃氏與第十集團軍總司令劉建緒商定處置。因杭富公路即須破壞，黃廿三日晨乘汽車離杭赴桐廬，劉也於是夜渡江向蕭山，即將錢塘江鐵橋炸毀。廿四日敵陷杭州、富陽，廖磊部的張淦、徐啟明兩師當日由分水到桐廬，黃即商令即刻佈防。廖部團長李本一，奉令守嘉興，後轉守德清，撤退時於廿四日黃昏經過富陽，被敵截擊，乃由東沙洲渡過錢塘江南岸，戰死和淹死的很多，幾至全團覆滅。民廿七年元旦，黃紹竑渡江到金華，白副總長和第三戰區司令長官顧祝同也來此召集劉建緒、廖磊兩總司令及其重要幹部會商浙江前線軍事部署，決定錢塘江南岸由劉部負責，北岸由廖部負責，前方才告安定。黃又陪白、顧兩位到錢塘江北岸視察了一週，視察畢，白、顧二氏到皖南去了，黃紹竑也到永康佈置浙江的臨時省會。

李任五戰區、阻敵連南北

現在敘述李宗仁司令長官主持的第五戰區。

白崇禧入京任職後，李宗仁在省內整備部隊。八月廿八日，李接白電謂：「統帥部決將津浦線劃為第五戰區，並請我公出任司令長官，過去公首倡焦土抗戰主張，國人深表贊同，如能乘此時期，躬行實踐，則對中外視聽，必有重大影響。……」李對司令長官職表示謙辭，且轉推白崇禧擔任。再經敦促，終允接受，雙十節由桂林飛南京，接洽一切，再赴徐州。其最初指揮的兵力為李品仙的第十一集團軍，由廣西開拔北上，初到海州，新兵訓練尚未完成的第卅一軍三師；原駐隴海路東段龐炳勳第三軍團步兵五團；原駐青島于學忠第五十一軍步兵六團；原駐濟南附近韓復榘第三集團軍四師一獨立旅。這四個部隊，共七萬人。其他部隊是後來陸續撥來的。

自南京失陷以後，第五戰區的重要性特別顯著。其最大的任務為：

一、須以徐州為軸心，不惜任何犧牲，使能爭取時間與空間，以阻止敵人將南北兩戰場連成一氣。

二、必須掌握淮河遼闊流域，使能威脅長江日軍的後方，令其側背的安全發生顧慮，不敢貿然即溯長江西進，以攻擊我喘息未定的武漢臨時首都，使政府獲得充裕時日，鞏固武漢外圍的防禦，和策劃以後長期作戰事宜。

徐州為自古著名的戰場，四面受敵，利於進展攻擊，不利於保守防禦，故李長官的作戰指導原則，即以攻為守，運用全面游擊運動戰術，以困擾敵軍，使其顧此失彼，疲於奔命，而遲滯其進展。

淮河運動戰、滕縣成焦土

第五戰區是南北兩面都受敵的。

在南面：為防堵南京的日軍渡江北上，急把韋雲淞軍由浙江經皖南調回，在明光、定遠、合肥的山谷湖沼地區設防；並調于學忠軍南下蚌埠，以加強津浦路南段的兵力。日軍荻洲立兵的第十三師團於民廿七年一月中旬發動北犯，被我軍節節抵抗，十八日明光失守，三十日池河鎮被突破，二月一日陷臨淮關，三日定遠、鳳陽、蚌埠相繼淪陷。淮河北岸、西三十里舖等處，我守軍往復衝鋒數十次，搏鬥劇烈，八日收復考城，十三日又克鳳陽。敵再以吉住良輔的第九師團增援，而我廖磊集團也由浙調到，三月六日以一部向定遠反攻，十一日曾一度收復臨淮關。又以增援的張自忠第五十九軍接替于學忠軍守淮河北岸，敵數次進攻，都被擊退。張軍旋北調滕縣，淮河北岸仍由于軍固守。韋雲淞軍守爐橋、洛河之線。周祖晃第七軍（屬廖集團）在老人倉向定遠、池河鎮積極反攻。李品仙總司令在合肥指揮，到處發動大規模的游擊戰，敵人因此大受牽制與打擊，雖曾進出了淮河北岸，仍無法再前進，大部只得撤回南岸，形成對峙。這是實施運動戰所收的效果。

在北面：韓復榘部自十一月十日退回黃河南岸，破壞了黃河鐵橋，與敵隔河對峙了月餘。十二月廿三日，日軍磯谷廉介第十師團渡河南犯，韓復榘廿四晚離濟南，其部隊不戰，敵廿七日佔濟南，卅一日佔安；我青島海軍陸戰隊等以青島過於突出，同月自行撤往諸城、沂水一帶。青島成真空後，日軍板垣征四郎第五師團由山西調來整補，不久，也向諸城、沂水南犯。日軍自此分東西兩路，第五師團在東，第十師團在西，向南並進。

東路戰況：青島放棄後，青島市長沈鴻烈率海軍陸戰隊、保安隊、壯丁隊等到諸城、沂水各處，擴大游擊戰，收復蒙陰，但廿七年二月三日，蒙陰復為敵第五師團所部攻佔。我令龐炳勛部進出臨沂，協同沈鴻烈部對

敵進攻，曾在新泰、泗水等處有所斬獲。二月二十日，敵猛力南犯，龐、沈兩部逐次抵抗，莒縣、日照先後失守，龐部退守臨沂，我調滕縣張自忠軍往援，三月十二日到達，與龐軍協力反攻，血戰三晝夜，敵第五師團兩個聯隊大受損折，十七夜向北潰退，我追擊直達莒縣郊外，廿三日敵增援反攻，我仍退守臨沂以北地區。

西路戰況：敵第十師團沿津浦線進攻，廿七年一月二日，韓復榘又放棄大汶口，五日濟寧陷，韓將主力退集曹縣、城武、單縣一帶，僅以一部守運河西岸。中央以韓復榘作戰不力，一月十一日，蔣委員長在開封召集軍事會議，將其免職查辦正法，改任孫桐萱為第三集團軍總司令。李長官令孫集團反攻汶上、濟寧，該部自韓復榘伏法後，士氣振奮，作戰頗力。又調鄧錫侯第廿三集團軍兩師增防津浦路正面，作孫集團的支援，但只能進到滕縣。敵因此也不再進，對峙了月餘。三月一日，調張自忠軍到滕縣，向鄒縣進攻，旋因臨沂吃緊調張軍往援而中止。十四日，鄒縣敵軍進陷界河。我因敵軍東西兩路都在增兵，似欲大舉，乃調亳縣第二十軍團湯恩伯的關麟徵五十二軍、王仲廉八十五軍、兩軍共五師增強滕縣的守備力量，因鐵路為敵轟炸，未能如期運到，滕縣守軍自十五日起，被敵三萬人以炮火猛轟，閉城堅守以待湯部來援而不到，十七日遂淪陷。湯部乃以王仲廉軍守嶧縣，在臨棗支線佈防，以掩護第二集團軍孫連仲部構築台兒莊工事。關麟徵軍在韓莊沿運河南岸佈防。鄧錫侯集團調回韓莊以南整理。

韓復榘受刑、鄧錫侯奮戰

在此，要加入兩個註解：

一是韓復榘伏法的經過：韓在山東，態度模稜，未戰先走，不服從中央要其固守山東的命令，擅自退往陝西漢中，意欲保存實力，坐觀成敗。最高統帥部認為非明正典刑，不足以維軍紀而勵士氣，特在開封召集會議，通令第一、第五兩戰區高級將領前來參加，韓復榘應召而往。在會議中，忽然空襲警報大作，有同席將領二人邀韓同赴車站躲避，並謂：「如敵機果來，我們就將列車開出郊外，以保安全。」剛登車，緊急警報遽發，列車立刻開動，久尚不停，韓驚問何往？同行者乃出示「免職查辦」命令，韓只得俯首聽命。解往漢口交付軍法會審，以失地誤國，判處死刑，於廿七年一月廿四日執行。他是抗戰中高級將領被判死刑的第二個。

二是鄧錫侯部編入第五戰區的原因：鄧為第廿三集團軍總司令，轄孫震的第四十一軍及鄧自己的第四十五軍。兩軍原在山西同蒲路上參戰，

一則使用四川土造步槍，裝備太劣，不堪應戰；二則因倉猝之間，黑夜上陣，地形不熟，敵情不明，將到拂曉，即遭日軍快速部隊奇襲，當場潰退星散。潰兵沿途不免有騷擾民間行為，甚至有將潰散零星的山西部隊繳械收為己用情事，致觸閻錫山之怒，要求將兩部撤離第二戰區。軍事委員會不得已將之調赴河南歸第一戰區程潛司令長官收容整訓，但程以兩軍既無戰鬥能力，軍紀又復廢弛，不願收容。軍委會乃徵求李長官的意見，擬調歸第五戰區。李氏卻表示極端歡迎，無論如何，總比古人紮草人作疑兵以拒敵為優越。這個集團軍的官兵，到處遭人白眼，聞訊大為興奮，感激涕零，即開拔到韓莊臨城整補。李長官集合官兵講話數次，激勵勸勉，補充彈藥武器，官兵精神為之大振。後聞韓部不戰放棄濟南，即令該部兩軍各抽一師急赴滕縣佈防，竟能與日軍周旋三晝夜，直至城破肉搏巷戰，鄧軍第一二二師師長王銘章殉國，另一師長負傷，旅團長以下官兵犧牲三分之二，可謂壯烈！

孫軍善守城、台兒莊大捷

第五戰區最有名的一次戰役是台兒莊之戰。

台兒莊是徐州東北三十公里一個衝要而有城壁的市鎮。人口約一萬，面臨運河，後有丘陵，早已築有戰壕和炮兵陣地，臨城到趙墩的鐵路支線由此經過。

孫連仲軍三個師任台兒莊的守禦，他以池峯城的第卅一師守市區。嶧縣及棗莊北方置有湯恩伯部的王仲廉、關麟徵兩軍。本來李長官令湯恩伯總司令控置其主力埋伏於台兒莊東北地區，等待日軍來攻台兒莊，即協同孫軍予以圍殲，但湯僅派一部襲擾臨棗鐵路線，而將主力置於棗莊車站以北抱獨姑山麓，欲待日軍與孫連仲軍相持不下，兩敗俱傷時，再行出擊。果然，敵第十師團三月廿四日由滕縣以一部進佔韓莊，主力向臨棗線挺進，攻佔棗莊、嶧縣後，福榮聯隊長率步兵兩大隊乘勢疾攻台兒莊。我守軍竭力抵禦，廿七日終被其攻入北門。但城外我軍將其包圍，城內守軍抵抗更力，福榮受困了，其旅團長瀨谷啟急令赤柴聯隊長率步兵兩個半大隊及炮兵一大隊赴援，瀨谷也親自督戰，他們在途中，不論田野、森林、小村落，到處都遇著我軍埋伏截擊，而終被其衝到北門與福榮會合。敵第二軍司令部接福榮被困的報告，急令第五師團將圍攻臨沂的坂本聯隊停止攻擊而馳援台兒莊。坂本留一部攻臨沂，而自率四個大隊前往，三月卅一日到台兒莊，被我軍猛烈抵擊，四月三日東門和南門先後被坂本所部佔領。

守軍地域漸次縮小，逐巷逐房搏鬥，最後縮到運河北岸橋頭一極小區域，死傷枕藉，情勢危急，不可言喻，令得敵方也讚歎為開戰以來所未見過這樣可驚的中國軍隊的抵抗！孫連仲總司令屢次要求撤防轉進，以保存他這軍抗戰的種子，其詞甚哀！但李長官拒絕，嚴令無論官兵，擅自脫離陣地，即以軍法從事；一面嚴令湯恩伯部立即星夜南下攻敵側背，不應逡巡畏縮不前，視友軍苦戰而不救。湯即遵令進擊。正當戰況慘烈時，周喦第七十五軍所部兩師由河南開到，遂與湯、孫兩部合力將敵包圍。

敵第二軍司令部並不清楚其在台兒莊部隊被我包圍，其第五師團司令部且以為台兒莊被日軍佔領了，竟於四月六月下令坂本將台兒莊交第十師團而回去攻下臨沂。坂本通知瀨谷後，拔隊便行。瀨谷以事前無商量，事急竟不顧，又驚又怒，有坂本已覺難支，現獨力如何能守？六日晚也下令退走。此時，我堵擊兵團曹福林五十五軍已由魯西沿津浦路南下，到達臨城、棗莊，瀨谷後無退路，奔入嶧縣負嵎死守。此次敵在圍城中，傷亡已大，及突圍退走，損折更重，我軍獲得了大捷，消息立刻傳遍到歐、美各國。

參加臨全會、訪問五戰區

在台兒莊劇戰間，國民黨臨時代表大會在武昌召開，我由桂赴會。大會於三月廿九日晨行開幕禮，第一次大會是晚間在武昌珞珈山武漢大學舉行，連開四夜，四月一日夜閉幕。決議要案有四：一、制定抗戰時期政治綱領（後來改稱抗戰建國綱領）；二、推舉蔣中正為中國國民黨總裁，汪兆銘為副總裁；三、結束國防參議會，成立國民參政會為戰時最高民意機關；四、設立三民主義青年團。接著在六、七、八日開五屆四中全會，通過三民主義青年團組織要旨、國民參政會組織條例等案。

我於會後，乘便赴徐州訪問第五戰區，黃鍾岳、邱昌渭、李任仁、孫仁林、黃同仇、陳錫珖、黃鈞達、胡訥生、羅紹徽、陳挺之及新聞記者范長江、陸詒各位同行，四月三日晨離漢口，夜十時到鄭州。便道訪候第一戰區程潛司令長官，他說：「河南紅槍會並非土匪，實為組織以防匪的，尚有白槍會、黑槍會，都是一類。其信調為不姦淫，不擄掠，並須有身家而非遊民」等語。四日晨離鄭州轉搭隴海路車行，上午十時抵達徐州，前方戰事極緊張，徐州市面卻很熱鬧。即往候李司令長官，知因台兒莊戰況嚴重，蔣委員長派白副總長、軍令部次長林蔚、廳長劉斐等多位來助，大家都以此次計劃周密，援兵如期，勝算很高。次晨，李長官來我處，因同

往訪白副總長，白氏當時和我向李建議：「一、吾公集軍事、政治（一月廿五日國府明令任李宗仁為安徽省政府主席）於一身，十分勞苦，應物色輔佐，以免過勞，而期周密。二、須注意功高震主，應將戰功推之於上下及友軍。」這些建議，都承李長官接納。第三天清早，李長官對來徐州訪問的廣西省內工作同人作一次集體講話，大意是：「對中央應竭誠擁護；對各方宜努力親善；對省內不急之務不可浪費人力和物力。」

那時李品仙總司令在合肥，廖磊總司令在正陽關，韋雲淞軍長在壽縣，都未得相晤，只致電候勞。程潛長官攜現款十萬元來徐犒軍，也於是日由鄭到此。我們一行六日下午三時離徐歸漢口。七日午刻到信陽，第五戰區兵站分監石化龍駐此得晤，李任仁、邱昌渭兩位下車轉赴潢川參觀第五戰區青年軍團。我們下午六時四十分到漢口大智門車站，剛下車，而台兒莊日軍全部被解決的捷報，號外紛飛，全市懸旗鳴炮，以示慶祝，人心興奮！

我再留漢口四日，其間以關於行政的接洽為多。謁行政院孔院長（廿七年元旦蔣辭孔繼），他說：「錢勿亂用較不貪污更為重要。」訪交通部（鐵道部併入）張嘉璈部長，他擬將湘桂鐵路由黎塘接到貴縣，以便運輸材料，徵求我的意見。我說：「真是求之不得！」訪經濟部（實業部改稱）翁文灝部長，他表示將農田水利與內河航運水利並重，由中央與地方協力先辦較小而效速的。軍政部兵役司朱為鈐司長來訪，謂下半年將在廣西設立三個師管區，並希望桂籍新兵除補充第五路軍外，兼能補充別軍。禁菸處黃天民處長也過訪邀宴。

蔣委員長十日約吳敬恒（稚暉）委員和我晚餐，謂月內將赴桂一行。我又往訪汪副總裁，他贈我小冊子《中共策略路線》一本，並說：「你看！抗戰後，中共對國民黨的態度仍然如此。」

黃紹竑主席曾介紹張任民、潘宜之、我和周恩來、陳紹禹、秦邦憲漫談日軍以後的戰略。黃紹竑曾問他們「中共訓練人員的方法和對於逃兵的處置？」他們所答頗細密而合人情。

我四月十一晚離漢口，十三日返抵桂林，結束了武漢之行。

第二十七章　陷廣州、棄武漢、會南嶽

抗戰進入第二年，中央與地方，共禦外侮，合作無間。躭心的是和平活動屢次發生，其情形如下：

第一次：民廿六年八月十日，日使川越茂向我外交要員表示，日方願意了結華北事變，並將條件透露。但十三日淞滬戰起，事遂消沉。

第二次：希特勒命令其駐華駐日兩使調停中日戰爭，以免日本將對蘇戰力消耗於中國，對德不利。駐日之德國大使徵得日方同意並條件後，轉達駐華德使陶德曼。民廿六年十一月廿八日，陶轉持訪孔副院長和外交部長，並求見蔣委員長。外次徐謨陪陶由漢口乘船於十二月二日到南京。蔣召集在京重要將領討論後始見陶德曼，表示要日方先停戰以及我方對北平政權要絕對維持乃可談。陶即電報東京及柏林謂：會談結果有望。但因日軍進展甚速，十二月十三日已攻下南京，主戰派得勢，和談又不成。

第三次：事在民廿七年六月開始，本文中已提及。

是否尚有第四次呢？真能抗戰到底嗎？這是那時大家最關心的問題。

敵包圍徐州、謀通津浦路

日軍在台兒莊失敗後，乃發動大規模的攻勢，半年之間，佔領了津浦路全線，更西侵武漢，南襲廣東，封鎖我對外交通，壓迫我遠退內地。但敵人卻泥淖愈陷而愈深，終致不能自拔而遭沒頂。

現從徐州保衛戰說起。此役主動在敵，故先述敵方的行動。

日軍因其台兒莊大敗的新聞喧騰歐美，老羞成怒，存心報復。同時發現了我軍精銳集結徐州附近（我方的無線電密碼，全被其收聽譯出，部隊行動為其所知），正為其集中在華兵力包圍攻擊最難得的機會，企圖消滅我野戰軍實力後，可早日結束戰爭。這是軍略上的打算。津浦鐵路為北平與南京陸地上唯一的交通大動脈，北平王克敏的臨時政府已在民廿六年十二月十四日成立；南京梁鴻志的維新政府也在民廿七年三月廿八日成立，日方為使這南北兩傀儡組織合流演進為代替我重慶國民政府的傀儡組織，必須打通津浦線。這是政略上的打算。敵方在軍略和政略上都一致要圍攻

徐州，打通津浦路，於是抽集晉綏蘇皖的兵力，從南北兩面來夾擊。

在南面——敵於民廿七年五月四日發動，以一部犯合肥以牽制該方面的我軍；其主力由懷遠突破我淮河北岸陣地後，分兩路向北掃蕩：第十三師團長荻洲立兵率部循渦河進攻，五月九日破蒙城，十二日晨又破永城；第九師團長吉住良輔則率部沿津浦鐵路西側向宿縣挺進。更以第三、第一〇一、第二六各師團的一部進擾淮陰、阜寧。

在北面——原來板垣征四郎的第五師團仍攻山東臨沂；磯谷廉介的第十師團仍在津浦鐵路正面。新增末松茂治的第二四師團及第一一一師團的山本旅團則由濟寧方面攻魯西；以中島今朝吾的第十六師團由南陽鎮西渡南陽湖攻我魯西軍的右側；企圖掃蕩我在魯西地區部隊後，直下隴海路而入蕭縣，與北上敵軍會合包圍徐州。更以土肥原賢二的第十四師團由黃河北岸渡董口、攻菏澤、向蘭封，對徐州作第二重的包圍。

到五月十三日，敵軍已攻抵徐州的周圍附近，其海軍航空隊飛機七十二架先對徐州車站一帶作大轟炸，陸上空軍接續再作波狀的襲擊，圖徹底破壞我方的火車及倉庫。其第十三師團以戰車二中隊，步兵二中隊、裝甲車一中隊、山炮一小隊、工兵半小隊、汽車一中隊等編一機械化部隊於十三日由永城出發，十四日午刻闖進隴海鐵路線，將汪閣大鐵橋炸毀。隴海鐵路東段新安鎮附近的鐵橋，也在十四日天明前被南下敵軍的戰車隊和工兵隊所破壞。徐州的東西兩面都已被敵阻斷了，敵軍部隊每個聯隊更互相連絡，形成了一個大包圍網。

我不甘示弱、集兵古戰場

我軍方面怎樣應敵呢？

最高統帥為了要保持台兒莊大捷的輝煌戰果，也不甘示弱，除已在第五戰區現地的兵力外，更從平漢鐵路方面調來劉汝明的第六十八軍、馮治安的第七十七軍、樊崧甫的第四十六軍和拱衛武漢的盧漢第六十軍等，投入這險惡的古戰場。依李宗仁長官當時的意見：「乘日軍趾高氣揚暴露輕敵的弱點時，予以打擊，稍挫其鋒，這是最恰當的；但欲在此四面受敵的平坦地帶，和日軍較高低、爭短長，那是違反了長期消耗的既定策略，極不上算的。」無奈中央持意甚堅，李長官只好戒慎恐懼，妥為佈置，去迎接這場包圍驚險的戰鬥。

南面的戰況是：自敵進攻發動，我在合肥的李品仙部和在正陽關的廖磊部均被迫西移。敵陷永城後，其主力向歸德，一部向蕭縣與南下敵軍連

絡，形成對徐州包圍圈。此時，在蚌埠的敵軍（一○二、一○七、一一九各師團的一部）也沿鐵路線進迫宿縣。

北面的戰況是：一、東路的臨沂戰場，自四月上旬日軍已增兵加強壓力，龐炳勛和張自忠兩部孤軍苦戰，為時已久，不得已訓令其且戰且退，以遲滯敵軍南進。二、正面由台兒莊敗潰的日軍，退據嶧縣附近的獐山、九山和稅廓一帶，憑藉有利地形困守待援，因我軍大炮火力微弱，步兵迭次肉搏攻堅，皆未能奏效。四月廿日後，我樊崧甫、盧漢各軍相繼到達戰場，而敵方也由津浦路陸續增援，連合其守軍出擊反攻。我軍為保持戰力起見，避免在背水平原地帶與敵決戰，乃輾轉退守台兒莊與韓莊間的運河南岸，並延伸到微山湖西岸，以抗拒日軍南攻徐州。五月十三日，情勢逐漸緊張危急，即令我在魯南各部整備西移，孫連仲與湯恩伯等部均轉向豫南、鄂北指定地點。三、在魯西，我為集結強大兵團應敵，以孫桐萱軍主力在相里集、潭集之線；李必蕃、李英等師展開於鄆城、鉅野、紙坊集之線，以掩護大兵團的集中。五月九日，濟寧方面敵軍開始向鄆城、金鄉、魚台進犯，並以一部西渡微山湖攻沛縣。我孫桐萱、商震、龐炳勛等部，在魯西廣闊平原，無險可守，而敵人的機械化部隊，行動卻十分便利，到處闖擾。鄆城、魚台、金鄉、沛縣於十一、十四、十五、十八等日相繼失守。敵更南攻豐縣、黃口，沿隴海鐵路東攻徐州，並以一部繞攻蕭縣。但我事先鑑於敵軍兩路向魯西掃蕩，即令孫桐萱各軍採取運動戰，避實擊虛，相機向河南方面突圍。對於守微山湖西岸的部隊，亦隨即下令照此措置。

我安全脫退、敵大感意外

戰區周圍的戰況，已如上述。中心的徐州，五月十四五兩日，西南郊外敵軍的進攻已非常劇烈。司令長官部駐前清道台衙門，十六日已為敵軍七公分野炮擊中數發，逼著在黃昏後遷往城外陳家花園。十七日長官部又被敵炮轟擊，當日佈置已定，發令各部按照次序掩護，逐次突出重圍，並指明如遇敵軍頑強截擊，即由徐州東南突圍，向蘇北潛伏，進行游擊戰，因敵包圍東南的兵力薄弱之故。十八日黃昏，李宗仁率長官部官兵七百餘人撤出徐州，乘火車南下抵雙溝集，因路軌被敵便衣隊破壞，改徒步南行，到離宿縣約十里處，忽遇敵騎兵逆襲，對戰半小時，乃繞向鐵路東側前進，再繞過敵軍警戒線，晝伏夜行，乃得突圍而出。白副總長在徐協助指揮，也同時退出。劉汝明部為最後撤退，於十九日始放棄徐州。

我軍先後加入徐州保衛戰的兵力共約三十萬人，持續不斷的戰鬥，為

時達五個月零二十日之久，除在陣地傷亡外，大軍一致安全脫退，並無任何部分被敵所消滅，實出意料之外！敵方以我軍竟像魚群漏網而出，一無所獲，非常驚異，大為喪氣。徐州會戰就此結束。

我放棄徐州後，敵第十三師團五月廿一日陷碭山，廿八日陷歸德；第十四師團五月十四日陷荷澤，二十日陷儀封；更有兩部由貫台、陳留口南渡黃河，攻蘭封背後；第十六師團欲搶佔鄭州，越蘭封急進，六月六日陷中牟。我在隴海線兵雖不少，終難抵擋，放棄開封而轉移於平漢路以西；六月七日炸決趙口附近黃河堤，水流將敵第十六師圍困在中牟，並沿賈魯河南泛，敵勢才被阻止，敵我遂沿黃泛而對峙。這是徐州會戰的餘波。

徐州戰後，白副總長五月廿九日同到武昌。六月中旬，李長官駐潢川，廖磊部在商城，李品仙部在皖西。七月六日，李宗仁因齒病回武昌東湖武漢療養院治療。那時武漢氣候熱得可怕，東湖既可泛舟乘涼，又可下水游泳，是個最好的消暑地方。李濟深為靜居休息，黃紹竑因檢查身體，一時都同住院中。白崇禧有時也來住住玩玩。有一天，政治部長兼武漢衛戍總司令陳誠來看他們，笑道：「我來趕你們出院，你們幾個廣西佬住在一起，外面發生很多閒話，聽起來有些刺耳。」的確，他們曾接到香港方面的電報，有人造他們的謠言。因為李濟深閒著沒事；李宗仁自徐州撤退，中樞對他公開譏評責備的人很多，令人懷疑他患的是政治病；黃紹竑在浙江省主席任內，不顧一切，太過猛進，又和中共幾個要人接近，被讒受責，特來武漢面請辭職。空穴來風，自非無因。

日軍主戰派、向武漢進攻

武漢會戰，接著徐州會戰之後又告展開。這是抗日戰爭中最大一次會戰。

本來，徐州戰後，敵我雙方政府都曾秘密進行和平，但到九月，即為敵方主戰派所破壞而歸於幻滅。

日軍主戰派是不理其政府意圖的，他們在徐州會戰中已經決定要進攻我抗戰行都的武漢。其目的有三：一、要奪去我北平、天津、南京、上海、漢口、廣州、青島七個現代都市，迫我墮落為一個農村政權；二、控制武漢三鎮，使我無論精神的、經濟的、武力的抵抗都要大為減低；三、以此為進攻作戰的一大階段，給戰爭劃一個限界。

敵軍對於武漢，是從東北兩方面進攻：東面以岡村寧次的第十一軍五個半師團，助以海空兩軍，溯長江西上；北面以東久邇的第二軍四個師團

從隴海路方面經大別山南下；合攻武漢。

我方的防衛，在南岸的廬山山脈和北岸的大別山脈，都配置有重兵，預築有堅固陣地，並且在田家鎮附近的長江兩岸構築江防要塞，嚴陣待敵。北岸由第五戰區司令長官李宗仁指揮，南岸由武漢衛戍總司令陳誠（以薛岳代）在前線指揮（後來成為第九戰區），軍事委員會駐在武漢居中策應。我海空兩軍，數量微小，陸軍裝備，更劣於敵，但以前幾次武漢空戰，曾著偉績，大別山脈和廬山山脈兩陣地，各堅守月餘，並給敵人以慘重的損失。

利長江水漲、海陸同西犯

東面的日軍，以一個師團從北岸、四個師團從南岸夾長江而並進，利用長江為補給線。六月十一日發動，以海軍掩護波多重一旅團由蕪湖出發，十二日半夜襲取安慶。廿三日攻馬當要塞，廿六日被陷。七月二日攻湖口，五日不守。廿三日敵登陸鄱陽湖西岸姑塘，廿五日九江失陷，我軍退守廬山兩側和南潯路上的既設陣地，因地勢險要，敵攻擊廿餘日，廬山與馬鞍山間的隘口才被佔領。敵料由隘口向德安進攻，必更曠日持久，於是以齋藤彌平太的第一○一、松浦淳六郎的第一○六兩師團在廬山一帶與我軍相持（到雙十節，齋藤師團的大半和松浦師團的一部，共約四個聯隊，在德安附近，被我軍薛岳所部殲滅），而以吉住良輔的第九師團和本間雅晴的廿七師團逕行西進。八月廿二日，吉住師團在港口登陸，同時以海空軍猛轟馬頭鎮和富池口要塞。馬頭鎮我軍冒死抵抗了八天才失陷；富池口九月廿四日也不守。敵繼續進迫，我漸次向武寧、通城後撤，十月廿五日，敵已迫近武昌城。這是南岸的戰況。

敵在北岸自佔安慶後，以稻葉四郎的第六師團西攻潛山、太湖，迭次遭我廖磊、李品仙各部反攻，不能前進。七月下旬，又以海軍掩護波多旅團在小池口登陸，協同其第六師團攻佔黃梅、宿松。但太湖、潛山卻被我軍於八月下旬收復。敵遂改變其後方連絡於小池口，而積極向我廣濟東方陣地攻擊，終被其突破，我軍退守界嶺和田家鎮要塞。九月八日，廣濟為我韋雲淞卅一軍克復，大有斬獲。敵進攻田家鎮要塞時九月十六日從松口山第一陣地開始，漸次進迫，廿七夜才被其接近要塞，經一晝夜的血戰，我守軍支持到廿九日而陷落。敵攻我各處要塞，海軍既炮轟，空軍又狂炸，更使用毒氣，守軍遂難抵抗。敵海軍既侵入田家鎮以西，得在蘄春、蘭溪、巴河、黃岡、陽邏各處登陸，以策應其第六師團的西進，十月廿五

日黃陂被陷，漢口側背大受威脅了。

廣州先失陷、武漢亦放棄

北面敵第二軍，因其第十六師團在中牟被黃泛所困，派第十師團往救，故遲至八月下旬才發動。分南北兩路來犯：南路為荻洲立兵的十三師團和藤江惠輔的十六師團由六安經商城橫斷大別山出麻城，北路以藤田進的第三師團和磯谷廉介的第十師團沿淮河經固始、潢川、信陽轉向漢口。南路敵軍八月廿六日猛攻六安、霍山，三十日六安失陷。敵渡淠水，九月二日攻我葉家集附近富金山陣地，經七晝夜的劇鬥，敵十三師團被我宋希濂各軍予以慘重的損失，斃其聯隊長二人。旋因北路敵軍陷我固始，側背受威脅，我乃於十一日放棄富金山陣地。敵進犯商城，與我孫連仲各軍激戰一週，敵施毒氣，我軍受損，退守大別山既設陣地，敵力攻月餘，始終未被突破。北路敵軍九月七日陷固始。十六日進犯潢川，我張自忠軍苦守至十九日而失陷。廿一日羅山又不守。在信陽以東與我第十七軍團胡宗南部激戰，敵敗退羅山待援，後敵陸續增援，胡部受損而退守桐柏山地，十月十二晚放棄信陽，敵遂轉兵南下，廿六日竄達漢口北郊。

武漢大會戰，我使用的兵力不下六十師，自敵攻安慶日起，歷時四個半月，大小戰鬥數百次，因廣州先失，到十月廿四日而放棄武漢，向西撤退。

白副總長常被派到各戰場視察協助，曾代李宗仁長官指揮第五戰區一個時期。最高統帥部決定放棄武漢後，他奉派於十月廿三夜離漢口到花園傳達意旨於李長官，即經沙市赴長沙。蔣委員長是於廿四夜離武昌入湘的。

當武漢會戰情勢漸緊的時候，日軍古莊幹郎的第廿一軍三個師團突然於十月十二日在廣東大亞灣的澳頭附近三個地點同時登陸。因其安藤利吉的第五師團從青島、久納誠一的十八師團從上海、三宅俊雄的一○四師團從大達乘船南下集合，行踪秘密，被其奇襲，登陸時並未遇到我軍抵抗。登陸後在平山集結，即分三路直趨廣州，十月廿一日廣州遂告淪陷。敵第五師團主力由珠江口溯江入三水，被我軍攻擊頗受損失。

這是敵方攻取武漢計劃中之一部份，目的在佔領廣州這個中國重要近代都市，既可策應武漢方面的作戰，又可斷我對外的連絡。

重檢討軍政、下問及芻蕘

當敵軍犯粵後，蔣委員長曾電筆者徵詢意見，電云：

「桂林黃主席旭初兄：□密，自敵人在粵登陸後，抗戰局勢較前擴大，舉凡內外軍政之布措，及戰略政略之運用，均有重新檢討之必要，望兄徹底研討，詳陳所見，即速電覆，為要。中正，銑，侍秘鄂印。」

我接電後，一面約集同人細加研究；一面問問李長官的看法？李氏於十月十九日電覆道：

「……根據抗戰建國要旨，應首從建軍入手，建軍不成，建國終屬空談，抗戰以來，只見師之單位增加，忽略師之質量充實，至我一師不能與敵一大隊抗衡；指揮單位過多，運用不靈；且多數隊部，軍紀蕩然，作戰無力，擾民有餘，徒招民怨，兼耗國帑。此其一。賞罰嚴明，選拔真才，袪除感情用事，免庸碌者塞途，才智者棄野，貽誤軍國大事；行政方面，亦應本此要旨，力振紀綱。此其二。外交方針，應根據總理遺教聯合以平等待我之民族共同奮鬥之旨，努力明朗化，不可路線模糊，仇友不分，致失與國同情。此其三。黨政軍負責人員，應絕對服從最高領袖抗戰到底之決心，不容尚有猶豫份子參雜其間，妨礙意志統一，影響國民抗戰信念，惹起與國疑慮，凡此種種，均足為抗戰建國必成之致命傷。此其四。上述數點，實為目前救亡切要之圖，吾兄卓見以為如何？……」

我將研討的結果，參合李長官的電報，答覆蔣委員長一電如下：

「特急，武昌（12345）□密，銑侍秘鄂電奉悉。辱承不棄，以內外軍政及戰略政略等事下問，謹以管見臚陳如下：一、關於中央軍政，各部門負責人員，首應統一其意志，化除私見，一致抱定抗戰建國主旨，在最高領袖指導之下，同心同德，各盡所能；其有意存猶豫，信念不堅者，不宜使之參雜其間。同時選拔真才，共襄大計，則賢能之士，將起而為國盡瘁矣。再則急擇適宜地帶，建立新軍基礎，過去抗戰所發現之缺憾，務宜於此後建軍中極力糾正，使抗戰力量得以繼續充實。再其次，如能仿照土耳其復興前例，由國民會議制定切合輿情之根本大法，使全國上下共同遵守，則更足以增強中樞之組織，振起國人之精神，及取得民眾之協助也。二、關於地方軍政，宜分區選任大員負責，授以充分事權。同時使軍政合一，以便集中力量運用。其已為敵人佔領之地帶，宜盡量運用當地有力份子發動民眾，予敵以種種破壞，使其不能利用我之人力物力。三、關於戰略方面，則華中、華北、華南各戰場，宜權其利害輕重。重新分佈兵力。對於敵軍，不論何時何地，均宜予以攻擊，使之備多力分，疲於奔命，而我方士氣，則可藉此不致鬆懈。四、關於政略方面，在外交運用上，宜與蘇聯作更進一步之結合，訂立軍事同盟。蓋在國際形勢上、地理關係上、及蘇聯本身上，其可能助我抗敵者，大於任何國家。自慕尼黑會議以來，

其在歐洲地位已陷於孤立，此時與之交涉，一切有利條件，必更易於成立。或以為中蘇結合日進，不免失去英國同情，其實不然。中蘇結合，即表示我之抗戰力量加大，只有使英對我更為重視。同時，彼為維持中國之親善，或當予我更多之便宜。其次，對於國聯會議此次通過我們所提出盟約第十六條之制裁，亦宜多方要求各會員國從速履行，以削弱敵人力量，而壯我之聲勢。上陳四項，是否有當？敬候鈞裁。職黃旭初呈，養印。」

抗戰期到底、赤心輔統帥

　　廣州和武漢失陷後，李長官關心廣西省內軍政幹部的情緒或因此而有所變化，十月三十日電第八軍團總司令夏威和我赴湘與白副總長商談對於省內以後的處置。因西江方面情勢吃緊，白氏囑夏威勿往。我和省府委員李任仁十一月三日由桂起程，四日到長沙城北西園晤白崇禧，討論對時局的演變應如何應付的問題，五日續談，白氏主張：「我們應以赤心輔助蔣氏抗戰到底，如其中途變更決心，自召敗亡，吾人的責任及良心已盡，可以無愧。我們更應注意勿再像民十六七年間造成猜忌的惡因，致演成其後數年分裂的惡果，故對蔣氏及其部屬，應一概推誠相與。」自抗戰後我們在省內的行動，是和白氏的主張相合的。六日上午十時，我和李任仁委員晉謁蔣委員長，他太過勞苦，身體消瘦，精神頹喪，聽了我們報告廣西的情形後，表示對桂省財政，中央可以補助。午後，大家復與白氏討論時局根本問題，自重申其昨日的主張。劉士毅和李任仁都耽心和平會出現，要白氏對此點特加注意。當日下午，我和李委員離長沙，到南嶽市，天已昏黑，閔志達、謝和賡兩位替我們在曠氏小學準備住所，晚餐後攜手電筒同遊嶽廟，只覺其雄壯，正殿大石柱八十根，上面刻龍最多，至今猶留印象。七日下午返抵桂林。

　　白副總長十一月十二日隨蔣委員長赴韶關視察，十三日他用長途電話告我道：「已和握奇（第十二集團軍總司令余漢謀）相晤，我前線在橫石、良口、新豐、河源，這一帶都是山地，軍心漸定。花縣伍觀淇的村中，自衛力很強，敵人屢次攻擊都遭失敗。」當日長沙即發生有名的大火，白氏於十五日隨蔣氏歸南嶽，長沙餘燼尚未盡熄。廿五日，蔣氏主持南嶽會議，檢討第一期的作戰，廿八日閉幕。

第二十八章　抗戰第三年的幾個重要會議

　　本章為記述民國廿八年的情事，那時期，無論國內和國外，都發生了
重大的變化。

　　在國內：因汪兆銘主和，民廿七年十二月十八日潛離重慶，經昆明而
到河內，與日方接觸。日方接其到滬，汪又親赴東京，逐漸造成其為謀和的
主體，與蔣氏抗衡。日方既不以蔣為對手，更助長蔣氏抗戰到底的決心。

　　在國外：德國希特勒九月一日發動歐戰，進攻波蘭，我們的抗戰，將
有演變成為世界大戰的一環的可能。但蘇聯的行動，既助我抗日，又與日
妥協，最令我迷惑！

檢討得與失、從新作調整

　　抗日戰爭進展到第三年，軍政措施及人事方面，都有許多變動，以下
各段所記，多是和廣西有關涉的。

　　武漢會戰告終，蔣委員長曾召集長沙、南嶽、西安各次會議，檢討自
開戰以來的得失，從新調整軍事上的部署，其重要的有左列幾項：

　　一、廢除兵團和軍團兩級以減省指揮級數，只存軍事委員會、戰區、
　　　　集團軍、軍、四級。鎮軍為戰略單位。師也廢旅，直轄各團。

　　二、重劃戰區。各戰區的司令長官，轄境、兵力如下：第一戰區，衛
　　　　立煌——（豫境及安徽的一部），步兵十二師一旅、騎兵一師一
　　　　旅。第二戰區，閻錫山——（山西及陝西的一部），步兵卅二師
　　　　十四旅，騎兵五師三旅。第三戰區顧祝同——（蘇南、皖南及浙
　　　　閩兩省），步兵廿二師兩旅。第四戰區，張發奎——（兩廣），
　　　　步兵十八師兩旅。第五戰區，李宗仁——（皖西鄂北豫南），步
　　　　兵廿六師、騎兵一師一旅。第八戰區，朱紹良——（甘寧青及綏
　　　　遠），步兵六師九旅、騎兵四師四旅。第九戰區，陳誠（薛岳代
　　　　理）——（贛省一部鄂南及湘省），步兵五十二師。第十戰區，
　　　　蔣鼎文——（陝西），步兵九師一旅、騎兵一師一旅。魯蘇戰
　　　　區，總司令于學忠——（蘇北及山東），步兵七師。冀察戰區，

總司令鹿鍾麟──（冀察），步兵五師，騎兵一師。各戰區均配
有其他特種部隊。

三、軍委會下設戰地黨政委員會，各淪陷區設分會，其任務為發動民
眾對敵全面抗戰，消滅偽組織，阻止敵人政治、經濟、文化的
侵略。

四、軍事委員會移駐重慶，取銷廣州、西安、重慶各行營，另設桂
林、天水兩行營，以統一指揮長江南北各戰區。

五、凡作戰損失過大的軍或師，均由軍委會直轄，以便積極補充整訓。

六、在南嶽設立游擊訓練班，召集各省軍官施以運用游擊戰術的訓
練。以湯恩伯為教育長，葉劍英為副教育長。

廖磊主皖政、白兼桂行營

依照上述的調整，李宗仁將第五戰區司令長官部移駐襄陽。其指揮
的部隊為：第十一集團軍李品仙的覃連芳第八四軍、劉和鼎第卅九軍；第
廿一集團軍廖磊的張淦第七軍、張義純第四八軍；第卅三集團軍張自忠的
曹福林第五五軍，張自忠兼第五九軍；第廿二集團軍孫震的陳鼎勳第四五
軍、孫震自兼第四一軍；第廿九集團軍王纘緒的廖震第四四軍。李品仙仍
任副司令長官。廖磊兼任豫鄂皖邊區游擊總司令，率其所部留在大別山；
並兼任安徽省主席，臨時省會設在立煌；廖氏於民廿八年十月廿三日病故
後，李品仙繼任皖主席。韋雲淞的第卅一軍調回廣西整補。

白崇禧兼任桂林行營主任，指揮長江以南第三、第四、第九各戰區，
白氏於民廿七年十一月三十日由南嶽回桂部署，蔣委員長親來主持成立。
蔣氏民十只到過南寧，此次蒞臨桂林尚屬首次，十二月一日由湘乘火車到
達，駐節藩署。二日敵機狂炸桂林。三日行營成立。四日召見在桂黨政軍
高級人員晤談。五日在總理紀念週講廣西對抗戰建國責任的重要及應注意
新生活運動。六日召我談桂省財政問題。我報告：預算廿八年度省地方收
入可得一千五百萬元，而支出達三千萬元，不敷太鉅。他允由中央酌予補
助。七日飛渝，因天候惡劣而折返，八日才得成行。

夏威的第八軍團改為第十六集團軍，夏為總司令，蔡廷鍇、韋雲淞為
副總司令，轄韋雲淞兼的卅一軍及夏自兼的第四六軍，隸屬於第四戰區。

留桂的第五路軍總司令部於民廿八年三月奉令取銷，只存廣西綏靖公
署，白崇禧受命兼桂綏署副主任。

這些便是調整變遷的情形。

五中全會後、乘便談省政

國民黨五屆五中全會於民廿八年一月廿一日在渝召開，李宗仁、白崇禧、黃紹竑和我都往參加。蔣總裁在會中說明外交方針，其要旨是：我應運用敵人所捨棄的，如國聯盟約、九國公約等。我應使英美聯合及美蘇聯合。我們的外交，應以美英蘇三國為主，中英外交，以經濟為中心；中美外交，以政治為中心；中蘇外交，以軍事為中心。至聯俄容共，乃截然兩事的偶然湊合，蘇方始終未要求我必須容共。又解釋「抗戰到底」的含義為：應恢復盧溝橋事變以前的狀態才到底。至東北問題，可用政治解決云。

全會舉行總理紀念週，蔣氏對中央委員責備頗嚴厲。在座某中委私議道：「蔣先生可謂求仁而得仁，又何怨？徒然責備而無整頓的辦法，是無濟於事的。」過了幾天，蔣氏又對全會中委特別作一次詳細指示如何對黨工作的方法，共有九項之多。

全會主要的決議案為組織「國防最高委員會」，推蔣氏為委員長，以統一黨政軍的指揮。數日後——二月一日該會即告成立。以張群為秘書長。

行政院長孔祥熙乘各省主席此次到渝之便，特在五中全會閉幕後召集副院長、各部部長一同開了一次談話會，討論了兩個問題。

一、關於省臨時參議會問題，決定：甲、參議員的圈定（先由省政府和省黨部會同推選加倍人數，報請中央圈定），應以人才為主；乙、黨部人員應避免參加；丙、參議員的給與，定名為旅費，其數目由各省自定；丁、應設候補名額。

二、浙江省主席黃紹竑報告：省境內與省政府同級的軍事機關，有戰時的指揮機關和平時的行政機關，共四個系統。戰時指揮機關沒有經常性，只要求軍政合作。平時的軍事行政機關，有全省保安司令部、防空司令部、軍管區司令部。這三個機關的首長，規定均由省主席兼任，形式上聯繫是很密切了，實際上仍有相當隔閡。因為機關仍是獨立，往往一件公事仍舊是往來的簽商，都是同用某一人的名義，矛盾衝突，實在可笑。他建議：在省府內設軍事廳，下設保安、防空、兵役三處。決定：採納。此案後來經國防最高委員會通過，但終未見公佈實行。

我為桂省民廿八年度預算請中央補助事，偕財政廳長黃鍾岳向財政部商洽，結果，中央決定補助五百萬元，並准發行公債五百萬元。

此行滯渝三週，二月二日飛返桂林。

四戰區在韶、成立黨政會

戰地黨政委員會是民廿七年十月廿九日在長沙會議中決定組織的，在中央，由蔣委員長自兼主任委員，李濟深為副。

第四戰區因廣東已淪陷一部份，依規定，應設戰地黨政委員會分會，乃定於民廿八年九月一日在韶關成立。我和國民黨廣西省執行委員黃鈞達接張發奎長官通知前往參加，我們乘火車於八月卅一日晨到韶，長官部招待下榻於斌廬。九月一日晨五時半，在長官部禮堂舉行第四戰區戰地黨政委員會分會成立典禮，主任委員張發奎，副主任委員余漢謀，委員李漢魂、黃旭初、夏威、吳奇偉、羅翼群、李章達、黃鈞達。除夏威因事未到外，餘均到會宣誓，由白崇禧主任監誓。是日下午三時，黨政分會即開第一次會議，翌日下午三時再開第二次會議。會畢，白主任講「各省須切實施行空室清野演習」，這也是分會工作之一。

黃紹竑主席曾參加長沙會議，他對戰地黨政委員會這個組織的意見是：「這個組織，是中央有關各部門的混合體，在地方則為戰區與各省的混合體。因為職權不容易劃分清楚，若果認真執行起來，在中央，首先就與各院及行政院有關各部發生權責上的衝突；在地方，則與戰區及省政府的職權發生衝突，不但得不到良好的結果，反而會引起許多糾紛。淪陷區與非淪陷區應截然劃分。黨政委員會應設在淪陷區裏面，它不但是淪陷區黨政一元化的最高機關，而且要進為淪陷區黨政軍一元化的最高機關。它只應對中央黨部、行政院、軍事委員會負責，而暫時與後方其他機關不發生橫的關係，如此，才能因應機宜，發生迅速而偉大的效力。否則，不但是無益的浪費，而且會增加淪陷區工作的困難，還不如不設的好。」兩年後果然無效而取銷。

我在韶關三天，除開會外，曾到黃岡訪問廣東省政府，與梁寒操、羅翼群兩位遊曹溪南華寺，出席韶關黨政軍全體同人的歡迎會和在韶陸大同學聚餐會。九月一日已聽到德國轟炸波蘭京城、吞併但澤；汪兆銘通電海內外，已在上海開「國民黨第六屆全國代表大會」，發表「反共和平宣言」各項消息。三日夜九時離韶，四日晨返抵，桂林。

白崇禧提出、外交兩問題

白主任九月三日在韶關和我分手後，即往吉安。七日返抵桂林，下午

召集黨政軍中級以上幹部報告國際形勢與我的對策；晚間再召集高級幹部講軍隊協助辦理國民軍訓為我對敵根本做法，捨此實無更好辦法，軍官應深切相信，努力實行等等。八日白氏飛在重慶。

歐戰起後，國際情勢已有變化，九日，白氏由渝以電話囑我作外交問題答案，謂中央決定了三個原則：

一、抗戰到底的國策不變；

二、使中日戰爭成為世界戰爭的一環；

三、我站在反侵略、九國公約、國聯盟約的立場，但不反共。

請解答兩個問題：

一、中國對歐戰的態度，應用何種方式表示？

二、假使日德蘇妥協，我方對策如何？

我接過電話後，立刻召集廣西建設研究會政治部同人研究，結果是：

第一問題：事實上守中立，但不必按照正常的外交方式表示，只由最高領袖發表談話。除已定三個原則外，內容要點如次：

一、中國對日抗戰，其任務為反對侵略戰爭。此次歐戰之起，實由於日本對中國發動侵略戰爭，首先破壞了世界和平秩序所致。故對於目前參加歐戰各國的人民慘罹戰禍，表示惋惜。

二、美蘇兩來向來堅決反對侵略，今後對於遠東問題，希望中美蘇聯絡一致，努力遏止侵略，恢復世界和平。

三、中國外交政策，仍站在獨立自主的外交立場，凡與敵人為友的、直接間接幫助敵人的，即中國之敵；反之，對中國有友誼行動的，中國即認其為友。

第二問題：大多數意見都認為日蘇無妥協的可能。假定目前確有此可能，我國應加強中蘇關係，以防患於未然。

九日下午五時，我將上述意見以電話答覆白氏。十三日他來電話謂，中央對歐戰尚未表示。十八日電話又說：蘇十五日與日訂滿蒙邊界停戰協定，十七日進攻波蘭，此兩事都是侵略或助長侵略的行動，一反其平昔和平的主張，可見國際間信義之不可靠。應囑各報紙暫勿發表國際評論。

李宗仁長官也是九月八日由第五戰區到重慶的，和白主任住在一起。屢次和我在電話中接談，勸我節勞。並說：前方兵員的補充尚非甚難，省內的補充兵可以酌減；游擊隊尤不宜太多，以節省財力，而免拖累省府的財政。九月三十日，李氏由渝飛桂，這是他出征後第一次假歸，只逗留了十天。除回鄉省母外，曾主持廣西建設研究會成立兩週年紀念會，召集綏署、第十六集團軍、省政府、各區民團指揮官等軍政幹部示以省內須節省

人力物力，注意動員民眾的方法。雙十節飛渝返回五戰區。

鄂北與長沙、先後大破敵

現須略述民廿八年由春至秋各處的戰況。

敵軍的活動，在華北，二月有冀中戰鬥，五月至八月有中條山及晉東各戰鬥，六月有魯南戰鬥，這些，都因我積極發動游擊戰，逼使敵人疲於應付。在華南，有二月十日海南島登陸，六月廿一日汕頭登陸，都為掠我物資，兼及封鎖。在華中，有南昌、隨棗、長沙各次會戰，都為鞏固其武漢的佔領，戰事規模比華北、華南為大，情形如次：

南昌極易由南潯鐵路擾斷長江的交通，故為敵所必爭。自德安繼武漢失陷後，敵我即在修河兩岸對峙。三月中旬，敵以一〇一、一〇六兩師團發動攻勢，廿三日突破我永修方面的虬津陣地，廿四日陷吳城，安義、奉新先後不守，廿七晚而南昌被陷。敵復西犯，白崇禧主任四月十二日由吉安（江西臨時省會）致我電話說：「此次敵攻高安、武寧，死三個聯隊長，傷亡六千，非增兵難犯長沙。」廿三日又來電話道：「剛由浙回到吉安。這幾天我軍正進攻南昌。」但南昌終未能收復。

敵在武漢，因鄂北我軍的「四月攻勢」予其以重大的損失，感受威脅，乃集重兵攻我第五戰區。軍委會趕調湯恩伯集團軍增加，湯氏於四月廿八日由南嶽經桂林赴五戰區，我們以其曾在台兒莊建功，特盛為招待。五月一日，敵以第十三、十六兩師團及第四騎兵旅團由鍾祥方面開始進攻，七日陷棗陽，十日陷新野，十二日陷南陽；以第三師團分由信陽、應山西犯，陷我桐柏；企圖兩路包圍我軍。我窺破敵方的陰謀，乃調兵增援南陽，並令襄河兩岸部隊截斷敵軍退路，在桐柏山部隊一面抵抗一面向西轉進。部署已定，五月十三日開始反攻，從數方面夾擊敵人，敵死傷纍纍，倉皇東逃。我先後收復新野、唐河、跟蹤追擊，十七日收復桐柏淮河店，十九日復棗陽，廿三日復隨縣，到廿八日而會戰結束，恢復原來態勢。是役斃敵萬餘人。

歐戰爆發後，日軍欲打破軍事僵局，於是進攻長沙。以一〇一、一〇六兩師團由南昌西侵，第六、第卅三兩師團及第三、第十三兩師團的一部，助以海軍，由鄂南入湘北。我準備對東面拒止南昌之敵西進，對北面則待敵深入予以聚殲。南昌敵軍九月十七日先動，被我擊敗後，相持於武寧、靖安、奉新。湘北敵軍九月十九日起即向我新牆河陣地進攻，廿三日晨更助以海空軍分三路並進：一路由通城向麥市、長壽街繞攻我右側背；

一路強渡新牆河攻平江、新市；一路由洞庭湖東岸的鹿角市、營田登陸繞攻我側背；各路都展開劇烈的戰鬥。我軍按照預定計劃，置重兵在兩翼，正面逐漸後退。廿九日敵盲目突進到長沙北面永安市、上杉市、金井、福臨舖、橋頭驛一帶。十月二日，我下令反攻，猛烈圍擊，敵軍大敗，死傷四萬以上，到了十月六日，我遂恢復原來的態勢。

白崇禧召集、二次南嶽會

　　長沙會戰後，白崇禧主任召集江南各省、各戰區人員在南嶽開黨政軍聯席會議（後來稱為第二次南嶽會議），我偕民政廳長邱昌渭、廣西綏靖主任公署團務處長李作礪十月二十夜由桂林乘火車前往參加，廿一日晨到衡陽，與白氏同赴南嶽。

　　在會議開幕前，政治部長陳誠於廿二日上午十時先召集各省黨部三民主義青年團人員座談。根據黨政軍一元化的原則，談出了兩個具體問題：一、各省幹部訓練，無論黨政軍都有此需要，可先從此事一元化，由中央訓練團委託各省聯合舉辦。二、蘇南、皖南、鄂南各地區，其原來的省政府、省黨部已鞭長莫及，應設法使各該地區的黨政統一，或將各該地區由中央指定其鄰省暫行代管。

　　桂林行營黨政軍聯席會議廿二日下午四時在南嶽聖經學校開幕，會議連續開了一星期，有全體會議，有分組審查和討論，有談話會。分黨政、軍事兩組：黨政組主要的有部隊協助地方國民軍訓辦法，收容淪陷區地方失業失學青年兩案；軍事組討論關於各戰區以後的作戰計劃。

　　有兩案在全體會議討論，因意見不能一致，都未得到結論：一為對敵經濟反封鎖問題，有主張絕對封鎖的；有主張應分別貨品許可出入，否則反為封死自己的。二為部隊協助國民軍訓問題，無論軍事長官或地方長官，都對經費困難發生顧慮，都主張請軍委會發給；白氏主張將中央所頒佈的縣各級組織綱要、國民兵組訓、社會軍訓三套合併通盤籌劃，才能實行，否則各套的人才和經費，都難望有徹底的解決。

談國民軍訓、難題費討論

　　南嶽會議早應結束，因蔣委員長傳語要親臨而等候著。白主任是力持軍隊協助國民軍訓為對敵根本辦法的，於是令各戰區長官（三戰區顧祝同，四戰區張發奎，九戰區陳誠「薛岳代」）、各省主席（鄂省嚴立三、

湘省薛岳、贛省熊式輝、浙省黃紹竑、粵省李漢魂、桂省黃旭初、閩省人名偶忘）乘廿七日暇暑，座談會議中所謂三套辦法合併施行的問題。意見依然龐雜，結論仍舊未得，惟各人發言可反映當時的實情，故不厭瑣屑，雜記如下：

陳誠與熊式輝兩氏均主張現在不必談，談下去也是空談，因此類問題不知道已會議過多少次，座談過多少次，結果都不見實行，今日再談，徒為多事。根本應將中央與地方權責分清，各負其責，中央勿搶地方的事辦，地方也勿搶中央的事辦，因目前已與前幾年中央不能指揮各省的情形大大不同了。

當時陳誠並主張國軍由中央負責，地方軍由地方負責；中上級幹部由中央訓練，下級幹部由地方訓練；中央對地方長官指導監督便可。政治部人員應歸軍隊長官指揮，政治部工作以訓練軍隊為中心，將國民軍訓工作交地方政府去辦，但大學的軍事訓練，現在仍應歸政治部辦理，政治部不應再做其他特別工作。

熊式輝以為多談無補，目前中央對地方應簡單明白指示各省的是：一、應徵多少兵？二、做那幾件事？三、供給那幾種物品若干？為辦理上列三項，中央必須（一）應將應付的權給地方；（二）地方錢不夠，中央應幫助錢；（三）地方人才不夠，中央應幫助人才。如果這樣，地方對中央所命令的還辦不到，中央即應將其懲處。至於逃兵，目前根本無辦法，因有四個原因解決不了：（一）民眾本身即使徵兵手續辦得周妥，也不願應徵而要逃避；（二）縣政府因接收機關不按時，伙食無著，願意兵逃，好減輕負擔；（三）辦理兵役的人願兵逃，好喫伙食；（四）軍隊本身問題，即不愛惜兵，戰死無名。

陳誠又補充道：現在普通工人每日可得一元或數元，而有性命危險的兵，日得不過二角，軍隊有何法以維持呢？他的話倒是道著了癥結的所在。

蔣親臨南嶽、指示出七點

蔣委員長於廿八日夜間由桂林乘火車來了，大家到衡陽去迎接他，我們廿九日天未明先到易家灣薛岳主席寓所吃了麵再去，晨七時蔣到，即同來南嶽。

蔣氏來後並未舉行會議，只對全體軍政人員講了三次話。第一次在廿九日上午十時，講目前國際形勢因湘北勝利而改好。中日問題必須與歐戰同時解決，在中途絕無和平之理。第二次是三十日晨主持總理紀念週，講

勝後更應戒慎恐懼。為將者應修養德性及應讀《中庸》。第三次在同日下午四時，指示了七點：

一、決定將國民兵團辦法與縣各級組織合併為一。

二、敵貨所到，其害尤甚於敵兵所到，必須絕對禁止販賣仇貨，如以增加稅收為目的而放入仇貨，等於賣國。

三、各省應極力組織運輸站以通有無，盡量利用人力、獸力、手車、牛車作運輸，任運輸的壯丁並可免服兵役。

四、中央已將各省黨政之權一元化，對各人絕對信任，各人應即努力調協人事以赴事功，如果以後仍做不好，只好怪自己沒本事。

五、縣黨部書記長應使之有職業，故縣長、科長、校長、教員均可使兼書記長，如此，黨政乃可一致。

六、軍隊政治部過去所做的標語、課本、全不合士兵的程度和需要，僅供知識份子的用場，應徹底改變，將步兵操典綱領和士兵在戰場上的任務教他們。並且政工人員必須懂步兵操典和陣中要務令。

七、三民主義青年團與國民黨的關係，將在五屆六中全會提案規定。各省政府主席應管理青年，以免青年以為政府不要他們。

蔣氏在紀念週後召見各省主席晤談。我報告了廣西出口貨受厄情形；並請中央對桂省明年度財政，望仍照本年度同樣補助。他表示可以商量。

我卅一日晨返桂。白氏十一月二日才歸。蔣氏夫婦六日到桂，七日飛渝。

第二十九章　桂南會戰與七中全會

　　本章只記民國廿九年中的兩件事：桂南會戰和七中全會。

　　那時期，無論國內或國外，情勢都已大有變化。

　　在國內：汪兆銘迎合日本的意圖，三月廿九日在南京樹立「和平」的政府和重慶國民政府對抗，圖瓦解全國抗戰的人心。中共藉抗戰擴增其力量，已發生吞併國軍的行動。通貨膨漲，物價高騰，士兵受飢，減低戰力。

　　在國外：我方的國際通路，先被阻斷於越南；七月十七日，英又宣佈滇緬路停運三個月，戰略物資的輸入受阻。歐戰德軍所向無敵，法已投降，更助長日本的氣燄，增大其侵略的野心。

　　局勢是很艱險的，當國者焦急，自不待言，但尚未見有相應的措施，人心頗為沉悶。

斷我外援路、日軍侵桂南

　　現在記述桂南會戰的始末。

　　日軍以我之所以失了武漢和廣州仍不屈服，為恃有經過緬甸和越南的對外通路，土產可以照常輸出，武器繼續源源輸入，既不能使英法封鎖緬越，於是以今村均第五師團和鹽田台灣旅團於民廿八年十一月十五日由欽州灣上陸，進佔南寧，企圖從我裏面來阻斷我對外的運輸要道。

　　擔任桂南和粵西地區守備的第十六集團軍總司令夏威，在日軍發動前，已悉距離北海東南不遠的潿州島，日軍到來活動，晴天在北海高處用肉眼也可看見其活動的情形，他判斷日軍的目的必在戰略要點的南寧，我應預置相當兵力早為防備，曾電陳第四戰區、桂林行營和軍事委員會，但最後軍委會的覆電是：「日軍新在湘北大敗，當無力量又闢戰場。」未予措意。

　　第十六集團軍轄兩軍共六師，總司令部駐貴縣的南山，以何宣的第四六軍任第一線，副總司令韋雲淞兼的第卅一軍在第二線。第四六軍司令部駐南寧，黃固的新編第十九師守防城和欽縣，馮璜（在遵義陸軍大學受

訓，由副師長何次三代）的第一七五師守合浦與北海行恕的第一七〇師在橫縣。第卅一軍因日軍先在廣東新會方面蠢動，奉令東下應援，後隊尚在桂平，而北海、欽州灣的警報已接連來到，又奉令趕速回師西上。

我軍確知敵軍上陸欽防後，因兵力分散，調集需時，只能作在邕抵禦的打算，急令橫縣第一七〇師和桂平卅一軍的蘇祖馨第一三五師星夜趕到南寧；並將遠在衡陽第五軍的戴安瀾第二〇〇師一部用汽車送邕；再調炮兵第九、第十團各一營和在興安的戰防炮五一團第一連赴邕；以上各部統歸韋雲淞指揮，部署守禦。又令卅一軍的闞維雍第一三一師和魏鎮第一八八師，與在合浦的一七五師均集結靈山以西，準備與由龍州向上思推進的桂綏教導總隊，東西夾擊邕欽公路敵軍的後方聯絡線。然後再調其他部隊向桂南。

桂林行營白崇禧主任在渝出席國民黨五屆六中全會，十一月十九日飛返桂林，二十日晚間他來看我的病，說：「我方集中兵力，計需三個星期以上，預料只能在邕江北岸和敵決戰了。」即組織指揮所在遷江指揮作戰。第四戰區張發奎司令長官十二月八日也由韶關到遷江。

既襲據南寧、復西陷龍州

日軍上陸的情形是怎樣的呢？

可說是並未碰著何等的困難。其第五師團由東北乘船南下，會合台灣旅團，由高須四郎指揮第四艦隊（由「妙高」、「長良」、「名取」各巡洋艦和「加賀」航空母艦編成）掩護，經北海而到欽州灣。十一月十五日拂曉，敵艦乘霧向北海炮擊，但未上陸，只為亂我耳目；接著欽州灣西岸的企沙和東岸的龍門也被敵艦炮擊和敵機轟炸，敵軍即強行上陸，我在企沙的守軍退防城，在龍門的守軍退欽縣。十六日晨，敵又在欽州灣西端的黃屋屯上陸，直撲大寺墟；黃昏時，又在欽縣南的犁頭嘴上陸；防城也在午後失陷。十七日，犁頭嘴敵軍猛攻欽縣，我軍午後放棄欽縣而北撤；敵由欽縣又攻九龍墟，另以一部攻那麗墟，一隊經大峰門向小董；大寺墟被攻陷。十八晚，小董、貴台已發現敵蹤。十九日，敵循邕欽公路北進。新十九師由防城、欽縣逐次退向邕西。

新十九師訓練未久，裝備又劣，力量薄弱，無法阻止日軍上陸和前進。敵全部上陸後，修復公路，逐步進迫南寧，前鋒二十日已到百濟、那馬。廿二日大部到達邕江南岸的蒲廟、良慶、高嶺塘、同慶墟一帶，與我佔領邕江北岸的一七〇師、一三五師的一部、二〇〇師的兩營隔江對峙。

廿三日晨，敵以飛機為助，分由蒲廟、良慶、思沿塘各處強渡，經我猛烈阻擊，終因敵人火力優越，且構成煙幕，被其渡過一部，即掩護其主力由亭子墟渡過邕江，被我猛攻，敵勢稍挫，雙方遂在城郊相持。廿四日，敵第五師團廿一、四二兩聯隊主力分由亭子墟、蒲廟續行渡過邕江，向南寧包圍，我軍遂於下午五時放棄南寧。除以一七五師在邕欽路東、新十九師和教導總隊在邕欽路西側擊敵後和破壞交通外，廿六日，二○○師一部在崑崙關，一三五、一七○兩師在高峰隘佔領陣地，掩護一三一、一八八兩師廿四日由靈山北上集中武鳴。十二月一日，敵攻佔高峰隘；四日又擊破我一八八師和二○○師的一部而佔領崑崙並由邕派及川旅團於廿一日攻陷龍州和鎮南關，阻斷桂越路，但到廿五日，敵因崑崙關戰況危急，又匆忙將其撤回南寧。

集重兵反攻、崑崙關破敵

南寧失陷後我方的處置如何？

軍事委員會決心要收復南寧，於是調集重兵，連向不輕易使用的第五軍機械化部隊也使用了，分東北西三路反攻，以北路軍為主力，東西兩路軍助攻敵人側後。北路軍由第卅八集團軍總司令徐庭瑤指揮，以杜聿明第五軍包圍崑崙關，傅仲芳第九九軍（轄九二、九九、一一八各師）由東面襲邕賓路敵後；東路軍由第十六集團軍副總司令蔡廷鍇指揮，以陳第六六軍向古辣、甘棠（但後來歸北路軍指揮攻崑崙東面），第一七五師挺進第三支隊由靈山、陸屋攻邕欽路東面；西路軍由夏威總司令指揮，分兩縱隊：第一總隊（一三五、一七○兩師）攻高峰隘，第二縱隊（卅一軍缺一三五師、附山炮兩連）向蘇墟、吳墟、大塘攻邕欽路西面。各路十二月十七日開始進攻。蔣委員長並派李濟深副主委、陳誠政治部長十六日由渝飛桂，十七日趕往前線協助白主任。

主力戰在邕賓路上的崑崙關、九塘、八塘、七塘一帶。第五軍以鄭洞國的榮譽第一師攻崑崙關北面，戴安瀾的二○○師由公路以東向八塘邱清泉的新廿二師由公路以西進出六塘、五塘以牽制敵第四二聯隊主力；第九九軍以九九師由伶俐墟向七塘。十七日進展順利，連克仙女山、老毛嶺、枯桃嶺、萬福村、四一一、六○○、六五三各山頭，敵尚據有界首、同興、崑崙關各要點，我軍忽略於既佔領地的工事構築，敵十八夜增援反攻，又復失陷。十九日，新廿二師到達古逢、春虎山，第五軍補充團與第九九師進佔山心；二十日，第九二師佔七塘；廿三日第一一八師佔沙坪；

都是屢得屢失，未能長久遮斷敵後交通，敵人仍可用汽車或飛機輸送彈藥和給養，拚死頑抗。我為加強正面攻擊力量，縮小包圍，乃令第六六軍（轄四九、一九五等師）廿八日加入崑崙關東正面的攻擊，利用優勢的炮火以逐次掃蕩；三十日，一九五師和第五軍都各有進展；卅一日才攻下崑崙關，敵退九塘；廿九年一月四日克九塘，敵退八塘固守。第五軍犧牲最大，撤回後方整理，由姚純第卅六軍接替續攻八塘。死守崑崙關日軍：初為廿一聯隊，後又將四二聯隊增加上來。在拉鋸戰中，雙方死傷都極慘重，其第十二旅團長中村正雄在率隊增援時，被我炮斃於九塘、崑崙關途中；其官長陣亡八成以上，士兵被殲約五千，俘虜少數。

西路軍第一縱隊十二月十八日攻克高峰隘、香爐嶺，二十日克新墟，廿一日敵由高峰隘東側山道偷入，我側背被威脅，乃退至葛墟。第二縱隊十七日由扶南縣南渡左江後，一三一師於廿五至廿八日在思樂縣境襲擊由龍退邕敵軍，頓有斬獲；一八八師向蘇墟、朗墟進襲邕欽路西側。

東路軍也對邕欽路東側攻襲。

敵增援敗我、復退邕固守

日軍雖慘敗於崑崙關，我並未達到收復南寧的目的，不久，敵竟向我反攻來了。敵華南派遣軍司令官安藤利吉由廣州親率近衛第一旅團和第十八、廿八師團各一部，仍在欽灣上陸，廿九年一月廿五日到邕後，即以十八、廿八師團各一部從邕賓公路以北石燈嶺攻我陣地正面，以近衛旅團向永淳、甘棠、繞出賓陽，以包圍邕賓路上的我軍。

白主任一月廿五六兩日在遷江召集軍政聯席會議，廿七日李副主委、陳部長、張司令長官聯袂由桂到遷，敵軍已在發動。我分三路應敵：中央軍以徐庭瑤總司令指揮第二、卅六、九九各軍確保崑崙關要地；右翼軍以甘麗初軍長率其第六軍向三莊嶺北敵軍攻擊；左翼軍以葉肇總司令指揮第六六軍向甘棠；另以第卅五集團軍鄧龍光總司令指揮第六四軍和一七五師由江口、南鄉北渡邕江，協同左翼軍攻擊由永淳北上敵軍。

日軍一月廿八夜陷永淳，卅一日陷甘棠，二月二日陷賓陽，使崑崙關一帶的我軍不得不趕速撤退，三日陷鄒墟，四日陷上林，七日陷黃墟，八日陷武鳴，攻勢然後停止。我一七五師二月三日進復甘棠，桂綏獨立第二團四日收復永淳，但敵軍過後已不復以此為後路。上林、武鳴、賓陽敵軍，自十日至十二日先後撤退；到廿四日，並將崑崙以至五塘、連高峰隘，都完全放棄，第五師團只守南寧近郊；安藤仍率來援各部由欽州灣上

船回粵。敵對我態度非常輕蔑，二月十二日廣播謂：「膺懲目的已達，自行由賓陽、上林、武鳴撤退。」在九塘貼一佈告，標題寫「璧還九塘」，原文說：「此次作戰的發端，係我軍派遣駐紮九塘的一部，受蔣軍麇集攻擊，我軍把握著這個時機，作一大反攻。經五十五日時間，駐紮此地我軍幾個大隊，竟能與蔣軍十多個師周旋到底！在這地帶上，蔣軍比任何方面空前英勇，這是值得我軍表示敬意的。至在數量方面比較，以極少數的我軍，能堅忍抗抵優勢的蔣軍，軍揚威武於中外的戰功，更值得大家贊許！我軍對於堅守九塘以來粉碎蔣軍企圖的目的已達，璧還九塘於蔣軍。最後，我們拜祭九塘附近數萬死傷的日華兩軍，贊其武勳，並祈冥福！」

敵轉據越北、我遂復桂南

這一役，我軍雖能脫出敵人的包圍，到底是失敗了！張長官在其抗戰回憶錄裏說，因上級指揮官的判斷錯誤和處置失當與葉肇軍的行動遲緩和不聽命令所致。蔣委員長二月廿一日由渝飛桂，即夜乘火車赴柳開會檢討，廿五日結束，宣佈白主任和陳部長均降級，張長官記大過一次，高級將領被懲獎的尚有多人。不久，各處的軍委會委員長行營都改為辦公處，桂林辦公處以李濟深為主任，林蔚為副。白崇禧回其副參謀總長兼軍訓部長本任，直到抗戰勝利。

由二月以後到日軍撤離桂南，其間不復再有像樣規模的戰鬥。我將由黔桂公路上的河池經東蘭、田州、天保、靖西、隴邦到越境高平一線，維持桂越間的運輸。並以十六集團軍守備左江北岸、由果德、隆安、同正、左縣直到龍州，負責掩護。

日在侵邕前已要求法國禁止戰略物資經越入華，但交涉並無結果。到法戰敗降德，無力再顧越南，日遂迫與訂約。六月廿九日，日派一批軍官和外交人員到河內設立機構，監視禁運。更進一步要駐軍越南，法初拒絕，日遂由邕派兵於七月二日再佔龍州到鎮南關以為威脅，法終屈服，越南總督八月六日與日簽約，允日軍由海防登陸，假道攻華。在邕日軍八月廿六日以一部西移越邊。九月十一日，我將滇越鐵路河口大鐵橋炸毀。廿三日，日軍由鎮南關入同登。

日方不僅駐兵封鎖越南，同時阻斷滇緬路線，七月十八日，日英在東京簽訂封鎖滇緬路三個月的協定。我以越緬兩路都斷，謀派陳烈第五四軍由桂、關麟徵軍由滇、分道入越，以恢復對外交通，蔣委員長九月十日由渝電飭李主任、林副主任、張長官和我，在桂先行設法籌墊第五四軍入越

經費，但後來未見實行入越。

　　日軍既駐越北，留邕已無作用，十月廿八晚即自行廣播：「日軍準備退出南寧。」盤據龍州的日軍也於廿八日晨間向憑祥撤走。我陳公俠第六四軍三十日晨進入南寧。敵撤退時並未受到我軍的追擊，在邕的往欽縣上船赴滬，十一月十四日才完全離欽；在鎮南關的更遲，十一月卅一日乃悉數入越。其盤據桂南，計為時一年零半個月。

七中會國策、不變應萬變

　　民國廿九年七月，國民黨五屆七中全會在渝舉行，我由桂取道貴州前往，沿途和陪都見聞，頗多可紀，如次：

　　六月廿六日，我和桂綏參謀長張任民、桂省黨委陽叔葆、省府秘書林茂乘一小車離桂，晚宿柳州。廿七日晨，張聞老父下階跌傷而未同行，車有空位，尹承綱專員因派衛士兩名隨往。逢大雨，宜山、河池間河水驟漲二丈以上，公路被淹，浮橋冲失，借宿於距河池三公里半的英銘鄉公所，縣長戴慧根候我入夜尚未見到，乃騎馬繞道而來。廿八日晨，公路上水未消，與戴騎馬行，深處要乘竹筏渡過，到河池已將午，寓樂群社。西南運輸處黃榮華處長來談修路和運輸種種不合理的問題甚多。我的車夜後才到，因由柳到此，費去兩天，恐趕不上全會開幕，即向運輸處領汽油，好明晨早行，而辦公時間已過，黃處長親往才辦妥。廿九日經南丹、六寨，此段路好，行道樹也好。過此即入黔境，到獨山而寧斷彈弓，修理耗了三小時，經都勻、貴定、龍里到貴陽，天已黑，旅館家家客滿，許久才在南方旅店得了房間，浴罷餐畢，夜已將半，不能訪友。二十日晨，車加油後即行，渡烏江經遵義到桐梓，宿中國旅行社。廣西大學工科桂籍生李材華、盤旭朗、甘耀國三君見有廣西省政府牌子小車停市中，問知我到而來訪，他們服務於此地兵工署第四十二工廠云。七月一日行十餘公里到著名險峻的花蕉坪、釣絲岩，山高，路陡，遇雨，霧濃，車蟻行探進，幸未遇險。到松坎加油，午經綦江，下午三時到海棠溪渡江而抵重慶，寓沙利文飯店。此行本欲從容流覽貴洲景色，竟為雨誤時，倥傯掠過，還不及走馬看花。

　　全會已在七月一日晨開幕，繼續一週。恐怕是歷次會議中最沉悶的一次了！蔣總裁在會中講過三次話：在開幕詞，仍然主張以不變應萬變。在五日大會，令人將他去年十一月在六中全會一篇演說詞〈中國抗戰與國際形勢〉朗誦一遍後，自加說明道：「現在的外交政策仍和往昔一樣，協和

萬邦，不求人，不樹敵。」在八日致閉幕詞，說明國際敵人和我國形勢；對於外交，謂美有傾向與日妥協的謠言，此不足信；德不助日，我應設法與其聯絡。大家聽了這幾次最高領袖的話，心裏總覺得現狀嚴重如此，還是以不變應萬變，是否我以無辦法去應付人的有辦法呢？

桂悉貢所有、僅留薦人權

地方官每次到中央，總有許多事件互相接洽，此次各事，摘記如下：

一、蔣委員長兩次約談：三日約我們午餐，囑黃紹竑主席和我草擬防止走私辦法送核，即晚由黃起草，我加整理完成送呈。十二日在南岸黃山召見張任民和我，要我們特別注意糧食問題和運輸問題。

二、訪交通部張嘉璈部長，我報告築路工人待遇太薄，互談車輛管理不統一的弊害。他歎息道：「抗戰至今，民生還不算苦，今後苦要來了！」

三、桂省府衛生處尚未成立，我訪衛生署金寶善署長商洽補助費和衛生處長人選問題。他介紹翁文淵技正任處長，請我到新橋參觀衛生署、與新橋、老鷹岩、三聖廟各衛生所及龍洞灣中央醫院。我離渝前，電請行政院和衛生署催發本年度補助桂省衛生費，函促翁技正早日赴桂組織衛生處。

桂省近年行政，已完全依照中央所定的章制辦理。某日，白副總長對我述黃紹竑的話說：「樵峰（後方勤務部長俞飛鵬）和蔚文（桂林辦公處副主任林蔚）對我說：廣西須由中央直接處理它的政治，或可有進步。樵峰舉兵站令各縣政府要糧要伕都不能依照供應為證。」白氏說：「這是中央的人的心理，事實上並非如此。廣西的所有，無論軍事、政治、經濟、文化、都已悉數貢獻中央，僅對用人一事，還沒盡量由中央任意直委，而保留著一點推薦權。因桂林的軍官第六分校，中央一換主任就變成了一場糊塗，事實可鑑，所以不得不如此的。」這便是當時廣西與中央的關係情形。

局勢甚艱危、藉戰維情緒

在渝半月，接觸中央負責者不少，一般都不免有悲觀的情緒，原因是：第一、財政困難；軍政部張定璠次長說：「財政部每月在香港可印鈔票一萬萬元，而每月在渝支出需三萬萬元。」第二、外援路斷：越南已被

阻塞，緬甸也就要到來，故孫科院長特在全會主張警告英美須維持中立的運輸。我初到渝即聽到一位部長說：「中央的政治，如不改絃更張，前途難有希望，但苦於無人進言。」他說得抽象，後來軍委會一位廳長說的很具體而深刻，道：「蔣先生未能洗除殖民地的意識，想靠九國公約的力量以解決抗戰問題，殊不知九國公約的對象，便是列強要處分中國為各國的殖民地，這種觀念不根本掃清，故一切處置都由此錯起。現在國民黨的中央委員，不是由黨員正式選出，而是由蔣先生依各派力量支配數目所圈定，即無異乎各政黨組織一聯合內閣。這樣的內閣，對外是維持一致的，對內仍然不斷地鬥爭。所以中央委員的說話，蔣先生可聽可不聽，可准說或逕不准說，各種問題可提出討論或不准討論。蔣先生的獨裁僅為個人獨裁，而非如希特拉、墨索里尼的以黨行獨裁。即是不要黨的力量，但事實上黨又不可廢，如此而已。現在只好在抗戰國策不變更，在繼續抗戰到底的情勢下，以維持個人工作的情緒而已。」

李宗仁司令長官這次不來開會，在老河口和我通過電話。七月十五日，我和黃紹竑、余漢謀、徐景唐、盧象榮幾位同機返桂，結束此行。

第三十章　記第五戰區的幾次重要會戰

武漢戰後，第五戰區的轄境由鄂北、豫南、鄂東以至皖北。到民卅冬，日軍打通了平漢鐵路，遂將皖北、鄂東及豫南一角和鄂北隔斷，因就被隔斷的地域劃為第十戰區（原陝西的第十戰區早經撤銷），即取第五戰區副司令長官、安徽省政府主席李品仙為第十戰區司令長官，以至日軍投降。

李宗仁司令長官於民卅四年一月受命為軍事委員會委員長漢中行營主任。當時李託白崇禧副參謀長在渝面陳蔣委員長：「行營主任可否兼戰區司令長官？」未獲允許。又問：「可否即以第五戰區副司令長官孫連仲繼長五戰區而將劉峙改長第六戰區？」也未獲准，仍以劉繼長五戰區，孫長六戰區。又問「漢中行營為指揮第一、第五、第十各戰區方便起見，可否暫設在安康？」此點卻邀同意。這是那年一月卅一夜的事。

本章專述第五戰區作戰的情形，繼隨棗會戰後至大別山戰鬥止。

李以誠得眾、將士樂效命

第五戰區的位置，綿亙皖北、豫南以至鄂北，正當武漢日軍的右側，給其威脅性極大，故屢被敵攻，民廿八年後，四年之間，八次交戰，發生了襄東戰鬥、棗宜會戰、鄂中戰鬥、豫南會戰、皖東掃蕩、鄂北戰鬥、策應長沙、大別山戰鬥各役。

其時，李宗仁司令長官所指揮的部隊，系統甚為複雜，素質也極參差。計有李品仙的第廿一集團軍（轄張淦第七軍、張義純第四八軍）、孫連仲的第二集團軍（轄劉汝明第六八軍、池峰城第三十軍）、湯恩伯的第卅一集團軍（轄張雲中第十三軍、王仲廉第八五軍）、黃琪翔的第十一集團軍（轄李仙洲第九二軍、莫樹杰第八四軍；棗宜會戰後取銷第十一集團軍，並將第八四軍調往皖境編入廿一集團軍）、王纘緒的第廿九集團軍（轄廖震第四四軍、許紹宗第六七軍）、孫震的第廿二集團軍（轄陳鼎勳第四五軍、孫震自兼第四一軍）、張自忠（張殉國後馮治安繼）的第卅三集團軍。轄曹福林第五五軍、馮治安第七七軍、黃維綱第五九軍）、郭懺

的江防軍（轄李及蘭第九四軍、蕭之楚第廿六軍）、周碞的第七五軍、劉和鼎的第卅九軍、李延年的第二軍、鄭洞國的新二軍、彭善的第七八軍；此外，尚有幾部份游擊部隊，如王贊斌及程汝懷指揮的鄂東游擊軍，田鎮南的豫南游擊，鮑剛的豫鄂邊區游擊軍等。李長官一向待人以誠，故能與各高級將領水乳交融，合作無間，將士用命，數獲勝利，確保戰區。

現將五戰區歷年的戰況按前列各役的順序作概略的綜述，以便省覽。

三路犯襄東、圖圍殲我軍

先由襄東戰鬥說起。

日軍因我由豫南鄂北不斷的攻襲，為確保武漢，於廿九年四月中旬，由湘北調第六師團、贛北調第四十師團的一部到鄂，連同在鄂的第三、十三、卅九各師團，集中信陽、隨縣、鍾祥三個地區。五月一日，左右兩翼一齊出動，左翼第十三師團配屬戰車及騎炮兵等，由鍾祥北犯，指向新野；右翼第三師團及第四十師團一個聯隊由信陽分為兩路，主力經明港、獅子林西犯泌陽、唐河，一部經桐柏向西；然後由新野、唐河折回，左右兩翼會合於唐白兩河地區，將我軍包圍於襄河東岸。中路在隨縣的第卅九師團及六師團一個旅團，為等待其兩翼包圍的進展，五月四日才分兩路發動，主力向棗陽，一部向吳家店，圖吸住我軍於此一地帶入其包圍圈中。

我軍的部署是這樣：

一、右翼襄河兩岸，由張集團軍擔任守備，張以馮治安軍守襄河東岸的鍾祥及洋梓以北地區。在馮軍之東，東橋鎮及三陽店以北地區，由王集團軍的許紹宗軍防守。

二、中央襄花公路，以陳鼎勳軍任洛陽店及隨縣以西、莫樹杰軍任隨縣，以北高城以南各地區的防務。

三、左翼平漢路，以池峰城軍任桐柏以東、劉汝明軍任平昌關以北及明港一帶防務。

四、以李仙洲軍在確山、孫震的第四一軍在雙溝及黃龍墥、廖震軍在大洪山及張家集待機。

五、最右長江方面，以郭懺指揮江防軍任荆沙宜昌一帶防務。

六、最左平漢路兩側，令以下各部隊活動以牽制日軍西侵：田鎮南部在正陽以南，王贊斌指揮蒙志仁、顧瑩兩部在羅山西南、鮑剛及曹文彬（屬孫震集團）部在桐柏東南，分向長台關及信陽；張淦軍兩師向廣水；程汝懷指揮李九皋、蔣章驥、屠占廷、賀承志各

部向巷田及孝感；曹晷部向皂市；分頭襲擊。

這是敵我對於此役的作戰計劃。

不幸張陣亡、反包圍攻敗

雙方動起來了！

我軍除在中央地區的隨棗路（即襄陽至花園公路的中段）方面，一面抵抗，一面逐次轉移於唐河、白河以北，並另以各一部分別固守桐柏山及大洪山外，大軍已早向敵人左右兩翼外移動，爭取了外線主動的地位。

敵軍左右盲目前進。其右翼五月一日陷明港、獅子林、小林店，五日陷泌陽、桐柏，七日陷唐河。左翼二日陷長壽店，三日陷田家集，六日陷方家集、豐樂河，七日陷襄棗路的張家集及雙溝，八日騎兵一部突進新野。中央五日陷高城、安居、均川，七日陷隨陽店及吳家店，八日陷棗陽。我第八四軍第一七三師奉命與敵保持接觸，撤退不及，在棗陽全部殉國，師長鍾毅飲彈自戕。到了十日，各路敵軍在唐河、白河地區會合，包圍雖成，卻以撲空，計劃完全失敗，且陷入我軍的反包圍圈中。

因為我軍對敵是這樣的：敵右翼陷泌陽、桐柏時，我湯集團正在泌陽東北，即協同李仙洲、劉汝明兩軍尾擊西進敵軍；池軍以一部扼守桐柏以西地區，主力也向西進之敵側擊。八日湯部收復唐河，我軍同日一度攻克信陽。十日李軍收復泌陽。明港、桐柏也先後為我軍收復。雞公山、李家砦、柳林各據點被鄂東游擊部隊攻佔。敵左翼北犯時，正面馮治安軍旋退旋抗；王集團向張家集、汪家店襲敵側背；調孫震部迎頭堵擊；張總司令復親率兩團東渡襄河助戰，繼從敵後尾攻到達田家集、黃龍墻附近。故此，到了十日，我軍反包圍的態勢也已完成，孫連仲、湯恩伯兩集團及李仙洲軍自北而南，劉和鼎軍自西而東，張自忠、王纘緒兩集團自南而北，將敵約四師團包圍於棗陽一帶。十一日敵陸續向東撤退，我跟踪追擊，十六日克復棗陽。計自五月一日以來，我收獲的戰果，炮六十餘門，馬二千餘匹，戰車七十餘輛，汽車四百餘輛，其他俘獲甚多，敵死傷慘重。

我反包圍快要成功了，卻又發生了變化！張集團防敵漏網，截敵南逃，十四日張總司令親率特務營及第七四師兩團堵擊張家集附近南瓜店之敵，十六日敵增援反撲，並以飛機助戰，我七四師兩團犧牲重大，特務營也傷亡殆盡，張總司令不幸中彈陣亡，這是抗戰以來陣亡將領地位最高的第一人。敵左側面的壓力減少，十九日棗陽附近敵軍，憑藉其優勢的空軍協助，反攻棗陽。廿一日我軍退往唐河、新野以南地區，棗陽復入敵手。

襄河難阻敵、沙宜告失陷

記棗宜會戰：

日軍被我反包圍於棗陽情勢危急時，曾由蘇贛方面抽調兩師團控置於武漢外圍，後竟轉敗為勝，遂乘機遝渡襄河，進犯宜昌，於是發生棗宜會戰。

這一役，敵分兩路前進：將第十三師團及第六師團一部，由棗陽調到漢宜路，為南路軍，西進；而以第三、卅九兩師團為北路軍，由棗陽斜向西南；兩路目標都指向宜昌，企圖合擊襄西我軍於宜昌以東地區。

敵北路軍先動，廿九年五月廿一日晚間，由棗陽西南歐家廟、宜城間突過襄河西岸，六月一日晚陷襄陽，其主力陸續西渡，分道南進，三日陷宜城、南漳，六日陷荊門，十日陷遠安、當陽，即與其南路軍聯成一氣。其南路軍六月五日晚分由沙洋、泗港攻過襄河，我郭懺江防軍主力即西移據守沙市、江陵、十迴橋、沈家集之線。六日，十迴橋、十里舖又陷，再退守董市、半月山、當陽之線。九日右翼董市先陷，十日當陽又陷。十二日，南北兩路敵軍已迫近宜昌，我第七八軍彭善部死傷慘重，宜昌遂為敵陷。

在豫南鄂北的我軍，以敵軍南移，遂由北向南對其背後節節壓迫。在襄河東岸的，六月三日攻克襄陽，積極向鍾祥前進。在襄河西岸的，六月三日攻克襄陽，四日續克南漳。池峯城軍八日進至宜城。十六日，孫連仲、湯恩伯兩集團已全部到達荊門、當陽以北地區，乃開始反攻，十七日，宜昌克而復失。以後敵我即對峙於江陵、宜昌亙當陽、鍾祥、隨縣、信陽以北之線，我以包圍的姿態，監視敵軍的行動。

擾鄂中七日、終五路敗逃

記鄂中戰鬥：

日軍雖佔據了沙市與宜昌，但我軍仍雄踞襄河區域，且配合東南的游擊隊時時攻襲，敵深為所苦，又於廿九年十一月對我發動攻擊，是為鄂中戰鬥。

日軍自十一月初即修理公路，趕築工事及機場，儲積糧彈，運送鐵舟及橡皮艇於鍾祥附近，積極準備。又由各方抽集運到鍾祥的兵力達五個聯隊，連同原在襄河兩岸的部隊，共三個師團以上。隨縣也同時增兵，共有一個師團。各地區都增加砲兵及戰車。

日軍進攻部隊，編成五個兵團：萱島兵團（兵團長為第十八混成旅團長萱島高，轄該旅團及第四十師團一部）、村上兵團（長為第卅九師團長村上啟作，轄該師團及其他特種部隊）、平林兵團（長為第十七師團平林盛人，轄第十七、十五兩師團各一部）、北野兵團（長為第四師團長北野憲造，轄第四師團一部及楠瀨戰車部隊），這四個兵團係平行配置於當陽、荊門、鍾祥附近及京山北方地區；豐島兵團（長為第三師團長豐島房太郎，轄該師的主力），置於隨縣方面。由十一月廿四日起，在空軍的掩護下，各兵團一齊開始進犯。

我軍方面，馮治安集團一面機動打擊敵人，一面以主力向遠安、南漳、宜城各點以南地區就預定的配置，以待敵軍的入網；並以有力部隊向武安堰以南地區轉移，以對敵軍的外翼。王纘緒集團向大洪山、馬家集兩方面誘敵深入；並集結有力部隊於雙河以南，乘敵兵力分散時，先擊破張家集之敵；向長壽店挺進，威脅馬家集敵軍的背後。廿七日合圍勢成，我軍開始反攻，廿八、九兩日，連克仙居、栗溪、鹽池廟、張家集、長壽店。犯三里岡敵軍，廿九日也被擊退。同時，孫連仲集團在襄花路克淨明舖、厲山，敵遺屍枕藉。各路敵軍，至此全被擊潰，紛紛退走。三十日晚，我軍恢復原來態勢。全役經過，為時七日，敵方大受損失。

謀通平漢路、發動犯豫南

記豫南會戰：

日軍在鄂中戰鬥失敗後，三十年一月，集結重兵，發動豫南攻勢，企圖打擊我野戰軍，進而打通平漢路。並先（一月廿三日）在襄河兩岸進攻我王纘緒、馮治安兩集團軍，圖牽制鄂北我軍不能援應豫南；又從皖北、豫東分兵西犯，以為策應。

我軍計劃，以一部在正面牽制敵人的主力，一部向敵後截斷其交通，主力卻由兩翼向敵側擊。故在平漢路正面，僅配置一師於西平；主力卻在預期敵人進犯路線的兩側，縱長區分，保持機動，準備敵向汝南、鄖城、舞陽北進時，向其兩側及背後機動夾攻而予以殲滅。

日軍將進攻部隊編成三個兵團，即：中央兵團（第十七師團欠一個聯隊、第十五師團第六十七聯隊、吉松楠瀨等戰車部隊）、左翼兵團（第三師團、第四師團第八聯隊、水野戰車部隊）、右翼兵團（第四十師團主力），流歸圓部和一郎指揮。一月廿五日晨，由信陽附近分為六路前進：中央兵團一路沿平漢鐵路攻明港，右翼兵團兩路分由陡溝、淮河鎮強渡

淮河進攻，左翼兵團三路分攻小林店、固城、查山；其空軍也同時向我各處陣地狂炸。廿六日攻抵碓山、邢店、高邑、泌陽之線，廿七日更進而達到駐馬店、沙河店、春水之線了，未見我軍作堅強的抵抗，但不久即在汝南、接官廳、南陽、象河關各處，接連受到嚴重的打擊。

我部署得宜、敵鎩羽而返

當敵進到駐馬店、沙河店、春水之線時，我在北方湯恩伯集團的李軍（第八五軍）正在南向上蔡；劉汝明軍（從碓山轉移）向象河關前進之敵尾攻；曹福林軍由唐河向泌陽；黃維綱軍向南陽前進。五月廿九日，敵右翼兩路被李軍猛擊於汝南；左翼各路被張雪中軍猛擊於舞陽南方的接官廳、尚莊、小史店；其最右及最左的縱隊受我優勢兵力的打擊，損失很重，接官廳一戰，敵死傷達三千餘人。中央敵軍在平漢路，因我軍北撤，以致撲空，遂於卅一日變更部署，以第六十七聯隊由遂平右轉到上蔡，圖與其右翼兵團南北夾攻我李軍；以第十七師團分由遂平、西平左轉向舞陽，圖與左翼兵團南北夾攻我張軍。但我李張兩軍在敵合圍未成以前已向北轉移，敵又攻我不著。同時，我豫西主力劉曹黃各軍，分向舞陽敵人的後方圍攻；皖北莫樹杰軍及游擊隊北進，已於廿九日克復正陽；敵感背後不安全，左右兩翼同於二月二日晚間南退。

我張軍既北撤，敵第三師團只留一部在舞陽及保安砦以為牽制，主力即經方城往攻南陽。張軍乘機回頭攻取舞陽及保安砦，直向方城追擊。此時，南陽由黃維綱軍憑白河為防守，被敵第三師團迂迴南陽的北西，四日夜間南陽失陷，黃軍退守南陽西側的潦河。但張軍已由方城向敵後攻來，曹軍也從南陽南側前進迫近，黃軍乘勢於六日拂曉反攻，三面合擊，敵遂敗離南陽而東退唐河。

當二月二日晚敵第三師團主力由舞陽往攻南陽時，其第四、十七兩師團也由舞陽取道象河關向泌陽、唐河南下，圖與第三師團合擊我劉曹陳各軍；但到象河關即被我劉軍截擊，傷亡慘重，遺棄軍品甚多；到泌陽附近，又被我陳軍（第廿九軍）迎頭截擊，再受不小的傷亡。到七日夜間，唐河、泌陽所有敵軍，被我四面圍擊，遂全部敗歸信陽，我張陳兩軍即向信陽追擊。

豫南方面敵軍既悉敗歸，皖北豫東各路策應之敵跟著撤走，我軍克復界首、太和。

此役，我軍部署極合機宜。最初使敵中央撲空，兩翼受挫。後敵將中

央兵團分解，包抄到兩翼先頭，想前後夾擊我軍，但我軍撤出迅速，敵計又復落空。而且敵人後方已被我預伏的大軍感脅，迫著折而南退，遂碰上我軍四面攻擊，而完全失敗。由一月廿五日到二月十日，經過共十七日。敵死傷九千餘人，由南陽退卻時曾焚毀汽車三百餘輛。我擄獲軍品甚多，死傷比敵為少。

皖東反掃蕩、鄂北空蠢動

記皖東反掃蕩戰及鄂北戰鬥：

津浦、淮南兩鐵路被敵佔後，皖東我軍不斷予以襲擊破壞，使敵深感痛苦，屢施掃蕩，都屬徒勞。三十年三月，敵第十三旅團及第十五師團的一部，附炮三十餘門，又來掃蕩，自三月二日起，分由滁縣、全椒、巢縣、合肥、定遠六路圍攻津浦、淮南兩鐵路間的我軍，三日進抵古河，五日到拓集，各路悉指向梁園，圖將我軍圍殲。我先以莫德宏師協同地方團隊應敵，再以程樹芬師於六日夜越過淮南鐵路進至草廟集，以策應莫師，更以漆道澂師進出路東尾擊西犯之敵。六七兩日，雙方仍在梁園附近激戰，敵傷亡不支；十日遂向羅集潰退。我所失各根據地，悉行克復，斃敵甚多，使其掃蕩計劃又歸諸泡影。

鄂北戰鬥，也是敵受威脅而向我掃蕩的行動。三十年五月五日，敵第三師團分三路由應山、馬坪、隨縣進攻邑子河、白馬崎、高城之線，與我孫連仲集團部隊激戰於白廟一帶。七日晨，敵一部進到天河口，被我堵擊，遂折向劉家河。八日，敵一部攻佔大山廟，大部南向江家河，圖經樓子灣攻孫軍側背，但被我阻擊於大山廟附近，不能前進，九日晚遂分三股退向西南。我跟蹤追擊，十日克復資山、唐縣鎮，十二日克復清潭，敵退環潭。十四日，敵為策應環潭，以數千人攻興隆集、槐樹崗、隨陽店；十五日合攻棗陽，並以空軍助戰；十六日晨陷棗陽。但我軍立即圍攻，十六日夜半即將棗陽克復，敵突圍向白沙河左岸潰退，此役，敵遺屍二千七百餘具，我俘獲甚多。環潭也即克復，敵全部敗回原線。

當應山、隨縣敵人發動時，當陽、荊門、鍾祥方面之敵五月八日也起而策應，九日攻抵仙居及遠安附近，經我軍反擊，即行退去了。

為策應長沙、四路齊破敵

記策應長沙會戰的戰鬥：

日軍為第二次進攻長沙，三十年八月以來，即秘密抽調當陽獨立第八旅團的一部任鍾祥、京山方面的防務，而以其大部及第三、四兩師團主力調往湘北，後又不時將小部隊往來調動以亂我耳目。第五戰區為策應長沙會戰，三十年八月廿七日向敵四路進攻。

一、王纘緒集團軍八月廿八日以曾師攻洋梓，斬獲甚多。何師進攻黃家集，九月二日攻入跑馬寨搏戰，敵我死傷均大。王軍八月廿九日進襲永隆、皂市，破壞橋梁十四座，公路數段，切斷了漢口與宜昌的公路交通。

二、孫連仲集團軍八月廿七日以張陳兩師向平林市、馬坪、隨縣進攻，進展順利。又得偽軍二百反正協助，廿九日一部曾衝入隨縣城東南角。九月二日攻克擂鼓墩、獨崇山、隨縣土城。敵困守磚城，四日向我猛烈反攻，敵機來助，雙方死傷甚重。五日我以奮勇隊五百人攻磚城，已爬登城垣一百人，因敵火猛烈，全部犧牲。池軍以應信公路為目標，八月廿八日進攻，九月一日佔領余家店；以一部通過應山，挺進廣水，破壞應信公路及電信，並炸毀花園附近鐵路數段，橋樑兩座，襲擊花園土城敵軍。游擊隊在馮家莊、大府畈斃敵不少。

三、湯恩伯集團軍八月廿七日以李軍一部向武勝關北方襲攻敵背，主力向信陽，九月三日佔領長台關、游河、出山店各要點。母豬河、馮家莊也先後克復。

四、皖北方面，八月廿七日何李兩軍各一部向義門集前進，卅日攻克吳橋寺、趙旗屯，敵向北逃。九月一日王師攻入義門集，斃敵甚多。三日侯部攻渦陽北石子山、板橋集，斃偽軍八百，俘虜三百。

犯我大別山、反自招慘敗

記大別山戰鬥：

　　日軍以我大別山南側的部隊不斷向長江沿岸挺進襲擊，予其航運的威脅太大，三十一年十二月中旬，以第三師團與第十四獨立旅團的主力，及第四十、一一六兩師團各一部，由宋埠、黃岡、蘄春、九江、望江、安慶各處，向我大別山以南各城鎮大舉進犯，以塚田攻為第十一軍軍長，擔任作戰指揮。或為天奪其魄，塚田十二月十八日乘機飛過太湖上空，竟被我挺進部隊擊落，塚田及高級軍官九人悉數斃命。十九日敵即分路進攻，似為尋獲墜機死者屍體及重要文件，並圖擊滅我游擊部隊以為報復。我既

判明敵方的意圖，當其猛烈進攻時，即利用既設陣地予敵以打擊後，逐次向後轉移。到十二月下旬，其由宋埠向東進犯一股，曾先後攻陷麻城、羅田兩縣；由九江、安慶間進犯的，也先後攻佔黃梅、宿松、太湖、潛山各縣。至是，我大別山南方各重要城鎮，多被敵陷，敵不明我軍的企圖，以為我野戰軍已遭其擊潰，繼續北犯，復佔光山、潢川、商城、立煌、桐城各城。我以疲憊消耗敵人的目的已達，即在各縣城鎮附近與敵展開激烈的戰鬥，敵人傷亡累累，到卅二年一月上旬，遂大舉反攻殘餘之敵。敵雖力圖頑抗，終因死傷慘重，士無鬥志，加以我軍追擊異常猛烈，敵兵只有爭先逃命，無心應戰，付了極大代價。所得各城鎮，轉眼又為我軍逐一收復，一月十五日我軍已完全恢復戰前態勢。此役，敵傷亡約達萬人，其武器損失尤多。

上面各段所述，為廿九至卅三年間的戰況，雖嫌簡略，尚具概要。至卅四年春的豫西鄂北會戰，已是後任劉峙司令長官的事，在此不及記述了。

第三十一章　李濟深與軍委會桂林辦公廳

　　李濟深為國民革命軍的宿將，北伐由開始到完成，一直任蔣總司令的總參謀長。乃於民十八年春被囚湯山，廿二年冬參加閩變，蔣、李敵對竟達八年。抗日戰起，反蔣者皆棄夙嫌而共禦外侮，李氏亦翩然入都效命，但仍置閒散，至民廿八年戰地黨政委員會成立，才得為副主任委員。及日寇犯桂南，被派協助白主任崇禧作戰，更受命主持軍委會委員長桂林辦公廳。

　　在林立的中央各級駐桂機關中，以委員長辦公廳為最高，李氏在無形中成為當地最高的地方官，舉凡各種慶典、紀念大會、每月兩次的黨政聯席談話會，甚至春秋祭孔等儀式；都要勞動他來主持。

　　他在桂，三年官守，一切如常，只茶餘酒後，批評時政，並不忌諱。民三十年九月國立廣西大學易長風潮，教育部令拘送滋事首要學生入集中營。但他以為政府以利誘學生做特務工作，不讀書可以得分數、可以畢業，並使之監視師長、刺探師長，先不使之尊師重道，何能責其不拒逐校長呢？學生有過，盡可開除，不宜進集中營以牽入政治黨爭問題，部令未免太過。這即其一例。

桂行營改組、李主辦公廳

　　對日抗戰的高級指揮機構，到民廿九年夏天，又作了一次改組。四月二十夜，白崇禧主任由渝以電話告我道：「各處的軍事委員會委員長行營將改為辦公廳，桂林辦公廳將以李任潮（濟深）為主任。」五月卅一日，桂林行營撤銷，白氏回任其副參謀總長兼軍訓部長本職。六月一日桂林辦公廳成立，但李濟深主任遲遲於九月四日才由渝飛桂到職，因副主任為原桂林行營參謀長林蔚，李未到前由林代行，尚可駕輕就熟。

　　白崇禧是在桂南會戰受了降級處分而離開桂林行營的，蔣委員長乃以資望更高於白而且仍屬桂人的李濟深繼主辦公廳，或在給廣西以安慰。

　　辦公廳和行營，名異而實同，就兩者和廣西的關係來說，並無多大的差異，李主任也就和白主任一樣，視廣西同一家，李為陸軍大學前輩，

曾任陸大第四期的教官，和我更有師生的關係，所以機關和機關之間，很少動用公文，有事只通一電話或見面一說，即便辦妥。李和白所不同的一點，只是白原兼廣西綏靖副主任，行營需要桂綏地方武力協助作戰時，他可以綏副身份逕自行動來配合而已。

李氏在職三年三個月，直至桂林辦公廳撤銷，其間頗多可紀要事，有如下述。

料敵將攻渝、應籌持久策

當時一般人對戰局的預測，都以為日軍會西攻重慶。

李主任到桂第二天來看我，談到戰局，他說：「料敵在軍事上將攻重慶，各地方應該預為準備，縱使到了中樞難以指揮照顧時，也能獨自與敵作長久的支持。」

本來，在是年秋間，德軍在歐洲戰場正在得勢，我國在越南和緬甸的國際通路全被封鎖，中樞即作這樣的預測，而陸續將各戰區的部隊，調集靠近重慶方面以為之備。當時第九戰區曾以此故，恐兵被調減，敵將圖攻長沙以打通粵漢路，如果外圍不保，核心豈不更為受逼？中央為此，特令司令長官薛岳派參謀長吳錫祺赴渝面受機宜，使之受命。吳於八月十四日經桂見訪，向我道及此事。

李主任對於此種情勢非常關心，他於九月廿八日往曲江為余漢謀就任第七戰區司令長官監誓，我於其行前往謁，他重申前說道：「各省必須作萬一的準備，要能自行支持抗戰。我將約薛長官在耒陽相晤，告以此意。」我再請教：「廣西應如何準備才好呢？」他說：「我以為軍隊應準備作游擊戰。第十六集團軍能逐漸移近武鳴方面（按該軍那時正防守左江北岸地帶），將來能向大河和撫河方面移動為宜。至於經濟，應準備發行地方鈔票。」

到了十一月，盤據桂南的日軍撤離入越，中央立即令陳公俠第六十四軍由南寧調駐全縣和零陵，只留十六集團軍防守桂越邊界以至欽廉。

對日軍西犯的憂慮，直到德蘇戰爭爆發（民三十年六月廿二日）後仍未稍減，民三十年七月初，我為出席三民主義青年團幹部工作會議由桂到渝，當時朝野人士都喜歡談論今後日軍將南進抑北進的問題，便有人責備他們：「何不多談些設使敵人西進，我應如何對付呢？」聞在軍事委員會會報席上，蘇聯總顧問也曾以此作警告。到了七月十五日，張長官發奎告我，駐田東的第五十二軍調往富州，因敵南進，防其犯我昆明云。大約此

時西攻之憂已漸減少。

幣低物價漲、糧食成難題

　　李氏到任後碰著唯一的難題為糧食問題。軍隊受饑，影響戰力，地方也為之多事。其主要原因由於通貨膨脹，幣值低跌，糧食物價，形成騰貴，軍隊待遇逼著增加，通貨因而更增，幣值因而更跌，增給的數目始終趕不上物價的飛躍。最後，田賦改徵實物，軍隊主食改給稻米，問題解決了大部份。至於副食，仍發代金，依然大有困難。

　　李主任於民廿八年十月廿五日在桂林召集湘粵桂閩浙贛六省的軍、政、鹽、糧、運輸、金融當局開江南六省的鹽糧調節會議，我親自參加，到會六十人，會期歷四日，至廿八日閉幕，主要是糧食問題，鹽只居其次。粵省主席李漢魂說：「希望廣東人民不至餓死，不至餓亂。」可見地方民食的嚴重。江南兵站總監陳勁節報告：「軍事委員會購屯糧五百萬公擔，實欠考慮，無論款項、運輸、倉儲各方面，都無一可能辦到，非大減數量不可。」因憶三個月前我曾間接聽到後方勤務部俞飛鵬部長對人表示：「兵站令廣西各縣政府要糧，每不能遵照供應，廣西的政治須中央直接處理，或可望進步」云云。惜我無機會直接聽他的話，無從明是屬於何縣的事，令我不易詳查其原因，但大體說來，或者陳勁節總監的話已可說明了大半，下令者不顧及受令者的能力和條件，結果是會誤事的。

　　糧食問題越來越嚴重（其實是幣值越來越低跌），民三十年五月五日蔣委員長以辰微電通令：「以軍隊的主食代金為定糧價的標準，由軍隊託地方政府代購。」以致第五軍在全縣，十六集團軍在欽縣，都為購糧發生糾紛。第四戰區特為此事召廣西民政廳長邱昌渭赴柳州會議，五月廿八日邱回報說：「張長官表示，如果各部隊長官肯拿出良心，將缺額曠餉填補主食代金的不足，購辦軍糧是絕不會累及地方政府的，在柳部隊便這樣辦。」當時李主任以辰微通令不合情理，地方政府應將理由向中央陳述，倘不獲准，應預籌彌補虧累的辦法。他又於五月三十日召集省民政廳長、省糧食管理局長、軍政部駐桂辦事處長、軍糧局長、軍需局長和我，商討這問題，議論了六小時，僅得到「將困難情形向中央陳述」的結論。陳述儘管陳述，中央自有它的困難，結果還是由地方政府暫時填補。

　　在此我記上幾條各省軍政要員的談話，以見當時各地情形的一斑。

　　一、王懋功先生由上饒回渝，五月廿三日過桂，據談稱：「浙閩糧荒各地區，一經淪陷，糧價即平，這是值得令人注意的事。」

二、第五戰區糧食管理處長黃經明自鄂北回桂，六月十一日來晤云：
「主食代金，中央雖有規定，但強有力者並不受法令拘束，常以
士兵能飽食為度，向中央強索。」

三、浙江主席黃紹竑六月十三日到桂，據談稱：「甲、浙省糧食因
得不到鄰省接濟，結果，勸民眾節食，攤餘糧百分之十五與無
糧者，現已可度過青黃不接時期。乙、國民黨的力量在槍桿與筆
桿，而不在農工商，現在任由農工商發財，而令軍隊和公務員饑
寒，何異自促倒台！」

四、第九戰區楊森副司令長官六月廿三日由渝返湘經桂，據談稱：
「我的部隊為現品給養，士兵的體格很好。」

蔣召南嶽會、經桂作視察

現在且記述蔣委員長主持第三次南嶽會議往返經過桂林的情形：

他來得很早，第二次長沙會戰尚在進行中，民三十年十月四日上午四
時由渝抵桂，駐節虞山廟。白副總長比他早到兩小時。是日午後我往謁，
未談及政務。六日午刻，他約李任仁、陳樹勳、呂一夔幾位談國學，邀我
一同午餐。當日下午即離桂赴南嶽，順道遊覽興安縣的湘灕分派，我先
往，他的汽車發生故障，下午七時過後才偕蔣夫人到分水塘，時為中秋後
第一夜，天色澄澈，乘月看了一回，即上火車北駛，謂待歸時晝間再作重
遊，詳細察看。

李主任濟深、白副總長崇禧、張長官發奎、夏威和鄧龍光兩總司令、
陳公俠、周祖晃、賀維珍各軍長等一行，於十月十三日才由桂林赴南嶽。
軍事會議由十六日開至廿一日。廿三日晨，蔣氏和與會者皆返到桂林。我
從張長官和夏總司令的談話中，獲知在南嶽會議席上，蔣委員長曾痛責第
三、第九兩戰區的失職，謂如此現象，即使敵人悉退，也會亡國；對粵省
糧荒，責成湘、贛、桂三省負責接濟；並於廿二日槍決臨陣脫逃的師長廖
某而後起程。李主任後來也說：「此次長沙會戰，第九戰區報銷耗費子彈
千餘萬發，步槍二萬餘枝，頗覺可異。江南全部現存槍彈僅五百萬，如緬
甸不保，此後軍需當更困難了。」

蔣委員長以兼行政院長身份於廿四日上午十一時由李主任、白副總
長、林次長陪同蒞臨廣西省政府視察，他獎譽廣西近年來的進步。我當時
報告說：「地方治安，大致還好。惟桐油和礦產，因中央統制，收購給價
太低，大成問題。糧食也有困難。」下午四時又在省府大禮堂對綏靖公

署、省政府、軍管區司令部、省黨部的職員和行政會議人員（省府召集各區行政督察專員、桂林市長、各縣縣長舉行會議剛完）講話，其內容要點為：

一、廣西逐年進步的原因，由於黨政軍合作，民財教建合作。

二、廣西近年能與外省人合作，外人來桂的，居之甚安，無排外情事，這也是一進步。

三、行政應注重戶政、地政、警察三事。

廿五晨，蔣氏夫婦即離桂飛返重慶。

授蔣以大權、期完抗建功

以下一段，為記國民黨第五屆第九次中央委員全體會議的經過。

會議係於民三十年十二月在渝舉行，桂籍中委李濟深未參加，黃紹竑、李任仁和我，十二月十四日由桂往渝，李宗仁由老河口往，我們在重慶同寓嘉陵新村八號白崇禧宅。

會議由十二月十五日開到廿三日。黨政軍各部門的工作，均由負責者口頭報告。李宗仁長官報告第五戰區情形，很受大家的歡迎。蔣總裁在十九日大會中提示四點意見：

一、機關和人員不必大事裁併，但機構應簡單化，每個人應使發生工作效果。故國防最高委員會應調整使之簡單；國民參政會應調整使之發生作用；中央政治會議應否恢復和國民參政會應否由各省臨時參議會選舉等問題，均應研究。人事、會計、設計考核機構應健全。

二、經濟問題，並不因封鎖而無辦法，因我為農業國，正須外來斷絕，我才開發。

三、中央與地方的關係：無論中央或地方，凡當地黨政軍各方面，彼此平行間關係必須聯繫。中央地方，彼此應視為一體，不能發生誤會。中央在派駐於各省的機會，應由各省監督指揮，省政府就是中央機關。各省在中央法令以內的事，都可以先做後報。法令繁瑣的批評，我不能承認，因為革命是創造的，前所無的怎能不創？縣長兼有三十多個機關的，省可自行調整。

四、黨部、團部、行政三方面的關係：黨和團應徹底改革共產黨的精神和方法，不可說：「我是中央派來的」，到處鬥爭；如果人人都將私利放在前頭，雖有好法令也沒用處；故人人應該看法令、懂法令、守法令。團部應受黨部的指揮，黨部和團部均不許侵越

行政的範圍。行政機關應運用黨團、運用黨員以推行政令。黨團政三方面應各守範圍，互助合作。

他在廿二日總理紀念週講政治的道理，內容悉依據《中庸》。並具體指出兩點：一、各省主席應慎選縣長；二、武官勿兼省主席，政治才能好轉。

大會中通過的議案只兩案較為重要，即：「授予總裁大權，以期迅速完成抗戰勝利，建國成功任務案」和「加強國民總動員案」。

預算有補助、主食稍增加

九中全會既畢，餘事尚多。

行政院於十二月廿六日下午召集各省三十一年度預算談話會，各省主席到的有浙江黃紹竑、、江西熊式輝、甘肅谷正倫、青海馬步芳各位和我，行政院方面有代理秘書長蔣廷黻、會計長端木愷、糧食部長徐堪、財政部次長顧翊群、俞鴻鈞各位，由蔣兼院長主持，他聽完了各人的報告後作總結道：

一、各縣因中央徵收實物，財政困難，現於已定省預算外，另行補助，其數目不日可以發表。

二、國民兵團團部可以取銷，但其下鄉村隊的組織不可變更。

三、新事業可酌予少辦。

關於軍事方面，何應欽參謀總長也於十二月廿五、六兩日召集一談話會討論整軍和兵役問題，得到兩項決定：

一、增加前線士兵食米為廿四兩（原為廿二兩），副食費也酌予增加。

二、整軍分為三步實施：甲、先裁撤野戰師的補充團；乙、各師三團併為兩團；丙、將師的實質變為旅，軍的實質變為師，充實其人員與裝備。

美國羅斯福總統推薦給蔣委員長的政治顧問，拉鐵摩爾（Mr.Owen Lattimore）要和各省主席談地方制度問題，十二月十九晚由中央黨部秘書長吳鐵城招待宴會，四川省主席張群、青海省主席馬步芳、甘肅省主席谷正倫、江西省主席熊式輝、西康省主席劉文輝、山東省主席沈鴻烈各位和我都往參加。拉氏表示的意見四點：

一、地方制度的規定，宜活動不宜太呆定。因中國現為農業國，但必發展向工業去了，如規定適用於現在，未必盡合於將來的情形。美國聯邦制度現已發生困難，但為憲法所定，不易修改。

二、中國東北、西北、西南三個地區，如失去一個，中國都會發生
　　危險。

三、對日本陸軍不可過於重視，但對其海軍不可過於輕視。

四、如德在蘇慘敗，則日將先攻蘇；如新加坡危險，則蘇將先攻日。

李長官指出、走第三條路

李宗仁在九中全會後假歸省老母和料理桂省綏靖公署事項，於十二月
廿七日和我離渝同機返桂；黃紹竑返浙江任所，但仍取道桂林；因此他們
和李濟深之間得有短期的晤聚。

李宗仁氏於民廿六年離桂出發抗戰前，敦請在桂的省內外學者為研究
員，組織廣西建設研究會，根據三民主義和廣西建設綱領以研究廣西省政
治經濟文化各種建設的問題，供政府的採擇。該會於民廿六年十月九日成
立，李氏被推為會長，白崇禧和我為副會長，後在成立四週年大會中又推
李濟深為名譽會長，此次該會民三十年的年終大會，名譽會長和會長共聚
一堂，為唯一的一次，亦一盛事。研究員的意見，經常發表於會中出版的
廣西《建設月刊》，頗博得輿論的好評。

李長官宗仁乘暇於民卅一年一月三日赴南寧和柳州視察，備受當地各
界盛大的歡迎，往返為時六天。其母劉太夫人年七十六，忽於一月十四日
逝世，因喪事耽擱，至三月六日才離桂經渝於十三日返抵老河口防次。他
在行前的二月十九日特別對綏署、省府、省黨部各高級人員作一次重要的
集體談話，其要點如下：

一、對時局的認識：如日軍發動太平洋大戰，我國軍事和經濟的日益
　　困難、糧食的恐慌，本省努力的招忌等，都不應悲觀，應放開度
　　量，在自己崗位上努力。對中共應知道在現時國際情勢下，不容
　　許蘇聯援助各國共產黨向其本國政府搗亂；若大戰勝利，則中國
　　的力量在本黨而不在中共，故不足慮。在野者對政治現狀不滿的
　　批評，很容易在不知不覺間附和有野心向中央打擊的中共，但我
　　們現在是執政黨，不應忘記自己的立場而隨聲附和。

二、對中央的態度：須知本省為國民革命的一員，應與中央共存亡，
　　不應作小團體謀自存的錯誤打算。中央一般人的作風，好互相排
　　擠挑剔，對各省都如此，即對中央自己的人也是如此，不可以為
　　其有意專對廣西歧視。在此種情勢下，吾人消極退休，固屬不
　　能，積極革中央的命，更非情勢所許可。故除此兩途外，只有第

三條路，即是在自己崗位的現狀下努力職務，如此而已。

三、對本省：近年來因環境較好，黨政軍各方都形鬆懈，應時時警
惕，保持朝氣，以固此「政治的資本」。在行政方面，應使上級
和中級時時注意督促下級執行已頒的法令，樹立良好的風氣，多
下鄉，就地解決下級的困難問題。

當時的第五戰區聲譽甚好。猶憶軍事委員會軍風巡察團石敬亭主任委
員到桂接任時曾說：「第五戰區部隊最雜，而團結合作比任何戰區為好，
這由於李德鄰（宗仁別號）長官主持該戰區訓練班精神教育所得的結果，
他在班裏，常和受訓者同起居飲食，擔任鐘點幾三分之一」云云。

為救濟歸僑、組織委員會

日軍在民三十年十二月八日襲擊珍珠港，發動太平洋戰爭，同時對香
港、菲律濱、泰國、新加坡進攻，至十二月廿四日港九全陷，僑胞受難，
陸續經沿海各處逃入內地，更向後方而進入廣西。

李濟深主任和我，為救濟此等歸國僑胞，於民卅一年一月卅一日下午
一時函請桂林各機關，團體派代表到樂群社茶會商討此事。先通過廣西省
各界救濟歸國僑胞委員會組織大綱，繼推定李任仁、劉侯武、林嘯谷、邱
昌渭和我為常務委員。當夜常委會議推定總務、徵募、招待、宣傳四部正
副主任，以後一切即由該會負責進行。需款由中央賑濟委員會第九區特派
員林嘯谷親往中央交涉。請款也曾發生困難，據廣東省府王志遠委員為請
賑款由渝返韶過桂時說：

「重慶方面多數人初對歸僑主張不理，說此等人多在香港享樂，不宜
矜憐，後經長久多方的解說，空氣才變，賑款才有增加。」中央賑濟會許
世英委員長二月九日由閩署親察歸抵桂林，我們特請其指導救濟計劃。四
月十日，桂林各界在省府大禮堂舉行慰勞歸國僑胞大會，僑胞到者三百餘
人。到了五月，中央才核定發給賑款四百萬元。十二月款已用完，續請二
百萬元續辦下去。民三十二年二月十二日行政院令飭結束救濟僑胞機關，
遂將業務交由省賑濟會接辦。辦理過程尚屬順利，惟據劉監察使侯武、涂
處長思宗來談：「僑胞到桂後，因租屋、買屋、買地發生困難，賣主不守
信，臨時加價，怨及政府，請加注意，予以方便，最好能指定地段由僑胞
集合建築新村。」政府對於此事真是遺憾！

救濟文化界、生活費安排

　　所謂歸國僑胞，有三種不同的身份：第一種是一般平民，即上面所述救濟的對象為數最多。第二種是現在或曾在黨政有職位的，他們的生活不成問題，不須救濟，如陳濟棠、陳耀垣、李福林、陳策、張惠長、吳飛、張炎、詹菊似、歐陽駒、司徒美堂、孫科夫人各位，多是經桂赴渝。第三種是文化人，靠搖筆桿為生，須另作安頓。

　　于斌主教曾對李主任和我建議：「對自海外逃歸的文化人，應設法收容成一組織，使之討論國際將來的政治經濟大問題，使議論有地方發洩，自可彼此相安。」我們也覺有此必要，即向中央陳請。後來據賑委會特派員林嘯谷由渝歸述：「中央宣傳部初不願理此事，後因蔣總裁隨口說了一句話：『這些人如果在桂林隨便說話，可使他們到重慶來。』才派劉百閔氏為代表來桂招呼文化人赴渝的。」劉氏五月十一日到桂，即訪我共商接洽方法，於是由李主任和我聯名邀請滬港文化界人士於五月廿五日下午三時在樂群社茶會，到六十餘人，席間由劉氏代表中央宣佈慰問之意，並希望大家赴渝工作，中央預備住所云。他們雖經過這次的接觸，但赴渝者並未見踴躍。

　　民三十二年七月，中央組織部長朱家驊由贛湘返渝過桂，想和文化人晤談而又不欲自動，我以廣西建設研究會名義請到了五十多人於廿九日上午八時茶會，歡迎朱氏，聚談之下，他們將種種困難盡情向朱氏傾吐，頗為愉快。他們在桂並無何等特殊的言動，中央後來也未見作如何的處置。

蔣繼任元首、李長參議院

　　國民政府主席林森先生於民三十二年八月一日逝世後，為繼任人問題，國民黨九月在渝召開第五屆第十一次中央委員全體會議，李濟深、李宗仁、黃紹竑各中委均未出席，只白崇禧和我由桂前往參加。會議由九月六日開至十三日。先修改國民政府組織法，元首負政治上實際責任，規定國府主席為陸海空軍大元帥。次選舉蔣中正為國民政府主席並兼行政院長；其餘四院院長仍舊蟬聯，即孫科長立法、居正長司法、于右任長監察、戴傳賢長考試。經過甚為簡單。

　　軍事委員會西安、桂林兩辦公廳於民卅二年十一月決定撤銷，桂林辦公廳遂於十二月底結束。李濟深調任軍事參議院院長，但他並未赴渝就

職，仍居桂林，有時到柳州各處遊覽，民卅三年六月，桂林疏散，乃歸住蒼梧鄉下。桂柳淪陷後，渝梧隔絕，他在桂南的行動，深為中央所注意，屢次勸其赴渝，都未應命。勝利後不久，即離鄉往香港，終為中共送其入大陸。

第三十二章　日軍打通大陸計劃與桂柳會戰

本章專記民國卅三年中我所親歷的幾個會議和桂柳會戰。

在這一年中，盟軍形勢日佳；歐洲開闢第二戰場已告成功，美軍在太平洋逐島攻佔大有進展。但日軍卻在中國戰場發動一次最大規模打通大陸的中原攻勢。在這攻勢進行中，其中級將校且有從武漢攻我重慶陪都的計議，幸未實現，情形可謂險惡！但敵人打通大陸的企圖雖僥倖成功，這場大戰卻損傷了廿九萬人，代價不小。

在桂柳會戰中，白崇禧副總參謀長以此戰為廣西榮辱所關，竭力發動廣西地方民團力量以協助正規軍作戰，絲毫不留餘力。但以戰區有力部隊太少，結果桂柳不保，第四戰區被取銷，部隊被裁減。廣西的軍與政都備受各方所譏評。

四次南嶽會、檢討常德戰

民國卅三年的重要會議，我曾參加過三個，即第四次南嶽會議，國民黨五屆十二中全會和全國行政會議。

先述第四次南嶽會議：那是蔣委員長在常德會戰後，召集江南各戰區和各省的軍政長官對軍事和政治作一次檢討的會議。他這次往返南嶽、重慶仍然經過桂林，二月三日下午一時偕蔣夫人由渝抵桂，駐節虞山廟，四日赴南嶽，本擬順道再遊興安的湘灕分派古蹟，臨時因天氣太冷而罷，乘湘桂鐵路火車逕向衡陽。

政治部長張治中，軍政部次長錢大鈞，後方勤務部長俞飛鵬，航空委員會主任周至柔和軍令、軍政、軍訓各部高級職員二十餘人二月五日自渝到桂，準備赴會。蔣委員長囑白崇禧總參謀長先召集到桂各人在桂討論正式會議時應討論的問題，白氏六日在綏署集會商討，到會三十餘人，七日又再集商一次。八日，在桂各人才乘湘桂路夜車前往，計有白崇禧、李濟深（軍事參議院長）、張發奎（第四戰區司令長官）、羅卓英（軍委會桂林戰時幹部訓練團教育長）和我同行，九日朝到衡陽，改乘汽車到南

嶽，住聖經學校。

　　會議由二月十日開至十四日結束。會議工作為：第六和第九兩戰區常德會戰的報告，蔣委員長對常德會戰的講評和精神講話。至於決議案，重要的有兩件：一、縮減步兵師和各級指揮單位，增加炮兵和戰車部隊；二、增加官兵副食費，並以增稅方法籌此鉅款，但名之為「人民優待出征軍人副食費」，而避免加稅之名。

增稅激物價、副食難改善

　　增加那一種稅來籌措官兵副食費呢？蔣委員長決定將鹽斤加價，即每百斤增加一千元，並由中央統籌。但後來實施的結果，在鹽稅收入方面，並未能達到預計增加的數目，而一般物價，反因鹽斤加價的刺激而上漲，因此，官兵副食費增加的數量，也不能照物價指數一樣，在各地仍有很大的差價，這部份差價，仍舊需要地方政府另籌彌補，又加重了地方政府辦理軍隊副食的困難。在廣西，就當時在桂所有部隊人馬估計，副食費和馬乾費兩項，每月省政府須賠補一千三百萬元。中央為解救地方此種困難，又規定舉辦生產合作事業以籌款彌補，五月以後，廣西省府和第四戰區遂合辦生產合作社，運銷食鹽，期得利潤，以補虧累，這是後話。

　　南嶽會議完後，我們隨同蔣委員長於二月十五日乘湘桂鐵路夜車返桂林。這次元首蒞桂，對我們地方官極為優禮和關切，十七日晚，蔣夫人先後訪候白總長夫人和內子，十八日我胃病大發，元首在法政街舊法政學堂召集桂林黨政軍中級以上人員講話，未能參加，他講話後，即臨寒舍慰問，我乘便陳請兩事：

　　一、柳州水電工程，有助於廣西將來經濟的發展很大，請飭主管部將其設法完成。

　　二、為便於控制憲政，請將廣西省黨部書記長改調一適當者充任。

　　兩事都蒙面允。他於當日下午即離桂飛渝。

　　白副總長因其母馬太夫人九十誕辰將到，未即同行，元首旋派何應欽參謀總長代表來桂祝賀，因此當時曾有「白自去冬離渝視察西南各地軍訓，久未回都，態度消極，蔣氏此舉，藉以表示信愛，並促其返渝」的謠言。白氏祝母壽後未及旬日，即於三月廿五日赴渝。

無論朝與野、皆不滿現狀

再述十二中全會和全國行政會議的情形：

國民黨第五屆第十二次中央委員全體會議於民卅三年五月在渝召開，我於五月十七日和黃紹竑等二十位中委由桂飛渝出席，白副總長邀黃和我同住其嘉陵新村八號宅中。

十二中全會由五月二十日開至廿六日。在中央方面，有常務委員居正的黨務報告，國防最高委員會秘書長王寵惠的政治報告，參謀總長何應欽的軍事報告，外交部長宋子文的外交報告；在地方，有浙、甘、閩、川、桂、黔、贛、康各省政府主席的政治報告。較要的議案，有中央與地方的關係、推行地方自治、物價問題等。

中全會結束後第三天，即舉行全國行政會議，由蔣兼行政院長主持，從五月廿九日開始，六月一日閉幕。貴州吳鼎昌、浙江黃紹竑、四川張群、廣西黃旭初四省主席被派為審查會召集人。所檢討的要案，多是曾經在十二中全會討論過的，如中央與地方行政的關係、推行地方自治、物價問題等。就中以「中央與地方的關係」一案，檢討時意見較多，各省的立場，認為在抗戰時期，中央集權為求勝利，自無可議，但省究有其地位，如束縛太過，使諸事難辦，亦非有利。蔣兼院長在三十日大會中，重復申明現在的省為中央機關，非地方政府。至於《建國大綱》，乃總理針對當時聯省自治的環境而發，今日情勢已與當時不同，大綱所指之省，應為縮小省區以後的省（中央已定縮小省區的計劃，尚未正式公佈），而非現在的省云。他在閉幕致詞中，要地方官遵守「任勞任怨、綜覈名實」八個字，尤其要任勞和覈實云。

日軍五月廿七日在湘北發動大規模的攻勢，我於六月四日即趕返桂林。此次在渝，隨處都可以聽到不滿政治現狀的言論，不但社會如此，即黨政內部，也是如此。如五月廿一日中全會黨務報告後的質詢，各中委對常務委員和組織部攻擊得很厲害。五月廿三日我到行政院謁見孔祥熙副院長報告桂省政情，他對我表示：「年老事繁，精力不繼，曾呈請辭職，而元首不准，很覺為難。因國防最高委員會他為主席，我為副主席；行政院他為院長，我為副院長；中央交農四聯總處也是他為正，我為副；這幾處開會，他常常不出席，而由我主持，所以責任都歸到我身上而受人責備，非常難辦。」

有一次，國防最高委員會馮玉祥副委員長問立法院孫科院長：「你那

五篇文章主張民主的問題，為甚麼不和蔣先生一談呢？」孫說：「你是知道的，他要當黨裏的總裁，我們就推他當總裁，可是常務會議他不出席；國防最高委員會他要當主席，我們就推他當主席，他也是不出席；這樣上哪裏去見他呀？紀念週上可以見他的面，但是那麼多的人，怎麼能說話呢？他找人談話，既不找你，也不找我，這樣有甚麼話能對他說呢？」

由這幾件事實，在中央黨政的高層都如此隔膜，士兵困狀和民間疾苦，想上達天聽自更非容易的了！

日海空失勢、謀打通大陸

現述廣西再度被敵蹂躪的桂柳會戰：

這是日軍整個中原攻勢中最後一次會戰，最先為豫中會戰，中間為長衡會戰。

本來敵人佔領我華北、華中以至華南為時已有數年，但平、漢、粵這三個地區在陸上始終互相隔絕，僅靠水運為主要連絡。這次敵人發動中原攻勢的動機，是由於美軍在太平洋攻勢的猛烈，和緬北盟軍攻勢的順利；同時，美駐華空軍已在中國各戰區普遍建立了空軍基地，對於敵人海上交通與其本土的安全，均受到莫大的威脅和打擊，復以其重國業資源的枯乏，無法取得海空軍的優勢，以爭取太平洋的控制權，而確保其南洋佔領地的資源區；且陷其南進軍於孤懸海外連絡中斷的情勢；因此，乃夢想由我華北、華中、華南以至越南打通一條大陸連絡線，由其本土渡海至朝鮮經東北而通到華北，再由越南修築經泰國、緬甸、馬來而至星加坡的陸上連絡線，並進而佔領我鄰近海洋各地的空軍基地，以減少其海上交通及本土威脅。因此，平漢、粵漢、湘桂、黔桂各鐵路都是敵人必須佔領的路線；而衡陽、遂州、桂林、柳州的空軍基地，更成為其必須拔去的眼中釘。這一個攻勢，在敵人侵華的整個戰略上說是消極的，但它的行動計劃，使用兵力的強大，和攻勢的徹底，可以說是它侵華以來規模最大的一次。

敵方這個計劃，在上年（民卅二年）秋間即已決定。其行動是由北而南。為明瞭整個情勢起見，先略述豫中和長衡兩次會戰的經過概要，順次再詳述到桂柳會戰。

陷許昌洛陽、平漢路被佔

敵人第一步行動是由華北南渡黃河打通平漢鐵路南段。在發動前，

先修復新鄉至邙山頭的平漢鐵路，更進而修理黃河鐵橋。於動工前，在黃河南岸構築橋頭堡和我軍的霸王城陣地對峙，以掩護工作。費了四個月時間於民卅三年三月廿五日修橋完成。敵華北方面軍司令官岡村寧次遂派內山英太郎率第十二軍（轄第六二、卅七、一一零各師團、獨立第七旅團、戰車第三師團、騎兵第四旅團）渡過黃河向我第一戰區進攻。內山英太郎六二師團在前任前鋒，該師團推選出九名士兵組一挺進隊於四月十四日夜侵入我霸王城陣地，經四晝夜偵察後，大隊即於二十日進攻，挺進隊卻到我陣地後方以手榴彈攻擊，我守軍吳紹周第八五軍以為敵已斷我退路，倉皇退走，敵不戰而得霸王城。敵人遂以第六二和一一零兩師團逕行追擊我軍而向密縣前進（編者按：此次會戰地區皆在河南省中部各縣，故曰豫中會戰，以下所記地名，皆為河南省之縣份或要隘）；同時以第卅七師團和獨立第七旅團由中牟向西壓迫，壓迫在官大橋遭遇我退卻部隊，被其擊潰，密縣遂被敵攻。湯恩伯副司令長官急派隊由登封來援，尚未到達而張文心第廿三師已被擊破。密縣既陷，敵六二、卅七兩師團和獨七旅團及戰車一部即進犯許昌，蔣委員長令第一戰區蔣鼎文司令長官飭部死守許昌，湯副長官也電令許昌守將新二九師師長呂公良，告以已派援軍數師東進，務須死守。惟此等密電被敵方收聽譯悉，敵乃以第卅七師團任攻城的主力，第六二師團任邀擊援軍的主力。攻城敵軍得空軍協助，施放煙幕掩護其渡河，又炸崩城牆的一角，炮兵復猛烈轟擊，終被敵攻入，呂師長陣亡，許昌遂於四月卅日失陷。第六二師團也將我援軍在半途擊破。此後，內山英太郎專以追尋我軍主力部隊圖擊滅之為主眼，派遣突擊部隊深入西進直到盧氏縣。

許昌陷後，五月三日敵以機甲快速部隊利用空軍為前導，由襄城鑽隙突進佔領郟縣，乘虛下臨汝，我湯（恩伯）兵團被其遮斷，指揮系統破壞，龍門告急。五日襄城、禹縣、登封失陷，孫蔚如第四集團軍和韓錫侯第九軍退守偃師、洛陽之間。以武庭麟第十五軍守洛陽，劉戡兵團防龍門、伊川、嵩縣。九日敵破龍門北犯，垣曲敵六九師團又由南村、白浪渡過黃河擊破我胡伯翰新編第八軍而進佔澠池。偃師、洛陽及以南我軍後方既受威脅，即令孫蔚如部轉向宜陽，劉戡部向石陵。十二日偃師失陷，洛陽遂被澠池、龍門、偃師敵人三面進迫。敵圖消滅我野戰軍，五月十三日分三路由隴海路、洛盧、嵩盧突進，十四日陷宜陽，十六日陷韓城，十七日陷洛寧，十八日陷陝縣，我第卅六集團軍總司令李家鈺陣亡，二十日陷盧氏，才停止西進，我軍大受損失。敵得手後因我復打斷平漢路而東撤。

岡村寧次為略取洛陽，特加派第六三師團、獨立第九旅團、野戰補充

隊歸內山英太郎指揮進攻，五月十四日洛陽被封鎖，十九日被攻擊，廿三日敵一一○師團和騎兵旅團加入，廿五日洛陽遂被攻陷。

敵人對於平漢路，在許昌的向南攻，在信陽的向北攻，五月八日雙方會師而告打通。但其後湯兵團因得第五、第十兩戰區的協助，一度又將其佔領而打斷。到六月十七日仍再被敵打通。

這次豫中會戰，是敵人打通大陸的第一階段。

次謀粵漢路、攻佔我長沙

敵在第二階段，圖由武漢經岳州、長沙、衡陽而打通到桂林、柳州，更進向南寧而到越南路線。當時敵在大陸共有五個軍：第一、第十二兩軍在華北；第十三軍在京滬；第廿三軍在廣州；第十一軍在武漢。故第二階段作戰由第十一軍負責。第十一軍原轄第三、第十三、第卅四、第卅九、第四十、第五八、第六八、第二六等八個師團，更新增廿七、卅七、六四等三個師工，兵力共達卅六萬二千人。第十一軍的幕僚曾計劃過，與其由武漢攻桂柳，不如由武漢攻我重慶戰時首都，但此計劃為十一軍司令官橫山勇所制止。當第十一軍集中岳州，將開始行動時，華北派遣軍統帥畑俊六即來漢口設總軍前方指揮所，搞填補武漢的空虛。

橫山勇以第三、十三、卅四、四十、五八、六八、二六各師團為第一線兵團，沿湘江兩岸齊頭南進，專對我第九、第六兩戰區的野戰軍；其餘各師團為第二線兵團，任預備隊及後方的守備。

我第九戰區薛岳司令長官以王陵基的第三十集團軍（轄魯道源第五八軍，傅翼第七二軍）、楊森的第廿七集團軍（轄楊漢城第二十軍、王澤濬第四四軍）、歐震兵團（轄羅奇第卅七軍、沈發藻暫編第二軍、丁治磐第廿六軍）置於湘江東岸；以王耀武的第廿四集團軍（轄彭位仁第七三軍、李天霞第一百軍、施中誠第七四軍、王甲本第七九軍）和梁漢明的第九九軍置於湘江西岸；以張德能的第四軍守嶽麓山和長沙城；以方先覺的第十軍守衡陽城，後來並由第四戰區派黎行恕的第四六軍、第七戰區派黃濤的第六二軍到衡陽策應。

敵軍五月廿七日開始南犯。廿九日其十三、卅四兩師團在通城擊破我第七二軍後，趨渣津、平江。其第三、六八、一一六各師團復在汨羅河擊潰我第二十軍於北岸和卅七軍於南岸。其四十、五八兩師團循洞庭湖犯沅江、益陽、寧鄉，以對付我第六戰區的部隊。六月十四日瀏陽失陷。十六日敵五八師團攻嶽麓山，十七日敵一一六師團攻長沙城，到十八日均告不守。

十八夜，美空軍三次猛炸長沙，但因橫山勇禁止日軍入城，敵竟倖免。

衡陽攻城戰、敵損失慘重

　　敵得了長沙，次一目標便是衡陽，以六八、一一六兩師團進攻；其主力第三、十三、廿七、四十各師團在湘東專對我第九戰區的野戰軍；廿四、五八兩師團卻使負責修理已被破壞的公路。

　　敵六八師團六月廿六日佛曉先襲佔了衡陽機場，乘勢渡過湘江，廿七晚繞到衡陽城南方進攻，但砲兵尚未到齊，而衡陽城東枕湘江，北阻蒸水，西南兩面為丘陵地帶，守軍築有數重陣地，城邊全是魚塘、蓮塘、其間的道路都設有副防禦，敵攻了一夜，雖破了最外一層，卻無法再進。敵第六八師團長佐久廿八日拂曉乃親到第一線召集部隊長和參謀長等商議進攻的方策，事有湊巧，我方的迫擊砲剛好擊中他們集會的處所，由師團長、參謀長、主任參謀等到第一線各部隊長一概受傷，這個師團的戰力因此完全消失。橫山勇令一一六師團長岩永汪就近兼任六八師團的指揮，繼續進攻，復受損失，至七月二日乃中止攻擊。到七月十一日得了彈藥的補充和空軍的協助，再施第二次攻擊，我雖失了一小部份陣地，而敵受我迫擊砲的射擊和手榴彈的投擲（我軍這兩種技術，很受敵方的敬畏），卻損傷奇重，計死了聯隊長一人，大隊長六人，兩師團只剩下數名中隊長，又不得已而第二次停止進攻。

　　敵軍為甚麼只用兩個師團攻城呢？在橫山勇的打算，只須打垮了我野戰軍，衡陽自然守不住，故此，他以主力向醴陵、茶陵、安仁，攸縣各處掃蕩，且進出衡陽南方阻我援軍，雖有所得，但因衡陽久攻不下，大為其上級所不滿，催他以主力攻城。他等待公路修復，動員了十五公分榴彈炮和十公分加農炮，並將五八、四十兩個師團和十三師團的一部增加上去，才實施總攻。橫山親到衡陽前線指揮這五個師團、五門重炮、五十門山炮和野炮從八月四日開始攻擊。守軍方先覺第十軍四個師（周慶祥的第三師、葛先才的第十師、容有略的第一九〇師、饒少偉的暫五四師）拚死抵抗，敵第一日進攻仍無效果。但攻勢加猛，其炮兵推進到與步兵同一線上以制壓我縱射和斜射的火網。敵第七旅團長志摩源吉戰死。黑瀨平一的聯隊攻擊岳屏高地，三個大隊長和全部中隊長都陣亡，經五日的苦戰，岳屏高地才被其奪去。

　　因我空軍此時已佔絕對優勢，敵人不敢白天攻城，守城部隊月餘以來，不覺間養成了晝眠夜戰的習慣。不料，這點卻被敵五八師團所利用，

八月六日突然白晝來攻，被其突破城的西北角，佔領了一部份市街。七日敵重炮射擊加強，城中大受威脅，我援軍又未能接近，守軍遂逼著於八日投降，前後守了四十七天。

這一役，敵死傷一萬九千餘人，將校陣亡三百九十名，傷者五百二十名。

全縣擅撤退、興安敵不前

現在敘述到桂柳會戰了：

自衡陽陷後，敵將犯桂的企圖日益明顯，最高統帥責成第四戰區張發奎司令長官須確保桂柳。當時第四戰區只得夏威第十六集團軍的第卅一軍和第四六軍，每軍僅有兩個正規編制師和一個沒有裝備的後備師。嗣請求增加得陳牧農的第九三軍兩師新調到桂。九月三日張長官將第九三軍推進到全縣、黃沙河，守備湘桂路的正面。桂林以第十六集團軍副總司令韋雲淞為防守司令，率賀維珍的第卅一軍守城。其後，又有由第九戰區轉進的楊森第廿七集團軍（轄楊漢城第二十軍兩師、丁治磐第廿六軍兩師、羅奇第卅七軍一師）、黃濤的第六二軍三師、方靖的第七九軍兩師、和由第七戰區轉進的鄧龍光第卅五集團軍（轄張弛的第六四軍三師、後將黃濤軍歸入），統歸第四戰區指揮使用，於是，第四戰區共有十個軍。但這些轉進的部隊，均經連月苦戰，殘破不堪，其兵力多不及原編制的四分之一。

敵方八月下旬新設第六方面軍，以岡村寧次為統帥，總部設在橫山勇的第十一軍直屬岡村指揮。橫山按照他的預定計劃，以為第九戰區的主力已經四散，桂林守備薄弱，攻取不難，衡陽既下，未及一月，九月四日即發動南進，六日陷東安，七日陷零陵。我守黃沙河、全縣的第九十三軍於十日夜至十二日夜未經激烈戰鬥即擅自放棄撤退，結果該軍軍長陳牧農被槍決，並嚴令該軍在九月廿八日以前不得令敵人通過大小溶江之線。敵進到興安後，其大本營以橫山行動輕率，桂林當比衡陽更堅，如果攻擊失敗，將前功盡棄，令其在興安休息整備一個半月再行進攻。

湖南方面的敵人雖未急進，而廣東方面的敵人卻分途來犯了。九月十日敵軍獨立第十九旅團從清遠入懷集，十五日到信都，二十日佔梧州；敵第一〇四師團九月二十日到德慶、經梧州、人和墟廿八日到太平，廿九日佔平南；敵第廿二師團由羅定入蒼梧的廣平墟，九月廿六日到藤縣，廿八日佔丹竹機場，廿九日也到平南；敵第廿三獨立旅團由遂溪經北流九月廿三日佔容縣，廿九日也到平南會合。

採內線攻勢、先擊桂平敵

張發奎長官九月末在荔浦指揮所明瞭了左列各種情況：

一、敵人分三路向第四戰區前進，企圖以分進合擊態勢侵我桂柳。

二、湘桂路方面之敵為第四十、二六兩師團，現在興安以南與我第九三軍對戰。

三、龍虎關方面之敵為第三、十三兩師團，已佔領我龍虎關。

四、西江方面之敵第廿二、一〇四兩師團和獨立第十九、廿三兩旅團，已佔領我丹竹、平南。

五、我楊森集團和第六二軍大部已到達平樂、荔浦附近集中。

六、我第九三軍仍在大溶江東西之線阻敵前進。

七、我軍校第六分校之一部武裝學生配合鍾山、富川的民團在龍虎關附近阻敵前進。

八、第一三五師和第一五五師已到達平南、桂平佔領陣地拒止西江之敵前進。

九、桂林城防工事已大致完成，柳州工事正在趕築中。

他以為任何一路敵人的兵力都相當強大，如全面採取守勢，將無處不弱，即和白副總長崇禧及軍令部作戰廳長張秉鈞決定以內線作戰的戰法對敵人攻勢作戰。他們由武宣經荔浦到桂林劃一弧形，作為戰略上的利害轉變線，希望在這線上來各個擊破陷於分離狀態的敵人。以夏威總司令指揮第卅一、九三、七九等三個軍擔任桂林正面的作戰，楊森總司令指揮第二十、廿六、卅七等三個軍擔任荔浦方面的作戰，鄧龍光總司令指揮第一三五、一五五兩師和桂林綏署姚槐、唐紀兩縱隊擔任西江正面的作戰，以比較精銳的第四六、六四兩軍集中荔浦附近，待機使用於攻勢方面，以為對敵攻擊的主力。

桂林周圍有石山巖洞包圍掩護，最利於守，因興安和龍虎關的敵人到十月中旬仍停留不動，遂決定先對西江進到桂平之敵攻擊。以卅七軍何旭初的第九五師為左側支隊，由蒙山南進襲擊平南西進敵人的側背；以卅一軍顏僧武的一三五師和唐紀縱隊為左翼隊，憑藉大湟江口北側險峻的山地，左倚傜山、右枕柳江為依托，在守勢最為理想；以張弛的六四軍（轄張顯岐一五五、鄧伯涵一五六、劉紹武一五七各師）和黎行恕的四六軍（轄蔣雄新一九、甘成城一七五兩師）和姚槐縱隊攻桂平。十一月廿一日開始，連日淫雨，使我空軍和步兵運動受了限制，廿七日才把桂平外圍據

點蒙墟掃蕩，正在進攻桂平城，而左翼顏僧武師和唐紀縱隊脆弱無能，竟任敵人飛過了石狗嶺的天險，進擾武宣，桂平側背受脅，興安和龍虎關敵人已突破我桂林外圍陣地，進出桂林東郊和陽朔、平樂間地區，遂不得不放棄桂平方面的攻擊而撤退了。

桂柳齊陷落、軍政受譏評

敵方岡村寧次十月底下令第十一軍於十一月三日進攻。橫山勇探悉我桂柳守軍都非雄厚，遂分兵同時進攻桂柳，以第四十、五八、一一六等師團攻桂林；以第三、十三兩師團長驅遠襲柳州。

我軍自桂平撤退後，張發奎長官本計劃在柳州實行河川決戰防禦，以鄧龍光集團佔領自遷江至象縣紅水河北岸、柳河兩岸的陣地；楊森集團以一部連繫鄧集團於象縣、雒容、鹿寨沿河西岸佔領陣地，以主力固守柳州；夏威集團連繫楊集團沿永福河西岸，由黃冕至百壽間佔領陣地掩護側翼；第四六軍為預備隊，控置於柳州西側。但這計劃未能徹底實施，因天不助我，大雨連綿，山洪暴發，部隊行動困難，盟機無法活動；楊森集團在修仁的第二十軍被敵牽制攻擊，無法脫離；夏威集團先被敵擊潰，夏總司令偕其參謀長韓鍊成十一月五日狼狽到柳州報告張長官，謂部隊已脫離掌握，敵人現由黃冕渡河向中渡、柳城移動，有迂迴柳州左側背模樣；鄧龍光集團撤到紅水河佈防時，敵也追躡而至。十一月六日紅水河、柳江、柳州、柳城各方面全線展開了激烈的戰鬥。七日張長官下令破壞柳州機場和柳州附近的鐵路，十一日柳州被敵突破，第廿六軍兩團被圍，損失重大。桂林的敵人也於十一日由灘江東岸渡河突破了核心工事，第一三一師師長闞維雍自殺；東岸各獨立據點的守軍成千成百的被敵人的毒氣窒息死在巖洞中；韋司令雲淞在電話中報告張長官一句話：「桂林已無法支持了」之後，一切電訊經已斷絕；防守司令部參謀長陳濟桓、卅一軍參謀長呂旃蒙均壯烈犧牲，司令韋雲淞、軍長賀維珍、師長許高陽、砲兵團長王作賓均突圍得脫。桂柳兩城的命運同日告終！

柳州陷後，敵第四十師團十一月十二日由柳城大埔向西急進，我以第廿六軍在宜山以北拒止，以第四六軍守鐵路正面，而四六軍以左翼受威脅退向東南山地，十五日宜山失陷。廿六軍及四戰區戰幹團再阻敵於懷遠，敵及繞道白牙、龍頭攻金城江，卅七軍在龍頭不能阻敵，廿一日懷遠陷，廿三日金城江、河池陷。第七九軍守車河、大廠線，廿七日又陷，廿八日陷南丹，廿九日陷六寨、下司、上司，十二月五日陷獨山，貴陽震動。但

敵軍終以補給困難而南撤，我第九一軍追踪而下，十二月十四日與第四六軍合攻河池不克而對峙。楊森集團經思恩、宜北北退；敵第十三師團分一路進至三合、八寨，撤退時楊集團乘機襲擊，十二月十四日第二十軍收復黎明關，第廿六軍也收復荔波縣。

鄧龍光集團一部由來賓、思練、隆山到那馬，一部由來賓、遷江、上林到鑼墟並向右江，敵第廿二師團分途追躡，十一月廿二日陷南寧、武鳴，十二月六日到果德。在越南的敵軍第卅八軍派一宮支隊十一月廿八日由諒山攻入鎮南關，循邕龍公路東犯，十二月十日與由南寧西進之敵在綏淥縣會師，敵人遂宣稱完成了打通大陸的計劃。

第四戰區退到百色整頓部隊。廣西淪陷了四分之三，共達七十五縣，且被隔斷成為四塊，被敵蹂躪了將及一年。

第三十三章　記六全代會與廣西光復經過

　　本章記述民國卅四年我參加過的幾次會議和廣西光復的經過詳情。

　　在其間，第五戰區司令長官李宗仁二月十日調任軍事委員會委員長漢中行營主任；勝利後九月一日再調為軍委會委員長北平行營主任，十月廿六日抵平就職。

　　軍委會七月四日通令全國各綏靖主任公署撤銷。桂綏署八月底撤銷後，廣西省保安司令部九月一日成立繼承其職務，省保安司令由省府主席兼任，以張任民為副司令，各區行政督察專員兼任各該區保安司令。

　　勝利後，第十戰區司令長官李品仙奉中央命接收徐蚌，在徐州接受日軍第六軍司令官十川次郎的投降。

　　中央於戰後十二月十四日派中委陳濟棠來桂宣慰，陳氏對黨政軍高級人員轉達中央意旨四點：一、對美英蘇採平行政策，應使之和好才於我國有利。二、人民對中共應盡量暴露其暴行，但勿牽及蘇聯。三、中央對中共仍本政治解決方針努力進行。四、勿以黨的名義攻擊中共。

　　上列數事，文中未及，特先記於此。

六屆代表會、五五在渝開

　　我民卅四年二月中旬才由重慶回到廣西，四月底又須再赴重慶了，因國民黨第六屆全國代表大會五月在渝召開，我們這些中央委員須和代表一同出席之故。廣西省黨部代表為雷殷、陳克文、陽叔葆、程思遠、陽永芳、周可法、雷沛鴻、黃崑山、尹治等九人；廣西省軍隊聯合特別黨部代表為夏威；三民主義青年團廣西支團代表為韋贊唐。當時桂境大部淪陷，臨時省會設在桂西的百色，渝色間還沒有民航機飛行，四月廿九日我和雷沛鴻、黃崑山、尹治、韋贊唐各代表及省府委員陽明炤、秘書梁學基等於上午十時乘美軍運輸機由百色赴昆明，下午一時到達。在昆曾訪候多人晤談。中國陸軍總司令何應欽也是中委，他正在部署反攻進犯洪江的日軍，未即赴渝；我將廣西徵存糧穀被敵隔斷，無法取來供應駐在右江一帶第二方面軍的部隊，而糧食部又不發給購糧款與第二方面軍，以致軍糧發生困

難的情形報告他，他要我到渝催請糧食部從速發款。晤黃強先生，據談：「美方不欲我軍入越，並且希望在越的法軍也被消滅，將來美軍取自日軍手中，好扶植越人自立。英人要中國撤回緬甸的遠征軍，用意也是不想我有干涉緬事的機會。」龍雲主席為我們定了赴渝的機票，五月一日，昆明城防司令杜孝明和副司令王澤民兩位派車送我們到機場，下午一時離昆，三時半到渝。李宗仁主任已由漢中先到，他寓白崇禧副總長宅，我和他們即獲晤談。自此連日所接觸的所談多是與將來中委選舉有關的問題。

對民權民生、有重要決議

六全代會五月五日在浮圖關中央幹部學校開幕。當日重慶大公報的社評謂：國民黨對國家有三大貢獻：一、領導抗戰；二、統一規模；三、民主憲政的前程。但有三大缺點：一、政治不清明，因無議會以為監督；二、未認真實行民權主義與民生主義；三、精神非前進而復古，故未能領導全國進步。所論尚合事實。

這次的大會，六月廿一日才結束，歷時半個月。提出大會的報告，計有中央執行委員會秘書長吳鐵城的黨務報告，國民政府文官長吳鼎昌的政治報告，代理參謀總長程潛的軍事報告，副總參謀長白崇禧的續軍事報告、淪陷區省市的黨務報告、中共問題報告等。重要的決議，有針對實現民主與改善人民生活的，如定期本年十一月十二日召開國民大會、制頒憲法、還政於民，及通過土地政策、農業政策、工業政策、社會政策等；又選舉蔣中正連任本黨總裁；對中共問題續求政治解決。中委名額仍為執委一百八十、監委八十，未有增加；選舉結果，組織部兩陳系佔優勢，桂籍仍維持前屆舊人，即執委白崇禧、甘乃光、黃旭初、鄧家彥、李任仁等五人；監委李宗仁、黃紹竑、李濟深三人。

會場上隨處流露著民主修養的不足。對黨務的質詢，有態度極為兇惡的。對政治的質詢，關於黨國大計的少，關於事務和對人的多。中委王崑崙在黨務質詢中發言道：「黨中央應該時刻注意到正視聽、明是非，否則無以激勵士氣和振奮人心。如第十軍軍長方先覺於去年八月八日衡陽淪陷時曾發出了『來生再見』的電報，統帥部也已經明令嘉獎，並準備舉行追悼會，以彰忠烈，可是後來他忽然投降了，其後又偷偷地溜到重慶來，據說是日本人有計劃地要他來渝接洽和談的，人言鑿鑿，道路紛傳，像這樣一件事，中央對黨應該有所交代才行。」當日蔣總裁未出席，翌日他到會訓話，對王氏憤怒痛罵，激動至於拍案。至方先覺等好幾位將領從日軍囚

禁中脫出，完全由於衡陽地方熱心人士陳輕馭（曾任宜山縣長）等組織游擊隊有計劃地援救成功，但中央對陳氏諸人，未聞有何嘉獎。在討論邊疆提案時，中委麥斯武德報告新疆民眾被新疆政府殘害數萬人，流離失所的廿餘萬人後，有高呼開除盛世才出席大會資格的，有請把盛氏懲戒的。次早蔣總裁在大會紀念週講話時說：「盛世才以新疆全省和黃金五萬兩奉獻中央，為民國以來第一件事，昨天大會上有人如此對待他，殊屬不該。」他這話引起了邊疆和許多人的反感。選舉中委過後蔣總裁宴請全體出席人員講話時表示三點：一為盛世才事安慰新疆代表；二為安慰中委選舉落選的代表；三為安慰在大會中被他責罵的人。這似在「自訟」。

李濟深言動、受元首關懷

六全代會過後一週，五月廿八日舉行第六屆第一次中央委員全體會議。在三十日大會葉楚傖、主席辯論懲戒委員會和司法行政部隸屬問題時，發言的很多，但態度都非常良好，為歷次會議中所僅見。卅一日選舉中央執行委員會常務委員廿五人，白崇禧氏當選。又通過准蔣中正、孔祥熙辭行政院正副院長職，並選宋子文、翁文灝繼任行政院正副院長，即行閉會。

在渝期間，我和元首有過兩次談話：一、五月十三日參加委員長官邸軍事會報，他問及李濟深的情形？我說：「他有信來說，待道路通後可來重慶。我和張司令官已電請他先來百色，但尚未得覆。」他又說：「他不會加入共產黨，但他不大清楚，容易被人所利用。」二、五月卅一晚他宴全體中委前接見告我四事：「甲、有以數十萬元運動而得充鄉保長的，應飭行政督察專員督飭縣長嚴辦此等貪污不法之徒。乙、應努力協助解決軍糧，現南寧已經克復，此事當較易辦。丙、望你勸勸張向華不要發牢騷。丁、勸勸李任潮勿受人包圍，批評政府。」我請求兩事：甲、中央給廣西綏署僅八百萬元，致無錢以養四團兵力，將來國軍前進後，為維持地方治安，更須充實此等地方團隊，請准增加經費。乙、地方逐漸收復，請飭賑濟機關早撥鉅款及時救濟。

行政院水利委員會主任委員薛篤弼召集第四次全體會議，我往出席，聽了各省的報告，大家都感覺農民銀行貸款手續太過繁重，延誤水利工程的痛苦，盼望水委會能和農行商洽切實改善。廣西近日收復縣份漸增，待救甚急，五月廿八日我電請行政院和善後救濟總署迅撥鉅款派醫攜藥分黔桂路和桂南兩路前往救濟。六月七日再訪行政院張厲生秘書長請其早日核

定「救濟廣西收復地區案」，並望其注意一點：辦理責任須專，以免推諉。

在渝事了，六月十一日飛昆明，十三日與夏威、黃崑山、韋贊唐幾位搭後勤部何世禮副司令的軍機返色。

陸軍裝備後、即反攻西南

盤據廣西的日軍，自民卅四年初以來並無大的戰鬥行動，到了五月七日德國無條件投降，歐戰了結，美軍跳島作戰距日愈來愈近，日本國內被美機轟炸愈來愈慘，感覺大勢已去，即預定要從廣西撤退。

敵方消極，我方卻在積極。自總參謀長何應欽出任中國陸軍總司令建立陸軍總司令部於昆明後，美國為急謀解決遠東的戰爭，應允以大量的裝備和充分的炮兵火力來裝備西南的卅六個步兵師；並計劃在裝備完畢後，配合美海軍在西南沿海地帶轉取攻勢。在中國陸軍總司令之下編組四個方面軍，以盧漢、張發奎、湯恩伯、王耀武分任第一、二、三、四方面軍司令官。並規定各方面軍的作戰方面，以滇越鐵路屬第一方面軍，桂西、桂南、粵西方面屬第二方面軍，黔桂鐵路方面屬第三方面軍，湘西方面屬第四方面軍。這是卅四年三月間的計劃。

第二方面軍是由第四戰區改組於四月一日成立的。原來的第十六、卅五兩集團軍撤銷，夏威、鄧龍光兩總司令改任第二方面軍副司令官。第卅一、卅七兩軍也撤銷，只留存第四六。六二、六四等三個軍。第四六軍以韓鍊成為軍長，轄甘成城第一七五師，海競強第一八八師和蔣雄新編第一九師。第六二軍軍長仍為黃濤，轄何旭初第九五師，林偉濤第一五一師和李宏達第一五七師。第六四軍軍長仍為張弛，轄張顯岐第一三一師（此番號特保存以紀念第卅一軍守桂林殉職的闞維雍師長的），劉鎮湘第一五六師和劉紹武第一五九師。第四戰區的部隊自桂柳戰敗後甚麼都得不到補充，改為第二方面軍後補充不絕，部隊才恢復了生氣，且有可轉取攻勢的遠景，軍心也逐漸振奮。

中國陸軍總司令部預定卅四年秋間才對敵作積穩行動的，但因敵方已表露退縮的跡象，於是第二、三兩方面軍在五月間即開始動作。

張部先發動、南寧首光復

先述第二方面軍的行動。

第二方面軍在五月初集中兩個突擊營於邕龍路的兩側地區，給以遮斷

南寧敵人和越南交通的任務。五月中旬，令第六四軍一部潛渡左江到南寧側後活動；主力推進於南寧近郊以壓迫態勢監視敵人，伺機攻佔南寧；同時先以一部便衣隊利用情報人員的活動潛入城內，相機內應。復將第四六軍主力推進於都安、上林、賓陽附近，對邕賓路敵方各據點作游擊式的攻擊。到了五月廿五日，南寧敵人果然不堪我的壓迫，將城郊各據點逐次放棄，呈現動搖的現象，我第六四軍主力遂於廿六日拂曉向市區突擊，經一天的戰鬥，敵第五八師團的五二旅團向邕柳路退走，殘餘一部逃向龍州方面，我即克復南寧。

我第一五六師循邕龍路西進破敵，六月七日克思樂，八日克明江，七月三日與地方團隊協力克復龍州、憑祥，五日克鎮南關，殘敵退入越境。

敵由南寧退走時，為安全計，先派一支隊由武鳴向隆山方面掃蕩。向賓陽前進的我第四六軍，其第一七五師到都安後，即派盧玉衡的五二五團向那馬、夏越的五二四團向隆山前進。敵到隆山擊潰我夏團後即急忙撤走，盧團向舊思恩截擊，已經不及。第一七五師繼續追擊退柳之敵，甘師長以盧團長機敏勇敢，使任前鋒。經上林到石陵墟有敵據守，盧即圍攻，未下而敵最後的部隊由賓陽退到，盧逼得撤圍，敵也悉數棄石陵而退往遷江。盧派隊夜襲遷江，敵又棄城渡紅水河北逃，沉一船盡溺死。第一七五師在遷隔河與敵相持多日，盧團才從上游渡過。端午節（六月十四日）盧團秘密繞出百子坳設伏以待最後由宜山退歸之敵，因地形特別有利和地方民眾同心協力，三日間將三千敵人斃其三分之一，而盧團僅傷兵一名，當時我第一八八師本有一團躡大塘敵人之後，和盧團彼此不知，未能聯絡前後夾擊，否則成果必然更大。第一七五師派五二三團由遷江經來賓循鐵路向柳州前進，敵據百朋頑抗，久攻不下，甘師長令盧團由里高往助，敵潰向三門江渡河逃往桂林。盧團和五二三團遂進向柳州，而第三方面軍已先到達。

湯軍繼大舉、先後克柳桂

再說第三方面軍進攻柳州和桂林的情形。

第三方面軍以一部從黔桂路方面攻柳州，以主力循桂穗路方面攻桂林。

黔桂路方面之敵為第十三師團的一部。我以陳金城第廿九軍的兩師當先，以陳明仁第七一軍的第九一師在後。第廿九軍分兩路：曹玉珩的第一六九師沿黔桂路正面前進，五月二十日克河池，廿三日克德勝，向宜山攻擊。趙琳的預備第十一師由黔桂路東北側前進，五月廿一日克黎明關，進

克思恩，後分一部助攻宜山，主力六月一日克天河，三日克羅城，六日攻佔融江西岸的和陸壚，進展很速。但宜山敵人迭次得柳州的增援，反復爭奪，六月十四日我再克宜山，敵退柳州。廿三日預十一師強渡融江，廿九日第一六九師進佔柳州，七月二日兩師會克柳城。

柳州既復，即分三路向桂林：王鐵麟的第九一師在右沿桂柳公路、第廿九軍居中沿桂柳鐵路、第二十軍周翰熙的第一三三師在左由融縣經百壽向桂林併進。至於第三方面軍主力，仍照原定計劃加緊同向桂林。中路第一六九師七月六日克雒容，九日克中渡，十七日克黃冕，敵退永福憑險頑抗，我以預十一師攻永福正面，以第一六九師迂迴敵左側背，戰至廿五日才克永福。右路第九一師與地方團隊協力克荔浦後，七月十九日攻馬嶺壚，敵頑抗，我以主力迂迴百沙，敵退據陽朔，並以一部增援白沙，廿四日我攻佔白沙，並克陽朔，遂直迫桂林近郊。左路第一三三師七月九日攻百壽，一度攻入市內，敵由桂林增援反撲，爭奪激烈，廿三日我再克百壽，敵退桂林。廿七日我西南方面三路軍先後迫近桂林城。

第三方面軍主力，以牟庭芳的第九四軍在右由龍勝向義寧、丁治磐（後為馬勵武）的第廿六軍在左向興安、全縣間攻擊前進。第九四軍以米敬民第一二二師於七月十一日出藍田堡，襲取南壚；十八日第一二一師派第二六二團襲佔桂林北十二公里的長蛇嶺，湘桂公路和鐵路即被我完全瞰制，敵深感痛苦，乃由桂林、靈川抽調第十三師團的一部前來爭奪，致我第二六二團陷於孤立苦戰，雖彈盡糧絕仍屹然不動，支持到桂林克復才得解圍。第九四軍李士林第四三師七月十一日攻丁嶺界，十六日佔惠元壚，敵由義寧、靈川增援激戰，牟軍長乃以李則芬第五師由藍田堡襲義寧敵後，廿四日敵潰退，我追擊，廿六日克復義寧。這是右翼方面的戰況。左翼第廿六軍七月十九日攻佔湘桂鐵路的界首和其北側的王旗嶺，截斷了桂林敵人的退路，敵由全縣、興安向我反撲，企圖打開通路，但終歸失敗。廿七日桂林近郊的我軍乃排除敵人最後的抵抗進入桂林城，殘部（由邕柳退集的第五八師團主力和第十三師團一部）向桂林東北逃經灌陽入湘。我軍八月二日克靈川，五日克恭城，六月克灌陽，十日克全縣，到此桂北才告肅清。

梧淪陷最先、光復卻最後

桂、柳、邕、梧四個大城，梧州淪陷最先，次為桂林和柳州，而南寧最後。現在光復，卻以兩寧為最先，其次柳州，其次桂林，而梧居最後。

當南寧方面之敵敗退時，貴縣、桂平、平南一帶敵人即撤回梧州。桂林克後，湯恩伯司令官派石覺的第十三軍由桂向梧進攻，剛到大灕口日本已宣佈投降，但據梧敵人仍然不動，八月十五日石部由梧州警察局長盧英龍和梧州軍警督察處長歐治清等為嚮導攻擊梧州，敵由白雲山向我軍炮擊，我第十三軍第八九師第二六五團第一營陣亡官兵九人，相持到翌晨，敵才下船向粵撤退，梧州收復，廣西全省遂無敵蹤。

敵人這次由卅三年九月十二日陷全縣的黃沙河到卅四年八月十六日自梧退走，盤據桂境達十一個月。蹂躪了七十五縣。四大城市受毀最慘的為桂林，五萬七千多家房屋只剩下完整的四百七十餘家。其次為柳州，敵臨走時放火焚燒兩日，全市只存可住的房屋約三百家左右。南寧的機關和學校悉被焚燬，住宅和商店的門和窗全部失去。梧州由西門口到蒼梧郵局一帶，卻是敵軍將到梧前被盟機所炸毀的其他縣城被焚毀較甚的，尚有貴縣、桂平、平南、蔣縣、河池和柳城。民政廳長陳良佐和中央黨政工作考核委員會專員徐家齊同往視察桂林到全縣一帶受禍情形，十一月廿六日回報說：「由桂至全一百五十公里的長途上，僅僅見到十餘頭牛。」這一帶農村不算稀疏，而情形如此，損失的慘重也可由此見到一斑了。

粵桂對經濟、應互商所需

民卅四年的秋末，我得參加一個地方性會議，那是軍事委員會委員長廣州行營張發奎主任在穗召集的粵桂兩省綏靖會議。桂省前往出席的尚有全省保安副司令張任民、第一區保安司令李新俊、第三區保安司令歐仰羲、第八區保安司令陳恩元等。我們十月十七日離桂到平樂乘民船下駛，廿一日到梧州會齊，借用美孚公司的運油船於廿二日赴粵，廿四日晨到達。

何應欽總司令也於廿四日視察抵穗，廿五日張主任隨何總司令飛海南島視察，綏靖會議延期舉行。廿六日我將桂省遭受戰禍慘狀函陳何總司令，請其轉達行政院三事：一、善後救濟總署分配災區的款項或物資，請按災情輕重為標準，對廣西予以迅速配給。二、各城市被毀的民居，人民多無力重建，請訂定辦法飭金融機關貸款建築，並盼善救總署能負擔利息的一部或全部。三、湘桂、黔桂兩鐵路盼早行修理，使交通復常，地方元氣較易恢復。

粵桂兩省綏靖會議十月廿七日在行營開幕，張主任親自主持。出席者為粵桂兩省的省府主席、省保安副司令、區保安司令、省黨部主任委員、各軍軍長、行營各處處長、第七戰區司令長官代表等共四十人。會議的進

行：第一日報告，第二日分組審查提案，第三日討論提案。案共七十餘件，多而非要，草草通過，即行閉會。

會後我和粵省羅卓英主席同謁張主任討論兩廣應如何聯繫的問題。張主任表示：「兩廣在政治方面同在中央領導之下一致行動，自無須如何商量。所應注意的倒是經濟方面，望彼此將所需要的隨時互相商洽。」

我又簽呈張主任請求兩事：一、祈准許桂省府在廣州設辦事處以便聯絡，所需房屋，請行營飭駐廣西會館的部隊和機關遷出，好修理應用。二、香港《珠江日報》的印刷機被人搬到廣州灣辦偽報，現被中央宣傳部指為逆產而將其接收使用，請行營將其撥還桂省。兩件均承核准。

我們十一月二日仍乘美孚油輪返梧。同行的有聯合國善後救濟總署駐華辦事處專員施柯德、克拉克和美國援華救濟委員會委員胡人傑；施柯德、克拉克兩位是赴桂境視察戰災實況的；善後救濟總署委託美國援華救濟委員會負責辦理粵桂湘黔四省救濟事務，又將廣西分為邕梧桂柳四區，胡委員是梧州區的負責人。途中遇拖運軍隊的船隊數起，都是第八軍經梧東下赴港乘輪北上的。三日晚抵梧。

第三十四章　抗戰勝利後的
　　　　　　第一年與第二年

　　抗戰勝利後國內最重大問題為中共進行逐步奪取政權。它在政治上，力謀在中央則成立聯合政府，在地方先割據幾省政權；在軍事上，一面拿部隊數目和中央討價還價，一面向各地進攻，吞併國軍，收編偽軍。在手段上，既利用各黨派的政治協商，復利用美國的軍事調處，左右逢源；而我卻完全處於被動地位，應付得左支右絀。國民大會是開成了，而中共拒絕參加；憲法是制成頒佈了，而國共和談不能再復，最後終走到用武力解決的路上去。

　　在國民黨內，派系的鬥爭也非常劇烈。不只在中央鬥爭，並且乘機向地方伸手，使向來無事處所，也會平地湧起風波。

　　在收復地區，因接收政策的不善和接收人員的貪污，既損害了經濟，更喪失了人心。

　　以上幾點是那期間最顯著的情形。

　　本章所述為勝利後到民卅五年冬的事，瞭解了前述的情形，比照來看，真相更易明白。

抗戰獲勝利、防共失機宜

　　日本於民國卅四年八月十日宣佈接受波茨坦宣言，以照會託由瑞士政府轉達中美英蘇四國請求投降，我國是勝利了，可是，對於中共問題跟著麻煩起來了！

　　中共在抗戰中已壯大了力量，在勝利後復擴張了地盤，蔣委員長對中共問題的警覺是最敏感的，卻未能採取防範的適切措施。本來民卅四年五月間李宗仁主任在渝即曾對我談及他對今後對日的戰略，其大要是：

　　「敵的重點在北，我也應將重點放在北方，珠江流域可由英軍配合我軍來擔任，美軍應在上海、山東半島、遼東半島登陸，先蘇軍佔領平津和旅大，這樣，才能夠防阻蘇聯和中共。因此，浙江、安徽、河南、陝西、綏遠的國軍應先裝備。」

不知是最高統帥沒有聽到他的意見，抑或是要遷就美方的意見，當時的事實卻是先裝備西南的四個方面軍，計劃先由西南反攻。

　　日本宣佈投降後，李宗仁主任曾用長途電話和白崇禧副總長商量向蔣委員長提出一項建議：「當前政府的基本任務，在於迅速接收東北和華北，確切控制淪陷的地區。為達到此目的，應責成日軍統帥岡村寧次通飭各地日軍暫駐原防，切實保護交通，嚴防破壞；同時，應由接近華北前線的戰區儘速派遣部隊沿津浦、平漢兩線向前挺進，收復華北各省，進而安定東北全局。國軍到達的地方，首須地方政府收編游雜部隊，建立人民自衛的力量，鞏固地方秩序，安輯流亡，務使點線以外的廣大地區都在政府確切控制之下。一俟華北各省完全安定之後再行接受日軍投降，收繳日軍的武器，遣送日軍回國，完成受降程序。」但這建議未為中央所採納，政府決定先行受降，然後收復失地，由民卅四年九月上旬開始，將全國劃分為十五個受降區，分別派定受降主官，而令日軍向指定的地區集中，向我方指定的受降官投降。且以偏處西南各省的正規軍擔任主要受降部隊，因此，須分批用空運、車運和水運達到二十四處戰略要點去。這樣，日軍於接到受降命令後就分別向指定地點集中，而國軍以運送需時，不能依期趕到接防，結果逐成為「日軍已撤退，國軍未來到」的真空地域，中共遂得利用這種機會，從游擊區廣泛運動於淪陷區，爭先佔領而取得了地理上的絕對優勢。

　　中共正在擴張地盤，和平尚未實現，我中央卻於民卅四年十一月中旬和卅五年二月中旬兩次召開「整軍會議」，實施部隊整編。白副總長以為不能一面打仗一面裁兵，雖陳述意見，但未能動聽。一面整編國軍，一面又編遣偽軍，結果偽軍多被中共吸收，更增強其力量，而我變成了為淵驅魚。

　　由於措施失序和不合時機，遂造成後來更困難的局面，這是勝利後最重要的情形。

六屆二中會、恢復省財政

　　國民的第六屆第二次中央委員全體會議，是勝利後首次的重要會議，該會於民卅五年三月一日下午九時在重慶林森路國民政府軍事委員會禮堂開幕。桂籍中委除李宗仁外，餘均赴會。

　　大會的工作，以報告為最多，計有中央執行委員秘書長吳鐵城的黨政報告，軍政部次長林蔚的整軍報告，財政部長俞鴻鈞的財政金融報告，經濟部長翁文灝的經濟報告，外交部長王世杰的外交報告，行政院善後救濟

總署副署長浦薛鳳的善後工作報告，中委孫科的政治協商會議經過報告，行政院長宋子文的政治報告，交通部長俞飛鵬的交通行政報告，糧食部長徐堪的糧食行政報告，浙江省政府主席黃紹竑的地方行政報告，中國陸軍總司令何應欽的接受日軍投降報告，政治部長張治中的新疆問題解決方案報告，中委張群的關於商定停止軍事衝突經過報告，張治中的關於視察停止軍事衝突和恢復交通實情報告，劉斐的東北軍事情形報告，張嘉璈的東北接收情形報告，鹿鐘麟的華北地方情形報告等。每一報告完後即舉行檢討，並將該報告交付審查委員會審查。檢討的情形是：對黨政報告，發言的都以黨國艱危已達極點，必須徹底改革，用民主來代替包辦，而痛切陳詞。對經濟措施的無政策，抨擊很烈。對中蘇條約的辱國和秘密外交的失敗，盡力批評。對政治協商經過報告，辯論頗為激烈。在政治檢討，對宋院長的攻擊也很嚴厲。

通過重要的提案，有修改財政收支系統法，恢復了省級財政，這是此次會議對政治方面最具體的改革。

大會於三月十六日舉行三種選舉：一、選舉中央執行委員會常務委員三十六人，桂籍惟白崇禧當選。二、選舉中央監察委員會常務委員十二人，桂籍無人當選。三、中央執監委員互選本黨出席國民大會代表一百五十人；先由全體中委選蔣中正為本黨出席國大代表之一，使他既以元首身份召集國民大會和主持國民大會，並可以代表身份出席國民大會發言；餘一百四十九人再由中委互選，桂籍當選的為白崇禧、李宗仁、鄧家彥、甘乃光、李濟深、程思遠六人。

軍糧再徵實、整軍並建警

蔣總裁在六屆二中全會中每適舉行的總理紀念週都有言論發表：一、三月四日，力闢黨內同志近有「本黨對外則聽外人的挾制，對內則聽各黨各派來處分」的謬說，謂這是環境必須如此，並未失去本黨的立場。二、三月十一日，痛責攻擊當局者為不審度時勢，此時必須忍耐。三、三月十八日講三點：甲、總理遺教中的中央與地方制度，實主張有限度的中央集權。乙、對於東北，須蘇聯將其整個交我接收，我不能做共產黨的傀儡。丙、黨應革新，應實行總登記。由他每次的說話，都可反映當時的現實。

我在渝四週，和各方接洽的事不少，可記的如下：

一、蔣總裁三月二十日下午三時在中央黨部召集五院長、行政院各部長、各省政府主席、各省市黨部主任委員討論定價徵購軍糧

辦法。因勝利後即下令豁免田賦徵實徵借，致使軍糧供給大感困難，為使軍食不至缺乏，非恢復徵實不可。蔣總裁特鄭重宣示此意，望各級黨部、議會、監察機關勿再以體恤民艱為言。

二、行政院宋院長三月十七日在院召集各省主席和糧食部長商討軍糧籌購問題，未得結論。二十日由蔣總裁再召集討論，已如上述。廿二日我訪糧食部徐堪部長，詢以定價徵購軍糧辦法是否廣西也要實行？他請我供給在桂境內所需要的。我表示同意。

三、何應欽參謀總長三月十八日下午在軍事委員會召集各省主席商討軍隊統編時各省對中共的武力如何籌組的問題？十九日繼續討論決定：由軍政部擬具配合整軍方案以健全各省保安部隊、由軍政、內政兩部會擬以編餘官兵改建警察方案、由冀、綏、豫、蘇、皖五省主席擬具各該省剿匪方案下次續商。廿一日續商決定：（甲）收復區民眾自衛隊組訓方案；（乙）配合國軍整理各省保安團隊實施方案；（丙）配合整軍計劃實施建警方案。根據乙案，廣西須在是年七月底以前將四個保安團和十個保安大隊縮編為四個保安總隊和一個大隊，另由國軍第四十六軍編撥一個保安總隊，共為五保安總隊一大隊，歸省政府指揮。根據丙案，省政府下設警保處、各縣設警察局；至國境警察則屬中央指揮。

四、為商請貸款實行市地公有政策，曾宴請中國農民銀行和中央銀行負責者商談，承他們同意。中農謂：各省實行土地政策有成績的首推廣西云。

三月廿八日我和中委李任仁、新任國立廣西大學校長陳劍修飛柳返桂。

統帥部改組、白出長國防

軍事委員會是超然於立法、行政、司法、考試、監察五院之外獨立行使職權的。民國卅五年五月五日國民政府還都南京後才把這個中央軍事機構改組，先經有關各專家組織中央機構起草委員會擔任國防部組織的研究和起草完成後，復組織中央軍事機構改組委員會專門負責規劃進行，五月三十日先由國防最高委員會決議，卅一日再由國民政府命令公佈：「⋯⋯為樹立現代軍制，並謀軍事與行政密切聯繫起見⋯⋯所有原設之軍事委員會及其所屬各部會以及行政院之軍政部著即裁撤，改於行政院設立國防部⋯⋯」，並將「國防部組織綱要」同日公佈；六月一日特任白崇禧為國防部長、陳誠為參謀總長，宣佈國防部成立，這個中國劃時代的軍事制度

改革遂告完成。但當時的情勢，中共向國軍進攻正亟，和平並無希望，而在此時將最高統帥部改組，對實際是不無妨礙的。

國防部的實權，依組織綱要的規定是在參謀總長而不在國防部長。其第五條云：「國防部置部長一人，特任，其職掌如左：一、審定參謀總長所提關於國防需要之軍事預算及人員物資之計劃，提請行政院決定，並監督其執行。二、審議總動員有關事項。」又第七條：「國防部置參謀總長一人，特任，掌理軍事之一切計劃準備及監督實施，並有關國防之各種建議。但關於軍令事宜，秉承國民政府主席之命令；關於軍政事宜，經國防部長提請行政院審定之。」故國防部長唯一的職責只是照例將軍事預算向行政院提出，他只能直接於行政院長。而參謀總長卻直接秉承國府主席的命令以統率陸海空軍而不受行政院長和國防部長節制的。

因中央軍事機構的改組，各處的軍事委員會委員長行營和行轅也跟著撤銷，在全國分設國民政府主席東北、西北、北平、武漢、重慶、廣州六個行轅。北平行轅仍以李宗仁為主任。民卅五年三月我在重慶遇見北平行營蕭一山秘書長對我談及：「行營主任職權很小，眼看著華北的崩潰，而李主任也苦於有辦法卻拿不出來。」李氏於同年六月十九日和我通信也道及：「華北情況特殊，兵力薄弱，匪患益深，應付非常棘手。若不打破目前僵局，再拖延時日，危機必將愈甚。……」可見其處境的困難。

桂省參議會、議長竟難產

廣西的內部經過了多年的安靜，到民卅五年夏間忽然湧起一段小波瀾，那是省參議會議長選舉的糾紛。

廣西省第一屆參議會民卅五年六月十日上午九時在桂林麗君路該會舉行議員宣誓和成立典禮，我以召集人到會主持，高等法院申守真院長監誓。禮成後進行議長和副議長的選舉，由參議員公推蔣繼伊參議員為臨時主席，出席參議員八十四人，先選議長，投票結果，李任仁和陳錫珖各得四十票，另有三票將陳錫珖寫成陳錫珖，「錫」和「鍚」不是同一字，有一票將陳錫珖的「錫」缺了末兩筆，因這四票發生爭論，以致議長不能產生；次行副議長選舉，無人得票過半數的，也不能產生。下午繼續會議，決定將錫字有疑義的四票呈請內政部解釋是否有效？十一日上下午都開會，討論呈報內政部的電稿辯駁甚力，決定連同選舉票一併郵呈，聽候解決。

李任仁原任省臨時參議會議長，陳錫珖任副議長，此次兩人都很早就已進行議長競選的運動，兩人都是國民黨廣西省執行委員，六月六日晚

上執委謝祖莘、唐仁民、黃崑山三位請我召開執委會議以決定何人應選議長？我說：「我是省黨部主任委員，對於此等重大事件，本應召開會議討論，但因我同時又是省府主席，在主席身份卻絕對不應干預議長的選舉，故執委會不宜召開。」

省參議會因議長、副議長都不能產生，乃按全省八個行政區每區推出一位參議員輪值擔任臨時主席，以主持會議使照常進行而免停頓，結果推出了胡天樂、謝康、廖百芳、楊世賢、李憲章、朱天琛、杜光華、尹治等八位。

六月廿三日省參議會推大會輪值臨時主席尹治來省政府面洽謂，望省府即能出席作施政報告。我和各省委商討的結果，仍應等待議長產生後舉行方為合法，且查各省還沒有過省府向無議長的參議會作施政報告的，此例不宜由本省開端。

內政部對於這件並非難於解決的案擱置了五十天，到七月底才以午世電覆省參議會，但電中並未明確指示對「錫」字有疑義的四票為有效抑無效，等於未覆。而陳錫珖八月一日竟援據該電而通電就議長職。當日即有四十九位參議員聯名駁斥陳氏就議長職為非法。省府答覆陳的通電謂其尚未取得合法地位，請停止就職，勿遽行使職權，致生糾紛。

白直陳元首、重選始解決

省參議會議長的難產，無論會內會外都為之焦急，不斷努力以謀早得解決。擁陳擁李兩方的參議員互相協商過，李陳兩人願意放棄被選過，七月廿五日五十三人聯名將正副議長重選案提出過，這些都是會內的行動。在會外，省府和黨部的不消說，連國民參政員林虎、省保安副司令張任民、軍管區副司令呂競存幾位都費過很大的氣力，終於毫無結果，拖到八十天之久。

不僅在省內的對此事焦急，在省外的也一樣焦急，白崇禧部長在八月中旬即決定回省從事調停，十四日曾電我先向參議員諸先生致意。廿七日他由南京電云：「在牯嶺向蔣主席陳述省參議會糾紛事，奉諭：『陳錫珖之選舉票字畫既有錯誤，依法自應重選，以息爭端。』頃與張部長少武晤談，渠以主席既有指示，自當照辦。一切俟後面談。」廿八日又來電謂：「明早九時自京飛桂。」廿九日白氏抵桂，即約李任仁陳錫珖兩參議員相晤，告知蔣主席和內政部都已決定重選。至應選何人？白絕不表示意見。三十日上午，白約擁陳擁李兩方的主要參議員告以中央對議長糾紛案的處

理意見;下午復以茶會在青年館招待全體參議員,白致詞後,李、陳先後起而聲明放棄議長競選,最後,白氏請參議會務於明日即開會選舉議長副議長。卅一日白氏得蔣主席牯嶺來電:「對桂省參議會糾紛,望兄妥為調處。」白囑兩方參議員應先解決議長副議長的選舉,至駐會參議員問題,應待議長副議長選出後再由雙方洽商。由韋雲淞本此意旨向兩方奔走,結果,每方提出議長副議長候選人各八名。是日下午省參議會開第廿九次大會,由尹治主席,出席參議員六十九人,議長選舉,蔣繼伊得四十四票,當選副議長選舉,岑永杰得三十九票,當選;蔣繼伊為全縣人,該縣處桂省的極東;岑永杰為西林縣人,處桂省的極西。蔣年最長而岑年又最少,相映成趣。

九月一日下午一時省參議會開第三十次大會,出席者僅五十二人,我報告本省光復以來的施政情形和今後建設的動向。旋選舉駐會參議員,即行休會式。擾攘了八十四天的第一次集會遂告結束。

九月下旬,我在南京因省黨部事與組織部陳立夫部長商談,偶涉及前事,他道:「省參議會的事,不宜再提起。」像觸犯忌諱似的。

青年團決定、團與黨分開

省參議會休會的翌晨,白部長即回京,我也偕黃樸心、韋贊唐兩位飛九江,參加在廬山召開的三民主義青年團第二屆全國代表大會。九月二日上山,大會已於一日在牯嶺大禮堂開幕,由蔣中正團長親自主持,到代表七百五十四人。聞在預備會議選舉主席團時投票數多過出席人數,發生糾紛,後由團長圈定廿九人擔任主席團。從二日起每日都開大會。

九月六日第五次大會討論三民主義青年團的性質問題,請求發言的達九十多人,對此問題主張將團改為政黨的提案也不少,蔣團長上下午都出席聽取意見,最後他表示絕無將團改為政黨的意思,並主張三點:一、黨籍和團籍應分開,黨的幹部和團的幹部也應分開,團員在五年之內勿做官。二、團員必須做「中國之命運」中五項工作的一項。三、團應加強政治性、革命性、獨立性來和共產黨鬥爭。本屆大會中唯一重要的問題,遂以此為結論。

在七日第六次大會檢討中央幹事會工作和八日第七次大會檢討中央監察會工作,因工作人員當場互相攻訐,醜態暴露無餘,給予與會者以很深很壞的印象。

十一日第十二次大會選舉中央幹事和監察,我被派為監選人之一,因

秘書處事務上的準備欠妥，致過了夜半開票工作還沒完畢。十二日上午十時半第十四次大會舉行閉幕式，宣讀大會宣言後，蔣團長致詞，宣佈選舉結果：中央幹事七十二人，廣西當選三人：程思遠、韋贄唐、覃異之；候補幹事廿五人。中央監察四十九人，廣西當選一人：黃樸心；候補監察十九人。

代表大會過後，十三日接著召開第二屆中央幹事第一次全體會議，要第一屆中央幹事和監察列席，我是第一屆監察，故往參加。討論學校團務工作案，蔣團長指示六點：一、學校分團應隸屬於地方支團，學校負責人應參加支團為幹事。二、學校組訓工作應秘密，但招牌仍舊懸掛。三、以不設專任人員為原則，可令學生做派報一類事情。四、經費應充裕，但應採重點主義，不必普遍增加。五、團員以能實行新生活條件和遵守團章為必要條件，不是以功課好為主要，功課好的常缺乏革命鬥爭性，不來開會的不能要。六、特務不准自己發展，必須通過團部行之。

在山上聽到一般對青年團的評論：一、中央團部今年舉辦廬山夏令營，耗費十二億，辦理很不滿人意，結果並不好。二、這次大會最顯著的表現：第一是亂，第二是假；會場秩序的不好，為歷來各種全國性會議所未見過。

我只晉謁蔣主席一次報告地方政務。他很注意各黨派在地方的活動。我陳明民主同盟在桂並不猖狂。

這是我第二次到廬山。九月十日適值中秋，十七人同遊含鄱口賞月。十一日晚遊大林寺、花徑、御碑亭、仙人洞，俯瞰長江，煙霞如錦，將是日午間在選舉會場感受的齷齪氣一洗而清，為之神爽。十三日午後再遊山一次，歸訪贛省王陵基主席共進晚餐而別。美國特使馬歇爾也於此期間五上廬山，他的心情興致和我們當然是不同的。

要務待商洽、兩度附中央

廣西省政府有許多事待向中央商洽，九月十四日我偕教育廳長黃樸心離牯嶺到九江飛南京。白部長當夜來訪，相與漫談廬山近況及省內問題。

留京十日，各部會曾先後訪問。內政部張厲生部長他聽到各黨派在桂活動的謠言很多，等到聽了我們的話，對真相才稍稍瞭解。商請教育部將省立醫學院改為國立，朱家驊部長謂請求者多，未能接受。請行政院准送學生出洋留學，蔣夢麟秘書長即予核准。請糧食部免予徵借，端木傑次長說：在桂軍糧本來不需這樣多，但如果全免，恐怕各省會援例。桂省是年

十、十一兩月份經費尚無著落，請行政院借墊，胡善恆會計長很予同情。請農林部補助款項和器材，即承周詒春部長面諾。關於對付異黨的態度和方法問題，組織部長陳立夫和我們談過兩次。

九月廿五晚離京赴滬，謁宋子文院長請求三事：一、繼續墊借十、十一兩月份省經費；二、請增發復員費三十億元；三、請免徵借，因桂省較皖、浙等省負擔為重，殊欠公平；且在桂境所需軍糧僅稻穀三十萬擔，何必多借？即不全免，也應酌減。他對三事都未作決定，只表示：二十八日回京，下星期三可有答覆。

抗戰期間經濟、交通、文化各界旅桂人士此時在滬組織了「桂社」，每兩週一次聚餐聯誼。九月二十八晚「桂社」社友宴請李濟深、黃紹竑、李品仙三位和我，這些省外人士，離桂已久，仍繫念不忘，都表示願對廣西建設盡力相助，令人感奮。

在上海逗留了三日，九月二十九日飛返桂林。

桂省因翌年度預算收支不敷達三分之二，成立困難，十二月九日我偕財政廳長楊明炤又飛南京商洽。適李宗仁主任和第七區綏靖司令官夏威都在京，因得和白部長共商各種問題。

國民大會開得正熱烈，黨內爭吵得很厲害，蔣主席應付大費唇舌，他表示：這次的大會為本黨應付各黨和國外的一種政策，如果大家對這次通過的憲法不滿意，不久，儘可再召集國民大會進行修改。

省參議會議長蔣繼伊於前月來京向中央陳述地方政情，各事已畢，十二月十六日我們一同返桂。

第三十五章　中共拒絕參加聯合政府的 當時

本章記述民國卅六年間的情事。

那年的情勢，在政府方面，因美國特使馬歇爾以調停國共談和失敗，一月八日離華返國任國務卿，對我極表不滿，從此不願給我援助。在中共方面，在上年一年長的談談打打中，遇著它自己困難的時候，便接受停戰以休息整頓補充，等著機會一來，立即又猛烈攻擊，它的軍力就這樣地日增月長，到了卅六年下半，形勢已經倒轉，變成敵強我弱了，國民政府即使不明令討伐，中共也必然要取攻勢。這是軍事上的。至於政治上，當局者措施的弱點，總是容易被指摘與過甚宣傳的，何況確實缺陷太多呢！

憲政的實施，雖說是在各黨各派的聯合政府之下進行，但民主社會黨、青年黨、無黨無派者實在並無力量，無論立法委員、監察委員、國民大會代表哪一種的選舉，都是倚賴國民黨的分配。

這些都是那一年很顯著的事實，先要提出。

組聯合政府、中共不參加

國民政府於民國卅六年四月改組為各黨各派的聯合政府了，這是國民黨一黨專政以來第一次的重大變動。

這次改組，因中央被美國方面批評為不民主而不願援助，不得不依照卅五年一月卅一日政治協商會議通過的政府組織案而進行。但自卅六年二月廿八日中央命令中共駐在京滬渝各地的人員撤退，宣告國共和談破裂後，中共不來參加；民主同盟也跟隨中共一致行動；只民主社會黨、青年黨和無黨無派人士參加而已。又因民青兩黨要求分取地方政權而擱淺了許久，四月三日兩黨參加國民政府委員的名單才提交國民政府。四月十七日國民黨中央常務委員會和國防最高委員會聯席會議決議：選任孫科、居正、于右任、戴傳賢、張群、張繼、鄒魯、宋子文、翁文灝、王寵惠、章嘉呼圖克圖、邵力子、王世杰、蔣夢麟、鈕永建、吳忠信、陳布雷、曾琦、陳啟天、何魯之、余家菊、伍憲子、胡海門、耿翼翹、莫德惠、陳輝

德、王雲五、鮑爾漢等二十八人，為國民政府委員；孫科為國民政府副主席，張群為行政院長，孫科兼立法院長、居正為司法院長、于右任為監察院長、戴傳賢為考試院長；並決定修改「國民政府組織法」，以國民政府委員會為最高國務機關；四月十八日再經國民政府明令將前項選任人員和修改國府組織法公佈。四月廿一日國防最高委員會舉行最後一次會議，決定將掌握事務移交國民政府，國防最高委員會即行撤銷。四月廿三日國民政府委員會成立，蔣主席主持首次會議，通過行政院各部會局首長人選。五院院長同日就職。

這是國民政府改組的經過。

政治協商會議決定國民政府委員名額為四十人，中共力爭要與民主同盟共佔十四人，即超過全數三分之一，使其對於國府委員會重要決議有否決權，這一爭執為其他各黨派所反對而不能解決，中共遂不參加國民政府。此次改組只提廿八人，仍保留十二人的名額與中共和民盟。後來和談不能恢復，七月四日動員戡亂令下，七月十八日國民政府乃明令取銷此十二人名額。

黃紹竑被選任為監察院副院長，十月被選任為國民政府委員。

行政院接著也改組，四月廿四日國民政府明令：特任張厲生（兼內政部長）、王世杰（兼外交部長）、白崇禧（兼國防部長）、俞鴻鈞（兼財政部長）、李璜（兼經濟部長）、朱家驊（兼教育部長）、俞大維（兼交通部長）、左舜生（兼農林部長）、谷正綱（兼社會部長）、谷正倫（兼糧食部長）、薛篤弼（兼水利部長）、謝冠生（兼司法行政部長）、李敬齋（兼地政部長）、周詒春（兼衛生部長）、翁文灝（兼資源委員會委員長）、許世英（兼蒙藏委員會委員長）、劉維熾（兼僑務委員會委員長）、常乃惪、李大明、蔣勻田、繆嘉銘、彭學沛、雷震等為行政院政務委員。

行政院將改組時，蔣主席曾擬以王寵惠為院長，白崇禧為副，但白氏知不可為而辭謝，只仍任國防部長。白氏三月間奉派處理台灣暴動，平復迅速，台人信服，為蔣主席所喜。

欲動員有力、須予省自由

民國卅六年夏秋間，我因事曾三次入京：

第一次是行政院准我一週的假期於七月七日到京述職，寓大悲巷雍園一號白公館。行裝甫卸，白部長和我談時局情勢，非常可慮。八日謁行政

院張院長，他表示：中央對各省應給予較大的自由，行政與預算、組織與人事，以至單行法令等，都應該使省能夠自由裁量，他希望我對於此點多陳述些意見。他原是老地方官，深知在此全國動員戡亂時期，非地方有力量是無法協助中央的。

蔣主席一次約我午餐，我報告廣西也曾發生過共黨暴動和學生罷課遊行，但省的力量尚可維持安定，如非外力侵入，絕無顧慮。

京裏各部會長官終日多在各種會議中過活，訪晤難遇。內政部張部長夜間來訪，他對廣西請求從緩成立警保處一事表示可以變通，要我和警察總署唐縱署長再洽。後來我訪唐署長，他問我：「要緩多久？」我說：「三個月。」事遂決定。張部長也略談及今年幾種選舉的問題，我訪胡次威次長，他道：「國民大會代表的選舉，技術很繁難，現在還沒研究得妥善。」

十一日午後飛滬，下榻林森路一一零五號黃紹竑副院長寓所，互談時事，不覺夜半。對此問題，日前在京他和我已談過兩次，他以為廣西應注意時局的演變，對各方的態度須留心適應，勿走極端致難轉彎。他又說：「我向來主張停戰，戰事不停，建設就無從談起。但停戰不就是和平，和平也不就是統一。例如從民二十到廿五年廣西和南京的情形，兩相對峙，但彼此不相攻，那便是和平，但中央當時並未把廣西統一，卻因沒有戰事，所以彼此都可以從事建設。可惜現在為時已晚，欲停戰已不可能！」

中央組織部陳立夫部長到訪，對廣西省黨部書記長事頗有辯論。國民黨廣西省第五次全省代表大會三月三日舉行，中央派監察委員劉文島到桂監選省執監委，經過一切順適，會後將新選執監呈報中央，四月廿四日才奉覆准予備案，並仍以我為主任委員，而組織部卻先於四月十三日委一新書記長來，為眾論所不同意。陳部長以「新書記長不能到職，使中央威信損失。」我道：「新書記自己請辭，自於威信無損，用他而致失去多數黨員的人心，並不上算。」他說：「以後中央對廣西再管不了啦！」我道：「請放心！廣西對中央是絕對忠誠的。」這是向所未遇的情事。

是年夏，兩廣洪水為災，孫科副主席和吳國楨上海市長發動籌振，我和黃副院長往致謝意，那時金融已發生問題，孫氏歎息道：「勝利後政府在美存款達九億美元，私人存款也有三億，宋子文當政，到現在已完全用光了！」黃副院長、白部長和我因兩廣災情嚴重，七月十四日聯名柬請上海各界名流在黃寓茶會，籲請募振，到九十餘人。

七月十六日偕省府秘書長黃中廑等搭行政院善後救濟總署空運大隊飛機返桂。

戡亂須徵實、桂徵四借一

第二次入京是行政院為討論徵實、徵借、徵購事宜，七月十九日電召各省政府主席、田賦糧食管理處長、省參議會議長到京開田糧會議。蔣繼伊議長和李處長一塵於七月廿二日先往，我因歸才數日，諸事待理，廿八日才偕秘書長黃中廑到京。李宗仁主任、李品仙主席、夏威司令官都在京相晤。

田糧會議於七月廿七日開始，經過一般的共同討論後，各省再分別和糧食部商談。廿九日我和蔣議長、李處長到部接洽，結果，廣西仍照三十五年度數額，徵四借一，實收六成餘。

行政院乘各省主席在京，特召集地方行政座談會。各省主席先在國際聯歡社交換意見後，公推浙江沈鴻烈主席綜合大家意見作成書面報告以備提出會議，並推他先謁張院長請示：「在座談會中，院長希望我們盡量發言、抑或要稍有忌諱勿太過坦率？」七月三十日下午四時座談會在行政院召集，各部部長、各省主席參加，張院長鼓勵各省主席盡言，沈主席代表報告各省共同的意見，至七時討論未完，宣告次夜續開。卅一日下午四時各省主席十二人再在國際聯歡社會集準備當夜應討論的事項，下午九時赴會，由各部長分別答覆各省提出的問題，未畢。八月一夜續開一次，才告結束。

李宗仁主任因華北局面日壞，有辦法而不能行，三月間曾來京懇請辭職而不獲准，欲請假短期赴美就醫也未允許。此次為蔣主席擬調其為東北行轅主任，特召其來京徵取同意，並擬調任後派白部長代理東北行轅主任兩個月，以便李氏赴美就醫。李白以照現在辦法做去，東北實少挽回的希望，一致表示辭謝。過了一個月，蔣主席乃派參謀總長陳誠兼東北行轅主任。

我於八月三月即返桂林。

謀力量集中、將黨團統一

第三次入京為九月九日國民黨六屆四中全會及中央黨團會議在京召開，我和中央監察委員張任民飛往參加。本來上年九月青年團全國代表大會在廬山開會，蔣團長已決定將黨團分開，但今年七月九日黨中央常務委員會又決定黨團要統一組織，故有此次會議的召集。自開幕後，由十日到十二日，黨方只監察委員會自己開過一次會，執委會卻未單獨舉行，連日

都是黨團聯席會議，討論黨團聯合組織後黨的新建設綱領問題。

黨團鬥爭，在中央向來就很劇烈，事前蔣總裁特予嚴切告誡，要彼此和靄，故團方事前指定態度和平的人發言，而黨方人員卻採置之不理的神氣，故討論經過，會場氣氛意外平靜。十三日會議告成。

此次在京，對各院部無重要事件接洽，只訪候而已。十四日即返桂。

十月九日黨中央派中央執行委員程思遠到桂督促黨團統一組織早日實施。十日我即召集黨團統一委員會議，決定實施日期；十四日第二次會議，通過各組組長及各委員會主任委員人選；十六日黨團統一完成。更推及於縣級。黨員重新登記。所謂統一，實即將團併入於黨，青年團遂不復存在。

憲政付實施、選舉顯繁忙

「中華民國憲法」及「憲法實施準備程序」於民國卅六年元旦國民政府明令公佈了。三月卅一日再公佈行憲有關法規多種，如：國民大會組織法、國民大會代表選舉罷免法、總統副總統選舉罷免法、立法委員選舉罷免法、監察委員選舉罷免法、五院組織法等。五月十五日立法院通過：「各省市立法委員名額分配數字」及「立法委員監察委員選舉罷免法施行細則」。七月十八日國民政府公佈「憲政實施綱要」，其時軍事情勢頗為緊張，這表示政府決心戡亂與行憲並進了。

國民政府派我為立法委員監察委員國民大會代表廣西省選舉委員會主席委員，民政廳長張威遏、中國國民黨陳錫珖、民主社會黨廖葛民、青年黨王世昭等四人為委員。八月廿一日我召開廣西省選舉委員會第一次會議，委員陳錫珖競選立委，辭職不到；王世昭在南京未到；決議：擬定區選舉委員名單及縣選舉委員名單；選民公告以鄉鎮為單位，在鄉鎮公所行之；擬定全省選舉費用預算。

國民黨中央為控制選舉，特派執委吳忠信於九月廿一日抵桂指導選舉。吳氏表示：「此次各種選舉，應稍為容納反對黨，才於團結有益。黨欲支持的人，應以表決行之，免有不公的批評。指導會報，應準備完妥後速開速結，一多耽擱，閒話便易發生。」又說：「對選舉提名應分配得其平，庶可影響政治安定。」九月廿九日吳氏主持國民黨廣西省選舉指導會報第一次會議，至十月七日吳氏回京，我送他登機，賀他此行的成功。吳為解釋道：「我此來專心為辦選舉提名一件事，不務其他，以免枝節問題發生，凡來客必見，以示無偏。」

三種選舉，中央都規定日期全國同日舉行。國民大會代表選舉在十一月廿一日開始，廿三日完成；但廣西的興安、資源、灌陽三縣各黨提名候選人中央發下太遲，轉發到縣時投票日期已過，惹起爭執，再定期公告，由未經投票的選民投票。監察委員在十二月廿六日由省參議會選舉，李宗仁、王贊斌、張駿、廖葛民、何予淑當選。立法委員選舉因中央頒發候選人名單逾期，廣西在卅七年二月七日才選舉完畢。

省選舉委員會於發給國大代表、立委、監委當選證書後解散。省選舉事務所卅七年三月底結束。

白建議討共、出征大別山

國民政府既保留中共和民主同盟的委員名額，期待它們來參加；第四屆國民參政會復通過「和平提案」電促中共籍參政員出席開會。但卅六年六月五日中共以廣播答覆，拒絕參政會的和平提議，其《新華日報》且以〈和平不能再開〉為題，著論對和平提議備加諷刺。和平絕望了！

白部長以局勢十分嚴重，六月十二日向蔣主席上一簽呈，為貫徹剿匪建國目的，建議明令討伐奸匪，實施戰時體制意見，其內容大要是：

「建國必先統一，統一必先剿匪，時機緊迫，不容再緩。政府應即以統一建國為總目標，號召國人，公告友邦，迅即明令討伐奸匪，以期真正和平統一之實現，真正民主憲政之實施。茲本此旨，就軍事、政治、經濟、外交各方面具申意見如左：

甲、軍事：一、明令討伐共匪：為適應軍事要求，完成戰時體制，策定長期作戰計劃，動員一切人力物力，迅即明令討伐奸匪，宣示中外，以正視聽，而振士氣；且使游移分子不能再利用和戰矛盾現象，從事和平攻勢，懈我軍心，亂我民意。二、劃一國軍編制。三、迅即編成第二線兵團。四、損耗較大之部隊，調回後方整補。五、充實械彈。六、充實中下級幹部。七、嚴明賞罰。八、變更戰略，應以長期作戰之戰略指導作戰。（由二項起的詳細說明略）

乙、政治：一、各黨各派所組成之聯合政府，應變成戰時體制，使能擔任全國總動員任務。二、應盡量授權各省政府，促使組訓民眾、武裝民眾，配給武器。否則僅以點線之正規軍力量對匪之全面攻擊，當然強弱異勢。三、簡化各省政府行政組織，授權各省政府斟酌人口、面積、經濟條件、政務繁簡，得予以調整。四、

省級黨團，在戰爭期間應准由省主席兼主黨務團務，以期意志統一，事權集中。五、行憲之國民代表大會，應俟軍事勝利後召開。

丙、經濟：一、經濟政策應一切以軍事為主，實施戰時統制，以達成作戰任務。二、厲行戰時節約。三、為穩定物價，須平衡收支；重行劃分中央與地方之收支，以充實地方財政。四、向美接洽政治借款。五、獎勵輸出，以實物結匯，使法幣與外幣不發生連繫。六、向國外購糧以解決目前糧食問題。

丁、外交：一、對英美集團應明白宣示我之立藏為剿除武裝割據之叛匪，並非消滅共產主義，亦並非不許共產黨存在。二、召集我駐英美法蘇各大使返國面授政府政策，指示機宜後，回至駐在國打開外交局面。」

國民政府七月四日國務會議通過「厲行全國總動員戡平共匪變叛方案」，白氏的意見遂見諸實行。

因晉南魯西共軍渡河南犯，蔣主席十一月十日召白部長商談華中剿匪事宜後，十三日即任命白氏清剿大別山共匪。十一月廿七日白在九江設立國防部指揮所，後更移設漢口以利進行。

宋主粵行轅、與桂緊聯繫

在北方危機日甚的情勢下，宋子文氏很重視廣東，自請赴粵於卅六年十月三日繼羅卓英氏之後任廣東省政府主席，十一月十七日更兼國府主席廣州行轅主任而統轄華南。

宋氏就任主席時，白部長曾於賀電中致意他將兩粵合成一體以造成戡亂建國的基地。電云：

「……伏以望重首揆，遠牧南國，引為欣慰！粵東素稱重鎮……今日中原匪患已深，江南竄擾堪虞，惟嶺南民心未搖，可資建設，是戡亂建國之基地也。……華南之重要既如此，得吾兄主持，一反平日內重外輕之勢，能不快慰！嗣悉吾兄政綱，首重剿匪，扼要之論，無任欽服！匪患不息，一切建設誠無從著手。然剿匪區域應大於行政區域，故在昔兩廣民政各有巡撫，而軍事則統於總督；在今日亦粵桂雖各有主席，而軍事仍統於行轅。蓋粵桂毗連，息息相關，以剿匪而論，實為一區，無由輕重。希望行轅切實統一指揮，充實兩廣保安團隊，或更加以國軍，應剿者剿，應撫者撫，不出一年，兩廣可無匪患，然後京滬之游資，華僑之外匯，可招而至。至於經濟建設，弟以為兩廣宜合而不宜分，廣東之將來在工商，廣

西之將來在農產，兩省相反而相成。即以今日而論，廣州之仰給於西江者不獨食糧，如日用之木料、燃料、油脂、皮革，皆由桂運粵。桂省農產雖不及川湘之富，然其人民儉樸，故成本極低，雖產量不豐，尚可有餘以濟粵，若能科學增產，必可大量輸出。惟戰後困於金融週轉，農村日就萎縮，成本日高，因之民生日苦，匪患日滋。若吾兄能運用粵之游資，闢桂之地利，桂出原料，粵製成品，則兩省經濟合成一體，定可自給。民眾無饑寒之虞，然後可以武力自衛，雖有共黨，亦無從滲入矣。一得之見，祈為詳察。……」

宋主席對白氏的意見，極表贊同。我接十一月十二日白氏電告：「日前宋主席來京，曾面談，決定兩粵密切合作，先清剿共匪，進而謀政治、經濟合作。中央已內定宋兼廣州行轅主任。」

宋到粵後即與我直接聯絡，表示治安及經濟兩廣必須互助云。

速健全部隊、嚴防共南下

國民政府主席廣州行轅張發奎主任在穗召開兩廣綏靖會議，我十一月十七日由桂飛往出席。張氏當日晨間已將行轅主任職務交代宋子文繼任而改任戰略顧問委員會委員。我正午到達，歐陽駒市長招待下榻中華北路市政府迎賓館。先晉謁張主任，他說：「已請國防部將第一七四旅（旅長秦靖）由全縣移駐南寧訓練，歸桂省保安司令指揮，以防越共侵擾桂邊。又請設邊防機構，尚未核准。」旋謁宋主任，他要我推薦一位能幫助他規劃組織訓練民眾的人；要我約負責的人來商兩廣經濟互助事宜；要求桂米大量輸粵；說在黔兵工廠機器，桂省如果需要，可以撥用。

宋主任十一月廿二日約我和秘書長黃中廑、建設廳長曾其新、廣西企業公司董事長陳雄、廣西省銀行總經理劉古諦、振業貿易公司總經理龍家驤與粵省府秘書長鄒琳、建設廳長謝文龍、廣東省銀行行長杜梅和、廣東實業公司總經理侯彧國、廣州中國銀行經理王振芳等午餐，商談兩廣經濟問題，討論結果，宋表示：省銀行辦理僑匯一事，中央未能允許；工礦事業可設法利用美資舉辦；可向中紡要求配給棉紗，由此以籌保安經費；其他各事，都認為可行。他又請我推薦一人為輸出入管理委員會華南分會委員，常駐廣州。他最急切盼望的為桂米輸粵每月能達十萬擔，此事，後來十二月六日即與粵方訂定六十萬擔的合約。

兩廣綏靖座談會十一月廿四日下午在行轅舉行，宋主任主席，出席者二十餘人，朱氏及張前主任相繼致詞後，由行轅第二處、第三處、廣東省

警保處、廣西省保安司令、第五十九師師長依次報告。廿五日上午繼續開會，討論了十三個問題，會議即告結束。

在穗曾有兩次接觸到桂越關係情事：一次是法國駐廣州副領事狄義思來訪，那時越共正為法軍所迫北竄，將擾廣西邊界，他希望桂越邊界早日恢復常態。一次是越南復國同盟會中央常務委員會主席黃南雄來訪，他對胡志明主張共產表示反對，要求廣西援助他做民族革命。

我十一月廿七日離粵返桂，當將情形分別電告北平李主任和九江白部長云：

「赴粵經旬，敬陳所得：一、宋主任極力團結華南，對桂尤為殷切。二、對桂子彈，允盡量補充。三、對辦工廠需資鉅多，允為介紹美人借款，小者彼允相助。四、粵省整飭吏治，補充兵員，均需相當時日，治安極為嚴重。」

宋主任更於卅七年三月十二日到桂視察。他在十三日桂林各界歡迎大會中致詞，強調剿共。和我及各主管者商討剿共、建軍、經濟建設、購糧等問題。他以北方剿共軍事情況日壞，華南應爭取每一分鐘的時間以健全部隊，從速將各處的匪清剿後，集中兵力以準備迎擊共匪大股的南下。十四日他即飛返廣州。

第三十六章　李宗仁競選獲勝
　　　　　　對政局的影響

　　本章主要是記述民國卅七年選舉總統副總統經過的情形。

　　在此次選舉，有兩件值得注意的事：

　　第一、中央既決心行憲，卻在開頭先對憲法附加「臨時條款」，等於修改憲法。當日即有一位政黨領袖評論道：「憲法不應未實行而即修改，示國人以缺乏守法精神。」黨外更有苛酷的指責道：「改法以遷就人，這是國民黨已成的習慣。如果真要負責有權，做憲法上的行政院長不就恰好嗎？」

　　第二、副總統在憲法上規定是並無何項權力的，但李宗仁當選後，國內不少人都對他寄以一種新希望，這可反映當時民眾對於現實政治上的苦悶。甚至國外也有類似的表示，如當年四月三十日的紐約《先鋒論壇報》稱：「李宗仁的當選，乃顯示一主張革新份子榮獲崇高地位。……李氏向來即要求一誠實有力的政府，先得人民的支持，然後可以擊敗共黨，故其當選，不可輕視。」

　　這些都是行憲最初的反應。

行憲國大開、李競選副統

　　廣西和中央的關係，因民國卅七年選舉副總統事而重新惡化，且隨著時間的進展而與日俱深，餘波蕩漾，至今猶未消逝，現特記其始末。

　　自中共拒絕參加制憲國民大會和聯合政府後，戰事益形緊急，中樞的軍政大員多數主張當前應該集中力量以從事剿共，至於行憲，應待軍事勝利後實施為宜。白崇禧部長卅六年六月十二日上蔣主席的簽呈已經作此主張；十月十四日蔣主席召集五院院長商談，他們也堅持這個見解；但蔣指示：大選必須如期完成。十一月十四日蔣主席親自主持國務會議聽取國防部長白崇禧報告軍事和內政部長張厲生報告大選準備工作時，白氏重申其當此軍書旁午，大選應延緩舉行的意見；蔣仍表示：大選決定不再延期。也許是為圖爭取美援，特藉此以表現民主，從此，大選便著著進行，國民

大會代表、監察院監察委員、立法院立法委員都相繼產生了。國民政府十二月廿五日明令於明年三月廿九日召開第一屆國民大會；卅七年二月十日又令自三月十九日起，第一屆國民大會代表開始報到；三月十一日第一屆國民大會籌備委員會成立；三月廿九日國民大會如期開幕，進行總統副總統的選舉。這便是所謂戡亂與行憲並行。

國民政府主席北平行轅主任李宗仁，自民卅六年九月間即決心作副總統的競選，十月初曾派程思遠攜親筆信呈蔣主席陳明其競選副總統的意願，並告知白崇禧部長。白以為此事如在得蔣同意而後進行，庶免招忌，即函蔣請示。卅七年二月十日黨政工作考核委員會政務組主任雷殷由京到桂據談：「白因李競選事蔣未答覆，轉由漢口託劉次長為章轉問，奉諭：我們軍人當此緊張時期，應先謀匪患的剿平再及其他，而且選舉的事，須待黨的提名。」但李上蔣函始終未有指覆，以為這是蔣主席不反對他競選的表示，即向各方展開競選活動，他二月三日函告我道：「此次競選，各方反響甚佳，公算頗大。」只廣東方面鄒魯各中委說：「在孫哲生未表示不競選前，不能即行表示擁護李德鄰。」

三月十一日李在北平南海發表競選副總統演說，五天後（十六日）蔣主席即見孫科，次日孫氏即公開表示決定競選副總統。這顯現了中央將要以孫制李的跡象，因孫為總理哲嗣，又是現任國民政府副主席，易得國人的支持；孫為廣東人，出來競選，廣東人當然支持他，自可使兩廣分裂，李失粵援，自易失敗。白部長對此頗為躭心，三月十九日他由南京致我電話道：「孫出競選，李只好盡人事罷了。」李三月廿二日由平飛滬，招待記者發表競選言論，然後入京。這是李氏競選最初階段的情形。

中央主提名、各方齊反對

我為地方部隊問題於三月卅一日入京向行政院請示，因有機會親見總統副總統選舉的經過詳情，下面所記，便是當時的實況。

自國民大會開幕後，國民黨中央黨部即將國民大會代表中的有力黨員組織「黨團幹部會議」，每夜開會以決定翌日黨員代表在大會中的行動。四月二日夜的會議由中央組織部長陳立夫主持，他報告說：「已經決定後天召開中央委員全體會議以決定總統副總統候選人的提名。」當時黨內準備參加副總統競選的，李宗仁、孫科兩位之外，還有于右任、程潛兩位，據中央方面的分析：這四位可能得到的票數，李約七百，最多；孫、程都在三百左右；于更少。故擁孫者頗為恐慌，欲由黨提名以期黨用命令使黨

員代表支持孫氏，或逕在提名時使其他三位落選。此舉如果實行，在李、于、程三位都將受到極大的不利。

李氏的助選參謀部，由黃紹竑氏主持。黃聞開會提名消息後，四月三日一早便往訪中央執行委員會秘書長吳鐵城、組織部長陳立夫和其兄果夫，都未遇見，乃對中央執行委員會副秘書長鄭彥棻正式口頭通知道：「明日召集的中央委員全體會議如此匆促，實為非法，廣西中委決不參加。」黃歸後約半小時而陳果夫氏來訪，陳謂明日召開中委全會的事他也不知道。不久，吳秘書長也來訪，勸大家明日出席，謂如有反對總統副總統提名的意見，可在會中或向國民大會提出。黃對他們表示：「我們決不出席這個非法會議。」

就在四月三日夜，蔣主席召見李宗仁以非常溫和的態度勸他道：「總統和副總統候選人應由黨中央提出。根據憲法，軍人不能競選總統副總統，因此，總統一職，本人準備推胡適之出任，副總統一職，也準備以孫哲生出任，吾兄最好退出競選，免使中央為難。」

李氏答道：「競選副總統的事，早在半年以前，我已交兩封信由程思遠帶來南京，一呈主席，一交吳禮卿（忠信）表達競選的意願，如果主席當時並不贊成，則軍人以服從為天職我自當唯命是聽，不料，這半年來，主席始終未有任何表示，我以為中央已經默許，即積極進行，現在一切就緒，只待會場投票，如果臨時取銷，怎好向國人交待呢？」

蔣不便再強，隨即表示：「此事不必馬上決定，以後再談罷。」

李辭出後，蔣又召程潛作同樣的勸諭，程的答覆是：「我的情形也和李德鄰一樣，不能中止，必須競選。」

於是李方和程方聯絡，于方也來和李方聯絡，造成了李、程、于的一致行動，決定翌日在全會反對提名。三民主義青年團的中委數十人集會，也一致決定反對提名。黃紹竑將各方反對提名的情況以電話告知熊式輝，熊氏急約王寵惠、吳鐵城、張群、陳布雷商討後推吳將論報告蔣總裁：明日全會請勿提名。陳立夫深夜訪黃紹竑，表示對不提名事可望辦到，惟仍須樹立制度。

臨時中全會、決議不提名

上面所述四月三日的一天一夜中競選戰初次交鋒的經過是：最初黃氏對鄭副秘書長和吳秘書長雖然警告過，但夜間蔣總裁對李、程勸諭時仍堅決要提名；到了李、程、于聯合一致，青年團份子也因深惡兩陳把持黨務

而激起反感，才使熊式輝與張群諸人感覺事態嚴重而不得不將情況轉達到蔣總裁，提名主張逼著放棄。結果是反對提名的勝利了！

四月四日國民黨第六屆中央執行委員臨時全體會議開會，我們照常出席，會議由蔣總裁親自主持，專討論總統副總統候選人提名與否的問題，結果，決議三項：

一、總統候選人提名與否或提何人？交明日中央常務委員會研究後，再提出後日全體會議報告。

二、副總統候選人不提名，由本黨同志在國民大會簽署競選。

三、以後不能援此屆為例，必須在國民大會開會三個月前，召集全國黨員代表大會舉行總統副總統候選人提名。

前項決議宣佈後，陳立夫提議：請四位競選副總統的同志各作十分鐘的演說後，由全會投票，但不開票，只送交總裁開看何人票數多少？大家不理，無人附議。

李文範起立發言：這三項決議是違法。也沒有反應。

蔣總裁在會中表示不競選總統，大家對此都覺得難測真象。

憲法增條款、蔣始應候選

關於總統候選人提名與否或提何人的問題，四月五日上午九時中央常務委員會在丁家橋中央黨部開會研究了。有人以為總裁個人執行領導，不一定站在台前，有時也應站在幕後；有人以為一個領導者應該拿得起放得下，不必長期站在台上；他們都一致支持總裁不做總統候選人的決定。

但反對的卻說：「目前局勢非常嚴重，非總裁繼續領導不足以團結力量，挽救危機。總裁並不是不想做總統，而是前年制憲國民大會所制定的憲法採取了法國式的總統制，身為國家元首，毫無實際權力，他實在不願意浪費如許精神和時間來居這種有名無權的職位。如果常會能夠想出一種辦法，在憲法外賦予總統一種特權，總裁仍當勉為其難，苦幹到底的。」

這意見立刻有人附和，說：「總裁對國家負責，未嘗一日去懷，目前唯一補救的辦法，是在憲法之外另定一項條文，使總統在一定時期內得為緊急措施，處理政事，深盼常會對此問題鄭重考慮。」

研究結果，決議：推張群、陳立夫、陳布雷三人商承總裁指示，研討具體辦法，再提常會討論。當日下午四時，常會繼續開會，張群代表三人小組發言道：「已得總裁同意，主張在憲法後面附加一臨時條款，使總統在戡亂時期得為任何緊急的處置，這樣，憲法上關於總統權力的條文即可

凍結，上項建議，將在國民大會依法連署提出。」這建議經過討論後終於通過，於是常務委員會決議：仍擁護總裁為總統候選人。

蔣當選總統、早在眾料中

國民黨中央執委臨時全體會議四月六日續開第二次會解決總統候選人提名問題。先由中央常務委員會報告昨日研討的結果，仍請總裁任總統候選人。蔣總裁對這個報告，因大家不接受其退讓之意，表示不甚滿意，但並不拒絕擔任總統候選人，且提出一案，內分三項：一、本屆總統副總統的選舉，本黨不決定候選人，本黨同志在國民大會中得依法連署提名參加競選。二、三、兩項規定下屆選舉應依常規。經張群說明：「第一項這樣寫法，總裁和居正同志都可依法連署競選總統，李、孫、程、于四位同志都可依法連署競選副總統。」結果，無異議通過。

自蔣主席四月四日表示不競選總統的消息傳播後，中央和金陵兩大學教授座談會、紐約《先鋒論壇報》和《紐約時報》、國民黨內有遠慮的人，都一致贊譽為這是明智的舉動。後來中央執委臨全會議仍擁護他競選，人心反有一種異樣的感應。

總統副總統由黨提名的主張被黨會議打銷，蔣總裁心裏似受委屈，四月十二日他召集中央委員和國民黨員的國民大會代表在中央黨部舉行總理紀念週，很嚴厲地責備不受黨的約束的人，謂將可能選出徐世昌（文）曹錕（武）之類的總統；並引民國二年黨員不聽總理的命令，致召黨國分崩的例以為警戒。

總統本來就無人競選，大家只一致擁蔣，但無人陪襯，反覺冷靜，所以居正出來，實際上只是奉命行事而已。四月十八日國民大會第十二次大會先通過莫德惠等提議的憲法增加「動員戡亂時期臨時條款」，使無權的總統變為有權。十九日即進行選舉總統，當場開票，蔣中正二四三〇票，當選為中華民國行憲後第一任總統，這是人人早在意料之中的事。其餘居正二六九票，廢票三五，多是棄權不圈選的，有在候選人姓名上打叉的，更有寫孫中山的。

六人競副席、兩選尚未決

總統的選舉，在風平浪靜中過去了，副總統的選舉，卻波濤洶湧，險象頻生。

副總統候選人名單四月二十日國民大會主席團公告了，共有六人，即：孫科、于右任、李宗仁、程潛、莫德惠、徐傅霖。簽署推選的人數，孫最多，五百餘，于也五百餘，李四百餘，程三百餘，莫二百餘，徐一百餘。

孫科在名單公告時致函中央黨部聲明放棄立法委員當選的資格。蔣主席最初原以于右任為副總統候選人，後因李宗仁的競選聲勢頗大，恐于失敗，三月十六日乃囑孫出競以分李勢，直至今日，孫信蔣主席真支持他，故有此聲明。在此之前，四月十八日，李宗仁曾晉謁蔣主席請准其辭去北平行轅主任職，如當選副總統，必竭盡忠誠輔助元首，不當選也不介意，擬解組歸農，只懇求令黨團幹部對競選者勿作左右祖。蔣一概應允。同在十八日那天，黃紹竑和陳立夫長談，悉中央意在支持于右任，黃因警告陳切勿作左右祖，並將此意見陳請於總裁；陳謂總裁也不易完全聽從。以孫作聲明的事觀測，蔣對李所說可作應酬話看，陳對黃所說，應作策略看了。

四月廿三日，國民大會選舉副總統開始了，結果：李宗仁七五四票，孫科五五九票，程潛五二二票，于右任四九三票，莫德惠二一八票，徐傅霖二一四票，無人得票超過代表總額的半數，依副總統選舉法的規定，得票較少的三人便不能參加複選，定明日將前三名作第二次選舉。今日選李的代表受黨方的警告：明日必須選孫。擁孫的代表搗毀擁程的《救國日報》（因該報登載侮辱孫氏的論文），將會失去一部人的同情。

廿四日第二次選舉投票的結果：李一一六三票，孫九四五票，程六一六票，名次依然不變，依法須作第三次選舉。

選舉遭壓力、三人均放棄

風潮起來了！

第二次選舉後，中央發覺黨的控制失效，乃示意程潛，令其放棄競選，可位置其助選人，補償其競選費，要其將選票全部投孫。但程對官、對錢、投孫三事都表示拒絕，旋即發表聲明放棄競選。此外，對於其他諸人亦同樣令他們投孫的票。黨、青年團、特務人員全部出動，用盡了各種的手段，以期明日使孫氏當選。李宗仁以如此選法，尚復有何意義！遂於夜半後二時發表放棄競選的聲明。

程、李放棄競選聲明在四月廿五日早上赫然出現於各報。兩人都表示此次國民大會在選舉副總統時，有某種壓力存在，致各代表不能本其自由

的意志以投票。李氏還補充說：近且有人造謠中傷，謂本人此次競選，志在「逼宮」，謠諑紛興，人心震撼，為肅清流言，消除誤會，不得不放棄競選，以免影響大會的進行。

程、李這一意外的行動，激起了擁護者激昂的情緒，廿五日的國民大會竟開不成。孫氏感著自己處境的尷尬，進退失據，也不得不追隨程、李之後而放棄競選。情勢演變至此，可能使國民大會停開，甚至可能使政治局面瓦解，嚴重極了！最高當局也為之忙亂，分別召集要人徵詢挽救的意見。廿五日下午四時更召開中央常務委員會議，決定派人勸請放棄競選者取銷放棄，在大會外協商得有結果後再開大會。

轉眼廿六日一天又過去了，挽救的工作並無何等的效果。廿七日蔣主席召見白崇禧，請他以其本身的影響力說服李氏重復參加競選，中央也將改變態度，予李氏以積極的支持。白回來時，對李氏信誓旦旦，謂蔣態度誠懇，自應信任。黃紹竑聽了卻心裏有數，只看著天花板微笑。李氏沉吟一下，終於接受，但說：總不能私相授受，應由國民大會主席團出來轉圜才行。

經過白氏的折衝，中央即授意于斌代表主席團分別走訪李、孫、程三位，請他們不要放棄競選，使國民大會能夠順利進行。因為事前彼此有過默契，所以臨時三位都不再表示拒卻，已經休會了三天的國民大會，才得重新召開。

李最後獲勝、招忌自此深

國民大會四月廿八日進行第三次選舉副總統，李宗仁得一一五六票，孫科得一○四○票，程潛得五一五票，仍然無人得足法定的多數，依法應將得票較多的前兩名再由大會決選，這樣，程潛便被淘汰了。

由第三次選舉情形看，蔣主席廿七日對白表示支持李的說法，並未兌現。但由中央請李重新出來競選，至少在形勢上已給李氏生色不少。這時候李氏顯然已成為爭取民主自由的象徵，不滿中央作風的人，多站到他這邊來了。

最後一次參加競選的只是李、孫兩位。依照選舉法規定，只以比較的多數當選，所以即使一票之差，也足以決定雙方的勝敗，這樣短兵相接，情況就顯得特別緊張。廿八日夜間是作戰最艱苦的緊要關頭。李氏的助選參謀部，因黨和青年團完全助孫，己方計欠百餘票，深夜尚未籌得善策，直至夜半後三時，邊疆代表領袖決定相助，難題乃迎刃而解。

四月廿九日上，國民大會進行副總統第四次選舉，當午開票，中央廣播電台特別派人在國民大會堂將計票情形播送全國，只見十字街頭行人麕集，公共場所座無虛席，大家都聚精會神來聽播音器轉播出來的點票聲。那些唱票員輪流以正確的國語喊著「李宗仁」「孫科」的名字，聲音洪亮，響徹遠近，一聲一句，扣人心弦。結果，李得一四三八票，孫得一二九五票，李宗仁當選為行憲後第一屆副總統。競選是勝利了，政治上的暗病卻由此而更深了！

總統蔣中正、副總統李宗仁五月二十日在國民大會堂同時就職，有三十五國使節觀賀。為表示合拍一致，事前李曾請示應著何種禮服？蔣謂兩人都著西裝大禮服；但到大典前夕，忽又通知兩人都改著軍服；屆時副總統著軍服前往，不料，總統卻穿的是長袍馬褂！儀式完成，總統即離去，對副總統全沒理會。在這微文末節間，使人預想到他們倆將來會是如何的關係！

本來，民主習慣，競選勝敗，事屬尋常，孫氏本人或尚無所介懷，但中央傾全力以助選而失敗，使黨國最高領袖的統治尊嚴太受損傷了！這是人人始料之所不及。

我曾函賀黃紹竑氏助選成功，謂：「運籌之妙，作戰之勇，人人崇拜，敗者心服！惟招忌更深，須準備更大之奮鬥耳。」他是立法院立法委員，為免招忌，決心不競選立法院正副院長，而且蔣經國事前也請求過他，以免中央再遭一次失敗。於是五月十七日立委互選結果，孫科當選立法院院長，陳立夫當選副院長。

何繼長國防、白外放剿總

蔣總統對行憲後的新內閣，提任翁文灝為行政院長，得立法院同意後，五月卅一日即行改組，國防部長何應欽、財政部長王雲五、糧食部長關吉玉、資源委員會委員長孫越崎，其餘各部會均未更動。

在行政院改組前兩旬，蔣總統已決定將白崇禧外放，要他出任華中剿匪總司令。白表示堅辭，因名為華中，轄區卻為淮河以南長江以北和湖北省，徐州另設一剿匪總司令部以劉峙為總司令，而程潛的綏靖主任公署又在武漢；是江北已分，為兩個戰區，兵力分割使用，綏急不易相顧，華中剿匪總部在漢，職權上很容易和綏署發生摩擦；有虛名而無全權，絕難達成使命。但蔣總統已經決意，遂將任命發表，白辭之不得，六月五日避往上海以示堅決。經過兩週，因何應欽部長竭力幹旋，白無法推拒，六月廿

八日才到漢口就職。程潛調為長沙綏靖主任兼湖南省政府主席，以統一華中剿總的事權。

白氏離京赴漢前，曾向蔣總統建議：「李副總統在京無事可做，有兩件工作可為總統分勞：第一、他可以代表中央前往各省區巡視，宣達政府德意，探求民隱，反映輿情，加強中央與地方的關係，促進全國的團結。第二、他可以分期分批的代表政府與全國文化、教育、新聞、工商、金融各方面的代表人物進行各種各樣的接觸，解他們的情緒，徵求他們對於國是的意見，以為中央抉擇的方針。這兩件事，我以為可行，但必須總統有所表示，他才好負責去做。」蔣總統雖予接納，但後來他始終未對李副總統有過這樣的表示。

白任華中剿匪總司令，做事並不感覺痛快，國防部似有意無意地常使他為難，須親自到京請求事件才得解決，剿總政務委員會成立的困難，是其一例。

檢討軍缺點、白提六要項

國軍剿共，到處失利，其癥結所在，白總司令是很清楚的，下面引述的一封信，是他就職一個月到京開會後給我的，讀了便可明白。

「旭初吾兄勳鑒：弟奉召到京商剿匪軍事，因日前在確山視察陣地，天雨路滑失足，以致左足舊傷復發，刻正診治，日漸收效，不日可望痊可。

匪勢披猖，國軍失利，時局嚴重，不可諱言。吾人應有勇氣坦白承認剿匪軍事之失敗，吾人更應有信心挽救剿匪軍事之失敗。時至今日，不能再作自欺欺人之諱敗為勝，應虛心檢討其缺點，自上而下，徹底改正，剿匪前途，庶其有豸！此次在京召開軍事會議，禧曾提出幾項重要建議：

一、後方安全各省應一致實行總體戰。即以省主席兼保安司令執行總體戰之法令，不必設綏靖區，使後方各省之壯丁、糧食確實掌握於政府手中，庶可足食足兵。同時肅清地下散匪，健全地方情報，匪軍即失所憑依，不敢南渡長江。

二、國軍戰術思想應改變。即注重面的攻守，不專注重點線之得失。面能控制，則壯丁、糧食、情報均可控制，匪軍因糧於民之計劃可以打破，國軍可以愈戰愈強矣。今日國軍兵員不足、糧源不足，是皆忽略面的戰術有以致之。禧於廿九年曾在陸大有「全面戰爭與全面戰術」之講演，今對剿匪尤為需要。

三、於南京、武漢、西安、北平、瀋陽抽調十個能戰之師分置於上列
　　各該空軍基地，配以輕裝武器，隨時可以空運到各重要企圖決戰
　　之戰場，會戰勝利後，即仍分區集結。因現在東西南北各戰場，
　　有分離者，有孤立者，非此辦法，難以轉用兵力，果能如此，則
　　十個師可作三十個師之用也。

四、增編十個騎兵師，增強國軍速力。現代戰爭之特性是以火力壓倒
　　火力，速度制勝速度，國軍陸空火力已可壓倒匪軍，惟速力則因
　　裝備與攜帶糧彈關係，不能與匪競爭，匪行一夜至少一百至一百
　　二十里，國軍則每日只行六十至七十里耳，倘有騎兵，則可以制
　　勝匪軍之行軍速度也。

五、尊重各級指揮系統之權限，上級不應越級指揮，下級不應越級報
　　告與請示。

六、官兵及戰馬生活應予維持其最低限度，使士飽馬騰充實戰力。

以上不過略舉大端，供省內參考。餘託張任民兄面達。此祝

政祺！　弟白崇禧敬啟。八月三日」

議是建了，行並不多，越級指揮如故，無補危局。

第三十七章　李宗仁就任代總統經過詳情

這是民國卅七年尾卅八年頭的事情。

那時期的情形，在社會方面：生活困難有如抗戰後期，但心理卻已兩樣，為抵抗外族欺凌而受苦是甘心的，為國共爭做皇帝而受苦是不甘心的。年青階層總是模糊認為革命者是比被革命者進步的。窮人比有錢人多，以為共黨成功，豈不有產可共，有田可分？怕的只是軍隊姦淫燒殺，所以希望停戰和平。政府宣傳共黨的罪惡，總趕不上共黨宣傳政府惡政的現實。這些，在民心上都是有利於共方。

在政府方面：最高當局自己造成了不能執行職務的形勢，逼著要把自己艱難創造的事業放手，總有點捨不得，這是人情之常。而且交給代替的人，不會一切照著我的做法去做，又兼是曾經違抗己命競選獲勝而又擁有實力者，將欲交代，又遲徊疑慮，這也是人情之常。

由於上述兩方面情形的湊合，遂表現為本章所記的一幕活劇。

金圓券發行、蹈法幣覆轍

蔣總統於民國卅八年一月廿一日宣佈引退，交李副總統代行總統職權。

蔣氏因何故而引退呢？主要為經濟崩潰、軍事失敗和外援絕望。自民卅七年下半年來，經濟、軍事、外交各方面的情形都非常險惡，有如下述：

先說經濟方面：

法幣政策的實施，抗日戰爭賴以順利進行，但到抗戰後期，已因通貨膨漲而成為惡性循環，論理，政府在勝利後即應改革幣制，以鞏固金融。當時政府在美存款超過美金九億元，又在聯合國救濟總署獲得援助及貸款約為二億五千萬元，同時在國內和台灣接收日本工業資產約值十八億元，外匯充裕，為向來所未有，實為改革幣制最難得最適當而又最容易的時機，可惜當局竟未注意及此，勝利不到兩年，便把所有外匯全數用光了，輕輕地錯過了這個機會。後來剿共愈失利，法幣價值跌落的速度愈增加，到了卅七年夏秋間，法幣的印刷費已超過了它的兌換值而崩潰了。

怎麼辦呢？八月十九日，蔣總統援用憲法臨時條款的授權，頒布「財

政經濟緊急處分令」，內容包含左列幾部份：

一、停止發行法幣。

二、發行金元券二十億元，每元合法幣三百萬元，每四元合美金一元。法幣與海關金單位，限於十月二十日以前兌換金元券。

三、凡持有黃金、白銀、銀幣和外匯的人，須在一定期限內繳交中央銀行，兌取金元券。

蔣總統為加強經濟管制，特在各地設置經濟督導員。八月廿一日，特派俞鴻鈞、張厲生、宋子文為上海、天津、廣州三地區督導員，蔣經國、王撫洲、霍寶樹為協助督導員。又電令各省市政府：應切實曉諭人民遵行「經濟緊急處分辦法」共同努力推行新幣。八月廿三日，金元券即開始發行。

金元券在開始兩個月推行得相當順利，蔣經國在上海控制市場的工作也執行得很好，政府很快就從這方面收進了兩億多美元。當時一般人民和中產階級大概都遵守政府明令，把金鈔都繳到指定的銀行去，但真正有錢的人卻設法規避這個機會而把所擁有的外匯逃到國外去了。

經濟措施和軍事形勢是息息相關的，九月廿七日，山東省政府主席王耀武投降中共，濟南失陷，剿共前途黯淡，人心士氣大受影響，幣值登時暴跌，到處出現搶購風潮，金元券又走上了法幣的道路。

徐州敗戰後、精銳喪過半

次說軍事方面：

剿共形勢，從民卅七年五月起，即由攻勢轉為重點防禦。到九月下旬濟南陷後各戰場的情況是：山東境內只剩下青島一個孤立的戰略據點。東北在剿總衛立煌指揮下，以錦州、瀋陽、長春為中心防禦線，阻止東北共軍的入關。華北由剿總傅作義指揮，以北平、天津為防禦線，維持華北的局面。東北和華北均無轉移攻勢的可能。在徐州剿總劉峙指揮的範圍內，以鄭州為中心防禦線，實際上已縮成為一點；主要只是徐州、淮海為中心的防禦線，目的在固守江淮，以保衛京滬的政治經濟基地，精銳兵力用在這區域特別多。至於胡宗南指揮在西北的部隊和白崇禧指揮在武漢的部隊，任務都在保障西南。

濟南陷後共軍的行動，先對東北進攻。衛立煌所部本有四十餘萬人，但分佈在錦州、瀋陽、長春三點，孤立分散，補給困難。中共以林彪全力先攻錦州，這是關內外連絡的咽喉，十月十九日即告失守，從此關內外即

被隔斷，瀋陽和長春遂陷於絕境。共軍更由錦州向黑山前進，迎擊由瀋來援錦州的廖耀湘機械化兵團，激戰兩天一夜，廖部又被消滅。以後，十月廿三日長春因守軍降敵而失陷，十一月二日瀋陽因主將潛逃而不守，東北於是全失。

東北方告淪喪，徐州會戰繼起。事前中央以徐州兵力不足，令華中以黃維第十二兵團向周家口，張淦第三兵團續進，以為援應。十一月三日參謀總長顧祝同到徐州召集會議，其時鄭州先已失陷，遂決定將隴海線上的次要城市放棄，集中兵力於徐州蚌埠間津浦線兩側作攻勢防禦，部署未完而共軍已來犯。

共軍陳毅的華東野戰軍由山東南犯，十一月八日策動棗莊和台兒莊馮治安部叛變，向徐東黃百韜第七兵團圍攻。同時，劉伯承的中原野戰軍在豫南作戰略佯動以吸引張淦、黃維兩部向西，並迅速佔領宿縣和蒙城，阻斷黃維兵團北援進路，以利陳毅在徐東作戰。

黃百韜兵團初戰大勝，第二次被圍於碾莊後，邱清泉第二兵團和李彌第十三兵團先後由徐州赴援，都被強大共軍阻擊而不能到達，第七兵團十一月廿二日崩潰，黃百韜陣亡。

黃維兵團被共軍纏阻不能北進，陳毅解決黃百韜部後，即與劉伯承合兵圍攻黃維部於蒙城東北雙堆集，十二月十五日又被解決，黃維被俘。

當黃維兵團渡過渦河時，蔣總統令徐州剿總的副總司令杜聿明十二月一日放棄徐州，率領邱清泉、李彌、孫元良（第十六）等三個兵團南下，令李延年、劉汝明兩個兵團由蚌埠北上，要三路會師。但十二月四日杜部即被共軍包圍於永城東北地區；六日孫元良突圍而去，損失很大；其餘曾數次試圖突圍，終歸失敗，到了共軍發動新攻勢。卅八年一月九日邱清泉陣亡，李彌隻身逃脫，杜聿明被俘，全部消滅。李延年、劉汝明兩部被共阻截，十三天時間前進不到五十里，聞黃維兵團惡耗後，十二月十六日都退回蚌埠去了。

自東北、徐州兩役後，國共兵力的對比，相差更大，風勢更為危殆了。

美對蔣不滿、拒絕續援助

再說外交方面：

當時的外交，以中美關係為最重要。自抗戰時期，中國即依賴美國的援助。勝利後由於美國對華政策的錯誤，派馬歇爾將軍來華調處國共的紛爭，期得和平妥協，但結果失敗，馬氏回國任國務卿，從此即不滿蔣主

席的措施。和談既告失敗，中央明令剿共，美國巴大維將軍率領的軍事顧問團駐華相助，但據美國國務院在答覆美國駐華大使司徒雷登的文件中所表示，巴將軍及司徒大使對蔣總統都很不滿，如：「執事（筆者註：指司徒大使，下同。）在六月十四日的報告中，嘗陳述蔣委員長保證同意執事的建議，令何應欽將軍（筆者註：時任國防部長。）與巴大維將軍密切合作，共同指揮作戰，與其後蔣委員長食言，仍由其本人用命令經由無能的參謀總長（筆者註：指顧祝同）而親自指揮作戰。……」

「在執事八月二十日報告陳述中，執事稱巴大維將軍曾就當時軍事行動所引起的若干特殊問題，向委員長有所建議，但此項建議每不為其所重視，巴大維將軍執行其使命所遭遇的最嚴重困難，全因中國統帥部不能達成其任務所致。」

此外，更有：「執事十月十六日報告謂，僅有少數人繼續擁護委員長，迄今仍擁護彼者，不過其最接近的同志及若干軍官而已。中國政府，尤其委員長，現在最不為人民所愛戴，指責彼輩的人日見加多。……」

在這種背景之下，期望美國對華經濟和軍事積極援助是不可能的。蔣總統曾經提出過：願擴大美國軍事顧問團的職務與權力，並願實行顧問團對作戰的意見，作為增加軍事援助的條件。但美國務院認為「實與駐華美國顧問過去所有的經驗不符。」結果只允撥清前定的軍援，不允再有增加。蔣總統處在此種極端困難的情勢下，仍然盡其最後的努力，於十一月廿八日派蔣夫人為代表飛美請求援助，十二月十日晤見杜魯門總統，依然未得何項積極的結果，給蔣總統以苦悶。

這是外交上最大的困難。

退休謀緩衝、已定忽擱置

美援絕望，金融混亂，生活困苦，民心離散，軍隊飢寒，士無鬥志，蔣總統在各種危機交迫之下，不得不謀緩衝、得喘息、期再振，和平的醞釀由是而起。

孫科氏之所以毅然應命擔任行政院長，據聞事前已和最高當局商量和戰大計，結論為：如對方接受，可與商談。

耶穌聖誕節將近，蔣總統派吳忠信、張治中、張群三人到傅厚崗六十九號向李副總統傳達他擬退休的意見，商談政權過渡的辦法，前後經過兩次會談，得到下列決定：

一、蔣先生為便於政策的轉變，主動引退。

二、李先生依法代行總統職權，宣佈和平主張。

三、和談由內閣主持。

四、和談的準備：甲、組織舉國一致的內閣，其人選另行研究。乙、運用外交，特別加強美英蘇的關係，以期對中國和平的實現獲得贊助。丙、主動爭取不滿政府與主張和平的政治團體及人士，造成和平氣氛。

當時據吳忠信氏透露，蔣總統將於民卅八年元旦正式宣佈下野，李副總統同日接任。十二月廿四日，蔣總統特任吳忠信為總統府秘書長，似為準備便利政權的交接，因吳氏向為雙方同所信任的人。

但聖誕節過後，蔣總統似又忽然不急於準備引退，其原因當時有三種傳說：

第一種說是：因中共十二月廿五日宣佈蔣介石等四十五人為罪大惡極的頭等戰犯，此事使得蔣總統非常憤怒，替他籌備下野的人都耽心他會改變計劃。

第二種說是：因杜聿明、邱清泉、李彌等部隊正在待援突圍，不能置之不顧即飄然遠引，只好等待一個時候再說。

第三種說是：為白崇禧在聖誕節前夕所發的「亥敬電」所促成，蔣總統誤會這是桂系運用壓力來逼他，所以索性把事情擱下去。

究竟真實原因是哪一種呢？也許三者兼而有之。

白密陳謀和、蔣疑為逼退

華中剿匪總司令白崇禧為甚麼有亥敬電呼籲和平呢？

他駐在漢口，介於河南和湖南中間。河南省主席張軫和長沙綏靖主任兼湖南省主席程潛都認為目前不能再戰，應早與中共談和，他們要白氏對當前國是表示態度，白的處境自有困難，於是亥敬（亥：代十二月；敬：代廿四日）電發出了。電是發給南京張岳軍、張文白兩位密呈總統的，後又補送行政院孫院長一份。原電如下：

「……民心代表軍心，民氣猶如士氣，默察近日民心離散，士氣消沉，遂使軍事失利，主力兵團損失殆盡，倘無喘息整補之機會，國軍無論任何犧牲，亦無救於各個之崩潰，不僅版圖變色，我五千年之文化歷史將從此而斬。念言及此，憂心如焚！職辱承知遇，垂廿餘年，當茲危急存亡之秋，不能再有片刻猶豫之時，倘知而不言，或言而不盡，對國家對鈞座為不忠，對民族為不孝，故敢不避斧鉞，拔肝瀝胆，上瀆鈞聽，並貢芻

薨。一、相機將真正謀和誠意轉知美國，請美英蘇三國出而調處，共同斡旋和平。二、由民意機關向雙方呼籲和平，恢復和平談判。三、雙方軍隊應在原地停止軍事行動，聽候和平談判解決。並望乘京滬平津尚在國軍掌握之中，迅作對內對外和談部署，爭取時間……」

這是部屬向長官貢獻意見，採納與否，權在上級，在言者的動機，實在無可厚非。但當時的政治情勢是太微妙了，白氏這一舉動，不僅對現狀無所補益，反引起一蔣總統下述諸多的誤會：

一、自東北、徐州兩次戰敗，中央的親信精銳部隊大部份喪失了，白在華中是一個比較完整的力量，蔣總統以為白在利用此種聲勢對他進行威脅。

二、程潛也同時電呈總統，倡導與中共談和，並要求總統下野，以利國共和談的進行。程電態度凌厲，與白電委婉陳情，適成對照，但蔣總統卻疑為白程勾結，逼他下野。

三、蔣總統對職權交替，已派員和李副總統商定，而白忽然有此表示，致誤會為李迫不及待，授意白氏造成形勢，逼其早去。

蔣總統秉性堅強，所以白電來後，就不談引退問題了。

蔣元旦文告、和成可身退

民國卅七年除夕，蔣總統邀請國民黨中央常務委員和政府首長在其黃埔路官邸晚餐，到者四十餘人。

他為明日元旦發表的文告，欲徵詢各人的意見，飯後進茶，他說：「現在局面非常嚴重，黨內有人主張和談，我個人對於這樣重大的問題，不能不表示一點意見，現擬好一篇文告，請岳軍先生當眾朗誦一遍，並盼大家共同研討。」

這是同意和平的文告，其中指出：「只要和平果能實現，則個人的進退出處，絕不縈懷，而一惟國民的公意是從。」

蔣總統問及李副總統的意見時，李氏表示他本人絕無與總統相背的見解。谷正綱、谷正鼎、張道藩、王世杰、王寵惠各人都不贊成在文告中列入上述那段字句。谷正綱說話最為激昂，他認為下野謀和是最不明智的舉措，可以導致人心渙散，士氣瓦解，使整個局面陷於不可救藥的境地，他說到最後，竟痛哭起來。范予遂、蕭同茲相繼發言，都以為當前軍事連續失利，局面空前危殆，中央宣示謀和願望，實有助於人心士氣的振奮，還不失為一種無辦法中的辦法，應照原文發表。

蔣總統於是總結說：「這篇文告應該發表，不過有些措詞應該斟酌。」又說：「我並不要下台，只是你們要我離開。我所以願意引退，並不是因為共產黨，而是由於國民黨內某些人的壓力。」在場的人都愕然相顧失色。

到了元旦，文告發表了，其中主要的一段是：「只要和議無害於國家的獨立完整，而有助於人民休養生息，只要神聖的憲法不由我而違反，民主憲政不因此而破壞，中華民國體能夠確保，中華民國的法統不致中斷，軍隊有確實的保障，人民能夠維持其自由的生活方式與目前最低生活水準，則我個人更無復他求。」昨夜所爭辯那一段，也照原文不改。

後來我接白總司令一月三日函云：「中央各負責者及友邦對於總統元旦文告，見仁見智，各有不同，似亦為和平成敗之參考。」邵力子在一月四日評論道：「這篇文告在文字上不十分妥當，似帶有招降的意味，如此，希望中共有好的反應是不可能的。」

蔣答覆白電、已啟和平門

白總司令以亥敬電發後中央毫無反應，十二月三十日再上亥全電於蔣總統，催請無論和戰，應早英斷，電云：

「……當今局勢，戰既不易，和亦困難。以言戰爭，則戰力懸殊，外援不繼。以言和平，則敵燄方張，不易接受。觀敵近日廣播宣布戰爭罪犯，可以判斷其乘我士氣不振，繼續用兵，使我京滬平津失陷，革命武力消滅，以遂其赤化整個中國之野心。顧念時間迫促，懇請乘早英斷。職意似應迅將謀和誠意，轉告友邦，公之國人，使外力支援和平，民眾擁護和平。對方如果接受，藉此開困難之機，如黷武窮兵，殘民以逞，則國人不直所為，友邦亦將不扶助，所以怒我而惰寇也。總之，我方無論和戰，必須迅謀決定，整個團結，方有生機，萬不可被敵分化，以蹈各個擊破之慘境。……」

蔣總統對白氏兩電，卅八年一月二日才作答覆，原電如下：

「限二小時到，漢口白總司令健生兄×密，亥敬亥全兩電均悉。中正元旦文告，諒荷闕及，披肝瀝胆而出，自問耿耿此心，可質天日。今吾人既已傾吐精誠，重啟和平之門，假令共黨確能翻然悔禍，保全國家之命脈，顧念生民之塗炭，對當前國是，能共商合理合法之解決，則中正決無他求，即個人之進退出處，均一惟全國人民與全體袍澤之公意是從。惟言和之難，卓見已詳，如何乃可化除共黨赤化全國之野心，以達成保國保民

之責？如何乃可防止共黨翻雲覆雨之陰謀，以免戰禍再起之害？想兄熟慮深籌，必已有所策劃，甚冀惠示其詳，俾資借鏡。今大計雖已昭明，而前途演變尚極微妙，吾兄所謂整個團結方有生機，萬不可被敵分化，以蹈各個擊破之慘境之言，實先獲我心。望兄力循此旨，激勉華中軍民，持以寧靜，藉期齊一步驟，鞏固基礎，然後可戰可和，乃可運用自如，而不為其匪所算，則幸矣！中正手啟。子蕭府機印。」

其時，堅守太原的閻錫山適到南京，白氏徵求其一致主張，但閻氏卻主張審慎，其覆電云：

「白總司令健生兄勳鑒：親漢亥卅電誦悉。我兄愛國之深，謀國之誠，拜讀再三，欣恐交集！古人有『講亦悔，不講亦悔』之難，今亦具戰固艱，和亦險之慮。民廿六年七七事起，弟奉命主討國策，當時不敢以碎而不玉，瓦而不全之險建議蔣公。弟此來原為解決地方困難，匆匆入京，對國內國際情勢尚未明瞭，不敢以不自信之言在決大計定大謀上輕報知友也。弟認此次之國難，在中國歷史上為最大之事件，一錯則留千古恨！弟向對此事主張審慎，特先電覆，弟閻錫山三十八子東印。」

蔣為謠言動、張赴漢疏解

中央民卅八年元旦團拜，照舊在總統府舉行。禮成後，蔣總統邀李副總統到禮堂後面休息室去談話，他對李表示：「現在局面空前嚴重，我已不能再幹下去，今後支撐危局，挽回頹勢，惟兄是賴。但在我走開以前，必須有所佈置，以便你上台後，容易負起責任，推行政務。深望健生兄亦喻此旨，轉告鄂豫兩省參議會少安毋躁，不必再向外發表政治主張，以免動搖人心，影響大局。」李歸傅厚崗，即以長途電話致白，白說：「人民發動向雙方呼籲和平，如中共不接受，則其曲在彼，我有話好說了。」

新年京滬謠言很盛，說是蔣總統元旦文告的發表，由白崇禧前後兩電所逼成，此外，還有若干聳人聽聞的傳說。在這謠言攻勢中，蔣總統也為之關心，一月三日上午十時，他親到傅厚崗訪李副總統，重申團結大義，望其和白氏共以大局為重，靜候他進行一些必要的安排。

張治中一月七日受命來訪李副總統，謂總統已決定派張岳軍後天飛漢口晤白健生，就當前局勢有所商洽。

張群一月九日飛漢訪白，李副總統派黃紹竑偕行。張轉達蔣總統意旨兩點於白：「一、予（總統自稱）如果引退，對於和平究竟有無把握？二、予欲引退，必由自我主動。」白對張說明，他前後兩電提出的主張都

是備戰謀和，絕不是無原則的妥協投降。張由漢到湘訪程潛，回京後，一月十二日在行政院會議提出報告說：對備戰謀和的方針，中央與地方一致，白程均同此態度。

　　黃紹竑一月十二日由漢口飛廣州，過桂林時已屆薄暮，我在機場候晤，據談：「一、蔣先生本意要剿匪到底，不願放棄權位言和。二、白電蔣先生勸其採用和平做法，不料，蔣反疑白及廣西將要造反。」

第三十八章　蔣退促和李代謀和的艱難處境

這是民國卅八年一二月間的情事。

國共和談，本是舊事重提，但到了此垰，已經是主客異勢，優劣易位了。

我在屢敗之後，莫說即時反攻，即想站穩陣腳，亦非暫謀休戰，便無法得到整頓部隊的時間，故和的急需在我，只要在談和時把打暫停，我之所需便已到手，至於和談結果有無成就，倒可置之其次。

李宗仁就任代總統後，共方正好捉我的緊，開出離譜的和談條件，你若願意，乃可來談，想先停火，沒有那樣便宜的事！我雖忍氣遷就，他還多方刁難，代表還不易派去。這是當時對外的處境。

對內呢？蔣總統對李氏或存有如下的想法：你從前爭著競選，不是準備有一天要握大權嗎？好，這個家已搞破爛了，你去當當看！剩下些少油鹽柴米你可不能動用。甚麼事我還是管得著的。這是對內的處境。

懂得了上面的線索，請再讀本文。

請四國勸和、一概被拒絕

蔣總統已知道非設法緩和共軍的進犯，爭取三數月的時間，不足以整頓殘破的老部隊及訓練新部隊，以繼續剿共，故在民卅八年元旦文告表示可以談和。一月八日上午，他召集孫科、張治中、張群討論後，即授意行政院副院長兼外交部長吳鐵城照會美英法蘇四國，希望四國政府能採取適當步驟促成國共談判的實現。九日，吳部長又接見美英法三國大使（蘇俄大使不參加）對上項照會有所說明，謂：國共衝突屬於中國內政問題，不是國際間的政治糾紛，所以不適用國際調停的辦法，中國政府僅希望各國政府從旁運用其影響力使國共雙方能聚首一堂進行談判。

美國大使司徒雷登曾對孫院長和吳部長先後表示過，他本人不以為中國政府能從這方面獲得甚麼挽救的辦法；並極力告訴他們不可過於依賴美國的援助，把它作為一種解圍的神力。一月十二日，美使館把華府的答

覆通知吳部長說：「在現時情勢下，由美國政府作一調人，於事已形無補。」其餘英法蘇各國政府也禮貌地拒絕說：這問題實在是一個應由中國人自己去解決的問題。

當此時期，美使館不僅不願給中國以任何助力，並且成為逼蔣總統下野的原動力，凡和司徒大使有過接觸的人士，都有此種感覺，這已成為公開的秘密，恬不為怪。

中共提案件、蔣決定引退

國際拒絕撮合談和，徐戰部隊完全消滅，天津塘沽被敵猛攻，蔣總統在此情勢之下，一月十四日召集陸海空軍將領指示以戰求和的方針，中共同日廣播八個和平條件：

一、懲辦戰爭罪犯；

二、廢除偽憲法；

三、廢除偽法統；

四、依據民主原則改編一切反動軍隊；

五、沒收官僚資本；

六、改革土地制度；

七、廢除賣國條約；

八、召開沒有反動份子參加的政治協商會議，成立民主聯合政府，接收南京國民黨反動政府及其所屬各級政府的一切權力。

這算是「和平條件」？簡直是壓迫政府向中共無條件投降而已。

蔣總統對於中共八個條件，十五日召集張群、張治中、吳鐵城商討，認為中共無謀和誠意，暫不置答；並接見司徒雷登大使，告以共方條件和政府意見。十六日約張君勱、左舜生、張群、吳鐵城、張治中、邵力子、陳立夫、王世杰等晚餐，交換意見，邵主張接受共方條件。十九日邀孫科、張群、張治中、邵力子、吳鐵城、陳立夫再商後，由行政院發表聲明：「政府願望與共方先無條件下令停火，再各派代表協商和平辦法。」二十日邀晤李副總統，表示於明日引退，李答以一切以總統的意旨為意旨。

白總司令為湘豫兩方逼其迅速謀和，二十日召集李品仙、李任仁、劉斐、劉士毅、邱昌渭、張任民、韋永成、程思遠到漢口商討如何應付？夜間先後接南京張治中、李副總統電話告知總統引退確息後，白氏的困難處境無形消失，轉而商討李氏上台後的應行興革，並決定翌日派邱昌渭、程思遠兩人將大家的意見帶給李副總統。

蔣下野回鄉、李為代總統

蔣總統在引退時對人事更作一番佈置，一月廿一日明令發表：薛岳任廣東省政府主席，余漢謀任廣州綏靖公署主任，張發奎為海南特別區行政長官，朱紹良為福州綏靖公署主任，張群為重慶綏靖公署主任，湯恩伯為京滬警備總司令。至陳誠為台灣省政府主席兼警備總司令先已發表。是日上午，總統府秘書長吳忠信將蔣退李代的文告稿匆匆送給李副總統過目，即攜回去。下午，蔣總統以茶會和中樞各要員話別，命張群將文告宣讀，潘公展、田崑山以國民大會未批准前，總統辭職不能有效，堅主將「引退」字樣刪去，蔣表示同意。

蔣總統到紫金山向中山陵辭別後，下午四時十分偕蔣經國、俞濟時等由大校場乘美齡號專機離京飛杭（中央大員卻都集合明故宮機場送行）。所以只有李副總統趕到握別。邱昌渭、程思遠適由漢口乘軍機到達，遂與李氏同車入城，把在漢各人商定的意見報告李氏。

李返官邸，即以電話致白，告知蔣氏離京情形。旋即有客來訪，謂蔣先生文告中原有引退字句，後來刪去了，恐怕李先生將來會因此遇到困難。李氏即約吳忠信、張治中來談，張認為這文告早上經由蔣李兩人簽字定案，後來刪改是不合法，請吳秘書長照舊加入引退字句，但吳不允。孫科院長來向李作例行的辭職，他建議：這是關係憲法條文的解釋，可請王寵惠來一談。王應邀到，他說：「蔣先生此次下野應作引退論，但他辭職未經國民大會批准，而副總統繼任總統也必須國民大會追認，在此法律手續尚未完成以前，李先生只是代行總統職權。」於是李王同車訪張群，請張打電話到杭州向蔣商量，結果蔣同意在文告中加入原文「引退」字樣，這時已是晚上九時，中央社將改正稿重新播送一次，故有兩次。

李副總統同於一月廿一日發表文告宣佈就任代總統職，背起了支撐將傾大廈的重擔！

當日便聽到中共廣播對十九日行政院決議的評論，要點是拒絕無條件先行停戰。

圖和局打開、李採取行動

李代總統就任的文告說：「總統蔣公軫望國家之艱危，顧恤人民之痛苦，促成和平之早日實現，決然引退，宗仁依據中華民國憲法第四十九

條之規定，代行總統職權。……決本和平建國之方針，為民主自由而努力。……」這是他表示要本著蔣總統引退以促成和平的意思，決心去從事和平。

中共在軍事上佔了上風，乘我需要和平的迫切，漫天開價，竟開出了等於迫降的和談八條件。蔣總統料和談很難有成，把人事、軍事、財政佈置一番之後，暫時引退，騰出工夫來準備自己的事，而讓李代總統去應付這個難關，如和不成，既可間執和平份子之口，自己也不須負擔和談失敗的責任。

李代總統以明知其不可而為之的精神去進行和平，就任的翌日即採取下列行動：

一、電請李濟深、章伯鈞、張東蓀等共同策進和平運動；

二、由行政院決議，派邵力子、張治中、黃紹竑、彭昭賢、鍾天心為代表，並指定邵力子為首席代表，等候共方代表在雙方同意的地點進行和談；

三、派甘介侯赴滬訪宋慶齡、章士釗、顏惠慶等，促請他們為和平盡力。廿三日又派邵力子赴滬與黃炎培、羅隆基、張瀾等連絡。

政府的行動，引起了對方的反應，一月廿三日中共廣播聲明：一、與南京政府談判，並非承認南京政府，乃因其尚控制若干軍隊；二、談判地點，俟北平解放後在北平舉行；三、反對彭昭賢為南京政府代表；四、戰犯必須懲治，李宗仁亦不能免。

李代總統為使人民和中共明白政府對於和平的誠意，一月廿四日令行政院辦理下列各事：一、將各地剿匪總司令部改為軍政長官公署；二、取銷全國戒嚴令（接近前線者，俟雙方下令停止軍事行動後再行取銷）；三、裁撤戡亂建國總隊；四、釋放政治犯；五、啟封一切在戡亂期間因牴觸戡亂法令被封之報館雜誌；六、撤銷特種刑事法庭，廢止刑事條例；七、通令停止特務活動，對人民非依法不能逮捕。行政院表面上都接受，但留下了一條，不同意取銷戒嚴令。

這些是李代總統就職後三天來所採打開和局的步驟。

滬人民代表、赴平探和談

因中共聲明要待北平解放然後談判，李代總統特於一月廿七日致電毛澤東，責其「豈非拖延時間，延長戰禍？」並承認其所提八點建議可作為和談的基礎，要求派定代表早日進行。但因審判戰犯的軍事法庭廿八日判

決日本戰犯岡村寧次無罪釋放，共方反對，要求拘捕重審。同廿八日共方另一聲明要求拘捕戰犯，內容是：

「南京的先生們要求和平談判那樣緊張熱烈⋯⋯我們老實告訴你：你們是戰犯，你們是要受審判的人們。你們口中所謂和平、停戰，我們是不相信的。⋯⋯你們必須動手逮捕一批內戰戰犯，首先逮捕我們十二月廿五日所提出的四十五人戰犯，你們迅速逮捕，勿使逃匿，否則以縱匪論，絕不姑寬。」儼然以戰勝者自居。

華北剿匪總司令傅作義於一月卅一日與中共簽訂十三項協定，以北平投共，名為「局部和平」。

李代總統二月一日赴滬訪問社會名流顏惠慶、章士釗、江庸、陳光甫、冷遹等敦請他們以中立人士資格北上，打開和平之門，但共方不承認我政府，故拒絕政府代表。二月五日，李代總統令甘介侯領銜組織他私人的代表團，以顏惠慶、章士釗、江庸、凌憲揚、歐元懷、侯德榜六人為代表，赴平試探和談，但共方又不承認李為代總統而拒絕其私人代表，只許以私人資格赴平參觀，並指甘介侯為「販賣和平份子」而拒絕其赴平。最後商定以「上海人民和平代表團」名義，推定顏惠慶、章士釗、江庸三人為代表，邵力子卻以私人資格隨同前往，得中共北平軍管區主任葉劍英答覆同意，才於二月十三日上午十一時半由上海龍華機場起飛，同行的有李代總統聯絡工作者黃啟漢、秘書龔安慶、傅澍蒼、潘伯鷹、張豐冑，隨行者尚有金山等，下午二時一刻到青島，因機輪破裂，停留一夜，十四日下午四時半到北平，由葉劍英的代表王拓、北平副市長徐英、劉仲華在機場歡迎，並招待各代表住在六國飯店。

葉劍英十五日訪顏、章、江、邵作初次晤談，連日都有宴會，葉後來再分別和顏等四人詳談。十八日，董必武、林彪、羅榮桓、聶榮臻、薄一波宴各代表後並作深談。當晚顏代表等即將商談情況交由黃啟漢、劉仲華電告李代總統。時李濟深、章伯鈞等已由瀋陽到平，也和顏等晤談。

這是進行和談試探的經過。

京穗與溪口、演一國三公

李代總統一月廿七日致電毛澤東承認其所提八條件可作和談基礎一事，明知國民黨中央政治委員會難以通過，故事前未提交討論，也未經由行政院執行，這樣重要的行動，竟脫離了黨的控制，蔣總裁當然不滿；責任內閣感覺無責可負，孫科院長更為不滿。李致毛電發後，溪口即有長途

電話與孫科接觸，一月廿八日孫即到溪口見蔣，廿九日以後，孫閣要員即悄悄地離京赴滬去了。

李代總統為挽救內部分裂的危機，特於二月一日上午九時專機飛滬，在龍華機場降落時只有吳忠信、吳國楨、朱家驊、方治、潘公展到機場迎候，他在外灘中國銀行四樓召集孫院長以下行政院各部會首長舉行會談，勉以團結大義，勸他們回南京去，以示府院一致，共支危局。但孫院長表示：一週以前，共軍前鋒已到浦鎮，南京現正面臨其方長程巨砲射程之內，為使政治重心免除軍事上的威脅，行政院仍須遷往廣州。二月四日行政院實行遷穗；中央黨部也隨同南遷；立法委員也有一部份赴粵開會；黨總裁辦公室卻在溪口；遂演成蔣李對峙，府院分裂，一國三公的最惡劣局面！

蔣總統雖已引退，對政權的控制並未放鬆，早已令通訊總隊將溪口對外的電訊網佈置完妥，隨時接收情報，向各方發出命令，事無大小，使李代總統不能自由處置。大如政府遷穗，代總統雖反對並無效，小如釋放政治犯，代總統發命令亦未克執行，甚至浙江省政府主席陳儀之被逮捕，中央銀行將庫存現銀和黃金全部運去台灣亦不令代總統知道；指揮調動部隊，直接命令參謀總長執行代總統更無從知道了。

在此無須逐件詳述，我只把釋放政治犯被阻一事以作證明：應釋放的有張學良、楊虎城在內，李代總統為促使有關部門注意，特先後以代電和親筆信指飭參謀總長顧祝同負責釋放張楊兩人。顧函覆道：「德公代總統鈞鑒：子迴代電暨元月廿八日手示奉悉。關於恢復張學良、楊虎城自由一案，業經轉電台灣陳主席及重慶張主任知照矣。肅復，敬候崇綏！職顧祝同上。二月一日。」完全不著實際。

關於張學良部份，李再電飭台灣陳誠主席負責辦理，二月二日接陳覆電云：「南京李代總統德公：×密，東電奉悉，可否請程思遠兄來台一談？職陳誠叩冬。」程思遠於二月四日到台，陳對他解釋道：「張現幽居新竹，由軍務局和保密局會同負責管理，省府從來不與聞其事。」張學良竟釋放不成。

李白少異同、粵桂終一致

我應白崇禧總司令邀請赴漢口，事前在桂以長途電話報告李代總統，並請其派一人到漢晤談，他說：或者我去一行。二月三日，我和蔣繼伊議長、李新俊、韋贄唐、黃樸心各廳長抵漢，商討時局問題。我才感覺

李、白與黃紹竑三人間意見頗有出入，白氏主積極備戰以求和，並曾屢請李負起全國責任，執行總統職權，改組行政院，均未見實行；黃則責白不反蔣，求和誠意不夠。二月四日黃紹竑由香港抵漢口，談悉李濟深已先被中共請入內地，聯絡不到。我以電話問南京李代總統：能否來漢勞軍？他說：現時不能，並囑我赴京。

二月五日我和黃紹竑飛京，與李代總統晤談，才知道他不是不執行職權，而是許多竟執行不通；他說行政院不聽命，應行改組，但事前如果不向立法院疏通好是辦不成的，而立法委員正分散在上海、廣州、桂林、台灣各處；他本擬春節赴漢勞軍，因籌不到款而去不成；監察院長于右任和立法院長童冠賢留京，都表示對他擁護；其他機關長官只國防部長徐永昌、參謀總長顧祝同和次長林蔚在京。談到和議問題，最好能做到分治，李白兩位對這點一致，黃紹竑卻說，如果中共做得好，我們復何所求？我建議：在現時情勢，中央應予各省以高度的權限，使能發揮力量，李黃都以為然。

李代總統令我訪問廣東，二月八日我乘民航局空運隊機飛廣州。九日謁孫科院長和吳鐵城副院長將李代總統函面交，係請其率領閣員回京的，孫對我表示：初到此地，佈置未安，不能即去南京。在穗四天，張發奎、余漢謀、薛岳、陳濟棠、李漢魂、鄧龍光各位都相訪談，酬應紛忙。十二日飛返桂林，即以電話報告京漢兩方以廣州近況：一、孫不打算回京。二、因張發奎熱心聯絡，故廣東各首要一致擁護代總統，團結兩粵。三、粵首要多主張改組行政院。四、在粵立委多主張在穗開會。五、溪口經常以電話指揮廣州。

陸軍總司令張發奎、廣州綏靖主任余漢謀、廣東省政府主席薛岳當我離穗時，即派海南特別區行政長官李漢魂和綏署秘書長陸匡文入京，謁候李代總統，並到漢訪白總司令，這是兩廣團結的表示。

對溪口緩和、仍受黨控制

二月中旬開始，李代總統決意設法緩和溪口，聯結廣州。十二日請于右任、童冠賢兩院長飛穗勸行政院返京辦公，但翌日于、童回京復命，未能成功；十四日再命令內閣回京，孫托病不應。但何應欽卻應命由滬入京，張治中應召由蘭州返寧；翁文灝由台灣來就總統府秘書長職；在滬之立法委員聯名電責孫科；監察院首先決定在京復會。此時京滬重要報紙都贊許李代總統守江謀和及民主改革的計劃，要求立法院在京復會，行政院

返京辦公。十九日立法院也決定在京復會。他在京滬方面，已逐漸造成有利的形勢。

對於溪口方面，是由閻錫山去斡旋的，其情形由閻致蔣電中可知概略，電云：

「奉化總統蔣鈞鑒：×密，實行憲法上規定的府院職權及黨的政治會議職權，德公極表同情，且認是必走的軌道。希望行政院政務會議重要部會主官及主要辦事人員早日回京。至備戰言和，德公尤表贊同，並盼備戰上早有積極的行動。山感到德公對山與鈞座所談，極表一致，且認為必須目標一致，行動一致，才能備戰言和。至規定和的限度，亦應一本府院政治會議三機構職權決定之。此電係在德公官邸所擬，經德公親閱，併陳。閻錫山叩，丑篠申。」

這是表示仍願接受黨的控制，以緩和相互間的衝突。

南巡收美果、孫閣願回京

對府院分裂，李代總統決作南巡以謀消解。二月二十日上午九時五十分乘中美號專機由大校場機場起飛，于、童兩院長和許多立監委員都來送行祝其成功。隨行的為：顧問甘介侯、立委程思遠、邱昌渭、總統府第二局長黃雪邨、機要室主任李揚、外交部次長葉公超、廣西民政廳長李新俊等。

下午一時半到達廣州，在天河機場降落，孫科、吳鐵城、張發奎、余漢謀、陳濟棠、薛岳等多人歡迎。到薛公館午餐後賓客分批來訪。當晚孫院長假座廣州市迎賓館歡宴，主人致詞，感謝代總統親來指示，並望多加訓示。李代總統說明他此次南巡目的，第一是拜望孫院長共商國是，希望孫院長和各部會首長早日回京，共策和議的進行；第二是趁此機會，順便巡視粵桂湘各省和軍政當局商談和平大計；最後希望地方首長、民意代表做政府的後盾，使和平協商得到美滿的結果。

國民黨中央常務委員和中央政治委員會廿一日下午六時在迎賓館舉行聯席會議，請李代總統一出席，參加的有孫科、吳鐵城、李文範、鄒魯、馬超俊、鄭彥棻、劉健群等。首由李代總統報告，略謂：已請顏惠慶等四人於二月十三日飛平從旁打開和談之門，他們將於今日由平飛石家莊會毛澤東，估計此行將有滿意的結果。吳鐵城繼起發言謂：中共今日廣播稱，可推派代表進行和談，中政會應對和平條件加以研究，以為政府參考。接著孫科發言道，此事已經研究多次，僉認將來和平條件不出下列範圍：

一、聯合政府方式;二、隔江分治方式;三、聯邦政府方式;根據二次大戰後東歐方面政治形勢演變的教訓,聯合政府的方式,本黨不能接受,至於二、三兩案,如能做得盡善盡美,都可召致長治久安之局。

李、孫兩位經過多次的友好的晤談,粵籍大員又對孫氏委婉地陳勸,孫不敢忽視粵人的態度而決定回京了。廿一晚,張發奎、余漢謀、薛岳合宴,留穗軍政要員一堂歡聚,對共黨和談交換意見。又決定以陳濟棠為南海特別區行政長官。穗港各報對李氏此來共表贊許。在粵事畢,他改乘自強號專機於廿二日午刻離穗,午後二時抵達桂林。

他廿三日晨對廣西黨政軍幹部講話,勉以恢復抗戰前建設廣西復興中國的精神。午間我陪他回鄉掃墓。晚間,他和長沙程潛主任通話,邀程明日同赴南京,白由南京來電話也同樣建議,但程謂未能即行。廿四日上午十一時飛長沙。

他留湘僅半天,程認為不能再打,應該談和。當夜宿漢口,廿五日返抵南京。

滬使不辱命、和難希望大

上海人民和平代表團顏惠慶等四人因毛澤東、周恩來等尚在石家莊,於二月廿一日偕傅作義、鄧寶珊等由北平飛往會見。共方表示,關於共方和平代表人選及雙方和談地點問題,大概在三月十五日左右可以決定。並就南北通郵、通航問題交換意見。各代表廿四日返北平,並帶回毛澤東給李代總統一封信。

各代表在平和葉劍英繼續商談和談時間、地點及恢復南北交通等問題。廿七日飛返南京。

代表團專機下午二時廿分降落明故宮機場,于右任、童冠賢、居正、吳鐵城、白崇禧、何應欽、翁文灝、吳忠信、張治中、徐永昌、桂永清、張耀明、張鎮、邱昌渭、范予遂等和各界代表都到機場歡迎。代表團發表談話云:

「同人等此次以私人資格訪問北平,歷時兩週,迭與中共領袖葉劍英、林彪、聶榮臻、董必武、羅榮桓、薄一波諸先生共同或個別洽談。中間並應邀赴石家莊一行,承中共主席毛澤東先生及周恩來將軍延見,就和平談判問題廣泛交換意見。同人等深覺和談前途困難尚多,而希望甚大。此行任務已告終了,因此南旋,擬向李代總統報告後再行返滬。在北平及石家莊時,對於便利南北人民之通航、通郵諸問題,均經於原則上商得同

意。並承中共諸領袖懇摯款待，尤應附致感謝之意。顏惠慶、江庸、章士釗、邵力子。三十八年二月二十七日。」

代表團下榻於首都飯店。當日下午五時，李代總統前往訪談，代表團即將毛澤東的信轉交。當晚李代總統在官邸設宴招待代表團。次日又由于童兩院長歡宴。代表團留京三日，然後返滬。

這是試探和談所得結果。

第三十九章 國共和談失敗的經過詳情

　　國共和談進行的步驟，李代總統自三月三日即指派吳鐵城、邵力子等
十人研討和談方案，旋因內閣更迭而耽延了三週。當時的背景是這樣：

　　軍事方面：在華北，從隴海路以北，平漢路以東的地區全失，只守
著山東的青島，河南的新鄉、安陽，山西的太原、大同，綏遠的榆林，且
各點都被參軍包圍著。陝西胡宗南部在黃河一線已被壓到風陵渡、潼關以
西。長江地區是隔江對峙著。華中白崇禧部守著大別山經信陽以至鄂北。

　　財政金融方面：運存於台灣的金銀，不能動用，政府眼看著金元券瀕
於崩潰而無法運用以救急，軍隊也受飢。

　　外交方面：美國因我反共無效，援華武器轉落共手，外匯不缺而致金
融紊亂，認為國府已無可救藥而不再援助。李氏一切仍受蔣控制，認為前
途黯淡而袖手旁觀。

　　政府的窘狀投入了共方的耳目，遂乘我求和而定出迫降式八條廿四款
的和平協定，政府如果接受，它即不戰而勝，不受而再打下去，它以為勝
算多。結果，政府不能投降受辱，和談終告破裂。

何繼孫組閣、府院仍扞格

　　行政院於民卅八年二月初形成和總統府的對立，由李代總統南巡而告
消解，二月廿八日由廣州遷回南京。立法院先一日已在京復會。

　　孫科內閣雖回京辦公，但其擅自遷穗的行動不為立監兩院所共諒，
首先是監察院對顏料案提出彈劾，立法院也準備就遷穗問題提出嚴厲的質
詢。孫氏面臨這種惡劣的形勢，曾試圖局部改組內閣以緩和立監兩院倒閣
的高潮，但各方反應冷淡，自覺不能支持，遂於三月七日下午七時偕副長
吳鐵城向李代總統提出辭呈。八日，孫氏出席立法院報告，開頭就說已向代
總統辭職，立法院本來準備向他的攻擊，到此也不為已甚，就讓他走了。

　　孫去後誰來呢？李代總統屬意居正，白崇禧屢薦何應欽，而立法院方
面卻推顧孟餘，經考慮後，終以顧為第一人選，何為第二人選，居為第三
人選，依次徵求。

三月九日立法委員范予遂赴滬訪顧孟餘，面致李代總統殷拳之意，但顧以當前局勢太難，和戰都無辦法，不願負此重任。十月范回京復命後，決定徵求何應欽。

吳忠信、白崇禧、張治中等三人三月十一日晨由京飛杭，代表李代總統請何應欽組閣，他們在西湖湯恩伯公館和何氏長談，何先只是謙辭，後才坦率說出非得蔣先生同意不敢應命。於是由吳、張兩人打電話到溪口請示，蔣初只許何當行政院副院長兼國防部長，經吳、張一再陳說，終於同意何任院長，但要以黃少谷為行政院秘書長，事乃定奪。十二日代總統即咨請立法院，當日立法院即投票同意何應欽為行政院長。

何的組閣工作，因局面艱危，願跳火坑者少，費時一週還沒完成，十九日下午四時以電話將情形報告代總統，並求從旁相助。李代總統即借翁文灝飛滬，結果邀得賈景德、杭立武、劉攻芸三人。廿一日內閣名單全部決定：院長何應欽、副院長賈景德、內政李漢魂、國防徐永昌、財政劉攻芸、交通端木傑、教育杭立武、經濟孫越崎、司法行政張知本、外交傅秉常、蒙藏白雲梯、僑務戴愧生、秘書長黃少谷，廿三日就職，惟傅秉常被黨內頑固份子反對說他親蘇，難爭取美援，終不就任。

何閣成立，府院和蔣李的關係都該比前良好了，那知他畏蔣太甚，惟恐得罪，李所交辦的事，幾乎無一成功。要舉例証：一為李渴望湯恩伯的部隊將精銳的置於長江中游，與華中緊密聯繫，以堅決保衛長江，但湯卻遵溪口命令，集全力於上海一隅，李要下令撤湯，何拒而不敢執行。二為當政府用印刷機已經無法趕印足夠的紙幣來應付開支，前方部隊又求發給銀元的時候，李命何向有關方面交涉將運存台灣的金鈔收回一部份應急，而何對此卻一籌莫展。

和談時地定、代表團組成

李代總統以新閣既告成立，唯一要務為謀國共和談的進行。行政院三月廿四日會議：派定政府和談代表，盼望共方迅速指定代表，宣佈時間地點，以便進行商談。政府和談代表一月廿二日本已派定邵力子、張治中、黃紹竑、彭昭賢、鍾天心等五人，但其中彭為共方所反對，鍾因行政院改組去職；三月廿五日李代總統決定以張治中、邵力子、黃紹竑、章士釗、李蒸等為和談代表（後又加入劉斐），推張治中為首席代表，正式成立代表團。

這六位代表，除章士釗外，其餘五位都屬國民黨籍。張、邵、黃三位

向來就主張和平。其中黃紹竑和我接觸較多，我對他的想法所知也較多，他三月一日由廣州給我電話云：「今日由京到此，即將赴港。此行不使人知，待南京需要我時再回去，京方消息望隨時轉告。」後來聽說他離京是因為意見不同，他主張無論中共所提條件如何，必須和下去將來才有辦法。過了幾天，白崇禧總司令電催他回京，他答應而未即動身，並表示回去後將以在野身份行動。三月十二日李代總統來電話託我轉致說：「不願任其他職務，可以，但應做和平代表，望速來京。」同日楊明焰由港抵桂述黃語道：「無論如何，必須和得成才有前途。」三月十九日陳良佐由港返桂，黃託他告我簡單兩句話：「多結善緣，少造惡果。」旬日後有人自港來，知黃已答應任和平代表。三月廿八日黃由港抵京。

中共對政府盼望其速派代表，宣佈時間地點的宣告，三月廿五日由電台廣播答覆：一、談判日期定於四月一日開始；二、談判地點在北平；三、派周恩來、林伯渠、林彪、葉劍英、李維漢（後又加聶榮臻）為和談代表，以周恩來為首席代表。

於是張治中著手代表團內部的組織，以立法委員盧郁文為代表團秘書長，延攬屈武、李俊龍為顧問，張豐冑，潘伯鷹等為秘書。李代總統派前北平行轅參議劉仲華隨行，擔任交通聯絡工作。

這是兩方代表團的陣容。

政府對和談、備九條腹案

政府對於如何進行商談，曾由行政院長何應欽召集過四次會議詳細討論。出席的除張治中、邵力子、章士釗、劉斐、李蒸等代表外，翁文灝、彭昭賢、賀耀祖也參加，黃少谷也以行政院秘書長資格參加，代表黃紹竑卻尚滯留香港未到。經過這幾次會議後，決定了後列三項：

一、為會商和談的便利，建議請中央常務委員會中央政治委員會聯席會議改在南京開會。

二、為指導和談事宜，請李代總統、何院長、並由中央常務委員會中央政治委員會聯席會議公推委員三人共同組織指導委員會。

三、和談不另訂方案，只就中共所提八項作基礎，加以研究，酌定原則性限度，由和談代表負責進行。

最後，又把四次會議研究所得的原則性限度，寫成一個腹案，作為到北平談判的依據，全文是這樣：

預擬與中共商談之腹案：

一、雙方既確認以和平商談解決國是為全國人民之要求，則雙方所應商談者，端在國家元氣之如何保存，人民痛苦之如何解除，國家政策之如何擬訂，及政治制度之如何建立，以謀長治久安，是以關於戰爭責任問題，不應再提。

二、同意主訂新憲法，此新憲法之起草，我方應有相當比例之人數參加。

三、關於法統問題，與前項有連帶關係，可合併商討。

四、雙方軍隊應分期分年各就駐在區域自行整編，並應樹立健全的軍事制度，俾達成軍隊國家化之目的；至分期整編時雙方應保留之軍隊數字，另作商討。

五、「沒收官僚資本」一節，原則同意；但須另行商訂施行條例辦理。

六、「改革土地制度」一節，原則同意；但須另行商訂施行條例辦理。

七、關於「廢除賣國條約」一事，將來由政府根據國家獨立自主的精神，平等互惠之原則，就過去簽訂的條約加以審查，如有損害國家主權者，應予修改或廢止。

八、同意召開政治協商會議，並由該會產生聯合政府；惟在該會議與聯合政府中，我方與共方應以同等名額參加；其屬於第三方面之名額，亦於雙方區域中各佔其半。

九、代表團抵平後，即向中共提出：雙方應於正式商談開始之前，就地停戰，並參酌國防部所擬停戰意見（附後）進行商談。

國防部擬對國共停戰協定最低限度之要求，如左：

一、青島及長江流域連接鄂西、陝西、綏遠地區雙方第一線部隊，應即停止一切戰鬥行動，各守原防，停止前進，並不得向空隙發展。

二、共軍立即解除對新鄉、安陽、太原、大同、榆林之包圍封鎖，准許國軍採購糧食及生活必需品。

三、國軍海空軍立即停止海上與空中之攻擊行動，但空中之偵察及空中輸送補給，海軍之江海巡邏及對各海港之輸送補給，不受限制。又國軍為防衛長江及海上之襲擊，如發現共軍集結渡江材料及運兵船隊時，得取自衛行動。

四、雙方立即停止一切敵意宣傳。

五、雙方對於間諜之防範及維持後方秩序之一切行動，不受限制。

六、為免除誤會與衝突，除另有協議者外，雙方第一線交通之恢復，應俟另行協議，在停戰期間暫不開放。

七、關於雙方俘虜之交換，另行協議。

張向蔣請訓、京設指導會

首席代表張治中得李代總統同意，於三月廿九日赴溪口謁蔣總裁。因他知道政府的力量仍在蔣手，和談商得協議，也須得蔣同意；當時京滬穗的黨內份子對他有不利的謠言，藉此行望得寧息。他把和談研究的情形與和談腹案的文件詳細報告。蔣總裁說，他沒有甚麼意見：又表示他願意和平，願意終老是鄉。張於三十日返京。

中央常務委員會中央政治委員會聯席談話會對於和談的決定，三月三十日由黨中央秘書處電告李代總統、何院長，內容四項：

一、和平代表抵平後，應先提出雙方立刻無條件停戰。

二、和談一切，報導公開。

三、和談進行詳情，應隨時報告黨中央，談判結果，並應對黨完成法律程序。

四、和談內容，應堅持下列原則：甲、國體不容變更；乙、人民之自由生活方式必須保障；丙、憲法之修改必須依法定程序；丁、土地改革應首先實行，但反對以暴力實施；戊、戰爭責任問題應毋庸議。

李代總統以政府和談代表即將北上，特於三月卅一日下午四時在總統府子超樓舉行茶會招待國民黨留京中央常務委員，聽取張治中報告並交換關於和談意見，于右任、居正、閻錫山、白崇禧、張群、張治中、何應欽、黃宇人、范予遂、程思遠、王啟江各常委參加。首由張治中報告赴溪口謁蔣經過，謂：「代總統以代表團北上有期，特派我謁見本黨總裁請示有關和談的方針，總裁指示，他已經下野，關於和談問題，悉聽代總統和何院長主持，他不便參加意見。」閻錫山、白崇禧先後發言，都主張和談期間，應先成立休戰協定，雙方停止軍事行動，然後再談和平條件，以免重蹈政治協商會議的覆轍。最後，李代總統以為在中央常務委員會和中央政治委員會未移京前，中央應設立一和談指導機構，以備政府諮詢，提議設置「中央和談指導委員會」。全場均無異議，並推定李宗仁、何應欽、于右任、居正、張群、吳鐵城、孫科、吳忠信、朱家驊、徐永昌、童冠賢等十一人為委員，指定李宗仁為召集人。上項名單，推何應欽攜帶赴粵請中央常務委員會予以批准。

代表團初商、渡江難協議

政府代表團人員分兩批起行。向中國、中央兩航空公司分包了飛機，又向中央銀行領到銀元一萬元以供代表團在平應用。第一批是代表團秘書處部份人員，由秘書長盧郁文率領，三月卅一日上午十時乘中央航空公司專機北飛，同機去的，還有通郵代表團團長梅貽璠等五人，通航代表雷仲仁等六人。另帶存留京滬的華北郵件九十五袋。當天下午一時半到達北平，由北平軍管區秘書長薛子正等接住六國飯店，當晚中共代表團秘書長齊燕銘設宴招待。

四月一日，政府代表團全部代表及顧問、秘書、隨員等共十九人乘中國航空公司「天王號」專機飛平。起飛前，由顧問李俊龍宣讀書面談話稱：

「我們此次奉政府之命到北平和中共進行和平商談，深感責任重大，實有如臨深淵、如履薄冰的心情。我們也知道在和談進程中，當不免遭遇若干困難，但我們相信雙方商談，似無不可克服的難題。我們當謹慎地秉承政府意旨，以最大的誠意和中共方面進行商談。希望能夠獲得協議，使真正的永久的和平得以早日實現，以慰全國同胞殷切的期望。甚望愛好和平的各界人士們隨時給我們指導、督促和支持。」

張治中並在登機的扶梯上用沉重而激動的聲調對送行的說：「各位尊敬的先生們、長官們、和立委先生們：今天諸位這樣盛情歡送代表團，我們非常感激！我們知道這是給我們的鼓勵，我們一定接受，我們一定要盡最大的努力，以副各位先生們對和平的熱烈期望，希望得到成功。」

專機下午三時到北平，只有齊燕銘，東北野戰軍參謀長劉亞樓等來接，也是住六國飯店。中共和談代表團首席代表周恩來晚宴招待。

政府和談代表到平後，一面和李濟深、沈鈞儒、譚平山、黃炎培、傅作義、鄧寶珊等都有接觸；一面和林彪、林伯渠、聶榮臻、葉劍英、李維漢聯繫訪談，主要是先就戰犯問題和渡江問題一再交換意見，共方堅持無論如何定要渡江，因此談不攏，原擬由四月五日起開始正式和談，只好延緩數日。

說客來勸和、毛覆電催促

政府和談代表北上後，幾天並無重要消息。四月四日，劉仲華由北平打長途電話到南京找程思遠，請於明早派專機一架到北平去接人。專機

去後次日，來了三位客人：國民黨革命委員會中央委員李民欣、朱蘊山、田華中剿匪總司令部參議劉仲容陪行。他們到後，絕不與外間接觸，被報界稱為神秘客。他們並沒有帶來甚麼好消息，而是以第三者身份替中共作說客勸政府完全接受八條件的。政府和談代表託他們帶來的報告，也強調毛澤東、周恩來堅持八項主張不容改變，並要渡江。劉仲容是李代總統派他北上試探和平的，他說，中共領導人表示，戰要渡江，和也要渡江，以促成全國的統一。這樣，對政府劃江分治的期待，完全打碎了。問題太嚴重，李代總統只好對他們說明自己不能單獨決定，待和內閣商討再行答覆。可是他們絕不放鬆，要求再給毛澤東一電，重申和平誠意。李代總統遂致毛電如下：

「張長官文白兄轉潤之先生有道：自宗仁主政以來，排除萬難，決定謀和，悱惻之忱，諒為貴黨及各民主人士所共亮察。今屆和談伊始，政府代表既遵邀蒞平，協議問題，亦已採納貴方所提八條件為基礎。宗仁懍於戰禍之慘酷，蒼生之憔悴，更鑑於人類歷史演成之錯誤，因以慮及和談困難之焦點，願秉己飢己溺之懷，更作進一步之表示，凡所謂歷史錯誤足以妨礙和平如所謂戰犯也者，縱有湯鑊之刑，宗仁一身欣然受之而不辭。至立國大計，決遵孫總理之不朽遺囑，與貴黨攜手，並與各民主人士共負努力建設新中國之使命。況復世界風雲，日益詭譎，國共合作，尤為迫切。如彼此同守此義，其他問題便可迎刃而解。宗仁何求？今日所冀，惟化干戈為玉帛，登斯民於袵席，耿耿此心，有如白水。特電佈悃，諸希亮察！弟李宗仁，卯陽。」

第二天，即接到毛澤東的覆電，如次：

「南京李德鄰先生勳鑒：卯陽電悉。中國共產黨對時局主張，具見本年一月十四日聲明。貴方既然同意以八項條件為談判基礎，則根據此八項原則以求具體實現，自不難獲得正確之解決。戰犯問題，亦是如此，總以是否有利於中國人民解放事業之推進，是否有利於用和平方法解決問題為標準。在此標準下，我們準備採取寬大的政策。本日與張文白先生晤談時，即曾以此意告之。為著中國人民的解放與中華民族的獨立，為著早日結束戰爭，恢復和平，以利在全國範圍內開始生產建設的偉大工作，使國家和人民穩步地進入富強康樂之境，貴我雙方亟宜早日成立和平協定。中國共產黨甚願與國內一切愛國份子攜手合作，為此項偉大目標而奮鬥。毛澤東。一九四九年四月八日。」

李求和平的誠心是表示了，毛對條件卻一點不讓步，第三者的說客們也於四月十一日帶著失望心情而回去。

南京難措手、李拒蔣邀晤

　　李代總統既獲悉中共堅持必須渡江，感覺和平前途的渺茫，曾考慮如何保衛長江？當時餉械兩缺，前方將士都不願意接受金元券，曾請求按月發給銀元二枚而不可得；長江中游，兵力又弱，江如何守呢？為此，他向美使司徒雷登提出：擬請美國政府墊借白銀一批，以應付軍事的支出；並將美援最後一批軍火改運到廣州，以為裝備廣東和華中部隊之用。司徒大使很同情他的處境，但認為台灣現存有三億美元的外匯，而基隆堆棧又滿儲著二萬多噸的軍火，這些現款和軍火，應由政府充分利用，如果中央政府做不到，那就証明了下野的總統仍掌握著整個的政權，依照三年來的經驗，在其領導下想對中共作有效的抵抗，希望是很微的，因此，他對李代總統的請求，表示愛莫能助。

　　於是，李代總統四月九日晚上召集白崇禧、李品仙、夏威、邱昌渭、程思遠等會談，檢討現局。一致以為溪口幕後控制南京，和戰都無希望，今後唯一補救的辦法，就是代總統和蔣總裁必須有一人擺脫現實政治，否則彼此牽制，互相抵銷，將會同歸於盡。次日，李代總統請閻錫山、居正赴溪口，帶去他致蔣總裁親筆函，函內表明：如果總裁再不採取適當步驟以終止自身所造成的混亂形勢，則他自己惟有急流勇退，以謝國人。四月十三日閻、居兩人回京，所得答覆，仍像過去一樣冠冕堂皇，卻絲毫不著實際，對直接支配軍事和財政，完全沒有放鬆的跡象。

　　蔣總裁四月十四日由張群傳語請李代總統於十七日到杭州晤談。李以北平消息正在候著，現在不能離京，且兩次派人到溪口晤商，都沒有具體反應，見面也未必有何效果，故對杭州之行未感興趣。

　　我四月八晚接李代總統電話，令入京一行，因十二日我須出席省參議會報告省施政和保安兵役工作，十四日才乘民航機飛京，當夜，他約白崇禧、李品仙、夏威、甘介侯、程思遠和我討論局勢，多主張他對人事和政務應發號施令，如有反抗，可公諸社會，則幕後控制無所施其技。然而就在當日，監察院通過「運回移存台灣之金銀案」，結果也並未能實行。

停戰與分治、遭共方拒絕

　　國共和談的進行，由四月八日起，除雙方代表在談之外，毛澤東又分日邀我方代表晤談，一天是張治中，一天是邵力子、章士釗，一天是黃紹

竑、劉斐，一天是李蒸、盧郁文。

　　和談是個人談商和開會研究兩法並行，事前探討和正式會議先後採用。在正式會議時，我方代表對協定草案雖提出修改意見四十餘處，被採納的也達半數以上，然而那只是把刺眼的字句改成稍為柔和而已，我方所堅持「就地停戰」和「劃江而治」兩點，卻始終為共方所拒絕。

　　張治中四月十三日電告李代總統云：「十二晚九時在中南海勤政殿開會，中共提出國內和平協定八條二十四款，其中最重要者為中共堅持過江，並在聯合政府組成之廿九單位中，國民黨與李任潮之民革僅能佔一席，代表團認為不能接受，堅請對方修改，如何容後續報。」正式會議連續了兩天。十五日代表團又打來長途電話道：「中共十四夜提出修正案，原案重點全部保留，並說這是定案，毫無修改餘地，共方規定四月二十日為限期，政府是否願意簽字，須於期前表示態度。代表團以事體重大，決定推黃紹竑、屈武明天攜帶協定最後修正案回京向政府提出報告。」

協定拒簽署、和談告破裂

　　黃紹竑、屈武十六日下午由平到京，帶同一個長達六千多字的文件，標題是「國內和平協定」，開頭一段七百字的前言，歷數國民黨如何反動，如何造成戰禍，歸結到國民黨和國民政府都是國家的罪人，只有中國共產黨才是領導抗日戰爭為國家爭取軍事勝利的革命力量。正文按照中共一月十四日廣播的八條依次排列為第一至第八條，每條規定詳細的實施手續若干款，八條共廿四款。依照這個協定，中共可以在政府轄區內自由進軍，實施軍事管制；政府領袖們要承認自己的罪行，無恥地以個人資格請求獲得其准許，才得參加聯合政府；政府官員只要有人控告，便可成為戰犯；政府官員必須把一切資產交割清楚，並照常執行職務，直到有人接替為止，到那時候，國民黨政府即自動地歸於消滅。

　　李代總統、何應欽、白崇禧和大家看了這個協定，認為斷難接受；並斷定中共渡江部署已經完成，特逼使政府無條件投降，但誰也不願簽訂這個協定；於是李代總統立即派居正攜帶原件往見蔣總裁，申明政府的立場；同時定期舉行和談指導委員會，討論政府應付的對策。

　　十八日晚上十時，李代總統召集黃紹竑、白崇禧、李品仙、夏威、韋永成、程思遠和我討論和談問題。黃紹竑報告：「如果德公願意簽訂這個協定，將被選為聯合政府副主席，廣西部隊也有確切的保障，共方已同意健生兄率部開回兩廣，中共決定在一年內對兩廣不實施軍事管制和土地改

革。」又說：「蔣的作風永不改變，絕難起衰救敝，戰既無勝算，此時廣西應謀自全之道，應和。」李代總統表示：「我為和平而代理總統，如和不成，我將交還不再代理而引退。」白氏說：「所謂目前兩廣情勢不至變動，那不過是時間遲早而已，這種和法，好比一盤鷄肉，肥的先被揀吃，其次鷄頭鷄腳，終被吃光。」說了便走。談話無結果而散，時已夜半一時。

十九日，我飛返桂林，李品仙也返漢口。黃紹竑向和談指導委員會報告政府和談代表團折衝經過及其結果，討論後，國內和平協定被否決，但通過李代總統的建議：電請中共延長簽字的期限，使雙方代表仍可就若干基本問題繼續進行談判。此著意在拖延時間，等待長江水漲，利於固守。

二十日中午，黃紹竑和北平張治中通了一次電話後報告李代總統說：「中共拒絕延期簽字的要求，決定今夜發出進軍的命令。和平已經絕望，我留京實無必要，將於下午搭吳鐵城的赴穗專機轉往香港。」從此各行其是。

下午，政府電令北平我代表團轉知共方：政府對投降式的和平協定不能接受。費時兩旬的和談遂告決裂。政府曾派機接和談代表南歸，但他們說恐不見容於黨內頑固派，竟留平不返。

第四十章　國共和談破裂與蔣李關係

　　蔣總統的引退，出於形勢所迫，交李副總統代行，由於法制所拘，兩者都非他的心願，只要形勢一旦改變，早晚他是準備復起的。所以引退的時候，關於人事、軍政、財政，一切都先行依照他的腹案去安排，一點也不徵詢代行者的意見，不特無意給代行者以便利，且要使無法變動他的安排。代行者的作風和他不能一致，執行職務起來，碰著了滿途荊棘，屢次向他商請改善，他口說全力支持，事實一概不動。

　　李代總統有改革政治的心腸，卻因新人不願共跳火坑，只好利用舊班底，而舊班底只信從舊導演，遂致障礙叢生。但他總望有日改善，並期待形勢的許可，相忍為國，暫時不計其他。

　　這是民國卅八年四月下旬至五月間引退總統和代總統關係的真象。

杭州有會談、問題無解決

　　引退總統和代理總統間的權責糾紛，屢經黨內元老居間斡旋，依然絲毫也沒解決。國共和談破裂後，蔣總裁於民卅八年四月二十日邀請李代總統偕行政院長何應欽、華中軍政長官（華中剿匪總司令改稱）白崇禧、西南軍政長官（重慶綏靖主任改稱）張群到杭州會談。白向李建議：「和談任務現已告一段落，公對國人對蔣氏都該有個明白交代，應乘此機會向蔣提出請他再出來負責收拾殘局，如果他不答應，即請他把人事權、指揮權、財政權認真交出來，以免拖泥帶水。此話公若不便當面說出，可以由我代說。」李本來已有此意，說由他自己提出。

　　四月廿二日上午十時半，李代總統乘追雲號專機由京飛杭，十一時半到杭州莧橋機場。蔣經國偕浙江省政府主席周嵒到場迎候。何應欽、張群另乘專機也同時到達，白崇禧卻乘軍用機而來。他們一下機即赴空軍學校和蔣總裁會晤。這是蔣李分袂三個月來第一次的把晤。

　　會談於正午開始，李將北平和談經過面告蔣氏。何、白兩人又報告了軍事態勢和準備情形。午餐後，繼續交換意見。到下午三時，白因軍情吃緊，先乘軍機飛返漢口。

在續談中，李向蔣提出：「我為和平而來，現和談破裂，我的任務已完，請蔣先生復出領導反共大業，我須休息。」蔣聽了立即說道：「和是你負責，戰也是你負責，我一定全力支持你到底，你放心去幹好了！」何在旁見蔣這樣說，也勸請李以國家為重，勉為其難。李就不再提這問題，只提財政困難和指揮權不集中兩事。蔣對財政問題，只說今後財政由他來設法。關於指揮權問題，李以為過去國防部長只管軍政不管軍令，貽誤戎機不小，現在戰事又已全面爆發，最好加以調整，由國防部長集軍政軍令之權於一身，而參謀總長只作為國防部長的幕僚長，不再直接指揮部隊；並提出擬以何應欽兼任國防部長，負責指揮全國軍事。蔣對此事即表贊同。

隨後，蔣以冗長的時間討論黨政聯繫問題，他表示：今後應由黨決定政策，而由政府負責實施，黨和政府中間，應有一最高聯繫機構，藉此來溝通意見、鞏固團結，這機構的名稱，以「中央非常委員會」最適當，他問李以為如何？李推測這是他早已決定的，也就不加反對。

會談於下午四時半結束，蔣歸奉化，李、何、張返南京，對那舊問題還是不能解決，原封不動。

全力守上海、浙贛大開門

和談既宣告破裂，共軍立即下令進攻，長江天塹，竟輕易地被其飛渡過來了！究竟我軍是怎樣防守的呢？

由長江口溯江而上，直至湖口，沿江防務，統歸京滬警備總司令湯恩伯負責，他把兵力由東至西，配置如下：

一、上海防守司令石覺，轄羅澤闓卅七軍駐浦東，劉玉章五二軍駐南翔，吳仲直七五軍駐滬西，朱致一的九五師和馬志超的交警總隊為預備隊。

二、第一綏靖區司令丁治磐，轄顧錫九一二三軍駐白茆至鹿苑地段，王克浚廿一軍駐江陰，王秉鉞五一軍駐楊中至江陰，王作華第四軍駐鎮江、瓜州，董繼陶暫一軍駐崇明島整編。

三、首都衛戍總司令張耀明，轄陳沛四五軍駐橋頭鎮至銅井鎮，劉秉哲廿八軍駐浦口地段。

四、第七綏靖區張世希，轄羅賢達六六軍駐銅井鎮以西，楊幹才二十軍駐蕪湖，×××八八軍駐荻港至銅陵。王修身一零六軍駐寧國，為機動部隊。

五、第八兵團司令劉汝明，轄曹福林五五軍駐貴池，于兆龍九六軍駐安慶南岸，劉汝珍六八軍駐湖口以東地段。

六、湯恩伯直接指揮的機動部隊：闕漢騫五四軍駐丹陽，胡長青九九軍駐龍潭。

七、海軍第二艦隊司令林遵，在沿江西段配置艦艇，協同陸軍作戰。

湯恩伯把我軍主力配置在上海方面，乃遵照蔣總裁給他的密令行事，連國防部都完全不知，直到由南京敗退到滬，參謀總長顧祝同召開作戰會議時才發覺，國防部第三聽廳長蔡文治在會上很憤激地說：「我不知道這個仗是怎麼打的！我上次再三說過，敵人一定由荻港渡江，如果把我軍主力集中在京滬路沿線上，不但南京被包圍，無法固守，而且浙贛大門開放（按蔡文治在湯恩伯佈置長江防務時，曾主張將兵力重點置於蕪湖地段，被斥為胡鬧），敵可長驅直入，連各機關要逃走也沒有部隊掩護。何況幾十萬大軍退集上海，前無出路，後有大海，到這裏是預備跳海嗎？我判斷敵人行動無一不確實，可是指揮作戰的人毫不採納！我濫竽這個作戰廳長，真愧對自己，對不起總理，對不起總裁！」湯恩伯氣極了，憤怒地叫道：「我集結主力退守上海，是奉有總裁命令的。你們來看，這就是總裁的手令！」手令的內容果然是要湯集中全力死守上海，將存滬黃金白銀安全運到台灣，如金銀不能安全運台，即惟湯是問。

湯顧得上海，就顧不得浙贛大門了！

敵三路渡江、我孤守淞滬

共軍是怎樣攻過長江的呢？

共軍自徐州戰後，逐步南進，逼近長江北岸，積極作渡江的訓練演習。到四月二十日以前，我軍在江北的橋頭陣地，東段只剩了八墟港、瓜州和南京對岸的浦口、浦鎮；中段只剩下蕪湖附近的裕溪口；西段只剩了安慶。共軍的渡江攻擊部署早已完成，決定分兵三路同時發動。

其中路兵團四月廿一夜從荻港對岸向我八八軍防區攻過來，廿二日凌晨到達南岸已近萬人。張世希司令不斷向總司令告急，湯令張以蕪湖第二十軍堵擊突破口，並調滬寧路九九軍（他卻不就近調寧國的一〇六軍）增援，僅到軍城，而江防部隊已放棄陣地潰退。廿四日，八八、二十、九九各軍被敵追到灣池、屯溪之間擊散，軍長楊幹才陣亡，胡長青被俘。

其西路兵團四月廿一日夜乘大雨中向我六八軍防區實行強渡，其突擊隊於午夜前上岸，放信號彈，吹衝鋒號，守軍動搖。於是第八兵團所屬

六八、五五、九六各軍，連同從安慶退回第八綏靖區所屬四六軍的一七四師，即分向歙縣、祁門、浮梁方面退卻。此路退軍，一部在浮梁以南的石鎮街被敵消滅，一部分散逃向浙贛路沿線各地，劉汝明司令率領殘部入福建。

其東路兵團向南京正面和江陰攻擊。江陰要塞守軍先被敵方收買。廿一日凌晨，吹西北風，從江陰方面望見北岸升起了三堆火光，這是敵方和要塞叛軍約定的信號，表示共軍要出動渡江了。凌晨一時左右，共軍先頭部隊乘順風船只用二十分鐘便到南岸，在長山附近和廿一軍守兵小有接觸，叛軍立即接應進入了要塞地區，又進入黃山要塞總台的指揮所將要塞司令戴戎光俘虜，即以要塞砲擊我廿一軍陣地。廿一二兩日，共軍繼續在江陰東西兩側上岸，五四軍半數和五一軍一部敗後繞經太湖到上海。

南京對面的浦口、浦鎮、江浦互為犄角，都築有堅固碉堡群，由廿八軍守備。共軍廿一日凌晨進攻，遭我軍猛烈抵抗。廿二日浦鎮以北山地的主要陣地被敵攻破，浦鎮守不住，退向浦口，我雖用海空聯合砲兵猛轟浦口，敗勢終不能挽救，廿三日黃昏，共軍遂渡過南岸。第四、四五、廿八各軍和六六軍大部、五四軍小部，在廿四至廿九日間先後在溧陽、郎溪、廣德、長興被敵消滅，軍長羅賢達、劉秉哲均被俘虜。林遵廿四日率第二艦隊投降。

湯恩伯曾令退向浙贛路部隊統歸李延年指揮，準備在浙贛路北山地建立防線，但敗軍連同原在浙贛路沿線重建新建未成各軍，都聞風逃向浙東和福建去了。杭州又於五月三日失陷，只剩下了上海。

首都忙遷粵、李忽返桂林

政府自共軍發動渡江攻勢後，四月廿一晚即決定遷都廣州，並立即開始行動。廿二日有兩架飛機送立法委員一批由京抵桂。

李代總統廿二晚由杭州回南京時，大砲正在隔江對轟。當夜，首都衛戍副總司令覃異之來謁，因江陰要塞叛變，京滬路被敵阻斷，請代總統務於明早七時離京。不久，空軍總司令周至柔來電話說，已派定中美號專機在明故宮機場候命。深夜一時許，警察廳長劉誠之來報，長江下游情勢惡化太快，堅主代總統提早一小時離京。李召邱昌渭、程思遠告以明天不去廣州，逕飛桂林；並打電話給周至柔，要他改派追雲號機給他，而把中美號機給何院長，周自然不知其中緣由，但也不追問，答應遵辦。實因桂林機場跑道短，中美號是不能升的。李又令周派一機到北平接和談代

表返上海，後來代表們以上海的政治環境壞，恐怕安全有問題，並未遵命南歸。何應欽院長深夜來電話報告，他明早將先往上海，稍遲再到廣州會合；他並不知李不赴穗。

廿三日晨，東方剛在發白，李代總統坐著劉誠之的車到機場，他的座車和衛隊已於先一日由京杭國道撤退，只有侍從副官兩三人隨護，一行共三十餘人。來送行的有何應欽、張耀明、覃異之、劉誠之和南京市長滕傑等。臨上機時，湯恩伯也趕到送別。就這樣黯然地離開了首都！

追雲號南飛了約一小時，李代總統命機師改飛桂林，並令李漢魂、邱昌渭、程思遠、黃雪邨等坐攏來，告訴他們以他腦海中盤旋著的問題和所以決定回桂的原因。

京、穗、漢、杭各處都不知道李代總統飛桂。追雲號上午十一時到桂林上空，因桂林空軍站人員領薪無著，大家正在怠工，機上和地面聯絡不到，不敢下降，而飛往柳州。我得柳州電話才知道，即乘車趕到秩塘機場，追雲號恰好由柳州飛到，大家和李代總統把晤，都有一種不同尋常的感想。

李代總統告我以昨日在杭州和蔣總裁會談情形，他感覺著蔣氏態度倔強。蔣氏要設立中央非常委員會，蔣自任委員會主席，而以李和孫科為副主席，委員即以和談指導委員會的委員充任，只更動兩人云。

張提兩做法、美示續援難

李代總統抵桂一週間，和軍政幹部及來桂立委不時晤敘，所談論的自以當前局勢與其個人行動為多，也沒即作結論，只決定暫不赴粵。

陸軍總司令張發奎熱心團結兩廣以為復興根本，四月廿九日由穗來桂，擬請李代總統早日蒞穗，以免政府成為群龍無首的狀態，但後經考慮，張亦改變初意，主張不宜即往。李代總統三十日晨特約張發奎、李品仙、甘介侯、韋永成、韋贊唐、黃雪邨、李新俊、尹述賢和我商討時局問題，由黃雪邨紀錄，結果，得急進緩進兩項意見及其理由、辦法、困難，把它交張尹兩位明日帶回廣州和綏靖主任余漢謀、省主席薛岳商定實施。

美國駐華大使館公使銜參贊克拉克定於四月三十日由穗來桂，李代總統廿九日打電話給漢口白長官，要他即返桂林，以便事前提供意見。當時漢口細雨連綿，雲層密布，白囑漢口空軍司令羅機派定飛機等候。羅答覆道：機場現在只有一架C四六機，並且衡陽正在下雨，尚未接桂林氣候報告，此時航行恐不安全。等了許久，天氣並未轉好，白頗焦急，令飛機準

備起飛,並多帶燃料,下午三時左右離漢,五時許到桂林上空,在雲層中穿來穿去,終不能下,駕駛員報告,桂林正下著大雨,柳州也不便降落,只好改飛廣州。

克拉克訪李代總統,據他表示:美國援歐援華,當初均無把握,有類賭博,現在是援歐成功,援華卻失敗了。目前中國期待美國立即繼續援助,情勢上實不可能,必須中國能抵禦中共再進,改革政治,蔣不再干預政治,以轉移美國人的觀感,才有希望云。

白長官三十日由廣州打電話來桂林催張發奎總司令返穗晤商,並擬再請居正、吳忠信赴滬謁蔣請其將現款、存械、政權交出,但李代總統以為絕無希望而未予同意。

桂林綏靖主任公署五月一日成立,主任李品仙、副主任莫樹杰、兼副主任黃旭初同時就職,李代總統召集省會文武幹部參加講話,大要是闡明過去中央失敗的原因,重申廣西傳統的精神,主張改革政治,安定西南,以謀致和平。

三代表來迎、李擬備忘錄

白崇禧在廣州逗留了三天,和政府、中央黨部、其他方面接觸後,他也主張李代總統應到廣州來。

張發奎五月一日回穗,白氏當日邀他午餐,他告白以在桂曾提出積極消極兩項做法,白對做法表示贊同,但對排除頑固份子一點,謂將示天下以不廣。

何應欽與白商量的結果,以李不願來穗,自是對於杭州會談的結果存有異議,非經第三者斡旋不易彌縫彼此的歧見,閻錫山、居正兩位四月十日曾代表李到溪口和蔣洽商,現在仍應請其調處,以便駕輕就熟。旋即徵得閻、居兩人都表同意,事遂決定。

國民黨中央常務委員會也於五月一日舉行臨時會議,議決敦促李代總統早日來穗主持大政,並推吳鐵城、李文範代表中央偕同白崇禧赴桂致意。當晚,吳稱病推辭,所以只李一人獨往。李代總統得閻、居、李三代表來桂消息,即召集左右商討他對來使談話的要旨,決定把他的意見作一備忘錄交來使轉達蔣總裁。備忘錄內容分為三段:首段:檢討代行三個月來一事不能有所作為的原因,主要由於蔣氏在幕後把持一切;次段:蔣氏既不願放手,即請復出執政,使名實相符;末段:倘蔣氏堅決不出,仍要其代行,即請蔣氏將人事財械各權交出,以便負責。其大要如次:

一、關於軍政人事，代總統應有權予以調整。

二、移存台灣的金銀、外匯，應由政府命令運回大陸，以應軍政開支。

三、移存台灣的美援軍火，應由政府命令運回大陸，分發各部隊使用。

四、所有軍隊，一律聽從國防部指揮調遣。

五、黨中央的決策，只能作為對政府的建議，不能強制執行。

六、擬請蔣先生出國考察，並設法爭取外援。

李談話紀錄、一致表同情

閻錫山、居正、李文範三位五月二日下午五時由白崇禧陪同抵桂，下榻桂廬。白先謁李代總統報告廣州情形後，同赴省府公宴三代表。宴後，李到桂廬和三代表初步商談，歷述其代理三個月來的情形，三位代表以其所說都是共知的事實，深表同情。

夜間，李白和少數幹部再作商談，李重申其備忘錄中的見解。白說：「我當杭州會談時已經極力這樣主張過，但現在德公如果不到廣州，政府失卻重心，人心士氣都受了不良的影響。德公是人民選出來的，應對人民負責，今天不宜以個人的政見而放棄責任。」有人提出，從軍事觀點看，究竟有無把握能夠保持西南的局面？倘若沒有，倒不如放下這個擔子。白表示沒有把握也要幹下去，否則對歷史無法交代。

大家都景仰山西堅守太原自省長梁敦厚以下文武官員五百人殉職的壯烈（四月廿四日被陷），軍政同人千餘人五月三日特在省政府歡迎閻先生，他報告中共在山西和華北虐民的實況，頗令人警惕。午刻，李代總統偕同白崇禧、李品仙、張任民、李任仁和我與閻、居、李三代表正式商談，將預擬的備忘錄向三代表提出。三代表對備忘錄中的內容，一致同意，但主張勿用「備忘錄」的名稱，請改為「談話紀錄」。當即照改，交李文範攜覆中央黨部，並分送居、閻兩位和何應欽、張發奎各一份。三代表請代總統赴粵，但他堅持必須得蔣先生對談話紀錄答覆後再行決定。午後四時，閻、居、李三代表飛返廣州。

五月四日上午，張發奎打電話到桂林給白崇禧說：「談話紀錄今晨已由中央黨部派員飛送上海蔣先生。」白下午二時由桂飛返漢口。

蔣拒絕出國、李赴粵主持

中樞於五月七日推閻錫山、朱家驊、陳濟棠三人由穗由桂迎李代總統

赴粵，並攜來了何應欽院長錄呈五月六日蔣總裁在上海覆何的信，內容係答覆五月三日李代總統的談話紀錄的，首請李代總統速蒞廣州領導政府，並說明他本人無復職意；次答李所要求六項如下：

一、總統職權既由李氏行使，則關於軍政人事，代總統依據憲法有自由調整之權，任何人不能違反。

二、前在職時，為使國家財富免於共黨之刦持，曾下令將國庫所存金銀移轉安全地點，引退之後，未嘗再行與聞，一切出納收支，皆依常規進行，財政部及中央銀行簿冊俱在，儘可稽考，任何人亦不能無理干涉，妄支分文。

三、美援軍械之存儲及分配，為國防部職責，引退之後，無權過問，簿冊羅列，亦可查核。至於槍械由台運回，此乃政府權限，應由政府自行處理。

四、國家軍隊，由國防部指揮調遣，凡違反命令者，應受國法之懲處，皆為當然之事。

五、非常委員會之設立，為四月廿二日杭州會談所決定，當時李代總統曾經參與，且共同商討其大綱，迄未表示反對之意，今李既欲打銷原議，彼自可請中常會複議，惟民主政治為政黨政治，黨員對黨應有遵守決議之責任，黨對黨員之政治主張，有約束之權利，此為政黨政治之常軌，與訓政時期以黨御政者自不可混為一談。

蔣總裁對最後請其出國爭取外援一項堅決拒絕，語極牢騷，謂「過去彼等主和，乃指我妨礙和平，要求下野。今日和談失敗，又加我以牽制政府之罪，強我出國，並賦我以對外求援之責，如果將來外援不至，中正又將負妨害外交，牽制政府之咎。」又謂：「中正自引退以來，政治責任已告解除，而對革命責任仍自覺其無可逃避。……但決不敢有任何踰越分際，干涉政治之行動。」「今日國難益急，而德鄰兄對中正隔膜至此，誠非始料之所及，而過去之協助政府者，已被認為牽制政府，故中正惟有遯世遠引，對於政治一切不復問聞。」

白崇禧同日由長沙返桂，看了蔣氏上面的信，說：「蔣並非不想出山。」他和李代總統詳商後，李即決定赴粵。夜間曾討論國都地點、內閣人選等問題。

李代總統五月八日上午十時偕閻、朱、陳三位和隨員分乘追雲、自強兩專機赴廣州，午刻到達，以中華北路市政府迎賓館為臨時官邸。隨即發表談話：共黨無心悔禍，再度挑起內戰，望全國人民支持政府完成戡亂

建國任務；當前要務在團結內部，刷新政治，解除人民痛苦，加強工作效率云。

第四十一章　臨時首都在粵期間的
　　　　　　蔣李關係

本章記述民卅八年五月至七月間情況的變化。

軍事依然繼續崩潰。五月十五日，華中部隊因軍政副長官張軫在賀勝橋叛變投共而撤出武漢，長官公署移駐長沙。五月二十日，胡宗南部撤離西安。五月廿五日，上海失陷，七月廿一日，南昌失陷，湖南戰事跟著展開。七月廿二日，華中公署遷駐衡陽。七月廿七日株洲失陷。

政府和談代表黃紹竑五月下旬由李宗仁，勸其勿驅人民為蔣朝殉葬。卅一日黃氏並在港招待記者公開宣佈致李原函。劉斐於六月十二日由平經港到粵，帶來章士釗、邵力子五月十八日致李長函，責其謀和不誠，到粵實自入蔣之圈套，歸結仍望李與共和。劉斐並勸李決然引退，將事實公告天下，謀國苦心，或為天下後世所共諒。李對這幾位和談代表的勸誘，始終不為其所動。

蔣自長江崩潰以後，即由暗地控制而公開行動，他做他的，絕不管政府如何，而政府反要替他轉發公文。而李以軍餉命脈的現金握在蔣手，部隊不得不從蔣的命令，事實無法抵抗，所以他一切都採取隱忍態度。這便是那時期兩者間真實的光景。

蔣促李赴粵、免脫離掌握

現述首都遷到廣州以後的政情。

這可從引退總統和代總統雙方的行動去看。

蔣總統在決定暫時引退時，已經有了一套整個的打算，這是世人後來根據政情演變而綜合描出的，跡象卻是顯然，那便是：經營台灣，為最後根據地；整頓東南，以維持沿海，使和台灣相呼應；控制西南，以留個後方；收拾粵桂，以消滅桂系的作梗。依他這一套，如果李代總統留在桂林，便有脫離他的控制而發生橫決的危險，可能演變到他不能「收拾」的地步，故一接到廣州轉去的報告，除派出極適當而又極有份量的閻錫山、朱家驊、陳濟棠為代表赴桂敦促外，既在答覆李的「談話紀錄」上刻意表

示他不妨礙政府行使職權；更在致李的親筆信上義正辭嚴地責其在黨國危急存亡關頭，不能卸責，情真語摯地只要他到粵負責，決以全力來支持。李是無機心的人，就這樣動身赴粵了。蔣放心了。

李代總統既決心不做投降的和平，蔣總裁又表示決不復出而全力支持他，只好繼續負責了。他依三個月來的經驗，重要的事是：對外須爭取美援，在離桂前，五月六日曾致函杜魯門總統直接商洽；對內準備改組一個能聽指揮的內閣，一切措施才能如意。

李赴粵時，立法委員中的進步民主份子曾有對時局的意見向他提出，內容有六項：

一、保持法統地位；

二、鮮明政治號召；

三、積極創立組織；

四、重建和戰觀念；

五、加強地方聯繫；

六、儲備全國人才。

他們所謂政治號召，是：經濟平等；政治民主；思想自由三個口號。他們認為和戰觀念，應依這口號而重定；創造組織，也應以此為建黨的理論。李對他們這意見完全採納，以後的行動，大體上不出這個範圍。

政院為財糧、召各省會議

廣州成為臨時首都後，我曾因公到過一次。

行政院為軍糧、地方財政、金融等問題，電召各省政府主席、財政廳長、田賦糧食管理處長，省參議會議長赴粵開會討論，五月十四日派飛機來長沙、桂林接往，我偕蔣繼伊議長和秘書長黃中廑、廳長韋贄唐、處長歐仰義等同行，下午四時到達廣州，住桂省駐粵代表辦事處。

行政院長何應欽十六日上午九時在中華北路廣東招待所行政院會議應召集湘桂兩省出席人員舉行會議，作一般的討論。晚間，再召集廣西小組商決關於廣西卅八年度田賦問題，依照卅七年度一樣徵實徵借，徵一借半；徵實部份中央佔三成，徵借部份全歸中央。十七日上午九時半開第二次會議，宣佈各小組所商定的，即為定案。

李代總統十九日下午在官邸召集行政院長何應欽、西南軍政長官張群、華中軍政長官白崇禧、海南特別區行政長官陳濟棠、台灣行政長官陳誠、陸軍總司令張發奎、參謀總長顧祝同，聯勤總司令郭懺、粵省主席薛

岳、桂省主席黃旭初、川省主席王陵基、黔省主席谷正倫、西北軍政長官
公署參謀長劉任舉行會議，討論軍糧、財政、金融各問題。行政院對軍糧
已決定徵實徵借，而川黔各省反對，定次日由代總統召見各該省來院開會
人員加以勸告。白長官力主發行糧券，言之再三。二十日晚上繼續會議，
增加財政部長劉攻芸和徐堪、盧作孚、劉航琛四位，討論財政金融問題。
大家以金元券除廣州和重慶兩處還行使外，已到處不用，發行又已不敷印
製費，故幣制必須儘速改革。劉部長報告：庫存金銀尚值四億美元。會議
未能即有結論。

　　在廣州數日，會議外的見聞，有可記的如下。

一、陳濟棠、張發奎、余漢謀、薛岳四位二十日晚宴白崇禧、陳誠、
　　李漢魂、鄧龍光、黃鎮球和我於梅花村陳宅，餐後漫談，一致認
　　為應佈置海南島作持久抗戰之計，廣東南路也不可忽。大家都勸
　　鄧龍光就廣州綏署南路行署主任職，但鄧以無兵無錢，不能做
　　事，堅決不就。

二、何應欽廿一日晨向李代總統親遞呈文請辭行政院長及國防部長兼
　　職，李將允准，擬徵求居正繼任。

三、國民黨內頑固份子以李代總統初蒞穗時發表談話的反共態度不夠
　　堅決，壓迫他於廿一日再發表〈告全國同胞書〉。

我們廿二日搭中國航空公司機離穗返桂。

黨加緊羈勒、居提名失敗

　　李代總統在廣州的處境，比在南京時更壞，因國民黨中央近在身旁，
對他的羈勒更緊，立法院的進步民主份子，對他支持的情緒漸減，不如意
的事遂沓至紛來。

　　第一是黨中央以為李氏對中共與和談仍存有幻想，逼他要明確政治
的面目，輾轉向他示意，說是總裁四月廿七日已在上海發表〈告全國同胞
書〉，重申戡亂決心，而本黨中央接著廿八日也在廣州發表〈告全體黨員
書〉號召反共救國，代總統也應對此有所表示，以資統一意志，整齊步
驟。李氏終於發表上述的〈告全國同胞書〉，以澄清外間的流言。這篇文
告原為李氏左右和立法院的民主派起草的，但經過國民黨中央常務委員會
修改後，已原意盡失，面目全非。

　　第二是行政院長何應欽以身處蔣李中間，兩面都不討好，環境困難，
呈請辭職。代總統徵得居正同意繼任後，五月三十日下午向國民黨中央

常務委員會提出，居氏先得蔣總裁允許，故即獲通過。但次日李提請立法院投票時，竟因一票之差而遭否決。是怎樣失敗的呢？一因李氏卅一日上午招待立法委員茶會時說了這樣一句話：「他（指居正）有辦法對付那些妄自尊大的將領。」使那些對蔣氏表示忠貞的立委聽了大起反感，立即秘密聯絡，投反對票，給李氏以反擊；二因李氏的〈告全國同胞書〉被黨改失原意而李不堅持，民主派以為李氏已成為國民黨保守勢力運用的工具，有些因而離心，溜去澳門、香港；三因擁李者過於自信，總以為立法院仍和以往一樣，絕大多數是擁李的，臨時聯絡的功夫疏忽了，如立委韋永成於立院投票當日才由港回穗，因搭遲了一班飛機，到達時而立法院的投票已過，結果，他成了最後失敗一票的負責者。

立法院原定當日休會，現因還須再一次行政院長同意票，只好改到六月三日再行休會。

對革命有責、親赴滬督戰

蔣總裁因南京一帶國軍潰到杭州，不能再居奉化，四月廿五日離溪口，由象山乘「太康」艦於廿七日到上海，即命令以銀元發放守滬部隊官兵薪餉，發表告全國同胞書。逗留經旬，分別召見黃埔出身的高級將領，又召集守滬部隊團長以上人員訓話，鼓勵大家堅守三個月，第三次世界大戰就會爆發，美國就會恢復對我的援助。五月七日乘「江靜」輪離滬，察看長山列島和舟山群島的情形。八日由舟山飛往澎湖的馬公島。

由長江及浙江潰退入閩的部隊，情形非常混亂，要趕緊整頓，他令參謀總長顧祝同帶了整編方案到台灣先和陳誠磋商，再轉飛馬公島請示決定，然後實施。數天後，他由馬公島赴台灣高雄的壽山。

京滬警備總司令湯恩伯統率廿二萬餘的兵力守上海，配備三重陣地。外圍陣地：以顧錫九的一二三軍附暫八師守浦西外的南翔鎮、華曹鎮、七寶鎮、華涇鎮之線；王秉鉞五一軍守浦東外的川沙城至北蔡鎮之線。主陣地：以劉玉章五二軍守備滬西北地區的獅子林、月浦、楊行、瀏行；吳仲直七五軍附九五師守備滬南及西南部的虹橋、梅家弄、龍華；羅澤闓卅七軍（欠二零四師）守備浦東南部的楊思、塘橋、洋涇；舒榮十二軍守備浦東北部的高行、高橋。核心陣地：利用市區內高大建築物如四行倉庫、國際飯店、中央銀行、市政府、警察局、法國兵營等作為堅固的抵抗據點，由王克浚廿一軍、九九師、馬志超交警總隊及直屬部隊守備。每重陣地都構築有堅固的防禦工事，物資也很充足。共軍於五月十二日開始發動進攻

上海，戰事劇烈。蔣總裁依照他往日任最高統帥時的習慣，率領空軍總司令周至柔、海軍總司令桂永清由馬公島乘兵艦於十七日到吳淞口督戰。到了五月廿五日下午，我軍終不能支，湯總司令下令向台灣撤退，船少人多，敵人追迫，多被棄不顧。蔣總裁也返台灣。

蔣氏這樣的行動，也便是他自認為對革命的責任無可逃避的事。

閻繼何組閣、吳責不守粵

李代總統在居正組閣失敗後，六月二日先後向國民黨中央常務委員會和立法院改提閻錫山組閣，中常會先通過，次日，立法院開會，以二百四十票對五十票通過閻錫山為行政院長。

當居正提名組閣時，原定以白崇禧、張發奎入閣，閻氏得立法院同意後，粵桂人士一致希望以白長國防部、張長僑務委員會，將對粵局大有補益。但當閻氏飛台請示時，白、張兩人都為蔣總裁所否決了。六月十日代總統令：特任朱家驊為行政院副院長，李漢魂為內政部長（蟬聯），閻錫山兼國防部長，葉公超為外交部長，徐堪為財政部長，劉航琛為經濟部長，都是新任，其他各部會不動。

閻閣當前的中心課題為保衛華南和籌付軍費。

中央常務委員會六月二十日開會討論保衛華南問題，李代總統、閻院長、參謀總長顧祝同、參謀次長蕭毅肅及其他有關作戰人員都到參加。顧先報告，蕭加說明，謂：保衛廣東，完全倚靠白崇禧所指揮的廣西部隊三個軍。蕭說完後，吳鐵城發表長篇演說，指責國防部兵力部署失當，沒有保衛廣東的決心。他說：「上海撤守後，湯恩伯的主力為甚麼不調來防守廣東呢？劉安祺兵團從青島撤出後，為甚麼調到海南島去呢？在現代戰爭，保守任何一個島嶼或沿海據點，都限於地理環境，不能發揮積極的影響，且因戰意長期腐蝕，銳氣日消，終且不待敵人來攻，本身也難免萎縮消滅，這是人所共知的。廣東為革命策源地，總理民六護法，民十召開非常會議，民十二組織大本營，無不以廣州為領導中心，這因為廣州為華南重鎮，又與海外密切貫通，本黨為救亡圖存，復興再起，當以保衛廣東為首要任務。現看國防部調動兵力，竟以防守海上據點為目標，似乎並不準備保衛廣東，如此本末倒置，輕重易位，本人基於愛黨愛鄉的立場，期期以為不可。」顧、蕭兩人聽了，相對沒話可說。馬超俊也起來附和吳的意見，會場空氣非常緊張。人人都知道，所有部隊的調動，李固無從過問，閻也並未與聞，吳、馬兩人攻擊國防部，實際是攻擊引退總統。後來顧雖

婉為解釋，而聽者都不能釋然於懷，結果，會議就在不了了之之下散會。廣東軍政各首長對蔣氏不守廣東極端不滿，吳是代表他們而說話的。

特務競走私、財政無辦法

中央常務委員會六月廿四日召開臨時會議，討論財政問題。在會議時，他們全體先到李代總統官邸聽取財政部長徐堪的報告，以便對此問題採取適當的對策。

徐報告說：「現在軍政兩費支出，如以銀元計算，即軍費月支三千萬元，政費一千五百萬元，兩費合計月需四千五百萬元；政府每月僅靠關稅、鹽稅、貨物等項收入一千萬元；收支相抵，不敷三千五百萬元。本人上次赴台請由庫存金銀撥補政府赤字，但總裁以庫存金銀折合銀元僅值三億一千萬元，準備作支持兩年之用，僅許月撥一千二百萬元，此外不敷之數，令由廣州方面自行設法。現財政部準備將收入部份提高到百分之三十，支出部份減少到百分之六十，每月不敷仍達二千三百萬元，即半數以上，數目太大，終恐無能為力。」

吳鐵城質問：「根據調查，即關稅一項，月可收入港幣一千五百萬元，因走私漏稅橫行，收入大減，財政部何以不設法整頓呢？」徐答說：「現在走私漏稅，都是大天二和特權份子合夥經營。我說的特權份子究竟是誰？大家心裏明白，我也毫無辦法呢！」徐指的特權份子，就是國民黨兩大系統的特務。吳鐵城亢聲道：「堂堂中央所在地，他們如此明目張膽，橫行無忌，而政府竟毫無辦法，那麼，這個政府已經威信掃地，怎麼能支撐下去呢？」大家都相顧無言。

李代總統問道：「財政部原來打算改革幣制，現在準備情形如何？」徐答說：「部裏最近研究結果，無論採取何種幣制，必須實行硬幣兌現，才能維持幣信。但我們在美定鑄三千萬銀元，從七月十二日起方可陸續運到，約九月底運清。成都和重慶的造幣廠要在半個月到一個月後方可開工，台北造幣廠也要一個月後開工，想在香港鑄造，英政府又不願負責保護，因此，硬幣來源成為大問題。」

最後，徐表示對財政束手無策，願辭財長職務，以明責任，請求中常會予以諒解。吳鐵城和陳立夫連忙對徐慰問，請他勉為其難，黨和政府應成立一個「財政小組」研討具體補救辦法。七月三日，行政院公佈改革幣制令，發行銀元券，就是研討的結果。

防務與整編、任意逕施行

蔣總裁既將廣州方面的事作了安頓，即安排東南之計，六月廿一日由台北飛往福州。到達後並未進城，在南郊飛機場辦公大樓召開軍事會議，出席的有福州綏靖主任朱紹良、東南前進指揮所主任湯恩伯、第六兵團司令官李延年、廿五軍軍長陳士章、七十三軍軍長李天霞、七十四軍軍長勞冠英、九十六軍軍長于兆龍、一零六軍軍長王修身、獨五十師師長李以劻、獨卅七師師長吉星文、聯勤總部第一補給分區司令繆啟賢及各軍副軍長、師長、團長、綏署各處長、兵團司令部各處長等共八十餘人。另有第八兵團司令官劉汝明、五十五軍軍長曹福林、六十八軍軍長劉汝珍、廿二兵團司令官李良榮、第九軍軍長徐志勛、第五軍軍長高吉人、第一二一軍軍長沈向奎等因駐閩西、閩南，未及趕來參加，指定會後由湯恩伯將會議要點帶到廈門去傳達。

蔣氏在會議中聽完了報告，點了名，即對全體訓話，說他是以總裁身份和大家見面、共安危的。要固守福建，作據守東南沿海之計，並藉此以鞏固台灣。只要支持到明春，世界反共聯軍就會和我們一起驅俄清共。講完了話，即和朱紹良、湯恩伯、李延年、俞濟時等討論軍事問題，決定如下：

一、關於防務：甲、入閩共軍不多，七四、一零六、九六、二五各軍及獨五〇、獨三七兩師，應仍固守閩江以北地區。乙、九六軍及獨立五〇師應準備收復古田。丙、七三軍仍確守平潭島。丁、駐漳龍地區第八兵團及駐泉廈地區廿二兵團不北調，閩江以北兵力不足，由台灣增防。戊、守福州之二五、一零六、七四各軍，迅速加強工事。以上各項，由福州綏靖主任朱紹良按照速行調整佈置。

二、關於調整機構與整編：甲、國防部已遷至廣州，東南沿海防務重要，為確保東南（以台灣為中心）諸省，決成立東南軍政長官公署，統一指揮浙江（舟山群島）、福建、廣東、台灣四省軍政事宜，長官人選，決定後另行電達。乙、發行銀元券後，動用黃金白銀，經費困難，嚴禁吃空，決定核實各部隊兵員，認真估計戰力，即成立東南區點驗整編委員會，以蔣鼎文、俞飛鵬為正副主任，速行計劃點編。丙、為充實部隊戰力，決裁減大單位，充實師以下單位，以健全戰略師為主，軍與兵團一級盡量減少。福建區如何調整，俟點驗後決定。以上由國防部命令施行。

三、關於後勤補給：共五項略。

蔣當晚即返台北。後來蔣鼎文在福建點驗完畢，提出整編方案，經蔣批准後，即以兼國防部長閻錫山名義發佈。軍財各政，事事蔣都自己決定，事前事後也不關照李代總統，這便是他所說的協助政府。

聯菲同反共、迫美改政策

李代總統為用人權和用錢權問題，七月初擬親赴台灣和蔣總裁面商，但蔣覆電說，他即將來粵，只好等候。

蔣總裁起程前，蔣經國先到廣州部署。七月十三日午間，鄭彥棻約邱昌渭、程思遠到百子路東平里他家中午餐，和蔣經國晤談。蔣經國說：「總裁定後天到廣州，希望李先生把一切需要提出的問題直接和總裁商量，無須經過中間人轉達。」又說：「總裁下野後，並不是說他不管事了，實際上他仍管著許多事，這因為他的責任心太強，渴望把國家的事做好。」

事實上蔣總裁並不是如經國所說十五日到廣州，他十四日便由台飛粵了。李代總統得到消息準備接機時，蔣已親到迎賓館先來拜望。蔣說準備留在廣州一星期，有許多事項要從長計議。他住在梅花村卅二號陳濟棠公館。

七月十五日下午四時，蔣氏以總裁身份在陳公館招待留粵全部中央委員。當晚八時，又在廣州綏署請全體中委晚餐，餐後舉行中委談話會，他把「本黨改造綱要」提出來交換意見。

十六日上午九時，蔣氏在陳公館召開中央常務委員會議，先報告他赴菲的情形，說：「美國國務院目前對我們仍本其一貫的觀望政策，照舊表現其無關痛癢的冷視態度，它以為我們反共是勞而無功的，沒有前途的，我們當然不能聽任這種情勢的自然發展。因此，我特於本月十一日由台灣到菲律賓和季里諾總統進行商談，結果我們兩人發表了一篇聯合文告，籲請東南亞各國組織一個反共同盟，目的在造成形勢，迫使美國改變政策。」他即令黃少谷把那篇聯合文告原文當眾朗誦一遍。讀完後，他問：「各位有意見嗎？」

大家當然一致支持。

實行黨控政、成立非常會

蔣總裁此次來粵最主要的事，是要實現杭州會談時的主張，他要領

導黨，李則領導政府，而政府的決策必須聽命於黨，接受黨的領導。他在七月十六日中央常務委員會議中最後提出：為加強黨政聯繫，統一行動方針，設立中央非常委員會，以本黨總裁為主席，李代總統為副主席，孫科、閻錫山、張群、何應欽、于右任、朱家驊、陳立夫等七人為委員，洪蘭友為秘書長，程思遠為副秘書長。全場拍掌一致通過。

這是約束李代總統的一套網羅。李在桂林時提出的會談紀錄，曾對此表示強烈的異議，但到廣州以後，明知不能抵抗蔣氏的壓力，不再反對，事前只提出了一項折衷方案，希望以吳忠信為秘書長，這是最適宜於作蔣李之間的中介人物，以為有他出來奔走斡旋，對於消除隔閡，促進團結，當能發生相當的作用，蔣已經答應了，不料，竟代之以洪蘭友，使李大為失望。

當日下午四時，蔣氏召開中央非常委員會第一次會議。閻院長提出數萬言油印本的「扭轉時局案」，結果只是原則通過，交由行政院各部擬具實施辦法再提本會討論。蔣氏在會議中提出非常委員會在重慶和台灣設立兩個分會，分別以張群、陳誠充任分會主席。同時蔣又提出以陳誠為東南軍政長官，直轄蘇、浙、閩、台、瓊五省。

蔣總裁七月廿二日乘華聯輪離粵赴廈門。

本意不相容、商討總成空

李代總統當蔣氏留穗數日中，頻頻會晤，把要商談的問題，直接向他提出，但並未獲得解決。主要的問題是：

一為國防部長問題，七月三日，白長官派李品仙由長沙飛穗，建議於李代總統，以為國防部長由閻兼任。等於虛設，如不改組，即無法部署兵力，保衛廣東。李品仙力陳應以白氏出任國防部長，要求代總統努力促其實現。

二是保衛廣東的戰略問題。那時所有國民黨中央大員以至廣東地方軍政當局，都認為保衛廣東遠較固守沿海若干據點為重要，他們都期望蔣總裁把沿海兵力調到大庾嶺地區，同華中部隊聯結，共同負起這個責任。

李代總統為上述問題懸而未決，在蔣總裁離粵不久，七月廿六日出巡各省，當午抵衡陽，夜宿福州，廿七日飛抵台北，蔣總裁親到機場歡迎，表示得非常客氣。在廿七至廿九日間，蔣李曾作數度長談，但蔣對李所提出的問題，依然進宕。對白長國防部，藉口胡宗南和宋希濂反對。對保衛廣東，說是目前兵力有限，不能防守大庾嶺以北地區。李七月三十日返

穗，八月二日他在中央非常委員會會議報告說：「上次蔣先生來粵，和此次我赴台，我們兩人經過無數次商談，結果可說毫無成就。」

因為所商的問題，都是與他「收拾粵桂」的本意不相容的。

第四十二章　國府由粵遷渝的混沌之局

本章記述民卅八年八月初至十月中的情形。

在這兩個半月短短的光陰中，我敵消長，形成極強烈的對照。在我則甘肅、青海、寧夏、綏遠、新疆、陝西、福建、湖南、廣東各省相繼喪失，終至臨時首都由廣州轉徙重慶，大陸只剩下四川、西康、雲南、貴州、廣西幾省和廣東南路，沿海只保有台灣、海南和浙閩附近各島嶼。在中共則不止三分中國有其二，且在北平樹立了另一個中國政權。

國府初意力謀守粵以便於接受外援；蔣總裁親自入川致力於穩定西南。對於以滇為退路的想法雖彼此一致，但處置辦法卻不相同。

外援的商洽，一度因美方要直接分配，我方有人以為如果接受這種辦法，國軍將被美國分化，表示反對，所商尚未到達最後階段，而廣州已告不守。遂致毫無結果。

以上三點，便是本文的提要。

程陳暗勾結、瞞過白崇禧

長沙於八月初因程潛和陳明仁投共而淪陷了。

長沙綏靖主任程潛自民卅七年十二月廿四日致電蔣總統主張和平、請蔣下野，蔣對他已不放心，以李默庵等監視他。他是期望國共和談成功的，到了和談破裂，他便決心投共。華中軍政副長官李品仙四月廿四日由漢口到長沙，廿五日抵桂林告我道：「湖南已和毛澤東勾通，準備在長沙以十萬人大遊行作反戰示威運動，因我到而停止。」從此白崇禧長官對湘省即注意部署，五月七日白氏由長沙到桂說：「此次到湘，佈置頗為滿意，程氏願到中央，允以警備司令陳明仁補省府委員並代理主席；唐生智表示對綏靖主任或省主席都無意圖云。」

華中軍政長官公署五月十五日由漢口移駐長沙後，耳目在近，程潛的和平活動也加意隱蔽。陳明仁表面上堅決反共，暗地裏受程煽動，白氏被其瞞過，竟舉他以第一兵團司令官兼長沙警備司令，以監視程。七月一日，白在長沙召集湘、鄂、豫、粵、桂五省同志開黨的重建發起人會，我

和李漢魂等前往參加，程潛和陳明仁都被選為幹事，以維繫他們。中央要程潛赴粵任考試院長，程既懷有陰謀，自然遲遲不願離湘。鄂贛兩方共軍七月二十日遠對長沙作包抄態勢，廿一日上午，程潛率領長沙綏署撤往邵陽，省主席職交陳明仁代理留駐長沙；華中長官公署同日下午移駐衡陽。程由邵陽到東安和唐生智等多人密商後，即秘密回長沙準備投共行動。七月三十日，行政院任命陳明仁為湖南省主席，卅一日又撤銷長沙綏靖公署，任命陳明仁為長沙綏靖總司令。而中共的密使李明灝也於三十日到長沙，與程潛、陳明仁等完成最後的反叛準備。中央接獲程潛不穩的密報，即派國防部次長黃杰、政工局長鄧文儀，於八月一日清晨乘追雲號機飛湘，上午九時四十分抵衡陽謁白長官請訓後，即於上午十一時四十分再飛到長沙，在省府晤陳明仁，表示此來專為迎接程氏赴粵任考試院長，實際上想以鄉誼和黃埔同學關係來堅定陳的態度。陳對黃鄧說是程潛日前由邵陽回來，主張投降，大家都加以反對，遂乘船離開長沙，不知所往。黃鄧當日即返衡陽。八月三日，陳召集各軍長、師長宣示主和，四日即與程潛發表通電投共，在長沙的國軍，僅有少數脫離出來。這是程、陳投共的經過。行政院即任命黃杰為湘省主席兼第一兵團司令官，駐邵陽，收容長沙退出各殘部，仍歸華中戰鬥序列。

程陳既叛，中央對唐生智有戒心，請其任考試院長，派李品仙八月八日由桂飛衡陽轉東安訪唐，李氏十二日回桂據談：「唐生智表示，代總統尚須聽蔣的命令，不能自主，我去又有甚麼用處？我如果造反已經和程潛一起行動了。到必需時，我必取道桂林飛往香港。」李料共軍來時，唐必與之講價。後來唐果然投共。

閻提保衛案、未獲蔣批准

當湘局發生變化間，中央非常委員會於八月二、三兩日在廣州東山梅花村卅二號連續舉行會議，除聽取李代總統台灣之行的報告外，以長時間討論閻院長提出的「保衛華南西北案」。

在會議中，吳鐵城主張大力裁軍減政，以應非常事變，他說：「現在已經不是擺場面的時候，而是綁緊肚帶來策應非常局面的時候了。我們的黨有個壞習慣，就是『以不變應萬變』，無論客觀環境如何變化，本身還是一仍故我，不思改革，不求進步，因而淪於今日每況愈下千鈞一髮的地位。譬如我們中央政府，在過去統一局面的時候，建有五院和十多個部會，現在局處一隅，統治區域已大為縮小，但中央單位還是那麼多，政費

開支還是那麼大，這不是打腫面充胖子的破落戶作風嗎？為甚麼我們不可以組成一個袖珍政府呢？」

閣院長對蔣總裁的戰略思想作痛切的評論，道：「總裁的戰略思想，主張守點守線，通常把主力集結於若干核心據點，以待敵人的進攻。因而中共方面乃能隨時集中絕對優勢的兵力，以施行其各個擊破的戰法。總裁這種作戰指導方針，已經飽受過失敗的教訓了。特別是今天的形勢，敵強我弱，敵大我小，在敵人攻勢之下，我們怎能單純倚靠一些核心防禦的守勢作戰來支持下去呢？我們非要求全面改變戰略思想不可！我主張放棄守點守線戰法，從新採取守面的運動戰法，集中力量統一步驟，以期爭取時間，扭轉逆勢。」

保衛華南西北案在會議中獲得通過，決議請蔣總裁將胡璉、劉安祺兩兵團調到粵北贛南地區與華中部隊配合作戰。並將台灣空軍調來廣東，策應地面部隊；又請把空運大隊的飛機悉數調粵，俾將軍用供應品運往蘭州空投，以補給西北守軍。

吳鐵城應麥克阿瑟元帥邀請赴日，準備經由台北稍作勾留，他提議：將這兩天會議席上各人發言要點連同閣案全文和決議交給他帶往台北，面請總裁核示。於是將會議紀錄帶去。但蔣氏對建議各點，多未批准。到此，大家感覺蔣總裁對於大陸似是聽其自然演變，以後，連閣院長也沒興趣再提甚麼方案了。

美援華失敗、諉為責在蔣

美國國務院當我政府最困難的時候，八月五日公佈了「美國與中國的關係」報告書，這是外交上一件大事！

自共軍南渡長江後，美國政府一方面認定國民黨已無希望；一方面對共產黨又存幻想。我在政府南遷廣州之先，即通知司徒雷登大使早日赴穗以策安全。但他只派參贊克拉克南來設館，而自己卻奉命留京守候，期與中共取得聯系，為將來承認中共搭橋。可是司徒留京兩個多月，無法和中共打上交道，美政府處境尷尬之極，於是一方面令司徒大使準備回國，一方面趕編那本《美國與中國的關係》報告書，將美國對華外交失敗的責任完全推卸給蔣總統的身上，以保持自己的面子。這本白皮書原定七月廿三日發表，因司徒雷登正託黃華和北京方面對未來中美關係問題有所接觸，請緩發表，後來看看實無任何希望了，乃在司徒雷登返國途中將之公佈。

這本白皮書揭露美國晚近對華政策的整個經過，特別注重一九四四至

四九那五年間中國的情形和美國的政策。書中論到日本戰敗後美國對華政策，曾經作過這樣的考慮：

「和平來到的時候，美國在中國碰到了三種可能的選擇：一、它可以一乾二淨地撤退；二、它可以實行大規模的軍事干涉，幫助國民黨毀滅共產黨；三、它可以幫助國民黨把他們的權力在中國最大可能的地區建立起來，同時卻努力促成雙方的妥協來避免內戰。」結果第一、二兩策都認為窒礙難行，最後採取了第三條路。

白皮書極力描寫蔣總統的失敗係咎由自取，根本不關美援，它說：「國民政府之所以失敗，並非美國援助不足所致，我們軍事顧問團報告說，國民黨在那關係重要的一九四八年間，並沒有一次戰役是因為缺少械彈而打敗的。事實是：國民黨的軍隊用不到被敵人打敗，他們自己崩潰了。」

美國政府為對其人民辯解援華的失敗，竟不惜對其盟邦已經下野的元首加以無情的打擊。

謀確保廣東、期獲援持久

美國政府因無法和中共拉關係，雖已決意不援蔣，卻擬援助其他有望的人。

廣西建設廳長黃榮華八月中旬自香港回桂，據云在港曾晤美艦隊司令海軍上將白吉爾，白表示：「美政府對蔣氏認為不可救藥，對李代總統尚有信仰，可惜他還不曾拿出魄力把政府改革為非蔣的。」過了不久，白吉爾訪問廣州，白崇禧長官和他晤談，白吉爾說：「國民政府的腐化勢力，讓共產黨把它掃除後，美國再來援助不腐化的去掃除惡勢力，希望華中能支持六個月以待此種情勢的來臨。」白崇禧答道：「這種做法太不合算了，將使非腐化的也同歸於盡，想再起來就為難了。」他們這次晤談的結論是：如果白崇禧的部隊能到廣東來，則白吉爾的艦隊將負責供應一切必需的補給品，由輕型登陸艇運到廣州交卸。

吳鐵城此時也由東京回到，據云：「麥克阿瑟表示，美已放棄援蔣，美國國會現在通過了七千五百萬元的撥款，用於中國一般地區，如果廣州能守至六個月，這筆撥款和軍用物資就可能源源而來，以支持華南的局面。」

李代總統根據上面兩個事實，召集兩廣軍政首長陳濟棠、余漢謀、薛岳、白崇禧舉行會議，重提兩廣合力固守廣東之議。粵方一致積極支持。商決下列各項：

一、改任廣州綏靖主任余漢謀為華南軍政長官，賦以指揮廣東境內陸
　　海空軍的權力。
二、廣州市原為院轄市，著改為省轄，由廣東省政府直接指揮，以統
　　一事權，集中力量。
三、為適應軍事需要，廣東全省應實行空室清野。

政府八月廿三日即明令發表余漢謀為華南軍政長官。但最主要的是調華中部隊到粵協防，而這又是那時的國防部絕不敢下令調動的，故必須改組國防部，李代總統因託賈景德轉致閻院長，望他自動辭去國防部長兼職，並逕薦白崇禧接充。賈氏回報，閻表示說，他兼長國防，出自蔣意，如須辭去，也要得蔣同意，待向其請示看。

總統府秘書長邱昌渭八月廿五日由廣州致我電話道：「前日發表余漢謀為華南軍政長官後，余表示：無錢無彈，不能做。粵北胡璉兵團向福建靠，而且他有一個軍不知去向，戰事很可慮。白長國防部事，要等蔣總裁由重慶回來才有分曉。白吉爾表示：此次不該來穗，令到台灣不快，將赴台一行，稍事敷衍云。」

蔣入川一月、圖穩定西南

蔣總裁八月廿三日由台灣飛抵廣州，召見了若干將領，翌早即飛赴重慶，和李代總統未商談何項問題。那時西北已呈危急，西南內部也有問題，他在渝，逕以中央非常委員會主席名義直接處理各方的軍政各事，在廣州的政府未及與聞。

關於西北，在此以前，李代總統曾電召其軍政首長來粵、對甘、寧、青方面情勢有所諮詢，隨於七月廿六日發表馬步芳為西北軍政長官，馬鴻逵為甘肅省政府主席。中央非常委員八月三日會議，曾對保衛西北請蔣將空運大隊集中廣州，以為運輸供應品接濟西北守軍之用，但未得批准，因之西北重鎮蘭州終在兵力懸殊和餉械兩缺的情況下，於八月廿六日失守了。繼之西寧淪陷，新疆已被隔絕。

蔣氏到渝，即和駐渝各軍政要員會談。八月廿七日，接見宋希濂，聽取湘川鄂邊區的軍事報告；並約川中人士談商四川省自衛委員會和省政府間的糾紛。廿九日，召集西南各省軍政首長開會，除雲南外，川、黔、康各省和陝、甘、鄂、湘各區均到，會議決定以隴南，陝南為決戰場。渝市本定九月三日舉行十萬人的反共大遊行，歡迎蔣總裁，但先一日全市竟遭大火，燃燒徹夜，或說是共黨產放的火。十二日蔣氏飛往成都。

四川內部，成都綏靖主任鄧錫侯和四川省自衛委員會是主張和平傾向共方的，省主席王陵基和重慶市長楊森卻力主反共。西康省主席劉文輝是和鄧錫侯同一態度的。西康群山起伏，既無鐵路，也無現代公路，蔣原預定將無法撤往沿海地區的部隊，以西康為最後根據地，去打游擊戰，故必須將不穩的劉文輝調離西康，而終未能實現。西南軍政長官張群，深知大勢已去，向蔣辭職，未獲即許。

中共佔領山西後，對於綏遠未即動手。九月十六日，蔣氏在成都聞傅作義已由北平到綏遠，即電告傅，謂即派徐永昌飛包頭晤談。但同日接孫嵐峯來電說，傅作義和各軍師旅長一體要求和平，他自己已失去統馭力量，但蔣對傅仍存希望，仍令徐永昌冒險北行。蔣十七日由成都返重慶，又電徐永昌告以他在西安時對共匪問題所得的教訓，望轉告傅，勿蹈覆轍。十九日，董其武離去綏遠；徐永昌電蔣謂：「綏遠局勢，無可挽回。」終於全體投共。

關於雲南，為蔣氏此次入川最注意的問題，詳述於後。

備最後退路、決改造滇局

在處置滇局問題上，蔣總裁的做法剛與政府相反，但事前政府並未得他通知。

本來李代總統早就顧慮到萬一廣州不守時的退路問題，因而注意到對外交通較易的雲南。他於六月八日派立法委員王澤民赴滇視察情形，王事畢，廿八日離昆明，七月四日返抵桂林，據談：「盧漢主席和省參議會倡保境安民之說，拒絕一切軍隊入境，報紙上故意宣傳桂軍入滇。盧已暗通中共，更換了CC系兩個廳長而任用左傾的。又暗給叛軍朱家璧以大批武器。」六月廿四日再派桂林綏靖公署副主任甘麗初赴滇訪問盧主席，觀察所得，與王相同。

情況是瞭解了，不論是否需用雲南為退路對現在的滇局如果不予改造，是會累及整個大局的。怎樣改造呢？政府在八月下旬擬以甘麗初繼盧漢任滇省主席，白長官特為此事於八月廿八日召甘赴衡陽詳商。九月一日，白氏由衡返桂，認為滇局非一紙命令所能解決，堅定輔之以兵。他夜間再約李品仙、甘麗初和我研討對滇用兵的部署。次日上午十時，白即由桂飛貴陽和谷正倫主席並在黔重要將領談商對滇計劃，預定使用八十九軍由黔入滇；他並預定當晚轉到廣州，請中央下令處置滇局云。

行政院旋即任命魯道源為昆明綏靖公署主任，甘麗初為副主任。此項

命令，交白長官由粵帶歸衡陽部署一切，魯道源在湘南防次也已發出了率師回滇的露佈，但後來終因蔣總裁在渝對滇另有處置不得不中止。

這是政府方面對滇處置的經過。

先安撫盧漢、隨派兵入滇

蔣總裁既注意雲南，他的處置怎樣呢？

他到渝後，兩次派人到昆明去召盧漢到渝商談，都無結果而返，盧不敢來。第三次派俞濟時，囑俞告盧道：「你做了我那麼久的部屬，難道還不信任我？你到重慶來，我保證你的安全。」盧聽了一想，如果再不去，反為不妙，九月六日遂飛渝謁蔣，表示忠誠不貳，只因桂系正醞釀要推翻他，為自衛起見，才起而有行動云。蔣對盧慰勉有加，並許以今後滇省軍民事宜，一切概由盧自主，但須盧實行九項反共措施。盧一概答應。所謂九項，如下：

一、宣言反共，拒絕龍雲陰謀；

二、改組雲省政府；

三、拘捕共諜及一般協同共黨釀亂之民主人士；

四、解散省參議會；

五、查禁昆明各種為共黨張目助勢之刊物；

六、封閉或整理在滇省之各級學校；

七、滇境應駐國軍兩個軍，而以一師常戍昆明；

八、雲南實行徵兵徵糧；

九、實行清剿土共朱家璧。

閻院長九月六日下午啣李代總統命到渝謁蔣總裁，要扣留盧漢，不使回滇。蔣示以他的處理方針，不許執行。盧漢即於九月七日下午回滇。

西南軍政長官張群九月八日由渝飛穗，經桂林時知穗大風雨，因在桂一宿，翌晨乃行。他曾和我談及總裁處理滇事概要，不願滇入他人之手，張氏意在言外。

盧漢由渝返滇後，九月十日逮捕共黨分子及和平分子三百餘名，宣稱係奉中央命令行動，後又審訊陸續釋放。

蔣總裁九月廿二日突然到昆明，在盧漢家中午餐，留五小時即飛廣州。第八、第九兩軍陸續入滇，暫告穩定。

設置三小組、控軍財外交

蔣總裁此次留粵一旬，對控制政權更作一新措施。他在中央非常委員會之下設置三個小組委員會，分掌三方面的要政：一、軍事小組委員會；二、外交小組委員會；三、財政小組委員會。他並自兼軍事小組委員會的主席。這可作為不便即時復職的一種辦法。

粵桂合力保衛廣東以爭取外援的想法，是和他的本意不合的，但只要「白長國防」不實現，便不足介意了。一日，他先召白崇禧到黃埔晤談，話說得異乎尋常地懇切，道：「中國現在不能無我，也不能無你，願共同來支持這個艱難的局面。在過去革命過程中，我得到一個歷史的教訓，就是我們兩人團結一致，事業必定成功。北伐所以完成，抗戰所以勝利，都是我們攜手合作的成果。今後環境日趨困難，但如果我們兩人同德同心，並肩奮鬥，終必突破難關，完成反共建國的任務。」他這番話真使聽者悅耳！他更把保衛西南計劃說明：「以胡宗南部捍衛川北。宋希濂部屏障川東。華中所轄的黃杰兵團調援貴州，策應宋部作戰；其餘張淦兵團、徐啟明兵團、魯道源兵團則分防黔湘桂粵邊區。至保衛廣州，已令劉安祺兵團除以卅二軍留守海南島外，其餘兩個軍都調到粵北防衛。」對國防部長一事，他說：「我現在準備先在非常委員會設立三人軍事小組，由你和百川、墨三組成，專管有關作戰事宜，一俟西南局勢穩定，再把你調任國防部長。」白氏聽了沒有表示不同的意見。

他和白談後，九月廿六日才和李代總統接觸，他道：「這一切，健生已經同意了。」李還有甚麼好說呢！

白九月廿七日由穗返衡，說是對軍事上有新部署，召李品仙赴衡面告。李三十日返桂，先述蔣在穗對白的談話（見上），繼說：「廣東各將領推白指揮軍事，白無法推卻。昨天粵人到衡勞軍，犒勞華中部隊銀元十萬，可見粵人期望白氏的殷切。倒反使白為難了！華中僅有可戰的軍三個，同時兼顧湘粵，頗感支絀。白初擬以主力先擊退粵北之敵再回衡陽，我覺這太冒險，恐粵北未解決而敵已由湘西犯桂，結果決定以兩個軍在衡作機動使用，以一個軍置樂昌、仁化間以助粵云。」

蔣命行政院任命湯恩伯為福建省主席，當院呈府發表時，李以湯曾抗不奉命，堅決拒絕，這是李對蔣僅有的一次抗議。

中共樹政權、我遷都重慶

時局進入了十月，發生了很大的變化。

中共自九月廿一日至九月底，在北平召開「人民政治協商會議」，決定改國號為「中華人民共和國」，並改國旗，選舉毛澤東為「中央人民政府主席」。十一月一日，宣佈其人民共和國成立，並以北平為首都。次日，蘇俄首先予以承認，並召回其駐廣州的代辦。

李代總統為中共成立偽政權事十月三日發表〈告全國同胞及世界友邦人士書〉。外交部聲明對蘇斷絕邦交，並呼籲聯合國充分注意蘇俄侵略我國，威脅遠東。美國國務院同日發表聲明：「繼續承認中華民國為中國的唯一合法政府。」

中共乘其政權新立影響人心的機勢，把湘贛地區停頓了月餘的戰事，重行發動，向我進攻。

湘境共軍為林彪第四野戰軍。在湘西的進攻邵陽，八月十七日在青樹坪被我張淦兵團擊潰其第五十一軍；十八、十九兩日，張兵團進至永豐，再擊潰其第四十軍兩師；其第卅九軍又在新化被我擊走；從此衡陽左翼無事。在湘東的圖攻耒陽以截斷我衡穗間的交通。白長官乘湘西告捷，發動湘東反擊，八月廿一日收復安仁，擊潰敵四十六軍和四十五軍一個師，衡陽右翼也平安了。各處戰場久無捷音，此次華中全線勝利，頗給人以興奮！此次敵軍十月進攻，從兩翼作大包抄，左翼陷芷江後，指向通道，右翼由曲江指賀縣，兩翼都以柳州為目標，曲江陷後，華中部隊十月七日由衡陽向桂邊撤退，預期在柳州以東再行決戰。

贛境共軍為劉伯承第二野戰軍，八月十三日佔領贛州後未再進犯。

粵北的守備：華中的第四團；胡十六軍在樂昌、仁化；沈發藻兵團在大庾、胡璉兵團在龍南、定南、虔南一帶；劉安祺兵團在英德，策應各方。戰事一開始，胡部先撤向汕頭。敵佔翁源、連平，沈部後路受脅，曲江十月六日失陷。四十六軍奉令撤回龍虎關。敵南下英德，劉部也退走。敵以一路經清遠、四會到肇慶以斷西江，正面十日已迫近新街，各機關已先後撤走。十二日李代總統宣佈遷都重慶，他十三日離廣州宿桂林。十四夜廣州放棄，這個駐足將及半年的臨時首都，要黯然捨去，再受流離播遷之苦！中共卻不戰而得了這華南重鎮。

我出巡右江回到南寧，李代總統到桂林後來電話約我歸晤，白長官十四日派空軍運輸機由柳到邕接我赴桂，下午一時到達，李代總統已在機場

等了很久，見面握手，他只很簡單地對我道：「大家應忍耐，中央和地方都有困難。」說了便登機飛渝去了。白長官說：「德公到渝後，將設法出國醫治胃病，順便說服美國對我援助。」

第四十三章　李宗仁飛美醫病的曲折內情

　　本章記述民國卅八年十月中旬至十二月間的事情。

　　在此期間，戰局趨勢，已如江河日下，無可挽救。無論蔣總裁親自指揮其平素最親信並認為最精銳的宋希濂、胡宗南等部在川康作戰，以及白長官親自指揮其廣西部隊在桂粵作戰，結果莫不一敗塗地，全軍覆沒。終至在大陸無立足之所，僅保持台灣、海南島和沿海若干島嶼。

　　中樞隨著戰局的轉移而流離播遷。由廣州到重慶，只駐了一個半月。由重慶到成都，僅僅駐得一星期，又倉皇移到台北，藉台灣海峽險惡風濤的阻障，才得偷安下來。

　　在這段最艱危的時日中，國運前途如何是人人都推想得到的了，而黨國最高兩位領袖互不信任的表現，日益顯露，循環影響，交織而演為本文所記的事實。

欲起謂扶危、壞法難授受

　　李代總統十月十四日由桂林飛抵重慶，即發表談話，重申反共決心，呼籲西南同胞保鄉保國。十五日，中央政府在渝正式辦公。

　　蔣總裁九月底在廣州時，已有復任總統的風說，政府西遷不到兩週，此說又復盛傳。原來十月八日，蔣得顧祝同電：「粵省與湘黔軍事已趨穩勢，請毅然復總統任，長駐西南。」十月九日，吳忠信由穗飛台謁蔣說：「一旦廣州失守，政府遷往重慶，則情勢必更混亂，倘蔣先生不允復任總統，重行東山再起，將使國家前途陷於不可收拾的絕境。」十月十八日，蔣總裁為出處問題，與張其昀談商後，即召集中央非常委員會議研討復行視事對國家的利弊，蔣認為：「個人的出處事小，國家的存亡事大，此時應研究應該不應該再起？不能問再起後的利害得失。只要對人民軍隊與國家有再起的必要，即不必研究外交或其他關係問題，一切只有自立自強，才能獲得外援，倘自己內部無可救藥，即有外援也無能為力。」

　　當經大多數主張總裁復行視事。蔣當晚復與丁惟汾、于右任、吳忠信等重商此項問題，僉認必須李代總統出於至誠，自動退讓，再行復任。

過了不久，吳忠信到渝把台北方面的意見面達李代總統說：「蔣先生過去因為謀求和平，希望減少人民痛苦，所以毅然引退。現在和談已經破裂，共軍節節進迫，必須統一事權，由他復任總統，總攬軍政權，才可以渡過難關。希望李先生回任副總統，共同負責。並由李蔣發表聯合宣言，說明和談失敗，李氏自動告退，敦請蔣氏復出領導，以竟反共全功。」李代總統以如果違法徇情，把總統私相授受，實為破壞憲法，表示不能同意。

部署桂軍政、嚴整以待敵

　　華中的部隊撤向湘桂邊界時的部署，是：在桂北方面以魯道源第十一兵團當湘桂路正面，在梅溪口一帶以黃杰第一兵團任左翼，一部份往援黔東；在龍虎關方面，徐啟明兵團任右翼；張淦第三兵團則在平樂、荔浦整補。白崇禧長官為應付當前的嚴重情勢，對於軍政更作下列的措施：

一、劃廣西為數個軍政區，每區由華中軍政長官公署派軍政司令一人，負該區實施總體戰責任，以利作戰。

二、更按桂省原有十五個行政督察區，每區由華中派一「總體戰實施督導團」前往督導實施總體戰。十月廿六日，又決定加督導團以「軍風紀視察團」銜。

三、白長官十月廿三日飛海口與陳濟棠長官、余漢謀主任、薛岳主席晤商戰局部署和如何確保海南島問題。廿五日返桂。

四、對越的準備工作：越南國民黨領袖武鴻卿於是年三月十二日由廣州到桂林訪我，偕來的有鄧紫峯、黃啟武，武氏請廣西助其在桂越邊區建立根據地以從事反共革命。十六日初商，我答應援助；十七日，派員與武商定援助細則。從此，武鴻卿即赴越邊組織革命武力。後因給養發生困難，六月廿五日桂林綏靖公署把他在思樂各縣數百人編為廣西全邊對汛督辦署直屬營。現值我方戰局演變，將來有與武氏共同軍事行動的可能，十月十九日白長官約武鴻卿、鄧紫峯、雷殷、李品仙、杜從戎、黃中廑和我討論越南問題，決定：甲、由旅桂越人組織「越南民族大同盟」以資號召；乙、從外交上請美國勸告法國容許這個同盟協力對付越共，並派人同樣勸告越南王保大。

　　此外對於消極的處置：一、軍餉困難，十月十六日集會研討結果，如能核實，現時可望照編制減省三份之一。二、華中公署、桂林綏署、廣西

省府同在一處，當此戰時可否歸併為一？經召集三方人員數次研討，決定機關不宜合併，只須大機關勿管小事，並訂一綏署參謀長與省府秘書長聯合辦公辦法便可。

中共謀迅速統一大陸，對川、康、滇、桂各省拼命進行和平煽動，慮李代總統成為美援的對象，對桂軍作戰又較吃力，故尤注意廣西。周恩來兩次函約黃啟漢赴平給以對桂和平使命，黃由津乘船到港後，十月五日託張任民、韋永成電白長官說：「中共對桂尚留餘地，應進行妥協。」十月十七日邱昌渭由港到桂說，黃啟漢想明天來桂。白表示，等他到即囚起來！黃聞這消息，遂不敢來。

白將赴渝，十月廿六日召集夏威、李品仙、徐祖貽、林一枝、張淦、王景宋、孫國銓和我商討今後的戰略，僉以為應確保雲南、桂西南、粵南、海南島，並控制越北，應即派一師到龍州。廿七日白即飛渝。

出國竟被拒、復職議難調

李代總統自白氏來渝後，對軍事和政治屢行商討，彼此都注意著最後應向雲南的問題，李遂決定親赴昆明視察。臨行前夕，他對蔣謀復出，自己去留的問題，十一月二日夜間，在重慶曾家岩中四路一零四號劉航琛住宅召集白崇禧、李漢魂、邱昌渭、劉士毅、程思遠、黃雪邨等再作一次徵詢意見，想早得決定。大家因這個問題太困難了，意見未能完全一致，討論未得一個確切的答案。三日，李率隨員飛滇視察，白在渝想把這問題有個著落。

白以為由過去十個月來所得的教訓，蔣既不肯放手，李也無法做通，彼此僵持，終非善策，不如由蔣來幹，事權專一，以消除當前的危機。為雙方的處境著想，李似可乘此機會出國，進行外交活動，這並非交換條件，不過各求其適而已。白和吳忠信取得聯絡後，十一月四日即將此意託吳迅速轉達台北方面，請予考慮答覆。又請邱昌渭飛昆報告李代總統。這些辦妥後，白四日下午即飛返桂林。

邱秘書長十一月八日由昆返渝，當晚即得吳對白的答覆道：「蔣復職後，李仍應回任副總統。至於出國的事，萬不能提，一提就是不合作，甚至蔣懷疑李會在國外進行反蔣的活動。目前局面嚴重，亟須蔣李通力合作，共濟時艱。」

這樣一來，無法再商下去了。在李看來，目前彼此間的不愉快氣氛，他自己離開或即雲消煙滅。他在抗戰期間患上嚴重的胃病，醫囑必須割

治，過去以工作關係，無法抽身，現在很想藉此出國，徹底治療。為此，他寧願放棄法統地位，而切望出國。蔣竟靳而弗予。

預聯絡法越、商粵保雷瓊

廣西省政府因戰事逐漸迫近而由桂林西遷南寧，我率職員於十月廿八日離桂。

黃紹竑等四十四人八月十三日在香港發表聲明與中共合作後，中共迫其須有實際行動。十一月一日夜間，黃在北京對廣西的人民、各機關袍澤廣播，勸廣西局部和平，否則人民和機關應起來打倒李白。但廣西內部無人受煽。

我在南寧極注意越南的情形。當時桂越間的關係，據南寧天主堂法籍神父李瑪若十月廿九日對我說：「一、在越法軍因近年來桂人賣槍彈給胡志明，極表不滿。二、法軍對廣西政府和軍隊是否堅決反共，向來也很懷疑。三、法國駐龍州領事田友仁胆小怕死，數月前遷駐柳州，現又遷到海口，並報告西貢說，中共將很快佔領廣西。以上三點，經我八月間到西貢向『比翁』專員解釋後，比翁才瞭解。四、法越現很願在軍事上和桂省秘密聯絡，但彼此越界剿匪，恐辦不到。五、法國須照美國的意旨以行動。六、法軍現增兵確保海防、河內以東地區。」他是政治工作者。

我又召廣西全邊對汎督辦姚槐來邕面詢，十一月四日他說：「法方因過去我方有人販賣槍彈和通訊器材給胡志明，對我不滿，近因我方極力剿共，才予諒解。越南各黨派領袖如劉德忠、黃南雄等均無群眾，難以成事，此時我仍應和法方切取聯絡為宜。」

白長官更比我為注意，他偕外交部歐洲司司長袁子健由渝到桂，袁十一月五日到邕，據云：「曾薦武鴻卿於保大，雙方已同意，現只候法政府批准。此舉於我有利。」我派員介紹武鴻卿、黃南雄、劉德忠和袁子健晤談，由袁說明越南的根本敵人為蘇聯和胡志明，法人在其次，現應忍耐暫時與法妥協，先打倒胡，不可同時兩面對敵。武黃兩人對此贊同，劉尚懷疑。

白氏對瓊與越同時注意，他派李品仙訪瓊，李和袁司長抵邕，我問李以此次白自渝歸有何要聞？他說：「有幾件：一、蔣先生醞釀復職，此事大使李白為難。二、將來重慶如果不守，準備遷都昆明。三、現因共軍由湘西攻貴陽，中央把貴州劃歸華中管轄，令白分兵防黔，由昨夜到今午，在桂林討論此事，大感困難，如不分兵，貴陽一失、渝、昆、柳都要受威

脅，分兵，對粵南敵人又感力薄，結果還是決定派黃杰兵團援黔，派我赴瓊和粵方商討如何確保雷州一帶海岸問題。」李品仙七日飛往海口，八日返邕，說：「晤陳、余、薛三位商三事：一、希望粵方暫時阻止共軍於廉江、遂溪以東，以待桂軍得有時間集中向敵側擊，但他們以無信心，氣頗餒，反請我軍悉數入瓊，共守孤島。二、他們談及蔣氏復出消息，薛表示：蔣不出，兩粵應團結，蔣復出，兩粵更應團結。三、如何運用美國力量以保瓊島免入共手問題，他們提出：一為共管，一是名為租借，行政仍由我管。」李九日返桂復命。

為治病謀援、決短期赴美

李代總統在昆明九日間，盧漢主席執禮甚恭，無所不談。對其謀和與民主改革的主張，表示深切的同情。向他建議：號召西南，新創局面，雲南軍民願積極予以支持。

美國舊金山僑領周錦朝曾於十月廿五日到台北向蔣總裁獻劍，後轉香港，遇其摯友李漢魂，介紹他往見李代總統。十一月九日，李漢魂偕周錦朝經渝抵昆，周向李代總統獻旗。周為美國民主黨人，一九四八年美國大選時，曾發動美國華僑給杜魯門以大力的幫助。他表示美國民主黨對蔣先生厭惡，有其長時期的歷史根源，牢不可破，他慫恿李代總統應乘此機會前往美國一遊。

李代總統十一月十一日離昆明，乘天雄號專機於下午五時許到桂林，即致我電話謂過幾天會到南寧，但次日卻派天雄號機接我赴桂。我十二日下午四時抵桂，當夜，他召集白崇禧、李品仙、夏威、徐啟明、王真吾、程思遠，黃雪邨和我討論蔣謀復出，他個人應如何自處的問題，在討論中，他表示意欲引退，另謀再起，但多不贊成，請他再行考慮。十三日下午，華中公署政工處座談會討論軍隊因供應不足，鈔票難用，以致軍紀不良問題，白氏拉我參加。夜間李代總統再約昨夜幾位繼續討論他的自處問題，最後，他自己決定從速赴美治療胃病，並與美國當局商談援助。大家對此一致贊同。他決定明日赴邕。當日共軍已攻川東，犯黔的攻抵馬場坪，重慶催他返渝坐鎮。十四日上午，白長官為銀元券不能充分兌現，發生糾紛，召集桂林有關人員討論，令我參加，終未得到妥善的結論。我們和李代總統共進午餐，白向他建議：到邕後宜赴瓊一行和粵方各將領一談。下午二時半飛邕，李品仙、程思遠、王真吾、黃雪邨、黃中廑、姚槐和我隨行，四時到達，駐節綏署，夜間他接白電話，謂蔣總裁今日下午

三時抵渝。他說：「這樣很好！否則我在渝筑危急時離去，心裏終覺難安。」

他十五日飛海口，因氣候惡劣，中途折返。十六日再往，下午四時返邕，謂已和陳、余、薛幾位晤談，他們表示，無論如何，兩廣都應團結。重慶催他返渝的電報一日數至，他決定不去，謂蔣不難乘此脅迫我發表引退勸進文告，即不然，也是一切仍舊被他挾持，動彈不得。他自海口歸來，胃病又復大發。

重慶中央社十七日發表消息：「蔣對復出掌政，表示毫無成見。」似為試探各方的反應。

離邕發聲明、閻負中樞責

李代總統在邕候機赴港（因中國、中央兩航空公司十一月十日叛投中共後，各線停航）。十一月十八日傍晚，白長官自桂致我電話，以為出國手續尚應考慮，可否再從長計議？我請他明日早來面商。白十九日上午十時抵邕，向李建議：「可否和蔣商定辭職再行出國，對國人較為有個交代？」李說：「即使蔣同意這種辦法，也必食言，決不許我出去，只有此時以元首資格出國，不須護照，才能如願。」意極堅決。我也覺得除此以外，別無更好的辦法。白對李赴美，本來就是他數月來一貫的主張，對手續一點，現在也明白只好以元首資格才易出國，故不再持異議。李預定到港後即令外交部通知美國政府說，即將到美檢查胃病，並聲明不受美政府招待。他僱用民航空運隊的專機十九日到得太晚，二十日上午八時才起飛離邕，臨行時發表如下的書面談話：

「余此次出巡西南各省，意在視察各地軍政情形，並激勵民心士氣，原擬行程完畢，即行遄返中樞，惟因旬餘來旅途勞頓，飲食失調，由海口返邕寧後，胃病復發，十二指腸有流血徵象，精神甚感疲憊。余此一舊疾，係民國廿七年在徐州指揮作戰時發生，卅四年在湖北老河口時，曾一度嚴重，先後兩次赴成都中央醫院延請內外科名醫戚壽南、董秉奇、孫蔭坤會同診斷，並以愛克斯光透視，斷定係十二指腸有不正常之狀態，及曾經破損之疤痕，且僉認定此項疤痕，如不施用手術割治，恐有演變成癌之可能。當時余因國內醫院設備不完全，未敢貿然同意，旋由諸醫師商討之結果，改用經常內服治療藥品，並囑注意飲食，且謂此後如有十二指腸出血徵象，即應覓醫檢查，從速施用手術，否則於身體健康，可能發生極嚴重之影響。因此之故，此次乃不得不前往醫藥設備較完善之地，詳為檢

查，甚至施行割治之手術。目前國內局勢十分嚴重，余身負國家人民付託之重，不敢自逸，尤絕不願因病而推卸個人對國家之責任。余更相信全中國人民反對共產黨徒暴力統治，爭取民主自由之戰爭，現在雖遭極度之艱苦困難，但終必由於吾人共同努力而獲得最後勝利。因之，余決以最經濟之時間，完成恢復身體健康之工作，俾能以健全之身體，全部之精力，與我全國軍民共同從事反共戡亂之鬥爭。在治療期間內之中樞軍政事宜，已電閻錫山院長負責，照常進行；總統府日常公務，則令由邱昌渭秘書長及劉士毅參軍長分別代行處理。」

拒以副席行、莫挽陸沉劫

李代總統將離邕時，本已派定李品仙赴渝向蔣總裁報告，但白長官自請前往。他十一月二十日上午十時飛渝，臨行時他問我有何話說？我說：「望您早去早回。」他道：「戰事即發，須要指揮，明天一定回來。」當晚聽到廣播電台發表白氏談話如次：

「本人於前（十八）日奉總裁命飛南寧，慰問李代總統病況，並促駕返渝，共商一是。奉電後遵於昨（十九）日自桂林飛抵南寧，晉謁李代總統，面報總裁意旨。代總統對總裁之慰勉，及各方人士之電促，至表感謝。惟突因胃潰瘍，宿疾日漸加劇，十二指腸仍不時出血，體力難支，原擬派李品仙主任飛渝晉謁總裁，面呈一切，適本人抵邕後，李主任始中止此行，由本人來渝復命。緣李代總統胃病，在抗戰期間曾於渝蓉兩地就醫，經中外醫師檢查診治，多主張施用手術，以免變成胃癌，成不治之症，當時因軍務羈身，未及作根本治療，僅經常服藥，時癒時發，近因巡視各方勞頓過度，致觸發宿疾，且較以往更劇，不能不早作根本治療，代總統已於今（二十）晨飛港就醫。臨行面囑本人代呈總裁，謂當此艱危時會，以抱病在身，未克返渝與政府同人共挽當前危局，殊感歉疚！」

白廿一日由渝返柳，謂在渝昨今兩次謁蔣總裁，蔣表示無復職意，將派人赴港勸代總統返渝，謂出國應先辦妥手續。蔣氏左右對李不辭職頗感驚異云。

李代總統二十日上午九時四十五分抵港，在堅道私宅略作休息後，當天就住到太和醫院養病去了。廿二日，蔣總裁派居正、朱家驊、洪蘭友、鄭彥棻攜親筆函來港慰問病狀，並勸回渝，但李表示病體嚴重，必須就醫。廿七日，李接駐美大使顧維鈞來電，謂美當局已通知有關方面，予以入境的便利。廿八日，蔣再派朱家驊、洪蘭友來港，攜來國民黨中央常務

委員會十月廿七日決議：「當前局勢嚴重，中樞不可一日無人主持，仍切望李代總統宗仁同志迅返中樞，力疾視事，萬一為病勢所不許，即請李同志以副總統名義出國，並致力於外援的爭取。」面達李氏。李婉拒了中常會的建議，並致函閣院長表示他決定出國，中樞請閣負責，交朱、洪二氏復命。十二月五日，李代總統由港飛美就醫去了。

蔣總裁因共軍攻川黔，十一月十四日到渝指揮作戰。十五日貴陽失陷。共軍劉伯承部由永綏、來鳳、咸豐攻黔江、酉陽，專向宋希濂部無兵防守地區乘虛分路鑽隙而入，宋部不戰自亂，倉皇西逃。廿四日綦江陷。中樞廿九日遷成都。蔣總裁三十日飛蓉，重慶失陷。宋希濂旋被俘，所部全滅。十二月七日中樞由蓉遷台北。九日四川鄧錫侯、潘文華、西康劉文輝、雲南盧漢都通電投共。十日蔣飛返台北。胡宗南部十八日失劍閣，廿七日失成都，殘部後在西昌消散。西南告終，大陸盡陷。

粵南遭慘敗、入越庇殘餘

現述華中作戰和廣西失陷的概略。

共軍十一月初旬先攻貴州和廣東南路。華中派黃杰兵團援黔，未到而貴陽已陷，黃兵團回防柳州以北。又派張淦兵團往攻廣東南路，並以魯道源兵團隨其後。十一月二十日共軍才發動攻桂北，廿一日擊破我黃兵團第七十一軍於小溶江，夏威副長官由桂移柳，白長官由渝回來也逕飛柳州。廿二日桂林放棄。另一路共軍由黔邊入三江縣，第五十六軍放開正面，敵遂長驅南下，廿四日已到沙塘，柳州城空無兵，白長官率指揮所人員倉猝飛邕。廿五日，柳州、梧州同時放棄。攻梧共軍是由道縣入富川經賀縣、信都而來的。廿七日，張淦兵團在廉江獲勝，解決共軍一個半師，適美國參議員諾蘭由渝到邕訪白長官，聞訊請求飛往視察。三十日，我軍在南路失敗，敵追魯道源兵團西過興業，張淦兵團遂被隔斷在博白、陸川地區；徐啟明兵團南撤散布武宣、桂平、續向欽廉。十二月二日，由柳北經遷江西撤的黃杰兵團已抵崑崙關，賓陽、上林失陷。白長官派李品仙主任飛海口轉防城，準備船隻接徐兵團撤往海南島。魯兵團潰敗後，三日，張兵團也被敵解決，司令官張淦、軍長李本一、張文鴻被俘。四日，黃兵團過南寧到吳村，見邕欽公路車馬擁塞，秩序混亂，遂循邕龍公路西奔，到達愛店後，十二日商得法方假道赴台灣，十三日入越。徐兵團四日其第四十六軍在那隆，第一二五軍在武利被敵阻擊，五日南寧陷後，敵更由邕分兵向欽縣，徐部遂前後受敵，在大寺、上思一帶被截為數段，狼狽西向奔逃，

能上船渡到海南島的不多。繼黃兵團後入越的計有第十一兵團、第一百軍第十九師、第四十六軍、第一二六軍、第四十八軍、第五十六軍、第一七六師、第三三零師九九八團、華中長官公署直屬部隊等各單位。此外尚有廣西保安團、桂西師管區、國防部突擊總隊等。

華中十餘萬雄兵，就這樣完了！失敗原因是：一、桂軍在省外太久，一到家鄉，逃亡特多。二、在衡撤退時受損，新補充的戰力較差。三、應退卻時不速走，反停頓多日。四、統帥忙於細務而忽略分工，對計劃和指揮稍欠周到。五、共軍行軍力強，常超越我軍先頭攔截。

省亡我有責、撤退惜無成

我任省政過久，直到李代總統由滇返桂，才得面陳他和白長官許我請辭，我建議由李品仙主任兼省主席。十一月十七日電呈行政院請辭本兼各職，廿三日獲准，並以李品仙繼任。但戰局惡化，軍事倥傯，經我屢催，李仍未暇來接。十二月二日戰事迫近，省府疏散赴龍，當晚，我偕黃榮華、黃紹耿、羅福康三廳長和歐仰羲處長乘民航機離邕，夜宿北海，翌晨到海口。轉瞬而全省盡陷；我有責焉。

白長官三日午刻由邕飛抵海口，他請陳濟棠、長官四日上午召集余漢謀、薛岳、李揚敬、韓漢英、李品仙、夏威、黃旭初並雙方幕僚數人舉行會報，由白報告華中此次對南路作戰企圖轉守雷州半島的計劃和作戰失敗的情形，現擬將三個軍由欽縣、防城運來雷州半島和海南島共同防守的計劃。陳氏以敗軍守雷無把握，主張悉數來瓊。白表同意。即商定可供使用的船隻。白當夜即乘艦往欽縣部署。但敵由靈山、合浦、南寧三路向欽縣追擊，使我軍狼狽萬分。由邕向欽的軍官眷屬多已被俘。部隊能上船的很少。撤退的計劃又失敗。白九日晚返抵海口，潮落，翌午上岸。

李代總統離港時，派程思遠送函來瓊交白氏，謂料蔣將會使白勸進。白說：「十一月廿一日在渝見蔣時，蔣曾迫我表示態度，近又電催赴成都一晤，也許是望我勸進。」白決定派李品仙赴台謁蔣，請蔣稍待李治病結果對其自身問題有所表示後，再談復任問題。

白望我到越照料入越的桂省軍民，在瓊辦不通入越手續，乃於十二月廿一日赴香港。

第四十四章　蔣復職李留美的
　　　　　最後一段恩怨

　　這是全書末尾一章，記蔣李關係最後一段的情形。

　　我寫這箇長篇故事，只想就記憶所及和舊時日記所存，仿隨筆體裁，略草數篇，並無先排目錄、繼蒐資料、後乃動筆的整個計劃，次序雖按時期，詳略未能如意。寫的以我自己身經者為主，有些且在日記中記有事由和月日時刻，但其詳情細節，究因相隔太久，多有遺忘。故事中人，也有同在此地的，又多為衣食奔忙，難得質疑和細論的機會；在台灣的較多，資料也較易集，他們卻不欲通訊，尤其不欲說觸犯忌諱的事，我或寫錯，他們也無從加以指正。現此書已告完篇，只能作為初稿，待有機會，再行補正。

　　寫故事類似照相，同一對象，因照者所站的位置不同，所攝得的照片也就兩樣。我所寫的故事中若干部份，別人也有寫過，其中有同有異，那是寫者立場不同所致。謹述經過為讀者告。

關心李去留、僚屬有建議

　　李代總統於民卅八年十二月五日由港飛美，抵紐約後，即入長老會醫院檢查身體，十二月十九日施手術割治胃瘍，經過良好。為節省費用，尚未復原，即於民卅九年一月二十日出院，仍在紐約賃居醫生隔隣，繼續調治。在此期間，同人對其病癒後的行動，備極關懷，屢有函電建議，摘記如次。

　　一、白崇禧、李品仙、夏威、黃旭初十二月十五日由瓊電：「甲、蔣曾電禧往晤，意在勸進，仙不日赴台謁蔣，勸蔣稍待公治病結果對自身問題有所表示後再談復位問題。乙、請商美國將海南島共管、租借或共用作軍事基地，藉免淪入中共之手。丙、請在一個月內努力進行外交。」

　　　　李十七日覆電云：「甲、請總裁考慮復職事不必提出，因復職無法律根據，理由是：子、總裁既已引退，即為平民，決不能恢復已放棄之職位；丑、仁之代理，非代理總裁個人，乃代理總

統之職位；寅、依照憲法，缺位為死亡，總裁非死亡，亦非因故不能行使職權，第四十九條全不適用，故用代理字樣；卯、代總統引退，則由行政院長代理，三個月後另選，不能由前任總統復職。乙、關於海南島問題，美決定須與台灣同時解決，總裁派俞大維來美，即為此，但美國務院堅持不援蔣政策。丙、俞大維要求動用經援餘款九千萬，甘介侯已函杜、艾，請將該款分用於海南、台灣兩地，因該款明年二月不用即作廢，故不反對。」

二、白崇禧十二月廿六日由瓊電：「鶴齡、燕謀電：在台與各方談話結論，蔣復職事，與德公今後作法有關：甲、德公病癒不返而辭代，則介公復職；乙、病癒即回國，願效林子超，介公或不復職；丙、病癒不辭又不返，在德公最不利。能得美援，則光榮極矣。等語，謹電呈察。」

三、我於一月十三日由港電：「此間同志以桂軍及廣西喪失後，縱有美援，倘蔣不出國，公回台灣，仍難展佈。將來復國，新政治號召重於殘餘武力，公辭職組黨，方為遠圖，乞詳審裁之。」他十六日覆電：「組黨尚非其時。」

四、白崇禧、李品仙、雷殷、劉士毅、邱昌渭一月十六日由台電，列舉六項事實，建議以須繼續在美休養，深恐久曠國務為理由，自動解除代總統職務，致電中央，其他不必提及。倘美援有望，今假期已滿，則乞速歸，以慰民望。

旋接黃雪邨一月十八日覆電：「諸公銑電已呈悉。一、德公割治雖經過良好，但身體尚未復原，出院後飲食仍須雇看護特製，故一時不能返國。二、職位問題，德公固願引退，惟一再考慮，認為現在既無法召開國民大會，則行政院長代理過三月即違憲，而德公並非代理介公，而係代理總統職位，因此，介公復職亦違憲，如同志不諒德公苦衷，寧願受責難，不願使本黨毀法。三、德公在美，非不能行使職權，如閣辭職，即可提名。四、美不援台，實由杜（魯門）艾（奇遜）對介公之成見，對德公則無此種情形。邨因奉派返港，容面陳。」

以上便是李代總統對去留問題與其僚屬商榷的概要。

病體難即歸、再起成定局

台北方面，當李代總統尚未出院時，已有國大聯誼會請蔣復職和監察院將彈劾李的準備活動。一月十八日，黃雪邨由紐約函告台北洪蘭友、

黃少谷謂：「美國當局秘密對人表示，如蔣離台，則美不特可接洽軍援款項，且可派海軍援助。」這消息在台方聽來當然刺耳。一月二十日，李剛出院，監察院電催其返國，語多指責。李艷（廿九日）電覆于院長和各監察委員，表示病體尚須休養，未能即返；總統府照常發佈命令，行使職權；正努力與美聯絡，爭取援助云。

台方對於黃函和李電的反應，非常激烈，其表現是：

一、蔣總裁看到了黃函，表示決在台灣戡亂到底。

二、台北《中央日報》、《中華日報》、《掃蕩報》同於二月四日發表社論，有計劃地對李艷電一齊猛力攻擊。《中央日報》並呼籲蔣總裁綰領國事，統帥三軍。

三、國民大會代表聯誼會二月五日電李譴責其不負責任，請蔣出任總統。

四、監察院四月十二日電李，指責其居美遙領國事的錯誤，質問其返國抑辭職？並決議提請國民大會彈劾他。

五、非常委員會二月十四日電李云：「李副主席德公賜鑒：比聞尊病漸就康復，曷勝欣慰！伏念我公出國就醫，承示二月為期，今已兩月有半，尚未聞返旆確訊。大陸戰事，屢遭挫敗，億萬同胞淪入鐵幕，政府處此目前變局，舉凡有關總統及統帥之軍政措施，必須迅赴事機，而苦無所秉承，延擱則誤國，處理則違憲，同人等忝與中央決策之列，目睹此險象環生之局，對黨政無以盡其職責，對國家無以匡濟艱危，且暮皇皇，憂心如擣。立法院第五會期已定本月廿五日開始，現任行政院長暨副院長已先後向中央常會遞呈請辭，意至堅決，中樞現勢，多有岌岌不可終日之感。總裁為非常委員會主席，對於我公苦心孤詣，故於談次輒避免論及。然今處事萬難，人民苦於倒懸，國命決於俄頃，同人等僉認為總統及統帥職權不可再虛懸，政府更不能處於危疑莫定之境，如我公能於立法院開會以前命駕返台，主持國政，實為衷心所禱。倘公屆時實在不能返國，則同人等恍於時局艱危，群情殷切，惟有籲請總裁依照中常會三十八年十一月廿七日臨時會議之決議，繼續行使總統職權，以維大局。迫切陳辭，伏祈明教！居正、于右任、何應欽、閻錫山、吳忠信、張群、吳鐵城、朱家驊、陳立夫叩。」

李覆電云：「台北總統府邱秘書長轉居覺生、于右任、何敬之、閻百川、吳禮卿、張岳軍、吳鐵城、朱騮先、陳立夫諸先生勛鑒：余出院後，

即準備回國，嗣據醫囑，身體尚未完全復原，不能於此時邊作長途旅行。國事至此，拯救危亡，維護憲法，至為重要，先生等老成愛國，諒有同感。弟宗仁。十八日。」

情勢發展至此，台北擁蔣復出，只是時間問題而已。

李晤杜之前、蔣在台復職

李代總統出院前，美國國務卿艾奇遜曾兩度派員持函前來慰問，並邀請於病癒後訪問華府。李出院後，美國共和、民主兩黨在國會內正藉對華政策作劇烈政爭，李不欲被人利用，故遲遲未即往訪。後美國國務院和甘介侯商定二月廿一日杜魯門總統邀請李代總統宴會，由國務院與我駐美大使館接洽同意後正式通知。但此消息立即為台北方面所知，遂一面使顧維鈞大使設法延阻李、杜兩總統會晤的時日，一面發動下列一連串的行動以催促蔣總裁在李、杜會晤前趕緊復職：

一、二月廿三日，國民黨中央常務委員會決議，請蔣總裁早日恢復行使總統職權。

二、二月廿四日，立法院通過由本院全體委員電請蔣總統恢復視事，繼續行使職權，以竟戡亂全功。

三、二月廿五日，監察委員提出彈劾李代總統案。

準備妥後，蔣於三月一日在台北宣佈復總統職，發表文告云：「去年元旦，中正鑒於共黨肆虐，生靈塗炭，……乃發表文告，重申以政治方法解決中共問題之旨。復於一月二十一日依據憲法第四十九條『總統因故不能視事時，由副總統代行其職權』之規定，將總統職權交李副總統代行，原冀共黨幡然悔悟，弭戰消兵。……乃一年以來，共黨初則破壞和談，殘民黷武；繼則擅改國號，僭立政權。……此誠我中華民族五千年來未有之浩劫，凡我國人所當一致奮起救國自救之時也。李代總統自去年十一月積勞致疾，出國療養，迄今健康未復，返旆無期，於是全體軍民，對國事惶惑不安，而各級民意機關，對中正責望尤切。中正許身革命四十餘年，生死榮辱，早已置諸度外，進退出處，一惟國民之公意是從，際此存亡危急之時期，已無推諉責任之可能，爰於三月一日復行視事，繼續行使總統職權。……」

此外，蔣並電李云：「德鄰吾兄勳鑒：自兄以胃疾出國就醫，瞬已三月，各方佇候言旋，中正企望尤切，而兄以健康未復，歸期難定。乃者，史毛盟約締成，國家危難日深，人民待救益急，中樞軍政不能久失秉承，

在此艱危震駭之中，群情更責望於中正之一身，茲為遵循民意，挽救危機，乃於三月一日復行視事，繼續行使總統職權。一年以來，我兄代主國政，宵旰辛勞，公私交感！無時或已。今雖養病海外，固知愛國之殷，無間遐邇，亟望早告康復，並請代表中正訪問美國朝野後，從速命駕返台，共濟艱危，藉匡不逮。敢佈胸臆，無任神馳。蔣中正。」

李曾於二月廿八日電蔣，警告其勿毀法復職，蔣既不聽，三月一日下午李在紐約招待記者公開宣告蔣氏復職為違憲。

白宮設午宴、韓戰叨偏安

李代總統訪問杜魯門總統之舉，既被顧維鈞大使從中作梗拖延，美國務院知道後，二月廿八日遂直接通知李氏於三月二日杜魯門在白宮設宴招待，以李不願在中國大使館住宿，故時間定在中午，以便其當日能返回紐約。屆期，由甘介侯、顧維鈞陪同李氏赴約。蔣氏雖已成為事實的總統，但杜魯門仍以正式總統禮儀招待李氏。席間彼此論甚歡，當時杜魯門似疑顧維鈞大使對李氏或欠忠實，故和李談話，始終由甘介侯傳譯。陪宴的為艾奇遜國務卿和唐森國防部長。宴畢，杜邀李到另一客廳對整個世界大勢及中美合作問題作廣泛的討論。艾、詹兩氏則陪顧在客廳閒談。李當日即歸紐約，從此留寓下來。

蔣氏自行復職，經李氏嚴正指責其違憲。但現存的軍隊和國民黨，都是向來只聽蔣命令的；一般民眾正救死不遑，誰做總統的問題，反不易引起他們的注意；憲法條文的伸縮性頗大，使法學家的解釋可以左右逢源；因此，蔣復職後，並無意外事故發生。只是局面險象日增，軍事敗勢繼續，海南島被攻，國軍於五月二日完全撤離；舟山群島也於五月十六日放棄了。想不到過了月餘，北韓共軍突於六月廿五日進攻南韓，爆發了韓戰，杜魯門總統廿七日即下令美同第七艦隊協防台灣，遏止對台的任何攻擊，第七艦隊廿八日即抵達台灣海峽，國民政府竟賴以偏安！因形勢已變，美國要利用台灣，雖素不喜蔣，經援與軍援亦照樣陸續而來了。

選舉將違法、貽書進諍言

台灣在「韓境停戰協定」簽字後，美國艦隊仍繼續巡邏海峽，平安度過了四個年頭，按我國憲法規定，那時又該舉行大選了，但台灣一省如何能選舉全國的總統、副總統呢？且看從民四十二年秋天起，中央所做的

準備措施：甲、九月廿七日，蔣總統採納行政院建議，批准第一屆國民大會代表繼續行使職權至次屆國民大會依法召集開會之日為止。乙、十月一日，總統明令公佈曾經立法院通過的「國民大會代表遞補補充條例」。丙、十月五日，內政部公告：第一屆國民大會代表自十四日起至十二月底止，向本部聲報；逾期不報者，由候補人依法遞補；候補人逾期不報，即喪失候補人資格。丁、十二月廿九日，立法院修正「國民大會組織法第八條條文案」，將國民大會開議法定人數改為三分之一以上出席代表。

蔣李兩氏在這幾年中，分處國內國外，未相聞問，中間只因毛（邦初）案，（詳見後）有所牽涉。當時李看了蔣對大選的措施，觸動了他護法的熱腸，民四十三年一月三日特致蔣函有所忠告，不惜言所欲言，內容如下：

「介石吾兄足下：一別四年，勞念何似？國事日非，益增惆悵！最近台灣地位，微妙可慮，弟不忍見四億五千萬同胞，永無重見天日之望，爰馳書商榷，冀救危亡於萬一。

吾兄執政二十餘年，政出獨裁，⋯⋯舉國怨憤，中共乘隙倡亂，勢成燎原。吾兄不思痛改前非，與民更始，乃憑藉武力，以圖孤注一擲。不知嫡系部隊，早已窳敗，一旦臨陣，多不戰而降。其餘部隊，素受排擠，裝備簡陋，雖奮勇作戰，而運籌乖謬，卒成犧牲。三十七年秋冬，迭失名城，徐淮重鎮，亦相繼淪陷。三十八年一月，吾兄發表文告，呼籲和平，決定身先引退，弟乃依法執行職權，以期收拾殘局。吾兄雖已引退，而仍操縱一切，弟外與中共折衝，內受幕後掣肘，委曲求全，一籌莫展。

迨和平破裂，共軍渡江，湯恩伯擁兵數十萬，不戰潰逃。中樞集議廣州，以謀保障西南，吾兄信誓旦旦，願以在野之身，助弟領導作戰。惟事實上控制所有外匯與現金，擅行撤委浙江福建省主席。並在緊急關頭，竟密令防守湘南之宋希濂軍西撤鄂西，扼守贛南之胡璉軍南撤汕頭，置戰區司令長官之命令於不顧，國防部原令撤離青島之劉安祺軍南下增援粵北，吾兄則密令開赴海南島，結果⋯⋯共軍遂得乘虛而入，可為反攻基地之西南，因之瓦解，言之可痛！

嗣後弟來美就醫，並商洽軍援，而吾兄惟恐其成，竟於弟會見杜魯門總統之前夕，以政變手段，自稱復職，毀法違憲，召人蔑視。弟念當年總理興師護法，遺教猶存，故鄭重否認，以正觀聽。然國勢阽危，何堪再操同室之戈，爰暫留海外，俾吾兄得有從容展佈、補過自贖之機會，弟則致力於內外民主人士之連繫，及敵後游擊之策劃。蓋自追隨總理革命以來，弟與吾兄政見雖有參差，而無時不以國家為重，由統一兩廣以至北伐抗戰

剿共，每逢大敵當前，莫不委曲相從，赴義恐後，耿耿此心，當為天下人所共見。

何圖吾兄復位以來，偏處台灣，局勢日非。以言軍事，則侈言反攻大陸，迄今形影全無，意在孤島偏安，任令中共坐大。

邇者，總統六年任期即將屆滿，正為吾儕向國民還政謝罪之時，豈意私心戀棧，竟欲召集第一屆國民大會代表違法選舉第二屆正副總統，輿論譁然，國際側目。弟不忍憲法如此毀滅，國運如此告終，特本風雨同舟之義，懇切為兄剖陳。中外人士對此問題均有詳盡研究，僉以此種選舉違法亂紀，認為決不可行，其理由摘舉於後：

一、依照憲法規定，國民大會之重要職權為選舉正副總統及修改憲法。代表任期六年，每屆總統任滿前九十日，由總統召集次一屆國民大會代表選舉次屆正副總統。此為民主政治之基本意義，亦防微杜漸之立法精神。蓋總統於任職六年後，是否仍為人民所信任？前屆國大代表，是否仍能代表人民意志？均須另行速舉代表，以資抉擇。故每一屆國大代表只能行使選舉正副總統職權一次，絕無疑義。倘國大代表未行改選，仍由前屆代表選舉次屆以至無數屆正副總統，其為違憲亂法，至為明顯。

二、吾兄明知延長第一屆國大代表任期以選舉第二屆正副總統於法絕無根據，乃轉而乞靈於「動員戡亂時期臨時條款」，姑不論此一條款之通過，實為吾兄當年發縱唆使以期助長獨裁，早為中外人士所非議，弟為代總統時，曾通令告誡不可引用。而此臨時條款之原文曰：『總統在動員戡亂時期，為避免國家或人民遭遇緊急危難，或應付財政經濟上重大變故，得經行政院會議之決議，為緊急處分，不受憲法第三十九條或第四十三條所規定之程序之限制。』至所指憲法第三十九條或第四十三條所規定之程序，乃總統宣佈戒嚴令，或於立法院休會期間採取緊急處分時，須經立法院之追認。故此一條款，充其量亦不過為緊急時期之行政處分，不受立法院之限制而已。此『緊急處分』四字，可引用以延長國大代表之任期乎？代表之任期屆滿，可解釋為『遭遇緊急危難』或『財政經濟上之重大變故』乎？若行政院之決議，總統之命令，可以違反憲法之規定而『處分』國大代表之任期延長，則何不直接『處分』總統任期之延長，以省集會選舉之程序？

三、為欲湊足國民大會開會之法定人數起見，吾兄嗾使立法院通過所謂「第一屆國民大會代表出缺遞補補充條例」，期以得票次多數

者代替不經聲報或不能到達台灣之正式代表。不思代表受命於民，有其不能剝奪之權利，『逾期不聲報』便可一概『視為行蹤不明』而『註銷名籍』乎？大陸未全陷時，台灣地方當局曾經公佈有關政治人員不得到台逃避，爾後局勢突變，政府並無專機專船撥為撤退國大代表之用，大多數代表遂失脫離共區之機會，今竟以其不能來台報到而取銷其資格，於理於法均失其平。況立法委員任期三年，憲法有明確之規定，此屆立委，應於民國四十年任滿退職，政府竟以行政命令延長其任期，此種違憲措施，實未前聞。立委本身既已失去法律根據，其所通過之一切議案，當無法律效力。

四、今即施行遞補辦法，所得人數亦無法湊足開會之法定人數，而吾兄又嗾使立法院將開會法定人數從全體代表之過半數減為三分之一。此例一開，法成兒戲。法定人數既可隨意減少，則十分之一甚至百分之一，何嘗不可開會？此可謂為選舉，則民主政治有何價值可言！

　　弟展轉思維，深覺憲法條文，粲然可徵。上述理由，殊值深長考慮，庶免蹈袁世凱、曹錕之覆轍。吾儕均年逾耳順，歲月幾何？縱不能救國，豈可再事誤國！務希臨崖勒馬，及早改圖。各方近正呼籲團結，主張立即召集海內外反共各黨派及華僑領袖社會賢達開一救亡國是會議，制定統一聯合反共救國政治綱領，改組政府，樹立新風氣，團結全體人民，以為撥亂反治之先聲。在此國家命脈危如纍卵之際，竊以為吾兄務須採納眾議，本國父『天下為公』之旨，與國人共圖挽救，不宜包而不辦，貽誤到底。弟待罪海外，愧無貢獻，管見所及，敗不直陳，何去何從，兄自擇之。海天萬里，不盡欲言。此頌

　　勳祺！　李宗仁敬啟。」

為了彈劾案、李氏再函蔣

　　李氏的長函，未知蔣氏曾否寓目？但一月九日總統明令：國民大會定於本年二月十九日集會；一月十三日，國民大會秘書長洪蘭友電促李宗仁副總統回國對監察院彈劾案提出答辯；這些彷彿是蔣對李函的間接答覆。於是李就彈劾問題再致蔣函云：

　　「介石吾兄足下：

　　茲接洪蘭友先生侵電，閱有『准立法院院長移送監察院向國民大會提

出彈劾一案，茲以國民大會定於二月十九日集會，用特電陳，先期命駕返國，以便答辯』等語。當茲國際風雲，台灣處境，演變所及，殊堪憂慮，吾兄亟應利用天時，力求人和，喚起世界公論，以策國運安全。乃不此之圖，而急於設計東窗，羅致陷害，法律已成廢紙，正義隨之蕩然。先哲有言，天作孽，猶可違，自作孽，不可逭，瞻望前途，不寒而慄。仁心所謂危，不敢緘默，特再馳書瀝陳，敬希垂察！

今對於所謂彈劾一案，請先從法律言之。按照憲法第九十條，全體監察委員之人數，確定為二百二十三人。又按憲法第一百條，對於總統副總統之彈劾案，須得全體監察委員過半數之決議，向國民大會提出之。過半數則為一百一十三人。前年一月十一日監察院出席委員只為九十三人，湊足法定人數尚少二十人，吾兄竟慫使違法集會，對仁提出彈劾，所持理由，為若干委員未曾選出，若干未曾報到，若干出缺，若干附匪，擅將全體委員減為一百六十人。憲法明文規定之人數，可以任意減少，毀法弄權，莫此為甚。希特勒縱火焚燒國會，將此罪名加諸反對黨，以便減少國會人數，而得通過授權獨裁之議案，其陰謀狡猾，似出一轍。此為梟雄亂國之舉動，吾兄不可依樣仿效。

此外，將於二月十九日召開之國民大會，不足人數，決以得票次多數者遞補，無論任何國家，未曾見此怪象。民主國家之選舉，得票最多數者與得票次多數者每為主張政策相反之兩方，出而競選，由人民抉擇，得票多數者被人民選出後，其對方即為人民所不信任之落選人，今竟補為正式代表，豈非蔑視民意，踐躪選政？吾兄尚以為亂法不足，乃將國民大會之開會法定人數，從全體代表之過半數減為三分之一，削足適履，事更悖謬。以上各點，仁於一月三日函中已詳為剖陳。此彈劾案，監察院非法提出於先，國民大會將非法討論於後，均為違憲亂紀，自欺欺人，仁特鄭重聲明，概予否認。

彈劾案之內容，聞有違法失職、批評吾兄、以及毛（邦初）案各點。仁以胃瘍劇發，來此割治，與菲總統、英外長來美就醫，事同一例，未有菲英人民有違法失職之議。且我國政制系行政院負責，總統地位，等於英法元首，故總統因病暫離職守，對於政府一切施政，並無影響。仁於休養時期告終後，即準備束裝返國，行前應杜魯門總統之招宴，以謝地主之誼，並商軍援，而於赴宴前夕，吾兄突然自稱復職，志在篡奪政權，擯拒返國，今反誣為失職，謬妄已極！至於批評吾兄即認為危害政府，除納粹、法西斯、共產黨獨裁政權之外，未聞有此罪名。民主國家之人民有保障言論自由之權利，無論何人，均有批評政府當局，何況仁受人民付託，

對於維護憲法，保衛人權，均有不可諉避之責任，匡救雖遭阻礙，而規勸忠言之責安能放棄！

　　毛邦初案，鮮有知其內容者。雙方所爭執實為吾兄於公佈引退後擅自電令中央銀行匯交毛邦初之美金一千萬元。款到紐約中國銀行之次日，吾兄又令周至柔電飭毛邦初將此一千萬元『即速提出另存，免得聯合政府成立後被凍結』。毛遂將此款以私人名義分存華盛頓、紐約以及歐洲瑞士十餘銀行，以便逃避政府耳目。此款若係合法匯出，充作政府正當之用途，則何須另存逃避？政府亦無理由凍結。嗣後毛有貳心，吾兄震駭，控毛主要目的，並不在此款項，而在奪取所有文件……。毛邦初乃轉向仁請訓，文件款項，是否應交台灣接收人員？此款既在仁代總統任內非法提取，仁自有審核之權，清查之責，故令不得移交，擅離職守，責其保全檔案，藉資審察。費時年餘，頭緒已清，但欲徹底追究，除非在美國法庭對吾兄及毛邦初一併起訴。……

　　今彈劾案牽涉毛案，誣仁包庇貪污，故特揭發內幕真相，以明是非。去歲墨西哥法院在雙方律師激辯下，對於毛案判決之意義至為重要，法院認為毛邦初並未侵吞政府公款，而實為政治壓迫之犧牲者，已見西報登載此判決書。此更證明吾兄與毛始終未將此款視為國庫支出，先則私相授受，以圖隱藏，繼則分潤不勻，發生爭執。在法院視之，此款既與國庫無關，貪污之罪何能成立？

　　此為彈劾案之前後梗概，其影響所及，豈止憲法問題，仁早以國際局勢為慮，一旦台灣喪失其合法構成之資格，則祖共畏共之國家，將有機可乘，策動意外。故仁一聞非法選舉將於二月十九日在台舉行，即投函忠告，以免自撤藩授人以柄。豈意忠言逆耳，激成羞忿，乃積極發彈劾，以圖報復。嗟乎！國家將亡，必有妖孽，時至今日，夫復何言？日前陳辭修兄大聲疾呼，若敢出賣台灣，即當視為敵人。須知若恐被人出賣，必先自圖奮發，應乘韓戰方酣，早日反攻大陸，收復國土，何能一味坐待世界大戰爆發，重溫劫收美夢。蓋人必自侮而後人侮之。丁此局勢危殆，惟有祈求天降祥和，拯茲國土，並啟迪吾兄明智，袪除牆內私爭，以守法尊憲開誠佈公之精神，作臥薪嘗膽破釜沉舟之奮鬥。仁當不辭奔走之勞，火湯之險，協助吾兄團結海外全體同胞，共赴國難，力圖匡復。耿耿此心，敬祈亮察。此頌

　　勳祺！　李宗仁敬啟。二月五日。」

　　李函當時在台或非公眾所能看到，三月十日，國民大會對彈劾案投票罷免李宗仁的副總統，但自李氏代總統後，副席已成虛懸，無的放矢，似

為洩怨。蔣被舉為總統，繼續當權。

　　自是至今，將近十年，政治情形未變，蔣李間的關係也未變，暫無可述的事。恩怨是非往往抵不住政治利害的，過去已然，且看將來如何？

　　　　　　　　　　　民國五十二年八月四日初稿

補正一　李仁宗由美來函話當年

　　當我動筆寫廣西與中央關係的紀事時，即立意力求真實，以免惑人，畢竟因為先無計劃與準備，儘管如何小心從事仍不免有所錯漏。歷史文章，真不宜輕率下筆。我只好把這份初稿留在案頭，隨時得有資料便加修補，或可漸減疵累。

　　在美國紐約的李德隣（宗仁）先生，因看見我這篇憶述文字，關於本書第一章〈李黃如何崛起及歸依國府經過〉所述內容，李氏特自來函告我與文中極有關係的幾件事實，至可珍貴，茲特依據輯為此篇，以資補正。

　　篇末那段，係根據黃紹竑著《五十回憶》的記載，並此附及。

使陸沈相爭、造發難機會

　　李德鄰先生讀了〈李黃如何崛起及歸依國府經過〉之後，蒙其函告有關數事，分述如次：

　　在我原文中「由陸榮廷、到李宗仁」那段子題裏，有「沈鴻英在桂林、柳州一帶與陸榮廷部作爭奪戰，幾達兩年」的話。李函對此指正道：

　　「民十一年沈鴻英軍回駐桂林、平樂，力量並未達到柳州附近各縣。當時柳州附近地區為劉達慶、韓彩鳳和若干游雜部隊所盤據，彼此不相統屬。及滇軍東下入粵，劉達慶部隨之跟進，柳州一帶即為韓彩鳳部所有。所云沈在桂、柳一帶與陸部兩年戰鬥，確無佐證」云。

　　李函接著敘述陸榮廷當年曾派人「遊說討黃」以及後此之「陸沈交鬨」、「發動倒陸」各情說：

　　「陸幹老（陸榮廷，字幹卿）曾派陳毅伯為代表到桂平傳達意旨，撥韓彩鳳、陸福祥兩部歸我節制，任我為前敵總指揮，令我去收復梧州；並言季寬（指黃紹竑）叛我投敵，亦亟應討伐懲戒，以肅軍紀而儆效尤。極盡挑撥之能事。我乃建議：民十變亂之後，軍民創傷元氣未復，即再加一倍兵力，恐亦不易達成此一任務，倘徼倖收復梧州，亦只形成膠著對峙局面，弄巧成拙，反被粵方封禁，加重軍民痛苦而已，此豈幹老回桂善後初衷所忍為乎？倒不如老帥出巡柳、桂，一面綏撫軍民，同時掌握通湘鄂孔

道，獲得械彈接濟，充實軍力，馬濟部亦可移防湘桂邊境，以壯聲勢，然後相機東下圖粵，恢復昔年之聲威，比較計出萬全，請陳代表拍電代達愚見微忱。旋接陸氏覆電，寥寥數語，著我勉為其難，勿庸客氣推辭云。我見情勢嚴重，不得不表示堅決態度，寧願撤軍退回鬱林五屬，請老帥另選賢能擔任前敵總指揮職務。不料，陸氏知其計不售，即轉採和緩態度，以免破裂，立刻即電陳代表謂：經將我之建議出巡柳、桂一事交左右縝密研究，僉認確屬萬全之計，已決定摒擋一切，不日首途云。於是，陸氏乃浩浩蕩蕩，統率幹部直指桂林，沈鴻英推病，避不見面，讓出桂林防地，陸氏固然得意洋洋，地方紳商攀龍附鳳，更捐款舞獅唱戲舉行盛大歡迎竟達十日之久；同時盛傳馬濟部隊不日首途回桂，故意虛張聲勢以鎮攝沈部之反側。沈軍睹此情形，自然不甘坐聽宰割，乃銜枚夜襲包圍桂林，戰鬥三月之久難分勝負，雙方均傷亡慘重。陸方雖外有馬濟、譚浩明、陸福祥等三路援軍，但皆被拒止於興安、金竹坳、永福各處，無法進展。北京政府與湖南趙恆惕乃出面調停，桂林仍歸沈軍，陸氏則率部隊退回原防，彼此言歸於好。消息一出，我即電邀季寬（指黃紹竑）、健生（指白崇禧）蒞桂平商討我方發難起義大計，以免時機稍縱即逝。黃、白到後，皆以陸、沈火併，漁翁得利我軍速籌行動，已成不移之真理，但先倒沈乎？抑先倒陸乎？黃、白兩人一致表示：站在政略上言，當然先倒陸為上策。惟我當時稍懷婦人之仁，說：沈為土匪出身，反覆無常，兩粵軍民恨之入骨，先將其打倒，相信必大快人心；陸雖亦出身綠林，而豪爽忠厚，於護國護法不無微勞，廣西民眾對其情感尚稱不惡，乘危而倒之，於心實有不忍。黃說：德公！吾人要成大事，自不應顧區區之小節。我即同意先倒陸之主張。」

　　按：當時廣西境內陸、沈、李黃，形成鼎足之勢，惟力量均不足以統一全省，陸煽李與黃火併失敗，反被李勸陸出巡柳、桂，導其與沈衝突成功，李黃乃得聯沈而先倒陸，這是李氏對統一廣西戰略的第一著勝了！

俞作柏獻計、欲黃白除李

　　倒陸戰事進行非常順利，李黃聯軍進佔南寧。李函又述及取邕城後一件要事，而我在本書第一章「奪南寧城，拒劉震寰」那一段回憶文中全遺漏了。李函云：

　　「定桂、討賊聯軍會師南寧時（按：李宗仁所統率者為定桂軍，黃紹竑所統率者為討賊軍），曾有一戲劇性事件發生，幾惹巨禍，言之不寒

而慄！此不名譽之事，知者人數不多，且事過境遷，唯恐有害團結，均守口如瓶，不肯透露，數年之後，我與健生聊天提及此事是否屬實？他只微笑點頭而已。事情經過的內容是：俞作柏曾向季寬、健生建議說：一山不能容兩虎，應乘機將定桂軍解除武裝，以除後患；並謂：先下手為強，後下手遭殃，這是名言。當時黃、白兩人如何表示自非局外人所能洞悉，但此消息不脛而走，為何武、鍾祖培（旭註：兩人均是定桂軍縱隊司令）所知，乃向我告密，表示異常憤慨。我聞言之下，態度安詳，表示絕不相信有此不近人情之事，切勿輕信謠言，致傷害兩軍團結精神，予奸人以可乘之機。何武說：不管此事之有無，總宜戒備乃為上策。我乃正色告誡切勿輕舉妄動，違者軍法從事！何武似有面從心違跡象，悻然告退。不料他們去後暗中自行戒備，夜間另定口令以防不測，市面不無緊張氣氛；翌日又邀黃子敬（旭註：定桂軍秘書長）等來謁見，希望我接受他們的建議，早定對策，以免噬臍莫及；並叫營長林竹舫發言，證明俞作柏確實有此堅決之主張，已吩咐心腹幹部士兵不請假、不出街等語；何武主張決裂與黃紹竑的討賊軍分家各行其是。我立即再行告誡各人不得胡思亂想輕舉妄動，黃、白都是現在本省有為傑出人才，為同胞謀福利，為本省增光榮，如果他們有絲毫對我不信任，我情願自動歸隱林下，以完成他們統一廣西的心願，軍隊是國家干城，不是個人爭權奪利工具，服從黃、白即等於服從我，並無二致，我深信大家抱定此宗旨，即可大事化小、小事化無。結果，不幸之事乃不發生。不幾天，季寬大約已發覺兩軍部份高級幹部有隔膜跡象，為澄清此種氣氛，特宴請文武官員，入席時起立發言，舉杯略謂：定桂與討賊兩軍原屬一體，本人得德公（指李宗仁）提攜乃有今日，誓竭誠擁護德公到底。說到此處，黃將手上的玻璃酒杯擲碎地板上，並高聲表示：倘幹部有二心，即以此破杯為例。全場鼓掌如雷，歡聲震動屋瓦。我兄（李氏稱本文作者）若不善忘，當尚能記憶。」

此事關係實在太重要了！如果俞作柏的壞主意得行，後來的歷史當然全變了。

黃固執己見、李委曲求全

陸榮廷既倒，李、黃兩軍再合力對沈鴻英，李函在對沈作戰定計情形亦有細緻的敘述，我在本文第一節中又漏略了，並有小誤。李氏原函如下：

「……倒沈之役，季寬、健生在梧州與任潮（指李濟深）擬訂作戰方案，事先並未徵求我之意見即作決定，黃、白將該方案親自攜到桂平出

示閱看。其計劃分兩路：一由梧州，一由平南、江口，指向賀縣、八步、平樂、桂林；至於桂平，則由我率姚洞特務營坐鎮防守。我認為他們只知顧慮梧州之安全，而忽略整個戰局之得失，乃訂定此一作戰計劃，已犯戰略上之大忌，假如沈軍由柳州東進截斷大河，無異放任敵人與入桂滇軍聯成一氣，使我軍首尾不能相顧，將陷於極不利之境地。季寬臉上表示不悅神氣，不待我盡其言，即說：只要我軍能迅速搗毀沈軍在賀縣、八步之巢穴，佔領桂林，敵即不能為力；而且此作戰計劃係與任潮作縝密之計議然後決定；況大軍正在行動集中，自不便再行更改，萬不可夜長夢多，致誤戎機。我見他如此性急，發言斬釘截鐵，倘若立刻反唇辯難，必易引起紛爭，乃沉住氣而默不作聲。有頃，健生感覺氣氛沉悶，故意亂以他言，謂：德公！如果沈軍來攻桂平，能以一營之兵力堅守否？我說：只好盡最大的努力，成敗利鈍，當聽由天命決定而已。季寬深恐我發言要求修改作戰計劃，乃微笑起立說：就這樣罷，不必多言，時間不早，我們下船走罷！請德公放心！此時我內心實焦急萬分，不期然急中生計，暗想不如挽留健生多耽擱幾個鐘頭，以便從長計議，或者可補救此巨大之危機，乃言：你們兩人各有實底火輪一艘，健生只到平南登岸指揮部隊前進，距離甚近，請稍留以便商量其他問題。季寬為慰藉我的心情起見，亦極同意。遂先送其落船鼓輪東下，仍回河畔潯州常關監督署閉門與健生再作詳談。」

說服白崇禧、擊沈奏膚功

李函以下詳記與白氏夜談情形：

「我（李自稱）說：沈鴻英必知滇軍將進入桂境，所以於旬日之前始發通電用廣西陸軍總司令名義出巡，似有先發制人之概，其志在先入關者為王，佔領大河要區以邀功，表示他是廣西統治者之主人翁。我軍為各個擊破敵人計，才擬置南寧省會於不顧，集中力量找尋敵人主力而擊破之，俾達速戰速決之目的，然後回師擊破滇軍，此番雙方可能形成遭遇戰而非攻防戰之形勢甚為顯明。查沈軍能戰之都隊為鄧佑文一師，其餘多不堪一擊，而鄧師又早駐防柳州，此即敵人主力之所在也，焉可置之而視為不值一顧？即使我軍佔領賀縣、八步一帶地區，而桂林城不易攻破，大河空虛，無異與敵軍互換防地，敵人既可乘勢與滇軍連成一氣，我軍反陷於腹背受敵之危險，其不失敗也幾希！為今之計，定桂軍鍾、陸（旭註：指鍾祖培、陸超）兩縱隊及郭鳳崗教導團現住大湟江口附近待發，即應折向新

墟經東鄉向武宣二塘集中；駐平南、江口之間的呂煥炎縱隊，著令星夜更改前進路線，跟鍾、陸兩縱隊前進；駐橋墟的李石愚縱隊原為機動使用，著令星夜經貴縣、桐嶺向武宣城對岸附近候命；共分三路進軍，此路部隊即由兄兼任指揮；平南、蒙山方面改由俞作柏指揮；如此部署，可萬無一失矣。健生傾聽之下，頗為動容，極端贊成，且云：季寬在時，何故不力爭？我說：看季寬神氣，對作戰方案之完備深信無缺，若堅持異議，恐發生意氣之爭，反為不美，現只能對你申述利害得失，請即拍電梧州，述明完全同意我的分析，將部隊另行調動分配，只用報告方式，而非請示，相信木已成舟，季寬亦無可奈何，只好聽之而已。至此，健生即一面先用電話調動部隊改變前進方向；同時電梧州報告何以變更的原因；隨即下船；鍾祖培當時亦尚在桂平，乃率兵一連偕行駛向武宣。我於翌晨亦乘船向武宣跟進。第二日即遇強敵，大戰於二塘，敵敗北。我亦經金雞、象縣、四排、七排、矮嶺、羅錦到桂林。退柳州敵人殘部則責成李石愚縱隊跟蹤追擊，我並不在這方面也。」

這真是極關重要的成敗關鍵。是李氏對統一廣西戰略的第二著又勝了。

李濟深來桂、負兩項使命

我在〈李黃如何崛起及歸依國府經過〉這一章的原文中尚有一處誤記，順便在此更正，查原文中「出兵助粵、肅清南路」一段，有「十月十二日，汪兆銘、譚延闓、李宗仁、黃紹竑在梧州會晤，討論兩廣統一問題」的話。查實時間有誤，汪、譚來梧是民十五年一月廿六日的事（見原文「聽命國府、改組軍政」那一段中），此處應更正為：

國民政府於李、黃統一廣西後，八月中旬特派西江善後督辦李濟深偕馮祝萬、鄧世增、李民欣等到南寧，此來負有兩項使命：第一、因為廣西的高級將領，除黃紹竑外，其餘大都尚未加入中國國民黨。而當時留駐廣東方面的桂軍如劉震寰、劉玉山等部，以及幹黨務工作的桂籍人士，兩三年來，因為李、黃力量的不斷發展，曾散播很多空氣，不是說李、黃是聯省自治派；就說是李、黃與段祺瑞等北洋派有勾結。並指李、黃分別用著定桂軍、討賊軍的蔣幟番號，表面是分道揚鑣，實際卻是狼狽為奸的做法，在羽毛尚未豐滿的時候，就用黃紹竑來接近革命政府，現在廣西統一，力量充實，不久一定要背叛革命的。李、黃與他們因利害的衝突，事事被他們中傷或破壞。李濟深和粵軍第一師的將領，是李、黃最好的朋友，不但在軍事上以實力幫助李、黃，並且替李、黃向各方解釋許多誤

會，他此來是希望李、黃將整個廣西統一在革命政府之下，改變以前兩面不同的作法的。實際上李、黃自廣西內部肅清後，對於那種作法，已成過去；對統一原則，一致表示贊同；入黨則更不成問題。

李濟深來邕的第二項使命為商量共同出兵解決盤據廣東南路的鄧本殷、申葆藩的軍事問題。鄧、申原為舊粵桂軍的殘餘勢力，盤據廣東的三羅、兩陽、高雷、欽廉、瓊崖各地，合起來也有近兩萬人，他們在那裏苟延殘喘，等待捲土重來的機會。在廣西未統一以前，若由廣東出兵南路，有很多不便的地方，現在廣西已經統一，自是解決南路的最好時機。這種義務，是李、黃最願意履行的，因為南路的粵桂舊軍勢力一日不清，則廣西邊界也一日不安。而且粵軍第一師以前給予李、黃的幫助，李、黃還時刻不忘，出兵南路，正是李、黃酬報他們的適宜機會。

李濟深此來，廣西極表歡迎，使命完滿達成。適是年八月廿日廖仲愷被刺案發生，李即奉命匆匆歸去。接著又有出兵東江及楊（希閔）、劉（震寰）事變，以致討伐鄧、申及統一問題，都延擱了相當時候，實際情形，我在原文中已敘述過了。

補正二　廣西人在浙院兩省的地方政權

　　廣西與中央關係最美滿時期為自抗日戰爭起後。廣西既傾所有力量以貢獻於保衛國家的神聖戰爭，中央也對多年政敵的李宗仁、白崇禧推心置腹而寄以重任。而且不僅在軍事方面，更在地方政權方面除廣西原有以外任用桂人主持浙江、安徽兩省的省政。

　　軍事方面的情形迭經詳述，現專記浙皖兩地方政權概略的狀況。

　　主浙出於蔣氏的自動，主皖卻由於桂方的請求，這是兩省不同之處。浙江是一人任兩次，任期達十一年之久；安徽是四人相繼受任，任期合計也有十一年之久；這是兩省不同而又同之處。

　　本篇先述浙江，下篇再及安徽。

黃紹竑主浙省政十一年經過

對手創團體、離合竟再三

　　桂人主浙，兩次都是黃紹竑。為明白此事的來由，要從黃氏脫離廣西集團說起。

　　黃紹竑和李宗仁、白崇禧共同創造廣西集團，但他個人的行動頗為奇特，對他自己手創的團體曾作過三次的分合。計自民國十一年五月，廣西自治軍蜂起，他不能與之同流，皇然無歸，李宗仁邀其合作，他以志同道合，慨然歸入李部，這是第一次合。十二年夏，他向廣州孫中山大元帥請得「廣西討賊軍總指揮」的委任和討伐沈鴻英而佔領梧州的密令，於是在梧樹起新幟，與在鬱的李宗仁分道揚鑣，這是第一次分。十二年冬，他和李出兵合擊陸雲高，打通梧鬱在大河方面的聯繫；十三年夏，討賊軍與定桂軍再合作以擊倒陸榮廷，佔領南寧，黃推李為定桂討賊聯軍總指揮，這是第二次合。十九年夏，廣西響應北方的擴大會議以共同倒蔣，出師向武漢，到湘而敗歸，他自此厭惡內戰，主張和平，年末即離廣西而到南京，這是第二次分。廿六年秋，抗日戰起，全國一致共赴國難，所有政敵都捐除成見同禦外侮，這是第三次合。卅八年夏，國共和談破裂，李白堅持繼

續對共作戰，他卻主張和平而投共去了，這是第三次分。這些分分合合的詳情我也已經敘述過，現在只記第二次分後他個人的經歷，主要是他主政浙江那部份。

黃雖離廣西、距作鬪牆爭

黃紹竑離桂後，二十年一月入京謁蔣主席，二月十日中央即發表他為廣西善後督辦，伍廷颺為會辦，他明白這是以桂制桂，他向大家聲明過決不破壞廣西團體，他不就職。二月底，蔣囚胡漢民，粵起反蔣而與桂和，寧粵對立，李白邀黃回桂督辦經濟，他以寧桂雙方都以使命相加，難以應付，遂避去而遊菲律濱。九一八變起，國難嚴重，寧粵和平，廿一年初中樞改組，行政院長汪兆銘以黃為內政部長，並曾兼代交通部長一個短時期。十一月，他召開第二次全國內政會議。廿二年三月，長城戰事發生，軍政部長何應欽主持北平軍事委員會分會，指揮長城作戰的部隊，並組織一參謀團，以黃兼參謀長。五月卅一日塘沽協定簽字後，兩廣和福建嚴責寧方辱國，謠言紛起，中央派黃氏以私人資格到香港向各知好解釋。回到北平結束參謀團業務後，訪問山西和綏遠。十一月下旬奉派宣慰內蒙，解決內蒙自治問題。廿三年一月，請准秘密籌備遠征新疆，但到五月蔣委員長恐引起中蘇衝突而令停止籌備，使他非常失望而請假回桂三月。十二月五日中央政治會議准其辭內政部長職。是月十一日行政院國務會議決議任其為浙江省政府主席。過了十天，他在杭州就職了。

這是他第一次主政浙江。省府委員九人：他（並兼民政廳長）和徐青甫（兼財政廳長）、曾養甫（兼建設廳長）、許紹棣（兼教育廳長）、蔣介卿、朱孔陽、周象賢、莊崧甫、黃華表（兼秘書長）。宣鐵吾任保安處長。後來徐青甫調長民廳，程遠帆繼長財廳，曾養甫調職中央，伍廷颺繼長建廳。浙江號稱富裕，但人民納稅完糧非常疲玩，串冊操在莊書手裏，追收積欠很難，常時庫空如洗，新政建設實談不到。共產黨正在開化、遂安、昌化、分水和福建交界處屬各縣發展，地方無組織，無自衛力量，他即決心辦理保甲以增強自衛力。普設行政督察專員，專員均兼駐在縣的縣長，專署與縣府合署辦公，這是和別省不同的地方。推行會計制度審計制度直到各縣，但因制度本身有缺點，有演變為舊式師爺政治的可能。改進蠶絲業很著成效。中央在蘇浙建築錫澄線和乍平嘉線永久國防工程，乍平嘉線由浙境乍浦鎮經平湖、嘉興兩縣到蘇浙交界王江涇鎮，長八十多公里，他幾乎以全副精力用在這工程上。

他有許多時間花在行政以外的工作，例如廿四年七月，為汪院長政治

病問題而入川見蔣；八月，為蔣桂團結問題而回邕晤商。

廿五年六月，兩廣發動抗日，七月，粵局先告瓦解，國府即派李宗仁為軍事委員會常務委員，任白崇禧為浙江省主席，黃紹竑、李品仙為廣西省綏靖正副主任，這仍是以桂制桂的一套。白表示不赴浙，並催黃回桂。黃仍舊堅辭，卸浙省職後閒居滬上，不久，蔣由粵召他往，廣西問題終由他居間而和平解決。九月六日，國府令黃紹竑任浙省主席，十二月一日調主鄂政，在浙一年又十一個月，他自言奔走國事和準備國防費時間精神太多，於省政反無所建樹。

由浙調主鄂、赴晉助抗戰

黃紹竑廿六年一月十六日由滬飛漢接任湖北省政府主席職。省府秘書長盧鑄、民政廳長孟廣彭、財政廳長賈士毅、教育廳長周天放、委員楊揆一、范熙績、吳國楨均留任，只建設廳長李範一呈請辭職，改由伍廷颺繼任。他感覺杭州寧靜而悠閒，武昌忙碌而不安定。湖北的大患為每年的洪水和多年的菸毒。武漢工商業僅亞於上海。張之洞手創的漢冶萍鋼鐵廠和紡紗、織布、製蔴、造幣、兵工、造船、造紙、製革各廠，現在或因機器陳舊，出品不良，或因管理不善，營業不振，或因資本不足，無法維持，大部都已停閉。交通因有鐵路和湖川的便利，公路反較落後。財政主要收入為田賦和營業稅，因地籍整理未完，故田賦未能整理，營業稅較有成就。省府合署辦公以湖北最為徹底，發動於前任主席楊永泰，楊注意事權集中而忽略分層負責。曾舉行縣長考試一次，結果失望。夏間，他參加廬山暑期訓練團，任第二總隊長，因七七事變起須回去料理，訓練未結束即先下山。料理主要的事為加強武漢國防工程，在水上為田家鎮至九江一帶，在陸上為武勝關至信陽一帶，他親往視察整頓。旋奉召入京，將省主席職務交秘書長代理而於八月一日飛滬。

他八月四日到南京，六日蔣委員長即指派他擔任軍事委員會第一部部長，主管作戰計劃和作戰命令。九月十五日大同淪陷，山西危急，蔣派他前往視察，並與第二戰區司令長官閻錫山商量以後的處置。歸途經武昌一宿，處理省務。到京報告後，九月下旬蔣命他以第二戰區副司令長官名義再赴山西襄助閻氏。曾指揮娘子關方面的作戰。太原陷後，由臨汾到風陵渡過黃河經隴海、津浦路回京，那時上海會戰已經結束。十一月廿六日，國府發表他任浙江省主席，即由京搭兵工署運炸藥的專船回武昌，將鄂省主席職務於何成濬接收，乘船到九江，轉南潯路火車到南昌，再轉浙贛路

火車到杭州的。

二次到浙江、痛哭論國防

　　黃紹竑廿六年十二月五日繼朱家驊任浙江省政府主席，這是他第二次主浙。省府委員九人，即他和王先強（兼民政廳長）、程遠帆（兼財政廳長）、許紹棣（兼教育廳長）、伍廷颺（兼建設廳長）、朱孔揚、周象賢、許蟠雲、賀揚靈。李立民為秘書長，宣鐵吾為保安處長。他說：「這個抗戰初期的省府陣容，雖然加了幾個新人，而這些新人與舊人，都是我二十四五年在浙江任內的同事，預料工作的力量一定很充實的。」他又說：「當時長江下游各省正當軍事要衝，為使軍事便利起見，都調換軍人充當省主席，江蘇的陳果夫換了顧墨三，安徽的蔣雨岩換了李德隣，浙江的朱騮先換了我。蔣先生所以要我重回浙江的原因，無非是因我曾在浙江兩年，那裏的軍事準備都是我在任著手規劃的，我回去可以駕輕就熟，配合軍事需要。而我呢，亦有此感想。同時，以為兩越是歷史上有名的復興基地，秉有傳統的優點，若加以組織與訓練，一定大有可為。所以我在聞命之下，對於這個危險的環境與艱鉅的任務，不稍躊躇考慮，就毅然負擔起來了。」

　　他到任時，日軍主力正去圍攻南京，另以一部過宜興、長興、廣德以威脅南京至蕪的後路，對杭州方面只監視牽制，未作進犯。我方負杭州軍事指揮責任的是劉建緒總司令，前線在海寧、臨平、德清、埭溪、吳興。淪陷的只靠近松江和太湖七縣。杭州平靜，但省府和杭州各機關早已疏遷到金華，省府只少數人留杭主持前方要政。浙東更是無事，寧波、海門、永嘉各地照常和上海往來和平時無異。

　　他以前所做乍平嘉線國防工程，當他未到杭州以前就放棄了，未曾守過一天，他非常痛心！國防工程處長楊澍松曾大哭說：「這兩年多以來，皮都晒脫了好幾層，不意結果守也不守，不能發揮一些效力，不但對不起國家，也對不起老百姓，更對不起自己。」

　　首都南京十二月十三日陷落後，十六、七日陳誠、張發奎、黃琪翔由安徽方面轉到浙江，約他和劉建緒到建德會晤，轉達蔣委員長對於杭州問題的指示。那時日軍已由滬杭鐵路、京杭國道和廣德經孝豐分向杭州、富陽、桐廬進攻。我軍按計劃抵抗，逐步退往錢塘江南岸。在滬作戰的廣西部隊韋雲淞第四八軍退到天目山，十九晚他與韋通電話，責成韋部固守天目山，勿使敵得過山犯桐廬。他廿三日黎明前離杭州，拂曉到桐廬。

富陽廿四日下午淪陷，但敵不再前進，當日廣西廖磊總司令的張淦、徐啟明兩師由分水到桐廬。他等待廖到前方負責有人才轉往金華，正是廿七年元旦。劉建緒十二月廿三夜離杭退回南岸，即將浙贛鐵路的錢塘江大橋炸毀，敵軍是翌日廿四入杭州市的。

白崇禧副參謀總長和顧祝同第三戰區司令長官元旦到金華來，召集劉建緒、廖磊兩總司令及其重要幹部會商浙江前線的軍事部署，決定錢塘江南岸由劉負責，北岸由廖負責，前方即安定下來。白顧兩位由他陪同視察北岸一週即到皖南去了，他也回金華。

敵五次來擾、省會頻播遷

省級機關雖已退到金華，都尚未確實安頓照常辦公，杭嘉湖既陷，金華就是敵機轟炸第一目標，省府委員會決議：臨時省會定設永康。杭嘉湖敵軍前線，西邊僅到富陽、餘杭、武康、吳興、長興一帶，南邊未過錢塘江一步，如是者兩年。廿九年初春，敵乘大雪我軍警戒疏忽，偷過錢塘江南岸，佔領蕭山橋頭堡陣地，並前進至臨浦、義橋之線。三十年四月，敵攻佔紹興，復擾寧波，我軍退守四明山脈和會稽山脈。敵另一部由海門登陸，陷黃巖、臨海，不久敵又退走。此次敵擾，金華、永嘉各地都受波動，省府曾一度撤往松陽，後以局勢稍定，復返永康。卅一年四月十八日，美空軍首次由太平洋往炸日本，預定炸完後飛往中國浙江省衢縣機場降落，不料浙境狂風暴雨，天又黑了，無法找到機場，不得不犧牲飛機而跳傘下來，總計五十餘人，少數受傷，餘都無恙，全數救護送到後方。此事過後，五月中旬，敵人為了報復東京的被炸，同時為防止以後美機再利用浙江境內的機場，遂發動大規模的攻勢，共分三路進兵：第一路由餘杭、臨安下新登、分水趨桐廬、建德轉壽昌；第二路沿浙贛鐵路正面經諸暨、義烏趨金華、蘭谿；第三路由奉化、新昌、上虞經嵊縣、東陽、武義趨湯溪，然後會攻衢縣，以佔領衢縣機場為初步目標。當敵攻勢發動時，臨時省會由永康移松陽；及敵由金華向衢縣，再由松陽移雲和。敵自浙贛路會師後，折向浙南進攻，以一部由江山、廣豐攻仙霞嶺，圖下浦城，被我軍擊退。另一部由衢縣、龍游下遂昌、松陽，並向龍泉的白岩與雲和的湯候門進攻，皆被我軍遏阻。再一路由武義經烏門陷麗水，復分兵一部攻碧湖、大港頭，一部沿甌江下青田陷永嘉，與由海面登陸敵軍會合。當敵分路進攻雲和、龍泉時，他恐雲和、龍泉都難立足，乃將省會各機關向景寧、泰順、慶元等地撤退，而他自己仍留駐龍泉。八月中旬以後，江山、

衢縣敵人已撤回金華；松陽敵人也由軍平退回武義；永嘉敵人一部由海上撤退，一部撤回麗水，隨同麗水敵人撤回武義、金華。此次戰役經過的一百天，災區之大和損失之重，實是空前。敵人既退，臨時省會復返雲和，一住三年。自卅一年秋至卅二年秋，戰局復歸平靜。但不久敵攻佔安吉，迫進孝豐，旋告平定，惟安吉敵人久據不退。卅三年六月，浙境敵軍響應粵漢、湘桂方面作戰，武義敵人向宣平佯攻，被我軍擊退；乃轉向湯溪、龍游以南，會合金、蘭正面敵軍，進陷龍游、衢縣，旋被我軍擊敗，仍退回金華、蘭溪。復由武義永康進陷麗水，再下青田陷永嘉、樂清。其後麗水敵人雖已退走，但永嘉、樂清之敵到卅四年六月才會合由福州經霞浦、壽寧、平陽撤退下來的敵人向台州方面退去，再分路到寧海和新昌。到八月而日本無條件投降。這是日軍蹂躪浙江和省會遷徙的情形。

雖具肆應才、難防政治潮

黃紹竑氏經驗豐富，能應時建樹。廿七年二月，公佈浙江省戰時政治綱領（那時抗戰建國綱領中央尚未公佈），以安定人心，振刷精神。收容淪陷區教師學生組織戰時政治工作隊，宣達政令，使民眾盡應盡的義務，揭發冤苦，使民眾享應享的權利。發展地方自衛武力到廿一個團，配合國軍擔任國防工作，有三個支隊入淪陷區建立和掩護淪陷區政權，並打擊、牽制和消耗敵人的兵力。利用疏遷出來的機器和技術人員設兵工廠，每月製出步槍千餘枝，機關槍五十餘挺，手榴彈五、六萬發。辦理食鹽運銷、火柴及捲菸專賣和實行田賦徵實以解戰時財政的困難。舉行縣政檢閱以明瞭施政得失。辦年度交代以清理積壓。

他善於肆應，不時到皖南第三戰區司令長官部，見面多，公交上誤會便少。和省黨部發生問題時，有關黨的事務，政府尊重黨部，有關行政事務，黨部尊重政府，彼此照此原則去商量解決。對省參議會，政府遇了實際困難的問題時，只是坦白陳述，雖不得真正解決，卻可得諒解。

他遭遇過幾次政治上的暗潮。廿七年六月，中央忽來電說本任政府聲名狼藉，要他切實注意。他憤極而去電辭職，但回電卻是慰留，只是電中有「耳有所聞，乃以之告」的句子。事的起因，表面是浙江戰時政治綱領頒佈和組訓青年問題，裏面是人見他太不顧一切的猛進，且與幾個共黨太接近了。地方人以他製兵器和編團隊為增加地方負擔，更易誤會為造私人武力，他於是將團隊四師交國軍接收指將兵工廠交中央接收。廿九年春自衛團守蕭山橋頭堡被敵襲取也責備到他。三十年夏敵攻佔紹興，有人大做

文章謂因政治不能配合軍事。卅一年夏敵人大流竄，對行政責難更多，他引咎辭職而未獲准，卻得各方面的諒解。他一任九年，卅六年春辭職，信任專一，他省罕見。

補正三　桂人主皖政——由李宗仁到夏威

　　前篇已敘述過黃紹竑主浙江省政十一年經過，本篇續敘安徽。按自抗戰初期之民廿七年一月起，直至民三十八年三月止，安徽省主席即由李宗仁、廖磊、李品仙、夏威四人相繼出任，前後亦達十一年之久，茲依次記其概況如下：

李坐鎮徐州、首兼皖主席

　　抗戰開始不久，軍事委員會劃津浦線為第五戰區，轄境跨魯、蘇、皖三省，以李宗仁為第五戰區司令長官，長官部設在徐州。為了作戰上的需要，戰區部隊和地方政府接洽頻繁，在事實上，必須打成一片，至民廿六年十二月十三日南京淪陷，日軍渡過長江沿津浦鐵路北犯，安徽省政府遂由合肥西遷六安，以避敵鋒，為進一步求取作戰上的便利，國府於民廿七年一月廿五日明令發表由李宗仁長官兼任安徽省主席。李氏於是年二月初偕章乃器等由徐州經蚌埠赴六安就主席職。省府重要人事計為：秘書長朱佛定、民政廳長張義純、財政廳長章乃器、教育廳長邵華、建設廳長謝××，後由蔡灝繼任。彼時因軍事緊張，李氏不能常在省府，乃令民政廳長張義純代行主席職務，張氏原任第廿一集團軍第四十八軍副軍長，既兼民政廳長，又為安徽人，似甚適宜，故李長官作此安排。

　　李宗仁早已和安徽有因緣。當國民革命軍北伐時（民十六年一月），他任江左軍總指揮，在皖境作戰；同年五月，任第三路總指揮，在皖北作戰；治軍嚴明，紀律良好，軍行所至，受人歡迎，安徽定遠縣縣志中，曾以數頁篇幅記載其事，可見地方人士對他的信仰。

　　張義純代行主席職權後，默察戰局的推移，認為省府終難在六安久駐，擬由六安再遷立煌，在未遷往之前，先以張岳靈為立煌縣長，授以在縣預為省府部署場所和使中共新四軍撤離立煌兩項任務。當時中共新四軍在大別山搞游擊隊，其部隊已開往前方，但其第四支隊司令高敬亭仍盤據立煌的古碑沖不肯走，顯然別有所圖，張岳靈縣長終於設法迫其離去。徐州撤退後，皖省府於六月間即從六安遷到立煌。

戰爭時期，根本談不上地方建設，但省府卻成立了一個「安徽省民眾動員委員會」，並推行到各縣皆設分會，發動人民協助抗戰，很具功效。惟惜當時有藉此一名義在無形之中卻為所謂「人民陣線」做工作者，加之張代主席對此事的處置又不得其當，至是年七月間，糾紛遂萌。張短於應酬，又急謀培植自己力量，致處境困難，不安於位，八月，因陞任第四十八軍軍長而辭職，改由朱佛定兼任民政廳長，並代主席。

徐州淪陷後，第五戰區司令長官部初移商城，八月間再移麻城，後更逐次西移，李宗仁長官以駐節之地去皖日遠，不便再兼，乃舉廖磊於中央，請以繼任皖政。

廖磊死於任、皖人表追思

廖磊初隸屬李品仙的第十一集團軍，率領由第七、第四十八兩軍編成的第七軍團參加上海會戰。滬戰告終，率部退到浙西。後經江西北渡長江，抵達合肥，始歸還第五戰區建制，改編為第廿一集團軍，廖磊任總司令。自徐州、武漢兩次會戰，廖部都在皖境作戰。廖被任為皖省主席時，正在英山，民廿七年十月初，由英山到立煌就職，對省府人事只作局部改組，秘書長朱佛定、財政廳長章乃器、建設廳長蔡瀬均舊任，只民政廳長陳良佐、教育廳長方治為新任。保安處長初為丘國珍，後由賴剛繼任。武漢淪陷後，敵軍控制長江，皖南被敵隔斷，省府特在屯溪設行署治理。廖氏仍兼第廿一集團軍總司令，部隊駐皖；並加鄂豫皖邊區游擊總司令銜，要其就大別山的地利以努力發展游擊力量。

廖氏為政，實事求是，深惡粉飾。那時期地方經過了徐州和武漢兩次會戰後的敵人蹂躪，其殘破和混亂的狀況，無可形容。他首先整頓機構，使全淪陷或半淪陷的縣政都照舊有縣府負責。又召集幹部訓練，增強其能力與工作效率。各處的游擊部隊因良莠不齊，並將其無用和作惡的逐一整編。經以上措置，益以年餘無大戰，省政一時頗呈安定。

自從左派人士操縱了皖省動員委員會後，不僅彼此間糾紛迭起，而左派更欲伸展其勢力到軍隊中，民廿七年十二月，動委會竟介紹「政治指導員」百餘人於第廿一集團軍總部，請派往各軍師團營工作，後為團長莫敵等群起反對，事乃中止。當時動委會藉名攻擊CC，其實就是攻擊國民黨和政府。安徽省府既被分化為兩派，遇事使得廖主席左右為難，到解決不了時，他常出巡各縣，暫離省會，以作冷靜的思考，如是者前後達六次之多。國民黨的安徽省黨部遠在屯溪，廖於民廿八年二月間始將省黨部亦遷

來立煌，希望由省縣黨部努力工作以對抗省縣動員委員會，但未獲致若何效果。

在安徽，中共新四軍問題也是一件頭痛的事。中央原指定新四軍駐在皖北的歸第廿一集團軍指揮。民廿八年三月間，新四軍軍長葉挺借其參謀長張雲逸來立煌，自稱為向廖總司令述職。葉挺並聲明他只是述職，關於其他問題，概由張參謀長負責洽商。廖氏遂派保安處長丘國珍與談地方部隊統一問題；省府參議張岳靈與談下級幹部摩擦糾紛問題，但並未談得何等結果。張雲逸知道張岳靈是瞭解中共的，且知岳靈的意見常為廖氏所聽信，在商談過程中，張雲逸竟警告岳靈不可妨礙中共，至召致對自身的不利。那時期中央又不能表示對中共存有歧視，自破抗戰團結。因此，頗使地方政府與中共相處倍感困難。

廖氏當時為了內部的鬥爭無法解決，大感痛苦！章乃器於民廿八年七月初曾直接電陳白崇禧副總長請求辭職，說是張岳靈圖謀暗殺他和陳良佐。白氏覆電慰留，謂決無其事。廖氏為使白副總長明瞭此中真相起見，特於是年月初間派張岳靈、林中奇赴渝受訓，乘便向白氏詳陳，但張、林行抵湖北省應城時，廖又將他們中途召還。迨張、林等返抵立煌，而廖氏的病已嚴重，似乎廖氏自知病情無望，故不想為此問題徒增長官煩惱。到了十月廿二日夜半，廖氏遂以腦溢血逝世。

廖氏故後，所遺省府事由民政廳長陳良佐，第廿一集團軍事由第四十八軍軍長張義純暫時分別代行，而政軍兩方儼如對壘，大有水火不相容之勢，兩方都有電報向白崇禧氏陳訴，白氏曾覆電嚴責謂：「你們是否想重演洪楊在金陵的慘劇？」軍方乃不得不嚴守本份，不問政治，得以無事。

當時安徽省府給廖故主席治喪費為一萬元，教育廳方治聽長為皖人，以為太薄，乃改為五萬元，由這點也可見皖人對廖氏為政的感念！

李品仙主皖、時期稱最盛

過後不久，第五戰區副司令長官兼第十一集團軍總司令李品仙，由李宗仁長官推薦，中央發表繼廖為皖省主席。他瞭解皖省政局困難的所在，先在皖省人事上商取李宗仁長官和白副總長的諒解，於民廿八年十二月中旬才由鄂北老河口率同第八十四軍赴立煌就任。李氏就主席職後，原兼之第十一集團軍名義取銷，並將第八十四軍編入第廿一集團軍，由他繼廖磊為總司令，仍兼第五戰區副司令長官。

李履任伊始，即從調整人事入手，首先以楊億祖長財政廳以繼章乃

器，陸續以萬昌言長教育，黃同仇長秘書，儲應時長建設，韋永成長民政；其後尚有變動，以桂競秋長財政，蘇民為秘書長，汪少倫長教育，黃同仇和林中奇先後長民廳。自經幾番調整，左右兩派的主要份子既去，動員委員會又奉令撤銷，省黨部主任委員更由省主席兼任，於是黨政軍權力得以集中於一人，內部意志逐漸統一。

中共新四軍在立煌設有辦事處，以何某為主任，地方一向多事。至民三十年初，新四軍在皖南變叛，中央下令討伐，李氏乃得機會將中共在皖境的力量掃除。在此役中，我方第一七六師補充團長雲應霖（粵人）響應共軍，率團叛逃，但為某團團長莫敵所覺察，矯命截擊，隨雲應霖逃去的僅得百餘人。

李品仙主席於民卅一年十一月赴渝出席國民黨五屆十中全會，曾與李宗仁長官、白副總長及我對皖、桂兩省府人事有所商談。會後他曾和我同返桂林一行。十二月十五日他由桂赴皖南視察。翌年（民三二年）一月十六日他又自皖南返桂林小留三日，於十九日飛渝返皖。當他在皖南期間，日軍因我軍不斷襲擊長江，威脅航運，於民卅一年十二月下旬曾由宋埠、黃岡、蘄春、九江、望江、安慶大舉向大別山以南各城鎮的我軍掃蕩。其時張義純以第廿一集團軍副總司令代行總司令職務，劉和鼎則率其第卅九軍扼守鄂東，因我方所搜集的敵情報告不確，初時尚懵然不知，張義純且發動立煌的機關、團體、民眾大規模遊行以慶祝民卅二年元旦，對敵毫無戒備。慶典剛過，警報已來，翌日，敵軍陷立煌，全城房屋被燒毀百分之九十以上。敵在立煌盤據休息了四、五日，才陸續撤經商城、光山、潢川、信陽而歸漢口。當敵退經皖豫交界的葉家集時，被我第八十四軍第一七四師牛秉鈞師長率兵兩團截擊，一場激戰，敵遺屍六百餘具，我軍僅死傷二百餘，獲槍千餘，厥功甚偉。此事過後，李宗仁司令長官於夏間親來視察，遍臨各師檢閱。從此直至日本投降，皖境不復再有戰事。

安徽省銀行總行原駐屯溪，至民卅二年冬始遷立煌，並以張岳靈為行長。物資交流，商業繁榮，為皖省最盛的數年。

日軍於民卅三年夏打通了平漢路，隔斷了皖省和鄂北的交通，中央遂將皖北、豫東、鄂東劃為第十戰區，即以李品仙陞任該戰區司令長官。抗戰勝利後，李氏奉命在徐州接受日軍投降。戰區隨勝利而結束，第年一集團軍部隊則交第八綏靖區接收，李氏乃專任省政。至民卅七年八月調任華中剿匪副總司令，乃辭皖政而赴漢口協助白崇禧氏剿共。

夏威任主席、徐蚌已交兵

夏威繼李品仙主皖，亦為李副總統所推薦。夏氏當國民革命軍北伐時，即任第七軍的師長、副軍長、軍長，在皖境作戰很久；抗戰勝利後，在蚌埠任第八餒靖區司令官；故對皖省情形頗為熟悉。他於民卅七年九月在合肥就皖主席職。以曾任皖南省府行署主任的黃紹耿為省府秘書長，曾任太湖阜陽、蕪湖各區行政督察專員的張威遐為民政廳長，兩人都是最諳熟安徽政情的。財政廳長楊中明、教育廳長黃×（名字偶忘）、建設廳長張宗良。

夏氏到任才兩月，國共雙方在徐蚌的大會戰即於十一月九日爆發，蔓延迅速，是月廿日宿縣即失陷；廿七日徐州戰事已南移到宿縣、靈璧間；十二月一日放棄徐州；十五日黃維兵團被殲於雙堆集；十八日徐州剿總由蚌埠移滁縣；至民卅八年一月九日邱清泉、李彌兩兵團全滅，皖北屏障盡失，皖省府亦倉皇撤移安慶。

夏威主席原抱「三公八有」的大同理想，惜未及試行而大局已江河日下，狂瀾莫挽，遂於民卅八年三月間辭職，調任華中副軍政長官。

在此艱險局勢下，張義純自告奮勇願出主皖政，勇氣可佩！中央即予明令發表。他以朱子帆為秘書長，民政廳長張威遐和財政廳長楊中明均原任，建設廳長則為巫瀛洲，教育廳長未到任。省府亦由安慶再遷蕪湖、復遷屯溪，共軍渡江追來，更遷婺源，中途被共軍擊散，張義純被俘，皖局告終！

這是四位桂籍皖省主席治皖的經過。此四人中，以李宗仁氏聲望最高，內部精神亦最團結。廖磊氏在安徽全省大部份淪陷後，對陷區能要鄉不要城，確實掌握民眾，穩定全省局面。李品仙氏資望，在任久，事權一，主政數年最稱繁榮。夏威氏履任時，局勢已成為不可為！至於最後自告奮勇的張義純氏，卻盡了他為鄉的心願與使命。

第一七四師師長吳中柱當皖省府遷安慶前後，守安慶四十餘日，數與共軍死戰，殺敵比自軍傷亡為多，可謂忠勇！共軍渡江時才戰敗被俘。特為附記。

補正四　國軍戰敗避入越南經過詳情

　　越南與廣西西南邊境相接，我國曩在龍州設置有廣西全邊對汛督辦，以維持邊境治安、辦理雙方邊民過境、以及種種交涉事件。法國亦派領事駐在龍州。桂越隣交，自民廿年以後特形親密，只在日軍佔越時間中斷。當時，越南各革命黨派，為逃避日軍，相率入桂，第四戰區司令長官張發奎請准中央，於民卅三年春指導它們在柳州聯合組成越南革命同盟會，並為它們訓練幹部數百人遣返越南從事革命活動。但阮海臣等的越南國民黨腐化，故當時越南革命領導權終落於越南獨立同盟的胡志明之手。民卅六年冬，中共與越共相勾結，由越邊侵擾我鎮邊和靖西，法領事白榮發特到桂林向我建議雙方會剿，我報請廣州行轅宋子文主任核示，獲表贊同，民卅七年一月駐越法軍派員到粵與宋主任訂約會剿，雙方旋即照約實施。胡志明於民卅七年七月派阮德瑞到南京通好求助，被外交部拒與交往，僅晤國民黨中央黨部秘書長吳鐵城，吳派徐殷、唐丙峯隨阮赴越觀察真相；路經桂林，阮德瑞請見，我語阮：「越盟倘能除去中共，不擾我邊，我也希望彼此交好。」這當然是不可能的事，到民卅八年三月越南國民黨武鴻卿等來桂請助，我們只能與武等合作了。這是華中部隊入越前桂越關係的情形。

華中定戰略、全未能實現

　　自廣州放棄後，華中軍政長官白崇禧於民卅八年十月廿六日在桂林決定以後的戰略為：確保雲南、桂西南、粵南和海南島，並控制越北。

　　共軍對於華中，由湘黔粵三方面用極優勢的兵力進攻，專以殲滅我方戰鬥部隊為目標，不注意攻城略地。先以一路由黔西攻貴陽，一路由西江攻廣東南路，形成了對華中兩翼大包圍，其中路桂北方面，發動較後。

　　李品仙主任於是年十一月九日訪瓊經邕回桂復命，我對他說：「我兵力太少，分顧黔粵，將兩不能顧。」他亦以為然，但謂情勢上恐怕只好分顧。

　　華中對敵的部署是：對貴州方面，劉嘉樹的第十七兵團原防湘黔邊區，再加黃杰的第一兵團一部份防黔東。對廣州南路，先以張淦的第三兵

團南下，指向陸川、廉江、遂溪；魯道源的第十一兵團也跟著向信宜、茂名前進，均以佔領雷州半島與海南島連繫為目標。徐啟明的第十兵團由平樂方面逐漸移向武宣、桂平、貴縣，其第五十六軍則防守柳北三江縣。黃杰兵團擔任桂柳的掩護。

作戰經過的情形是：共軍攻犯貴州，於民卅八年十一月十三日陷馬場坪，十五日陷貴陽。廿一日敵中路犯桂北，擊破我黃杰兵團第七十一軍於小溶江，損失奇重；華中長官公署由桂林移駐柳州。廿二日桂林放棄。廿四日，由黔邊竄入三江之共軍南犯柳州的沙塘，華中長官公署又由柳移邕。廿五日，柳州、梧州同時失陷。其時，劉嘉樹兵團也已撤退到南丹，白崇禧長官電令劉部扼守南丹、河池，以掩護柳州部隊的撤退，劉辦不到而西奔東蘭；再令其在紅水河西岸拒敵，但劉部王一華軍未及渡河已被共軍擊潰，其第一百軍經東蘭循河田公路南奔，最後只得一部分退入越境。

魯道源兵團先頭部隊第二二六、二六五兩師，於十一月廿六晚由橋頭舖、金洞墟南向信宜城，被敵擊潰，兵團副司令官胡若愚殉職，退經容縣、北流、鬱林、興業西奔，敵尾追不捨，三十日趕過興業。

張淦兵團不趕向雷州，前進時竟在鬱林逗留三日；其第一二六軍第××師師長韋介伯，到廉江遇小股土共，亦畏葸不前，張淦司令官親往督飭，廿七日才將敵解決；因魯道源兵團敗退的影響，迫得改變計劃轉而向西，三十日到博白，十二月一日凌晨共軍由鬱林來襲，張司令官先被俘，第七、第四八、一二六各軍失去了指揮，終不能支，僅第七軍一七一師師長楊受才率一部入山打游擊，第七、第四八兩軍長後亦被俘，殘部向西退走。

徐啟明兵團由貴縣、靈山向欽縣、防城，由黃杰兵團掩護。黃司令官十二月四日過南寧到吳村墟，這是邕龍、邕欽兩公路分歧點，他未在此施行掩護，且見各部隊擁向邕欽路，混亂擠逼，逐率所部循邕龍路西行，到寧明縣南的愛店進入越境。

十二月五日，共軍入南寧；徐兵團之第四六軍在鄧隆、魯兵團之一二五軍在武利均遭敵阻擊。從此，敵既由靈山、合浦西追，復由南寧南迫，致我軍在欽北的大洞墟、小董一帶再被打擊，繼續西退，到大寺、上思一帶，被敵截為數段，第一二五軍軍長陳開榮、第五六軍三三〇師長秦國祥皆被俘，餘眾退到龍州附近，由武鴻卿編為越南建國軍，率領入越，戰事才告結束。

渡瓊計不就、志願軍入越

　　共軍將迫近南寧時，華中高級各指揮官先後赴瓊部署作戰，現在按日詳記其活動情形如次：

　　當白崇禧長官接獲張淦兵團情況不明的消息後，立刻於十二月二日派李品仙由邕飛瓊轉往防城設指揮所，準備船隻，等待徐啟明兵團到後，將其運往海南島。

　　三日，筆者和白長官也相繼到瓊，李品仙尚在瓊未能成行。

　　四日，白氏請陳濟棠長官召集粵桂雙方將領會談，決定到達欽防部隊悉數運瓊，和可供使用船隻數目後，他當夜即親自乘艦赴龍門港指揮，臨行時並囑我設法赴越。法國駐龍州領事田友仁已遷來海口，立法委員雷殷介紹其來訪，我曾對田領事表示擬經越返龍州；

　　五日，我託雷殷正式告田，田即索赴越人員名單，謂將去電請示；但法越當局及保大政府十二月初曾發表聲明拒絕任何軍隊入境。同日，華中軍政副長官夏威和我得到邕城於是日午陷敵，和第四六軍在那隆、一二五軍在武利遇敵阻擊的消息，料徐啟明部不易達到由龍門上船渡瓊的期望，當晚，聯名電白長官建議：「可準備集結衝入越邊，再行上傳。」

　　八日，白氏由艦上電我云：「決將殘餘部隊組織越南志願軍，以武鴻卿為總司令，徐啟明副之。政治上擁護保大。軍事上與法軍合作，求胡志明主地而攻略之。若敵軍尾隨攻越，則成國際複雜問題，美國將不能坐視，於我有利。」部隊不能上船已屬顯然。

　　九日，接連兩日陰雨，我空軍不能出動，天助敵人，妨我撤退。共軍兩路向欽縣追擊我軍，一由靈山、合浦向西；一由邕寧向南，使我軍極為狼狽，由邕向欽的軍官眷屬多已被俘，部隊能上船的很少。白長官晚間乘艦返抵海口，因潮退水淺有風，未能上岸，十日午刻才上岸。

　　十一日，陳濟棠長官約白氏、李品仙、夏威、余漢謀、薛岳、羅奇和我午餐，白氏報告此次撤退又失敗，第一、第十兩兵團決定入越。席間，羅奇建議：昆明放棄後，李彌的第八軍和余程萬的廿六軍在滇省已無作用，應一併入越。余、薛、陳、白均表贊同，即共電蔣總裁建議。

　　十三日，我和龍州第七區行政督察專員伍宗駿通無線電話，據云：省府職員到龍州的僅十餘人，省府衛士大隊亦已到達。

　　十五日，白長官接武鴻卿自龍州來電云：「決率五個團入越，請給一個月經費。」

黃旭初回憶錄——李宗仁、白崇禧與蔣介石的離合｜406

十六日，我函覆外交部司長袁子健：「第一兵團與法越當局商妥入越事，此間未得確報，但願其實現；武鴻卿決率志願軍入越。」

十七日，黔桂邊區司令官張光瑋，自共軍十二月三日佔百色後，撤往紅水河邊的舊州，是日白長官接其來電，謂擬率部入越。

二十日，廣西全邊對汎督辦姚槐由思樂縣九特來電云：「因敵軍尾追第一兵團，致職部入越計劃為之破壞。真（十一）文（十二）等日，我保安第一、三兩團在明江縣屬牛頭山、飯包嶺、長橋、思陵等地四次戰鬥。現移駐那梨附近，部隊主力尚能保持。正收容由邕西進部隊籌組越南志願軍入越。」我赴越護照，田領事始終未得越方核覆，不允發給，廿一日我遂離瓊赴香港進行。臨行時接外交部袁子健司長通知，謂今日由台飛瓊見訪，欲悉我軍入越情形，我只得請白長官待袁到後與其晤談。

建國軍問題、袁羅談甚洽

在港對越的活動：

袁子健司長十二月廿九日訪我，他說：「廿一日在瓊一宿，晤白長官後即返台北。此次由台來港訪法國駐華大使館代辦羅嘉凱商談我軍入越後問題，昨今兩次晤談，羅代辦對我軍入越事並無反感和恐懼。」袁並將他與羅談話紀錄交我。我託他介紹黃秘書長中厪與羅代辦會晤，以便此後我和羅直接聯絡。談話紀錄原文如下：

外交部司長與法國駐華大使館代辦羅嘉凱
商談關於越南建國軍入越事談話紀錄
（民國三十八年十二月廿八日在香港）

袁子健司長：今日願以私人資格與足下一談關於武鴻卿率領越南建國軍入越事，此事想足下必已詳知一切，今願與足下交換意見。

羅嘉凱代辦：予知悉此事，極希望與足下詳談。

袁：武君所率之建國軍，對外係越南軍隊，與中國全然無關。但予願與足下開誠相談，實則其骨幹為國軍之優良部隊，富有作戰能力、良好紀律。該項部隊入越之作用，一方面雖為中國保存一部重要反攻力量，一方面實含有更重大之意義，即在與法方協力防阻共產勢力向越南以及東南亞一帶之蔓延。故此舉實為整個民主陣線之利益，中法利害相同，想法方必能明瞭此一重要意義。

羅：巴黎及西貢方面明瞭此點。

袁：中國與法國目前同站在東南亞防共之第一線，任務重大，其他國家恐尚不明瞭其重要性。

羅：美國實明瞭此點，英國則比美國更為明白。予近接西貢來電囑探查白長官態度及願望，幸值足下來港，請惠予見告。貴方如有任何意見，亦可乘機轉達。

袁：予最近曾見白長官，今可綜合白長官之意見奉告如次：「一、白長官願武君之建國軍能與法方及保大充分合作，此層已於武君致保大電內說明。二、盡量避免足以增加法方困難之行動。三、願給法方助力，清剿越共匪部。四、我方對越，絕無政治或其他企圖。五、希望法方明瞭中法合作之重要，予該項部隊以充分友誼協助。」憶予在數月前即與足下談及促成武君與法方及保大合作之必要，嗣復商談會剿問題，所惜法政府未能及早決定，否則越共問題或已得部份解決。

羅：承告各點，殊感！法政府彼時不免多所顧慮，但武鴻卿今已進入越南，當有助於改變政府之觀望態度。

袁：予意最好越南政府能正式接受武鴻卿之合作，以增強保大之政治地位。若法政府尚不擬即作明顯決定，亦應予以協助，

羅：然。

袁：據目前觀察，中共並無追蹤該項部隊入越企圖。

羅：法方看法相同，中共似不至有貿然入越企圖。

袁：鑑於武君率領入越部隊為數已眾，白長官方面覺有派遣高級人員前往主持調度之必要。此項人員或用真名，或用化名以避人注意。但即使用化名，亦必將赴越要員之真實姓名通知足下。

羅：請轉陳白長官，如需派員赴越時，為迅速簡便起見，即可由長官方面通知海口法國領事轉告，予得領事來電後，即當為之辦理。

袁：為謝足下卓識高見，對於中法合作，匡助良多，感佩同深！

羅：頃承足下開誠交換寶貴意見，深以為快！希望能常取得聯絡。

（紀錄完）

　　按對於建國軍入越事，法代辦在整個談話中，未見表露法方不滿或疑忌恐懼等反響，故可見此事不獨法代辦同情，即巴黎、西貢方面似亦加默許，我方似宜善為運用，以保持法方之友好態度，再徐圖鞏固武君及吾部隊之地位。

子健謹誌

法繳我軍械、台港初不知

白長官於十二月三十日由瓊赴台，其要務之一，亦為與外交當局協商越南問題，及對我入越部隊擬編組為東南亞國際志願軍，希望利用美國餉械、中國員兵以協力反共。民三十九年一月五日晚間，他由台北致我電話，催我赴越。我說，暫且等待法方對袁子健司長日前向法代辦建議的答覆如何再定，並請將在台所得情形用電或函見示。他六日電我指示「赴越任務及辦理要旨：一、武鴻卿率領陸續回越之建國軍共五萬人，均屬優良部隊，冀勸告保大把握時機協助武氏，藉以對付越共，鞏固越南政府地位。二、向法方說明，武氏既願與法方合作，最好加以接受，至少亦宜以友軍相待，若徒猜忌懷疑，於越局無補。希本此意見相機婉達法方。三、外交部袁司長與法使館方面非正式洽談結果，影響良好。希隨時打消法越疑忌心理，達到共同防共目的，中法越均蒙其利。」我囑黃秘書長時時向羅嘉凱代辦探問消息，未有所得，直至一月中旬將盡，羅代辦才告黃以我軍在越解除武裝後的生活狀況，一月二十一日我即函報白長官。

當時無論台灣或香港，對我軍入越時和入越後的情形都不明瞭。黃杰司令官說是民三十九年春初才得派員回台報告，而未明指月日。同年六月十九日，向來追隨武鴻卿、黃南雄的鄧紫峯由越到港訪我，據談稱：「一、武鴻卿頗不滿白長官不早採納其建議，待敗至龍州後始將部隊編歸其指揮，已來不及展佈安排。當時黃杰所部因未接到改編命令，逕向法軍繳械。其他各部，又因白長官命令靠近桂邊，不肯深入，結果同歸失敗。二、黃南雄曾向保大建議：將曾改編為越南建國軍的廣西部隊現在集中營者放出編為越軍。保大已採納，但被法人反對。三、法人愛廣西省府和綏靖署均有間諜，凡武鴻卿、黃南雄與廣西當局會議內容皆為所悉，了解廣西軍隊為對胡志明而不反法，故其後入集中營官兵尚不至受法人過份虐待。但法人挑撥士兵仇恨官長，免其團結。四、台灣不承認越南，保大恨之。」所言甚扼要。

事後我在港、所得越報告

我在香港直接得到國軍在越情形的報告尚有數起。

關於武鴻卿部初入越境情況，據桂省府衛士大隊長黃循富於民四十年七月二十日自富國島介多市集中營來函稱：「衛士大隊到龍州後，武鴻卿

總司令將其改編為直屬警衛旅，以循富為警衛旅長，原只數百人，因地方團隊及各部零星隊伍群來依附，數遂逾千。武部入越後，悉被法軍繳械，所有高級人員，用飛機送到河內，即被軟禁，隊伍卻被送往蒙陽、來姆法郎兩處入集中營。」

廣西保安第二團團長盧馴於民四十年九月十五日由海防到港面報：「國軍集中營地點分兩處，仍由司令官黃杰總其成。集中營人數共三萬餘，其中有少數文職人員及千餘眷屬；官兵桂籍最多，佔七千餘，湘籍五千餘，滇籍千餘。黃司令官初欲將各部混合整編，被眾人反對而止。現在宮門附近煤礦做工的二千餘人，大部份屬桂籍，較高級的官長則任職員，廣西全邊對汎副督辦黃懋儒及督辦署職員數人均在煤礦辦事任翻譯，此事賴李瑪若神父的幫忙。法方對黃杰司令官不很好。我官兵因舊長官未派人慰問他們，頗感失望。」本來，我既赴越不成，白長官卅九年五月已在台請准派李品仙前往，後來不知何故？改派別人，而李去不成。

李瑪若神父卅九年四月十二日由越到訪，據云：「華人欲由港申請入越，極難得准。集中營內三萬餘人，黃杰訓練湘兵很努力，廣西部隊無人督率，頗為漫散。」白長官原以俞啟明為武鴻卿的副總司令，在上思戰中徐被衝散，未能到龍就職入越，故集中營的桂軍無高級者督訓。

第一二六軍軍長張湘澤四十年五月中旬由越集中營出，過港赴台，來訪未遇，及我往訪，而張已往台，其友謂據張說，集中營內以廣西人為最多云。

法欲用國軍、合作未成功

廣西全邊對汎督辦姚槐率保安團在九特一帶邊境游擊，到卅九年五月，孤軍援絕，無法支持，乃入越投法集中營，被送到金蘭灣。四十年五月，法方為減輕負擔，准集中營中的文職人員及已達退休年齡的軍職人員自由回國，姚為文職人員，離營於六月十七日由西貢到香港。姚謂臨行前數日，法軍總司令留其在越統率華軍與法合作，經表示原則上同意，但須待到港請得上級同意後才能決定。我對姚道：「利用越邊為反共軍事基地，乃我們夢寐不忘的，但須明瞭法人的動機再說訂約。」姚在港等候月餘，西貢無消息來，到九月初才得信謂西貢即將有人來港。八月八日西貢船到，來的是法方政治局顧問JOSA，他說因姚來港，此事遂擱，今專來問姚意如何？姚謂已得上級同意，可往。JOSA並願晤我，九日，我和黃中廑偕姚到船上訪J，我說：「我在一九三二年曾訪問越南，翌年，李宗

仁將軍也應法越當局邀請往訪。第二次世界大戰前後，桂越邦交始終是親陸的。我們為桂人，而又長久服務於桂，故對反共活動，特別想向桂區致力。但活動須有基地，而越南與桂接壤，實最適宜，故聽了法方希望姚同志合作的消息，很感快慰！我可在此表明，倘若將來合作能成為事實，希望法方瞭解幾點：一、我方對越，絕無任何企圖；二、我們的反共復國活動，必須與法方配合而不妨及法方。三、我們此種活動，完全出於自己的意志，並不接受任何方面的命令。」J說：「合作已無問題，惟法軍統帥塔西尼將軍現在離越，須待他回來才能決定具體辦法。」他對我第三點聲明最感滿意，法人最不喜歡我們暗中接受台灣的命令或美國的支持，對越事只願完全由法人自己自由支配。塔西尼將軍訪問美國，後又返巴黎醫病，姚在港空候，消息杳然。四十一年一月中旬，我在東京接姚函告：「去秋與法軍所擬利用在越集中營員兵反共之舉，為黃杰司令官爭著要辦，現暫停止。」塔西尼春間病故，集中營官兵次年夏間亦全部回台，此事遂成空話。

法受嚇背約、將黃部軟禁

國軍自入越至回台，黃杰著《留越紀實》（台北中央文物供應社出版）詳述始末。以下為該書的摘要。

黃杰司令官卅八年十二月四日在吳村墟決定沿桂越邊區入滇游擊，及過思樂，知百色已陷，滇變又作，入滇計劃幻滅。七日奉白長官電令避戰以保全實力。十一日兵團司令部移駐愛店，又奉白電令轉入左右江地區，輕裝分散，機動出擊，但此時地方的點與面均為共匪所控制，由邕龍路尾追和由寧明、明江南迫的匪軍，已與我九七、十四兩軍激戰，情勢危急。經召集高級將領研究，僉主假道入粵，轉回台灣。十二日派參謀長何竹本等與法方駐諒山軍事負責人康士登上校會商，在越北峙馬屯簽署假道協定：

一、同意我軍假道由海防轉運台灣。
二、武器交法方封存，由我政府交涉發還。
三、沿途警戒由法方派出，給養由法方補給。
四、三八年十二月十三日開始行動，分五百人為一組，婦孺先行入境。

此協定大家一致認為可行，即飭各部趕辦入境手續，趕報武器人馬清冊，部隊分組，循序入越。

十二月十三日九時開始入越，先為隨軍眷屬、義民、非戰鬥人員，次為武裝部隊。法方沿途派有車輛收容前線負傷下來的官兵和不能行走的

弱小。當晚到距愛店六十華里的祿平露宿。翌晨，軍眷和義民由法方車運到先安。以後每行六十里或天黑時，即就地露營，連宵風雨，苦況可想！沿途並受法方數次的苛細搜查，連菜刀也被搜去。且所需途糧未能逐日配發，多忍饑挨餓而行。十二月十八日到蒙陽，法方指定所有部隊集中在此待命行動。但事態突然惡化，嗣後始悉我軍入越當夜，周恩來在北平廣播，責備法軍不應准許國軍入越，謂將以軍事行動來報復。巴黎恐懼，竟違背峙馬協定，將我軍集中軟禁。黃司令官入越第二日即被送至河內，法國駐北圻軍區司令亞歷山大派兵將其看守，行動失去自由，禁止向外通訊和見客，我國駐河內領事館人員也不准來訪。三日後，亞歷山大請黃氏談話，黃告以部隊不明白他們指揮官的去向，對越將產生不良的後果。亞歷山大乃派沙如上校送黃到宮門轉往蒙陽，官兵見到，痛哭失聲。沙如目睹此情，反映到其上級，才同意黃氏住在宮門，就近照料部隊。

越北集中營、南遷富國島

繼第一兵團後入越的，有華中長官公署零星部隊、國防部突擊總隊、桂西師管區、廣西保安隊、第十一兵團、第一百軍的十九師、第四六軍、第一二六軍、第四八軍的一七六師、第五六軍的三三〇師九九八團等各單位（旭按：此等部隊當是曾編入越南建國軍的）和隨軍入越的義胞，皆被法方指定集中來姆法郎，蒙陽和來姆法郎都是已廢的煤礦場，所有建築悉遭戰毀，只見斷堞殘垣，荒煙野蔓，幾萬人被指定擠迫在一塊不過二千公尺周圍的廣場，又斷續下雨半月，陰濕奇臭。國際情勢晦暗，解除軟禁難期，乃劃分各部隊因地設營，官兵男女，採草伐木，編竹作壁，茅草覆頂，數以千計的新營舍，不兩週而告成，才有棲息處所。冬衣屢請不得，食品配給不足，醫藥只敷半數，病故不少，新塚羅列。

集中已逾兩月，行動消息渺茫。法人企圖強迫徵調我軍做工，因我軍團結，乃不敢過份苛逼，為適應境遇，准許少數志願應徵，經法方送往鴻基、錦普各煤礦區和高棉橡膠廠的共約四千餘人。

解禁無期，人心絕望，有請求或自動潛返共區的，先只少數有錢的運動華僑或法方有關人物購買華僑證，用機帆船偷運到東興、芒街入大陸，接著三五成群，結隊潛往。其中一些湘桂籍幹部，在家鄉尚有潛力，可以號召地方人士反共，然間關跋涉，經過越北森林地帶危險，才又請得法方允許送到邊境，走芒街出東興，走諒山出鎮南關，走老街出河口，均可自由選擇，先後遣回約三百餘人。

集中營內部隊番號太多，又有零星官兵和隨軍入越義民沒有納入組織，管理困難，遂決定予以整編。將蒙陽的第十四軍主力，九七、七一、一百各軍一部份，兵團直屬部隊等編為第一管訓處；來姆法郎的第三、十一兩兵團，廣西保安團隊等編為第二管訓處。管訓處下轄總隊，總隊轄大隊，大隊轄中隊，相當於陸軍的師團營連，編制亦同。避免分割各部隊原建制，按人數多寡酌編為總隊、大隊或中隊，各級幹部亦就各原屬軍官中選任。編餘幹部和突擊隊員，經考試後悉編入預備幹部訓練班，施以政軍訓練。

法軍在越北已失主動作戰地位，蒙陽和來姆法郎將受威脅，且近大陸，易被國諜滲透，管訓困難，法方也以該兩地補給運輸不便，同意變換地點，指定遷往富國島。於民卅九年三月十六日開始，分廿三批，到八月底才運完，其中兩批載幹訓班兩個大隊到金蘭灣。未負責任的將級人員被送至西貢附近頭頓市。部隊分駐富國島的介多、陽東兩處。

費三年交涉、離越返台灣

黃司令官入越後即失自由，法方盡力封鎖其對外通訊，民卅九年春初設法派員回台報告國軍在越情形，四月他在河內接蔣總統於是月十三日來電慰勉，派駐越領事館人員代表慰問，匯犒美金二萬元。是年雙十節後，再派戰略顧問委員林蔚、總政治部副主任胡偉克到富國島、金蘭港宣慰。

滇局變後，第廿六軍被迫退入越北萊州，被法方解除武裝，送金蘭港集中軟禁。卅九年十二月國防部派黃杰為留越國軍管訓總處司令官，節制指揮所有在越國軍，他遂將金蘭灣的廿六軍主力和第八軍官兵編為第三管訓處。四十一年三月，商得法方同意，將金蘭港部隊悉運富國島。

大陸游擊隊先後入越計二千餘人，余啟佑的二七二師為最多，次為桂滇粵各省的反共武力，悉送富國島整訓。

民卅九年十月林蔚將軍來越宣慰時，曾以政府特使名義與法駐印支高級專員比容商談遣返留越國軍問題，未獲要領。四十年春塔西尼將軍繼任高級專員，越北戰事吃緊，拒絕考慮我軍回台問題，激起我官兵憤怒，釀成聖誕絕食事件。四十一年春塔西尼病逝巴黎，黎都諾繼任，林蔚將軍四月初再來與黎氏會商，法方原則上同意，但總以中共攻擊為慮，欲透過聯合國處理，我政府未予同意。十二月，法政府通知我駐巴黎代辦段茂瀾，允以國際紅十字會名義先送病患人員，如中共對越無反應，即繼續分批送走。不久，國際紅十字會即派員到富國島檢驗營區的老弱病患。四十

二年春，我政府根據法方所提意見，照會巴黎法政府，不同意先送病患的提議，並說明遣送留越國軍回台，乃法方應盡的義務，不能以中共的反應為行動標準，要求全部遣回。四月，法方照會答覆，完全接納我政府的提議，僅要求在秘密方式下進行。到此，雙方才達成協議。參謀總長周至柔上將五月十四日來電：「留越國軍即全部船運台灣歸國，第一批船十五日出發。」全部共分七批運輸回台，第一批五月廿三日開始起運，第七批六月廿八日返抵台灣，順利告成。

　　國軍在越，歷時三年又六個月，可謂遍歷人世的辛酸！

附錄一　白崇禧兩度任副總參謀長之憶

　　我的患難老朋友白崇禧，逝世轉眼又過了三個多月。朋友中屢次勸我有暇何不寫點有關白氏的掌故？我不敢辭，但以心緒不佳，久未動筆。

　　白氏為國宣勞達五十年，生平事蹟可記的自是不少。港九各界一月廿二日開會追悼他時，我曾在《香港時報》刊發的追悼特刊上寫過兩篇短文，一為〈白崇禧先生事略〉，一為〈我和白健生先生最後一次聚散寫影〉，事略就是事略，寫影也屬一鱗半爪而已。

　　他和蔣介石先生共事很久，死後，蔣先生以總統身份親臨弔祭，關係非同泛泛，尤其是他任蔣先生的參謀長那兩個時期，形式上應如股肱心腹。現在我就把這個做題目來記述當年的事罷。

一、北伐時期的副總參謀長

　　蔣中正、白崇禧兩位怎樣發生關係的呢？起因於民十五年蔣氏受任為國民革命軍總司令時邀請白氏任國民革命軍參謀長。此事的詳細經過，是這樣的：

　　白崇禧和國民黨人來往，比李宗仁、黃紹竑早一點。民十冬間，他在廣西田南警備司令馬曉軍部任第二統領，駐在桂黔邊界，夜裏巡查步哨，失足墮岩，跌斷胯骨，不良於行，十一年春赴廣州就醫，滯留很久，因得機會和在粵各軍的保定軍官學校同學發生聯繫。十二年七月，黃紹竑在梧州宣佈就廣西討賊軍總指揮職，這名義便是白氏和陳雄當時在穗親赴石龍請求孫中山大元帥委任的。十三年秋，陸榮廷失敗離桂；冬間，孫大元帥委李宗仁為廣西全省綏靖處督辦兼廣西陸軍第一軍軍長，黃紹竑為會辦兼第二軍軍長，白崇禧為綏靖處參謀長兼第二軍參謀長。十四年秋，李、黃肅清沈鴻英部和入桂滇軍而統一廣西後，十五年二月中旬，派白氏到廣州和國民政府商洽統一兩廣問題，結果剩下幾個重要的未能即決，白遂回邕報告。三月中旬，黃紹竑偕白氏到廣州再商，才告解決，即是將廣西兩個軍併編為國民革命軍第七軍，李宗仁為軍長，黃紹竑為軍的黨代表，白崇禧為軍的參謀長。那時候，湖南的師長唐生智受廣西策動參加革命，設法

迫走省長趙恆惕而進入長沙。但唐只利用國府和吳佩孚以奪取湘省地盤，態度曖昧。廣西先派兵力援唐，國府再派白崇禧、陳銘樞為代表，到長沙敦促，唐乃於三月廿五日就省長職，站定在國府這邊。湖南的門既打開，廣西當局以為這是革命軍北伐的最好機會，電請國府速定大計實行。國府覆電請李宗仁到粵會商。李於五月十日到廣州，國民黨內部奪權的鬥爭剛了，胡漢民、汪兆銘兩位已離廣州，但政局人心還沒大定，對北伐還提不起興趣。直到六月初，黨政軍的實權都落到了蔣先生的手上，李宗仁也出盡了氣力向各政要陳說北伐和不北伐的利害，中央才決速行大舉北伐。以上的事實，便是白崇禧被邀出任北伐軍參謀長的背景。

　　十五年六月五日，國民政府任命蔣中正為國民革命軍總司令。蔣氏在考慮組織國民革命軍總司令部期間，一天，特意為國民革命軍參謀長人選問題往訪李宗仁。以下是關於這問題兩位對談的摘要：

　　蔣：「你以為誰來擔任參謀長最適當？」

　　李：「鈕永建先生該是最適當的了。按資望，他是革命的元勳，總理的老友；論才幹，他在護國、護法各役中都曾任要職，以幹練聞名國內；再從革命歷史來說，他和西南的革命領袖都有很深厚的友誼，在革命青年中間有很高的德望；而且他本人又是長江流域的人，將來我們革命軍到達長江的時候，鈕永建這個名字的號召力可能是很大的。因此，我以為北伐參謀長一職，實在是鈕先生最為相宜。」

　　蔣氏聽了，沉默一會，然後說：「鈕先生我另有借重。」

　　李：「你心目中認為誰最適當呢？」

　　蔣：「我正為這個來問你。我看白崇禧比較適宜。」

　　李：「恐怕白健生資望太淺，年紀太輕，負擔不起這個重任。」

　　蔣：「我看還是他好，還是他好！」

　　蔣辭去後，李仔細分析蔣提議白崇禧當參謀長的用意，大約不外以下三點：「第一、白確是精明幹練，可以擔當這個重任，這點為蔣氏所深知。第二、以白與我和季寬的公誼私交，蔣如能得白相助，在他看來，他對我第七軍便可指揮自如，毫不費力。第三、革命軍的中堅將校很多是白的保定軍校同學，蔣可利用白來聯繫這些人叫他們出力效命。

　　「因此，白如出任參謀長，對於統御和指揮，自可事半而功倍。白既和各軍都有關係，又可用他做『告朔之餼羊』，如對各軍有所舉動，可以用白的名義去行，必要時並可使白代他受過。」

　　後來蔣總司令正式邀請白氏擔任這個要職。白往問李的意見如何？李坦白地對白說：「我怕你幹不了。」接著李便分析蔣氏的為人和他任用白

氏的原意所在。白聽後大有所悟，說：「我看，這責任確實負不了，我還是不幹罷。」於是白真的把蔣第一次的邀請辭謝了。

李因第七軍的部隊已在湖南作戰，自己須趕往指揮，六月十八日便離廣州，經由梧州北上，六月廿四日到桂林。白仍留粵。不久，李忽然接到廣州的電報，說白崇禧已就任總司令部參謀長，使他很為詫異。李於七月六日離桂林赴湘。長沙被革命軍於七月十一日克服，李七月十六日由衡陽進駐長沙。

白崇禧隨蔣總司令由廣州出發北伐，八月九日到衡陽。李宗仁和唐生智由長沙先來衡陽迎接。當日晚上，李又到白處晤談，白才詳細告訴李以他出任參謀長的原委，說：「最初我是堅決不幹的。但是，當我們前方打得砲火連天的時候，而廣州還遲遲沒有進行總司令部的組織。我深恐拖延日久，第七、八兩軍在前線孤立無援，一旦吳佩孚大軍南下，豈非前功盡棄？所以我不斷地向軍事委員會、李任潮催促。但是他們眾口一詞地說：『現在無人可負組織總司令部的責任，除非你肯答應任參謀長，才可著手。』中央各政要、蔣總司令和李任潮他們不時到頤養園我的住處來力勸，川流不息，急如星火。我推脫不得，最後才提出折衷辦法，我要求把『總司令部參謀長』職銜上加一個『總』字，變成『總司令部總參謀長』，由李任潮擔任此職；我願以『副總參謀長』的名義，代行總參謀長的職權。蔣總司令立即同意這個辦法，我才就副總參謀長職，著手組織總司令部。」

這便是白崇禧出任副總參謀長的真象。也就是北伐期中軍中仍呼白氏為「參謀長」的由來。

接著李又問白：「你一個月來做參謀長的經驗和觀感如何？」白說：「我以前做你的參謀長時，凡事我認為應當做的，我都可以當機立斷，放手做去，所以工作效力高，事情也容易做得好。但是，我現在做蔣總司令的參謀長，情形便完全不同了。因為廣東方面各軍人事極為複雜，系統各異。蔣總司令原為第一軍軍長，現在他雖然是總司令，但對第一軍難免有些偏愛，使其他各軍感到不平。軍中耳語，煩言很多，我身為參謀長，遇到這類事件，簡直無法應付。加以蔣總司令又耳明眼快，事必躬親，參謀長更加不易發揮任事的效率。我坐在參謀長的位子上，實在是如臨深淵，如履薄冰，小心之至，遇事總要請示總司令親自處理。」

白崇禧自十六年一月出任東路軍前敵總指揮起，以至北伐完成，都是在外指揮部隊作戰。所以他實際上擔任參謀長工作，只是在由廣州組織總司令部起到北伐軍收復江西止那個階段，時間不過半年。

這是白崇禧第一次任副總參謀長的情形。

二、抗戰時期的副總參謀長

北伐完成後的翌年（民十八）春間，武漢事變發生，寧桂對立。廿五年夏，再有兩廣抗日運動事件，拖到秋天，幸得和平解決，蔣主席親來廣州處理此事，中央對李宗仁、白崇禧和我的職務新加任命；蔣很想白氏到粵見面，但有人給白一封電報說：「時無齊桓，內無鮑子，難乎其為管仲，東行宜細酌。」白遂不赴粵。七七事變爆發後，宋子文部長七月十四日由廬山牯嶺致電白氏：「華北情勢嚴重，抗戰不可避免，蔣先生問兄能否來廬山或南京相晤？」白因未悉蔣先生對抗戰是否已下決心，未即應命。蔣先生再派劉斐由京赴桂敦促李、白兩位共赴國難，七月廿七日劉乘輪經九江，特到廬山訓練團訪夏煦蒼兄（編者按：即夏威將軍）和我，請加函由他帶致李、白，白氏遂於八月四日由桂林飛抵南京。於是他和八年多不見面的蔣先生重行握手，一致禦侮。蔣先生以現成的軍事委員會為對日抗戰的最高統帥部，不另組織大本營，任白崇禧為軍事委員會副總參謀長，重彈北伐時期的舊調。

這是白崇禧第二次任蔣先生的副總參謀長。

他在職時期的獻替，據我所知的略記如下：

甲、對淞滬戰事，蔣委員長從政治的觀點著想，以為此地華洋雜處，和西方各國的經濟息息相關，在這地區苦戰，勢必引起西方國家的注意，進而可能召致各國的干涉。且上海又是我國經濟的重心，中外的觀瞻所繫，決定集中全國的精銳和敵決戰。但白副總參謀長卻以淞滬夾在黃浦江和長江的中間，縱橫到處都是港灣河道；且日軍在租界內佔有堅固據點，便利其發揮海陸空軍的威力；而我因後方交通澀滯，部隊集中費時，在這地區和敵人進行陣地戰，未見得有利，只宜在此作有限度的抵抗以消耗敵方力量，不宜投大量精銳供敵聚殲，如此才與持久戰的打算相合。他這意見未為最高統帥所接納。結果，我在淞滬只支持了三個月，日本受了國際聯盟「在華暴行」一句空話譴責，有如聽而不聞。

乙、淞滬失後，中樞西移。當最高統帥部會議商討南京防守問題時，白氏以為應該接受淞滬戰役的教訓，放棄守線守點的戰法，不主張堅守南京。但蔣委員長以保衛首都，關係全國士氣，決心堅守。

丙、廿七年初，白氏奉派到浙江和皖南協助第三戰區司令長官顧祝同

部署作戰。

丁、自山西淪陷，白氏深切體驗到我以劣勢裝備對抗優勢裝備的敵人，純用正規戰法絕難取勝，極力主張發展游擊戰以配合正規戰，應積小勝為大勝，以空間換時間，不重於一城一鎮的得失，在求長期抗戰的勝利。他把這個意見在武漢最高軍事會議中提出，得到了蔣委員長的採納，即予通令施行。

戊、廿七年四月台兒莊大戰和五月徐州會戰，白氏奉派到第五戰區協助李宗仁司令長官計劃和指揮。

己、廿七年秋天武漢大會戰期間，白氏常被派到各戰場視察協助。李宗仁因牙病回武昌東湖武漢療養院就醫的時候，白曾代他指揮第五戰區一個時期。及後，最高統帥部既決定放棄武漢，亦係派白氏到花園（編者按：為武漢外圍重要據點）傳達意旨於李宗仁長官。

武漢不守，軍事委員會移駐重慶，取銷廣州、西安、重慶各行營，另設桂林、天水兩行營以統一指揮長江南北各戰區。白崇禧奉派兼桂林行營主任。廿七年十二月三日行營成立，任務為指揮江南各戰區，白從此不常在中樞。到了廿九年六月一日桂林行營撤銷（改設軍事委員會委員長桂林辦公應，以李濟深為主任），白氏回任其副總參謀長兼軍訓部長本職，才住在重慶，但時常親赴各處視察和檢閱各種軍事訓練機構。中樞的重要軍事會議或會報，他在渝是要出席的，其中的情形自非我所能盡悉。

日本宣佈無條件投降後，白氏向最高統帥有個極關重要極有卓見的建議，值得記述。他建議內容的概要是：第一、日本既宣佈投降，我統帥部應立即命令各地的日軍和偽軍就地待命，維持當地的治安和交通，以等待我接收部隊的到達。第二、關於我軍向收復地區的前進，須用「後浪推前浪」的方式，以求快捷。因為長江流域，大軍雲集，地方治安大致如常，中共滲透的力量也不大。但黃河流域便不同了，因北方淪陷的時日較長，日軍後方的兵力單薄，只能維持主要的交通線，至於廣大平原和山嶽地區，大都為中共所佔領並建立根據地。所以現在應令我們的大軍用波浪式一浪接一浪向北方推進：原駐河南、安徽和蘇北的國軍，即向河北、山東前進；原駐山西、綏遠和寧夏的國軍，應向察哈爾前進；這些部隊所遺的防地，立刻由後方部隊遞補。這樣，不出一個月，華北所有重鎮和平漢、津浦兩大交通線都將為我大軍所控制，然後再令日軍集結，就地解除武裝。至於各地的受降和接收，應責成專人負責，有條有理地進行，庶可免生意外，恢復常態。

最高統帥對於白氏這個建議有何表示，我不知道。但當時中央處置上的表現是：戰事剛結束，我統帥部立刻命令日軍司令官岡村寧次將日軍向指定地點集中，聽候繳械。例如長江以北的日軍，便奉命於短期內集中洛陽、鄭州、開封、徐州、蚌埠、濟南、石家莊、北平各重鎮。而日軍集中後所遺下的若干戰略據點和各交通線的防務，我軍卻沒能夠即時一一接防。因而原在敵後活動的中共游擊隊，得以乘機大行發展，組織人民，加以掌握；原來通行無阻的平漢、津浦等線，頓時交通斷絕，無法恢復。傳說當時有人看見這種險象，曾向主持受降的何應欽總司令進過忠告，希望他千萬不可操之過急。但何卻表示奉最高當局諭，現在抗戰已勝，如不把敵人迅速繳械，將有損國家威信云。至於向收復地區進軍，中央只令原駐鄂北、豫西的劉峙部隊和原駐皖西大別山的李品仙部隊，分別開進到隴海線上的鄭州和徐州受降接收，接收後不得再向北方推進。華北和東北的接收，卻要等待還遠在滇緬一帶的中央軍調去辦理。但是四五十個師的大軍，要從西南山區開到華北，談何容易！師行僕僕在途時，華北和東北的版圖又改色了。對收復區的偽軍和有功抗戰的游擊隊，陳誠軍政部長命令把它們一律解散，方式和日軍繳械相同，由中央指定各部隊集中地點，然後向前來接收的中央軍接洽，聽候處置。而偽軍和游擊隊的原有防地，卻沒軍隊接防，共軍又乘虛而入了。這些部隊開到指定地點，但接收的中央軍有些還遠在滇緬邊區，這些部隊長官久候沒有著落，又奉嚴令不准就地籌借給養，因此，老實的便索性把部隊解散歸農，淒慘萬狀，狡點的另打主意投向中共去了。聽說，有人覺得陳部長這種肅清雜牌的辦法太不合算了，說你豈不是替中共湊本錢？但陳氏那時卻自負地說：他們要到中共那邊去，我求之不得，正好做一鍋煮掉！

　　由上面的措施來看，當局似乎並沒採納白氏的意見，且反其道而行之，本來是可以曲突徙薪的，卻弄得後來的焦頭爛額，無法收拾了。

附錄二　記蔣李初次會晤經過詳情

　　蔣李兩先生間可記的事也很多，我從前也曾寫過一些，不過都不很詳細，只是個概略而已。現在打算由兩位最初會晤的情形記起。

　　兩位未識面前，蔣先生曾到過廣西兩次：第一次是民國十年九月間，孫中山先生由廣州派他到南寧和陳炯明商量出師北伐，留邕日子很短。第二次是民國十一年一月，孫中山先生在桂林準備督師入湘北伐，召他由廣州到桂，駐留時日較長。在這兩個時期，李宗仁都駐防鬱林，沒機會和蔣先生相會。

　　民國十五年五月，兩位先生也是因商討出師北伐問題而把晤的。那時，兩位都是國民黨的中央委員，兩位都是國民革命軍兩軍長。蔣先生年長於李先生，蔣四十一歲，李三十七歲。距離現在已經四十一年了。

一、唐受策動北伐門開

　　蔣中正和李宗仁兩位先生第一次的會晤，是因李宗仁為北伐問題由桂到粵和蔣先生商討，因此，現在要從李為甚麼對北伐特別感到興趣說起。

　　李宗仁因意外策動了湖南歸依廣州國民政府，打開了國民革命向北的大門，因而引起了北伐的興趣的。廣西自民國十四年秋間全省統一後，軍事和政治都氣象一新，為鄰近各省所注目，時有使者來訪。是年冬間，湖南省長趙恒惕派他的第二師一位旅長葉琪代表來聘。葉表示他所負的使命有三：一、因廣西生氣蓬勃，勢力將會向外發展。故希望湘桂兩省採取同一的政治立場，實行聯省自治，人不犯我，我不犯人。如能守望相助，攻守同盟，自然更為理想。二、倘若廣西當局有意恢復從前陸榮廷時期統治兩廣的局面，湖南願意出兵協助入粵。但湖南當局不是想和桂軍分割廣東的地盤，只在消滅在粵的譚延闓和程潛兩部湘軍後，便班師回湘。三、如果上面兩項廣西都不想做，湖南希望廣西不要為廣東所利用。至少在湘粵發生戰事時，廣西能採取中立態度。葉琪係廣西人，保定軍官學校第二期畢業，和廣西的領袖和許多幹部，因同鄉、同學的關係，可以無話不談，毫無顧忌。廣西是堅決參加革命的，葉氏和我們相處一兩個月，逐漸瞭解

廣西的新作風和革命的真實意義，覺得和北方軍人的腐化墮落大不相同，他的觀感竟然大起變化，而反被我們所說服，由他去密勸唐生智參加革命。這能不說是意外的收穫嗎？

唐生智何以被策動？箇中又有特別的原因。趙恒惕屬下省防軍有賀耀祖、劉鉶、葉開鑫、唐生智四個師。唐以第四師師長兼湘南督辦和水口山礦務督辦，控制著湘南最富的水口山鋅礦，所以第四師裝備最佳，人數最多，訓練最好，因此唐的野心也大。湖南在名義上是隸屬於兩湖巡閱使吳佩孚，但實際上是趙家的天下。吳因此設法分化趙的內部，以械彈給唐，暗示意唐起而倒趙。唐恐力量不足，在發動前密電李宗仁、黃紹竑：請派一旅之眾在黃沙河遙為聲援。黃沙河即湘桂邊界。李、黃立刻回電照派。因他們判斷，唐師一動，驅趙必定成功。但趙一走，吳佩孚必以唐犯上作亂為名，大軍南下征討，乘機控制湘省。到那時，唐必自力難支，非向兩廣乞援，加入革命陣營不可。所以他們立刻下令鍾祖培旅進駐黃沙河，並令全省動員，各地部隊都向桂林方面集中，作入湘北伐的準備。唐軍於民國十五年三月初向長沙進發。趙自知勢力不敵，吳佩孚又態度曖昧，便通電辭職，並薦唐生智代理省長，即離湘赴滬。唐三月十七日入長沙，也因吳態度不明，不敢遽就省長職；嗣見廣西援軍已出，吳又沒表示申討，才於三月廿五日宣佈就職。並誘殺劉鉶，進攻趙軍殘部，三月三十日佔領岳州。湘事發展至此，吳佩孚以時機已到，乃大舉進攻唐軍。唐敗退衡陽，急電廣西乞援。李宗仁即令鍾祖培旅兼程前進，全省重兵也向湘邊進發。唐因危急，本擬再退桂邊時，而鍾旅已到衡陽，五月初旬，合力擊退吳軍，遂和吳軍在漣水一帶相持下去。

這便是廣西策動唐生智打開北伐大門的情形。

二、應邀到粵商討北伐

李宗仁電覆唐生智允派一旅援兵時，同時電陳廣州汪、譚、蔣各政軍領袖，申述「此次援唐北伐，正是千載一時的機會。因為直系的勢力在北方受挫不久，元氣還沒恢復，吳佩孚正想利用統一兩湖的機會，復振直系的聲威。現在直軍討伐馮玉祥的戰爭正在進行，其精銳的部隊都被吸住在華北，湖北全境空虛，我們正可利用唐生智做前驅，乘時北伐，打擊吳軍的立腳未穩，可望一鼓而下武漢，再順流而東，直搗寧滬，長江流域既入掌握，全國底定便計日可待了。如放過了這個機會，吳佩孚一旦在北消滅了馮玉祥，在南控制了兩湖，北伐成功的希望便很渺茫了。現我第七軍援

唐的部隊已經出發，北伐已勢成騎虎，請中央速定大計，宗仁即當東下向諸公就教。」不久，李宗仁接汪、譚等聯名覆電說：「策動唐部舉義，至深嘉許。桂省出兵支援，亦表贊同。至北伐問題，深盼李督辦來粵會商，再行決定。」李得電後，便於五月初由南寧動身，廣州方面派專艦來接，到了梧州，改乘該艦東下，五月十日下午二時到達廣州長堤天字碼頭。黨政各機關首長如譚延闓、張靜江等和民眾團體都來歡迎。國民革命軍第四軍軍長李濟深和廣西駐粵代表白崇禧、陳雄首先上船相見。李濟深招待李宗仁下榻於廣西會館內他的第四軍司令部。當晚，李宗仁便和李濟深詳談北伐問題。李濟深很同意李宗仁的意見，但又以黨內鬥爭還沒平息，北伐一時恐難實現。黨內這種複雜情形，李宗仁在到穗前不很清楚，現在聽到，實在令他心為之冷。

三、未晤蔣前已具好感

蔣先生那時任國民革命軍第一軍軍長兼黃埔軍官學校校長。李宗仁抵穗時，他派軍校教育長方鼎英代表歡迎，說因事太忙，明日當專誠奉訪。

遠在四十餘年前，李宗仁在廣西所知關於蔣先生的事，大略如下：「蔣氏原來在黨內的地位並不重要；在粵軍中的地位也不過是粵軍總司令許崇智的參謀長。民國十二年秋，率『孫逸仙博士代表團』赴蘇報聘。十三年春，蘇俄派顧問協助蔣氏籌辦黃埔軍校，遂受任為校長。在校勵精圖治，後來得蘇聯軍事顧問的支持，獲大批械彈的接濟，先後成立第一、第二兩個教導團。他又以參謀長的力量，進行整頓粵軍；許總司令生活浪漫，辦事因循，整軍大計任由參謀長去做，於是大部份粵軍的領導權逐漸落在蔣氏的手上；他遂以黃埔軍校學生和教導團為基礎，將所掌握的粵軍徹底改造。他在十四年得各友軍的協助，兩次東征，擊破陳炯明獲部。在第一次東征克復汕頭時，回師消滅盤據廣州城郊、勾結唐繼堯的劉（震寰）、楊（希閔）反動軍隊。這些事實，都使我們在遠道聽聞，非常敬佩。十四年九月二十日，蔣氏要求許總司令立刻離開廣州，謂許氏不去，他便無法整頓部隊，待他把部隊整頓就緒，三個月後再請許氏回來主持。當時這新聞傳播，我們總覺得蔣氏對許不無挾持；但許氏處在革命高潮下，生活依然不檢，又覺得蔣氏行動值得原諒。那時期，白崇禧時常在廣州和南寧間往來，對蔣校長和黃埔軍校的革命作風頗多好評，更增加我們對蔣氏的敬佩。十五年三月二十日的中山艦事變，我們也不清楚黨中內爭的底蘊，只知道當時廣州有崇俄的風氣，一般黨人對俄國顧問敬若神明，

蔣氏竟敢公然將俄顧問逮捕，遣送出境，這種行動雖然跡近越權，但和阿諛外籍顧問的風氣相對照，我們實在深表同情。」

李氏腦中的蔣氏影子既是這樣，所以他這次到廣州，對蔣先生很具好感。加以當時黨政中樞的領導人汪兆銘已不視事，蔣氏成為廣州的中心人物，李氏認為想促成北伐大計，第一須說服蔣氏才行。

四、機不可失理由有三

蔣校長五月十一日上午訪候李宗仁。下午，李即往黃埔回拜，並參觀軍校一切設備。當李由黃埔碼頭上岸時，全校教職員和學生在校門前列隊歡迎。高級官長由蔣校長一一介紹握手。黃埔軍校的校址，原為前清廣東虎門陸軍速成學堂所在地，清末時也在此地辦過海軍學堂。校舍經過歷年的擴充，已能容納數千人。蔣親自導李參觀，只見校內井然有條，到處貼滿了革命標語，革命的空氣十分濃厚。每到一處，蔣都為李作簡單的介紹。第三期已結業，第四期正在上課。學生中有許多係黨內老同志保送未經考試而入學的，所以程度不齊。受訓時期也太短。第一、二、三各期連入伍期在內，為時只有六個月。加以政治和黨務的課程又佔了很多的時間，所以軍事教育在這短時日中實在學不出些甚麼來。這是他參觀後的感想。

參觀後，蔣校長留李在軍校晚餐。進膳時只有他們兩人，正好促膝暢談。於是，李首先向蔣陳述他策動唐生智加入革命的經過。李認為北伐時機稍縱即逝，很望中央從速決定大計。他對蔣說話的內容約有三點：

第一，他分析北方各軍閥的形勢。他說當今盤踞黃河、長江兩流域實力最強的，首推曹錕、吳佩孚的直系。但自去年第二次直奉戰爭，由於馮玉祥倒戈，曹錕政府跟著倒台，吳佩孚由海道逃回湖北以後，直系已一蹶不振。加以長江下游的孫傳芳企圖獨樹一幟，對吳佩孚陽奉陰違，直系內部貌合神離，勢將解體。惟吳佩孚近來乘張作霖和馮玉祥對戰於天津一帶，又東山再起，自稱討賊聯軍總司令，整訓所部又成勁旅，虎踞武漢，正聯絡奉張合擊馮玉祥的國民軍。國民軍一旦瓦解，吳的勢方也必復振。到那時候，吳必乘戰勝的餘威，增兵入湘掃蕩唐生智所部，進而南窺兩粵。我們現在如果不乘馮部國民軍尚在南口抵抗、吳軍主力尚在華北、首尾不能相顧的時候，給以雷霆萬鈞的一擊，到了吳氏坐大，在南北戰場獲得全勝，鞏固湖南後，孫傳芳也將不敢不和吳氏一致行動，我們北伐的機會，將一去永不復返，以後只有坐困兩廣以待吳、孫南征了。

第二、他再分析兩廣的政情。他說我們兩廣近十年來處在陸榮廷、龍濟光等統治下，革命勢力無法抬頭。其後，孫總理正在從事收拾，又遭陳炯明的變叛和小軍閥的割據，地方狐鼠橫行，一片糜爛。近兩年來，總算天興漢室，兩廣相繼統一在國民政府旗幟之下。現在我們若不乘時北伐，難免師老兵疲，不堪再用。尤其廣東是紙醉金迷的富庶區域，往日軍隊駐粵，不多時便墮落腐化，兵驕將悍，終至失敗消滅，龍濟光、莫榮新、乃至陳炯明、楊希閔、劉震寰、許崇智各軍的情形，先後如出一轍。我們何不趁此民心士氣極盛的時候，另找目標去發展，以避免偷安腐化呢？

第三、他又分析湘局和第七軍已成騎虎難下的情勢。他說他雖已策動唐生智起而驅趙，但唐的態度並不堅定，既請廣西派一旅之眾到湘桂邊境聲援，又派代表見吳佩孚陳述驅趙的苦衷請求諒解，其志只在作湖南的主人翁已很明顯。至吳佩孚，卻久已蓄意確實掌握湖南為進取兩廣的基地，如今師出有名，以援趙為口實，驅兵南下，協助趙軍葉開鑫等部擊破唐軍於湘北。唐見事態嚴重，才請我第七軍越界入湘赴援。現在我們如不借援唐名義實行北伐，唐失敗後，後患何堪設想？設若吳氏一旦警覺，變更政略，去趙恆惕而容納唐生智的請求，我革命軍以後想取道湖南進取中原便不容易了。

五、與蔣詳談並無結論

李宗仁對蔣校長說：「根據上述三點理由，我們非即時北伐不可。」李更強調說：「當湘亂初起時，唐氏乞援，我未向中央請求同意便毅然出師援湘的原因，就為時機稍縱即逝，不容我們猶豫。所幸機還未失，戰事在湘南漣水一帶進入相持狀態，所以我趕緊來穗請求中央早定北伐大計。」李意中是希望蔣能同情他的主張，促其早日實現。當李滔滔不絕地陳說時，蔣只在一旁靜聽，沒多發言。李反覆說了很久，蔣才表示：「你初到廣州，不知道廣州情形的複雜，現在如何能談到北伐呢？」蔣說著似有無限的感慨。但他這回答卻完全出乎李的意料之外，有如潑了一頭冷水。

那時李到廣州還不到兩天，的確不知廣東中央方面黨政軍內部的情形。汪、胡、蔣之間的暗鬥，國共兩黨間的磨擦等等，也確實是很複雜，不像廣西方面的單純和團結。這時汪兆銘負氣不視事（按汪五月十一日即秘密離穗），中樞無主。鮑羅廷為中山艦事件新由海參威趕回廣州。中央黨政軍內部都在醞釀新的危機，他們那裏有心緒去談北伐呢？經歷了兩天來的觀察和接談，他才知道廣州方面對北伐毫無準備。中央方面對廣西請

求的反應，太令李傷心了。因入湘部隊已經參戰，全省軍民正待中央令下呢。

因此，李繼續向蔣辯論說：「正因為我們內部問題複雜，大家情緒不穩，才應該北伐，好讓大家有個新目標，一致去奮鬥，以減少內部的磨擦。」彼此反覆說了很久，蔣的態度仍是十分躊躇，說起話來唯唯否否，他雖很同意李的見解，但卻強調事實上的困難。最後他拗李不過，才說：「你和他們說說看。」他的意思是要李向中央方面其他同志解釋一下北伐的計劃再說。李和蔣長談了數小時，終於不得要領而返。

李和蔣第一次會面的經過詳情就是如此。

六、政要以為尚非其時

李宗仁依照蔣先生的話，連日分訪中央各要人。他先訪代理中央政治會議主席張靜江。張對廣西以很少兵力擋住唐繼堯與滇黔兩省的兵想來廣州篡位和自請中央統一兩廣兩事，極表敬佩。李把對蔣所說應速北伐那一大篇向張陳述。張傾聽很久，仍不願表示他的主張，最後，他要李「再去和介石說說看。」

李又往訪譚延闓和程潛。這兩位湖南軍政界老前輩都因和趙恒惕內鬨被逐出湘而率部來粵就食的，所以對唐生智啣恨很深。李對譚述說策動唐氏參加革命經過，現唐受吳攻，第七軍已往援，力恐不足，故前電請中央速定北伐大計，此來即在促其實現。可是譚對北伐並不起勁，聽李提到唐，只微微一笑，說：「你要唐生智加入革命？他恐怕靠不住吧！」態度顯然是反對援唐北伐。

程潛不像譚氏的含蓄和渾厚。他的個性比較爽直。他說：「你想唐生智能加入革命？他以前倚靠北洋軍閥吳佩孚來打我們。現在吳佩孚打他，你要我們去救他？且讓吳佩孚把他打敗了，我們好去收編他的部隊。然後我們再定計北伐也不遲。」說時似乎對唐生智的餘怒猶存。

李勸譚、程應以革命為重，捐棄前嫌，予唐自新。且勝利可期，機不可失。兩位雖同意李的分析，但始終是吞吞吐吐，提不起北伐的興趣。

嗣後，李又往訪俄顧問鮑羅廷。此時國民黨二屆二中全會正在籌備開會，蔣、鮑兩人都忙於彌縫國共間因中山艦事件引起的裂痕，更無暇討論北伐。李、鮑見面寒暄後，鮑先談一番革命理論和蘇聯援華是發乎道義的。李向其陳說北伐時機的重要性。鮑聽了默然，只說茲事體大，應從長考慮。

李宗仁這次專為策動北伐而來粵，除民眾團體熱心同情外，各友軍、黨政首腦、蘇聯顧問的反應，全出乎他意料所不及，幾乎要敗興而返。幸好還有李濟深一個人熱烈地贊助他。

七、兩李同心北伐實現

李濟深任西江督辦時，對李宗仁、黃紹竑統一廣西的工作曾出兵協助。李宗仁加入國民黨也是他介紹的，此次來粵又住在他的軍部，朝夕過從，無話不談。一晚，兩李促膝掬誠作竟夕談，宗仁偶觸靈機，半正經半玩笑地向濟深建議道：

「你第四軍可否自告奮勇，抽調兩師先行北上，待穩定湘南、湘東防線後，我們便有充裕時間來催促中央決定北伐大計了。按常理論，第四軍乃廣東的主人翁，主人尚且自告奮勇，出省革命，駐粵其他友軍係屬客人地位，實無不去參加而在廣東戀棧的道理。第四軍如出師勝利，他們固可樂觀其成；即使不幸失敗，他們也可瓜分第四軍的地盤。鼓勵第四軍北伐、何樂而不為呢？不過我相信以四、七兩軍的能征慣戰，一定可以把敵人打敗，甚至可以收復長沙，造成有利的形勢，使中央不得不贊成我們的主張。」

濟深聽後，脫口而出，連說贊成。宗仁繼說：「明天中央政治會議開會，已有通知書請我列席，屆時我當重新提出北伐時機成熟的重要性，你即起而附和我的主張，並請政治會議準許第四軍先派兩師立刻入湘，截斷南下敵人。」

兩人計議既定，次日在政治會議依照演出。李濟深的慷慨陳詞，全場空氣陡然肅穆，軍政首領莫不動容。李宗仁的北伐建議遂由中央政治會議正式通過。同時通過任命唐生智為國民革命軍第八軍軍長，嘉獎李濟深請纓義舉，決定推選北伐軍總司令，組織北伐軍總司令部等，到此，北伐才進入具體計劃階段。

五月廿二日國民黨二屆二中全會宣言願意接受海內外請願，決定北伐。但只是原則決定，籌備工作極慢，中央仍在觀望，看入湘部隊的戰績行事。李宗仁為此著急，經常到黃埔去面促蔣先生早日請中央定期誓師北伐。蔣先生似以李不識複雜內情，徒怪出師延緩，對被催促頗不耐煩。李宗仁為減少蔣的顧慮，和李濟深約定，正式出師北伐時，共同推舉蔣為總司令，由濟深委婉告知蔣氏。六月四日黨中央執委會任蔣為國民革命軍總司令，次日，國民政府加以任命。

李宗仁以來粵目的已達，六月十八日離穗返桂入湘督師，蔣先生親送至石圍塘登上火車而別。

附錄三　蔣李第二次聚晤經過詳情

　　蔣李兩先生的第二次聚晤，地點是在前方，時日只有十天，但晤談的機會卻不少。彼此的感覺，表現在下列各點：

　　一、北伐第二期戰略：蔣先生採納了李宗仁和唐生智兩先生共同的建議，彼此當然都很感滿意。

　　二、總司令閱兵意外墜馬事件：蔣先生當然頗為掃興，故對此事諱莫如深。李先生只感事出意外。惟有唐生智暗中高興。

　　三、桃園結義事件：蔣先生似頗愜意。李先生心裏不以為然，也很少對人提及此事。

一、李先入湘唐甚感德

　　現在記述蔣中正先生和李宗仁先生第二次聚晤的情形。時期在廣州分袂後一個多月。地點在湖南境內。情況在北伐戰爭勝利進展中。情節比之第一次聚晤更多姿多采。

　　李入湘比蔣為早。他自民國十五年六月十八日在廣州石圍塘車站和蔣先生握別後，六月二十四日返到桂林。為部署第七軍入湘事，住了十四天，等待軍的後續部隊已次第入湘境，他才於七月六日離桂林向衡陽進發。這時候，前線我軍捷報頻傳，正在向長沙挺進。七月十日收復長沙。七月十五日李到達衡陽。第八軍軍長兼北伐軍前敵總指揮唐生智在長沙聞訊，即乘電船來衡把晤。他倆會面這是初次。唐對李此次仗義援湘，促成北伐，並推薦他任前敵總指揮（按當中央決定北伐後，第四軍繼第七軍後入湘援唐，三個軍在前線並肩作戰，必須統一指揮。當時各軍首長一致推李宗仁任此職，但李力辭，轉推唐氏。各軍首長初不同意，譚延闓、程潛兩軍長最恨唐，反對尤力。但終因李堅決辭謝，乃以任唐。事情經過是唐的代表劉文島在廣州親見的。）各點，表示萬分感激。李記起唐在五月初旬由長沙敗退到衡擬再退時，為何不打算撤往廣東，而偏欲撤往廣西，因好奇地問道：「廣西貧瘠，什麼也沒有，只有一些石山，你們退往廣西，難道想吃石頭嗎？」唐說：「我退往廣東去讓譚延闓、程潛他們來繳械收

編嗎？」彼此相對大笑。十六日唐和李同乘電船赴長沙。民眾團體歡迎的熱烈，李說為向來所未見。

這是李氏到湘的概況。

二、先下武漢李唐陳情

蔣入湘在李後。國民政府六月五日發表任其為國民革命軍總令司，但他待到第七、四兩軍入湘援唐迭克名城勝利有了信心後，才於七月九日在廣州舉行就職典禮，正式誓師北伐，公告中外。七月廿九日率領他的第一軍第一、二兩師由廣州出發北上。那時，貴州附義新編國民革命軍第九、十兩軍七月中旬由黔東向湘西前進，使我無西顧之憂。不久，第一、三、六各軍也到達湘贛邊境自攸縣至醴陵一線，東向江西警戒。中央正面第四、七、八各軍卻和吳佩孚的部隊在汨羅河兩岸相持，雙方膠著，彼此都在作第二期作戰的準備。

在這段期間，唐生智經常和李宗仁交換關於第二期作戰計劃的意見，兩人不約而同主張一鼓而下武漢。當時傳聞廣州中央有人主張克復長沙後，對鄂採取守勢，而將主力轉攻江西。唐聽到後非常焦灼，遂約李聯名函陳蔣總司令，詳細分析利害得失，堅主直搗武漢，截斷長江中游。李也感覺先鄂後贛，就湖南切身利害著想固為必須，而為北伐整個戰略前途著想，也很順理成章。他倆遂根據這種論斷擬定意見書，派人專程送往正在前進中的總司令部；並決定親往衡陽歡迎蔣總司令，當面將這意見加以解釋。

唐、李兩人八月九日晨間由長沙到衡陽，同行的還有各機關和民眾團體代表數十人。蔣總司令等一行不久也到，大家握手相談，很是歡洽。唐因前線事忙，稍談後先返長沙。李和蔣詳談很久，但因歡迎代表很多，旅途匆忙，沒談出什麼結果。八月十日夜，李和總司令部一行同乘小輪北行，在株州換乘火車，十一日夜半過到長沙，官民數萬仍在竚候熱烈歡迎。

這是蔣氏到湘的情形。

三、長沙會議決先攻鄂

蔣總司令到長沙後第一件重要的事，便是決定北伐第二期作戰的戰略。八月十二日晚間，他在舊藩台衙門召開軍事會議討論這大問題。他親自主持會議。參加的有：副總參謀長白崇禧、政治部主任鄧演達、俄國顧

問加侖、戰地政務委員會主任委員陳公博、前敵總指揮唐生智、第七軍軍長李宗仁、第四軍副軍長陳可鈺；此外還有各軍的參謀長、師長等多人，濟濟一堂。

這個長沙會議，是北伐途中在前方所召集的第一個戰略會議。會議所要決定的是打倒軍閥統一中國的初步戰略。但是北伐軍方面的實力實極有限，除原有的八個軍外，另有貴州袁祖銘兩軍的附義；八月初，江西方本仁聲稱加入革命，暗中受編為國民革命軍第十一軍；總共這十一個軍不到二十萬人。其中只第一、四、七、八各軍戰鬥力稍強，其餘各軍的戰鬥力都屬平常；至於新附義和暗中附義各軍是否可靠，還有待考驗。

北伐軍面對的敵人，力量卻比北伐軍大過數倍。正面是吳佩孚，部隊分布京漢沿線，號稱二十萬。吳氏自十四年冬和張作霖取得諒解後，彼此化敵為友，十五年春聯合攻擊馮玉祥的國民軍於南口。馮軍不支西潰。吳遂將北路精兵南調，企圖在湘境和革命軍一決雌雄。

長江下游的敵人為孫傳芳。他擁有五省地盤，自稱蘇、浙、皖、閩、贛五省聯軍總司令，兵力也號稱二十萬。孫治軍素稱能手，又據有全國富庶區域，所部訓練有素，餉械充足，向稱能戰。

至於奉軍張作霖所部，比之吳、孫的部隊更為精銳。十五年春，奉軍擊潰馮玉祥部進入關內，佔領天津和北京，儼然像中國的主人。其兵力合奉、吉、黑、直、魯、熱、察各省，號稱三十五萬人。戰將如雲，聲勢很盛。

此外，窺伺北伐軍後方的雲南唐繼堯，也有三、四萬人，隨時有入侵廣西的可能。

總計此時和革命軍為敵的全國大小軍閥，實力約在一百萬上下。以革命軍區區十多萬的基本部隊，想掃蕩軍閥，統一全國，必須運用機動戰略，出奇制勝，掌握有利的時機，對敵人作各個的擊破。這是一般分析所得的結果。

蔣總司令在會議時首先發言，要旨是說，他出發來湖南之前，有人主張對湖北暫取守勢，將主力移向江西採攻勢，意在鞏固廣州革命根據地，各位同志對此建議有何意見？李宗仁起立發言道：「我的愚見，我軍應乘吳軍南北疲於奔命的時候，用速戰速決的戰術，將其援軍各個擊破，直搗武漢。然後以大別山、桐柏山做屏蔽，扼守武勝關。北進即可進窺中原，直取幽燕。若沿長江順流東進，孫傳芳的五省地盤已為我革命軍三面包圍，底定東南，也非難事。並且當總司令誓師北伐時，我中央已決定對孫傳芳採取懷柔政策，派人去聯絡，希望他不作左右袒。故當我軍主力進

入湘東，孫傳芳即通電保境安民，表示中立。我中央運用政略、戰略，雙管齊下，已成功大半。雖然孫的中立並不長久可靠，他的用意在希望我軍和吳軍鷸蚌相爭，而他好坐收漁翁利益；但我們正可利用這一點以達到各個擊破的目的。現在如果轉移目標，進攻江西，不僅逼使孫傳芳和吳佩孚相結合以抗拒革命軍，且使吳部得到喘息的機會，重整旗鼓以謀我。得失利弊，十分顯明。再有，江西境域，交通不便，補給困難，如果戰事稍有差池，新附義的友軍可能逡巡觀望，影響民心士氣更大。根據上面幾點來說，我軍進攻江西，實在很是危險。盼望總司令、加侖顧問和各位同志加以深思熟慮。」

唐生智跟著起立補充說：「如果中央一定要先圖江西，那不妨左右開弓，對湖北、江西同時進攻。」這是唐的激將法。以革命軍區區的兵力，只攻一面已感吃力，那裏能夠左右開弓呢？

在李宗仁心裏想：「中央某一部分人士所以建議先贛後鄂，固然是受地域環境的影響；中央也可能在暗防唐生智的反側，恐唐得志於武漢後，會形成尾大不掉的局面。現在如對湖北取守勢，主力東移江西，到吳佩孚主力南下時，和他作戰的自然只是唐部。待吳唐兩敗俱傷，我主力肅清江西後，再北取武漢，便不憂唐氏割據稱王了。在政治上說，這個意見原未可厚非，但純就軍事觀點說，實犯兵家的大忌。」所以李竭力主張先攻武漢。

當時革命軍精銳的第四、七、八各軍都已在汨羅河前線；滯留湘贛邊境東線上的為作戰能力較差的第一、二、三、六各軍，用來監視江西，或可勝任，用來進攻，斷難制勝。因此，在反復討論後，蔣總司令和加侖顧問都同意李、唐兩人的提案，先攻武漢，對贛暫採監視態度。第二期進攻部署便按照這原則進行。會議也就圓滿結束。

四、閱兵式中統帥墜馬

長沙會議完後，各軍遂待命出發。八月十四日，蔣總司令召集第七、八兩軍在長沙的部隊舉行檢閱。閱兵典禮是在長沙東門外大較場舉行。參加檢閱的部隊，第七軍有兩旅四個團，約七千人；第八軍有兩師四旅八個團，約一萬五千人。兩軍的編制都是按照舊制，和廣東各軍的「三三制」略有不同。當日天朗氣清，參加的部隊都是戰勝之師，人強馬壯，在陽光普照下，更顯得旗幟鮮明，器械整齊，軍容極盛。

當總司令部一行分乘駿馬十餘匹在檢閱場出現時，全場軍樂大作。蔣

總司令騎著一匹高大的棗紅色戰馬，緩緩地進入主帥的位置，聽取各單位報告參加檢閱的人數。這位三軍主帥，春秋正富，馬上英姿，更顯得器宇軒昂，威儀萬千。人數報告畢，即舉行閱兵式。第七、八兩軍排成橫列，第七軍在右，第八軍在左。按序列，首先檢閱第七軍。

第七軍因頻年征戰，戰場上的經驗雖然豐富，而操場上的制式教練反覺陌生，閱兵式舉行更少。加以廣西的士兵多由左右兩江流域一帶招募而來，這地帶人民的體格比較瘦小。土製軍服，久歷風霜，顏色也已敗暗，不堪入眼。至於軍樂隊，儀仗隊等向來就不大注意，且沒隨軍出發。所以檢閱起來，似乎不夠壯觀和整齊。

第八軍便不同了。他們和北方軍隊一樣，很注重門面的裝飾。戰場上實際的經驗雖或不足，操場上的動作卻訓練有素。士兵的體格，一般的說也比較高大。服裝整齊。旗幟鮮明。軍樂隊尤其聲光奪人，很覺美觀。

當蔣總司令的座騎自第七軍的前面慢慢地前進時，李宗仁軍長緊隨他的後面，但見他時時緩緩舉手答禮，認真檢閱，態度從容肅穆，一副大將風度。

第七軍檢閱完畢，第八軍排頭的軍樂隊立時奏樂。各樂器既金光閃眼，而樂聲又震耳欲聾，李在後面看見蔣的座騎已有點不聽調度的樣子。軍樂隊的左面便是號兵十餘人，蔣的座騎剛過到軍樂隊尾，號兵隊長一聲號令，號兵一齊吹奏起來，尖聲刺耳。蔣的座騎受此一驚，忽然大嘶一聲，前蹄高舉，立即向校場中心狂奔。蔣勒制不住，轉眼間便翻鞍墜地，但右腳仍套在鐙裏，被馬倒拖著跑。大家對這意外為之大驚失色，急切間不知所措。幸得蔣很鎮定，而且穿的是馬靴，很是鬆動，只拖了約莫兩丈遠，腳便從馬靴脫出來，人臥倒在地上。李宗仁、唐生智和大家連忙下馬把他扶起，問他受傷沒有？但見他身沾灰土，氣喘吁吁。這時，號兵隊已停止吹奏，總司令部的副官也趕來把蔣總司令身上的泥土拍落一些。蔣在此時，仍能抖擻精神，率領唐、李他們徒步檢閱第八軍，一顛一跛，終於完成閱兵式。

大家回到檢閱台上，再檢閱分列式。第七軍因平日少做這項訓練，分列式經過台下，步伐「梯他蹄達」，頗不雅觀。第八軍當然是十分整齊美觀了。分列式完畢，蔣總司令對官兵講話，訓勉有加，才結束了這一場大典。

唐生智雖然是現代軍人，卻很迷信。他幕中奉養著一位姓顧的巫師，據說能知過去未來，唐和他的高級將領都拜顧為師，軍中因尊稱之為顧老師，市民和官兵背地裏卻呼他為顧和尚。蔣總司令閱兵墜馬，自然是替顧

和尚造機會了。據傳顧對唐說：「蔣此次北伐，凶多吉少。最重要的便是蔣氏爬不過第八軍這一關，將來必被第八軍所克服。望你好自為之。」唐氏後來在武漢企圖異動，可能是他心理上很受墜馬事件的影響。

五、交換蘭譜蔣李結義

蔣先生和李先生兩位在長沙時，還有一件逸事，便是「桃園結義」。

自從蔣氏到長沙後，李時常在總司令部出入，有時因為接洽公事，有時卻是閒談。李去見蔣也無須預先約定。

一天，李又到蔣的辦公室閒話，蔣很親切地問李道：「你今年幾歲了？」

李答：「三十七歲。」

蔣說：「我大你四歲，我要和你換帖。」

李知道換帖便是交換蘭譜，結為異姓兄弟。他心裏想：蔣先生為什麼要這樣呢？一時不知如何回答。於是說道：「我是你的部下，我不敢當啊！同時，我們革命軍也不宜再講舊的那一套啊！」

蔣說：「沒關係，沒關係，你不必客氣。我們革命和中國舊傳統並不衝突。換帖子後，使我們更能親如骨肉。」一面說著一面打開抽屜取出一份紅紙寫好的蘭譜來要李收下。

李站起來說：「我慚愧得很，實在不敢當。」

蔣也站起來說：「你不要客氣，你人好，你很能幹……」

蔣一面說一面把蘭譜塞進李的軍服口袋裏，並叮囑李也寫一份給他。

李辭出後，把那份蘭譜掏出來看，見那上面除了一般蘭譜上例有的生年月日、籍貫等一類文字外，還有蔣先生自撰的四句誓詞，文曰：「誼屬同志，情切同胞；同心一德，生死繫之。」

當時李總感覺用這個辦法來增進私人關係，不見得妥當，而且眼見那時的南北要人們，拜把兄弟、結兒女親家，而互相攻殺的事例卻不少；而廣西自己李、黃、白三人並未金蘭結契，卻意氣相投，大公無私，團結合作，一時無兩。所以李雖然心裏不以此舉為然，但以蔣情意殷殷，便也照樣的寫了一份帖子，送給蔣先生。蔣笑著接受，並鄭重地說：「我們今後誓必同生共死，為完成國民革命而奮鬥。」表示非常愉快的樣子。

附錄四　在我記憶中的早年李宗仁

　　這是四十年前一樁往事。

　　蔣中正先生和李宗仁先生戮力國民革命，進行北伐，初期發展非常順利。但功未及半，中樞北遷問題引起內部糾紛，武漢發生反蔣運動。當時國民革命軍第七軍作戰能力很強，戰功顯赫，所以李宗仁對於這次運動，有舉足輕重之勢，李袒蔣則蔣的權位固，若反蔣則李或有利。但李氏為革命前途計，堅決擁蔣，使軍事得以如意前進。

　　我不曾問過李宗仁先生曾否以此中經過告蔣先生，更不知蔣先生曾否得悉其中瑣屑。現我述此往事，而蔣先生和李先生已天南地北，各在一方，兩位先生倘有機會得讀此文，或亦為之莞爾而笑！

一、內爭有因遇機即發

　　國民革命軍北伐的實現，是中國國民黨內部權力爭奪的結果，勝利屬於蔣中正先生是以後的事。但這種鬥爭，並未因北伐而停止，反因軍事和政治的發展而更加劇烈。其主要的原因有三：

　　　一、因為容共時期，共黨時時都在等著奪權，時時都想製造奪權的機會。

　　　二、當時國民黨同志和同志爭做領袖而排擠或打擊其他同志；為達到目的，每利用共黨以為己助。

　　　三、領導者如果未能大公無私，有時措施失當，便給野心者以爭奪鬥爭的藉口。

　　所以到了民國十五年冬，革命軍攻克了湘、鄂、閩各省後，廣州的黨政中樞北遷時，又發生南昌和武漢的爭執，幾至決裂的情事。現在特記此事的經過。

　　當時，國民革命軍第七軍軍長李宗仁，先在江西，後在漢口，他對這次鬥爭力圖消弭，事態發展，關涉到他身上，故所知不少，本文內容根據李氏所談的資料也最多。

二、先排日記以便檢查

現將中央北遷問題有關的事項先行列記，以便讀到以下各段時查對：

國民革命軍於民十五年九月六日克漢陽，七日克漢口；十月十日克武昌；十一月八日肅清江西；十二月二日收復福建；四川各軍將領也先後輸誠。

十一月十六日，國民政府為遷移武漢問題，派出調查委員孫科、徐謙、宋子文、陳友仁，俄顧問鮑羅廷，並隨員六十人，由廣州啟程向韶關進發。

十二月二日，薛總司令由南昌乘船溯贛江往迎中央委員孫科等，正午在中途相遇，相偕到南昌。

十二月四日，蔣總司令和各中央委員由南昌赴廬山。

十二月七日，中央委員蔣中正、宋子文、孫科等在廬山舉行重要會議，決定有關軍事財政等案。

中國國民黨中央黨部和國民政府的第一批北行人員由廣州出發。國民革命軍總司令部暫緩遷移，仍由總參謀長李濟深留廣州主持。

十二月八日，中央委員孫科等一行由九江乘輪赴武昌。

十二月十一日，中央黨部和國府第二批北上人員由國府主席譚延闓率領，由廣州向韶關進發。張人傑因病暫留。

十二月十三日，中國國民黨中央委員和國民政府委員在武昌議決：在政府未遷來以前，組織聯席會議，執行最高職權。出席的有：孫科、徐謙、蔣作賓、柏文蔚、吳玉章、孫宋慶齡、陳友仁、王法勤、鮑羅廷等；推徐謙主席；秘書長葉楚傖。

十二月十四日，蔣總司令先一日由廬山返南昌，主持軍事善後會議分組會議開幕式。

十二月十五日，中國國民黨中央常務委員會代理主席張人傑由廣州啟程北上。

十二月三十一日，黨代主席張人傑、國府主席譚延闓和各委員到達南昌。

十六年元旦，蔣總司令在南昌召集軍務善後會議，張人傑、譚延闓兩主席參與，唐生智、李宗仁、朱培德、程潛各軍長都列席。

一月七日，中央政治會議在南昌集會，決議：中央黨部與國民政府暫駐南昌，遷移問題，留待三月間中央執行委員會全體會議討論。

一月十一日，蔣總司令由南昌赴武昌，未多留即返。

二月十二日，中央政治會決定：國民政府駐武昌，中央黨部駐漢口。

二月二十一日，中國國民黨中央執監委員、候補執監委員、國民政府委員，在漢口舉行擴大聯席會議。

三月七日，中國國民黨中央執行委員譚延闓、何香凝、李烈鈞、丁惟汾、陳公博等由南昌到漢口，參加第三次中央執行委員會全體會議，蔣中正、朱培德因軍務繁重留九江。大會即開談話會。

三月十日，中國國民黨第二屆中央執行委員會第三次全體會議在漢口開幕，到委員三十三人，至十七日閉幕。反蔣派人物極為活動，通過統一黨的領導機關案、中央執行委員軍事委員會組織大綱、國民革命軍總司令部組織條例各案。並改選黨中央常務委員和各部部長、政治委員會委員和主席團、新選軍事委員會委員和國民政府委員等。

三月二十日，國民政府新任委員宣誓就職。常務委員為汪兆銘、譚延闓、孫科、宋子文、徐謙五人。

三、贛漢對立慨任疏通

中央北遷問題為何發生？據李宗仁軍長說，實由蔣總司令主張要國民政府和中央黨部遷往總司令部所在地的南昌所引起的。當北伐軍肅清鄂、贛敵人後，廣州國民政府便決定北遷，以配合北向進展的軍事。就當時形勢說，中央北遷，似以武漢為適宜。

李軍長說，蔣總司令所以堅持要在南昌的原因，理由是政治應與軍事配合，在軍事進展期間，黨政中央應和總司令部在一起。而總司令部又必須設在前方，以便親自督師。蔣先生秉性堅強，絕不表示讓步。

南昌克復之後不久，一部分中央委員、國府委員和俄顧問鮑羅廷遂取道江西北上。十二月初，宋慶齡、徐謙、陳友仁、吳玉章、王法勤、鮑羅廷等一行十餘人到達南昌，蔣總司令親自招待。十二月七日遂在廬山開會。李宗仁係候補監察委員，且沒在政治會議中擔任職位，所以只是列席旁聽。會議並未議出什麼具體方案來，各委員便下山逕往武漢去了。他們這一去，顯然是對蔣先生唱反調。不過，這時候，國民政府主席譚延闓和中央政治會議主席張人傑還滯留廣東，蔣總司令準備請他們兩位留在南昌。

但是去武漢的各委員也不示弱。十二月十三日，中央執行委員和國民政府委員在武昌開會，決議組織「聯席會議」，在政府未正式遷來武漢

前，執行最高職權。到此，反蔣的陣營遂具備了雛型。在武漢的軍人如唐生智、鄧演達、張發奎各位，都表示服從聯席會議，武漢和南昌遂隱然成為對立。

這時，總司令部在南昌正在擬定東征計劃，蔣總司令急於攻取江浙。李宗仁為東征事也時時去南昌參加會議，他看到蔣總司令態度非常堅決，對武漢絕不讓步。他憂慮事態擴大，會影響軍事的進展，於是力勸總司令不必和武漢各走極端，當時他對蔣總司令說的大意是這樣的：「中央遷往武漢，是大勢所趨，你既無法阻止國府委員去武漢，不如乾脆讓它遷去算了。但軍隊調遣，繼續北伐，卻應絕對服從總司令的指揮。」蔣說：「你看他們肯聽我的命令嗎？」李答：「大敵當前，不聽指揮便等於自殺，這件事我願負責斡旋疏通。」至此，蔣總司令才沒有話說。經過李的疏通，第二、第六兩軍，後來果然仍聽調度東下，終於底定東南。

十二月底，譚延闓、張人傑兩主席到達南昌，住了幾個星期，譚往武漢，張卻去了上海。

四、除李一人餘皆反蔣

就在南昌、武漢對立的情形逐日惡化期間，革命軍東征的部署也逐漸就緒，打算迅速肅清長江下游，然後揮軍北上，統一全國。當時革命軍整個的部署是：對北面（河南）採取守勢，對東面（東南）採取攻勢。部隊的區分是分為東路軍、中央軍和西路軍。而中央軍又分為江右軍、江左軍。西路軍以在武漢方面的部隊編成，任務為對北防守。東路軍於十六年一月中旬由閩贛兩省分途入浙；因先已發表何應欽為東路軍總指揮，時在福建方面；遂以白崇禧為東路軍前揮，率師由贛東進入浙境。程潛的江右軍沿長江南岸東進。李宗仁的江左軍從鄂東沿長江北岸東進，以安慶為目標；李奉命後，全軍即在鄂東一帶佈防，待命前進，軍司令部則遷往漢口。

那時期武漢方面的情形，據李氏描述概略如下：

李回到武漢，發現武漢三鎮景況特殊。群眾運動，如火如荼。一月初旬，群眾和英水兵衝突，乘勢衝入英租界，英人見群眾聲勢太大，不得已，答應將英租界交還中國，不久，九江英租界也收回了，軍心民氣都大為振奮。

但群眾運動已發生越軌的現象。工會組織遍地都是，罷工日有所聞，但這種罷工多數為不合理的聚眾要脅。個人要求增加工資到資方完全不能

負擔的程度，但工會的要求仍然有加無已，令到工廠和商店很多被迫歇業。甚至挑水、賣菜的都有工會組織，時時罷工以圖增如收入。市況蕭條，百業不振，有時連蔬菜都難買到。而工人、店員等卻在各級黨部指導之下，終日開會遊行，無所事事。

此時農村的群眾運動更為幼稚。大地主不消說了，小地主和自耕農的財產也被沒收充公，本人或被槍殺。農會的權力，大得嚇人。譚延闓告李氏說，他茶陵家裏的佃農也難逃這劫運。兩湖的工農運東確為幼稚和過火。

婦女的解放也很驚人。武漢市上的公共澡堂，竟有女政工人員公然進去和男客一同沐浴。當澡堂的擦背修腳工人發覺軍裝短髮的浴客原來是女性而迴避時，竟被女客責罵為歧視女性，並強迫為她們擦背。種種怪象說之不盡。

總之，當時武漢和兩湖地區的社會秩序，被國共兩黨內幼稚的黨務人員鬧得烏煙瘴氣。政府和黨部並未加以絲毫的約束，也是事實。李氏認為這是極大的隱憂。

那時政治方面的情形，據李氏說，黨政軍高級人員的反蔣空氣已逐漸明朗化。聯席會議那一批人，為了遷都問題和蔣總司令已短兵相接，不消再說。軍人裏面醞釀反蔣也很激烈。唐生智、張發奎兩位都已公開表示態度；只第十一軍軍長兼武漢衛戍司令陳銘樞表示擁蔣，但陳僅有一軍，實力有限。十六年一月中旬，蔣總司令曾親赴武漢視察，他見武漢風色不對，恐發生意外，稍留即去。蔣去後，陳銘樞旋即被排擠去職，武漢衛戍司令遺職由唐生智自兼，第十一軍軍長職由張發奎兼代。李氏說：「武漢方面到此，除我一人之外，已全是蔣的政敵了。」

五、洪楊殷鑑內閣召亡

在武漢當時的環境下，李宗仁說他本己的態度十分持重，他認為無論怎樣，我們國民黨斷不能蹈太平天國的覆轍，而同室操戈，致功敗垂成。黨內糾紛，應用合理的方式和平解決，各方都該顧全大局，儘量忍讓。他說正因他這種顧全大局，不偏不倚的態度，他的處境遂十分困難和痛苦。武漢的反蔣人士，認為他的態度有點中間偏蔣，足以維持蔣的地位於不墜，於是紛紛起來包圍他，企圖用說服和利誘的方式來爭取他參加他們的反蔣運動。這時期，跨黨分子和共產黨員，為避免嫌疑，倒反十分緘默，並沒到李處游說，只在一旁坐觀虎鬥。

李氏說，時常來游說的，都是黨政軍三界的重要領袖人物，如：徐謙、顧孟餘、唐生智、鄧演達、張發奎、郭沫若、鮑羅廷、乃至以溫和圓滑見稱的老政客譚延闓。

李氏在他們苦苦糾纏之下，實在疲於應付，但是李氏一再引太平天國以為殷鑑，他們也無法辯駁。李說，蔣氏雖有缺點，但也有他的長處，黨以前也加意扶植過他，今天我們也可以善意的去幫助他、糾正他，斷不可鬧到決裂的程度，非打倒他不可。臨陣易帥，原為兵家大忌，在目前的情況，尤其會動搖軍心和民心，乃至影響國際地位，為親者所痛，仇者所快。

李更鄭重地說：蔣總司令固有缺點，我們黨政軍各界也有嚴重的錯誤。試看我們的幼稚和過火的群眾運動，如今鬧得市面蕭條，人民居處不安。軍中的政工人員到處挑撥士兵與官長的感情，以圖漁利。這種種舉動，都對革命有損無益，而我們政府和黨部卻充耳不聞，實屬遺憾。

上面的話，是李氏對說客一般的答覆。對各別談話，他也曾提及一些。他問鄧演達：「你說工人罷工就叫做革命，為什麼同志們不到敵人的後方去策動罷工呢？為什麼偏要在自己後方越軌鬧事，鬧得我們青菜也沒得吃呢？」鄧說：「這是革命時期的幼稚病，總歸無法避免的，將來必能逐步改正。」李說：「你們何不在這方面多費點力，而偏要搞打倒主帥的大題目呢？」

李也曾告訴唐生智說：「目前黨政內部過火的運動是『紙包火』。」因為那時唐部的中、下級軍官已經嘖有煩言，對目前的群眾運動極為不滿，唐不是不知道。李勸唐說：「你若不及早設法排解，消弭於無形，將來軍隊會不聽你指揮的。」唐卻連說：「我有辦法，我有辦法！」

張發奎軍長見到李，李說：「你們第四軍裏共產黨最多，高級將領如葉挺等都是著名的共產黨，你如對他們不加約束，將來軍隊你會指揮不動的。」張卻說葉和他是小同鄉，從小便在一起，可以說是如兄如弟，他認為葉挺絕不會和他為難的。李說：「他們只知道第三國際的命令，還談什麼私人關係？」張以為葉挺絕對不會的，並舉葉不肯輕易介紹美麗的太太給同志們一見那趣事為例，證明葉不是荒謬、不念舊交的人。

六、利誘不成詞窮遁酒

反蔣說客中，鮑羅廷的做作最為具體。在蔣總司令離武漢後約一星期，鮑忽專柬約李宗仁小敘。李應約往。彼此寒暄一番後，鮑大大誇獎李的戰功，便慢慢引入正題來了。

鮑：「李將軍，北伐是你一手促成的啊！當日援湘也是你們廣西首先出兵的。現在北伐一帆風順，革命不久便可成功，你總不希望革命流產吧？」

李：「當然不希望它流產，相反的，我正希望革命戰爭早日勝利，軍事時期早日結束，好讓和平建設早日開始。」

鮑：「那麼，你看蔣近日作風是個什麼樣子呢？我看他已經完全脫離群眾，眼看就要變成一個新軍閥。李將軍，你是革命元勳，北伐的發動者，我想你不該跟著一個軍閥走！」

李：「鮑先生，蔣總司令的缺點是有的，但是無論怎樣？我不主張打倒他。我主張以和平的、善意的方式去幫助他、糾正他。」接著李便列舉臨陣易帥的危險，和洪楊內鬨覆滅的故事。對他們的反蔣運動，期期以為不可。

鮑：「我看你們絕不能再讓蔣繼續當總司令了。再當下去，革命就會前功盡棄。」鮑說到此處，沉思一下，續說：「你看他如果失敗了，誰能繼承他呢？……據我看，李將軍，論黨齡，論功勳，論將才，還是你最適當。我希望你能考慮一下這問題！」

這時，李心裏明白了鮑以總司令的位置來誘惑他，想把他置於爐火上面，遂正色道：「鮑顧問，你還沒有認識我！你不了解我的思想、我的願望、乃至我的個性。我們革命軍人唯一的願望是革命早日勝利，國家可以偃武修文，息兵建設，我們也可以解甲歸農。革命不成，馬革裹屍就是我們唯一的歸宿。既參加革命，就未考慮到我自己的前途。鮑顧問，你是親自在場的，你看我力辭前敵總指揮，並推薦唐生智擔任，便是一個顯明的例子。我希望以唐為例，對外號召赴義，以廣招徠。你看我考慮到自己的名位沒有？鮑顧問，你並沒有認識我的為人！」

鮑氏聽了，一時沒話可說。

李接著又說：「鮑顧問，我們的國民革命到現在已是為山九仞，然而目前卻發生了困難。你是我們的顧問，你要負重大責任啊！」李便一樁一樁的數給鮑聽，如：群眾運動的越軌，鬧得人人恐慌，社會嘖有煩言，妨礙革命進展等等。李問：「鮑顧問，這種幼稚行動是否有人故意製造來和我們革命軍為難呢？再說打倒禮教，解放婦女吧，也應該緩緩地進行，怎麼可以軍閥還沒有打倒，我們已進步到男女同浴的程度呢？」

鮑：「這些都是群眾的幼稚病，是革命過程中所不可避免的現象。舉個例子來說吧，你說婦女們想不想生兒育女？」

李：「生產是婦女的天職，既是女人，就要生產。」

鮑：「請問，婦女生產痛苦不痛苦呢？」

李：「豈但痛苦，有時還有生命的危險！」

鮑笑道：「這就是你們的革命了。婦女知道生產痛苦，還是想生產，像你們知道革命困難，還是要革命一樣。你們現在革命由於幼稚病所引起的困難，也就是婦女生產時的痛苦，是避免不了的。」

李暗服鮑的善辯，答道：「顧問先生，你是相信科學的啦！現代的產科醫生和各種醫藥設備，無不儘量減少產婦的痛苦，和保障生命的安全，決沒有產科醫生任由產婦受苦，甚至聽憑她死亡之理。今天我們的國民革命，正和醫生對產婦一樣，不獨沒有設法減輕革命過程中的痛苦和損害，反而有意無意地任由它挫敗覆亡，這種道理說得通嗎？」

鮑聽了大笑，舉起酒杯說：「李將軍，你會說話，你會說話！哈哈！我們喝酒！」彼此碰杯一飲而盡，才結束了這場小辯論。

七、權力被削統帥不更

李宗仁在漢口期間，他腦海中橫梗著兩個現實問題：一是大敵當前。孫傳芳由江西敗回南京之後，即刻北上，投入張作霖的懷抱，張立刻補充孫的軍實，奉軍並已沿京漢、津浦兩線源源南下，聲勢赫赫，實在不容輕視。我軍萬一挫敗，退回兩廣，豈非前功盡棄。二是即使蔣倒之後，仍能支持現有局面，佔有湘、鄂、贛、閩地區，黨政責任誰來擔負領導？當時共產黨操縱工、農、學生團體組織，國民黨卻早已分崩離析，絕非共黨敵手。處在這種環境之下，所以他堅決擁護蔣總司令。

因李氏祖蔣，自不為武漢當局所喜，竟阻撓東征軍事的進展，將江左軍的餉彈扣發，以致該軍頓兵中途達十餘日。但也因李的態度這樣，到了三月國民黨二屆三中全會，雖然用立法的手段，減削蔣氏的權力，而終不敢把蔣的總司令職免除。

Do人物19　PC0438

黃旭初回憶錄
──李宗仁、白崇禧與蔣介石的離合

作　　　者／黃旭初
主　　　編／蔡登山
責任編輯／段松秀
圖文排版／楊家齊
封面設計／楊廣榕

出版策劃／獨立作家
發 行 人／宋政坤
法律顧問／毛國樑　律師
製作發行／秀威資訊科技股份有限公司
　　　　　地址：114 台北市內湖區瑞光路76巷65號1樓
　　　　　電話：+886-2-2796-3638　傳真：+886-2-2796-1377
　　　　　服務信箱：service@showwe.com.tw
展售門市／國家書店【松江門市】
　　　　　地址：104 台北市中山區松江路209號1樓
　　　　　電話：+886-2-2518-0207　傳真：+886-2-2518-0778
網路訂購／秀威網路書店：https://store.showwe.tw
　　　　　國家網路書店：https://www.govbooks.com.tw

出版日期／2015年1月　BOD一版　定價／580元

獨立 作家
Independent Author

寫自己的故事，唱自己的歌

黃旭初回憶錄：李宗仁、白崇禧與蔣介石的離合 /
黃旭初著. -- 一版. -- 臺北市：獨立作家,
2015.01
　　面；　公分. -- (Do人物；PC0438)
BOD版
ISBN 978-986-5729-56-1 (平裝)

1. 民國史

628   103025244

國家圖書館出版品預行編目

讀 者 回 函 卡

感謝您購買本書，為提升服務品質，請填妥以下資料，將讀者回函卡直接寄回或傳真本公司，收到您的寶貴意見後，我們會收藏記錄及檢討，謝謝！如您需要了解本公司最新出版書目、購書優惠或企劃活動，歡迎您上網查詢或下載相關資料：http:// www.showwe.com.tw

您購買的書名：_____

出生日期：_____年_____月_____日

學歷：□高中 (含) 以下　　□大專　　□研究所 (含) 以上

職業：□製造業　□金融業　□資訊業　□軍警　□傳播業　□自由業
　　　□服務業　□公務員　□教職　　□學生　□家管　　□其它_____

購書地點：□網路書店　□實體書店　□書展　□郵購　□贈閱　□其他

您從何得知本書的消息？

□網路書店　□實體書店　□網路搜尋　□電子報　□書訊　□雜誌

□傳播媒體　□親友推薦　□網站推薦　□部落格　□其他_____

您對本書的評價：（請填代號　1.非常滿意　2.滿意　3.尚可　4.再改進）

　　封面設計____　版面編排____　內容____　文／譯筆____　價格____

讀完書後您覺得：

□很有收穫　□有收穫　□收穫不多　□沒收穫

對我們的建議：_____

_____

_____

_____

11466
台北市內湖區瑞光路 76 巷 65 號 1 樓
獨立作家讀者服務部　　　收

....

（請沿線對折寄回，謝謝！）

姓　　名：＿＿＿＿＿＿＿＿＿　年齡：＿＿＿＿　性別：□女　□男

郵遞區號：□□□□□

地　　址：＿＿＿＿＿＿＿＿＿＿＿＿＿＿＿＿＿＿＿＿＿＿

聯絡電話：(日) ＿＿＿＿＿＿＿＿＿＿ (夜) ＿＿＿＿＿＿＿＿＿

E-mail：＿＿＿＿＿＿＿＿＿＿＿＿＿＿＿＿＿＿＿＿